UNE POIGNÉE DE MISÉRABLES

Ont participé à cet ouvrage

Alya Aglan
Claude d'Abzac-Épezy
Alain Bancaud
Marc Olivier Baruch
Marc Bergère
Stéphane Gacon
Liora Israël
Hervé Joly
Céline Lesourd
Emmanuelle Loyer
François Rouquet
Gisèle Sapiro
Anne Simonin
Olivier Wieviorka

Sous la direction de
Marc Olivier Baruch

Une poignée de misérables

L'épuration de la société française après la Seconde Guerre mondiale

Fayard

Introduction

Une histoire sociale de l'épuration en France

par Marc Olivier Baruch

Le 14 octobre 1944, le général de Gaulle prononce à la radio un discours, le premier depuis la brève allocution, toute d'émotion, qui suivit la libération de Paris. Dans ce long message, qui a valeur de manifeste de l'action des pouvoirs publics pour les mois à venir, le chef du gouvernement provisoire évoque en une phrase l'épuration, qui ne saurait toucher qu'« une poignée de misérables et d'indignes, dont l'État fait et fera justice », puisque « l'immense majorité d'entre nous furent et sont des Français de bonne foi[1] ». Usant avec science des temps – passé, présent, futur – le général de Gaulle, comme souvent alors, dit ce que les Français veulent croire. Il est pleinement, ce faisant, dans son rôle de chef du gouvernement d'une nation à rebâtir, dont il a mobilisé les élites un mois plus tôt, le 12 septembre. Réunissant au palais de Chaillot, en présence du gouvernement et du Conseil national de la Résistance, les représentants des grands corps de l'État et les délégués des mouvements résistants, il n'avait pas alors cité l'épuration parmi les tâches fondatrices de la reconstruction du pays. Tout au contraire, grâce à un usage contrôlé de la première personne du pluriel, s'était-il attaché à unir dans l'action la minorité résistante, parvenue au pouvoir, et le marais plus ambivalent, en soulignant combien « il s' [était] formé dans notre peuple, au milieu des épreuves, une extraordinaire unanimité nationale ». Le châtiment exemplaire des quelques mauvais bergers, affaire de l'État et de lui seul, ne devait pas entamer cette unanimité.

C'est précisément l'histoire inverse que ce livre entend exposer, en montrant combien les processus d'épuration, qui se voulaient précis et

1. Charles de Gaulle, message du 14 octobre 1944, *Discours et Messages*, tome 1 : *Pendant la guerre (juin 1940-janvier 1946)*, Paris, Plon, 1970, p. 455.

rapides, furent au contraire diffus et lents. Ce n'est qu'en 1970 que le recueil annuel des principaux arrêts du Conseil d'État cessa de contenir une rubrique intitulée « épuration », et c'est à la même époque que le Conseil supérieur de confiscation des profits illicites examina ses derniers dossiers. Depuis 1943, date des premières ordonnances prises à Alger pour définir les modalités de répression des Français auxquels seraient demandés des comptes après la Libération, il n'était pas une profession, pas un domaine du champ social, qui n'ait eu à se poser la question de l'épuration. Analystes consommés d'un « passé qui ne passe pas », Éric Conan et Henry Rousso pouvaient, au début des années 1990, estimer à 350 000 le nombre de personnes mises en cause, de près ou de loin, dans des procédures ayant eu pour objet d'examiner leur attitude sous l'Occupation[2].

Revenons au début des années 1970 : au moment où disparaissait le général de Gaulle, et alors que l'épuration semblait sur le point de quitter la scène administrative comme elle avait depuis longtemps quitté la scène judiciaire, le temps semblait venu de faire l'histoire d'un phénomène finalement aussi massif et aussi prolongé. Or l'histoire de l'histoire de l'épuration est celle d'une rencontre ratée. Peter Novick, jeune historien américain qui avait achevé en 1965 une thèse sur le sujet, publiée trois ans plus tard en anglais, dut attendre 1985 pour voir son livre traduit en français. Dans l'intervalle, le public français réserva le meilleur accueil à la monumentale enquête de Robert Aron (trois tomes en quatre volumes publiés entre 1967 et 1975), « mémorandum navré et à répétition sur l'excommunication des épurés et l'inconséquence de leurs juges[3] ». Le contraste est frappant avec la place tenue dans l'historiographie de Vichy, dès sa publication en français en 1973, par le livre de Robert Paxton, qui remettait lui aussi en cause les positions défendues, sur l'histoire du régime, par Robert Aron.

Il n'est pas moins frappant de constater qu'aucune synthèse de niveau universitaire n'est venue succéder à celle, écrite alors que les archives publiques n'étaient guère accessibles, de Peter Novick. Publié en 1986, le travail de Herbert Lottman, sous le titre générique de *L'Épuration, 1943-1953*[4], se proposait d'en tenir lieu mais brassait un champ trop

2. Éric Conan et Henry Rousso, *Vichy, un passé qui ne passe pas*, Paris, Fayard, 1994, p. 17 : « En dépit de ses faiblesses, l'épuration fut un phénomène d'une ampleur incontestable [...] 310 000 dossiers ont été ouverts qui ont touché environ 350 000 personnes, soit presque un Français sur cent. »

3. Jean-Pierre Rioux, préface à Peter Novick, *L'Épuration française, 1944-1949*, Paris, Balland, 1985, p. 10.

4. Paris, Fayard, 1986.

vaste qu'il ne pouvait être partout précis. Il fallut attendre le début de la décennie suivante pour disposer de deux voies d'entrée mieux balisées. Tirant le bilan des recherches des correspondants départementaux du Comité d'histoire de la Seconde Guerre mondiale, devenu l'Institut d'histoire du temps présent – on doit saluer à cet égard le rôle précurseur de Marcel Baudot, cheville ouvrière et intellectuelle de l'enquête [5] –, et s'appuyant sur les acquis d'un groupe de recherches qu'il animait avec Denis Peschanski, Henry Rousso proposait deux contributions devenues des points de passage obligés pour les travaux ultérieurs sur l'épuration, surtout dans sa phase judiciaire. Dans le cadre d'une bibliographie plus générale portant sur la répression dans la France des années 1940 (au sens large), établie avec Jean-Claude Farcy [6], il ne lui fallait pas moins de 20 pages et 250 références pour établir la liste des thèses, ouvrages, articles et contributions traitant de l'épuration. Parallèlement, il traçait, pour un numéro spécial de la revue *Vingtième Siècle*, une synthèse appelant à une poursuite des travaux, sous un titre programmatique : « L'épuration en France. Une histoire inachevée [7] ». Complétant cette approche en forme de bilan, la même livraison de cette revue proposait un article de François Rouquet qui, venant d'achever sa thèse sur l'administration des PTT sous l'Occupation, y renouvelait l'approche de l'épuration administrative. Comme il l'écrivait dans le livre qu'il publia l'année suivante sur le même sujet – avec un sous-titre significatif, *Agents de l'État et collaboration ordinaire* –, il entendait rompre avec les études se concentrant sur les poursuites ayant visé les grands noms de la sphère publique, de Laval à Guitry, pour s'intéresser à « monsieur A., instituteur, ou madame C., postière », et ainsi « appréhender comme des phénomènes sociaux la collaboration et l'épuration [8] ».

5. Dont il publia deux synthèses, qui permettaient d'asseoir le chiffrage de l'épuration sur des bases moins incertaines que celles diffusées jusque-là : *Revue d'histoire de la Deuxième Guerre mondiale*, n° 8, janvier 1971, p. 23-47, et *Bulletin de l'Institut d'histoire du temps présent*, n° 25, septembre 1986, p. 37-53.

6. Jean-Claude Farcy et Henry Rousso, *Justice, répression et persécution en France (fin des années 1930-début des années 1950) ; essai bibliographique*, *Cahiers de l'IHTP*, n° 24, juin 1993. Ce travail faisait suite au premier bilan bibliographique, établi douze ans plus tôt par Claude Lévy et Dominique Veillon, *Bulletin de l'IHTP*, n° 4, juin 1981.

7. *Vingtième Siècle. Revue d'histoire*, n° 33, janvier-mars 1992, p. 78-105, repris dans *Vichy, l'événement, la mémoire et l'histoire*, Paris, Gallimard, « Folio Histoire », 2001, p. 490-552.

8. « L'épuration administrative en France après la Libération, une étude statistique et géographique », *Vingtième siècle. Revue d'histoire*, n° 33, janvier-mars 1992, p. 106-117 ; *L'Épuration dans l'administration française*, Paris, CNRS Éditions, 1993.

Dix ans plus tard, c'est cette même ambition qui sous-tend le présent ouvrage – même si l'on doit constater que l'histoire judiciaire de l'épuration continue à être la plus fréquentée. La nouvelle phase de judiciarisation de Vichy, liée aux procès pour crime contre l'humanité organisés en France entre 1987 et 1998, y est sans doute pour quelque chose, mais on doit noter les tentatives de renouvellement du genre par rapport à sa première mouture, les comptes rendus des procès des grands (et moins grands) collaborateurs, publiés pour la plupart dans les dix ans ayant suivi la Libération [9]. Un livre comme celui d'Alice Kaplan offre ainsi du procès de Robert Brasillach une vision s'attachant à mettre en évidence les stratégies procédurales des différentes parties, notamment celles du ministère public [10]. Regarder l'épuration de la scène judiciaire n'est évidemment pas sans intérêt, ne serait-ce que dans la mesure où c'est elle qui pose le plus clairement les enjeux et les limites d'une justice politique – ce qu'a de toute évidence été l'épuration judiciaire [11]. Aussi cet aspect ne sera-t-il pas absent du présent ouvrage, essentiellement dans sa première partie, qui se veut d'une part présentation générale du dispositif juridique d'épuration et de ses toutes premières mises en œuvre, et d'autre part réflexion sur les fondements mêmes d'une justice politique, à partir de l'invention d'une incrimination nouvelle, l'indignité nationale. Il s'agit ici, en même temps que de retracer le fonctionnement des mécanismes judiciaires de répression de la collaboration, de souligner les enjeux posés par la dialectique de la punition et du renouveau qui fonde politiquement la volonté d'une France régénérée, non sans buter sur l'écueil de la rétroactivité.

Rappeler ces éléments permet également de mettre en évidence la dualité d'une épuration judiciaire spectaculaire jugeant les plus coupables et d'une épuration professionnelle plus discrète, et donc moins immédiatement lisible. Chaque institution, profession, corporation se voit en effet conduite à éliminer les indésirables afin d'offrir un visage plus présentable en ces temps où la geste résistante est partout à l'honneur. Elles peuvent le faire, rarement, de leur propre gré – et ce non sans tensions internes nées des nombreux facteurs d'hétérogénéité qui les traversent – ou sur injonction d'en haut. Épuration voulue ou épuration imposée, c'est notamment ce qu'il s'agira de déterminer en s'attachant à parcourir une partie de ce terrain socioprofessionnel, forcément

9. On en trouvera la liste dans J.-Cl. Farcy et H. Rousso, *op. cit.*, p. 85-90.

10. *Intelligence avec l'ennemi. Le procès Brasillach*, Paris, Gallimard, 2001.

11. La question de la justice politique est posée dès l'origine, ainsi dans deux dossiers spéciaux d'*Esprit*, « Y a-t-il une justice en France ? », août 1947, p. 181-275, et « Second dossier sur la justice politique », novembre 1947, p. 654-684.

divers et foisonnant. C'est à ce chantier que s'attelle la deuxième partie de l'ouvrage, avec huit contributions qui se veulent autant d'éclairages sur les finalités, les modalités et le bilan des opérations d'épuration dans des champs de la vie sociale diversifiés, mais auxquels il serait absurde de prétendre donner valeur de miroir de la diversité sociale, et à peine d'échantillon. En ayant appris un peu plus, selon des échelles d'observation variées, sur l'épuration de l'administration préfectorale, de la magistrature, du barreau, de l'enseignement supérieur, du monde des lettres, du théâtre, du patronat et du corps médical (et aussi du monde politique et de l'armée, évoqués plus loin), le lecteur pourra *a contrario* s'étonner de certaines absences, par intérêt propre ou parce que le rôle joué par tel ou tel secteur à la Libération – on pense à la police ou à la gendarmerie – lui paraît essentiel. Les concepteurs de l'ouvrage ne nieront pas qu'ils peuvent partager cette insatisfaction, même si celle-ci, pour reprendre ces deux exemples, s'explique d'un côté par le fait que l'une de ces histoires est déjà largement écrite, avec les travaux les plus récents de Jean-Marc Berlière[12], tandis que l'autre ne l'est pas du tout encore, Marc Bergère ayant seulement commencé, au moment où s'écrit ce texte, à explorer l'immense masse des archives laissées par l'épuration de la gendarmerie.

Pour autant, même si nous sommes les premiers à regretter certains manques – celui du monde ouvrier et syndical par exemple –, il ne pouvait s'agir ici de proposer, fût-ce en réduction, une quelconque encyclopédie portative de l'épuration professionnelle : un livre, surtout collectif, correspond à un moment de cristallisation de l'état des savoirs, et ceux-ci continuent à évoluer. C'est ainsi – c'est là un des acquis importants des dix dernières années – que nombre de travaux récents portant sur l'Occupation ont cherché à mieux comprendre le comportement de groupes professionnels au miroir de l'exceptionnalité des circonstances. Issus souvent de thèses, ou annoncés lorsque ces thèses sont encore en cours d'élaboration, des ouvrages tentent de faire le point sur les stratégies collectives élaborées par ces groupes pour survivre, s'adapter puis sortir des spécificités d'une période marquée à la fois par la présence de l'ennemi et par l'arrivée au pouvoir d'un régime rejetant l'idéologie républicaine. La plupart des contributions retenues ici sont ainsi dues à des chercheurs ayant eu l'occasion, que la période de l'épuration ait ou non déjà figuré parmi leurs préoccupations, de s'intéresser aux groupes sociaux qu'ils analysent dans le présent ouvrage[13].

---

12. Jean-Marc Berlière (avec Laurent Chabrun), *Les Policiers français sous l'Occupation*, Paris, Perrin, 2001.

13. Y compris, pour quelques-uns d'entre eux, en ce qui concerne la résistance au sein de ces professions. On renvoie pour cela à une livraison de la revue *Le Mouvement social*,

Ces approches sectorielles ont été éclairées, en même temps qu'elles ont contribué à les préciser, par l'ensemble des recherches visant, elles aussi depuis une quinzaine d'années, à mieux cerner l'identité nationale des Français, et plus largement des ressortissants des pays occupés, entre la fin des années 1930 et la fin des années 1940. Dans le sillage des travaux de Pierre Laborie qui avait tôt insisté sur les ambivalences dont étaient porteurs les processus d'épuration[14], des études d'ensemble se sont donné pour ambition de mieux percevoir la nature des sentiments identitaires à l'œuvre dans la société française de l'immédiat après-Libération. Tandis que Pieter Lagrou a étudié, dans une perspective comparatiste, les étapes de la reconstruction du sentiment national à partir de la mémoire résistante[15], d'autres chercheurs se sont attachés à une anthropologie historique des opérations d'épuration, tel Fabrice Virgili s'intéressant aux enjeux de « virilisation » à l'œuvre dans la violence faite aux femmes tondues[16]. Des thèses, devenues des livres, ont dans le même esprit cherché à percevoir dans toute son ampleur ce phénomène social qu'était l'épuration, à partir d'une coupe effectuée au niveau d'une région, la Bretagne, pour Luc Capdevila[17], d'un département, le Maine-et-Loire, pour Marc Bergère, qui définit ainsi une « société en épuration[18] ».

Tel aurait également pu être le sous-titre du présent ouvrage, et tel est l'esprit dans lequel a été conçue sa troisième partie. Après les huit éclairages apportés sur la manière dont diverses professions ont conduit, et tenté de maîtriser, les processus d'épuration, quatre approches en forme de synthèse cherchent à mieux cerner les enjeux profonds de l'épuration

---

juillet-septembre 1997, « Pour une histoire sociale de la Résistance », ensemble qui a été repris sous la forme d'un ouvrage : Antoine Prost (dir.), *La Résistance, une histoire sociale*, Paris, Éditions de l'Atelier, 1997.

14. On se reportera à son recueil *Les Français des années troubles : de la guerre d'Espagne à la Libération*, Paris, Desclée de Brouwer, 2001, et, pour une appréhension plus générale de ce « penser-trouble » des Français d'alors, à *L'Opinion française sous Vichy*, Paris, Seuil, 1990 (rééd. « Points », 2001).

15. *Mémoires patriotiques et Occupation nazie : résistants, requis et déportés en Europe occidentale 1945-1965*, Bruxelles, Complexe, 2003.

16. *La France « virile » : des femmes tondues à la Libération*, Paris, Payot, 2000.

17. *Les Bretons au lendemain de l'Occupation : imaginaire et comportement d'une sortie de guerre, 1944-1945*, Rennes, Presses universitaires de Rennes, 1999.

18. *Une société en épuration : épuration vécue et perçue en Maine-et-Loire, de la Libération au début des années 1950*, Rennes, PUR, 2003. On peut ajouter à ces approches de terrain celle de l'historienne américaine Megan Koreman qui, à partir de l'étude de trois petites villes françaises (Moûtiers, Rambervillers et Saint-Flour), analyse la triple « demande de justice » que manifeste la population non seulement en matière d'épuration, mais aussi en ce qui concerne le ravitaillement et la construction d'une mémoire résistante : *The Expectation of Justice : France 1944-1946*, Dunham, Duke University Press, 1999.

pour la société française, dans ce temps suspendu de l'après-Libération où tout semblait possible. Derrière l'apparente technicité juridique des conditions de sa mise en œuvre, chaque épuration pose en effet de redoutables questions de principe. Au nom de quelle théorie de la représentation ôter à d'anciens élus le droit de se présenter au suffrage de leurs concitoyens ? Comment sanctionner les patrons sans remettre en cause le droit de propriété, une fois acquis le principe des grandes nationalisations ? Épurer l'État des cadres ayant failli, n'est-ce pas l'occasion de repenser profondément son organisation ?

Mais le processus, qui doit être piloté sur tous les fronts, offre également l'occasion de s'interroger sur les relations de pouvoir qui s'essayent dans cette société en reconstruction. Ne voit-on pas ainsi se construire, l'espace d'un automne, de nouveaux jeux d'échelle entre les centres et leurs périphéries, les niveaux national, régional et local se bousculant, comme le relate ici la narration, qu'aurait pu signer le Jean-Louis Bory de *Mon village à l'heure allemande*, d'une société villageoise en épuration ? Souveraineté politique, droit de propriété, place et rôle de l'État, les enjeux n'étaient pas minces. Leur ampleur confirme, si besoin était, l'importance qu'attachaient les pouvoirs publics à tenir tous les leviers de la répression de la collaboration. Le général de Gaulle et son ministre de l'Intérieur, Adrien Tixier, y sont très attentifs dans ce temps court qui va de l'automne de 1944 à la fin de 1945. Période heurtée, qui voit la libération progressive du territoire français et la fin de la guerre, mais qui est aussi marquée à la fois par la persistance des difficultés d'existence – l'hiver de 1944-1945 fut particulièrement dur – et par le traumatisme, au printemps, du retour, ou du non-retour, des déportés.

C'est alors que les calendriers divergent, et avec eux la place de l'épuration dans la société française. À la fin de 1944, le gouvernement provisoire décide que l'épuration administrative doit être terminée avant l'été. Vœu évidemment pieux, lorsqu'on connaît les masses de dossiers ouverts par les instances chargées de l'épuration professionnelle, notamment au sein de l'État. Mais la date retenue n'est pas sans signification : tout se passe comme si elle marquait le terme idéal, rêvé, de cette épuration chirurgicale, brève et précise, à l'issue de laquelle le pays purifié pourrait pleinement repartir de l'avant. Or, et c'est l'objet des trois contributions réunies dans la quatrième partie de l'ouvrage, l'épuration fut tout sauf courte. Deux phénomènes symétriques, qui apparaissent au vu de l'examen des politiques menées en matière de gestion des personnels publics, ont ainsi concerné des effectifs massifs. D'un côté une épuration qui ne dit pas son nom, née du souci de réduire drastiquement les dépenses publiques, par la suppression d'emplois, notamment dans l'armée; de l'autre, par le biais des mesures administratives de réduction des peines, puis par celui des recours devant le Conseil d'État, un mouvement inverse de réintégration dans les cadres, à des postes peu voyants, de fonctionnaires, et parfois de hauts fonctionnaires sanctionnés à la Libération. Appelé à ne s'éteindre que très progressivement, cet effort jurisprudentiel de réécriture du comportement moyen acceptable sous l'Occupation, auquel le Conseil d'État est tenu de s'astreindre dès octobre 1945, est aussi annonciateur du travail d'oubli qui parcourra la société politique française du début des années 1950, et que viennent ponctuer les lois d'amnistie de janvier 1951 et août 1953.

La légalisation de ce travail d'oubli pose un redoutable problème à l'historien, ne serait-ce que dans la mesure où nombre de dossiers individuels ont été, on ne peut plus régulièrement, expurgés de pièces se rapportant à des épisodes ayant fait l'objet d'une mesure d'amnistie. Elle pose aussi une question de principe, celle de l'anonymisation des itinéraires retracés dans les différentes contributions. Un juridisme extrême aurait conduit à remplacer systématiquement tout nom propre par une initiale. Nous ne l'avons pas souhaité, et pas seulement pour éviter de rendre la lecture de l'ouvrage fastidieuse. Car si l'amnistie efface juridiquement le fait sanctionné – tel a été le cas de la quasi-totalité des événements rapportés ici –, elle ne peut pas faire qu'historiquement celui-ci n'ait pas eu lieu. Poussé à l'extrême, le raisonnement est en effet absurde : il serait possible de citer les agissements d'une personne n'ayant pas fait l'objet d'une mesure d'épuration (donc n'ayant pas été amnistiée, par définition), mais pas ceux de qui aurait été de ce fait poursuivi, condamné et amnistié. Pour ces raisons, et en nous plaçant sous la protection de ces « franchises de l'histoire » qu'analyse la juriste Nathalie Mallet-Poujol[19], nous nous sommes donc autorisés à citer des noms dès lors qu'ils étaient connus du public de l'époque, notamment parce que la presse d'alors les avait évoqués. Rappelons à ce propos la tendance récente de la jurisprudence, établie nous semble-t-il à propos de la guerre d'Algérie, à considérer que l'intervention de l'amnistie n'interdit pas à l'historien de rappeler les faits, et leurs auteurs, sous réserve de procéder avec la rigueur et la méthode qui sont de mise dans l'exercice normal de son métier.

---

19. « Vie privée et droit à l'image : les franchises de l'histoire », *Légicom*, n° 20, 1999/4, p. 51-68. Voir aussi, du même auteur, « Diffamation et histoire contemporaine », *Légipresse*, septembre 1996, p. 97-103, et commentaire sous Cour d'appel de Paris, 17 septembre 1997, *Recueil Dalloz*, 1998, 31e cahier, p. 432-436.

C'est pourtant clairement de sortir d'une logique de mise en procès qu'il s'agit ici, en appréhendant l'épuration pleinement comme un objet d'histoire. L'ouvrage est donc encadré par un prologue et un épilogue qui s'efforcent de restituer l'historicité de cet objet. Le prologue s'arrête sur l'histoire du mot « épuration », vieux déjà d'un siècle et demi lorsqu'il est remis à l'honneur à l'époque qui nous intéresse ici. Son réemploi, dans le contexte qui aurait pu être révolutionnaire de la seconde moitié de 1944, renvoie à des processus de radicalisation inspiré d'une logique de salut public. Symétriquement, en épilogue, et précisément parce que l'ouvrage n'a pas pour objet de répondre à la question lourdement chargée « combien ? », la contribution intitulée « Histoire d'un chiffre » analyse les enjeux de mémoire qui sous-tendent les approches purement arithmétiques du phénomène. La question est en effet moins celle du « combien ? » que celles du « pourquoi ? » et du « comment ? » ; c'est à elles que les textes réunis dans le présent ouvrage ont essayé d'apporter des éléments de réponse en sachant que cette « histoire inachevée », qu'évoquait voilà dix ans Henry Rousso, n'est pas sur le point de se clore : portées à un point d'incandescence avec les processus étudiés ici, les interrogations sur la place de la justice dans une société traversant une profonde crise identitaire ne sont en effet pas de celles qui s'éteignent d'elles-mêmes.

Ouverture

Épuration, histoire d'un mot

par Alya Aglan et Emmanuelle Loyer

« Épuration » : le mot sent le soufre. Il laisse derrière lui une fragrance de justice politique et de tribunaux populaires, évoque les grands élans de Saint-Just ou la foule hystérique de *M le Maudit.* En effet, si le mot « collaboration » progressivement devenu, sous l'Occupation, et totalement entendu, après la Libération, comme synonyme de compromission voire de trahison, ne désignait auparavant qu'une banale participation à l'œuvre commune, tel n'est pas le cas de l'épuration. Avant même que la Résistance et la France libre ne s'emparent du terme et en fassent une exigence essentielle dans les modalités du règlement de la guerre, le mot résonne de significations et s'ancre dans un imaginaire. De quels souvenirs historiques, de quel imaginaire politique le mot « épuration » est-il porteur lorsque son usage va se fixer pour désigner les pratiques judiciaires (et extra-judiciaires) qui prennent place dans la France de l'après-1944 ?

Les mots ont une mémoire et cette mémoire produit des effets dont il faut tenir compte. Comme le rappellent Michael Marrus et Robert Paxton, l'administration militaire nazie donna l'ordre d'éviter en Russie le mot de « déportation », considéré comme une réminiscence aussi forte qu'inopportune du régime des expulsions en Sibérie pratiqué sous les tsars [1]. L'étude des contournements d'un mot, du silence et des processus d'euphémisation fait donc partie intégrante d'une tentative de réflexion de lexicologie historique. Précisons tout de suite que celle-ci ne sera pas systématique. Faute de logistique informatique idoine, il était impossible de traquer le mot (ou son absence) dans l'immense corpus de la littérature politique du XIXe siècle et du premier XXe siècle. Les

1. M. Marrus et R.O. Paxton, *Vichy et les Juifs*, Paris, Calmann-Lévy, 1981, p. 320.

hypothèses formulées se fonderont donc essentiellement sur des coups de sonde et sur les quelques travaux existants en la matière. Il était néanmoins nécessaire d'y regarder de plus près pour la période de la guerre. Une telle tentative – lire l'Histoire à hauteur des mots – prend alors tout son sens : côté vichyssois, un certain camouflage du vocabulaire, chaque mot est à décrypter ; côté résistant, les mots sont les premières armes, chacun compte : dire l'« épuration », c'est déjà un peu la faire, en annonçant le retournement de la situation et de la violence.

L'épuration, lorsqu'elle s'exerce dans l'Administration, revêt un caractère politique, bien qu'il soit rarement affiché, et se distingue de la sanction disciplinaire. Il ne s'agit plus de fautes ou de manquements précis aux exigences professionnelles mais de comportements jugés indésirables, en général dans le cadre d'un bouleversement de système politique. Synonyme jusqu'à un certain point du bannissement d'Ancien Régime ou de la proscription, l'épuration judiciaire s'en écarte par la marque d'infamie identifiée dans la notion d'indignité. Cette dernière apparaît en 1848, dans la grande tradition républicaine qui court depuis la Révolution française d'une citoyenneté exigeante, « pure », vertueuse, comme la catégorie des exclus provisoires de la citoyenneté[2]. Si l'épuration administrative est une réalité de l'histoire contemporaine française, la charge symbolique du mot est souvent gommée par de multiples dénominations euphémisantes (réformes, renouvellements, relèvements de fonction...), dont la IIIe République commençante, en particulier, fera l'usage. Vichy, régime né de la défaite et alliant de façon syncrétique la réaction, la tradition et parfois la modernité, utilise de façon ambivalente la référence révolutionnaire et la métaphore organiciste de l'État. L'épuration idéologique et pour la première fois raciste y est intense. Il reviendra aux résistants de retourner le lexique vichyssois et de s'emparer pleinement, pour les communistes au moins, de l'imaginaire de l'an II dans lequel les excommunications de Saint-Just, auréolées de gloire, restaient un modèle possible, une référence disponible pour justifier le châtiment des traîtres. Entre effets d'annonce et effets de miroir, l'usage du mot reste sémantiquement délicat, son procès d'adéquation à la chose visée toujours imparfait[3].

2. Voir, dans ce même ouvrage, Anne Simonin, « L'indignité nationale, un châtiment républicain ».

3. Voir, à ce propos, les analyses inspirantes d'une lexicologue, Alice Krieg, *Émergence et Emploi de la formule « purification ethnique » dans la presse française (1980-1994). Une analyse de discours*, thèse de l'université Paris-XIII, Villetaneuse, 2000. La présente contribution a été élaborée en commun mais rédigée séparément : Emmanuelle Loyer a écrit l'introduction et la première partie ; Alya Aglan la seconde ; elles ont conclu ensemble.

Le paradigme révolutionnaire et son héritage

Épuration des mœurs, du goût, de la langue, des sentiments : en plus du sens physique premier (épuration des eaux, des humeurs, des métaux), les dictionnaires révèlent l'utilisation du mot « épuration » dans la langue morale de l'Ancien Régime pour désigner une opération lente de dissolution des parties nuisibles (purification) ou une ablation rapide tendant à chasser les maux étrangers (purge)[4]. La signification politique du mot se fixe clairement lors de la Révolution française[5] et notamment au cours de l'épisode jacobin de celle-ci. Dès lors, le terme d'« épuration » appartient à la langue révolutionnaire et la politisation du vocable moral ou religieux est caractéristique d'une expérience politique qui se voudra très vite une véritable conversion.

Le mot et la réalité de l'épuration sont au cœur du processus de radicalisation de la Révolution française[6]. Les « scrutins épuratoires » du club des Jacobins, qui, sous la Convention, occupe « l'espace entier de la volonté populaire[7] », sont centraux pour figurer cette démocratie directe inédite, dont ses membres sont les partisans. Ils sont les gardiens exclusifs de l'excommunication fondant la Terreur. En effet, et les circonstances de 1793 et la rhétorique du Salut public vont faire de l'épuration une pièce nodale du gouvernement révolutionnaire. Il apparaît nécessaire de purger le souverain de ses ennemis cachés afin de rétablir l'unité menacée à l'intérieur et à l'extérieur. C'est ainsi que l'épuration est indissociable d'une nouvelle catégorie politique héritée de la Révolution – les suspects – ainsi que d'une nouvelle pratique – la liste –, toutes deux intrinsèquement liées et appelées à un brillant avenir. C'est en effet

---

4. Petite enquête réalisée dans les grands dictionnaires des XIXe et XXe siècles : *Grand Dictionnaire* de Pierre Larousse, *Dictionnaire de la langue française* d'Émile Littré, *Dictionnaire français illustré* et *Encyclopédie universelle* de B. Dupiney de Vorepierre (1876), *Dictionnaire* de l'Académie française (1932), *Trésor de la langue française*, vol. 8. Exemple de cet usage moral, Rousseau : « Je n'aime point qu'on affecte avec les enfants un langage trop épuré et qu'on fasse de longs détours dont ils s'aperçoivent pour éviter de nommer les choses par leur nom véritable. »

5. Voir Ferdinand Brunot, *Histoire de la langue française, des origines à 1900*, t. IX-2, Paris, Armand Colin, 1937, p. 818 et suivantes.

6. S'il n'y a pas d'entrée « Épuration » dans F. Furet et M. Ozouf (dir.), *Dictionnaire critique de la Révolution française*, Paris, Flammarion, 1986, en revanche, il en existe une dans le *Dictionnaire historique de la Révolution française*, Paris, PUF, 1989. Pour F. Brunot, si « épuratif » est rare, « le nom d'épuration est au contraire partout », *op. cit.*, p. 819.

7. François Furet, *Dictionnaire critique de la Révolution française*, « Jacobinisme », *op. cit.*, p. 755.

sous la Révolution française qu'apparaissent des listes, élastiques et infiniment extensibles, où les opposants explicites du début, émigrés et prêtres réfractaires, font bientôt place aux opposants supposés du nouveau régime. La loi du 17 septembre 1793 définissant le suspect se comprend dans une continuité partielle avec l'Ancien Régime, qui avait lui aussi stigmatisé ses étrangers, ses individus non connus, non avoués, mais le passage est signifiant de la crainte du vagabondage à la suspicion face à des individus dont les idées auraient dévié hors de la norme révolutionnaire. D'une certaine façon, tout se passe comme si l'épuré s'était lui-même mis hors du pacte national et que l'épurateur ne faisait que sanctionner cet écart. L'épuration s'inscrit donc dans une logique répressive où l'agitation continue des sans-culottes exigeant l'arrestation des suspects et l'épuration des comités font pression sur la Convention et établissent la Terreur. Robespierre et surtout Saint-Just vont se faire les théoriciens d'une société en auto-épuration permanente. Alors que les conventionnels, sur proposition de Marat, avaient renoncé à leur inviolabilité, Robespierre propose un « scrutin épuratoire des membres du Tribunal révolutionnaire » : « Je demande que les membres du Tribunal révolutionnaire qui le sont aussi des sociétés affiliées, et ont acquis le droit de se présenter ici, soient épurés. Leurs fonctions de jurés exigent la confiance du Peuple. Le scrutin public sera pour eux, s'ils en sortent purs, le certificat de civisme le plus éclatant[8]. » Dans son rapport sur les suspects incarcérés (26 février 1794), Saint-Just plaide avec véhémence la lutte sans merci contre les ennemis de la liberté – « J'ose dire que la République serait bientôt florissante si le peuple et la représentation avaient la principale influence, et si la souveraineté du peuple était épurée des aristocrates et des comptables, qui semblent l'usurper pour acquérir l'impunité[9] » –, mais aussi le nécessaire retour sur soi de la société révolutionnée : « Une telle société ne doit-elle point faire les plus grands efforts pour s'épurer si elle veut se maintenir[10] ? »

En effet, si la Révolution française doit être répression, elle est aussi promesse de régénération, les deux aspects étant indissolublement liés. Mona Ozouf a montré comment « le mot de régénération décolore vite le mot de réforme[11] ». L'élan et l'énergie délivrés par la Révolution fran-

8. *Œuvres* de Maximilien de Robespierre, tome X, *Discours, 5e partie, 27 juillet 1793-27 juillet 1794,* Paris, PUF, 1967, p. 252. Séance du 13 décembre 1793.

9. Saint-Just, *Œuvres choisies*, Paris, Gallimard, « Idées », réédition 1968, p. 202. Saint-Just prône aussi l'épuration permanente de l'Administration dans son discours du 10 octobre 1793 (*Rapport sur la nécessité de déclarer le gouvernement révolutionnaire jusqu'à la paix*), p. 168-183.

10. *Op. cit.*, p. 191.

11. Mona Ozouf, « Régénération », *Dictionnaire critique de la Révolution française, op. cit.*, p. 822.

çaise commandent de bâtir un homme neuf. Rien de moins. Les révolutionnaires choisissent la rupture brutale avec l'Ancien Régime, dont il faut éradiquer, proscrire, purger, détruire, effacer, neutraliser tous les « lambeaux » subsistants, y compris en soi. On comprend comment l'épuration s'articule à cette logique de la table rase et au vocabulaire organiciste issu de la pensée rousseauiste : la Nation se construit comme un corps unique et indivisible dont il faut amputer le membre gangrené[12]. Cette métaphore filée du corps politique et celle plus anthropologique du sang purificateur déterminent pour l'avenir l'usage du mot épuration. Ainsi, entre trahison et régénération, l'épuration appartient au champ sémantique de la Terreur et du jacobinisme[13]. C'est un mot qui annonce la couleur, porteur des stigmates de la Révolution française, version 1793 plus que 1789. C'est bien ce halo de significations et d'imaginaire qui en commandent le réemploi très sélectif dans le siècle et demi qui suit.

Jusqu'à ce que la IIIe République accomplisse les promesses de la Révolution française et, par là même, contribue à en clore le cycle[14], le XIXe siècle se construit de manière chaotique dans la tyrannie du souvenir et de la référence révolutionnaires qui dicte les options possibles dans le répertoire politique français. Parlant de la Restauration, Chateaubriand montre comment 1789 impose son lexique aux acteurs politiques du siècle bourgeois sans que jamais ces derniers, consciemment ou non, puissent s'en émanciper : « Chacun aussi savait mal le langage constitutionnel ; les royalistes faisaient des fautes grossières en parlant de la Charte ; les impérialistes en étaient encore moins instruits ; les Conventionnels [...] retombaient tantôt dans le dialecte républicain qu'ils avaient presque oublié, tantôt dans l'idiome de l'absolutisme qu'ils avaient appris à fond[15]. » Dans l'affrontement des deux France que lègue la Révolution française et que va renforcer une série de changements de régimes, « épuration » est un mot encombrant, car très

12. F. Brunot, *op. cit.*, p. 819 : une fois passée par le creuset de la médecine opératoire (ce rapprochement entre les opérations politiques et les pratiques des apothicaires est souvent fait dans le public par dérision), « une société était déclarée régénérée, c'est le mot normal ».

13. Afin de ne pas alourdir le texte, nous nous en sommes tenus à Robespierre et Saint-Just, mais on trouve de nombreuses occurrences du mot « épuration » dans les discours de l'époque, par exemple chez Billaud-Varenne.

14. Selon l'interprétation présentée par François Furet dans *La Révolution française*, II, *Terminer la Révolution. De Louis XVIII à Jules Ferry (1814-1880)*, Paris, Hachette, 1988.

15. Chateaubriand, *Mémoires d'outre-tombe*, Livre de Poche, « La Pochothèque » (1973), p. 827.

connoté. Il semble de ce fait disparaître dans le vocabulaire politique de l'époque, alors même qu'une épuration judiciaire et administrative se banalise, épousant les méandres de l'histoire postimpériale. Ainsi, la seconde Restauration, oubliant l'article 1er de la Charte, inaugure l'épuration comme mode de régulation des postes et carrières de l'État. Des listes de bannis sont proposées par Fouché et les ultras de la Chambre introuvable, contre la volonté de Louis XVIII, votent des lois d'exception et voudraient faire renaître la catégorie de « suspect[16] ». Tout en reprenant le langage de la Terreur – on parle bien alors de « Terreur blanche » –, le mot ne semble pas reparaître significativement dans les discours de l'époque[17]. Une coexistence paradoxale s'installe ici entre un mot qu'on essaie d'éviter et une réalité de l'épuration, qui fournit sa moisson d'indésirables en 1830, 1848, 1852, puis sous l'Ordre moral et dans les années 1879-1884, alors que la République, enfin aux républicains, entreprend de républicaniser ses cadres.

Il faut noter tout de même que l'épisode de la Commune donne lieu à une vaste réappropriation par les communards du vocabulaire de l'an II, qui leur a été légué par un cheminement souterrain au sein des sociétés secrètes et des sociabilités républicaines, véritables conservatoires des traditions de 1793. C'est ainsi qu'un nouveau *Père Duchêne* est publié, que les termes de « Commune », « Salut public », « comités révolutionnaires », « Jacobins », « émigrés » sont réutilisés pour injecter une dose de légitimité révolutionnaire au gouvernement communal en train de se mettre en place. Il est logique que le terme d'« épuration », qui appartient au même champ lexical, ressurgisse au même moment[18].

Malgré leur volonté d'ancrer la République, d'assumer une grande partie de l'héritage révolutionnaire et, ce faisant, de réconcilier les deux France, les républicains modérés n'en vont pas moins aller assez loin dans l'épuration administrative et judiciaire et dans la colonisation des services publics par un nouveau personnel républicain. Il est vrai qu'en 1879, lorsque les élections sénatoriales leur donnent un large succès,

---

16. Voir François Furet, *op. cit*, édition de poche, Hachette Littératures, p. 44-45.

17. Voir Anne Simonin, « 1815 en 1945 : les formes littéraires de la défaite », *Vingtième Siècle. Revue d'histoire*, juillet-septembre 1998, p. 57 : à partir de quelques sondages dans les *Mémoires sur les Cent-Jours* (1829) de Benjamin Constant, dans *Du gouvernement de la France depuis la Restauration et du ministère actuel* (1820) de Guizot et dans *De la justice criminelle en France* (1818) de M. Bérenger, elle conclut : « L'"épuration" est un mot qui ne fait pas partie du vocabulaire politique des hommes de la Restauration ».

18. Jean Dubois, *Le Vocabulaire politique et social en France de 1869 à 1872*, Paris, Librairie Larousse, 1962, p. 296 pour les occurrences du mot « épuration ». Certains pourtant, Jules Vallès et le peintre Gustave Courbet par exemple, apprécient peu cette opération de mimétisme langagier et s'y opposent.

une vaste épuration est attendue par des hommes qui ont beaucoup patienté. Entre les épurés, dont les listes sont publiées sur plusieurs pages dans le *Journal officiel*, et ceux qui s'auto-épurent, notamment les magistrats qui refusent d'appliquer les décrets du 29 mars 1880, relatifs aux congrégations (ou, plus tard, les militaires ou magistrats qui refuseront de sanctionner la loi de séparation des Églises et de l'État), le renouvellement de la magistrature a été presque complet, et s'apparente à un système de dépouilles jacksonien[19]. Alors que le terme d'épuration n'apparaît pas dans le corpus des proclamations électorales de 1881, 1885 et de 1889[20], ni à l'extrême gauche où les radicaux considèrent pourtant légitimes les « réformes » accomplies, ni à droite où elles sont au contraire dénoncées, en revanche le mot est utilisé par toute une littérature de brochures critiques provenant d'horizons divers, du libéralisme catholique au légitimisme[21]. La « révolution des emplois », comme la nommera plus tard Daniel Halévy, semble dès lors devenir objet de discussions pour des enjeux qui la dépassent. Ainsi, alors que le Front populaire semble ignorer l'épuration en dépit de l'affrontement intense auquel son arrivée au pouvoir donne lieu[22], un débat est organisé en 1937 entre Daniel Halévy, Robert Dreyfus, Jean Guéhenno et Julien Benda dans le cadre de l'Union pour la vérité puis de la Société d'histoire de la Troisième République[23]. Daniel Halévy dénonce le caractère outrancier des épurations républicaines de 1879 et y voit une rupture nette avec la « République des ducs » : c'est la fin du règne des notables dans l'histoire politique française et les nouvelles couches radicales

19. Voir *L'Épuration de la magistrature de la Révolution à la Libération*, Loysel, Association française pour l'histoire de la Justice, 1994.

20. Voir Antoine Prost, *Vocabulaire des proclamations électorales de 1881, 1885 et 1889*, Paris, PUF, 1974.

21. Voir Jean-Pierre Machelon, *La République contre les libertés ? Les restrictions aux libertés de 1879 à 1914*, Paris, Presses de la Fondation nationale des sciences politiques, 1976, p. 289, où sont citées l'étude de F. d'Aillières, « Les épurations administratives. Notes statistiques (1877-1880) », parue dans l'organe du libéralisme catholique *Le Correspondant*, 25 février 1881, et la brochure légitimiste de P. de Witt, *L'Épuration sous la Troisième République d'après le Journal officiel et l'Almanach national*, 1887.

22. L'illusion de loyalisme des serviteurs de l'État n'était pourtant pas partagée par les plus lucides (voir Jean Zay, *Souvenirs et Solitude*, Paris, Julliard, 1945), mais les principes de neutralité des pouvoirs publics et l'égalité d'accès aux fonctions de l'État étaient sans doute désormais plus ancrés dans les mœurs politico-administratives et la logique frontiste de l'unanimité et de la réconciliation, très forte au début, a pu jouer également. Voir Denis Peschanski, *Et pourtant, ils tournent. Vocabulaire et stratégie du PCF (1934-1936)*, Paris, INALF/Klincksieck, 1988.

23. Voir Sébastien Laurent, *Daniel Halévy, politique et littérature*, Paris, Grasset, 2001, p. 420-422.

prennent le relais, sans l'autorité naturelle des anciennes élites. La discussion historique tend très vite vers le débat idéologique et la catégorie de l'épuration est le moteur de ce glissement. Tout se passe à cette occasion comme si l'épuration des débuts de la République opportuniste fonctionnait comme la pierre de touche de l'acceptation non du régime républicain en tant que tel mais plus fondamentalement du modèle républicain, à un moment où celui-ci est en crise d'identité et de légitimité.

Le régime de Vichy prône officiellement une « épuration » qui répugne à dire son nom, largement répandue aux secteurs dépendants de l'État et visant les catégories de personnes jugées inaptes à faire partie de la communauté nationale. L'euphémisme systématique du langage administratif n'est pas le fait des résistants. Néanmoins et bien qu'une grande partie d'entre eux se retrouve dans l'eschatologie révolutionnaire de la fin de la guerre, le terme d'« épuration » fait davantage florès à Alger que dans les maquis. Il signe alors paradoxalement la prééminence d'un ordre juridique qui entend s'imposer contre l'arbitraire et les débordements, la volonté d'instituer une justice qui ne se réduirait pas à la vengeance des vainqueurs ni à « l'éternelle loi des suspects[24] ».

Du châtiment à l'épuration

Lorsque Roger Vailland salue les événements du 6 février 1934 d'un provocateur « Monsieur Chiappe, l'épurateur de la capitale », titre d'un article paru dans *Paris-Midi*, le sens du vocable se trouve à dessein détourné. Sous l'Occupation, le mot voit son utilisation étendue, désignant à la fois un phénomène et une métaphore, pour finalement recouvrir une action législative chronologiquement déterminée.

Si le discours vichyssois évite le mot même, la métaphore organiciste d'une « communauté nationale » purifiée et régénérée par une unité et un ordre nouveaux, au centre du discours de la Révolution nationale, se constitue autour de l'idée d'un nécessaire « assainissement du pays[25] » qui doit exclure les catégories jugées indésirables que sont « les étran-

24. Henri du Moulin de Labarthète, ancien directeur du cabinet civil du maréchal Pétain, *Le Temps des illusions. Souvenirs (1940-1942)*, Genève, éditions du Cheval ailé, 1946, p. 275.

25. *Le Maréchal et sa doctrine*, brochure, 1943. Voir Denis Peschanski, « Du régime d'exception à l'"assainissement national" », dans Jean-Pierre Azéma, Antoine Prost et Jean-Pierre Rioux (dir.), *Les Communistes français de Munich à Châteaubriant (1938-1941)*, Paris, Presses de la FNSP, 1987, p. 145-166.

gers », « les juifs », « les communistes » et « les sociétés secrètes », en particulier la franc-maçonnerie. L'« Anti-France », dont l'action antinationale est pointée du doigt, sert de repoussoir au nouveau régime, replié sur « le fond de notre race[26] », noyau « vrai » de la communauté. Tout un arsenal juridique d'interdictions et de répression se forge, à cette occasion, par exemple pour « éliminer l'influence juive de l'économie nationale[27] », rejeter « les Français indignes » qui ont « quitté le territoire de la métropole entre le 10 mai et le 30 juin 1940 », ou encore réviser les naturalisations de ceux, notamment, qu'un ouvrage de propagande présentera comme « communistes, juifs, escrocs, réfugiés politiques [qui] avaient trouvé asile chez nous et, sous la pression des politiciens tarés, dont ils devenaient les électeurs, [...] avaient achevé l'œuvre de désagrégation de notre pays[28] ».

Les analyses lexicographiques disponibles[29] établissent que le mot « épuration » ne fait pas partie du vocabulaire dominant du discours du Maréchal. Mais il peut apparaître cependant, de manière sporadique, dans les envolées quasi lyriques d'un Alphonse de Chateaubriant, dès avant la guerre ardent défenseur du national-socialisme, synonyme à ses yeux de renouveau européen, médiéval et chrétien. « Le Grand Œuvre s'approfondit, s'écrie-t-il au lendemain du 22 juin 1941. Après avoir mis, à l'Ouest, la germanité aux prises avec le capitalisme et ses exploitations inhumaines, il complète ses desseins en la dirigeant vers l'Est, contre la monstrueuse organisation russo-asiatique, triomphe de la déshumanisation sans espoir. Serait aveugle qui ne verrait ici le rôle confié à l'Allemagne par le Destin. Serait déchue et maudite toute nation d'Europe qui ne se rallierait pas à l'éclair de cette épée. La marche du genre humain a mis le genre humain dans le cas de ne plus pouvoir se passer pour vivre – et pour mériter de vivre – d'une épuration totale[30]. » Cette mystique de l'épuration, célébrée au moment de la croisade antibolchevique menée par le Reich et ses séides, est la transposition à

26. Message du maréchal Pétain, 11 juillet 1940, in *La France nouvelle. Appels et messages du maréchal Pétain*, Paris, Fasquelle, 1941.

27. Loi du 22 juillet 1941, « relative aux entreprises, biens et valeurs appartenant aux Juifs », *Journal officiel* du 26-8-1941. *Les Juifs sous l'occupation. Recueil des textes officiels français et allemands 1940-1944*, Paris, Centre de documentation juive contemporaine, 1982, p. 62-66.

28. *Le Maréchal et sa doctrine*, brochure, 1943.

29. Gérard Miller, *Les Pousse-au-jouir du maréchal Pétain*, Paris, Seuil, 1975. Philippe Pétain, *Discours aux Français, 17 juin 1940-20 août 1944*, édition établie par Jean-Claude Barbas, Paris, Albin Michel, 1989.

30. *La Gerbe*, 26 juin 1941, cité par Pascal Ory, *La France allemande. Paroles du collaborationnisme français (1933-1945)*, Paris, Gallimard/Julliard, 1977, p. 170.

l'échelle européenne du processus d'épuration, qui ne dit pas son nom, réalisé à l'échelle nationale.

L'utilisation du mot « épuration » se cantonne en effet au champ sémantique administratif de Vichy. Elle prend pour principal point d'appui la loi du 17 juillet 1940[31] qui écarte du service de l'État les fonctionnaires nés de père non français, relayée par celles du 22 juillet et du 13 août de la même année, qui posent respectivement le principe de révision des naturalisations et l'exclusion des membres des associations secrètes de la fonction publique. Cette « juilletisation », menée sans entraves, constitue une véritable épuration du service public, au sens large du terme. Elle permet de mettre à l'écart du système tout agent soupçonné de ne pas adhérer pleinement aux idéaux de la Révolution nationale. La subtilité de ce train de mesures qui allient persuasion et contrainte laisse la possibilité au pouvoir politique de « distinguer entre les bons et mauvais fonctionnaires », « en réalisant d'abord une épuration, en faisant ensuite du fonctionnaire l'auxiliaire du pouvoir central[32] ». Dans les faits, l'épuration systématique, aux apparences légales, mise en place par le gouvernement de Vichy semble être beaucoup plus radicale et arbitraire que celle de la Libération et vaudrait une fine comparaison quantitative[33].

Phénomène majeur pour un vocable mineur, le mot « épuration » est rarement employé pour désigner la chose. De manière fort explicite pourtant, le terme fait figure de programme pour l'éphémère Ligue française d'épuration, d'entraide sociale et de collaboration européenne, fondée par Pierre Costantini, le 15 septembre 1940, avec l'accord de l'ambassade d'Allemagne et qui publie, à partir du 6 mars 1941, *L'Appel*, « médiocre hebdomadaire sans lecteurs[34] ». Le mouvement signe, en septembre 1941, un pacte d'unité d'action avec le PPF de Doriot, puis soutient la LVF[35]. Nulle référence à 1789, l'utilisation du

31. Une seconde loi, du 17 juillet 1940 également, « relative aux magistrats, fonctionnaires et agents civils ou militaires de l'État relevés de leurs fonctions » (*Journal officiel* du 18 juillet 1940), laisse libre cours à l'arbitraire, autorisant l'exclusion des agents publics jugés indésirables « par décret pris sur le seul rapport du ministre compétent et sans autres formalités ». Marc Olivier Baruch, *Servir l'État français. L'Administration en France de 1940 à 1944*, Paris, Fayard, 1997, p. 120-121.

32. Synthèse des rapports, 11 octobre 1940, AN 2AG613, citée *ibid.*, p. 123.

33. *Ibid.*, p. 656-657, annexe 8, « Bilan d'application de la loi du 17 juillet 1940 (au 29 avril 1941) ». Voir aussi Bernard Laguerre, « Les dénaturalisés de Vichy », *Vingtième Siècle. Revue d'histoire*, n° 20, octobre-décembre 1988, p. 3-15.

34. Dominique Venner, *Histoire de la collaboration, suivi des dictionnaires des acteurs, partis et journaux*, Paris, éditions Pygmalion/Gérard Watelet, 2000, p. 570.

35. Pascal Ory, *Les Collaborateurs, 1940-1945*, Paris, Seuil, 1976.

mot relevant ici plutôt de la métaphore que du sens, historiquement connoté, qui le relie au régime de la Terreur.

Paradoxalement, si la filiation avec Valmy, 1848 et la Commune est explicitement revendiquée par une large partie de la Résistance, le mot « épuration » n'apparaît que de manière relativement tardive pour désigner la grande tâche que s'assigne l'ensemble des mouvements à la Libération. C'est bien davantage la promesse de « châtier les traîtres », qui surgit très tôt dans la presse clandestine et demeure une formule vedette jusqu'au moment où le législateur intervient pour nommer le processus sous le vocable définitif d'« épuration »[36], désignant dans le même temps une action – plus précisément un ensemble de sanctions judiciaires – et une période déterminées. Là encore, le sens précède la terminologie. Le mot « épuration » peut donc se comprendre comme la traduction législative, puis judiciaire, de l'aspiration générale consistant à « châtier les traîtres », comme si la nécessité de préciser les caractères et les modalités de l'action à mener – d'emblée limitée – obligeait à se démarquer d'un vocabulaire trop immédiatement révolutionnaire[37]. Le passage d'un terme à l'autre marque en effet une atténuation, comme le souligne le journal *Le Creuset* – « Organe des ingénieurs et cadres administratifs et commerciaux » – du 15 janvier 1945, regrettant les approximations et lenteurs de l'épuration :

> Le mot épuration a jeté beaucoup de confusion dans les esprits. Autrefois, durant les périodes de paix qui ont séparé les trois invasions de 1870, 1914 et 1939 – quand nos querelles intérieures étaient de règle – ce mot servait aux partis qui réclamaient toutes les places pour eux. Épurer l'Administration ! Épurer l'Armée ! Épurer la presse ! [...] C'est pourquoi, aujourd'hui, contre ceux qui intentionnellement ont été les complices de l'ennemi, il eût mieux valu se servir du mot *châtiment*. Il n'en serait résulté aucune équivoque. Avoir trahi, avoir vendu, spolié, torturé d'autres Français méritait une justice rapide, sommaire, exemplaire. DÉJÀ ET PARTOUT ELLE DEVRAIT ÊTRE RENDUE. [...] Le mot *châtier* aurait fait hésiter ceux qui n'apportent aucune preuve véritable à leurs accusations. Tandis que le mot *épurer* est à la fois si vague et si séduisant que

36. De décembre 1940 à août 1944, un seul article de *Libération-Nord*, sous le titre d'« Épuration », annonce, dans le numéro du 21 décembre 1943 (n° 160), la mise en place et les principes de la Commission d'épuration à Alger, présidée par Charles Laurent, secrétaire de la Fédération des fonctionnaires (CGT).

37. *Défense de la France* (n° 31, 20 avril 1943) rappelle opportunément le texte d'un décret, non abrogé, pris par la Convention, le 7 janvier 1793, qui stipule dans son article 1er : « Tous les Français qui ont accepté ou accepteraient ci-après des fonctions publiques dans les parties de territoires de la République envahies par les puissances ennemies, sont déclarés traîtres à la patrie et hors la loi. »

chacun en l'employant veut se croire sincère même lorsqu'il cède à un mobile partisan[38].

Pour la Résistance, de toute évidence, l'intransigeante intention et l'action précèdent[39] le mot qui édulcore, légalise un processus que l'on souhaite, de longue date, radical à l'extrême. *Libération-Nord*, dès décembre 1940, ouvre une rubrique intitulée « Nos têtes de traîtres », inaugurée par Fernand de Brinon, « le traître mondain[40] ». Drieu la Rochelle incarne « le traître homme de lettres » qui « croit aujourd'hui marquer le nazisme du sceau de sa pensée », « Les Français lui marqueront avant le c... d'un autre sceau[41] ». « Abel Bonnard. C'est le traître académicien. Il ne trahit pas par conviction, par système ou par lâcheté, mais simplement pour voir son nom dans les journaux ou les affiches[42]. » Au « traître Déat » et à ses camarades, il est promis, dès janvier 1941, un « règlement de comptes[43] ». « Nous demandons que, dès la libération du territoire français, MM. Pierre Laval et Marcel Déat soient traduits devant la cour martiale et condamnés, comme le sont les traîtres, à être fusillés dans le dos », précise *Libération-Nord* du 12 janvier 1941, dans un article intitulé « Haute trahison ». Les autres journaux clandestins expriment une volonté tout aussi intransigeante. « Du plomb pour les assassins », tonne *Franc-Tireur*[44]. Dès le printemps de 1942, la presse clandestine publie des myriades de « listes noires[45] », sans oublier les dérives de l'affaire du journal *Bir-Hakeim*[46], qui n'hésite pas à atta-

---

38. Extrait d'un article intitulé « De quoi s'agit-il? L'épuration », *Le Creuset*, n° 3, 15 janvier 1945, exhumé et cité *in extenso* par François Rouquet, *L'Épuration dans l'administration française*, Paris, CNRS Éditions, 1993, p. 277.

39. Les résistants n'attendent pas la Libération pour procéder à l'exécution des traîtres, avec ou sans procès, dans tous les cas de manière expéditive. C'est le cas du préfet de police de la région de Rouen, André Parmentier, condamné à mort par « l'audience secrète » du 2 août 1943. Le 3 septembre 1943, le CFLN prend la décision de juger Pétain et ses ministres et fait arrêter, le 21 décembre de la même année, Pierre Boisson, P.-E. Flandin et Marcel Peyrouton. Enfin, l'exécution, après procès, de Pierre Pucheu – « ministre français du Führer », dit *Franc-Tireur* –, le 20 mars 1944, annonce que l'action d'épuration a bel et bien commencé. Philippe Henriot, ministre de l'Information du gouvernement de Vichy, est, à son tour, exécuté le 28 juin 1944, après avoir été condamné à mort par le Conseil national de la Résistance.

40. *Libération-Nord*, n° 4, 22 décembre 1940.

41. *Ibid.*, n° 5, 29 décembre 1940.

42. *Ibid.*, n° 9, 26 janvier 1941.

43. *Ibid.*, n° 6, 5 janvier 1941.

44. *Franc-Tireur*, 1er mars 1944.

45. *Libération-Nord* promet la publication d'un « petit Bottin noir des Lettres et des Arts, où figureront les noms de tous les clercs qui ont trahi, soit par goût, soit par lâcheté, soit par intérêt » (n° 171, 14 mars 1944).

46. A. Jacquelin, *Toute la vérité sur le journal clandestin « Bir-Hakeim »*, Paris, Éditions de Kénérac, 1945.

quer certains membres du CFLN. Le procédé des listes noires se répand plus encore en 1943-1944. L'édition régionale de *Combat du Languedoc* consacre un numéro complet, en juillet 1943, à des listes de collaborateurs des départements de la Haute-Garonne, de l'Ariège et du Gers[47]. *Défense de la France* annonce le jour où « devront payer nombre de ceux qui ont espéré sauver leur vie inutile[48] ». Les communistes mobilisent les références à la tradition révolutionnaire de la France : « Vive la Nation ! Mort aux traîtres ! Tel était le cri des volontaires de Valmy [...] Vive la Nation ! Mort aux boches et aux traîtres ! Tel est le mot d'ordre des patriotes en 1942. C'est lui qui doit guider tous nos actes[49]. » À mesure que la Libération approche, les appels au sang se multiplient. *Combat* exhorte les siens à la vengeance : « À la terreur, il n'y a pas de réplique autre qu'une terreur plus puissante et plus implacable. Tout assassinat de patriote français qui n'est pas immédiatement suivi de l'exécution de l'auteur du crime *ou de leurs* [sic] *semblables*, est un déshonneur pour la Résistance[50] ». *Défense de la France*, qui goûte pourtant peu cette forme d'action, s'initie au devoir de tuer : « Tue l'Allemand pour purifier notre terre, tue-le car il nous tue, tue-le pour être libre. Tue les traîtres, tue ceux qui dénoncent, ceux qui ont aidé l'ennemi [...]. Tue les miliciens, extermine-les, car ils ont délibérément choisi la voie de la trahison. Abats-les comme des chiens enragés... Détruis-les comme de la vermine[51] ».

Pourtant le mot « épuration » convient bien au processus longuement mûri dans la clandestinité[52]. Se mêle au châtiment l'idée d'une purification nécessaire pour l'avenir. Si la Résistance dans son ensemble réclame, de manière précoce, qu'une justice implacable sanctionne les faits de collaboration, assimilée à une « intelligence avec l'ennemi », elle exige dans le même temps, à un horizon plus lointain, un nouvel idéal humain. De manière extensive, il s'agit non seulement de châtier les criminels, mais de purifier l'atmosphère, en s'attaquant au profit. « Les Résistants n'ont pas voulu seulement se venger, mais aussi purifier le pays ; pas seulement les traîtres, mais aussi de tous ceux qui avaient été,

47. Peter Novick, *L'Épuration française, 1944-1949*, Paris, Balland, 1985, p. 64.

48. *Défense de la France*, n° 3, 20 novembre 1941, cité par Peter Novick, *op. cit.*, p. 62.

49. *La Vie ouvrière (Nord)*, numéro spécial de septembre 1942, cité par Peter Novick, *op. cit.*, p. 63.

50. Circulaire des groupes francs des MUR (s.l.n.d. [1944]), cité par Henri Michel, *Les Courants de pensée de la Résistance*, Paris, PUF, 1962, p. 338.

51. *Défense de la France*, n° 44, 15 mars 1944, cité par Peter Novick, *op. cit.*, p. 70.

52. Marcel Baudot, « La Résistance française face aux problèmes de répression et d'épuration », *Revue d'histoire de la Deuxième Guerre mondiale*, n° 81, janvier 1971, p. 23-47.

à titre politique, économique, ou dans leur carrière normale, des profiteurs de la défaite[53] ». La haute « Mission » que s'assigne la Résistance consiste à « purifier l'Homme[54] », comme l'explique Henri Michel dans son ouvrage d'après-guerre, *Les Courants de pensée de la Résistance*. « Le bon grain, séparé de l'ivraie, commencera la grande œuvre de purification », qui devra assurer « la relève des hommes d'abord », « le changement des mœurs ensuite[55] », « mœurs politiques » et « mœurs privées[56] ».

L'épuration s'inscrit donc dans la droite ligne de la pensée de la Résistance, celle de la promesse d'un changement révolutionnaire. Les experts de l'OCM (Organisation civile et militaire), réunis en commissions d'études – Charles Bour pour l'épuration –, travaillent sur le sujet et publient des études dans les *Cahiers* dès la fin de 1942[57]. Le premier programme politique construit pour l'après-guerre paraît, en janvier 1943, dans *Le Populaire*, organe du Comité d'action socialiste (CAS). Si la notion d'épuration figure parmi les mesures politiques exigées à la Libération, le mot n'est pas encore utilisé. Il est question de « mise en accusation de tous les individus coupables de trahison ou d'intelligence avec l'ennemi », de « répudiation catégorique[58] », d'« impitoyable châtiment des crimes et spoliations[59] », de faire émerger « une France plus pure et plus dure[60] ». Aucun des programmes ultérieurs, soumis au Conseil national de la Résistance[61], ne reprend le mot, pourtant utilisé par l'ordonnance du 18 août 1943 instituant une commission d'épuration auprès du Comité français de libération nationale. Même le général de Gaulle, dont le discours du 19 juin 1940 pose, selon Peter Novick, « les bases juridiques de l'épuration future en affirmant que Vichy était à la fois illégitime et illégal[62] », n'emploie pas le mot « épuration »,

53. Henri Michel, *op. cit.*, p. 338.

54. *Ibid.*, p. 439.

55. *Ibid.*

56. *Ibid.*

57. « Législation sur les responsabilités et les sanctions d'après *Résistance*, n° 6, 25 janvier 1943 », *in* Henri Michel et Boris Mirkine-Guetzévitch, *Les Idées politiques et sociales de la Résistance*, Paris, Presses universitaires de France, 1954, p. 251-261.

58. Claire Andrieu, *Le Programme commun de la Résistance, des idées dans la guerre*, éditions de l'Érudit, 1984, annexe 1, « Notre programme », *Le Populaire*, n° 16, 16 janvier-1er février 1943, p. 137-140.

59. Extrait du premier projet de programme commun du CNR, discuté en juillet 1943, *in* Claire Andrieu, *op. cit.*, annexe II, p. 141-144.

60. Second projet de charte soumis au CNR, novembre 1943, proposé par le Front national, *in* Claire Andrieu, annexe III, *op. cit.*, p. 145-148.

61. Le mot ne figure pas même dans le texte définitif du programme d'action de la Résistance, daté du 15 mars 1944 et voté à l'unanimité.

62. Peter Novick, *op. cit.*, p. 57.

pas plus en 1940 qu'en 1943, à Casablanca[63]. Il lui préfère le verbe « châtier ».

Le mot comprend un caractère politique marqué, car il vise en premier lieu le personnel dirigeant, les ministres du gouvernement de Vichy, pour s'étendre, en juillet 1943, « aux traîtres et profiteurs de guerre », tout en élargissant les sanctions aux patrimoines, sous l'impulsion des communistes, qui proposent « la confiscation des biens des traîtres[64] ». Les communistes d'Alger prônent « une épuration réelle et rapide », facilitée par des « comités de vigilance » qui « pourront armer les citoyens pour s'assurer de la personne des traîtres[65] ». Les communistes de métropole, quant à eux, mettent l'accent sur le « châtiment des hommes des trusts organisateurs et profiteurs de la défaite[66] ». Pour les socialistes, l'œuvre de purification nécessaire s'adresse aux « vieux partis désorganisés par la défaite, mais purifiés par la Résistance[67] », à commencer par le parti socialiste lui-même. Jusqu'à la Libération, la Résistance, d'une manière générale, préfère au mot « épuration », appartenant au champ politique, législatif et judiciaire, l'expression « châtiment des traîtres[68] », relevant d'un modèle plus radical, même si elle appelle simultanément de ses vœux une purification de la société, rénovée et régénérée par l'épreuve de la guerre.

Aussi le mot « épuration » correspond-il à une époque et à une fonction particulières, celles d'une justice d'exception. S'il apparaît dans le contexte législatif de la reconstruction de l'État à Alger en 1943, il

63. Dans un style gaullien impeccable, il déclare le 8 août 1943, à Casablanca : « Ce n'est point à dire, bien au contraire, que le pays doive omettre de châtier ceux qui l'ont trahi et livré aux bourreaux et que, sous d'énervants prétextes de pardon, invoqués soit par les coupables, soit dans le monde par des conseillers sans responsabilité française, la France puisse émousser le glaive de sa justice. Ah ! non. L'union nationale ne peut se faire et ne peut durer que si l'État sait distinguer les bons serviteurs et punir les criminels [...] il n'y a qu'un seul mot à dire : "Trahison", qu'une seule chose à faire : "Justice !" Clemenceau disait : "Le pays connaîtra qu'il est défendu." Nous disons : "Le pays, un jour, devra connaître qu'il est vengé" », Charles de Gaulle, *Discours et Messages pendant la guerre. 1940-1946*. Paris, Plon, 1970, p. 336-337.

64. Second projet de charte soumis au CNR, proposé par le Front national, novembre 1943, *in* Claire Andrieu, *op. cit.*, annexe III, p. 145-148.

65. Claire Andrieu, *op. cit.*, p. 105.

66. *L'Humanité*, 1er septembre 1944, article de G. Cogniot rendant compte de la réunion du comité central du PC du 31 août 1944, cité par Claire Andrieu, *op. cit.*, p. 106.

67. « Le mouvement de Résistance et les partis », *Libération-Nord*, n° 125, 20 avril 1943, *in* Henri Michel et Boris Mirkine-Guetzévitch, *op. cit.*, p. 261.

68. La condamnation à mort de Pucheu, à Alger, est saluée par un article intitulé « Pour les traîtres, la mort ! » (*Libération-Nord*, n° 171, 14 mars 1944), son exécution par un autre titre « Le châtiment » (*ibid.*, n° 172, 21 mars 1944).

demeure assurément un mot qui appartient au champ sémantique de l'année 1944, dans lequel il se fixe, désignant la volonté d'émergence d'une « France plus pure et plus forte ». Sans doute le remplacement du mot « châtiment », qui garde une nette coloration individuelle, par celui d'« épuration », qui comporte une dimension plus collective, reflète-t-il la nécessaire adaptation d'un vocabulaire forgé dans les temps de combat à la vision plus normative d'une société à reconstruire dans son ensemble. Néanmoins, le malaise subsiste dans l'usage du mot. De nombreux résistants ressentent confusément l'inadéquation entre le mot et ce qu'ils veulent faire. Si l'action de séparation d'avec les traîtres est évaluée positivement, les présupposés hygiénistes, moralistes qui jugent l'élément séparé « sale » et « impur » gênent l'emploi d'un terme qu'on ne peut plus, dès lors, qu'assortir de guillemets[69]. Au sortir de la guerre et passé les heures fiévreuses de la Libération, rares sont qui assumeront complètement le mot sinon la chose. L'épuration fonctionne alors comme le mot des autres.

69. Alice Krieg, *op. cit.*, p. 418-423, cite des exemples de cette difficulté à assumer complètement le terme d'épuration : Serge Ravanel, propos rapportés par Luc Rosenzweig, *Le Monde*, 13-14 novembre 1994, p. 17 : « Ce n'était pas de l'épuration pour nous. Le mot épuration est d'ailleurs affreux. On a l'impression d'une lessive qui épure. Il ne s'agissait pas de cela. En fait, nous étions en guerre, il y avait des adversaires et nous pensions à l'époque que quand se trouve en face de vous un traître, un homme qui voue des Français à la mort, eh bien on le punit comme tel. Ce n'est pas de l'épuration. C'est tout à fait autre chose... »; le mot célèbre de Camus dans *Combat*, 30 août 1945 : « Le mot d'épuration était déjà assez pénible en lui-même, la chose est devenue odieuse »; dans *Esprit,* 1er décembre 1944 : « L'épuration ! Ce terme a des consonances moralistes et totalitaires qui nous gênent parfois. »

I

Un dispositif à l'épreuve

L'indignité nationale : un châtiment républicain

par Anne Simonin

Le 28 août 1944 paraissait au *Journal officiel de la République française* l'ordonnance instituant l'indignité nationale. Ce texte, qui s'insère dans le dispositif législatif mis en place pour l'épuration des « traîtres à la patrie » et des « collaborateurs », mérite à lui seul une attention particulière. Peter Novick dans son étude pionnière, *L'Épuration française, 1944-1949*, publiée en anglais dès 1968, consacrait des pages éclairantes à cette nouvelle infraction destinée à punir la conduite de « collaborateurs » « dont les délits n'étaient pas prévus par le code pénal d'avant guerre » et que les résistants entendaient bien voir sanctionnés [1]. Serait-il possible d'aller plus loin et de faire de l'indignité nationale non plus une loi parmi d'autres mais le texte permettant de porter un regard autre sur l'épuration ? Autrement dit de penser l'épuration à partir de cette innovation juridique dont tout l'intérêt n'apparaît peut-être qu'aujourd'hui où la question de la « justice de transition » et du droit intermédiaire ambitionnant de mettre un terme démocratique à des périodes d'oppression est au premier plan de l'actualité en Europe postcommuniste, en Amérique latine et en Afrique du Sud [2] ? Dès 1943, la Résistance intérieure française a senti la nécessité d'inventer un crime, l'indignité nationale, et une peine, la dégradation nationale, afin de sanctionner les conséquences de l'Occupation et du choix de la collaboration avec le vainqueur allemand par le régime de Vichy.

Les contemporains confondent sous l'appellation « indignité » le crime et la peine, comme en témoigne ce dialogue rapporté par Jean Galtier-Boissière dans son *Journal*, au 5 janvier 1945 :

---

1. « *Nullum crimen sine lege* », *in* Peter Novick, *L'Épuration française 1944-1949*, 1968, Paris, Balland, 1985, Paris, Seuil, coll. « Points-Histoire », 1991, p. 229-248.
2. Ruti G. Teitel, *Transitional Justice*, Oxford, Oxford University Press, 2000.

« Melun. Nous attendons le train de Paris, cinq heures durant dans un petit café. Les consommateurs, qui défilent sans arrêt devant le zinc, nous renseignent sur la marche de l'épuration dans la préfecture de Seine-et-Marne.

– Vous avez pas vu? La vieille Loulou, eh ben, elle a été frappée d'indignité nationale! Qu'est-ce que ça peut bien lui foutre, je vous demande un peu?

– Et pourquoi qu'elle a été *indignitée*?

– Paraît qu'elle avait dit comme ça, la Loulou : « La France est pourrie[3] ! »

La formule correcte de condamnation, celle qui figure sur les formulaires des arrêts des chambres civiques, les juridictions d'exception constituées pour sanctionner cette nouvelle infraction, est : « À la majorité déclare X coupable d'indignité nationale, et le condamne en conséquence à la dégradation nationale[4]. » L'indignité nationale est le nom du crime; la dégradation nationale, le nom de la peine. Nul n'a beau être censé ignorer la loi, la population n'y comprend visiblement pas grand-chose. À sa décharge, les innovations en matière de droit pénal sont extrêmement rares. Le nouveau crime et la nouvelle peine ne seront, aux yeux des profanes, jamais clairement distincts, les condamnés des chambres civiques étant considérés comme « frappés d'indignité nationale » – alors que, en réalité, reconnus coupables d'indignité nationale, ils sont condamnés à la dégradation nationale.

Quel intérêt autre qu'un souci tatillon des formes juridiques peut-on trouver à distinguer le crime et la peine qui le sanctionne? Selon la célèbre formule de Durkheim, « nous ne réprouvons pas [un acte criminel] parce qu'il est un crime, mais il est un crime parce que nous le réprouvons[5] ». Certains des actes commis par les Français durant l'Occupation sont, à un moment donné de la guerre, qualifiés de « crime » par les juristes de la Résistance alors qu'ils ne l'étaient pas auparavant : quels sont ces actes et quel « état fort et défini de la conscience collective » ont-ils offensé[6]? Considérer en elle-même la « dégradation nationale » fait apparaître la nature singulière de cette peine, qualifiée d'« infamante[7] ». La « dégradation nationale » est la seule

3. Jean Galtier-Boissière, *Mon journal depuis la Libération*, in *Journal 1940-1950*, Paris, Quai Voltaire, 1992, le 5 janvier 1945, p. 306-307.

4. Source : Enquête sur la série Z5 contenant les registres d'arrêts et les dossiers des individus déférés devant les chambres civiques de la Seine, Archives nationales.

5. Émile Durkheim, *De la division du travail social*, 1930, Paris, PUF, coll. « Quadrige », 1998, p. 48.

6. *Ibid.*, p. 47.

7. L'ordonnance du 26 août 1944 citée qui institue l'« indignité nationale » ne mentionne pas la peine de la « dégradation nationale ». Cette dernière n'apparaît que dans la seconde version du projet de loi, l'ordonnance du 26 décembre 1944 « portant modification et codification des textes relatifs à l'indignité nationale », dont l'art. 21 précise :

peine créée en droit français depuis la monarchie de Juillet[8]. Entre l'oubli, le pardon, les punitions traditionnelles (la mort ou la prison), la Résistance explore une autre voie, la peine infamante. Ce type de peine, hérité de l'Ancien Régime, porte atteinte à l'honneur et à la considération dont jouit la personne, amoindrit ses droits en la frappant de déchéances, mais ne touche ni à sa vie ni à sa liberté. Comme le remarquait déjà Jeremy Bentham, « le moyen le plus puissant, pour affecter l'honneur jusqu'à produire l'infamie, consiste dans l'application de peines qui, par une influence sur l'imagination des hommes, ont un effet flétrissant[9] ». Aux yeux de la Résistance, la collaboration n'est pas seulement une erreur, aux conséquences tragiques, mais aussi une honte.

L'intérêt d'une loi mineure

L'indignité nationale a toujours suscité de nombreuses réserves. Même parmi les résistants, et ce dès 1943, cette loi est loin de faire l'unanimité. C'est aussi pour les désaccords qu'elle suscite, les oppositions qu'elle révèle qu'elle est digne d'un intérêt particulier. On pourrait voir dans le mépris où est tenue la justice politique en France, cette justice qui met en œuvre un droit nécessairement imparfait puisque conçu sous la pression des circonstances historiques et politiques, l'héritage d'une culture légale spécifique. Les œuvres des positivistes, celles de Bentham, de John Austin en particulier, ont légué aux Anglo-Saxons une ferme distinction entre ce que la « loi est » et ce que la « loi devrait être » (« *law as it is from law as it ought to be* ») : « une loi qui existe est une loi, même si nous ne l'aimons pas »; « l'existence de la loi est une chose; son mérite ou son démérite en est une autre[10] ». La tradition positiviste anglo-saxonne offre la possibilité de penser une loi même imparfaite, alors que cette possibilité est rendue très difficile dans une tradition française dominée par une conception de la rareté – « Les lois inutiles affaiblissent les lois nécessaires » (Montesquieu) – et de la majesté

« L'indignité est punie de la dégradation nationale. La dégradation nationale est une peine infamante », *Journal officiel*, 27 décembre 1944.

8. Sur l'histoire et le droit de la peine, consulter les travaux de Pierrette Poncela, *Droit de la peine*, Paris, PUF, 2002.

9. Jeremy Bentham, *Théorie des peines et des récompenses*, Chez Bonange et Masson, 1818, p. 355.

10. H.L.A. Hart, « Positivism and the separation of law and morals », *Harvard Law Review*, n° 4, février 1958, p. 595.

absolue de la loi, dont Carré de Malberg a mis en évidence les fondements philosophiques et constitutionnels[11]. Le rejet dont l'indignité nationale fait l'objet de la part de certains juristes de la Résistance permet d'évaluer le poids d'une tradition juridique avec laquelle il est fondamental de renouer dans le cadre du « rétablissement de la légalité républicaine » entrepris par le gouvernement provisoire dirigé par le général de Gaulle à la Libération[12].

Dévaluée par l'opinion publique, critiquée par les juristes, l'indignité nationale a cependant été l'ordonnance la plus appliquée de la Libération. Sur 127 751 personnes jugées par les tribunaux de l'épuration, 49 723 ont été condamnées à la dégradation nationale à titre principal[13]. Cette statistique officielle néglige la prise en compte de la dégradation nationale à titre accessoire, toute condamnation devant la Cour de justice mettant en effet « le condamné en état d'indignité nationale[14] » : « la peine accomplie [...], il reste à subir la sanction de l'ostracisme. "Indigne", le mot le poursuivra longtemps. Il y aura autour de lui un vague soupçon de trahison », notait dans un plaidoyer *pro domo* l'écrivain Alfred Fabre-Luce, condamné, par l'une des chambres civiques de la Seine, à dix ans d'indignité nationale en mai 1949[15].

Si l'on doit exclure les condamnations à mort exécutées – qui se montent à 767 – et les personnes immédiatement « relevées » de leur condamnation par les chambres civiques (3 184), il est nécessaire, afin d'avoir une juste idée de l'application de la dégradation nationale, de son impact politique en particulier, de cumuler les condamnations à titre principal et les condamnations à titre accessoire : on aboutit ainsi au maximum à 93 985 ou 94 485 personnes reconnues coupables d'indignité nationale[16], et soumises aux privations de droits et aux inter-

11. Raymond Carré de Malberg, *La Loi, expression de la volonté générale. Étude sur le concept de la loi dans la Constitution de 1875*, Paris, Sirey, 1931.

12. Fondation Charles-de-Gaulle, *Le Rétablissement de la légalité républicaine*, Bruxelles, Complexe, 1996.

13. Émile Garçon, *Code pénal annoté*, édition mise à jour par Marcel Rousselet, Maurice Patin et Maurice Garçon, Paris, Sirey, 1952, t. I, p. 266. Sur 49 723 condamnés à la dégradation nationale, 46 145 le furent par les chambres civiques, 3 578 par les cours de justice.

14. Art. 79-3 de l'ordonnance du 29 novembre 1944 « portant modification et codification des textes relatifs à la répression des faits de collaboration ». Reproduit *in* « Appendice au code pénal. Guerre de 1939 », *Code pénal*, Paris, Dalloz, 1948, p. 728.

15. Enquête Z5 et Alfred Fabre-Luce, « L'amnistie », in *Au nom des silencieux*, Chez l'auteur, 1945, p. 79.

16. Au maximum, dans la mesure où ces chiffres incluent les condamnés par contumace (6 244 pour les cours de justice; 6 082 pour les chambres civiques). Les variations sont liées aux sources et s'expliquent selon que l'on établit les chiffres d'après les statistiques fournies par le *Code pénal annoté* du professeur Garçon ou d'après les informations

dictions professionnelles emportées par la dégradation nationale. L'épuration, critiquée pour sa faiblesse et ses injustices, a été un phénomène d'une ampleur incontestable[17], au sein duquel il convient de réévaluer l'importance quantitative et symbolique de l'indignité nationale qui, dans son hypothèse haute, a concerné près de 95 000 Françaises et Français convaincus d'avoir déshonoré la République.

Qu'est-ce que l'indignité nationale ?

C'est dans le « Rapport » établi par le Comité général d'études[18] sur « les mesures à prendre par le gouvernement provisoire », adressé à Londres en juin 1943, que l'on trouve non pas la première mention, mais la justification la plus explicite fournie par la Résistance intérieure de la nécessité d'un « texte nouveau définissant ce que nous avons appelé le délit d'indignité nationale et le punissant de peines politiques », initialement « le bannissement ou la dégradation civique[19] ».

Il existe, dans le code pénal français, des mesures qui permettent de sanctionner les « traîtres », les Français qui ont choisi de servir l'ennemi avec lequel Vichy a signé un armistice, mais n'a jamais conclu la paix. Un national qui apporte son aide à l'ennemi, qui « entretient des intelligences avec une puissance étrangère » en temps de guerre est un « traître », puni de la peine de mort (art. 75 et suivants). Reconnu coupable d'une infraction d'une gravité moindre, l'atteinte à la sûreté extérieure de l'État, le national est passible des travaux forcés à temps (art. 79 et suivants). Aux yeux de la Résistance, il existe un autre « ennemi » qui, lui, n'a pas de statut légal : les individus qui ont choisi d'obéir aux ordres du gouvernement de Vichy « collaborant » officielle-

fournies par Henry Rousso dans « L'épuration en France. Une histoire inachevée », *Vichy, l'événement, la mémoire, l'histoire*, Paris, Gallimard, coll. « Folio », 2001, p. 522-523.

17. Selon Maurice Garçon, 311 516 affaires ont été soumises aux cours de justice et aux chambres civiques, ce qui signifie que plus de 300 000 Français ont été non pas jugés, mais inquiétés à la Libération, soit un Français sur cent d'âge adulte comme le font remarquer Éric Conan et Henry Rousso, *Vichy, un passé qui ne passe pas*, Paris, Fayard, 1994, p. 17 : « En dépit de ses faiblesses, l'épuration fut un phénomène d'une ampleur incontestable [...] 310 000 dossiers ont été ouverts qui ont touché environ 350 000 personnes, soit presque un Français sur cent. »

18. Voir note 37.

19. Rapport établi par le CGE, p. 13. Ministère de la Justice, Archives nationales, BB30 1731.

ment avec l'ennemi nazi. Comment sanctionner « les actes de collaboration à l'action intérieure du gouvernement de Vichy qui n'ont constitué qu'indirectement et par leurs conséquences quelquefois lointaines, une collaboration à l'action de l'ennemi[20] »? Les individus qui ont activement soutenu le régime de Vichy ne peuvent être qualifiés de « traîtres » – ils ont servi le gouvernement « légal » de la France; ils ne peuvent pas, non plus, être qualifiés d'« espions », autre catégorie légale alors en vigueur, et ce parce qu'ils sont des nationaux, et non des étrangers[21]. Comment dès lors punir des Français qui ont activement soutenu un gouvernement français aux ordres de l'ennemi? Comment sanctionner « le fait par exemple d'avoir dénoncé comme gaullistes des Français à la police de Vichy (et non pas à la police allemande), ou *encore d'avoir participé activement aux excitations antisémites*, [ces faits] ne pouvant être retenus ni comme une trahison ni comme une atteinte à la sûreté intérieure ou extérieure de l'État, au sens du code pénal[22] »? En inventant un crime nouveau, l'indignité nationale.

Avec l'indignité nationale, la Résistance fait surgir, à côté de la figure du « traître » et de l'« espion », une nouvelle catégorie légale de coupable, celle du « vichyste », du Français qui, parce qu'il a « servi activement ou spontanément la politique intérieure ou extérieure du gouvernement de Vichy[23] », a « soit apporté volontairement en France ou à l'étranger une aide directe ou indirecte à l'Allemagne et à ses alliés; soit porté volontairement atteinte à l'unité de la nation ou à la liberté des Français ou à l'égalité entre ces derniers » selon l'article 1er de l'ordonnance du 26 août 1944[24]. La rédaction de cet article est confuse. Ce qu'institue, en réalité, l'indignité nationale à travers l'atteinte à l'« unité », la « liberté », l'« égalité » des Français, est le « crime de lèse-République », crime dont les éléments constitutifs sont la participation active au gouvernement de fait dit « gouvernement de Vichy », l'adhésion à des groupements politiques favorables à la politique officielle de ce gouverne-

20. *Ibid.*, p. 12.

21. Depuis le décret-loi du 29 juillet 1939, « l'acte dirigé contre la France est un acte de trahison, s'il est perpétré par un Français et un acte d'espionnage s'il est commis par un étranger ». *In* Émile Garçon, *Code pénal annoté, op. cit.*, p. 249, paragraphe 46.

22. Rapport établi par le CGE, *op. cit.* C'est moi qui souligne.

23. *Ibid.*

24. L'article 1er de l'ordonnance de « codification des textes relatifs à l'indignité nationale » du 26 décembre 1944 est quasi identique : « soit sciemment apporté en France ou à l'étranger une aide directe ou indirecte à l'Allemagne ou à ses alliés, soit porté atteinte à l'unité de la nation ou à la liberté des Français ou à l'égalité entre ces derniers ».

ment, la collaboration, et enfin la participation à des actions de propagande, notamment en faveur du « racisme ou des doctrines totalitaires[25] ». Le mot « antisémitisme » n'est pas inscrit dans le texte de la loi, mais cette grave atteinte à « l'unité » des Français tombe incontestablement sous le coup de l'indignité nationale, crime constitué entre autres, on l'a vu plus haut, pour sanctionner « la participation active aux excitations antisémites ». Avec l'indignité nationale, la Résistance fait de Vichy un ennemi, au même titre que l'Allemagne nazie : avoir collaboré avec l'un ou avec l'autre est un « crime ».

Généalogie de la dégradation nationale

La « trahison » est punie de mort ; l'indignité nationale d'une peine infamante, la dégradation nationale, forme renforcée de la dégradation civique inventée par les constituants en 1791. À une époque de définition d'une nouvelle citoyenneté, cette peine revêtit une grande importance symbolique, sanctionnant de la déchéance « de tous les droits attachés à la qualité de citoyen actif » et de l'incapacité d'ester en justice[26] les crimes contre la Constitution. La dégradation civique s'accompagnait alors d'une exécution rituelle :

> Le coupable qui aura été condamné à cette peine sera conduit au milieu de la place publique de la ville où siège le tribunal criminel qui l'aura jugé. Le greffier du tribunal lui adressera ces mots, à haute voix : *Votre pays vous a trouvé convaincu d'une action infâme. La loi et le tribunal vous dégradent de la qualité de citoyen français*. Le condamné sera ensuite mis au carcan au milieu de la place publique ; il y restera pendant deux heures exposé aux regards du peuple : sur un écriteau seront gravés en gros caractères, son nom, le crime qu'il a commis, et le jugement rendu contre lui[27].

Dès 1810, avec le code pénal napoléonien, la dégradation civique perdra son « caractère solennel[28] », et deviendra une peine consistant princi-

25. Art. 2 de l'ordonnance citée du 26 décembre 1944.
26. Code pénal de 1791, titre VII, art. 1er : « Des effets des condamnations », *Archives parlementaires*, mai 1791, p. 334.Voir aussi Pierre Lascoumes, Pierrette Poncela et Pierre Lenoël, *Au nom de l'ordre. Une histoire politique du code pénal*, Paris, Hachette, 1989, livre fondamental auquel on doit la redécouverte de l'importance du Code pénal de 1791, dont le texte figure en annexe, p. 357-370.
27. Titre VI , art. 1er : « De la peine de la dégradation civique » du code pénal de 1791 cité.
28. Pierrette Poncela, *Droit de la peine, op. cit.*, p. 93.

palement dans la « destitution et l'exclusion du condamné de toutes fonctions et emplois publics », dans la privation des droits civils, civiques et de famille ainsi que du droit de servir dans les armées de l'Empire[29]. Peine principale, la dégradation civique sanctionne les crimes politiques les moins graves, pour l'essentiel ceux commis par des fonctionnaires dans l'exercice de leurs fonctions[30].

La grande réforme de la dégradation civique date de 1832, époque à laquelle sont modifiés à la fois le régime de la peine (qui n'est plus seulement une peine principale, mais devient une peine accessoire pour certaines condamnations criminelles) et sa nature : la dégradation civique peut être associée à une peine de prison qui ne devra cependant pas excéder cinq ans. Aux précédentes interdictions de droits – toutes maintenues – s'ajoute la privation « de tenir école, ou d'enseigner, et d'être employé dans aucun établissement d'instruction à titre de professeur, maître ou surveillant[31] ». On le voit, les incapacités professionnelles, dans le cadre de la dégradation civique, remontent loin ; précisément à cette réforme de 1832 à l'occasion de laquelle cette peine reçut des applications nouvelles et un champ d'application plus large. On pourrait interpréter cette refonte de la dégradation civique à la lumière des travaux de Pierre Rosanvallon sur l'histoire du suffrage universel : c'est bien sous la monarchie de Juillet que la France a fait véritablement l'apprentissage de la démocratie, d'une citoyenneté active dans le cadre des élections municipales (loi du 21 mars 1831) et de la garde nationale (loi du 22 mars 1831)[32] ; d'une citoyenneté responsable, qui, au moment où elle découvre ses droits, doit se montrer respectueuse de ses devoirs, sous peine d'être sanctionnée par la dégradation civique[33]. La refonte de la dégradation civique peut être interprétée comme une

29. Art. 34 du code pénal de 1810.

30. Code pénal de 1810. La dégradation civique sanctionne les crimes suivants : actes arbitraires d'un fonctionnaire (art. 111 et 119) ; forfaiture ou « crime commis par un fonctionnaire dans l'exercice de ses fonctions » (art. 121, art. 126, art. 127, art. 167, art. 183) ; immixtion d'un fonctionnaire dans l'exercice du pouvoir législatif (art. 130) ; corruption de fonctionnaire (art. 177).

31. Loi contenant des modifications au code pénal et au code d'instruction criminelle, 28 avril-1er mai 1832, art. 34.

32. Pierre Rosanvallon, *Le Sacre du citoyen. Histoire du suffrage universel en France*, Paris, Gallimard, 1992, p. 268.

33. Code pénal de 1832, art. 34 : La dégradation civique consiste notamment « dans l'exclusion des condamnés de toutes fonctions, emplois ou offices publics ; dans la privation [...] en général de tous les droits civiques et politiques et du droit de porter aucune décoration ; [...] du droit de servir dans les armées françaises et de tenir école, ou d'enseigner et d'être employé dans aucun établissement d'instruction ». Ces privations de droits sont assorties d'incapacités. La dégradation civique sanctionne, en sus des crimes figurant au code pénal de 1810, à titre de peine principale, l'outrage au ministre des cultes dans

« démocratisation de l'honneur » (James Austen) : le citoyen se retrouve en quelque sorte dans une situation identique à celle d'un noble d'Ancien Régime qui, convaincu d'« avoir fait quelques actions basses et indignes de [son] état[34] », était passible de la « dégradation de noblesse ».

D'un grand intérêt de principe, la dégradation civique a toujours été d'application difficile : peine criminelle infamante, elle est en effet une peine perpétuelle qui forme un bloc compact et indivisible d'incapacités, manquant d'analogie avec bon nombre de délits qu'elle réprime : pourquoi un fonctionnaire convaincu de corruption doit-il être privé du droit de chasse ? Pourquoi un dégradé civique jouit-il de certains privilèges, comme celui de ne pas servir dans l'armée[35] ? Pourquoi un dégradé civique échappe-t-il au faux témoignage, puisqu'il ne peut être entendu comme témoin, mais seulement à titre de renseignement en justice ? Dès le début du XXe siècle, les critiques contre la rigidité extrême et les incohérences de cette peine se multiplient parmi les criminalistes. En 1905, le sénateur Cruppi dépose une proposition de loi « tendant à supprimer la dégradation civique » et suggère de lui substituer une autre peine, également privative de certains droits, mais divisible et temporaire : l'interdiction des droits civiques, civils ou de famille prévue, en matière correctionnelle, à l'article 42 du code pénal[36]. La commission Matter, chargée de la réforme du code pénal en 1930, est bien décidée à abandonner la dégradation civique, qui ne devra sa survie, dans sa forme de 1832, qu'à l'échec de la réforme du code pénal en 1934.

Les juristes de la Résistance ne semblent pas avoir conservé en mémoire ces débats. Rien de si étonnant à cela. D'abord parce que les deux premiers rédacteurs du projet de loi instituant l'indignité natio-

---

l'exercice de ses fonctions (art. 263) ; à titre accessoire, l'outrage à magistrat (art. 228) et le faux témoignage (art. 362).

34. Pierre François Muyart de Vouglans, *Institutes au droit criminel ou Principes généraux sur ces matières suivant le droit civil canonique et la jurisprudence du Royaume*, 1757, p. 414.

35. Et ce jusqu'à la loi de 1889 qui met les dégradés civiques à la disposition du ministère de la Marine et des Colonies, susceptible de les employer à des travaux divers.

36. Annexe n° 2230, Documents parlementaires, Chambre, séance du 3 février 1905. L'art. 42 du code pénal stipule : « Les tribunaux jugeant correctionnellement pourront, dans certains cas, interdire, *en tout ou en partie* [*souligné par moi*], l'exercice des droits civiques, civils et de famille suivants : de vote et d'élection, d'éligibilité, d'être appelé ou nommé aux fonctions de juré ou autres fonctions publiques [...], du port d'arme, du vote et de suffrage dans les délibérations de famille, d'être tuteur et curateur [...], d'être expert ou employé comme témoin dans les actes, de témoignage en justice, autrement que pour y faire de simples déclarations. » Le sénateur Cruppi envisage de compléter l'art. 42 par quatre privations de droits supplémentaires.

nale, François de Menthon pour le Comité général d'études (CGE)[37], Léon Julliot de La Morandière pour le Comité des juristes, ne sont, ni l'un ni l'autre, des spécialistes du droit pénal. François de Menthon, jusqu'à sa révocation en 1942, occupe la chaire d'économie politique à la faculté de droit Nancy. Ce démocrate-chrétien, fondateur de la revue *Droit social* (1938), résistant de la première heure, est un « professeur engagé » qui s'est toujours montré plus soucieux des grands problèmes contemporains (le chômage, la dévaluation du franc dans les années 1930) que de théorie ou d'histoire du droit[38]. Quant à Léon Julliot de La Morandière, professeur de droit à la faculté de Paris, c'est, lui, un spécialiste renommé du droit civil. Ce « républicain sincère », issu d'une famille royaliste et catholique de tradition, fait, à partir de 1943, office de « conseiller juridique » pour le comité médical de la Résistance, qu'anime son grand ami Louis Pasteur-Vallery-Radot, et noue des contacts avec le CGE :

> Il [...] fut mis en relation avec le procureur Mornet et Latrille, conseiller à la Cour d'Appel. D'octobre 1943 à mars 1944, tous les trois se réunirent régulièrement toutes les semaines et étudièrent les projets de loi à appliquer après la Libération. Julliot de La Morandière est l'auteur d'un projet sur l'« indignité nationale », dont il pensait qu'il permettrait d'éviter une répression trop sanglante[39].

Les juristes qui acceptent de travailler pour la Résistance ne sont pas légion, et sont conduits à participer à la production de textes qui ne relèvent habituellement pas de leur domaine de compétence, ou pas directement. De plus, le droit pénal est considéré, à l'époque, comme un droit mineur. Le droit civil demeure le droit en majesté, le « péristyle de toute législation », alors que le droit pénal, par essence beaucoup plus politique, ne semble pas exiger le même niveau de compétence : « Le droit pénal a un grand désavantage, c'est de prêter à la phrase [... et] d'être au nombre des connaissances infuses que chacun prétend posséder », comme le faisait remarquer un grand pénaliste au

---

37. Concernant l'histoire du Comité général d'études, ce « Conseil d'État clandestin », fondé en France en 1942 par François de Menthon en plein accord avec le représentant du général de Gaulle, Jean Moulin, consulter Diane de Bellescize, *Les Neuf Sages de la Résistance. Le Comité général d'études dans la clandestinité*, Paris, Plon, 1979.

38. Laurent Ducerf, *François de Menthon (1900-1984). Un catholique au service de la république*, thèse pour le doctorat ès lettres, université de Lyon-III, sous la direction du professeur Jean-Dominique Durand, vol. 1, p. 135-155.

39. Témoignage de M. Julliot de La Morandière, doyen de la faculté de droit, 15 mars 1949, recueilli par Mme Granet (AN 72 AJ 45). Voir aussi *Le Doyen Julliot de La Morandière (1885-1968)*, Paris, Dalloz, 1969.

XIXᵉ siècle[40]. Cette position dévaluée dans le savoir juridique du droit pénal explique-t-elle que personne (à ma connaissance) n'ait songé, dans la clandestinité, à rappeler le rejet de la dégradation civique par tous les criminalistes au cours des années 1930 et à en tenir compte?

Si la question de la compétence des rédacteurs mérite d'être posée, elle ne devrait pas faire oublier l'optique politique dans laquelle les juristes de la Résistance rédigent les textes relatifs à l'indignité nationale, à savoir la volonté de sanctionner tous les collaborateurs. Ce souci d'une répression extensive inciterait notamment à augmenter considérablement la liste des incapacités professionnelles qu'entraîne la peine privative de droits la plus archaïque du droit français. De la « dégradation civique » (art. 34) à la « dégradation nationale », on relève, en effet, les « dispositions nouvelles » suivantes : la « destitution et l'exclusion des condamnés des professions d'avocat, de défenseur agréé, de notaire, et généralement de tous offices ministériels »; « la destitution et l'exclusion des condamnés de tous organismes, associations et syndicats chargés de représenter les professions et d'en assurer la discipline »; « la privation du droit de diriger une entreprise d'édition, de presse, de radio et de cinéma, ou d'y collaborer régulièrement »; « l'interdiction d'être directeur [...] ou secrétaire général d'une entreprise de banque ou d'assurance[41] ». Les juristes de la Résistance auraient pu choisir de travailler à partir de l'article 42 du code pénal, et ainsi moduler la privation des droits civiques, civils et de famille, plutôt que de partir de l'article 34 pour le durcir encore. S'ils ne le font pas, c'est tout à fait consciemment. Reste à essayer de comprendre pourquoi ils agissent de la sorte.

Sont-ils mus par un désir de vengeance, conduisant à sanctionner lourdement les « vichystes », non seulement en les privant de leurs droits politiques, mais en les excluant de « toutes les fonctions et emplois publics et semi-publics[42] » et en confisquant éventuellement l'ensemble de leurs biens présents et à venir[43]? Ce qui serait alors en jeu avec la dégradation nationale serait la résurgence de la mort civile, cet état de

40. André-Jean Arnaud, *Les Juristes face à la société du XIXᵉ siècle à nos jours*, Paris, PUF, 1975, p. 14, et A. Bertauld, *Questions controversées sur la loi des 2-31 mai 1854 abolitive de la mort civile*, Legost-Clérisse éditeur, 1857, p. 2.

41. Art. 21 de l'ordonnance du 26 décembre 1944, citée.

42. Rapport établi par le CGE, cité, p. 15.

43. Art. 13-1 de l'ordonnance du 26 août 1944, citée : « En outre, la confiscation des biens du condamné pourra être ordonnée. » Art. 21-15 de l'ordonnance codificatrice du 26 décembre 1944, citée : « À titre complémentaire, la chambre civique peut prononcer la confiscation soit de la totalité, soit d'une quote-part des biens du condamné, dans les conditions prévues par les articles 37, 38 et 39 du code pénal ».

« proscription absolue » d'un citoyen condamné à une peine afflictive perpétuelle, ne conservant plus que ses droits naturels car « jugé indigne » de toute participation à la vie civile de la nation[44]. La mort civile a subsisté très tardivement en droit français, jusqu'en 1854, date à laquelle elle fut remplacée par la dégradation civique assortie de l'interdiction légale du condamné[45]. En réarticulant la sanction de l'indignité nationale autour de la dégradation civique pour fabriquer la « dégradation nationale », les juristes de la Résistance redonneraient vie à une mort civile « civilisée » en quelque sorte. Or, et c'est là une différence capitale, le condamné à la dégradation nationale reste un sujet de droits, jouissant de droits amoindris certes, qui n'est pas un mort civil, mais un citoyen de second rang, atteint dans ses biens et frappé de nombreuses incapacités professionnelles.

Les lois du 3 octobre 1940, « portant statut des Juifs », et du 2 juin 1941, « remplaçant la loi du 3 octobre 1940 portant statut des Juifs », édictaient une liste de professions tant publiques que privées interdites aux Juifs[46] qui ne laisse pas d'avoir certain air de parenté avec les interdictions professionnelles prévues dans le cadre de la dégradation nationale de 1944. Pour dire les choses brutalement, l'indignité nationale, « n'est-ce pas proprement le "statut des Juifs" retourné [par les Résistants] contre leurs adversaires politiques[47] »? Non, l'indignité nationale n'est pas un « statut des Juifs retourné ». En réalité, l'indignité nationale codifie les nombreuses dispositions relatives aux interdictions

44. François Richer, *Traité de la mort civile*, Chez Desaint et Saillant, 1755, p. 157 : Qu'est-ce qu'un mort civil? Un homme condamné à mort, ou à la prison, aux galères ou au bannissement perpétuel est en « état » de mort civile. « C'est la proscription absoluë d'un citoïen; c'est le retranchement qu'on en fait de la société civile; c'est un membre qu'on lui arrache; c'est l'état d'un homme sur le front duquel on imprime une infamie publique; c'est l'état d'un citoïen avec lequel on défend tout commerce, tout engagement, toute alliance; c'est l'état d'un homme qu'on retranche du catalogue des vivans; enfin c'est l'état d'un homme que la société est avertie de ne pont connoître pour tel, de le regarder comme étant déjà dans la classe des morts, et qu'on réduit à n'avoir ni patrie, ni famille. »

45. Le condamné reste capable de recevoir par succession *ab intestat* et sa propre succession n'est pas ouverte, mais ses biens sont confiés à un tuteur et il ne peut recevoir de libéralités, si ce n'est pour cause d'aliments. Son testament est frappé de nullité. Son mariage n'est pas dissous, mais la condamnation est cause péremptoire de divorce. Joseph Magnol, *Cours de droit criminel et de science pénitentiaire*, Rousseau et Cie éditeurs, 1947, p. 764.

46. Voir les art. 2, 3, 4 et 5 de la loi du 3 octobre 1940, *Journal officiel*, 18 octobre 1940; les mêmes articles modifiés dans la loi du 2 juin 1941, *ibid.*, 14 juin 1941.

47. Jean Galtier-Boissière, *Mon journal depuis la Libération*, *op. cit.*, 28 décembre 1944, p. 296.

professionnelles éparses dans le droit pénal français depuis le début du XIXe siècle. Autrement dit, il est de tradition juridique républicaine d'être interdit de toute fonction ou emploi public (code pénal de 1810), d'offices ministériels (loi de 1832), d'enseignement dans des écoles publiques ou privées (loi de 1832), d'être gérant de presse (loi de 1881), d'être banquier (loi de 1930), de créer, diriger, administrer des entreprises et agences d'assurances, de capitalisation et d'épargne (loi de 1931) ou d'être administrateur et gestionnaire d'une société (décret-loi de 1935) lorsque l'on a été *condamné*[48]. Vichy a perverti ce système, l'appliquant pour des motifs racistes; la Résistance le rétablit en ses fondements juridiques.

La multiplicité des interdictions professionnelles conduit à s'interroger sur la nature très particulière de la « dégradation nationale ». Est-ce à proprement parler une peine qui vise à imposer une souffrance au coupable en compensation du mal qu'il a fait subir à la société? Pourquoi, dans ce cas, les interdictions professionnelles, dont les effets ne cadrent pas avec les effets ordinaires des peines, sont-elles aussi nombreuses et diversifiées? « Il s'est passé en réalité un phénomène fort courant dans l'évolution du droit : on est parti d'une catégorie connue, celle de la peine, pour aller vers un terrain différent, en partie nouveau, en partie construit déjà, celui de la discipline professionnelle », notait Clair Fardel dans sa thèse soutenue en 1940, *Les Incapacités professionnelles en droit pénal français*[49]. En réalité, la dégradation nationale est une sanction hybride qui emprunte à la peine, par les privations de droits qu'elle entraîne, mais qui s'apparente aussi à la mesure de sûreté, par les interdictions professionnelles qu'elle impose : « Le but pour lequel l'interdiction serait établie, serait de protéger le public contre un individu socialement dangereux. Ce serait une mesure de défense prise dans l'intérêt de la société[50]. » Il me semble que c'est en prenant en compte cette nature particulière de la dégradation nationale, mi-peine, mi-mesure de sûreté, que l'on parvient à comprendre pourquoi l'indignité nationale est une pièce essentielle dans le dispositif de l'épuration. En instituant l'indignité nationale, la Résistance ne souhaite pas « punir » uniquement pour se venger, mais veut « punir » dans une optique différente de celle d'une répression sévère d'actes répréhensibles. La Résistance ambitionne de punir pour « régénérer », pour « rénover » la France

48. Consulter pour plus de détails Clair Fardel, *Les Incapacités professionnelles en droit pénal français*, Imprimeries réunies, 1940.
49. *Ibid.*, p. 125.
50. *Ibid.*, p. 123.

en garantissant à la République à venir que seront exclus des postes de responsabilités tous ceux qui ont rompu le pacte républicain, tous les individus jugés « indignes » donc.

Moins sévère que la peine de mort, la dégradation nationale n'en est pas moins une sanction lourde, par ses conséquences directes et indirectes : toute condamnation à la dégradation nationale entraîne la suppression du droit à pension, par exemple, le versement des retraites étant légalement interrompu par la suspension des droits civiques. Pourtant, cette peine n'a jamais été prise au sérieux. En ce qui concerne les collaborateurs, on peut comprendre pourquoi : un antisémite patenté comme Céline, par exemple, réfugié au Danemark pour échapper à la justice française, qualifie, dans sa correspondance, l'indignité d'« aimable passe-passe ». L'important pour lui est d'éviter la peine de mort. Mais si les collaborateurs ont un intérêt évident à discréditer la loi, comment se fait-il que cette loi ait fait l'objet d'aussi fortes critiques, même parmi les résistants ?

La rétroactivité et la tradition juridique républicaine

Le reproche essentiel formulé contre la loi instituant l'indignité nationale tient en peu de mots : c'est une loi rétroactive. L'indignité nationale est, en effet, une loi rétroactive, une loi qui sanctionne un comportement délictueux inexistant au moment de l'accomplissement des faits. La non-rétroactivité de la loi est un des principes fondamentaux dans la tradition juridique libérale. La rétroactivité fut considérée, à partir de la Révolution française, comme un symbole de l'arbitraire de l'Ancien Régime. L'article 8 de la Déclaration des droits de l'homme (1789) affirme : « Nul ne peut être puni qu'en vertu d'une loi établie et promulguée antérieurement au délit, et légalement appliquée »; le code civil (1803) dans son article 2 déclare : « La loi ne dispose que pour l'avenir, elle n'a point d'effet rétroactif » et le code pénal (1810), dans son article 4 : « Nulle contravention, nul délit, nul crime, ne peuvent être punis de peines qui n'étaient pas prononcées par la loi avant qu'ils fussent commis. » Les normes judiciaires fondamentales condamnent unanimement la rétroactivité. L'un des grands civilistes français, Georges Ripert[51], dans *Le Déclin du droit*, stigmatise en ces termes la rétroactivité de l'indignité nationale :

51. Georges Ripert (1880-1958) est professeur de droit civil. En 1925, il devient le co-auteur du plus important traité de droit civil français jusqu'au début des années 1950, appelé en langage universitaire courant « le Planiol-Ripert » (quatorze volumes). Sous Vichy, il est pendant quelques mois ministre de l'Instruction publique (septembre-

> L'ordonnance du 26 août 1944, souvent modifiée depuis cette date, crée le crime d'indignité nationale et la peine nouvelle de la dégradation nationale. Elle mérite l'attention parce qu'elle a été élaborée et défendue par des juristes. D'innombrables condamnations ont été prononcées par application de cette loi. Or la loi a été faite pour punir des actes antérieurs à sa promulgation. Elle n'est pas rétroactive par accident, elle a été voulue rétroactive. L'exposé des motifs ne le nie pas. Il en donne cette justification qui a paru suffisante : c'est un acte de justice politique[52].

Selon Georges Ripert, il y aurait une gradation dans le péché de « rétroactivité », la « rétroactivité par accident » et la « rétroactivité délibérée », celle qu'illustre l'ordonnance instituant l'indignité nationale, étant incontestablement plus grave, puisque en contradiction manifeste avec le « rétablissement » proclamé de la légalité républicaine (ordonnance du 9 août 1944).

Quel est le statut de la rétroactivité dans la tradition juridique républicaine? Est-ce un péché si capital ou une pratique tolérée sous certaines conditions, celles fixées par un code pénal méconnu, qui fut pourtant, en 1791, le premier grand code français, comme l'ont montré les travaux de Pierre Lascoumes, Pierre Lenoël et Pierrette Poncela? Les rédacteurs de la Déclaration des droits de l'homme, les constituants de 1791 n'ont pas codifié, il est vrai, mais ont admis le principe de la « rétroactivité de la loi pénale plus douce[53] ». C'est ce principe juridique-là qui, comme le fait remarquer le professeur Henri Donnedieu de Vabres, s'appliquerait dans le cas de l'indignité nationale.

Le code pénal en vigueur, modifié en 1939, permet aux résistants de sanctionner les agissements des « traîtres », mais pas ceux des individus identifiés comme « vichystes ». Punir ces derniers, dans l'état actuel des

---

décembre 1940). À la Libération, il est écroué à Fresnes (15 novembre 1944). Remis en liberté provisoire le 15 février 1945, il obtiendra finalement un non-lieu devant la Haute Cour de justice (mai 1947). *Le Déclin du droit* est un livre profondément empreint de ressentiment : « Le terme de "déclin du droit" est bien grave, et assurément excessif au regard des défaillances inhérentes à une période de transition et de bouleversement tout à fait exceptionnelle », fera remarquer le juriste Motulsky, cité *in* André-Jean Arnaud, *Les Juristes face à la société du XIXe siècle à nos jours*, *op. cit.*, p. 180.

52. Georges Ripert, *Le Déclin du droit*, LGDJ [1949], 2000, p. 177.

53. Le principe de la rétroactivité de la loi pénale plus douce est formulé en ces termes (code pénal de 1791, *op. cit.*, titre III, « Des complices et des crimes », art. 4-2 : « Pour tout fait antérieur à la publication du présent code, si le fait est qualifié crime par les lois existantes, et qu'il ne le soit pas par le présent décret; ou si le fait est qualifié crime par le présent code, et qu'il ne le soit pas par les lois anciennes, l'accusé sera acquitté. » Autrement dit, criminel, l'accusé bénéficie toujours des lois nouvellement promulguées si elles punissent moins sévèrement ses agissements.

lois en vigueur au 16 juin 1940, supposerait une interprétation extensive des textes[54]. Or l'interprétation extensive des dispositions pénales est une violation caractérisée des principes du droit : « Le droit pénal est d'interprétation stricte ; la loi pénale s'interprète restrictivement » ; « ce qui est interdit au juge, en réalité, c'est d'appliquer un texte en le détournant de sa signification, c'est d'abuser de l'analogie [...], c'est de punir un acte sous prétexte qu'il n'est pas possible de le laisser sans répression », affirme le professeur Émile Garçon[55]. Pour respecter ce principe, il aurait fallu avoir recours à un texte rétroactif cependant acceptable dans le cadre du droit libéral : « Si l'indignité nationale n'existait pas, ce seraient les peines plus graves tirées des articles 75 [*la mort*] et 83 [*les travaux forcés à temps en temps de guerre, la prison en temps de paix*] que l'on devrait appliquer ; et il est de principe que les lois pénales plus douces, comme c'est le cas pour celle qui institue l'indignité nationale, rétroagissent[56]. »

On pourrait objecter à la thèse de la rétroactivité de la loi pénale plus douce le fait que ce n'est pas seulement une *peine* plus douce qui est créée par l'ordonnance du 26 août 1944, mais un *crime* nouveau, la « lèse-République ». La nouveauté, en la matière, est plus discutable qu'il n'y paraît. En instituant l'indignité nationale, la Résistance renoue, en réalité, avec la tradition du « crime de lèse-nation ». Julliot de La Morandière ne s'y trompe pas qui voit dans l'indignité une « nouvelle et heureuse qualification des crimes de lèse-patrie[57] ». Infraction politique, le crime de « lèse-nation » n'a jamais fait l'objet d'une définition précise[58], mais l'idée qu'il existe, en matière politique, des crimes qui échappent aux lois pénales en vigueur n'est pas neuve : « lèse-nation »

---

54. Notamment une interprétation extensive de l'art. 83-4, disposition subsidiaire introduite par le décret-loi du 3 novembre 1939, punissant les « actes sciemment accomplis de nature à nuire à la défense nationale » d'une peine de prison de un à cinq ans et d'une amende de 60 000 à 600 000 francs.

55. Émile Garçon, *Code pénal annoté, op. cit.*, p. 40-41, paragraphes 52 et 53.

56. Cité d'après *id., ibid.*, p. 262, paragraphe 147. Maurice Garçon, qui assure la mise à jour du code pénal de son père, approuve cette interprétation, faite en ces termes par Henri Donnedieu de Vabres : « L'indignité et la dégradation nationale sont une incrimination et une peine substituées. Une interprétation rigoureuse des textes appliquerait aux faits qu'elles concernent des qualifications plus sévères. [...] Ainsi la rétroactivité de la loi du 28 août 1944 se justifierait d'elle-même comme celle de la *mitior lex* ». In *Supplément au Traité élémentaire de droit criminel et de législation pénale comparée*, Paris, Sirey, 1946, p. 118.

57. *Modifications au projet du CGE proposées par le Comité des juristes*, Archives nationales, BB30 1731, p. 2.

58. Roberto Martucci, « Qu'est-ce que la lèse-nation ? À propos du problème de l'infraction politique sous la Constituante (1789-1791) », *Déviance et Société*, 1990, vol. 14, n° 4, p. 377-393. Voir aussi Patrice Guéniffey, *La Politique de la Terreur. Essai sur la violence révolutionnaire*, Paris, Fayard, 2000, p. 93-98.

en 1789, « incivisme » en 1793, « réticence incivique » dans le projet Target de code pénal de 1808, « indignité nationale » en 1944. Ces dénominations différentes traduisent une conception exigeante du comportement citoyen à laquelle entend revenir la Résistance française, en marquant cependant un net progrès d'un point de vue juridique. Somme toute, c'est avec l'indignité nationale qu'est pour la première fois défini de façon satisfaisante du point de vue du droit pénal ce qu'est un « délit politique ».

Il faut abandonner les principes qui régissent le droit pénal ordinaire et se placer sur le terrain de la justice politique pour comprendre quelles sont les intentions du législateur résistant lorsqu'il invente l'indignité nationale. Il ne se situe pas dans la logique de la « rétroactivité d'indulgence », mais ambitionne, au contraire, grâce à ce crime rétroactif, d'être plus sévère, en faisant tomber sous le coup de la loi des comportements délictueux qui, sinon, auraient échappé à toute sanction. Il faut donc lire l'ordonnance instituant l'indignité nationale comme une contribution à une théorie de la justice politique, justice politique qui n'est pas liée par le principe de la non-rétroactivité de la loi pénale ; justice politique que la Résistance remet à l'honneur à la Libération.

C'est sous la monarchie de Juillet que la notion de « délit politique » entre dans le droit pénal français, infraction rétroactive par nature, puisque insérée après coup dans l'architecture pénale. Pendant plus d'un siècle, aucun législateur ne se risquera à définir précisément ce délit[59], laissant aux juges le soin de trancher la qualification de l'infraction par la peine appliquée. L'ordonnance instituant l'indignité nationale est le premier texte de loi qui s'essaye à donner une définition légale du délit politique, en faisant de l'indignité nationale un « crime » dirigé contre les intérêts de l'État en guerre (avoir « apporté en France ou à l'étranger une aide directe ou indirecte à l'Allemagne ou à ses alliés ») et qui porte atteinte aux droits des citoyens (avoir « porté atteinte à l'unité de la nation ou à la liberté des Français, ou à l'égalité entre ces derniers »). Cet article 1er de l'ordonnance instituant l'indignité nationale s'inspire fortement de la conférence internationale pour l'unification du droit pénal qui s'est tenue en août 1935 à Copenhague[60], mais tire également

59. Pierre Sornay, *Évolution récente de la notion de délit politique en droit interne*, thèse, Bosc Frères, 1936, p. 46 : « Le législateur s'est à plusieurs reprises dérobé devant sa tâche de définition : la question s'est posée lors des travaux préparatoires de la loi du 8 octobre 1830 et de la discussion de la Constitution de 1848, à l'occasion enfin de la loi du 10 mars 1927 sur l'extradition. »

60. Cette conférence a proposé la définition suivante du délit politique : « Sont délits politiques les infractions dirigées contre l'organisation et le fonctionnement de l'État, ainsi que celles qui sont dirigées contre les droits qui en résultent pour le citoyen. » *In* Henri

les leçons des lois adoptées dans les années 1920 et 1930 en France qui avaient manifesté une tendance croissante à faire du « but » de l'agent un élément constitutif du délit[61]. Par rapport cette évolution, considérée par les pénalistes comme une déviation inadmissible, l'indignité nationale rentre dans le droit chemin : c'est l'« intention » et non le but de l'agent que l'ordonnance se propose de sanctionner (« avoir sciemment »). Le prix de cette définition juridiquement correcte est une incrimination vaste et floue susceptible d'atteindre un grand nombre de particuliers. D'où la volonté manifeste de réduire l'imprécision en proposant, à l'article 2, une énumération non limitative des actes répréhensibles tombant sous le coup de l'indignité nationale : « Constitue notamment le crime d'indignité nationale le fait. » Dans cette liste, à deux reprises, la question de l'antisémitisme est abordée : « avoir occupé une fonction de direction dans les services centraux, régionaux, ou départementaux du commissariat aux Questions juives »; « avoir publié des articles, brochures ou livres, ou fait des conférences en faveur [...] du racisme ou des doctrines totalitaires ».

Si l'on replace l'indignité nationale dans le temps long, on s'aperçoit que, en ce qui concerne l'histoire du délit politique, la loi de 1944 marque un net progrès, proposant une définition certes insatisfaisante, mais une définition quand même de cette nature d'infraction jusqu'alors jamais définie en droit français. Lorsque l'on mobilise la tradition républicaine, et que l'on replace la loi dans la perspective de la Révolution française, que reste-t-il du reproche de « rétroactivité »? En 1793, la peine de la « déportation » sanctionnait le crime d'« incivisme »; en 1944, une peine moins grave, la « dégradation nationale », sanctionne le crime d'« indignité nationale ». On est bien dans la logique, évoquée plus haut, de la « loi pénale plus douce », celle-là même dont la rétroactivité est tolérée en droit français. Mais « plus douce » ne signifie pas que la loi instituant l'indignité nationale ne soit d'une extrême sévérité. L'invention de l'indignité nationale en 1943 porte à son point culminant le durcissement de la répression des crimes politiques dans le cadre d'un régime démocratique amorcé dans les années 1930, et participe de la

---

Donnedieu de Vabres, *Traité élémentaire de droit criminel et de législation pénale comparée*, Paris, Sirey, 1943, p. 107.

61. Loi sur les menées anarchistes (1894); loi sur la propagande anticonceptionnelle (1920); lois sur la spéculation (1916, 1919, 1926); loi sur les atteintes au crédit de l'État (1924). *In* Lucien Bonnet, *Le But, élément constitutif du délit spécialement dans les lois nouvelles*, thèse, Imprimerie Mari-Lavit, 1934, p. 121 : « Nous proposons donc de revenir à la vieille notion d'intention criminelle et de supprimer purement et simplement la condition de but dans les lois que nous avons étudiées comme dans les lois à venir. »

mise en place d'une « justice politique », qui ne vise pas seulement « l'élimination légale » de ses ennemis mais aussi la « mobilisation » de l'opinion publique autour des buts du nouveau régime, selon l'analyse d'Otto Kirchheimer[62]. Que cette entreprise se soit soldée par un échec est une autre histoire. Reste la dimension politique conférée à la justice par la Résistance dans le cadre de l'épuration. Comme l'atteste l'exposé des motifs qui accompagne l'ordonnance du 26 août 1944 : « Le système de l'indignité nationale ne trouve pas sa place sur le terrain de l'ordre pénal proprement dit : il s'introduit délibérément sur celui de la justice politique », une « justice politique » transitoire, puisque l'indignité nationale ne pourra plus être prononcée six mois après la libération totale du territoire[63].

Les infortunes d'une loi vertueuse

Reprocher à l'indignité nationale d'être une loi rétroactive, reproche infondé tant d'un point de vue strictement juridique que du point de vue de la tradition républicaine concernant les infractions politiques, on vient de le voir, c'est, sous couvert d'une critique « objective », stigmatiser politiquement la loi en la considérant comme une loi dictée par la vengeance. Que cette dimension existe, nul n'en disconviendra. Les cours destinées à appliquer l'indignité nationale sont initialement nommées du même nom que les juridictions d'exception de Vichy, les « sections spéciales ». Pourquoi faudrait-il toujours nier « la pertinence de la vengeance », particulièrement dans le cadre d'une justice politique qui s'avoue comme telle ? Ne serait-il pas plus intéressant, avec Robert C. Solomon, d'examiner comment « l'exigence souvent violente de vengeance parvient à être sublimée et satisfaite par la loi[64] » ? Le rédacteur d'une note anonyme intitulée : « Les sanctions contre les traîtres » s'exprime en ces termes : « Lorsque le gouvernement de Vichy a éliminé de la vie publique ceux qui avaient été francs-maçons ou juifs, il a également pris une mesure rétroactive, et il ne s'est même pas donné la peine de faire rendre des jugements. Le gouvernement de la Libération natio-

62. Otto Kirchheimer, *Political Justice. The use of legal procedure for political ends*, Princeton, Princeton University Press, 1961, p. 18.

63. Art. 11 de l'ordonnance du 26 août 1944, citée. La date de la libération du territoire sera fixée par décret du 23 août 1945 au 10 mai 1945, *Journal officiel*, 24 août 1945.

64. Robert C. Solomon, « Justice versus Vengeance. On law and the satisfaction of emotion », *in* Susan A. Bandes (ed.), *The Passions of Law*, New York, New York University Press, 1999, p. 124-148.

nale désire être équitable, mais il peut retourner leurs propres armes contre les collaborateurs[65]. » Non pas en édictant un « statut des collaborateurs » inversant le « statut des Juifs » (cf. *supra*), mais en utilisant les possibilités juridiques offertes par le régime républicain en matière de délit politique. L'un des intérêts de l'indignité nationale est peut-être d'avoir posé la question de la vengeance dans une perspective juridique, d'avoir compris que s'il n'existe pas de Justice sans Victoire, il n'existe pas de Victoire sans Justice[66].

Le vrai problème posé par l'indignité nationale ne réside donc pas tant dans la « rétroactivité » que dans l'instabilité de la loi. Publiée au *Journal officiel* le 28 août 1944, l'ordonnance instituant l'indignité nationale est modifiée une première fois le 30 septembre 1944, une deuxième fois le 17 octobre 1944, avant de faire l'objet d'une nouvelle codification par l'ordonnance du 26 décembre 1944. En quatre mois, quatre textes. C'est beaucoup. Inévitablement, ces modifications en chaîne portent atteinte au prestige de la loi.

En septembre, en sus de questions de procédure, on change le nom des juridictions d'application, le législateur s'étant rendu compte qu'à celui de « section spéciale » « demeure justement attaché trop de défaveur » et que cela « pourrait, au surplus, prêter à confusion ». Les juridictions reçoivent désormais l'appellation de « chambres civiques[67] ». Surtout, est introduite dans la loi la « confiscation des biens de l'indigne » – « le texte en projet a pour but de rendre possible la confiscation des biens de l'indigne[68] ». Cette mesure est un changement de taille.

On sait que la confiscation des biens, dont il faut, pour prendre la juste mesure, réciter la formule en entier (« la confiscation des biens présents et à venir du condamné »), avait été abolie par la Charte de 1814 en des termes d'une grande fermeté : « La peine de la confiscation des biens est abolie, et ne pourra être rétablie » (article 66). Restaurée en 1815 par Napoléon, au grand désespoir de Benjamin Constant, et pour le seul plaisir d'« embêter Talleyrand », cette peine disparut de l'arsenal législatif de la République. Elle fut réexhumée à la fin de la Première

65. Archives nationales, BB 30 1729.

66. Je dois cette idée au professeur Jean Leca.

67. Ordonnance du 30 septembre 1944 « modifiant l'ordonnance du 26 août 1944 instituant l'indignité nationale », *Journal officiel*, 1er octobre 1944.

68. Ordonnance du 30 septembre 1944, citée. La confiscation des biens figurait déjà dans l'ordonnance du 26 août 1944 citée, mais à titre de peine complémentaire et uniquement pour les personnes condamnées à l'indignité nationale et ayant violé les dispositions de la loi.

Guerre mondiale, afin de confisquer « les sommes reçues par les traîtres ou les espions depuis le 2 août 1914[69] », et introduite dans le code pénal en 1939 pour des crimes contre la sûreté extérieure de l'État[70]. Des différents fonds d'archives consultés[71], il ressort que la confiscation des biens entre dans la loi concernant l'indignité nationale sous la forte pression des communistes. Les limitations posées par le législateur de 1939 à l'exécution de cette peine seront respectées : la confiscation portera seulement sur la « quotité disponible », c'est-à-dire préservera les intérêts de la famille du condamné[72]. Reste que la confiscation ne vise pas seulement les « biens présents », mais ceux que le condamné pourrait acquérir dans l'avenir. La confiscation telle qu'elle est alors conçue créée un monstre juridique, une sorte de « rétroactivité dans le futur », puisque tout bien acquis par le condamné après sa condamnation devient immédiatement propriété de l'État[73].

En décembre, une nouvelle codification de la loi a lieu. Si l'on excepte la distinction désormais clairement établie entre le « crime », l'indignité nationale et la « peine infamante » qui le sanctionne, baptisée « dégradation nationale » (art. 21), et des modifications de procédure[74], le texte finalement adopté ne trahit pas les intentions de la Résistance : les chefs d'inculpation sont, à peu de chose près, les mêmes; les incapacités entraînées par la dégradation nationale, identiques.

Les modifications ultérieures subies par l'ordonnance sont davantage sujettes à caution. En trois mois, de janvier à mars 1945, six textes concernent, à des titres divers, l'indignité nationale; on en trouve trois en 1946, encore un en 1947, qui modifient le champ d'application de la peine. À titre d'exemple : les indignes ne peuvent plus faire partie des conseils de direction des Caisses d'épargne (ordonnance du 25 janvier

69. Loi du 14 novembre 1918 « tendant à assurer plus complètement la répression des crimes et délits contre la sûreté extérieure de l'État », *Journal officiel*, 16 novembre 1918.

70. Art. 37 du code pénal modifié par le décret-loi du 29 juillet 1939.

71. En particulier celui de Me Joe Nordmann, déposé à l'IHTP, que je remercie Liora Israël de m'avoir signalé.

72. Art. 38 du code pénal, cité.

73. Il faudra attendre l'art. 4 de l'ordonnance du 23 décembre 1958 « modifiant notamment certains articles du code pénal » pour voir la confiscation limitée aux biens présents du condamné (*Journal officiel*, 24 décembre 1958). Dans le cas de l'indignité nationale, la loi d'amnistie de 1951 limitera la confiscation aux biens présents du condamné (cf. *infra*).

74. Choix des jurés (art. 4 et art. 5) ; précision des modalités de la saisie de la chambre civique par les comités départementaux de libération (art. 10) ; allongement de la durée de saisine des chambres civiques sur requête déposée par un tribunal militaire ou une juridiction de droit commun (art. 24), notamment. Ordonnance du 26 décembre « portant modification et codification des textes relatifs à l'indignité nationale », 1944, citée.

1945); ils ne sont plus, à perpétuité, ni électeurs ni éligibles (ordonnance du 14 août 1945); ils sont redevables d'une majoration de 10 % de leurs impôts (ordonnance du 31 décembre 1945); condamnés à la dégradation nationale à vie, ils ne sont pas admis au bénéfice de la législation sur les dommages de guerre (ordonnance du 28 octobre 1946). Voire pis d'un strict point de vue juridique : l'ordonnance du 9 février 1945 – intégrée dans le texte même de la loi[75] – permet au commissaire du gouvernement, sur simple requête, de « suspendre provisoirement l'exercice de des droits de vote, d'élection et d'éligibilité » des prévenus, avant donc le passage et l'éventuelle condamnation par la chambre civique. En réalité, la suspension de ces droits doit être considérée comme une nouvelle peine, une peine d'une nature particulière, « extra-judiciaire » en quelque sorte puisque relevant du seul ministère public.

On pourrait avoir l'impression qu'en créant une nouvelle peine, la suspension du droit de vote, en augmentant la durée des incapacités électorales et la liste des interdictions professionnelles, en privant les indignes d'une aide pécuniaire, on durcit sans cesse la « peine d'indignité » – puisque l'expression est désormais consacrée par les textes de loi et manifeste qu'introduite tardivement, la distinction « indignité nationale » et « dégradation nationale » n'est jamais parvenue à s'imposer aux contemporains, même juristes[76]. Contrairement à une idée reçue[77] qui veut que les verdicts les plus sévères aient été prononcés par les cours dans l'immédiat après-Libération, les modifications successives apportées aux textes concernant l'indignité nationale témoigneraient au contraire que plus on s'éloigne de la guerre, plus la peine devient sévère, le pouvoir politique manifestant ainsi la permanence de sa volonté d'épuration.

Ce qui filtre à travers les corrections successives du texte de loi instituant l'indignité nationale est moins un « durcissement » de la volonté

75. Art. 10 *bis* de l'ordonnance du 26 décembre 1944, citée.

76. « Il est précisé qu'en cas de condamnation emportant une *peine d'indignité nationale,* les interdictions professionnelles qu'elle emporte se substituent aux mesures prononcées en vertu de l'ordonnance sur l'épuration des entreprises » (souligné par moi), ordonnance du 29 mars 1945, *Journal officiel,* 30 mars 1945. Voir aussi circulaire du garde des Sceaux, 17 mai 1945, ministère de la Justice, série SL-D 7806.

77. Idée reçue contestée dans sa thèse *Épuration vécue et perçue dans le cas du Maine-et-Loire. De la Libération au début des années cinquante* (sous la direction du professeur Jacqueline Sainclivier, université de Rennes-II, 2001) par Marc Bergère qui remarque, p. 172 : « La lente agonie de la répression judiciaire en Anjou ne s'accompagne en aucune manière de clémence. La nature même des dossiers traités tend plutôt à l'inverse. Force est de constater que l'idée reçue et très répandue selon laquelle l'éloignement de la Libération et son cortège de lassitude voire d'indifférence infléchissent invariablement la répression vers la bienveillance ne trouve aucun écho en Maine-et-Loire. »

politique d'épuration qu'une utilisation à des fins purement politiques de l'indignité nationale. Cette instrumentalisation politique d'un texte juridique contribue à discréditer encore un peu plus la loi. En 1951, les défauts et les vices de l'indignité nationale sont devenus si criants que l'on assiste à cette chose somme toute peu banale : la réécriture d'une loi née sous la Résistance dans le cadre d'une loi d'amnistie.

D'après Stéphane Gacon, l'indignité nationale a été au « centre des débats » lors de l'élaboration de la première grande loi d'amnistie : « La plupart des partis politiques, à l'exception du Parti communiste, se sont montrés partisans de l'aménagement de la peine, sinon de sa suppression[78]. » En 1951, l'ensemble des condamnations à la dégradation nationale inférieures à quinze ans sont amnistiées, mesure qui concerne plus de la moitié (55 %) des condamnations prononcées par les chambres civiques de la Seine[79]. Les condamnés exclus du bénéfice de l'amnistie bénéficient, en réalité, d'importantes remises de peine, puisque la dégradation nationale ne peut désormais plus être perpétuelle et « excéder vingt ans ». En 1951, on n'amnistie pas, on ne jette pas « l'oubli dans la cité » en pansant les maux du passé[80], on réactive les clivages politiques en défaisant ce que la Résistance a fait. Quel statut conférer à la loi de 1951 dans l'histoire des textes concernant l'indignité nationale, sinon celui d'une déconstruction ultime dans un monde où l'anticommunisme conduit à apprécier moins sévèrement l'engagement dans les rangs de la collaboration? Qu'est-ce que l'indignité nationale en 1951 selon la loi? Ce n'est plus une infraction qualifiée de « crime », mais un simple « délit »; la dégradation nationale n'est plus une peine infamante perpétuelle, mais une peine correctionnelle limitée à vingt ans; les nouvelles incapacités professionnelles entraînées par la dégradation nationale disparaissent, à l'exception de la privation du droit de « diriger une entreprise d'édition, de presse, de radiodiffusion ou de cinématographie et d'y collaborer régulièrement », qui est maintenue; l'interdiction de résidence, peine complémentaire, pourra être suspendue; la confiscation est limitée aux biens présents du condamné qui pourra, à l'expiration de sa peine, être réhabilité[81]. Qu'est ce que la collaboration en 1951 version

78. Stéphane Gacon, *L'Amnistie et la République en France. De la Commune à la guerre d'Algérie*, thèse d'histoire de l'IEP de Paris, sous la direction du professeur Michel Winock, 2000, t. I, p. 783. Voir aussi le livre issu de cette thèse, *L'Amnistie : de la Commune à la guerre d'Algérie*, Paris, Seuil, 2002.

79. Enquête Z5.

80. Nicole Loraux, *La Cité divisée*, Paris, Payot, 1997.

81. « Limitation des effets de la dégradation nationale non amnistiée », *in* Loi portant amnistie, 5 janvier 1951, *Journal officiel*, 6 janvier 1951.

loi d'amnistie ? Non plus le « crime de lèse-République » que voulaient sanctionner les résistants, mais un simple délit d'opinion que l'on peut réprimer à l'aide de peines existantes, la « dégradation nationale » atténuée revenant, en réalité, à l'ancienne dégradation civique (art. 34) du code pénal. Il aura fallu cinq ans pour faire rentrer l'indignité nationale dans le cadre de l'ancien code pénal, pour que le droit reprenne ses droits, et efface l'irruption de l'Histoire imposée par la Résistance.

Ultime épreuve pour la loi instituant l'indignité nationale que de l'avoir démantelée et repensée dans le cadre d'une loi d'amnistie, « première atteinte sérieuse, non plus à l'idéologie de la Résistance [...] mais à sa mémoire. Grâce à cette loi, des fascistes notoires, des nostalgiques de Vichy peuvent non seulement refaire surface [...] mais retrouver leurs prérogatives publiques et surtout se faire élire[82] ». Imparfaite, d'application malcommode car imposant une peine trop rigide, l'indignité nationale était cependant porteuse d'une conception exigeante de la citoyenneté républicaine dont on peut évaluer l'importance à l'aune des malheurs de la loi. Pourquoi sinon s'acharner jusqu'en 1951 à réécrire ce texte, à disqualifier ce crime de « lèse-République », sinon parce qu'en instituant l'indignité nationale la Résistance mit en évidence une dimension essentielle de la culture républicaine ? L'honneur est dans la République, quoique la « vertu politique » en soit le ressort, écrivait Montesquieu dans une préface à *De l'esprit des lois* (1748), craignant d'avoir été mal compris en utilisant le mot « vertu[83] ». Effectivement, pour transmettre cette idée d'un principe de gouvernement où se conjuguent l'amour de la patrie et l'honneur, plutôt que de parler de « vertu politique » le philosophe eût peut-être dû choisir un autre terme, celui de « dignité ». Deux siècles plus tard, on aurait alors mieux perçu à quel point la loi instituant l'indignité, permettant d'exclure de la communauté politique le citoyen reconnu coupable d'activité antinationale, était une loi républicaine : l'indignité nationale rétablissait l'honneur dans la République, quand les juristes de la France libre s'attachaient à rétablir la légalité républicaine[84].

82. Henry Rousso, *Le Syndrome de Vichy 1944-1987*, Paris, Seuil, 1987, p. 63.

83. Montesquieu, « Avertissement de l'auteur », *De l'esprit des lois. Œuvres complètes*, édition établie par Roger Caillois, t. II, Paris, Gallimard, coll. « Bibliothèque de la Pléiade », 1951, p. 227-228.

84. Fondation Charles-de-Gaulle, *Le Rétablissement de la légalité républicaine (1944)*, Bruxelles, Complexe, 1996.

La construction de l'appareil juridique

par Alain Bancaud

Extension d'une épuration juridicisée

Une ambition : codifier l'épuration

Entre la première ordonnance prise par le Comité français de libération nationale (CFLN) à Alger le 18 août 1943, qui entend organiser l'ensemble de l'épuration, et celle du 13 seprembre 1945, qui organise la dernière épuration professionnelle (celle de l'ordre des architectes), le dispositif de l'épuration ne cesse de se développer et de se spécialiser, en même temps que de se juridiciser. Il devient une accumulation complexe d'épurations particulières aux régimes juridiques plus ou moins différenciés et plus ou moins détaillés. Régimes qui, souvent, se modifient, se complètent, se redéfinissent – cette situation témoignant d'une difficulté certaine à construire et stabiliser un dispositif, mais attestant aussi une volonté constante d'encadrement par le droit. Par le droit de l'État central, pour être plus précis, c'est-à-dire par des ordonnances du CFLN et du gouvernement provisoire (puis par des lois, une fois mises en place les institutions de la IVe République), mais aussi par des décrets, des arrêtés ministériels et préfectoraux, sans compter les multiples circulaires ministérielles. Le dispositif est d'autant plus large et complexe que plusieurs textes poursuivant des objectifs autres que l'épuration comportent des dispositions annexes relatives à celle-ci[1].

L'ensemble du dispositif est déterminé par la tension entre deux préoccupations : l'une vise à adapter les textes afin de ne pas laisser se déve-

1. On se reportera à la table des principaux textes relatifs à l'épuration, *infra* p. 549.

lopper une épuration incontrôlée à cause des imperfections, des insuffisances, des incohérences de la législation; l'autre prétend définir un cadre juridique stable qui encadre et résiste à la conjoncture, qui « fixe » un phénomène lourd de débordements : « Il apparaît donc absolument indispensable de fixer les conditions dans lesquelles sera réalisée l'épuration nécessaire », affirme ainsi l'ordonnance du 11 avril 1945 relative aux experts-comptables et comptables agréés. Symptomatique de cette ambition d'enfermer l'épuration dans des textes définitifs et rationalisés, plusieurs grandes ordonnances fondatrices sont entièrement redéfinies à la fin de 1944 ou au début de 1945. Plus que redéfinies, elles sont en fait codifiées, afin d'éviter le maintien en application de textes dépassés ou un cumul désordonné de modifications successives et partielles qui amoindrissent la capacité pratique et symbolique d'ordonner les choses et d'ordonner aux hommes : l'ordonnance du 28 novembre 1944 porte « modification et codification » des dispositions relatives à la répression des faits de collaboration, initialement définies par l'ordonnance du 26 juin 1944; celle du 26 décembre 1944 porte également « modification et codification » de l'ordonnance du 26 août 1944 créant l'indignité nationale.

Les ordonnances définissent un registre juridique maîtrisé : ces actes d'autorité souveraine coupent l'épuration de toute référence, non prescrite par la nouvelle législation, au passé juridique. Et cela, soit en promulguant de nouveaux textes qui s'imposent « nonobstant toute législation en vigueur », comme le proclame l'article 1er de l'ordonnance du 26 juin 1944, soit en réutilisant des textes antérieurs accompagnés de « directives d'interprétation » : directives qui évitent la promulgation de nouvelles lois rétroactives, mais qui, en organisant la répression de faits imprévus, contreviennent néanmoins à l'un des principes fondamentaux du droit pénal, à savoir que les lois pénales sont d'interprétation stricte et ne doivent donc atteindre que des actes possédant exactement les caractères qu'elles définissent. Ces prescriptions visent à « poser des règles qui guideront les tribunaux dans l'application » des textes empruntés au code pénal qui « n'avaient pu prévoir une telle situation », comme le dit l'exposé des motifs de l'ordonnance du 29 mars 1945 appliquant à la répression du commerce avec l'ennemi dans les territoires occupés les sanctions du code pénal et des décrets du 1er septembre 1939, relatifs aux rapports avec l'ennemi.

Le Comité général des études (CGE)[2], ce rassemblement clandestin de fonctionnaires et de juristes qui joua un rôle décisif dans l'élaboration

2. On se reportera, pour ce comité, à la thèse de droit de Diane de Bellescize, *Le Comité général des études de la Résistance*, 1974, et au livre qui en a été tiré, *Les Neuf Sages de la Résistance. Le Comité général d'études dans la clandestinité*, Paris, Plon, 1979.

du dispositif de l'épuration, avait fait valoir, dès 1943, que l'utilisation de la législation antérieure à Vichy présenterait certes l'avantage d'apparaître moins révolutionnaire et plus conforme à la tradition juridique, mais nécessitait qu'il fût prévu de « paralyser par une série de règles purement interprétatives les arguties et discussions de légistes trop habiles » qui menaceraient la nouveauté et l'ampleur de l'épuration, au prétexte que toute une série d'actes répréhensibles ne pourrait être réprimée faute d'avoir été prévue[3]. Pour ce comité d'experts, l'adaptation du code pénal par voie de prescriptions interprétatives était tout aussi dérogatoire, tout aussi rétroactive, que la promulgation d'une nouvelle loi : « Que ce texte soit qualifié d'"interprétatif" au lieu de "rétroactif", la situation est la même : on réprime des faits qui n'étaient pas punissables lorsqu'ils ont été commis[4]. »

La volonté d'encadrement juridique se révèle jusque dans l'organisation légale de l'extra-légal. Au titre des prérogatives exorbitantes qui leur sont reconnues pour la période comprise entre la libération du territoire et l'installation des nouvelles institutions officielles, les commissaires de la République détiennent le pouvoir de maintenir ou de créer des tribunaux non prévus, tant que les nouvelles juridictions légalement compétentes, les cours de justice, ne sont pas en place. L'ordonnance du 26 juin 1944 prévoit, quant à elle, que « jusqu'à l'établissement de la cour de justice, les juridictions militaires et de droit commun sont normalement compétentes » – compétence transitoire que l'ordonnance du 14 octobre 1944 limite aux seuls tribunaux militaires. À partir de 1945, on assiste également à la légalisation d'une partie de l'épuration extralégale. Une circulaire du ministre de la Justice du 26 janvier 1945 prescrit de « replacer dans le cadre juridique les situations de fait » des premiers jours de la Libération. Les décisions des tribunaux institués par les commissaires de la République sont ainsi réputées régulières, sous réserve de la possibilité ouverte au garde des Sceaux d'introduire des pourvois en cas de violation des formes légales, des requêtes en révision en cas d'erreur de fait et des recours en grâce, même d'office, pour les peines exagérées; les jugements des tribunaux incontrôlés sont, pour leur part, réputés inexistants et les condamnés doivent être rejugés, d'office, par les cours de justice, si les faits le justifient.

3. Document de mai 1943, AN BB30-1731.
4. Note du 5 septembre 1943, AN BB30-1729.

L'échec de l'expérience d'Alger

Initialement, à Alger, une seule ordonnance organise l'épuration, celle du 18 août 1943, qui est refondue dès le 6 décembre 1943. Ce texte obéit à une visée à la fois restrictive et large. Il concerne « les élus, fonctionnaires, agents publics », c'est-à-dire exclusivement des détenteurs de fonctions, politiques et administratives, publiques. Catégories limitées et néanmoins étendues, chacune étant définie de la manière la plus extensive qui soit. Sont ainsi visés par l'ordonnance du 18 août 1943 :

– les membres du Sénat, de la Chambre des députés, des conseils généraux, des conseils municipaux et d'une manière générale, de tous les organismes élus, en vertu d'un texte législatif en vigueur au 5 septembre 1940;

– les magistrats de l'ordre judiciaire et de l'ordre administratif;

– les fonctionnaires, agents, employés et ouvriers, quelle que soit leur dénomination, des administrations de l'État et des autres collectivités publiques;

– les fonctionnaires, agents, employés et ouvriers, quelle que soit leur dénomination, de tous organismes créés en vertu d'un acte des pouvoirs publics de droit et de fait, et qui tirent tout ou partie de leurs ressources soit de taxes obligatoirement perçues, soit de subventions ou attributions de fonds sur deniers publics;

– les fonctionnaires, agents, employés et ouvriers, quelle que soit leur dénomination, de toutes les entreprises bénéficiant d'une concession ou d'un privilège de l'État ou d'une collectivité publique;

– les militaires de tous grades des trois armes ainsi que les dirigeants des chantiers de jeunesse et organismes analogues.

Sont en outre assimilés à ces catégories électives et étatiques « les membres des conseils de l'ordre des avocats et des médecins », ainsi que « les personnes ayant participé au fonctionnement de la censure, des agences de presse et du cinéma, de la radiodiffusion, des journaux et des périodiques, à quelque titre que ce soit ». À cette liste, l'ordonnance de décembre 1943 ajoute encore les officiers ministériels, le personnel des services de la censure ainsi que les propriétaires et les administrateurs des entreprises de presse, de cinéma et de radio.

Signe de la difficulté à contenir l'épuration en un seul texte, l'ordonnance du 6 décembre 1943 qui se substitue à celle d'août précédent subit, à son tour, quelques modifications, plutôt de détail (ordonnances des 5 et 29 février 1944). Surtout, elle perd sa visée universelle, en ne constituant plus que le panneau central, mais non unique, d'un dispositif dont il est désormais admis qu'il comprendra de nombreux textes spécialisés. À partir des derniers mois de 1943, les textes se multiplient en effet, frappant de mesures spécifiques des catégories d'actes particuliers. Ainsi, une ordonnance autorise l'usage de sanctions administratives exceptionnelles, notamment l'internement administratif, contre les individus dangereux pour la défense nationale ou la sécurité (ordonnance du 18 novembre 1943) ; d'autres prévoient des exclusions des rangs de la nouvelle Assemblée consultative provisoire (ordonnance du 17 septembre 1943) et des futures assemblées locales de la métropole libérée (ordonnance du 21 avril 1944) ; une autre révoque, sauf s'ils peuvent prouver avoir servi la Résistance, les membres d'un certain nombre de groupes collaborationnistes déclarés « indignes » d'occuper des emplois supérieurs dans les services publics (ordonnance du 21 décembre 1943). D'autres encore concernent la répression des rapports avec les ennemis et la guerre économique (ordonnance du 6 octobre 1943), les faits de dénonciation (ordonnance du 17 janvier 1944, modifiée dès le 31 avril 1944). L'ordonnance du 11 avril 1944 organise, pour sa part, la mise sous séquestre des biens des internés de nationalité française ou neutres et apatrides. Notons encore l'ordonnance du 2 octobre 1943, qui institue un « tribunal militaire d'armée », en fait déjà créé par un décret du 23 juillet 1943, pour juger les individus ayant commis des sévices et des brimades contre les détenus dans les centres de détention. Ordonnance modifiée, dès le 21 du même mois, et étendue aux « crimes et délits contre la sûreté intérieure et extérieure de l'État commis par les responsables politiques, militaires, administratifs de Vichy et par les membres des organisations collaborationnistes ».

Dès les premiers temps de la libération du territoire, une fois le gouvernement provisoire installé en métropole, le dispositif est radicalement changé. Aucune ordonnance ne subsiste : même celles qui concernent l'internement administratif et le commerce avec l'ennemi, un temps maintenues, sont refondues. Aucune référence à la législation d'Alger n'est faite dans les nouveaux textes. L'épuration en Afrique du Nord ne fonctionne pas comme un modèle, mais bien plutôt comme un échec à méditer et à éviter. Elle était, de fait, apparue telle très peu de temps après avoir été instituée : dès décembre 1943, le commissaire à la Justice et futur garde des Sceaux, François de Menthon, indiquait ainsi au président de la commission d'épuration qu'il « prépar[ait] [...], en utilisant l'expérience malheureuse de l'Afrique du Nord, l'ensemble des textes "épuration et sanction" pour la Libération en France [5] ». Il faut dire qu'à

5. AN BB30-1730.

l'époque les critiques étaient très vives, spécialement de la part du groupe de la Résistance en métropole qui dénonçait, à l'Assemblée consultative provisoire, les « lenteurs » et les « retards » de l'épuration : une motion d'indignation contre les « entraves » apportées au fonctionnement de l'épuration fut même votée. Au début de 1944, le déroulement du procès contre le premier responsable de Vichy, l'ancien ministre de l'Intérieur Pucheu, exacerbe l'indignation[6].

Éclatement et spécialisation

Contrairement à la législation d'Alger où elle reste, pour l'essentiel, fondée sur une seule ordonnance, l'épuration est, en métropole, éclatée, de plus en plus éclatée, entre un grand nombre d'ordonnances définissant des régimes spécifiques. Ce qui l'élargit en lui permettant d'atteindre des faits et des catégories sociales de plus en plus variés, mais, en même temps, la parcellise, la professionnalise et, finalement, la dépolitise. Elle perd de sa radicalité et de sa solennité en se banalisant dans une multitude de régimes de type judiciaire, administratif ou professionnel.

Une épuration administrative élargie

La spécialisation de l'épuration en métropole se marque d'abord par la reconnaissance d'une épuration administrative autonome, organisée par l'ordonnance du 27 juin 1944[7]. Ordonnance qui connaît quelques modifications, sans donner lieu à une recodification. Les deux plus importantes sont apportées par l'ordonnance du 25 octobre 1944, prévoyant la possibilité d'instituer une commission d'épuration dans chaque ministère, et par l'ordonnance du 11 décembre 1944, organisant une forme de déconcentration au profit des autorités préfectorales afin d'accélérer les processus d'épuration. D'autres modifications, secondaires, sont apportées ensuite : à la fin de 1945, un texte du 18 octobre modifie l'article 9 afin de régler un problème de cohérence relatif à des peines, tandis qu'une ordonnance du 2 novembre ouvre des droits à pension reconnus à certains agents publics sanctionnés.

6. Diane de Bellescize, thèse citée, p. 501 *sq.*

7. A. Basdevant, *L'Épuration administrative sous le contrôle du Conseil d'État*, thèse, Paris, 1955.

Base de l'épuration dans la fonction publique, l'ordonnance du 27 juin 1944 reste la plus proche de celle d'Alger dans la définition des faits, des sanctions, de la procédure. Mais son champ d'application est plus restreint, même si elle adopte encore une conception extensive de la notion d'agent public : sont hors de son champ le personnel politique, les responsables de la censure et de la presse, ou encore les membres des conseils des ordres professionnels. Signe toutefois que persiste la volonté d'organiser une épuration sur le modèle disciplinaire de l'État : l'épuration des avocats et celle des professions médicales, tout en donnant lieu à des textes spécifiques, relèvent de l'autorité de l'ordonnance du 27 juin 1944, avec des aménagements plus ou moins radicaux. Il en est de même pour de nouvelles catégories professionnelles comme les agréés près les tribunaux de commerce (ordonnance du 10 mars 1945) et les membres de l'ordre des experts-comptables et comptables agréés (ordonnance du 11 avril 1945). Un décret du 13 janvier 1945 décide, pour sa part, que les conseils d'université connaîtront tous les faits, prévus par l'ordonnance du 27 juin 1944, qui sont imputables à des étudiants.

Une épuration judiciaire ad hoc *et éclatée*

Une des plus grandes originalités du dispositif de la métropole réside dans l'importance accordée à l'épuration judiciaire – alors qu'à Alger l'épuration était essentiellement appréhendée comme une œuvre disciplinaire et que le rôle de la justice n'était abordé que de manière lapidaire et avec le souci d'éviter des bouleversements institutionnels et juridiques. L'ordonnance du 6 décembre 1943 comme celle d'août précédent se bornaient ainsi à mentionner dans un bref article final la compétence des juridictions ordinaires « de droit commun ». Et cela sans évoquer le tribunal militaire d'armée pourtant nouvellement créé et dont la compétence venait précisément d'être élargie. En métropole, la justice est, en revanche, centrale dans le dispositif à la fois législatif et symbolique de l'épuration. Si cette dernière demeure encore en bonne partie de nature disciplinaire, elle devient plus nettement une œuvre de justice. Mais de justice *ad hoc*, exceptionnelle en même temps qu'éclatée et démultipliée puisqu'il s'agit de plusieurs types de tribunaux, créés pour l'occasion et répartis sur l'ensemble du territoire[8]. Ce qui contri-

8. Parmi les très nombreux travaux juridiques qui analysent l'épuration judiciaire à mesure qu'elle se met en place, citons P.-H. Doublet, *La Collaboration l'épuration, la confiscation, les réparations* (*Exposé et Commentaires suivis des principales ordonnances*), Paris, LGDJ, 1945; Maurice Garçon, *Code pénal annoté*, nouvelle éd. et mise à jour par Marcel

bue à élargir et accélérer l'exercice de l'épuration judiciaire, tout en dissolvant son caractère solennel et politique. La condamnation de Vichy et de la collaboration ne se réalise pas à travers un grand procès politique collectif, mais par une multitude de procès individuels relevant de diverses juridictions non plus militaires mais civiles, et dérogatoires.

Ce choix ne s'est pas fait sans discussions ni hésitations. Il existe un débat au sein de la Résistance, dès 1943. Contre un projet de Londres faisant valoir la compétence traditionnelle des tribunaux militaires pour les affaires de trahison et d'atteinte à la sûreté de l'État, le commissaire à la Justice et le CGE estiment que les militaires, dotés de « peu de prestige », n'ont pas la légitimité suffisante pour assumer l'épuration et qu'il faut donc instituer des juridictions spéciales civiles. Le CGE considère même que les résistants sont en droit de retourner contre Vichy des juridictions extraordinaires sur le « modèle » du Tribunal d'État et des sections spéciales ; il propose une « organisation calquée sur celle des tribunaux de Vichy contre les gaullistes et les communistes de telle sorte que les accusés ne puissent se plaindre de la rapidité des procédures : ce seront celles qu'ils avaient cru bon de faire subir à leurs adversaires[9] ». Pour sa part, le comité des juristes considère qu'« on ne saurait sans répugnance user d'organismes judiciaires recueillis en héritage de Vichy » et envisage un système spécial de Haute Cour au niveau national et local, à dominante populaire mais encadré par des magistrats professionnels. Enfin, un magistrat résistant du tribunal de la Seine, M. Zambeaux, assisté de quelques collègues, propose un type de juridiction qui est à la fois dérogatoire et sur le modèle des cours d'assises.

Le dispositif retenu est complexe : il est fondé sur trois ordonnances, plusieurs fois remaniées, qui créent, chacune, une nouvelle juridiction spéciale civile et détaillent les faits, les sanctions, les procédures, selon des degrés divers mais avec un souci de juridicisation renforcé manifestant la volonté de mieux encadrer les juges. L'ordonnance du 26 juin 1944, réprimant les faits de collaboration sur la base du code pénal, crée des « cours de justice », réparties sur l'ensemble du territoire, et comprend 35 puis 83 articles, dans sa recodification de novembre 1944 (ce dernier texte, qui remplace les ordonnances des 26 juin, 6 juillet, 14 septembre et 13 octobre 1944, est lui-même remanié par les ordonnances des 29 juillet et 14 décembre 1945). La deuxième ordonnance

---

Rousselet, Maurice Patin et Marc Ancel, Paris, Sirey, tome I, 1952 ; Albert Colombini, « Le crime d'indignité nationale », in *Lois nouvelles*, 1945, p. 3-10 ; « Les cours de justice. Commentaire de la loi du 28 novembre 1944 », *Lois nouvelles*, 1945, p. 11-24.

9. Note de mai 1943, AN BB30-1731.

du 26 août 1944, qui définit une nouvelle incrimination, l'indignité nationale, pour sanctionner des faits répréhensibles mais ne relevant pas du code pénal, institue des « chambres civiques », dont l'organisation, copiée en bonne partie sur celle des cours de justice, est arrêtée en 14 puis 29 articles, dans son ultime version de décembre 1944. Une troisième ordonnance crée une « Haute Cour » pour juger les responsables politiques, militaires, administratifs de Vichy. C'est la plus tardive, bien que l'ordonnance du 21 avril 1944, relative à l'organisation des pouvoirs publics en France après la Libération, en prévoie le principe, mais sans en préciser le fonctionnement dont la définition est reportée à l'arrivée en France de l'Assemblée provisoire. Il faut attendre l'ordonnance du 18 novembre 1944 pour qu'elle soit instituée. Elle est également la moins juridicisée (12 articles) et laisse à ses membres la plus large marge d'autonomie, d'arbitraire juridique. Ce qui entraînera des conflits d'interprétation, notamment entre la Cour et sa commission d'instruction[10]. Elle est aussi la plus instable : elle est plusieurs fois modifiée, sans être recodifiée (ordonnances des 18 janvier, 5 avril, 29 juillet et 27 décembre 1945; loi du 19 mars 1946).

Le dispositif judiciaire est d'autant plus complexe que ces trois juridictions spéciales gèrent l'essentiel de l'épuration sans en avoir l'exclusivité. Au-delà de la période transitoire entre la libération du territoire et l'installation des cours de justice, les tribunaux militaires restent compétents, à la marge toutefois (pour juger les ex-ennemis, soit les Allemands, les Italiens...), et avec une certaine imprécision qui donnera lieu à des conflits de compétence. Quant aux tribunaux correctionnels ordinaires, ils interviennent pour certains faits de commerce avec l'ennemi.

Multiplication des épurations professionnelles

Des épurations professionnelles, de caractère disciplinaire, prévues ni pour l'Afrique du Nord ni dans les premières ordonnances de la métropole, se développent jusqu'à celle du 30 mai 1945 concernant toute une série de professions artistiques (les « gens de lettres, auteurs et compositeurs, artistes peintres, dessinateurs, sculpteurs et graveurs ») et celle du 13 septembre 1945 relative à l'ordre des architectes. Les ordonnances se multiplient afin soit d'encadrer des épurations déjà en œuvre mais incontrôlées, soit d'éviter les frustrations occasionnées par une épuration officielle trop restreinte. Elles cherchent à fixer des épurations particulières jugées nécessaires que les épurations judiciaires ou admi-

10. Louis Noguères, *La Haute Cour de la Libération*, Paris, Éditions de Minuit, 1965.

nistratives n'atteignent pas ou mal en raison de leur compétence trop restrictive, de leurs sanctions inadaptées ou de leurs procédures inadéquates. Ainsi une ordonnance institue-t-elle une épuration dans les entreprises privées estimée « indispensable » pour pallier les lenteurs de l'épuration judiciaire contrevenant à l'intérêt d'État poursuivi : la prompte remise en marche de l'économie. Les règles de cette nouvelle épuration apparaissent elles-mêmes « mal adaptées » et les sanctions « difficilement applicables » à la situation des artistes dramatiques et lyriques comme des musiciens exécutants qui deviennent, à leur tour, l'objet d'un texte spécifique.

Ces épurations professionnelles, organisées soit par des ordonnances propres, parfois remaniées, soit par des dispositions subsidiaires comprises dans des textes plus larges, touchent de vastes domaines d'activité. Des textes spéciaux règlent ainsi l'épuration d'un certain nombre d'organismes autonomes à caractère administratif : organismes d'assurance sociale, de mutualité et de prévoyance (ordonnance du 12 novembre 1944), caisses d'épargne (ordonnance du 25 janvier 1945), caisses de compensation et d'allocations familiales et les caisses de congés payés (ordonnance du 14 février 1945). D'autres ordonnances concernent le monde de l'économie, au sens large du terme, des modalités spécifiques d'épuration étant mises en œuvre pour la presse (ordonnance du 30 septembre 1944, complétée par l'ordonnance du 2 mars 1945, afin notamment de sanctionner les journalistes échappant au mécanisme épuratoire initial), les entreprises (ordonnance du 16 octobre 1944, modifiée et complétée par un décret du même jour et l'ordonnance du 29 mars 1945), les coopératives (ordonnance du 2 février 1945). La confiscation des profits illicites est prévue par l'ordonnance du 18 octobre 1944, remaniée le 6 janvier 1945, tandis que la répression du commerce avec l'ennemi est réprimée selon les dispositions de l'ordonnance du 29 mars 1945, qui vient modifier le premier texte pris en la matière, à Alger, le 6 octobre 1943.

Les ordonnances relatives au rétablissement de la liberté syndicale (ordonnance du 27 juillet 1944, modifiée et complétée par celle du 26 août 1944) et à la réorganisation de la profession agricole (ordonnance du 12 octobre 1944) prévoient également des mesures particulières d'épuration. Plusieurs ordonnances fondent encore des épurations propres à diverses professions libérales et intellectuelles. C'est le cas :

– des avocats (ordonnance du 6 décembre 1944) ;

– des professions médicales (soit l'ordonnance du 11 décembre 1944 relative aux organisations professionnelles des médecins, dentistes, sages-femmes en voie de reconstitution, et l'ordonnance du 18 janvier 1945 prévoyant l'épuration des médecins, dentistes et sages-femmes) ;

– des étudiants (décret du 13 janvier 1945) ;

– des artistes dramatiques ou lyriques et des musiciens exécutants (ordonnance du 17 février 1945) ;

– des agréés près les tribunaux de commerce (ordonnance du 10 mars 1945) ;

– des experts-comptables et comptables agréés (ordonnance du 11 avril 1945) ;

– des gens de lettres, auteurs et compositeurs, des artistes peintres, dessinateurs, sculpteurs, graveurs (ordonnance du 30 mai 1945);

– de l'ordre des architectes (ordonnance du 13 septembre 1945).

Des dispositions particulières sont enfin prévues à l'encontre des parlementaires et des membres des assemblées départementales ou municipales (ordonnance du 6 avril 1945 modifiant l'ordonnance du 21 avril 1944). À cet ample arsenal juridique viennent enfin s'ajouter deux autres ordonnances qui décident la révision, l'une de toutes les décorations décernées à titre civil par Vichy et l'autre des nominations sur titres ou exceptionnelles de fonctionnaires et agents publics et des promotions au choix intervenues entre le 17 juin 1940 et la Libération (ordonnances des 9 et 14 novembre 1944). Des textes sans lien officiel avec l'épuration seront, parfois, utilisés en raison des facilités qu'ils offrent par rapport à la procédure d'une épuration administrative plus contraignante. C'est le cas de l'ordonnance du 7 janvier 1944 qui permet de prononcer la mise à la retraite d'office de tout fonctionnaire, y compris les magistrats, pendant une durée d'un an suivant la cessation des hostilités; de la loi du 30 octobre 1886 permettant à un préfet, sur proposition de l'inspecteur d'académie, de changer de résidence un instituteur pour « nécessité de service »; ou encore de la loi du 14 avril 1924 concernant la mise à la retraite d'office des militaires. C'est aussi le cas de lois ultérieures sur la réduction du nombre de fonctionnaires : ainsi, l'article 9 de la loi du 15 février 1946, modifiant l'ordonnance du 7 janvier 1944, prévoit la mise à la retraite en priorité des fonctionnaires nommés par Vichy ou qui « auront fait l'objet d'une sanction quelconque pour leur attitude antipatriotique ».

Des épurations autonomes

Les épurations professionnelles et administratives ne font pas obstacle aux poursuites pénales et, inversement, se développent de manière largement autonome par rapport à l'épuration judiciaire. Ce qui permet aux différents types d'épuration de se cumuler, mais également de se contredire.

L'indépendance de l'épuration administrative par rapport à l'épuration judiciaire est complète. Ce qui n'est pas nouveau : l'autonomie du régime disciplinaire de l'administration est en effet classique, bien que, pour éviter les oppositions de décision et ne pas influer sur la justice qui distribue les peines les plus lourdes et les plus stigmatisantes, il soit habituel de surseoir à toute décision administrative lorsque la justice est saisie.

En matière d'épuration professionnelle, la séparation est moins radicale. Il existe quelques cas d'interdictions professionnelles qui ne peuvent être prononcées qu'à titre provisoire, tant que la justice pénale saisie ne s'est pas prononcée, comme on le voit avec l'ordonnance relative aux gens de lettres et aux artistes. Dans le cadre de l'épuration dans les entreprises, il est prévu que les mesures d'indignité nationale se substituent aux sanctions disciplinaires, afin d'« éviter toute contrariété de jugement ». En matière d'épuration des professions médicales, les sanctions les plus lourdes ne peuvent être infligées par le ministre qu'après une condamnation pénale pour activité antinationale.

Pour atténuer un trop grand éclatement des diverses épurations, il existe un effort de rationalisation qui prend deux formes : l'un consiste à définir, en une seule ordonnance, des dispositions communes à plusieurs professions proches, telles les professions médicales (comprenant les médecins, dentistes et sages-femmes) ou artistiques (regroupant les gens de lettres, auteurs et compositeurs, artistes peintres, dessinateurs, sculpteurs, graveurs) ; l'autre reprend, avec des degrés variables, les modalités de l'épuration administrative pour les appliquer à plusieurs épurations professionnelles, comme c'est le cas pour les organismes autonomes à caractère administratif, les avocats, les experts-comptables, les agréés près les tribunaux de commerce, ou encore les étudiants.

Le contenu des ordonnances

Définition des faits : une épuration nationale

Toutes les ordonnances ont d'abord pour fonction de définir, de circonscrire les faits incriminés afin que l'épuration ne prenne la forme ni d'une révolution sociale, ni d'une revanche politique, ni d'une rénovation professionnelle qui relève d'une législation spéciale avec l'ordonnance du 7 janvier 1944 relative à la mise à la retraite d'office. Il ne s'agit de punir ni un attentat contre la République, jamais évoquée dans les textes relatifs à l'épuration, ni un crime contre telle ou telle catégorie raciale, sociale, politique, comme les juifs, les francs-maçons, les communistes. L'épuration, c'est, d'abord et avant tout, une affaire d'atteinte à la France et à la communauté, présentée comme unie, des Français. La trahison représente ainsi le crime le plus grave, mais aussi le crime unificateur, des différentes formes d'épuration. Une telle conception est conforme à la perspective de De Gaulle pour qui l'erreur fondamentale, la « faute capitale » de Vichy reste l'armistice, tout le reste demeurant secondaire, « accessoire » :

> Pour moi, la faute capitale de Pétain et de son gouvernement c'était d'avoir conclu avec l'ennemi, au nom de la France, le soi-disant « armistice ». [...] Aussi étais-je contrarié de voir la Haute Cour, les milieux parlementaires, les journaux, s'abstenir dans une large mesure de stigmatiser l'« armistice » et, au contraire, se saisir longuement des faits qui lui étaient accessoires. Encore mettaient-ils en exergue ceux qui se rapportaient à la lutte politique, plutôt qu'à celle du pays contre l'ennemi du dehors. Trop souvent, les débats prenaient l'allure d'un procès partisan, voire quelquefois d'un règlement de comptes, alors que l'affaire n'aurait dû être traitée que du seul point de vue de la défense et de l'indépendance nationale. Les anciens complots de la Cagoule, la dispersion du Parlement après qu'il eut abdiqué, la détention de parlementaires, le procès de Riom, le serment exigé des magistrats et des fonctionnaires, la charte du travail, les mesures antisémites, les poursuites contre les communistes, le sort fait aux partis et aux syndicats, les campagnes menées par Maurras, Henriot, Luchaire, Déat, Doriot, etc., avant et pendant la guerre, voilà qui tenait, dans les débats et les commentaires, plus de place que la capitulation, l'abandon de nos alliés, la collaboration avec l'ennemi[11].

Ainsi les ordonnances répriment-elles des faits relevant d'une activité « antinationale » très circonscrite dans le temps : à partir du 16 juin 1940 – c'est-à-dire de l'armistice plutôt que de l'avènement de l'État français et de sa Révolution nationale – jusqu'à la Libération. Seule exception à ce découpage temporel, l'ordonnance relative à l'épuration dans les entreprises qui réprime les faits commis depuis 1er septembre 1939. L'ordonnance du 26 juin 1944, qui sanctionne les faits les plus graves et prévoit les peines les plus lourdes, organise, comme son titre l'indique, « la répression des faits de collaboration » et juge « les faits commis entre le 16 juin 1940 et la date de la Libération qui constituent des infractions

---

11. Charles de Gaulle, *Mémoires de guerre, Le Salut, 1944-1946*, Paris, Plon, 1959, p. 248-249.

aux lois pénales en vigueur au 16 juin 1940 lorsqu'ils révèlent l'intention de leurs auteurs de favoriser les entreprises de toute nature de l'ennemi ». Ce texte juge Vichy au nom du code pénal de 1939 et de ses articles 75 à 86 qui sanctionnent la « trahison » et « l'atteinte à la sûreté extérieure de l'État » : référence qui banalise Vichy et l'épuration en les inscrivant dans l'histoire juridique de la trahison et de sa répression, en même temps qu'elle institue les « collaborateurs » en criminels ordinaires pour lesquels il n'est nul besoin de créer une législation nouvelle extraordinaire qui serait partisane et contraire au principe juridique de la non rétroactivité des lois. Considérer que le code pénal d'avant Vichy suffit, c'est estimer, selon un projet d'exposé des motifs devant précéder l'ordonnance, que, « de tout temps, les actes qu'ils [les collaborateurs] ont accepté de commettre ont été réprouvés par la conscience et, de tout temps, la loi non seulement morale mais écrite les a punis. Sans doute, elle ne leur a pas donné le sens moderne de collaboration, mais en réalité, sous des noms divers, elle en a atteint les formes essentielles[12] ».

Cette reprise du code pénal ne s'est pas imposée sans débat : lors des discussions préalables, le CGE et le comité des juristes proposent une législation nouvelle facilitant la répression d'actes en fait imprévus et ne pouvant tomber sous le coup des lois antérieures qu'au prix d'une rétroactivité déguisée, au moyen des directives interprétatives, et d'une violence contre les textes puisqu'il faut les forcer pour leur faire dire ce qu'ils n'ont jamais envisagé. Par souci de cohérence par rapport à la lettre du droit et de clarté à l'égard d'un principe de rétroactivité nécessairement contredit, ces deux comités d'experts prônent la création d'une nouvelle incrimination, sans pour autant concevoir celle-ci comme porteuse d'une nouvelle universalité. Ils ne ramènent pas Vichy à des actes punis « de tout temps », mais le conçoivent comme un régime produit par des circonstances extraordinaires sans lendemain, une sorte d'accident de l'histoire aussi imprévisible que non renouvelable. Dans une note diffusée le 15 mars 1944, le comité des juristes écrit ainsi :

> Il est indispensable d'admettre la rétroactivité, si l'on ne veut laisser impunis toute une série de crimes qui n'ont pu être commis qu'à raison de circonstances impossibles à prévoir par le législateur et impossibles à réprimer parce qu'on ne pouvait même pas les concevoir et qui, consommés à la faveur d'un régime que la France n'aura connu qu'une fois, ne se renouvelleront plus[13].

12. AN BB30-1729.
13. AN BB30-1730.

Toutes les ordonnances organisant les diverses épurations répriment ainsi des faits antinationaux, avec des formulations variables et larges, de plus en plus larges : l'ordonnance du 26 juin 1944 réprime les faits qui « favorise[nt] les entreprises de toute nature de l'ennemi », alors que celle d'Alger n'utilise pas l'expression « de toute nature »; plusieurs ordonnances relatives aux épurations professionnelles visent, pour leur part, « une activité antinationale sous quelque forme que ce soit ».

Seules deux ordonnances, centrales dans le dispositif épuratoire, élargissent le champ des griefs, sans remettre toutefois en cause le caractère national et apolitique de l'épuration. Elles participent toujours à la célébration de la France et les valeurs qui les fondent ne sont pas propres à la République, elles transcendent les régimes politiques. L'épuration administrative, par ailleurs la plus contrôlée par l'exécutif et donc la moins susceptible de s'autonomiser, sanctionne les fonctionnaires ayant, depuis le 16 juin 1940 : 1. soit favorisé les entreprises de toute nature de l'ennemi; 2. soit contrarié l'effort de guerre de la France et de ses alliés, notamment par des dénonciations; 3. soit porté atteinte aux institutions constitutionnelles ou aux libertés publiques fondamentales; 4. soit sciemment tiré ou tenté de tirer un bénéfice matériel direct de l'application de règlements de l'autorité de fait contraires aux lois en vigueur le 16 juin 1940.

L'ordonnance instituant l'indignité nationale, dont l'originalité est d'étendre la répression judiciaire à des faits ne tombant pas sous le coup du code pénal, ne se limite pas à la collaboration avec l'ennemi. Sans pour autant sortir de la logique de la sanction de la collaboration et des atteintes à la France, elle s'inscrit dans la défense de la nation en créant une nouvelle peine, la dégradation nationale, « cette nouvelle et heureuse qualification des crimes de lèse-Nation », selon des juristes résistants[14], qui s'inspire d'une peine classique, la dégradation civique[15]. Selon l'exposé des motifs de l'ordonnance, l'indignité nationale, qui répond à « la nécessité d'une purification de la Patrie », incomplètement satisfaite par les ordonnances des 26 et 27 juin 1944, sanctionne un manquement au devoir patriotique. Elle repose sur un principe fondamental : « Tout Français qui, sans enfreindre une règle pénale existante, s'est rendu coupable d'un acte antinational caractérisé s'est déclassé. » Au même titre que la participation au gouvernement de Vichy, la direction des services de la propagande officielle, l'adhésion aux partis collaborationnistes, ou encore l'organisation de « manifestations artistiques, économiques, politiques ou autres en faveur de la collaboration », la

14. Note diffusée le 15 mars 1944, AN BB30-1731.
15. Albert Colombini, « Le crime de l'indignité nationale », *op. cit.*, p. 3-10.

propagande en faveur du « racisme » et des « doctrines totalitaires » est ainsi appréhendée comme l'un des exemples du fait d'avoir aidé l'Allemagne ou porté atteinte « à l'unité de la nation ou à la liberté et à l'égalité des Français ». L'ordonnance, silencieuse sur la répression contre les communistes et les francs-maçons, évoque indirectement l'exclusion des juifs : à travers la condamnation de la propagande raciste (par voie d'articles, brochures, livres, conférences) ou de la détention d'« une fonction de direction dans les services centraux, régionaux ou départementaux du commissariat aux Questions juives ».

Pour contenir l'épuration, les ordonnances restent encore largement dans le cadre pénal classique qui impose, pour qu'il y ait fait pénalement répréhensible, la nécessité d'une intention coupable et la responsabilité individuelle. Pour l'ordonnance du 26 juin 1944, les faits sont condamnables « lorsqu'ils révèlent *l'intention* de leurs auteurs de favoriser les entreprises de toute nature de l'ennemi ». L'ordonnance relative à l'indignité nationale se fait, pour sa part, insistante : est reconnu coupable celui qui a « soit apporté *volontairement* en France ou à l'étranger une aide directe ou indirecte à l'Allemagne ou à ses alliés, soit porté *volontairement* atteinte à l'unité de la nation ou à la liberté et à l'égalité des Français ». L'ordonnance instituant l'épuration administrative sanctionne, quant à elle, les fonctionnaires « pour leurs actes, leurs écrits ou leur attitude *personnelle*[16] ».

Toutefois, pour appréhender les faits répréhensibles, la République rétablie sort, là encore, du droit commun. Avec l'ordonnance relative à l'indignité nationale, l'occupation de certaines fonctions et l'adhésion aux partis collaborationnistes, postérieure au 1er janvier 1942, constituent des infractions entraînant une sanction automatique, quelle que soit l'intention de leurs auteurs. Une telle dérogation suscite de sévères critiques de la part des avocats et des réticences de la part des magistrats qui n'apprécient guère les limites apportées à ce qui est au cœur de leur pouvoir, la capacité à individualiser et à moduler la sévérité des lois.

Pour définir les faits répréhensibles, le législateur adopte différentes techniques juridiques qui organisent une certaine imprécision dans la précision, une certaine souplesse dans l'encadrement ; ce qui contient l'épuration dans le cadre imposé d'une opération patriotique, sans la limiter dans son application concrète. Ces techniques laissent aux autorités compétentes une marge d'appréciation qui déroge, en partie, au principe du droit pénal selon lequel une loi répressive doit donner une

---

16. C'est nous qui soulignons.

définition précise des infractions punissables afin d'éviter l'arbitraire du juge. Schématiquement, deux grands modèles de méthode législative sont utilisés. Le premier, conforme à l'ordonnance du 26 juin 1944, renvoie au cadre, classique et balisé par l'histoire, des articles du code pénal, mais ne définit pas en quoi consistent les faits qui « favorise[nt] les entreprises de toute nature de l'ennemi ». Ce qui laisse aux cours de justice le soin d'apprécier souverainement les faits et si l'intention de nuire à la France se dégage des circonstances entourant la perpétration de l'acte.

La seconde méthode consiste à recourir à des énumérations indicatives qui précisent les incriminations, sans les épuiser. L'ordonnance relative à l'indignité nationale en est la meilleure illustration. Elle donne de cette nouvelle incrimination une définition très large dont la portée est précisée par une liste non limitative de faits, introduite par le mot « notamment » – liste à l'intérieur de laquelle on trouve une sorte de sous-liste, là encore ouverte, d'organisations collaborationnistes pour lesquelles une adhésion, postérieure au 1er janvier 1941, entraîne une sanction automatique (l'ordonnance initiale du 26 août 1944 comprend deux sous-listes et distingue le PPF, le Parti franciste, le MSR des autres partis, ce que ne fait plus l'ordonnance modificatrice du 26 décembre 1944). Quoique non limitatives, les listes sont longues et énumèrent, selon l'exposé des motifs précédant l'ordonnance, les « faits essentiels » susceptibles de valoir à leurs auteurs l'indignité : sept faits précisent ainsi cette nouvelle incrimination et douze organisations sont classées comme « organisme de collaboration », ce qui manifeste une volonté certaine de contenir la liberté accordée au juge dans l'appréciation des faits susceptibles de justifier une peine de dégradation nationale nouvelle, ne pouvant donc s'appuyer sur une tradition de précédents interprétatifs. Dans le même esprit, comme on l'a vu plus haut, l'ordonnance relative à l'épuration administrative prévoit quatre types de faits dont la définition est large mais l'énumération restrictive. Cette méthode tranche sur celle utilisée dans la législation disciplinaire ordinaire, qui use plutôt de termes généraux et recourt rarement aux énumérations limitatives.

Limitation rétroactive des excuses

Les ordonnances définissent les faits qui justifient une sanction au titre de l'épuration, mais aussi les circonstances qui excusent ou atténuent les culpabilités ; elles le font de manière dérogatoire et, de plus en plus, restrictive.

L'épuration se heurte en effet au principe qui organise l'État légal et centralisé et qui s'impose aux fonctionnaires, l'obéissance aux lois et aux ordres hiérarchiques. Obligation rigoureuse comportant une contrepartie : elle constitue un « fait justificatif » ou une « excuse absolutoire » qui fonde une large immunité judiciaire. Le code pénal ne contient sans doute pas de disposition globale en la matière, mais il lui est reconnu une portée générale. Or il dispose qu'« il n'y a ni crime ni délit lorsque les actes constituant en eux-mêmes des infractions étaient ordonnés par la loi et commandés par l'autorité légitime » (article 327). Sans doute le subordonné n'est-il pas tenu d'exécuter un ordre manifestement illégal, mais, dans un cas de légalité douteuse, la jurisprudence tend à admettre l'obéissance et à reconnaître une présomption de bonne foi, dès que le fonctionnaire a satisfait à une injonction hiérarchique. Ce devoir d'obéissance, dont le respect marque la conformité à la tradition étatique et qui excuse, contient les effets de l'épuration et risque même de l'annuler. Tous les fonctionnaires qui ont suivi les lois et les ordres hiérarchiques, comme tous les citoyens ayant bénéficié d'une autorisation gouvernementale, sont susceptibles de se justifier et d'échapper ainsi à une sanction. Situation qui conduit, selon le CGE, à devoir nécessairement faire une « entorse » au principe de non-rétroactivité :

> Même pour les faits qui, exceptionnellement, étaient prévus par les textes en vigueur, il va être nécessaire pour les réprimer de faire abstraction des ordres, approbations ou autorisations, expresses ou tacites, du gouvernement de Vichy. Pour certaines infractions, les textes prévoient qu'elles ne sont constituées qu'à défaut de l'approbation du gouvernement; pour toutes, le commandement de l'autorité légitime est un fait justificatif. Quoique l'on puisse penser de la légalité du gouvernement de Vichy, il a été au moins un gouvernement de fait, qui a donné des ordres, et auquel les fonctionnaires et les particuliers ont pu obéir. Ils vont être punis pour des faits qui n'étaient évidemment pas punissables au moment où ils les commettaient. À partir du moment où l'on est obligé de décider que pour apprécier les éléments constitutifs des infractions, il devra être fait abstraction des autorisations du gouvernement de Vichy, on apporte au principe de la rétroactivité des lois une entorse[17].

Dans un premier temps, il est fait choix d'une solution médiane visant à contenir l'épuration aux sommets de l'État et aux cas les plus extrêmes de manquement aux devoirs, professionnels et nationaux, du fonctionnaire : elle est fondée sur la distinction entre subalternes bénéficiant d'une sorte de présomption d'innocence et responsables susceptibles

17. Note du CGE « Les sanctions contre les traîtres », 5 septembre 1943, AN BB30-1729.

d'être sanctionnés seulement en cas de zèle. La première ordonnance d'Alger précise que la commission d'épuration « doit distinguer entre les hommes qui se sont bornés à exécuter des ordres sans avoir l'autorité nécessaire pour les discuter et ceux qui allant au-delà de leurs strictes obligations professionnelles se sont sciemment associés à une politique antinationale », ou, ajoute l'ordonnance modificatrice du 6 décembre 1943, ont « manifestement dépassé dans la répression l'exercice normal de leurs fonctions ».

Une telle distinction résiste mal en métropole. L'ordonnance relative à l'épuration administrative n'invite à aucune discrimination. L'épuration judiciaire de la collaboration devient, quant à elle, de plus en plus restrictive dans la mise en jeu de l'irresponsabilité. Se situant dans l'esprit du texte initial d'Alger, l'ordonnance du 26 juin 1944 empêche sans doute la poursuite des fonctionnaires qui se sont bornés à la « stricte exécution – exclusive de toute initiative personnelle – d'ordres » ou à « l'unique accomplissement d'obligations professionnelles sans participation volontaire à un acte anti-national », mais elle précise que cette excuse ne joue pas dans un certain nombre de cas jugés particulièrement graves (dénonciation, livraison de personnes, actes individuels de violence, livraisons délibérées de matériel, de pièces ou renseignements à l'ennemi). Surtout, elle est l'objet de très vives critiques lors des débats à l'Assemblée : « Il saute aux yeux, selon le rapporteur de la commission compétente, que si une telle rédaction était maintenue, tous les inculpés ne manqueraient pas d'invoquer l'excuse qu'elle constitue[18]. » Ce qui entraîne des reformulations nettement plus sévères. Les ordonnances du 14 septembre et, surtout, du 28 novembre 1944 ne prévoient aucune restriction à la qualité du prévenu : pour bénéficier de l'immunité, elles font disparaître la distinction entre simples exécutants, toujours excusés tant qu'ils n'ont manifesté aucune initiative personnelle, et responsables, susceptibles d'être poursuivis pour n'avoir pas usé de leur marge personnelle de pouvoir; elles ajoutent, en outre, une condition supplémentaire qui laisse aux cours de justice un large pouvoir d'appréciation en ouvrant la possibilité de poursuivre tous ceux qui n'ont pas refusé certaines actions dans l'intérêt de la nation. Alors que l'ordonnance de juin apporte déjà une restriction par rapport aux textes d'Alger en prévoyant explicitement que les lois, ordres et autorisations de Vichy ne constituent pas le « fait justificatif » prévu par le code pénal « lorsque le prévenu détenant des postes de direction ou de commandement avait la

18. Séance du 10 juillet 1944.

faculté de se soustraire à leurs exécutions par son initiative personnelle », l'ordonnance de novembre supprime la formule objective « détenant des postes de direction et de commandement » et sanctionne l'abstention de ceux dont « [la] responsabilité ou [l']autorité morale étaient telles que [leur] refus aurait servi la nation », périphrase susceptible d'une interprétation large.

La législation reconnaît encore l'usage des circonstances atténuantes, à la différence de Vichy qui en interdisait l'usage aux juges des juridictions d'exception pour les réserver à Pétain avec son droit de grâce très étendu. Mais elle les prévoit en limitant leur champ d'application, leurs effets et leur nature. Ce qui réduit d'autant la marge de pouvoir des juges dans l'appréciation des culpabilités et interdit aux prévenus d'obtenir un adoucissement de leurs peines en faisant valoir leur action en faveur de Vichy et donc en défendant le régime déchu.

L'ordonnance relative à l'indignité nationale admet la modulation de la culpabilité selon « l'importance et la fréquence des agissements » condamnables et la contrainte, la « pression » exercée sur l'inculpé. Elle prévoit même qu'un condamné soit relevé de l'indignité nationale, mais seulement pour des agissements postérieurs aux faits retenus et relevant d'une « action de guerre » contre les Allemands ou ses alliés ou pour une « participation active » – « efficace et soutenue » renchérit la nouvelle ordonnance du 28 décembre 1944 – à « la résistance contre l'occupant et le gouvernement de Vichy ». De surcroît, les circonstances atténuantes ne peuvent pas adoucir les effets de l'indignité nationale, dont les déchéances forment un tout indivisible, et ne permettent pas d'en limiter la durée à moins de cinq ans. Seules deux peines complémentaires sont facultatives : la confiscation des biens et l'interdiction de séjour. Significative de cette volonté de contenir légalement l'exercice judiciaire des circonstances atténuantes, l'ordonnance du 28 novembre 1944 ne reconduit pas la faculté ouverte aux cours de justice par le texte de juin précédent de prononcer seulement une peine de réclusion pour des faits que la loi punit de mort. En outre, le sursis est explicitement exclu par l'ordonnance de novembre, ce que ne faisaient pas les premiers textes.

Une échelle large de sanctions spéciales

Les ordonnances fixent encore les sanctions dont le nombre et la nature ne cessent de s'élargir et de se spécialiser. L'extension du champ d'application de l'épuration s'accompagne d'une diversification de la panoplie des condamnations, qui vont de la peine capitale à des mesures d'ordre essentiellement moral et dont les statuts sont des plus variables. Elles peuvent être judiciaires ou disciplinaires, privatives de liberté ou infamantes, cumulatives ou exclusives, définitives, temporaires ou transitoires, principales ou accessoires. Ce mouvement d'élargissement et de spécialisation permet de moduler les sanctions aux caractéristiques socioprofessionnelles des coupables et à leur degré de culpabilité, et ainsi d'éviter des condamnations inappropriées à l'activité professionnelle ou disproportionnées par rapport à la faute. Ce qui risquerait de laisser certaines catégories sociales en dehors de l'épuration ou d'encourager les autorités compétentes à multiplier les déqualifications juridiques pour « sous-condamner » ou à préférer la reconnaissance d'une innocence au prononcé d'une peine jugée excessive. La création de l'indignité nationale vise ainsi moins à organiser une indulgence relative, comme cela est souvent affirmé pour justifier une telle innovation rétroactive, qu'à éviter de voir le juge, « effrayé » devant la gravité des peines du code pénal, abandonner les poursuites ou acquitter, comme s'en étaient inquiétés le comité général des études et le comité des juristes[19].

Le mouvement d'extension et de diversification des sanctions, déjà perceptible à Alger, ne fait que s'amplifier. Alors que l'ordonnance du 18 août 1943 n'envisage que trois types de sanctions (le déplacement d'office, la rétrogradation et la révocation ou la déchéance de mandat, avec ou sans pension ou indemnité), celle du 6 décembre 1943 en prévoit dix. Alors que ces deux ordonnances prescrivent des sanctions d'ordre disciplinaire et renvoient, sans précision, à la justice de droit commun et à ses peines, celles de la métropole se réfèrent aux peines du code pénal de 1939 qui avait rétabli la peine de mort supprimée pour les crimes politiques en 1848 et, surtout, créent une nouvelle sanction d'ordre politique, la dégradation nationale, qui s'inspire d'une sanction classique, la dégradation civique, mais en l'élargissant considérablement. Elle ne comprend pas moins de quatorze interdictions et déchéances qui interdisent l'exercice d'un grand nombre de droits civiques et l'accès à des « postes d'influence » et qui s'imposent en bloc aux juridictions compétentes : elles ne peuvent être ni sélectionnées, ni modifiées, ni adoucies.

En matière disciplinaire, les ordonnances multiplient des sanctions spécialisées. Sans doute l'ordonnance relative à l'épuration administrative n'innove-t-elle pas par rapport à Alger : elle reprend sept sanctions, définitives ou provisoires, sur les dix prévues par l'ordonnance de

19. Notes du CGE de mai 1943 et du comité des juristes de mars 1944, AN BB30-1731.

décembre 1943, qui n'était pas limitée aux seuls agents de l'État. Cette échelle large, qui ouvre et module une épuration administrative échappant ainsi à un choix limité de solutions extrêmes, paraît laisser, de surcroît, la possibilité d'infliger des sanctions ordinaires prévues par « des textes législatifs ou réglementaires antérieurs ». D'autres ordonnances ont comme objectif explicite de créer des interdictions professionnelles spécifiques, ciblées, là encore pour étendre le champ d'application de l'épuration, comme on le voit avec l'épuration dans les entreprises. À l'ordonnance du 16 octobre 1944 qui prévoit déjà quatre « mesures restrictives d'activité professionnelle » destinées à s'appliquer « sans attendre les condamnations judiciaires », l'ordonnance du 29 mars 1945 ajoute quatre nouvelles sanctions, « plus adéquates », qui frappent plus directement les patrons et les dirigeants d'entreprise en atteignant leurs prérogatives de propriétaires et plus seulement de dirigeants, ou encore permettent d'infliger des sanctions plus douces et moins stigmatisantes, « d'ordre surtout moral », contre des fautes mineures, « vénielles », risquant d'échapper à toute réprobation ou au contraire d'être frappées de manière excessive. L'ordonnance relative à l'épuration des écrivains et des artistes prévoit, pour sa part, une longue série d'interdictions professionnelles adaptées aux différentes formes d'activité et de revenu des catégories visées.

La République rétablie épure en recourant à des sanctions d'exception, qui sont soit de circonstances, soit classiques. Il en est ainsi de l'internement administratif que la IIIe République inaugure en 1939 contre les espions et les communistes et dont le champ d'application est considérablement élargi par Vichy. L'ordonnance d'Alger du 18 novembre 1943, modifiée en octobre 1944, reprend de la sorte l'essentiel de la loi de 1939. Est également réactualisée et étendue la confiscation des biens, condamnation exceptionnelle prévue par le code pénal de Napoléon, abrogée en 1830, puis rétablie par une loi du 14 novembre 1918, mais seulement comme peine accessoire aux peines exceptionnellement graves réprimant les crimes et délits contre la sécurité extérieure de l'État. Une telle peine est possible dans tous les cas d'épuration judiciaire, y compris en matière d'indignité nationale (l'ordonnance du 30 septembre 1944 l'autorise, ce que ne faisait pas l'ordonnance d'août).

Une épuration étatisée

Les ordonnances fixent, systématiquement et très précisément, les « autorités » qui sont en charge de l'épuration et ont donc vocation à remplacer, en les renvoyant hors du cadre légal, tous les comités, commissions, tribunaux apparus spontanément à la Libération. Ces autorités, variables selon les domaines, obéissent à une structuration hiérarchique centralisée et sont marquées par la prédominance de l'exécutif. L'Assemblée provisoire, déjà non consultée pour les ordonnances des 26 et 27 juin 1944[20], intervient de manière accessoire dans la mise en œuvre de l'épuration. Elle sélectionne les jurés de la Haute Cour, mais se trouve exclue de l'épuration administrative et très marginalisée en matière d'épuration professionnelle : elle se borne à désigner deux membres sur les six composant le comité national d'épuration des artistes. Sont largement présents, en revanche, les représentants de l'État central, c'est-à-dire, en premier lieu, les ministres et les fonctionnaires les plus liés à l'exécutif – d'abord, dans les circonstances exceptionnelles de la Libération, les commissaires de la République, puis les préfets et sous-préfets – ou encore les magistrats professionnels. L'épuration officielle est largement fonctionnarisée : elle sera mise en œuvre par des professionnels de la chose administrative et judiciaire, comme elle avait été conçue par des professionnels de la chose juridique. L'élaboration de la législation de l'épuration fut largement, comme on vient de le voir, un travail d'experts et, tout particulièrement, de juristes d'État puisqu'elle est l'œuvre à la fois du CGE, du commissaire à la Justice (professeur de droit et membre du CGE), du « comité des juristes[21] » et d'un magistrat qui, à la Libération, devient directeur du cabinet du ministre de la Justice et joue de nouveau un rôle décisif dans la redéfinition des ordonnances du 26 juin et du 28 août 1944.

Cette prédominance étatique est présente dans les textes, dès l'origine. L'ordonnance du 18 août 1943 crée sans doute une commission d'épuration, structure centrale, originale et autonome par rapport à l'Administration et ses représentants, mais elle est composée de membres nommés par décret sur proposition des commissaires – c'est-à-dire des ministres – à la Justice et à l'Intérieur, et elle est instituée auprès du Comité français de libération nationale. Quant à ses pouvoirs, ils sont limités à ceux d'une instance d'instruction. L'affirmation concurrente de l'autorité des commissaires s'affirme d'ailleurs très vite : l'ordonnance du 29 février 1944 leur attribue les pouvoirs dévolus à la

20. D. de Bellescize, *op. cit.*, p. 512.

21. Ce comité comprend un professeur de droit, un avoué et deux magistrats (l'un préside une section au tribunal de la Seine, l'autre, président honoraire à la Cour de cassation, devient président de la commission d'épuration de la magistrature et procureur général près la Haute Cour).

commission. Cette dernière disparaît même des textes de juin 1944 organisant l'épuration en métropole. Il faut attendre l'ordonnance modificatrice du 25 octobre 1944 pour que le principe de la création de commissions d'épuration resurgisse. Et encore est-ce à titre facultatif et en perdant tout caractère unique et autonome : chaque ministre « peut » créer une commission dont il nomme les membres et définit le règlement intérieur, qu'il saisit et dont les rapports sont de simples « avis ». Seuls les ministres détiennent le pouvoir de décision. Pouvoir réservé dans le droit disciplinaire classique aux préfets, maires, présidents d'établissement publics, concessionnaires de services publics, mais, ici, centralisé, monopolisé « intentionnellement », car, selon l'exposé des motifs de l'ordonnance du 11 décembre 1944, il s'agit d'un « préjudice beaucoup plus à la nation tout entière qu'à la collectivité locale ». Seule la volonté d'accélérer l'épuration justifiera non pas une décentralisation mais une déconcentration, qui n'est jamais qu'un retour partiel au régime ordinaire, d'une partie de l'épuration des collectivités locales au profit des préfets et sous-préfets, « autorités traditionnellement chargées de [leur] tutelle ». L'État central et ses représentants les plus directs accaparent ainsi des pouvoirs disciplinaires qui leur échappaient jusque-là sous la République, au sein d'un monde administratif dont les frontières sont considérablement élargies par l'ordonnance du 27 juin 1944. Les arrêtés créant les commissions d'épuration au sein des ministères confirment et renforcent d'ailleurs cette conception extensive du personnel administratif. La compétence des commissions d'épuration des ministères des Finances et de l'Économie nationale s'étend ainsi, selon une formule reprise dans d'autres arrêtés, à « tout fonctionnaire, agent, employé ou membre, à quelque titre que ce soit, de l'ensemble des administrations, services, établissements ou entreprises concédés » dépendant de l'un de ces ministères.

L'épuration marque également une extension de l'État dans la gestion de l'économie et des professions libérales ou intellectuelles. Plusieurs épurations professionnelles connaissent un régime assimilé à celui de l'épuration administrative, on l'a vu. Même celles qui ne relèvent pas de l'ordonnance du 27 juin 1944 restent encadrées par l'exécutif et ses représentants les plus immédiats. Les ministres et les commissaires de la République détiennent ainsi l'essentiel du pouvoir de nomination des membres des différentes commissions d'épuration, qu'ils exercent soit discrétionnairement (avec deux cas de figure, les ordonnances précisent la composition ou se bornent à déclarer que le ministre compétent fixera la composition), soit sur proposition venant d'autres acteurs, et cela même pour la désignation des représentants des comités de Libération ou d'organisations professionnelles. C'est le cas de l'épuration aussi bien dans les entreprises que pour les professions médicales, les experts-comptables et comptables agréés, les artistes dramatiques et lyriques et les musiciens exécutants, ou encore les gens de lettres, auteurs et compositeurs, artistes peintres, dessinateurs, sculpteurs et graveurs.

Si les comités d'épuration professionnelle exercent, en général, le pouvoir de prononcer des sanctions, ils n'en sont pas moins tenus par le principe de la légalité des peines, qui leur interdit d'inventer des sanctions imprévues, et ils partagent, souvent, le pouvoir de sanction avec les représentants de l'État. Leur compétence peut être limitée à des sanctions toujours légères (comme on le voit pour l'épuration des artistes dramatiques et lyriques) ou aux sanctions les plus légères, les plus graves relevant des autorités ministérielles ou préfectorales, à titre soit définitif soit temporaire, tant que la justice ne s'est pas prononcée (en matière d'épuration des médecins, notamment). Pour l'épuration des professions littéraires, musicales et artistiques, les ministres compétents ne décident sans doute rien, mais ils sont dotés d'un pouvoir de dérogation susceptible d'autoriser la publication d'œuvres spécialement désignées et présentant un caractère d'intérêt public, scientifique, historique. Exceptionnellement, pour respecter des autonomies professionnelles traditionnelles, des ordres professionnels assument l'épuration qui les concerne, comme on le voit pour les comptables et, surtout, les avocats, les seuls à maîtriser totalement leur épuration (privilège que ne leur accordaient pas, à l'origine, les ordonnances d'Alger). Mais, outre que ces épurations fonctionnent sous le régime de l'épuration administrative, les institutions qui en ont la charge exercent des pouvoirs délégués, « dévolus », par le ministre compétent.

Cette volonté d'encadrement étatique se lit encore dans la place reconnue aux représentants de l'État au sein des commissions et juridictions compétentes. Des fonctionnaires participent ainsi à la commission nationale d'épuration des entreprises, au comité national d'épuration des artistes dramatiques et lyriques, aux comités de confiscation des biens illicites. L'épuration administrative est dominée et, dans plusieurs ministères, totalement contrôlée par des fonctionnaires. Les magistrats de métier sont pour leur part présents au sein des commissions dont ils assument fréquemment la présidence, fonction qui bénéficie souvent d'une voix prépondérante. Parmi les épurations professionnelles, seules celles des avocats et de la presse leur échappent. Des magistrats de l'ordre judiciaire, nommés par le ministre de la Justice ou les commissaires régionaux de la République, sont ainsi à la tête des comités d'épuration dans les entreprises, pour les professions médicales, les experts-comptables et comptables agréés, les artistes dramatiques et lyriques, les créateurs littéraires, musicaux et artistiques. Des membres du Conseil d'État appartiennent au conseil supérieur chargé de la confiscation des profits illicites, au tribunal d'honneur des parlementaires, à la commission de l'ordre des architectes ; d'autres occupent la présidence ou la fonction, discrète mais centrale, de rapporteur au sein de certaines commissions relevant de l'épuration administrative (administration pénitentiaire, ministère des Finances, ministère de l'Économie nationale).

Les magistrats de l'ordre judiciaire encadrent également les juridictions compétentes. Ils président les cours de justice et les chambres civiques, comme ils le font traditionnellement au sein des cours d'assises qui servent de modèle, mais où leur présence est plus forte (un magistrat pour quatre jurés, dans un cas ; trois magistrats pour sept jurés, dans l'autre). Leur pouvoir dans le déroulement des procès de l'épuration reste néanmoins réel et d'ailleurs renforcé par les ordonnances du 28 novembre et du 26 décembre 1944. Assisté de deux autres hauts magistrats, le premier président de la Cour de cassation préside également la Haute Cour. Ce qui déroge ici au droit commun de la justice politique puisque la Haute Cour de la IIIe République, comme celle de la IVe République, laisse l'exclusivité de la fonction de juge du siège aux parlementaires. Cette exception ne dure pas, il est vrai : une réforme de décembre 1945 rétablit le droit ordinaire d'une justice politique toujours d'exception.

Au sein de ces juridictions, les magistrats professionnels dirigent également le parquet, c'est-à-dire l'instance traditionnellement déterminante tout au long du processus judiciaire. Instance dont la dépendance hiérarchique à l'égard du ministre de la Justice est maintenue et dont les pouvoirs sont très sensiblement accrus. Un projet de création d'un ministère public autonome et spécifique est abandonné et les représentants du parquet devant les cours de justice et les chambres civiques prennent, pour l'occasion, le titre symboliquement fort de « commissaires du gouvernement ». Quant aux procureurs généraux, les magistrats les plus immédiatement soumis au garde des Sceaux, leur autorité sur le parquet des cours de justice est officiellement affirmée et accrue par l'ordonnance du 28 novembre 1944, contrairement à celle du 26 juin 1944, qui ne dit rien sur le sujet. À ses pouvoirs, classiques et décisifs, sur la sélection et la construction des affaires, le parquet des cours de justice ajoute le monopole de l'accusation (les parties civiles ne sont pas admises) et des prérogatives exorbitantes qui dépossèdent les juges d'instruction en les transformant en simples enquêteurs.

Présents, les magistrats professionnels le sont enfin par la voie des recours contre les décisions d'épuration. Les cas d'ouverture des pourvois en cassation contre les jugements des cours de justice et des chambres civiques ont beau être réduits et ne donner lieu qu'à des renvois devant d'autres cours de justice, ils n'en existent pas moins et permettent d'annuler des jugements prononcés par des juridictions dominées par des jurés populaires. Tout en étant dans l'ensemble exclu, le système classique de l'appel, moyen plus large puisqu'il permet de juger le fond et non plus seulement la forme des affaires, est prévu pour l'épuration des experts-comptables et des comptables, et ce en faveur de la seule cour d'appel de Paris, afin de garantir l'« homogénéité » des décisions. Pour sa part, le Conseil d'État intervient comme instance de recours en matière d'épuration administrative et pour bon nombre d'épurations professionnelles.

Les ordonnances prévoient également l'exercice du droit de grâce, prérogative régalienne discrétionnaire traditionnelle, qui fait du chef de l'exécutif une sorte de juge suprême doté du pouvoir de dispenser de l'exécution, totale ou partielle, d'une peine. Pouvoir contesté par les fractions les plus radicales de la Résistance, qui n'admettent pas une instance supérieure à la justice populaire des cours de justice. Pouvoir enfin délégué, les premiers temps de la Libération, aux commissaires de la République, mais rapidement repris en main par de Gaulle, très attaché à cette prérogative[22].

Une ouverture dérogatoire limitée

Largement encadrée par l'exécutif et ses représentants, l'épuration n'en présente pas moins une originalité en ouvrant les instances qui la mettent en œuvre à des représentants extérieurs à l'État. Ouverture qui prend des formes largement dérogatoires par rapport à l'exercice ordinaire de la justice et aux principes classiques du droit disciplinaire, mais qui s'impose de manière limitée et temporaire, en même temps que progressive.

À Alger, elle s'opère de façon à la fois radicale et restrictive puisqu'elle se concrétise par la création d'une commission d'épuration à la fois nationale et unique, mais dont les pouvoirs sont limités à l'enquête et l'existence rapidement remise en cause. Elle est présidée par un professeur au Collège de France (rapidement remplacé par le secrétaire général de la Fédération générale des fonctionnaires) assisté de trois

22. AN D2733/SL-1014.

représentants de la Résistance et du responsable de la bibliothèque d'Alger[23]. En métropole, la réalisation de l'ouverture est à la fois plus difficile et plus large. En matière d'épuration administrative, il faut attendre l'ordonnance du 25 octobre 1944 pour voir reconnaître, non l'obligation, mais la possibilité d'instituer des commissions d'enquête dans chaque ministère. L'épuration judiciaire est, quant à elle, ouverte aux jurés et non plus réservée aux magistrats et militaires, comme elle l'est à Alger. Par rapport aux assises, ces juges populaires ne sont pas seulement mieux représentés, ils peuvent aussi intervenir plus facilement dans le procès. Symbolique est à cet égard le dispositif matériel de jugement, qui les voit encadrer le président, en siégeant autour de lui et non plus à part et sur le côté. Le parquet spécial des cours de justice est également ouvert à des non-magistrats, mais de manière limitée : les non-professionnels ne peuvent occuper que des fonctions de commissaires adjoints et doivent posséder un minimum de dix ans d'expérience comme auxiliaires de justice, avocats ou avoués par exemple.

De telles ouvertures ne bénéficient qu'à titre marginal et temporaire aux organisations de la Résistance. Et encore est-ce uniquement en faveur des organisations officielles : les comités, surtout départementaux, de libération et le Comité national de la Résistance. Aucune disposition organisant l'épuration administrative ne prévoit officiellement leur présence ou les modalités de leur consultation, laissées au pouvoir discrétionnaire des ministres. Ce qui n'est pas le cas de l'épuration judiciaire. Si les ordonnances d'Alger ne prévoient rien en leur faveur, celles de la métropole accordent des prérogatives aux CDL, prérogatives qui restent néanmoins réduites et indirectes. Les cours de justice et les chambres civiques représentent un aménagement de la justice populaire classique, incarnée par les cours d'assises, plutôt que l'apparition d'une nouvelle forme révolutionnaire de justice et de représentation. Cet aménagement comporte des innovations exceptionnelles qui tiennent moins aux pouvoirs, très limités, des CDL dans le cours de la justice qu'au système de sélection des jurés auquel ces mêmes comités de libération participent.

Une des innovations les plus exorbitantes tient en effet au mode de désignation des jurés des cours de justice : présélectionnés par une commission composée du président du tribunal local et de deux représentants désignés par les CDL, ils doivent « n'avoir pas cessé de faire preuve de sentiments nationaux ». Système violemment dénoncé,

23. Décrets du 10 septembre et du 10 novembre 1943.

notamment par les avocats, comme contraire aux règles classiques de la neutralité des juges, mais qui n'en reste pas moins enserré dans des règles strictes contenant le pouvoir de la commission de désignation et, surtout, assez vite amendé : une réforme de décembre 1945 restaure le mode républicain classique d'établissement des listes de jurés en remplaçant les représentants des CDL par ceux des conseils généraux.

Les CDL possèdent d'autres prérogatives juridiquement consacrées, mais elles sont symboliques et sans commune mesure avec les ambitions de contrôle que pouvaient afficher ces organisations en matière de répression judiciaire de la collaboration. Ils peuvent saisir les chambres civiques, sur requête motivée présentée au président de cette juridiction. L'ordonnance du 28 novembre 1944, relative aux cours de justice, prévoit, contrairement à celle du 26 juin 1944 silencieuse en la matière, que le parquet doit notifier sa décision de ne pas poursuivre au CDL, si ce dernier est l'auteur de la plainte ou s'est associé à la plainte. Les comités de libération participent également au contrôle de ce pouvoir, exorbitant mais temporaire, exercé par les préfets, l'internement administratif : les commissions de vérification des internements administratifs sont composées d'un représentant des comités locaux de libération, encadré par un magistrat et un fonctionnaire de la Sûreté nationale.

En matière d'épuration professionnelle et économique, les instances officielles de la Résistance sont encore très peu présentes. Le CNR et les CDL ne participent en tant que tels qu'à trois instances d'épuration (épuration dans les entreprises, épuration des experts-comptables et comptables agréés, confiscation des profits illicites). Leurs représentants sont, en outre, nommés par arrêtés, préfectoraux ou ministériels, et se trouvent encadrés par des fonctionnaires ou des magistrats professionnels, en même temps que concurrencés par des représentants d'organisations professionnelles classiques, tels qu'ordres, syndicats, associations. Encore plus rares sont les cas où l'épuration officielle intègre des organismes apparus spontanément au cours de la Résistance ou lors des premiers jours de la Libération. Et quand elle le fait, c'est pour les associer à des organisations corporatives traditionnelles, comme on le verra pour l'épuration des gens de lettres, auteurs et compositeurs, artistes peintres, dessinateurs, sculpteurs, graveurs. L'épuration contribue ainsi à la réaffirmation de l'autorité centrale de l'État comme à la restauration du système traditionnel de représentation. Elle constitue à la fois une exclusion et une restauration, une remise en ordre professionnelle aussi bien qu'étatique.

Des procédures spéciales

Les ordonnances ne se bornent pas à définir les faits, les excuses, les sanctions et les autorités compétentes. L'épuration est en effet fortement encadrée par des règles de procédure, avec des différences notables selon le type d'épuration. Bien entendu, l'épuration judiciaire est de loin la plus formalisée. Elle l'est même de plus en plus. Sur les 83 articles de l'ordonnance du 28 novembre 1944 (l'ordonnance du 26 juin 1944 n'en comptait que 35), 44 intéressent la procédure proprement dite : ils définissent des prescriptions relatives aux fonctions et aux pouvoirs du président, aux jurés, aux accusés, aux avocats, à l'exposé des faits, à l'audition des témoins, aux réquisitoires et aux plaidoiries, à la clôture des débats, aux délibérés et aux votes, à l'application des peines, ou encore à la rédaction et à la lecture de l'arrêt. À cela s'ajoutent huit articles précisant les modalités d'instruction et de poursuite et neuf relatifs aux voies de recours.

En posant des règles, générales et susceptibles d'entraîner des annulations, qui organisent des pouvoirs et leurs formes d'exercice, la procédure permet d'encadrer et d'unifier. Elle représente donc une arme, aussi discrète qu'efficace, que l'exécutif et ses agents maîtrisent et utilisent largement. Elle est définie par les différentes ordonnances, souvent complétées par des textes réglementaires pris au niveau ministériel ou préfectoral. C'est très exceptionnellement que les commissions d'épuration possèdent la capacité de définir leur procédure et même leurs règlements intérieurs. La première ordonnance d'Alger détermine « l'organisation, le rôle et les prérogatives » de la commission d'épuration, mais laisse à cette dernière le soin de fixer elle-même sa procédure. Un tel pouvoir n'est plus reconnu en métropole, où l'essentiel de l'organisation et du fonctionnement des commissions en charge de l'épuration administrative est posé par l'ordonnance du 25 octobre 1944 et, surtout, par les arrêtés des différents ministres.

Les procédures mises en œuvre sont spéciales et écartent, délibérément, les principes qui structurent la justice ordinaire ou le droit commun disciplinaire de la fonction publique. Les règles traditionnelles ne sont applicables que « dans la mesure où elles ne sont pas contraires » aux nouveaux textes, selon la formule de l'ordonnance créant la Haute Cour. Transparaît en effet la volonté d'adopter des procédures simplifiées qui réduisent les contraintes formelles et découragent les manœuvres dilatoires, qui accélèrent l'épuration et limitent les occasions d'annulation.

Le caractère extraordinaire de l'épuration ne vient pas seulement de la mise à l'écart d'un certain nombre de règles procédurales ordinaires, il est aussi dû à l'extension exceptionnelle d'une procédure administrative qui, avec ses moindres garanties et son caractère secret, assure une plus sûre et plus rapide affirmation des intérêts de l'État que la procédure judiciaire. La justice est sans doute la voie la plus légitimante, mais aussi la plus lente, la plus contraignante, la plus aléatoire, avec ses juges majoritairement populaires et officiellement indépendants comme avec son caractère contradictoire, public, solennel, ritualisé.

Assignation de rôles

Tout en étant spéciales, les procédures ne s'inspirent pas moins soit de celles mises en œuvre par le régime disciplinaire ordinaire, soit de celles en vigueur devant les cours d'assises. Cette ambivalence explique que les règles définissent et assignent des rôles normés nouveaux mais aussi marqués, à des degrés divers, par la tradition. C'est, tout particulièrement, le cas des jurés des cours de justice, objet de prescriptions qui imposent leur nouveauté dérogatoire, en même temps qu'elles l'encadrent et l'atténuent. Sont ainsi définis minutieusement leur mode de désignation et même leur nouvelle place dans l'espace judiciaire, on vient de le voir. Mais ces mêmes jurés sont soumis à un certain nombre d'incapacités, d'incompatibilités et d'obligations qui les ramènent au rôle classique du juré d'assises : ils sont choisis en raison de leur attitude contre le régime précédent, tout en devant être personnellement étrangers aux poursuites contre l'inculpé et prêter le serment prévu par le code d'instruction criminelle, serment par lequel ils s'engagent solennellement à juger en toute sérénité et toute impartialité comme à garder le secret des délibérations, même après la cessation de leurs fonctions. Toujours conformément à la tradition visant à assurer la sérénité dépolitisée et dépassionnée de la justice, les témoins doivent prêter serment de « parler sans haine et sans crainte, de dire toute la vérité et rien que la vérité » et peuvent être poursuivis, voire arrêtés sur-le-champ, en cas de faux témoignage.

De même, par la multiplication des prescriptions relatives à la fonction de président de cour de justice, la procédure confirme largement les magistrats professionnels dans leur rôle habituel de maître d'œuvre de la cérémonie judiciaire. Elle réaffirme ce rôle à l'intention des autres acteurs, mais aussi des magistrats eux-mêmes qui sont contraints tout autant qu'ils contraignent aux obligations de l'ordre ritualisé et distancié de la justice. Selon l'ordonnance du 28 novembre 1944, le président dirige les débats, assure la police de l'audience, et détient le traditionnel pouvoir discrétionnaire de « prendre sur lui tout ce qu'il croit utile pour découvrir la vérité[24] ».

L'imposition de délais brefs

Les règles de procédure définissent des rôles, mais fixent aussi des délais. Il s'agit même là d'une des prescriptions les plus généralisées. Tous les types d'épuration ne sont pas minutieusement formalisés, mais ils sont pratiquement tous limités dans le temps, limitation posée dès les premiers textes édictés à Alger. Les délais prescrits, susceptibles d'entraîner des annulations en cas de manquement, sont de durée variable et de nature multiple. Il y a des délais pour délimiter les faits reprochables, pour saisir les autorités compétentes, pour déposer des dossiers, pour statuer, pour user des voies de recours, pour arrêter la fin des travaux des cours de justice et des diverses commissions d'épuration. Il existe aussi des délais pour la révision des nominations exceptionnelles faites par Vichy.

À chaque fois, il s'agit de délais brefs, raccourcis par rapport à ceux du droit commun, qui répondent à la volonté d'organiser une épuration rapide et temporaire, d'opérer « un prompt retour à la vie politique normale », selon l'exposé des motifs de l'ordonnance relative à l'indignité nationale. Aucune législation, aucune institution créée pour l'occasion n'est faite pour se perpétuer. Rien n'est plus étranger à l'épuration que l'imprescriptibilité. À l'usage, ces délais se révèlent souvent trop courts

24. Le même texte est extrêmement détaillé sur les pouvoirs dévolus au président. Celui-ci rappelle l'avocat à ses devoirs d'auxiliaire de justice en l'avertissant « qu'il ne doit rien dire contre sa conscience ou contre le respect dû aux lois, et qu'il doit s'exprimer avec décence et modération »; prévient l'accusé d'« être attentif à ce qu'il va entendre »; ordonne au greffier de lire l'exposé des faits et la liste des témoins; ordonne aux témoins de se retirer dans une chambre spéciale; demande aux témoins de se présenter; fait dresser procès-verbal des variations dans les déclarations des témoins; sert d'« intermédiaire » obligé entre les témoins et l'accusé et son défenseur ou les jurés; organise la succession des témoins; peut ordonner l'arrestation d'un témoin; procède à l'interrogatoire de l'accusé; veille à l'ordre de passage entre l'accusation et la défense; clôt les débats et donne lecture des questions auxquelles la cour devra répondre – sans pouvoir résumer les moyens de l'accusation et de la défense et en devant respecter la forme et l'ordre dans lesquels ces questions doivent se présenter; ordonne à l'accusé de se retirer et invite les jurés à gagner la chambre des délibérations; peut punir un juré contrevenant aux règles du délibéré; ordonne aux gendarmes de garder les issues de la chambre des délibérés, dans laquelle nul ne doit pénétrer sans son autorisation; veille au bon déroulement d'un délibéré et d'un vote fortement ritualisés; donne lecture des réponses faites par la cour et prononce l'arrêt, qui doit comprendre onze énonciations; enfin, avertit l'accusé qu'il a 24 heures pour se pourvoir en cassation.

et sont donc rallongés, mais toujours avec le souci de fixer un terme, comme on le voit avec les cours de justice, dont la compétence est plusieurs fois prorogée avant qu'elles ne disparaissent : l'ordonnance du 28 novembre 1944 prévoit que les cours de justice ne peuvent être saisies que des faits de collaboration ayant motivé l'ouverture d'une information avant l'expiration d'un délai de six mois à compter de la libération totale du territoire. Celle-ci est fixée par décret au 10 mai 1945, mais une loi du 1er mars 1946 prolonge le délai d'un an, seulement pour les affaires déférées devant la cour de justice de Paris. Une loi du 29 juillet 1949 supprime les cours de justice, sauf pour les affaires commencées ou jugées par contumace si le contumax se présente, mesure transitoire abrogée, à compter du 31 janvier 1951, par la loi du 31 décembre 1950. De telles dispositions n'interdisent pas des poursuites pour des faits de collaboration après la date prévue, mais elles ne peuvent avoir lieu que devant les juridictions ordinaires (tribunaux correctionnels, cours d'assises, tribunaux militaires) et jusqu'à la prescription de l'action publique, c'est-à-dire pendant un délai de dix ans pour les crimes et de trois ans pour les délits.

Des droits de la défense limités

La procédure est stratégique parce qu'elle touche à l'exercice des droits de la défense et donc à la réalité du rétablissement de la légalité républicaine. L'épuration légale est ainsi fondée sur un principe : nul ne peut être condamné sans avoir eu les moyens de se défendre. Mais, outre que les accusés défaillants sont délibérément exclus du bénéfice d'une telle garantie, les droits qui concrétisent cette dernière sont très inégalement affirmés selon le type d'épuration et, en tout état de cause, réduits par rapport au droit commun. Ils restent toutefois, c'est bien le moins, plus développés que sous Vichy et même que pour l'élimination des cadres administratifs incompétents professionnellement : l'ordonnance d'Alger du 7 janvier 1944 qui l'organise, au moyen de la mise à la retraite d'office, reste entièrement dominée par le pouvoir discrétionnaire des ministres et n'est pas sans rappeler la loi du 17 juillet 1940 de Vichy. De surcroît, la reconnaissance des droits de la défense ne s'est pas réalisée sans hésitation ni déception, là encore. La première phase de l'épuration dite « extra-légale », en partie tolérée par les commissaires de la République, connaît des formes sommaires et expéditives de jugement. Mais, même parmi les premiers servants des nouvelles juridictions créées par la République, s'élèvent des critiques et s'expriment des regrets. Le procureur général Mornet – ancien membre de la Cour de cassation ayant participé au comité des juristes et à la résistance judiciaire, il dirige l'accusation devant la Haute Cour et préside la commission d'épuration de la magistrature – déplore publiquement le refus d'utiliser, contre les dirigeants de Vichy les plus compromis, la procédure inaugurée par la Terreur et restant la plus sommaire de l'histoire moderne de la justice. Devant la commission d'instruction de la Haute Cour, il affirme : « On doit regretter que, pour Déat, Darnand, Doriot et autres, il ne suffise point, ainsi qu'en 1793, de les déclarer hors la loi pour permettre à quiconque de les abattre. Mais telle n'est pas la loi[25]. » Lors du procès Laval, il renouvelle, de manière plus solennelle et à peine moins dérogatoire, ses regrets : « Et, véritablement, je puis vous dire que si, au lendemain de la Libération, au mois d'août 1944, Pierre Laval avait été appréhendé et conduit devant un tribunal militaire, qui ne juge pas avec toutes les formes extérieures auxquelles vous êtes astreints, eh bien ! sa condamnation, suivie de ce que vous savez, n'eût pas été une erreur judiciaire[26]. »

L'épuration judiciaire, qui engage le plus publiquement, le plus solennellement l'image du nouveau régime, reste la plus protectrice. Elle reconduit l'essentiel des garanties traditionnellement offertes par les cours d'assises (caractère contradictoire et public de la procédure...). Elle comporte néanmoins quelques restrictions : les prescriptions de la loi de 1897 qui sauvegardent les droits de la défense sont abandonnées au bon vouloir des juges d'instruction, laissés libres de ne pas les respecter; les décisions de classement ne sont pas définitives et donc toujours susceptibles d'être révisées; l'appel est exclu, comme l'avait fait Vichy pour ses juridictions d'exception mais aussi comme il est de tradition pour les cours d'assises. Surtout, et ce sont là deux des plus fortes innovations dérogatoires de la procédure suivie devant les cours de justice, d'une part le parquet, hiérarchiquement soumis au ministre de la Justice, s'arroge les pouvoirs du juge d'instruction, en principe indépendant; d'autre part, le recours en cassation, exclu par Vichy pour ses juridictions d'exception, demeure limité dans son exercice afin de faciliter et d'accélérer l'épuration : il est réduit aux seuls cas, imprécis et extrêmes, de violation des « droits essentiels de la défense » et enfermé dans un délai raccourci, très bref (les 24 heures suivant le jugement). La chambre des mises en accusation qui examine le pourvoi doit, pour sa part, répondre dans les trois jours. Plus exorbitante mais d'application très circonscrite, l'ordonnance du 9 février 1945, destinée à exclure, à

25. Commission d'instruction de la Haute Cour, séance du 24 janvier 1945, AN 3W-26.

26. *Le Procès Laval*, Paris, Albin Michel, 1946, p. 233.

titre transitoire, les membres des partis antinationaux des premières élections municipales, permet aux juges de se prononcer sans interroger les inculpés, sans voie de recours et à partir de listes d'adhérents aléatoires et établies par la police sous Vichy[27].

Pour sa part, l'ordonnance du 27 juin 1944, relative à l'épuration administrative, ne définit que de manière lapidaire et sommaire les garanties des accusés. Seul l'article 7 leur est consacré : il se borne à affirmer que « sauf en ce qui concerne les fonctionnaires ou agents publics défaillants, toute sanction au titre de la présente ordonnance ne sera prononcée qu'après qu'il aura été donné connaissance à l'intéressé des faits qui lui sont reprochés et que ses explications auront été recueillies soit verbalement, soit par écrit ». Il faut attendre l'ordonnance du 25 octobre 1944, qui généralise les commissions d'épuration, pour retrouver l'un des principes fondamentaux du droit disciplinaire de la fonction publique. Encore leur création est-elle, comme on l'a vu, laissée à la discrétion de chaque ministre et n'a-t-elle pas besoin de respecter les règles traditionnelles du droit disciplinaire, ce qui entraîne des écarts, parfois profonds, dans l'organisation et la procédure de ces instances.

Dans son laconisme, l'ordonnance du 27 juin 1944 paraît dispenser les autorités compétentes de l'accomplissement des formalités préalables aux sanctions disciplinaires ordinaires. Si les fonctionnaires doivent avoir connaissance des griefs qui leur sont adressés et doivent pouvoir présenter leur défense, il n'est rien dit sur la forme d'une telle communication ou le droit de consulter les dossiers administratifs personnels et il n'existe aucun délai fixé entre l'information des faits et la présentation des explications : seuls quelques arrêtés ministériels fixent à quatre jours ce délai (ministère du Travail et de la Sécurité sociale, ministère de l'Agriculture). Alors que l'ordonnance du 6 décembre 1943 prévoit que la commission entende les personnes qui lui sont déférées, l'ordonnance du 25 octobre 1944 est plus vague, ne définissant cette formalité que comme une simple possibilité offerte aux ministres dans le cadre de leur large pouvoir d'organisation de l'épuration dans leur département. De fait, en la matière, les arrêtés créant les différentes commissions soit ne précisent rien, soit se bornent à répéter l'imprécision de l'ordonnance : la commission « provoquera les observations écrites ou orales » des intéressés. Très exceptionnellement, un ministre prescrit une comparution quasi obligatoire, comme on le voit au minis-

27. AN BB18-7115.

tère des Finances, où « la commission fait comparaître et entend les intéressés avant de statuer sur leur cas. Elle peut, toutefois, statuer sans avoir entendu les intéressés lorsque les conclusions du rapporteur tendent à les mettre hors de cause ». Et encore ce ministre exclut-il de la compétence de la commission tous les hauts responsables de son ministère, qui relèvent de sa seule autorité et pour lesquels il peut, « s'il le juge utile », convoquer un jury d'honneur destiné à lui transmettre un avis. Seul le ministre des Travaux publics et des Transports envisage qu'un intéressé puisse se faire représenter par un mandataire auprès de la commission. L'audition des témoins est aussi une faculté discrétionnaire reconnue aux commissions, qui ne sont pas obligées d'entendre les témoins cités par la défense. Ni d'ailleurs d'organiser une confrontation entre les témoins et les fonctionnaires déférés. Il n'est également pas prévu de procès-verbal des séances. Seule l'est la motivation des décisions. Encore l'est-elle de manière partielle et elliptique : l'ordonnance l'évoque pour les fonctionnaires nommés par arrêté, mais paraît l'exclure pour les nominations par décret, c'est-à-dire pour les détenteurs des plus hautes fonctions.

En matière d'épuration professionnelle, il existe des disparités encore plus fortes. Si plusieurs ordonnances renvoient à l'épuration administrative et à ses garanties, plusieurs autres ne prescrivent rien, pas même le droit d'être informé de l'ouverture d'une procédure d'épuration et des faits reprochés. L'ordonnance relative à l'épuration des gens de lettres, auteurs et compositeurs, artistes peintres, dessinateurs, sculpteurs et graveurs se borne, pour sa part, à renvoyer au bon vouloir des divers comités d'épuration qui « prendront toutes les dispositions utiles pour sauvegarder les droits de la défense ». Seuls quelques textes prévoient la possibilité de bénéficier de l'assistance d'un conseil (avocat, avoué, etc.). C'est le cas pour l'épuration de la presse, dans les entreprises, ou encore en matière de confiscation des profits illicites, mais dans ce dernier cas seulement devant le comité national, instance susceptible de prononcer les peines les plus lourdes; au niveau inférieur, dispose l'ordonnance, « les comités sont des organismes administratifs devant lesquels la procédure est écrite et s'effectue sans ministère d'avocat ».

Il est toutefois une garantie largement répandue : le droit de se pourvoir devant le Conseil d'État. Ce recours que Vichy paraissait avoir écarté de sa procédure d'exclusion disciplinaire organisée par la loi du 17 juillet 1940, la République restaurée le prévoit pour l'ensemble de l'épuration administrative et une large part de l'épuration professionnelle. Le respect des droits de la défense et, au-delà, la réalité du rétablissement de la légalité républicaine semblent moins recherchés dans une législation et une organisation de l'épuration marquées par l'exceptionnalité de la situation que différés, renvoyés au contrôle *a posteriori* d'une institution juridique classique, reconduite malgré certaines contestations. Prévoir largement le recours devant le Conseil d'État est finalement susceptible de parachever ce que la juridicisation de l'épuration vise : déplacer, sur une scène normalisée, un phénomène susceptible de se laisser gagner par l'arbitraire et les luttes partisanes, les particularismes locaux et les aspirations révolutionnaires. C'est chercher à limiter l'excès et les écarts de l'épuration, en même temps qu'à intégrer la lutte des épurés dans un cadre dépolitisé, individualisé et unifié.

L'originalité de l'épuration revient ainsi à mêler la tradition et l'exception juridiques. Plus exactement, la tradition dans l'exception qui domine, on l'a constaté, et qui n'est d'ailleurs pas sans antécédent : la Libération s'inscrit dans la tradition, traversant les régimes depuis le XIXe siècle, du recours à l'extraordinaire juridique pour faire face aux situations de crise sociale, politique ou nationale. Pour justifier la création rétroactive de l'indignité nationale, on va ainsi voir que l'ordonnance du 26 août 1944 se situe délibérément sur le registre classiquement dérogatoire de la justice politique où « le législateur retrouve son entière liberté » et donc s'accorde le pouvoir de ne pas respecter le droit commun. Mais, même largement spéciale, l'épuration reste marquée par la volonté de se servir de la force modératrice, unificatrice et restauratrice d'ordre légal que représentent les principes juridiques, les procédures ordinaires et l'habitus des agents de l'État.

Fondamentalement, l'épuration n'inaugure pas une nouvelle organisation institutionnelle et ne légifère pas pour l'avenir. Elle crée des juridictions d'exception qui ne préfigurent pas une justice populaire nouvelle : les cours de justice ne sont destinées à remplacer ni les tribunaux militaires dont la compétence demeure, comme la guerre d'Algérie le montre, ni les cours d'assises qui reprennent la réforme de Vichy renforçant la place des magistrats professionnels. Elle relève également d'une législation *ad hoc* sans lendemain et, pour l'essentiel, du code pénal accompagné, tout au plus, de directives d'interprétation. La répression de Vichy tient du phénomène classique nécessitant quelques aménagements circonstanciés et de la parenthèse novatrice à refermer rapidement. Une notion aussi radicalement nouvelle que le crime contre l'humanité avec son imprescriptibilité apparaît bien plus tard.

L'épuration, du secrétariat général provisoire de Marcel Willard à la commission de justice du CNR

par Liora Israël

À la veille de la Libération, les questions concernant la gestion de la période transitoire de rétablissement de la légalité républicaine faisaient l'objet, jusqu'aux derniers jours précédant la libération de la capitale, d'intenses négociations, en particulier entre le Conseil national de la Résistance (CNR) et le gouvernement d'Alger. C'est pourquoi un certain nombre d'institutions « doublons » furent créées, telles que les commissions du CNR. « Le CNR, comme l'écrit René Hostache, s'il avait en effet renoncé à nommer lui-même les secrétaires généraux provisoires, entendait néanmoins contrôler leur activité jusqu'à l'installation du gouvernement provisoire. Il décida donc de la création de commissions spéciales, une par département ministériel, qui avaient en outre pour tâche d'aider les secrétaires généraux dans la préparation de la prise de possession des ministères et l'élaboration des mesures d'urgence à prendre dès la Libération[1]. » On sait dans l'ensemble peu de choses de ces commissions, dont la longévité programmée était fort courte, et les attributions mal et tardivement définies, comme nous le verrons.

Néanmoins, l'exemple de la commission de justice du CNR semble intéressant à étudier pour trois ensembles de raisons. D'une part, et c'est ici le point sur lequel nous insisterons le plus, pour évaluer sa contribution à la mise en place du processus d'épuration qui s'enclenche, en particulier en ce qui concerne les hauts magistrats de la chancellerie et de la cour d'appel de Paris, avant l'arrivée de François de Menthon. D'autre part, et ces points sont liés, parce que nous sommes en présence d'une configuration originale, dans la mesure où la commis-

1. René Hostache, *Le Conseil national de la Résistance*, Paris, PUF, 1958, p. 250.

sion et le secrétariat à la Justice sont tous deux attribués à des communistes. Il faudra donc s'interroger sur cette double attribution, les membres de ces deux institutions éphémères étant parfois les mêmes. En effet, même s'il est difficile aujourd'hui de continuer à défendre la thèse d'un Parti communiste qui aurait cherché à transformer la libération du territoire en occasion révolutionnaire[2], il est troublant de constater que le Parti est doublement – et même triplement, puisque Auguste Gillot est aussi à la tête de la commission de la Justice et de l'Épuration de l'Assemblée consultative – associé à la remise en marche des institutions assurant le retour à la légalité et la réinstauration de la justice républicaine. Enfin, nous essaierons de dégager les conséquences effectives de l'action de cette commission et en particulier de son installation dans la durée, bien après l'arrivée du GPRF à Paris, particulièrement en ce qui concerne son attitude critique à l'égard du déroulement de l'épuration, interprété comme une manifestation du maintien de la cinquième colonne et de l'absence de fidélité aux promesses faites à la Résistance par le nouveau pouvoir en place.

Une commission de justice confondue avec le secrétariat général provisoire qu'elle avait pour mission de superviser

Les commissions du CNR furent créées tardivement : René Hostache insiste sur le fait que leurs statuts furent ardemment discutés, « paragraphe par paragraphe », et publiés le 22 juillet 1944, c'est-à-dire moins d'un mois avant le début de l'insurrection parisienne. Ces statuts insistaient sur le fait que ces commissions, toutes dirigées par des membres du CNR, leurs autres membres étant désignés par les organisations et partis composant le CNR, étaient chargées de superviser l'activité des secrétaires provisoires assurant la transition avant l'arrivée du GPRF : « Ces commissions ministérielles ont pour mission de représenter la Résistance auprès des Secrétaires Généraux provisoires désignés par le

2. C'est la thèse défendue par Annie Kriegel, par exemple dans *Communismes au miroir français*, Paris, Gallimard, 1974. Elle affirme notamment, en insistant sur le rôle que devait tenir le CNR dans cette perspective : « On conviendra aisément que l'installation de ce type de dispositif complexe ne pouvait avoir de sens que dans une perspective de conquête directe du pouvoir par une stratégie du type de celle qui avait assuré la victoire de la révolution d'Octobre. Ce n'est pas parce que cette logique a échoué qu'il faut en nier l'existence » (p. 170).

GPRF, avec lesquels elles collaborent et dont elles contrôlent l'activité, en conformité avec les résolutions du CNR et dans la limite de leurs résolutions[3]. » La mission de ces commissions apparaissait donc ainsi limitée dans le temps tout autant que dans ses compétences :

> Elles sont soumises à l'autorité du CNR. [...] Les commissions du CNR ne doivent pas perdre de vue que l'essentiel du travail législatif est assuré par le gouvernement Provisoire de la République, dont l'autorité est unanimement reconnue par la Résistance Française, et encore moins qu'aucune disposition définitive ne peut être décidée qu'après recours à la nation souveraine. [...] À l'installation du gouvernement Provisoire de la République dans la capitale, le pouvoir des secrétaires généraux et des commissions du CNR cesse de plein droit[4].

D'après René Hostache, les membres des différentes commissions furent désignés entre juillet et août, les noms des secrétaires généraux provisoires étant quant à eux connus depuis avril 1944[5], deux secrétariats généraux étant attribués à des communistes après maints atermoiements, ceux de l'Éducation (Henri Wallon) et de la Justice, qui fut confié à l'avocat Marcel Willard, son jeune collègue Joë Nordmann étant nommé directeur de cabinet. Or, sans qu'il nous soit permis de dire si cette opération visait à les cantonner à un seul théâtre d'activité ou s'ils cherchèrent à se placer dans une telle situation, on peut constater que le secrétaire général à la Justice, Marcel Willard, comme le président de la commission de justice du CNR, Auguste Gillot, étaient tous deux communistes. Cette co-occurrence est d'autant plus intéressante à analyser que, d'une part, Auguste Gillot n'avait pas de compétence juridique spécifique[6], et que, d'autre part, Marcel Willard, tout comme Joë Nordmann, faisait partie... de la commission de justice du CNR. Cette intrication est plus qu'une coïncidence : elle permet d'expliquer pourquoi on ne trouve trace, dans les archives, de documents émanant de la

3. Document « Statut des commissions du CNR auprès des départements ministériels », annoté, dossier « Commission de justice du CNR », archives privées Joë Nordmann, ARC 3015, bibliothèque de l'IHTP.

4. *Ibid.*

5. Voir Jean-Pierre Azéma, *De Munich à la Libération, 1938-1944*, Paris, Seuil, coll. « Nouvelle Histoire de la France contemporaine », 1979.

6. Dans ses *Mémoires* cosignés avec son épouse, Gillot n'explique pas pourquoi il obtint spécifiquement cette commission : « La présidence de la commission de Justice me revint. Deux avocats de talent firent partie de cette commission : Marcel Willard et Joë Nordmann » (Auguste et Simone Gillot, *Un couple dans la Résistance*, Paris, Éditions sociales, coll. « Souvenirs », 1975).

commission de justice du CNR que postérieurs au début du mois de septembre 1944. Avant, c'est-à-dire pendant les deux semaines qui vont de la libération du ministère de la Justice le 19 août à l'arrivée de François de Menthon le 2 septembre, leur activité semble ainsi se confondre, tant la mission de « surveillance » de la commission sur « son » secrétaire général provisoire pouvait sembler illusoire dans ce cas, le second étant membre de la première... On ne sait pas, dans ce contexte, quelle fut l'attitude du quatrième membre, le seul non communiste, de la commission telle qu'elle existait au début du mois de septembre, Robert Salmon, qui disparut ensuite de l'organigramme de celle-ci au profit de deux avocats, Mes Rosenmark et Fauconnet.

C'est donc l'activité du secrétariat général provisoire, entre le 19 août et le 4 septembre, qu'il faut rapidement restituer pour mieux connaître ce que le président de la commission de justice décrira lui-même comme étant sa genèse. Ainsi Auguste Gillot affirmait-il dans une conférence de presse présentant l'activité de la commission, le 27 octobre 1944 : « Je dois dire ici que la commission a travaillé avant même la libération de la capitale ; dès le 18 août, Maître Willard qui était désigné par le Conseil National pour remplir les fonctions de secrétaire général Provisoire de la Justice a pris possession du ministère de la Justice et, depuis cette date, nous avons travaillé sous sa direction jusqu'à l'arrivée du garde des Sceaux, M. de Menthon. » Ainsi, dès le départ, les rôles semblaient inversés : la commission de justice, créée comme les autres commissions ministérielles par le CNR pour contrôler des secrétaires provisoires nommés finalement par le GPRF – contrairement à ce que nous dit Gillot –, se voyait subordonnée dans un premier temps au secrétariat général provisoire à la Justice. Quelle fut donc l'activité de ce secrétariat provisoire, qu'elle devait surveiller, et qu'elle seconda, c'est-à-dire au profit duquel elle s'éclipsa, durant les deux semaines qui précédèrent l'arrivée de François de Menthon ?

La courte histoire du secrétariat général provisoire à la Justice commença par la prise du ministère de la Justice, où se trouvaient encore les membres de l'administration dirigée par Gabolde, alors en fuite. Marcel Willard[7] avait été désigné en avril, il était donc acquis que ce ministère serait provisoirement détenu par un communiste, avocat de surcroît ; néanmoins l'opposition de membres du CGE persistait :

7. Qui était réapparu à la fin du printemps de 1944, après s'être réfugié pendant la guerre dans un petit village des Deux-Sèvres, Thorigné (notice de Marcel Willard rédigée par M. Dreyfus dans le *Dictionnaire biographique du mouvement ouvrier français*, Paris, éd. de l'Atelier).

> Nous prêtions au président du CNR et à Parodi l'intention de ne pas nous laisser la Justice, ce qui fait que nous nous sommes installés là-bas dès le matin du 19 août, le samedi. Le matin, à bicyclette, Marcel Willard, Solange Morin, Pierre Kaldor et moi sommes partis d'un domicile désigné par un membre du Front National comme étant l'endroit le plus commode pour se rendre au ministère. À l'intérieur, deux magistrats membres du Front National nous ont fait ouvrir les portes. Nous avons pris possession du ministère très facilement. C'était un samedi, il y avait le directeur des Affaires civiles – c'était le seul magistrat présent – qui ne nous attendait pas. Nous sommes entrés dans son bureau : « Mais messieurs, que venez-vous faire ici ? », et Willard lui a répondu (Willard était un mousquetaire) : « Et vous monsieur, qu'y faites-vous ? – Moi je suis directeur des Affaires civiles. » Willard a dit : « Monsieur, vous ne l'êtes plus[8]. »

La libération du ministère de la Justice fut concomitante de celle du Palais de justice, dans laquelle s'impliquèrent nombre d'éléments du Front national des juristes, dirigé par Joë Nordmann, qui s'étaient regroupés en milices patriotiques[9]. Cette double libération portait en elle un enjeu politique tout autant que militaire : la prise du second allait permettre que les occupants provisoires du premier, Marcel Willard, Joë Nordmann et les hommes qu'ils nommèrent à leurs côtés à la chancellerie, puissent procéder aux premières nominations dans la magistrature de la Seine. Celles-ci en effet ne tardèrent guère, puisque Robert Vassart, nommé par Willard procureur de la République près le tribunal de la Seine, prit « possession de son poste au Palais à la tête de la milice patriotique dès le 20 août[10] ». Les nominations du personnel de la chancellerie avaient été décidées dans les jours précédant cette double libération, par Willard et Nordmann, assistés de Vassart et de son grand ami Max Gibert (ce dernier était en contact depuis 1942 avec le FNJ via Roger Lamouche et servait notamment de liaison entre Nordmann et Vassart). Max Gibert dresse dans ses Mémoires un tableau précis de la manière dont furent décidées les nominations à venir à la chancellerie :

> Les réunions clandestines se multiplièrent en Juillet. [...] Nous nous retrouvions, lui [Vassart], moi, Nordmann et Willard dans un appartement de la butte Montmartre d'où nous dominions Paris. Au début d'août, Willard nous annonça que le Conseil National de la Résistance l'avait désigné, en qualité de représentant du Parti Communiste, comme devant assurer l'intérim du ministère de la

8. Entretien de Joë Nordmann avec Jacques Debû-Bridel, *La Résistance intellectuelle. Textes et témoignages réunis par Jacques Debû-Bridel*, Paris, Julliard, 1970, p. 127.

9. Pour une approche générale de la libération de Paris, voir Adrien Dansette, *Histoire de la libération de Paris*, Paris, Fayard, 1966.

10. Notice concernant R. Vassart, dossier « Propositions de distinctions », archives privées Joë Nordmann, ARC 3015, bibliothèque de l'IHTP.

> Justice dès la Libération. [...] À partir de ce moment, nous nous sommes vus chaque jour. Il s'agissait de préparer les premières mesures à prendre à la Chancellerie, notamment remplacer tous les chefs de service compromis avec Vichy par des hommes nouveaux et sûrs. Nordmann et Willard connaissaient peu le personnel judiciaire, Vassart et moi leur avons été d'un précieux secours [11].

Les nominations décidées par Willard, avec l'aide de ces magistrats, résultaient d'un subtil équilibre entre le bouleversement souhaité pour incarner une « nouvelle » justice, d'autant plus rapide que le temps était compté jusqu'à l'arrivée des membres du gouvernement d'Alger, et la persistance de traditions judiciaires toujours prégnantes parmi les juristes, reconnus par leurs confrères, qui allaient constituer l'équipe de Willard à la chancellerie et assumer les plus hautes fonctions de la magistrature du siège et du parquet. Contrairement à ce que craignaient les magistrats de l'Organisation civile et militaire [12] et du Comité général d'études [13], les nominations orchestrées par Willard restaient dans une forte continuité avec le fonctionnement habituel, dont le politique n'avait jamais été absent [14], des nominations dans le monde de la magistrature. De plus, la nomination de ces hauts magistrats entrait bien dans les compétences du secrétaire général provisoire, selon les instructions délivrées par le GPRF :

> Le secrétaire général à la Justice s'assurera d'abord de la publication et diffusion de l'ordonnance sur la légalité républicaine, ainsi que des autres textes à introduire immédiatement. Il pourvoira ensuite, mis auparavant d'accord avec les organisations de résistance judiciaire, comité directeur de la Résistance judiciaire et comités de magistrats institués dans les cours d'appel, aux délégations nécessaires aux postes de direction, tant à la chancellerie que dans la magistrature. Il choisira des hommes d'un patriotisme et d'une énergie éprouvés capables par les preuves qu'ils en ont fourni de susciter la confiance et d'imposer leur autorité [15].

11. Mémoires de Max Gibert, déposés aux Archives de la Ville de Paris, 26 W 5.
12. À laquelle appartenait Maurice Rolland, nommé inspecteur général de la Magistrature à la Libération.
13. Sur ce « comité des sages » visant à préparer la Libération mis en place par Charles de Gaulle le 1er juillet 1942, voir Diane de Bellescize, *Les Neuf Sages de la Résistance. Le Comité général d'études dans la clandestinité*, Paris, Plon, coll. « Espoir », 1979.
14. Voir Alain Bancaud, *La Haute Magistrature entre politique et sacerdoce*, Paris, LGDJ, coll. « Droit et société », 1993.
15. GPRF, secrétariat général, commissariat à la Justice, *Instructions* (brochure), p. 7, « Instructions pour le secrétaire général provisoire à la Justice », s.d., Bibliothèque marxiste de Paris.

La nomination des hauts magistrats de la chancellerie et de la cour d'appel de la Seine fut une véritable course de vitesse, dont l'objectif était bien de procéder aux nominations, en particulier des futurs magistrats en charge de l'épuration, avant l'arrivée des gaullistes. Ainsi Joë Nordmann dira-t-il plus tard avec ironie : « C'est Rolland qui est ensuite devenu le contrôleur général de la Magistrature, et qui avait lui aussi préparé sa liste, mais cette liste ne s'est pas traduite par des nominations, tous les postes étaient pris [16] ! » L'autre terrain sur lequel souhaitaient agir Willard et ses alliés était le champ législatif. En particulier, il s'agissait de procéder aux premières mesures d'épuration dans l'administration et le monde judiciaire. Telles étaient en effet les consignes adressées par Pierre Villon, dirigeant du Front national zone Nord, dès juillet en prévision de l'insurrection : « Préparer les mesures immédiates dans l'administration correspondante [le monde judiciaire] dès la libération, mesures impossibles à retarder jusqu'à l'arrivée du gouvernement, et même si celui-ci arrive, trop urgentes pour être proposées pour un Parlement provisoire ou la constituante [17]. » Maurice Patin, futur directeur des Affaires criminelles à la chancellerie, signale que dès le 18 août il étudiait avec Vassart et Béteille, conseiller à la cour d'appel, « quelques textes destinés à entrer bientôt en application [18] ». Joë Nordmann cite quant à lui plusieurs textes préparés par Marcel Willard ou avec sa participation, dont l'ordonnance du 24 août 1944 sur l'organisation de la presse française, l'ordonnance du 28 août relative à la répression des crimes de guerre et l'ordonnance sur la répression des faits de collaboration qui devait être publiée le 14 septembre [19].

Il est difficile, aujourd'hui, d'estimer l'impact qu'ont pu avoir les textes législatifs, courriers et circulaires rédigés à cette période, alors que la France était loin d'être entièrement libérée et que les communications restaient très hasardeuses. On peut néanmoins s'y intéresser pour analyser comment les membres du secrétariat général provisoire ont préparé la mise en œuvre concrète de l'épuration, que ce soit au niveau local sur le reste du territoire ou dans les grandes administrations. En effet, une partie des courriers que nous avons retrouvés sont destinés aux différents acteurs de l'épuration préjudiciaire, en particulier les comités

16. Entretien de Joë Nordmann avec Jacques Debû-Bridel, *op. cit.*, p. 132.

17. Lettre de Villon à Nordmann, datée du 9 juillet 1944, archives privées Joë Nordmann, ARC 3015, bibliothèque de l'IHTP.

18. Maurice Patin, *Maurice Patin, Justice et Libération. La direction des Affaires criminelles et des Grâces du 20 août 44 au 1ᵉʳ août 46*, mémoire, archives Robert Aron, BDIC Nanterre.

19. Éloge de Marcel Willard, première chambre de la cour d'appel de Paris, 8 mai 1978, archives privées Joë Nordmann, dossier « Éloges », ARC 3015, bibliothèque de l'IHTP.

locaux de libération, et les incitent à respecter le cadre légal (qui n'est pas encore celui mis en place par les gaullistes) pour procéder à l'épuration souvent qualifiée de « sauvage » qui se développe sur tout le territoire durant l'été de 1944. On peut ainsi évoquer ce texte à destination des CDL qui visait à la fois à encadrer leur activité de préparation de l'épuration judiciaire[20] et à la rendre immédiatement transférable aux parquets compétents (« Il ne suffit pas d'énumérer des noms sur une liste : il s'agit aussi de réunir des preuves, des témoignages précis, des présomptions ou des indices concordants. Il s'agit de constituer des dossiers »). On peut également souligner, à la fin de ce texte, l'accent porté sur l'épuration du monde judiciaire lui-même :

> Le Secrétaire Provisoire à la Justice demande avec insistance que ces listes et dossiers soient préparés soigneusement, puis transmis d'*extrême urgence*, particulièrement en ce qui concerne les *magistrats* (Présidents, Juges et Conseillers des juridictions ordinaires ou spéciales, Juges d'instruction, procureurs ou substituts *[appel de note et note manuscrite : Prière de signaler notamment ceux qui ont acquis ou prononcé [des] condamnations contre des patriotes comme tels]*, toutes les professions judiciaires et le personnel de l'Administration Pénitentiaire (Directeurs, Gardiens-chefs et Gardiens de prison)[21].

Le secrétariat provisoire à la Justice adressait donc un double message à ses correspondants locaux issus de la Résistance, transposant dans le cadre de l'épuration les fonctions d'un garde des Sceaux, à la fois responsable du fonctionnement de la justice et de son personnel, et donc dans ce cas précis en charge de l'encadrement judiciaire de l'épuration comme de l'épuration du personnel judiciaire. Par ailleurs, un certain nombre de circulaires et courriers furent transmis aux différents interlocuteurs traditionnels du ministère de la Justice. Dès le 20 août, deux circulaires étaient rédigées à l'attention des procureurs généraux « prescrivant l'ouverture d'informations contre les collaborateurs » et « du chef de marché noir[22] ». Certaines lettres concernaient la remise en liberté des résistants emprisonnés, adressées aux directeurs des circonscriptions pénitentiaires et les invitant à « libérer immédiatement tous les condam-

20. Qui est présentée par Marcel Willard comme prioritaire dans l'activité du secrétariat provisoire ; voir « Le secrétariat à la justice communique », article s.d. [sans doute fin du mois d'août 1944], bibliothèque de l'Ordre des avocats, Paris.

21. Instructions à remettre aux CDL après la Libération, archives privées Joë Nordmann, ARC 3015, bibliothèque de l'IHTP.

22. Archives nationales, BB 30 1775, dossier « Correspondance de François de Menthon » (qui inclut en fait des documents datant de la période précédant son arrivée au ministère de la Justice, comme ces circulaires).

nés ou internés politiques détenus dans les prisons de [leur] circonscription », ou aux procureurs généraux (« Le gouvernement provisoire de la République a décidé la libération immédiate de toutes personnes qui, sous des inculpations politiques ou de droit commun couvrant en réalité des mobiles politiques, ont été placées en détention sous le régime de l'envahisseur et de l'usurpateur[23] »). D'autres courriers visaient à encadrer la mise en place concrète de l'épuration judiciaire ; ainsi, une lettre, adressée aux directeurs de prison concernant le traitement à porter aux présumés collaborateurs emprisonnés, leur prescrivait à la fois de veiller à ce qu'ils ne soient pas victimes de sévices ou brimades et qu'ils soient gardés au secret, « privés de toute communication avec l'extérieur », et « assez décemment nourris et blanchis pour pouvoir se passer de tout colis familial[24] ».

Même si, comme nous l'avons dit, il est difficile de mesurer l'impact réel de ces courriers, on perçoit bien à travers ce que nous avons restitué de l'activité du secrétariat général provisoire à la Justice combien l'épuration était au cœur de ses préoccupations. Le caractère central de cet objectif se concrétisait de plusieurs manières, que ce soit par la nomination rapide des magistrats en charge de ce processus, en particulier à Paris ; par la coordination entre les comités locaux de libération et les autorités judiciaires ; ou par les premières mesures envisagées à l'encontre des collaborateurs, en ce qui concernait les termes de leur inculpation comme le régime de leur détention. Le 2 septembre, quand Menthon arriva à Paris, Marcel Willard, secondé par Joë Nordmann et les magistrats nommés à la chancellerie, avait fait son possible pour imprimer sa marque au processus de l'épuration qui s'amorçait. Si leur activité dans l'exécutif de la justice s'interrompit ici, ils restèrent néanmoins présents dans un certain nombre d'institutions : en tant que membres de la commission de justice du CNR dirigée par le communiste Auguste Gillot, sur laquelle nous allons nous attarder maintenant, mais aussi dans l'épuration de la magistrature et au sein du Comité de confiscation des profits illicites pour Joë Nordmann, et dans la commission d'instruction de la Haute Cour de justice en ce qui concerne Marcel Willard.

---

23. Effectivement, dans la brochure citée plus haut énumérant les attributions données par le GPRF au secrétaire général provisoire à la Justice, on peut lire : « [Le secrétaire provisoire] veillera à la libération immédiate des détenus politiques ou des personnes arrêtées par les autorités allemandes, à la suspension des poursuites politiques », *op. cit.*, p. 8.

24. Lettres et télégrammes émanant du secrétariat provisoire, dossier « Secrétariat général à la Justice », archives privées Joë Nordmann, ARC 3015, bibliothèque de l'IHTP.

La commission de justice du CNR au temps du GPRF

C'est donc à l'arrivée de François de Menthon, arrivée qui d'après les statuts décidés par le CNR devait marquer la fin de son existence[25], que la commission de justice du CNR, auparavant confondue avec le secrétariat général provisoire, va devenir autonome. Dirigée par Auguste Gillot, qui préside également à partir du mois de novembre la commission de justice et d'épuration dont il a lui-même sollicité la création à l'Assemblée consultative[26], cette commission dont on peut attester l'existence jusqu'au début de l'année de 1946 va jouer un rôle d'observateur intransigeant et exigeant de l'épuration mise en place avec l'arrivée du gouvernement provisoire. Si elle est loin d'être la seule instance critique à l'égard de ce processus – que l'on pense aux prises de position de Jean Paulhan ou aux critiques de l'ordre des avocats à l'égard d'une législation jugée rétroactive –, elle a ceci de particulier qu'elle s'inscrit dans le sillage de l'activité fort courte du secrétariat général provisoire. En effet, loin de disparaître à l'arrivée du garde des Sceaux du GPRF, la commission de justice du CNR s'impose rapidement à ses côtés, puisque dès le 19 septembre elle obtient un rendez-vous qui deviendra hebdomadaire avec lui, après lui avoir rendu compte de la période du secrétariat général provisoire[27]. Ce premier entretien nous est relaté dans un

---

25. « À l'installation du gouvernement provisoire de la République dans la capitale, le pouvoir des secrétaires généraux et des commissions du CNR cesse de plein droit », dossier « Statut des commissions du CNR », *ibid.*

26. « Gillot demande la parole (après proposition de création d'une sous-commission à la Marine nationale), pour proposer la création d'une "commission de justice" parmi les commissions qui sont créées au sein de l'Assemblée consultative : "Auguste Gillot : Il est une commission dont la création serait certainement bien accueillie, c'est celle qui aurait la charge d'examiner les problèmes de l'épuration et du châtiment des traîtres" (*Applaudissements*). "Qu'est-ce qui ne va pas?", se demande en effet le pays, "et pourquoi ne va-t-on pas plus vite?" Une commission qui étudierait ces problèmes connexes de l'épuration et du châtiment des traîtres ferait, certes, un excellent travail », séance du 10 novembre 1944, *Journal officiel* du 11 novembre 1944.

27. « Quand le ministre de la Justice est arrivé, une de ses premières préoccupations a été de prendre contact avec notre commission et nous avons fait le bilan de notre activité. Nous lui avons fait connaître les suspensions qui étaient prononcées, les propositions que nous avions faites. Nous lui avons soumis tous les textes que nous avions élaborés dans la clandestinité », conférence de presse faite au ministère de la Justice le 27 octobre 1944 par M. Gillot, président de la commission de justice du CNR, archives privées Joë Nordmann, ARC 3015, bibliothèque de l'IHTP.

article de *L'Aurore*, intitulé « La commission de justice du CNR demande au public de collaborer avec elle » :

> La commission de justice du Conseil National de la résistance, présidée par M. Gillot, maire de Saint-Denis, assisté de MM. Marcel Willard, Joë Nordmann et Robert Salmon, s'est réunie hier au ministère de la Justice. Elle a examiné, avec le Garde des sceaux, M. de Menthon, plusieurs problèmes ayant trait, principalement, à l'épuration entreprise depuis les glorieuses journées d'août. [...] la commission de justice du CNR a prié M. de Menthon de continuer son œuvre de répression avec la dernière rigueur et sans souci des interventions qui déjà se produisent. La commission de Justice a soumis également à l'approbation du ministère de la Justice certaines modifications ayant pour but de simplifier et d'accélérer la procédure. Il serait envisagé, par exemple, de supprimer le recours en cassation [...]. Une idée a été lancée, qui mérite d'être retenue : celle de la publication des bans d'infamie. Une liste des coupables ou présumés tels serait affichée dans les mairies, où les renseignements seraient recueillis, à leur adresse, à la condition, toutefois, qu'ils ne soient pas envoyés sous le couvert de l'anonymat[28].

Cet article rend bien compte de la position que, dès le début, va adopter la commission, et qui se traduit d'une part par la volonté de paraître associée à l'élaboration de la législation concernant l'épuration[29], alors que ses avis bien souvent ne seront pas retenus ; et d'autre part par l'insistance constante qui sera portée sur la sévérité insuffisante de l'épuration qui se met en place, comme l'atteste le contenu des quatre premières réunions avec le garde des Sceaux[30].

Le 25 septembre, les membres de la commission s'inquiètent de l'absence de jugement des « traîtres » arrêtés depuis le 17 et demandent l'arrestation de nouveaux industriels et dirigeants ; le 3 octobre, ils se plaignent du fait que, six semaines après la libération de Paris, aucun jugement n'a eu lieu (alors qu'à la réunion précédente Menthon leur avait annoncé que la cour de justice commencerait à siéger le 11 octobre) et demandent que le garde des Sceaux exige des parquets qu'ils tra-

28. Article « La commission de justice du CNR demande au public de collaborer avec elle », *L'Aurore*, 20 septembre 1944, carton 4, chemise « Correspondance avec le garde des Sceaux », ARC 3015, archives privées Joë Nordmann, bibliothèque de l'IHTP.

29. « Deux projets ont été élaborés au cours de cette réunion : celui qui concerne l'indignité nationale et celui, non moins important, de la confiscation des biens des individus reconnus indignes », art. cité, *ibid.*

30. Comptes rendus dactylographiés, sans doute à destination de la presse, des rencontres de la commission de justice du CNR des 25 septembre, 3, 10 et 17 octobre avec le garde des Sceaux, *ibid.*

vaillent en collaboration avec les commissions locales d'épuration. Ils demandent également au ministre de statuer sur la situation des locataires spoliés par le régime de Vichy, et disent avoir obtenu « l'assurance que seront annulées de plein droit les condamnations prononcées en vertu du décret-loi anti-communiste du 28 septembre 1939 ». Le 10, à l'occasion de leur réunion, ils font recevoir par le garde des Sceaux une délégation ouvrière des usines Hotchkiss qui « proteste contre l'impunité persistante des dirigeants de l'entreprise qui ont été l'objet de plaintes en intelligence avec l'ennemi ». Lors de la réunion du 17, ils insistent toujours sur les problèmes de logement, et protestent à la fois contre l'inertie de la justice militaire et contre l'impunité « dont jouissent certains grands responsables », en citant notamment Jean Prouvost, directeur de *Paris-Soir*. Dans ce qu'elle a d'un peu lourd et répétitif, cette énumération reflète le thème toujours recommencé qui parcourt les rapports de la commission avec le garde des Sceaux, qui concerne leur insatisfaction devant le déroulement de l'épuration, les cours de justice étant jugées trop lentes, les traîtres trop souvent protégés et l'action des divers ministères insuffisamment coordonnée.

Symétriquement, la commission de justice se voulait en contact constant avec la population et en particulier les comités locaux de libération, les comités départementaux se voyant à partir du 10 octobre fixer un rendez-vous tous les mardis matin de 9 h à 11 h dans ses locaux de la chancellerie. La commission se présentait ainsi comme l'intermédiaire obligé entre le besoin d'épuration – manifesté selon ses membres par l'opinion – et la mise en œuvre concrète de la répression sous le contrôle du ministère de la Justice. C'est cette position que met en avant Auguste Gillot lorsque, dans ses conférences de presse, il précise systématiquement que les citoyens peuvent écrire à la commission, ou lors du discours qu'il prononce devant l'assemblée nationale des comités départementaux de la Libération des 15 et 16 décembre 1944, à l'hôtel de ville de Paris[31]. Dans ce discours, Auguste Gillot réaffirme le lien privilégié entre la commission et les CDL, dans la continuité de la nécessaire coordination déjà prônée par Marcel Willard dans sa circulaire aux CDL du mois d'août 1944. Gillot défend en effet, suivant la position du Parti communiste, le rôle que doivent tenir les commissions

31. Rapport sur l'épuration administrative, professionnelle et politique présenté par Auguste Gillot, membre du Conseil national de la Résistance et de la commission de justice du Conseil national de la Résistance, pour l'assemblée nationale des comités départementaux de la Libération des 15 et 16 décembre 1944, à l'hôtel de ville de Paris (dactylographié, 10 p.), archives Joë Nordmann, ARC 3015, bibliothèque de l'IHTP.

locales et d'entreprise dans l'épuration : « Dans chaque localité et chaque entreprise, doit fonctionner une semblable commission qui coordonnera, guidera et impulsera les commissions locales et d'entreprises. Ainsi s'établira le prolongement naturel avec la commission de justice et d'épuration du CNR qui va agir en liaison avec celle qui vient d'être décidée à l'Assemblée consultative provisoire. » Cette prétention de la commission à représenter directement la population, tout particulièrement par le biais des organisations proches du Parti communiste, est reflétée en effet dans de nombreux courriers qui lui sont adressés, que ce soit de comités locaux, d'associations comme la Confédération du logement, de maires – souvent communistes – ou de particuliers. Un certain nombre de ces courriers sont immédiatement répercutés au garde des Sceaux, sous la forme d'interrogations pressantes, comme celle-ci envoyée le 27 décembre 1944 :

> Nous apprenons que les dossiers du Commissariat aux Affaires Juives, rue des Petits-Pères, n'ont pas été remis à la justice et qu'ils restent à la disposition de ce Commissariat mis en place par Vichy. Ses fonctionnaires ne se feraient pas faute d'expurger les dossiers de tous les documents compromettants. Nous vous serions obligés de bien vouloir nous faire savoir quelles mesures ont été prises pour le dépouillement des dossiers au Commissariat des affaires Juives et la préservation des pièces qu'ils contiennent.

La commission de justice du CNR se présente donc à la fois comme l'observateur zélé et informé de l'épuration sous ses diverses formes – c'est en particulier le rôle que tient Auguste Gillot à l'égard des organisations communistes – et comme un comité d'experts, parce que certains de ses membres se voient reconnaître leur compétence juridique en étant effectivement associés à la préparation de textes. Ainsi le directeur du cabinet du garde des Sceaux convoque-t-il le 22 novembre 1944 Joë Nordmann, secrétaire général du Front national judiciaire, membre de la commission de justice, « en vue d'étudier un projet de codification des textes relatifs à l'indignité nationale[32] ». Par ailleurs, Me Rosenmark rédige à la demande du ministre de la Justice un « projet d'ordonnance instituant une cour spéciale de justice » qui vise à réviser les jugements rendus pour raisons politiques depuis le 1er septembre 1939, puis une seconde ordonnance, ayant pour objet d'« empêcher les poursuites pour des faits qui ont été commis après la Libération, et pour mettre à l'abri

32. Note 22 novembre 1944, dossier « Commission de justice du CNR », archives Joë Nordmann, ARC 3015, bibliothèque de l'IHTP.

les Résistants qui se sont substitués aux autorités administratives ou judiciaires, jusqu'au jour où le gouvernement provisoire a pu procéder à la mise en place d'autorités régulièrement nommées par lui[33] ». Les membres de la commission de justice sont ainsi associés, au moins formellement, à l'élaboration des textes régissant l'épuration, que ce soit en ce qui concerne les textes d'inspiration gaulliste, comme celui relatif à l'indignité nationale, ou les projets qui sont plus directement calqués sur des revendications portées par les communistes, comme pour les projets rédigés par Me Rosenmark[34]. Cette double fonction de la commission, qu'elle s'est auto-attribuée en dépassant la lettre de ses statuts initiaux, est revendiquée avec force dans les nombreux textes qu'elle produit, en particulier à destination de la presse :

> La commission de Justice, résolue à soutenir le ministre dans l'action de salut public dont il assume la charge, renseignera l'opinion nationale sur le fonctionnement, qu'elle espère sans lenteur et sans faiblesse, des Cours de Justice. [...] La commission ne laissera pas saboter l'œuvre à laquelle elle s'est vouée et dont elle se sent responsable à l'égard de la Résistance. [...] Estimant que la force du gouvernement réside dans un courant mutuel de confiance entre le peuple et lui, elle tiendra au courant de son action l'opinion publique, et lui demande en retour sa collaboration. Prière de lui écrire au ministère de la Justice[35].

Cette position d'alliée paradoxale et intransigeante, voire menaçante, visiblement acceptée un temps par Menthon, se durcit au printemps de 1945. En effet, le ministre prit prétexte d'un compte rendu à la presse qui, selon lui, reproduisait ses paroles de façon inexacte, pour refuser de continuer à recevoir la commission[36]. Peu de temps après, une lettre informait Auguste Gillot que « les locaux de la chancellerie étant très peu nombreux d'une part, et le Garde des sceaux désirant que les Sceaux de France soient exposés à nouveau à la Chancellerie [il leur était demandé de] prendre [leurs] dispositions pour que le bureau [...] laissé à [leur] disposition et qui est par destination d'ailleurs la salle d'exposition des sceaux [...] soit rendu pour la fin de ce pré-

33. Lettre de Rosenmark à Gillot, début d'avril 1945, archives privées Joë Nordmann, ARC 3015, bibliothèque de l'IHTP.

34. Avocat célèbre, membre de la Ligue des droits de l'homme. Il est l'auteur d'un rapport de la LDH de 1936 relatif aux procès de Moscou, qui concluait au respect des principes de la défense et du juste procès.

35. 2 pages dactylographiées avec corrections, dossier « Commissions de la Justice », octobre 1944, archives privées Joë Nordmann, ARC 3015, bibliothèque de l'IHTP.

36. Lettre du garde des Sceaux à M. Gillot, président de la commission de justice du CNR, mars 1945, dossier « Commission de justice du CNR », *ibid.*

sent mois[37] ». Si les membres de la commission mirent fort longtemps à quitter ces locaux, ils réussirent néanmoins à maintenir des liens, moins réguliers, avec le garde des Sceaux[38], y compris avec le successeur de François de Menthon à partir du mois de juin, Pierre-Henri Teitgen.

Cet épisode marqua naturellement une inflexion dans les rapports du ministère et la commission : celle-ci se tourna davantage vers ses interlocuteurs non institutionnels, organisations de résistance, telles que l'Association des déportés et internés politiques, comités départementaux et locaux de libération. Ce refroidissement des relations entre la commission et le garde des Sceaux fut d'autant plus marqué que, à la même période, le retour des déportés redonnait un second souffle à la « demande d'épuration » sur laquelle s'appuyait la commission. Dans une conférence de presse du 29 avril 1945, le ton d'Auguste Gillot se faisait ainsi plus nettement accusateur[39]. Il soulignait, dans des notes préparatoires, qu'il était bien tôt pour clore le processus d'épuration, notamment dans la magistrature :

> L'ordonnance du 19 avril 1945 déclare [... que l'] inamovibilité des magistrats est décidée pour le 15 mai. Or l'épuration n'est pas terminée. Les prisonniers et déportés rentrent et accusent. [...] Premiers rapports reçus le 18 avril 1945 et l'épuration doit cesser le 15 mai (ajoutons sous menace de grève). Ces dossiers permettent de découvrir d'autres magistrats non épurés.

Le deuxième point mis en avant était le problème des grâces, qui selon Gillot entraînait à la fois un « risque de conflit avec magistrats et jurés », en mettant en cause leur légitimité, et alimentait la « propagande fasciste ». Auguste Gillot, au nom de la commission, se posait ainsi en défenseur du droit et des institutions : « Nous voulons l'ordre dans la légalité républicaine. La justice seule peut permettre l'ordre républicain. L'indulgence à l'égard des criminels c'est le désordre. » Au moment où le garde des Sceaux prenait ses distances, la commission réaffirmait ainsi sa fidélité au programme du CNR en présentant comme un choix politique sa nouvelle position à l'égard du garde des Sceaux :

---

37. Lettre du chef du cabinet du garde des Sceaux, Fradin, au président de la Commission de justice, 11 mai 1945, même dossier, *ibid.*

38. Message du directeur du cabinet du garde des Sceaux à l'attention d'Auguste Gillot l'informant qu'une audience lui est accordée le dimanche 8 juillet et à la commission le 9 juillet, même dossier, *ibid.*

39. Notes manuscrites, titrées « Conférence de presse » 29 avril 1945, même dossier, *ibid.*

Une telle situation doit être connue de l'opinion publique. La commission Justice du CNR informe très objectivement. *Elle tient à dégager ses responsabilités d'une politique si contraire au programme du CNR.* Notre commission a toujours informé en temps voulu les autorités compétentes. On s'entête à ne pas suivre nos conseils et suggestions. Tels sont les faits que nous avons cru de notre devoir de vous signaler *dans l'intérêt de la France et de la République.*

Lorsqu'en novembre 1945 les membres de la commission de justice rédigèrent un rapport de treize pages rendant compte de leur activité [40], cette fois-ci à compter d'octobre 1944, ses membres purent mettre en avant leurs relations suivies avec les ministères, en particulier ceux de la Justice et de l'Intérieur, leur participation à l'élaboration de textes et projets d'ordonnance et à des commissions d'épuration, l'activité de propagande enfin qui accompagnait ces différentes missions. Par ailleurs, ils soulignaient l'impressionnante activité épistolaire et documentaire qui avait été la leur :

Du 1er octobre 1944 au 1er octobre 1945 la commission de la Justice a ouvert et suivi 1 550 dossiers comportant l'étude et le classement de 7 439 documents et l'envoi de 3 064 lettres avec 1 532 pièces jointes, dossiers ayant trait à tous les domaines de l'épuration et de la justice : Épuration administrative, Impunités, Erreurs judiciaires, Révisions, Amnisties, Grâces, Abus de toutes sortes.

Cette énumération reflétait à la fois le fait que les appels de Gillot pour qu'on transmette à la commission dossiers et informations avaient fonctionné, en particulier en ce qui concerne les organisations proches du Parti communiste et les comités de libération, et leur souci constant de pointer, en particulier en direction de la chancellerie, les lenteurs, les incohérences, l'insuffisante fermeté de l'épuration et, de manière concomitante, les insuffisances de la justice. Néanmoins, si la liste des actions menées par la commission était impressionnante, dès novembre 1945 ses membres ne pouvaient mettre en avant que des résultats mitigés. Ainsi, dans la partie conclusive de leur rapport, intitulée « Résultats obtenus », les membres de la commission se bornaient à produire une énumération finalement peu convaincante :

40. Rapport d'activité de la commission de justice du Conseil national de la Résistance, président : M. Auguste Gillot, membres : maîtres Fauconnet, Nordmann, Rosenmark, Willard, 13 p. dactylographiées, novembre 1945, même dossier, *ibid.*

> Placée dans les conditions où elle était appelée à intervenir dans les questions les plus graves, appuyée sur le seul prestige de la résistance et la volonté populaire, la commission de la Justice du Conseil National de la Résistance a obtenu des résultats appréciables :
> – Elle a fait ouvrir de nombreuses et importantes informations,
> – fait rebondir des enquêtes qui dormaient,
> – obtenu, notamment dans la police, des sanctions justifiées par l'existence de dossiers dont on n'avait pas voulu tenir compte jusqu'alors,
> – fait cesser des impunités qui créaient des désordres dans l'opinion,
> – obtenu des révisions de procès, des amnisties, des non-lieux, des réductions de peine ou fait relaxer des innocents.

Cette succession de résultats imprécis, renforcée par l'usage de l'article indéfini et général « des » dans ces propositions, qui met en évidence le flou des exemples donnés par les membres de la commission, est bien l'indice d'une insatisfaction, l'aveu d'un échec relatif. On peut également souligner le contraste, dans ce rapport, entre onze pages de listes d'interventions, de sollicitations adressées aux ministres, de communiqués de presse, et cette liste évasive quant à l'impact concret de toute cette activité. Si c'est en partie un constat d'échec que tiraient ainsi eux-mêmes en novembre les membres de la commission, celui-ci tenait au moins autant à l'évolution du contexte politique environnant qu'à la spécificité de leur activité proprement dite. En effet, cette dernière, orientée autant à destination des pouvoirs publics que vers une opinion, largement communiste, dont elle incarnait la soif d'épuration, était constamment et structurellement divisée entre les intérêts contradictoires de ces deux interlocuteurs, l'un soucieux d'une épuration rapide, efficace mais pas trop déstabilisante pour le corps social, la sévérité de certaines condamnations étant souvent contrebalancée par l'usage de mesures de grâce[41] ; l'autre par définition même insatisfait – cette insatisfaction apparaissant comme la principale légitimation de la perpétuation de la commission.

Conclusion

Au fur et à mesure de l'avancement de l'épuration, sous ses formes judiciaire mais aussi professionnelle et économique, la commission de

41. Voir Jean-Pierre Rioux, *La France de la Quatrième République, t. I, L'Ardeur et la Nécessité, 1944-1952,* chapitre « Épurer », p. 49 à 67, coll. « Nouvelle histoire de la France contemporaine », Paris, Seuil, 1980.

justice, qui avait tenté dans les premiers jours de la Libération d'imprimer sa marque à ce processus, ne pouvait que constater ses désaccords avec l'œuvre du gouvernement provisoire en la matière. De plus, l'avancement de cette politique, en cristallisant des procédures et des jurisprudences, rendait moins efficaces les modes d'intervention privilégiés dans un premier temps, à savoir la participation à l'élaboration des textes et la mise en relation de dossiers constitués par les comités locaux de libération avec les parquets et la chancellerie pour déclencher des instructions.

De plus en plus réduite à un rôle d'observateur intransigeant, dotée d'une intense activité épistolaire, mais impuissante face au processus de l'épuration, surtout après la prise de distance imposée par le garde des Sceaux au printemps de 1945, la commission de justice peinait à retrouver une légitimité que son activité ne semblait plus justifier, alors même que son mandat initial avait été largement outrepassé. Le CNR lui-même se lassait sans doute de cette position insistante. Ainsi dans une lettre du 4 février 1946 Auguste Gillot se plaignait-il à Pierre Villon, député communiste, président de la commission de la Défense nationale, de l'attitude du CNR à l'égard de la commission :

> En moyenne, nous avons toujours en cours 80 à 100 dossiers. C'est dire l'ampleur de notre travail et la nécessité de continuer à faire fonctionner cette commission. Du moins, tel est l'avis de chacun des membres de la commission de Justice du CNR. Cependant, une difficulté existe du côté du CNR qui, par la bouche de son Président, nous a fait savoir que nous ne serions plus aidés financièrement et que la dactylo et la secrétaire qui travaillent actuellement avec nous seraient occupées à la Fédération Syndicale Mondiale. [... Il] serait nécessaire qu'un échange de vues s'institue à ce sujet au Bureau du CNR[42].

Au mois de février 1946, c'est donc une commission affaiblie, remise en cause à la fois par l'institution dont elle portait le nom, le CNR, et par ses interlocuteurs officiels, qui tentait de justifier son maintien auprès de Pierre Villon. Mais, au fur et à mesure que la Libération s'éloignait, et par là même que diminuait l'influence des comités locaux de libération, alors que l'épuration, du moins sur le plan judiciaire, était en voie d'achèvement, la commission apparaissait comme peu légitime, sauf du point de vue de l'intérêt qu'y portaient ses propres membres... Elle avait néanmoins su être, durant toute la période du gouvernement

42. Dossier « Commission de justice du CNR », archives privées Joë Nordmann, ARC 3015, bibliothèque de l'IHTP.

provisoire, une voix discordante, héritière de la courte période du secrétariat général provisoire à la Justice, qui manifesta au plus haut niveau l'intérêt que la Résistance, et plus spécifiquement la Résistance communiste, portait au fonctionnement de l'appareil judiciaire et à l'épuration. En cela, elle s'était inscrite dans la continuité de l'activité et des réflexions développées au sein du Front national des juristes pendant la guerre sous la direction de Joë Nordmann, en manifestant une activité politique fondée sur les compétences juridiques de la plupart de ses membres, et centrée sur l'analyse critique du fonctionnement de l'institution judiciaire[43].

43. Voir mon article « La Résistance dans les milieux judiciaires. Action collective et identités professionnelles en temps de guerre », *Genèses, sciences sociales et histoire*, n° 45, décembre 2001, p. 45-68.

Les pouvoirs publics et la conduite des processus d'épuration

par Marc Bergère

L'épuration est un mot singulier qui impose le pluriel dès lors qu'on analyse les procédures suivies. La perception de l'extrême diversité du processus qui englobe les formes d'épuration les plus visibles (extra-judiciaire et judiciaire) comme les plus confidentielles (économique, socioprofessionnelle...) est essentielle à une bonne lecture du phénomène. Présente sur tous les fronts – épuration « sauvage », épuration judiciaire, répression administrative des faits de collaboration, épuration professionnelle dans de nombreux secteurs de la vie sociale (public comme privé), épuration économique... –, l'épuration est polymorphe. Cette pluralité doit être perçue autant en termes de complémentarité que de concurrence. Envisagée sous cet angle, c'est la multiplication des lieux et milieux d'intervention qui fait nombre et garantit à l'ensemble de l'épuration une relative efficacité [1]. Phénomène social d'ampleur, l'épuration n'en demeure pas moins le fruit d'un compromis permanent au sein duquel les pouvoirs publics occupent toujours une place déterminante.

La centralité de l'État

Pensée et préparée dans l'ombre puis expérimentée en Afrique du Nord et en Corse, l'épuration apparaît d'emblée au CFLN puis au

1. C'est ce que nous avons démontré pour la région d'Angers dans notre thèse. L'ambition initiale de comprendre comment l'épuration avait été vécue par des gens ordinaires a permis de saisir une société confrontée à tous les types d'épuration. Le choix du cadre départemental s'est imposé pour ne pas se limiter à un milieu social et/ou une forme d'épuration spécifique. Dès lors, le Maine-et-Loire est analysé comme une « société en épuration ». M. Bergère, *Épuration vécue et perçue à travers le cas du Maine-et-Loire. De la*

GPRF comme étant l'affaire de l'État et de ses représentants. De Gaulle l'affirme avec force dans un discours prononcé à Rouen en octobre 1944 : « C'est à l'État, à la justice de l'État, à l'autorité de l'État, à la force de l'État et seulement à sa force, à sa justice, à son autorité, qu'il appartient de s'imposer en France[2]. » Pour lui, il est clair que l'épuration ne peut s'accomplir que d'en et par le haut, répondant ainsi à une double fonction de régulation et de légitimation. Cette conception l'emporte d'ailleurs partout au sein de l'Europe occupée, les nouveaux gouvernements étant peu ou prou animés de mobiles et objectifs identiques[3]. Perçue du sommet, l'épuration est en effet un moyen de rendre la justice, d'affermir l'autorité de l'État et de canaliser les violences qui ont précédé et accompagné les libérations européennes. En France, relayant la parole gouvernementale, Michel Debré, commissaire régional de la République (CRR), ne dit pas autre chose lorsqu'il invite ses subordonnés à toujours se soumettre au droit et à la loi :

> Nous avons, dans la région d'Angers, fait un effort jusqu'à présent couronné de succès pour que la répression des faits de collaboration soit faite selon la loi [...]. Mais ce serait un mauvais travail que de montrer l'impuissance de cet effort. Je vous renouvelle donc mes instructions précédentes : [...] Je demande à tous les fonctionnaires, qu'ils soient de l'ordre administratif comme de l'ordre judiciaire, de comprendre que ce n'est pas le vain souci de plaire à l'opinion publique mais l'intérêt même de la démocratie et de la République qui est aujourd'hui en jeu[4].

Envisagée sous cet angle, l'épuration constitue un enjeu majeur de pouvoir. Une fois l'hypothèque alliée, et particulièrement américaine, levée, c'est en interne que les conflits ou tensions vont se faire jour entre des acteurs investis de fonctions et de légitimités différentes. Vue de Paris, l'épuration suscite parfois des divergences d'analyse selon un rapport classique Paris (GPRF) / province (CRR, préfet, CDL). Dans le cadre d'un émiettement territorial important, au moins durant les premières semaines, voire les premiers mois suivant la Libération, la notion de centre et de périphérie apparaît cependant plus relative[5]. En effet, à

Libération au début des années 50, thèse de doctorat, Rennes-II (sous la dir. de J. Sainclivier), 2001, 814 feuillets (version publiée à paraître aux PUR en 2003).

2. Discours cité par H. Lottman, *L'Épuration 1943-1953*, Paris, Fayard, 1986, Le Livre de Poche, 1994, p. 111.

3. O. Wieviorka, dans J.-P. Azéma et F. Bédarida (dir.), *1938-1948, Les Années de tourmente, de Munich à Prague. Dictionnaire critique*, article « Épuration », Paris, Flammarion, 1995, p. 934.

4. ADML, 22 W 2 : circulaire du CRR sur la répression des faits de collaboration, 26 octobre 1944.

5. Sur la question des pouvoirs à la Libération, voir notamment C.-L. Foulon, *Le Pou-*

l'échelle locale, le commissaire régional de la République et le préfet, représentants du GPRF, affirment un pouvoir de droit, face au pouvoir « de fait » des comités (CDL, CLL...) délégués par « la base ». Dès lors, les premiers incarnent le centre alors que comités, conseils municipaux reconstitués, voire syndicats ou FFI constituent des forces centrifuges. Sans réelle dualité des pouvoirs, il est certain que l'épuration se joue au cœur de ces pressions conjuguées, même si l'État tend à s'imposer comme l'organisateur et le régulateur du processus. Dans une première phase, c'est l'État qui, au niveau gouvernemental ou même pour un temps régional (commissaire de la République), définit le cadre normatif dans lequel s'exercent toutes les formes d'épuration. L'exceptionnalité de la situation et des fondements juridiques de l'épuration ne fait guère de doute malgré la volonté gouvernementale initiale de s'appuyer sur la législation existante. Dans les faits, la France a souvent recours à un système mixte au sein duquel coexistent l'ancien et le nouveau ; en cela elle tend parfois à s'individualiser par rapport aux autres pays européens qui opèrent des choix plus tranchés[6]. Ainsi, l'épuration judiciaire repose à la fois sur le code pénal existant (articles 75 à 86)[7] et sur la création d'une peine criminelle de dégradation nationale « qui atteignait le condamné dans ses droits, éventuellement dans ses biens, mais qui ne le privait pas de liberté[8] ». De la même manière, la France opte pour des juridictions civiles spéciales (Haute Cour, cours de justice, chambres civiques) tout en ayant recours aux tribunaux militaires réguliers[9], selon une ligne de partage en partie floue[10].

---

voir en province à la Libération, Paris, Presses de la FNSP, Colin, 1975, 301 p., et P. Buton et J.-M. Guillon (dir.), *Les Pouvoirs en France à la Libération*, Paris, Belin, 1994, 590 p.

6. Sur cette dimension comparatiste, voir O. Wieviorka, *op. cit.*

7. Ils répriment la trahison, l'intelligence avec l'ennemi, l'espionnage, l'atteinte à la sûreté extérieure de l'État et les actes nuisibles à la défense nationale.

8. Instituée par l'ordonnance du 26 août 1944, l'indignité nationale est un crime et les sanctions qui lui sont attachées sont des peines criminelles. Peine infamante jusqu'à la loi du 5 janvier 1951, la dégradation nationale devient à compter de cette date une peine correctionnelle. Voir É. Garçon, *Code pénal annoté*, t. I, Paris, Sirey, 1952, p. 260 et suivantes.

9. L'alternative se pose souvent entre juridictions régulières (choix de la Norvège ou de la Belgique) et juridictions spéciales (Pays-Bas) mais aussi entre l'option civile (Norvège, Pays-Bas) ou militaire (Belgique). La France opte pour un système original qui allie civil et militaire mais aussi tribunaux spéciaux et réguliers (les tribunaux militaires).

10. Les juridictions militaires au sein desquelles il conviendrait, notamment au départ, de distinguer les tribunaux réguliers des tribunaux de fait (cours martiales de maquis...) interviennent avant l'installation puis après dissolution (en 1951) des juridictions civiles. À compter de l'instauration des cours de justice, les tribunaux militaires restent cependant saisis d'affaire de collaboration témoignant d'une porosité entre juridictions civile et militaire qui mérite éclaircissement. Sur ce point, voir notre thèse, *op. cit.*, p. 232-249.

C'est encore l'État qui définit les règles de l'épuration politique[11], administrative[12], professionnelle[13] ou économique[14] par la publication d'ordonnances gouvernementales relayées localement par de nombreux arrêtés régionaux ou préfectoraux. Dans les faits, les fondements de l'épuration judiciaire comme les ordonnances qui régissent les autres formes d'épuration légale témoignent d'une restauration de l'État de droit par la mise en place d'une nouvelle exceptionnalité. Fournissant le cadre juridique et réglementaire, les pouvoirs publics, par le biais de leurs représentants locaux (préfet et surtout commissaires régionaux), participent aussi à la mise en place des organismes en charge de l'épuration. En effet, ce sont eux qui installent et bien souvent désignent les membres des différentes commissions d'épuration qui siègent au niveau départemental, régional ou national.

Si ce mode de fonctionnement n'est pas une surprise pour l'épuration de ses services (épuration administrative), il s'applique aussi dans les domaines de la répression économique et dans de nombreux secteurs de l'épuration professionnelle. Ainsi, les comités de confiscation des profits illicites sont institués au chef-lieu de chaque département par arrêté du commissaire régional de la République, sous l'autorité du ministère des Finances. C'est aussi par arrêté des CRR que sont nommés les membres des comités régionaux interprofessionnels d'épuration dans les entreprises établis à l'échelle de chaque commissariat régional ainsi qu'à Paris pour les départements de la Seine, de Seine-et-Oise et de Seine-et-Marne. Dans le même ordre d'idée, les décisions ou avis émis par les différentes commissions d'épuration doivent souvent être validés par l'autorité publique, y compris pour les épurations professionnelles hors fonction publique. Ainsi les propositions des comités régionaux interprofessionnels d'épuration ne deviennent-elles des décisions exécutoires qu'après arrêtés des commissaires régionaux de la République. Dans un esprit voisin, le comité d'épuration des gens de lettres fait inscrire et publier les sanctions prononcées au *Journal officiel*.

---

11. L'épuration des élus est essentiellement régie par l'ordonnance du 21 avril 1944 portant organisation des pouvoirs publics en France après la Libération, modifiée en ce qui concerne les conseils généraux par l'ordonnance du 3 novembre 1944 et pour les parlementaires par l'ordonnance du 6 avril 1945.

12. L'épuration administrative repose sur les ordonnances des 27 juin, 25 octobre et 11 décembre 1944.

13. À titre d'exemples, l'ordonnance du 16 octobre 1944 sur l'épuration dans les entreprises ou encore l'ordonnance du 18 janvier 1945 relative à l'épuration des médecins, dentistes et sages-femmes.

14. Au-delà du rôle de l'épuration judiciaire dans ce domaine, l'épuration économique relève pour l'essentiel de l'ordonnance du 18 octobre 1944 relative à la confiscation des profits illicites.

Même lorsqu'elles procèdent d'une épuration interne à un ordre professionnel, les sanctions sont parfois soumises à la puissance publique, par exemple pour les sections d'épuration relevant des conseils régionaux de médecins. Elles ne peuvent de plein droit infliger que des blâmes ou suspensions inférieures à trois mois, les propositions de sanctions supérieures devant faire l'objet d'une décision du ministre de la Santé publique. Enfin, c'est l'État qui, en dernier ressort, assure les fonctions d'appel et de recours des décisions arrêtées dans les divers processus épurateurs. Bien avant que les parlementaires ne se penchent sur les premières lois d'amnistie, le pouvoir exécutif (régional puis national) exerce son droit de grâce et autres remises de peine. Jusqu'en novembre 1944, les commissaires régionaux sont investis du pouvoir régalien de grâce des condamnés à mort. On sait que les commissaires régionaux d'Angers (M. Debré), Bordeaux (G. Cusin), Poitiers (J. Schuhler), Lyon (Y. Farge), Montpellier (J. Bounin), ou encore Marseille (R. Aubrac) ont usé de ce droit mais dans des proportions qui restent encore à établir[15]. À partir du 14 novembre 1944, A. Tixier informe les commissaires régionaux que le chef du gouvernement provisoire « a décidé d'exercer lui-même la prérogative qui lui est personnelle de gracier ou de rejeter les recours en grâce[16] ».

Au-delà de ces mesures spectaculaires et souvent emblématiques aux yeux de l'opinion, le pouvoir exécutif (de manière plus discrète) accorde très vite des remises dérogatoires aux jugements rendus, contribuant immédiatement à creuser l'écart entre peines prononcées et peines subies. Nul doute que cette forme de désépuration concomitante de l'épuration fut source d'incompréhension dans de larges secteurs de l'opinion, notamment engagés, qui voyaient l'épuration défaite alors même qu'elle restait à faire pour de longs mois ou années. Reconnaissons cependant que ce système régulateur central était sans doute le seul moyen dont disposait l'État pour homogénéiser la jurisprudence très disparate des cours de justice et chambres civiques du pays. Ainsi, à l'échelle du Maine-et-Loire, le président du GPRF, sur rapport du garde des Sceaux, ordonne, entre décembre 1944 et janvier 1947, des remises de peines totales ou partielles à près de 10 % des condamnés par la cour de justice ou la chambre civique[17] d'Angers. Au-delà des inter-

15. C.-L. Foulon, *Le Pouvoir en province à la Libération, op. cit.*, p. 149-150.

16. Cité *ibid.*, p. 151.

17. Si l'on excepte les condamnés à mort dont la peine a été commuée, ces mesures bénéficient à 82 individus (42 en cour de justice, 40 en chambre civique). Cela signifie,

ventions de l'exécutif, il faut aussi compter sur le rôle du Conseil d'État qui, en tant que plus haute juridiction administrative nationale, peut être saisi de requêtes et recours relatifs à l'épuration administrative mais aussi professionnelle.

Finalement, le premier mot appartient à l'État (définition du cadre légal et juridique) et bien souvent le dernier mot lui revient (grâces, recours...). Entre les deux, la centralité de l'État par l'omniprésence du CRR et/ou du préfet dans la composition et le contrôle des commissions d'épuration apparaît comme une constante nationale qui s'est imposée partout selon des rythmes différents et avec une facilité inégale. C'est au nom de l'État que l'épuration a tenté de rendre la justice, que ce soit sous forme judiciaire, économique, administrative ou professionnelle. Cela étant, l'omniprésence des pouvoirs publics n'est pas omnipotence, leur intervention n'est parfois qu'indirecte sur des processus qui leur échappent en partie. De même, d'autres paramètres tels que le contexte local ou encore la réaction du corps social concerné sont à considérer pour mieux saisir le caractère différencié des épurations dans le temps comme dans l'espace.

L'épuration est le fruit d'un compromis permanent

« Il est facile d'écrire le droit. Il est malaisé d'agir selon le droit quand il faut, dans le même temps, imposer son pouvoir et refaire les instruments de ce pouvoir. » Michel Debré, qui livre cette réflexion dans ses Mémoires[18], sait de quoi il parle : membre du Comité général d'études en 1943, il a été à partir du 10 août 1944 face au principe de réalité comme commissaire régional de la République à Angers.

À travers cette confrontation entre l'épuration pensée dans la clandestinité et l'expérience du terrain à la Libération, il a pu mesurer combien l'épuratiçon fut l'objet de compromis constants entre des objectifs, des procédures et des acteurs différents, voire divergents. La volonté d'épurer se heurte très vite à la part de stabilité politique et sociale que le nou-

qu'avant les premières amnisties, 14 % des condamnés par la cour de justice d'Angers et 8,2 % des condamnés par la chambre civique avaient déjà profité d'une suspension ou réduction de peine. Cf. notre thèse, *op. cit.*, p. 678-681 et AN, BB 24/2385-2392 : commutations, réductions, remises de peine et décrets de grâce délivrés entre décembre 1944 et janvier 1947.

18. M. Debré, *Trois Républiques pour une France*, Paris, Albin Michel, 1984, t. I, *Combattre*, p. 328.

veau pouvoir entend maintenir pour restaurer l'ordre et l'autorité de l'État. Dans l'optique du relèvement du pays et de sa reconstruction, les nouvelles autorités (GPRF, CRR, préfet) sont désormais garantes d'une unanimité et dépositaires d'une légitimité qui ne peuvent se limiter aux rangs de la Résistance, dont elles sont pourtant issues. Comme l'indiquait Pierre-Henri Teitgen en juin 1945, « 40 000 résistants ne pouvaient prétendre juger à leur aune 40 millions de Français [19] ». Dès lors, comment répondre à la volonté de renouvellement des élites tout en conservant les cadres nécessaires à la reconstruction économique et à la restauration de l'appareil d'État ? Comment rendre la justice et canaliser les exigences de vengeance ? Tout le processus d'épuration témoigne finalement de ce savant dosage entre rupture et continuité, entre sanction légitime et clémence nécessaire. Ce souhait, fréquemment exprimé par les autorités, d'une union la plus large possible de tous les Français autour de l'intérêt national et de la raison d'État impose d'emblée des limites à l'épuration et suscite d'inévitables frustrations. Pour toutes ces raisons, une épuration sans concession n'était ni possible ni souhaitable ; concédons cependant à Peter Novick que « le rejet d'une épuration totale ne signifie pas absence totale d'épuration [20] ».

Des processus d'épuration concurrents et complémentaires

Indiscutablement, le grand nombre d'acteurs engagés dans le processus d'épuration fut aussi source de difficultés supplémentaires. Une présentation rapide des principaux types d'épuration permet de mesurer cette diversité. L'internement administratif représente la première forme d'épuration légale initiée par les pouvoirs publics. Dès les premières heures de la Libération, l'objectif est de répondre à l'afflux croissant des arrestations. La répression administrative des faits de collaboration par internement, éloignement ou astreinte à résidence relève pour l'essentiel de l'autorité préfectorale (sous-préfet, préfet, CRR), mais associe au processus décisionnel des commissions de vérification des internements afin de rompre avec l'arbitraire qui avait caractérisé le régime précédent. Installées au niveau départemental et/ou régional, ces commissions consultatives exercent *a posteriori*, il est vrai, un pouvoir de contrôle et

19. P.-H. Teitgen, *Faites entrer le témoin suivant : 1940-1958, de la Résistance à la Vᵉ République*, Rennes, Éd. Ouest-France, 1988, p. 208-209.
20. P. Novick, *L'Épuration française, 1944-1949*, Londres, 1968 ; trad. fr., Paris, Balland, 1985, et Paris, « Points Seuil », 1991, p. 143.

offrent un certain nombre de garanties en matière de défense et de conditions de détention. Placées sous la présidence d'un magistrat, elles se composent en général de représentants de la police et des CDL.

Comme signalé précédemment, le système judiciaire retenu en France à la Libération associe juridictions civiles et militaires ainsi que tribunaux spéciaux et tribunaux réguliers. Le modèle des cours d'assises permet cependant de réintégrer au sein des juridictions civiles spéciales des jurés et la dimension populaire de la justice. Il s'agit, là encore, d'une rupture nette par rapport à l'exceptionnalité judiciaire mise en place sous Vichy. Cela étant, le mode de désignation des jurés laisse dans un premier temps la part belle aux CDL[21]. Par ailleurs, selon une procédure dérogatoire au droit commun, l'article 21 de l'ordonnance du 28 novembre 1944 donne compétence non pas au juge d'instruction mais au commissaire du gouvernement pour prononcer le classement de l'affaire ou son renvoi devant la cour[22]. Ce dernier est un personnage clef du dispositif judiciaire et son attitude conditionne en partie le bon fonctionnement du système[23].

Outre le fait qu'elle peut relever de la cour de justice ou de la chambre civique, l'épuration économique s'appuie principalement sur la procédure de confiscation des profits illicites. Institués au chef-lieu de chaque département, les comités (CCPI) associent autorité préfectorale, services financiers de l'État et représentants du CDL. Inspirée de la taxation des bénéfices de guerre mise en place à la fin de la Grande Guerre, la confiscation est une forme de justice fiscale œuvrant au bénéfice du Trésor. Les CCPI peuvent être saisis par l'autorité administrative mais aussi par les CDL, voire par tout particulier. À bien des égards, la procé-

---

21. Les conditions de désignation des jurés étaient les suivantes : les listes annuelles comprenaient cent jurés par sections ou sous-sections existantes; elles ne devaient inclure que des citoyens n'ayant pas cessé de faire preuve de leurs sentiments nationaux; elles étaient dressées par un magistrat assisté de deux membres du CDL en 1944-1945, puis de deux représentants du Conseil général à compter de la loi du 14 décembre 1945.

22. Cette entorse au code de procédure a fait l'objet d'un débat juridique que P.-H. Teitgen a tenté de clore sans réel succès; cf. P.-H. Teitgen, *op. cit.*, p. 212-214.

23. De manière générale, il y a intérêt pour l'historien de l'épuration judiciaire à se pencher sur le fonctionnement de l'institution et pas seulement sur les résultats obtenus. La prise en compte des logiques et stratégies propres à chaque cour et au personnel qui les compose est riche d'enseignement quant à la sévérité comparée et aux variables régionales constatées sur l'espace national. Cf. notre thèse mais aussi la stimulante analyse du procès Brasillach par Alice Kaplan, *Intelligence avec l'ennemi : le procès Brasillach*, Paris, Gallimard, 2001, 305 p.; son étude de l'intérieur du système judiciaire accorde une large place aux jurés, acteurs souvent négligés, mais aussi à Marcel Reboul, commissaire du gouvernement.

dure utilisée s'apparente aux usages du redressement fiscal[24]. À l'échelle des PME, où le destin financier de l'entreprise se confond souvent avec celui du patron, la confiscation a aussi représenté une forme limitée d'épuration patronale.

Il faut attendre l'automne de 1944 pour voir s'instaurer dans de nombreuses administrations un système d'épuration hiérarchisée visant à statuer sur le sort d'agents inquiétés ou soupçonnés. La dimension plus ou moins centralisée de l'épuration administrative ne la prive pas d'une grande part de disparité d'une administration ou d'une région à l'autre. En règle générale, trois sources d'intervention se distinguent : l'autorité préfectorale (préfet/CRR), le CDL et le corps lui-même. À la base, la structure d'enquête locale consiste le plus souvent en une commission départementale installée par le préfet et/ou le CRR. La plupart des commissions intègrent des membres des CDL lorsqu'elles n'en sont pas l'émanation exclusive. Elles sont parfois placées sous la présidence d'un magistrat et assurent souvent la présence d'au moins un fonctionnaire de grade équivalent à l'agent accusé. Les affaires instruites sont ensuite transmises par voie hiérarchique à une commission centrale de tutelle pour avis, puis au ministère pour décision. Parfois, le cheminement se révèle plus long; ainsi, dans l'Éducation nationale, les dossiers constitués au niveau départemental doivent transiter par le conseil académique d'enquête avant d'aboutir à Paris devant le Conseil supérieur puis sur le bureau du ministre. *A contrario*, les sanctions du personnel des collectivités locales sont de la compétence exclusive du préfet après avis d'une commission départementale. Pour compliquer le tout, ce système pyramidal mis en place de droit doit souvent coexister avec de multiples structures répressives existant « de fait ». De nombreux comités d'épuration constitués à l'échelle d'un établissement (école, commissariat, bureau...) ou d'essence syndicale interviennent dans le processus, n'hésitant pas à court-circuiter la voie hiérarchique. Une bonne connais-

---

24. Après une première enquête (audition, analyse de nombreuses pièces comptables...), le comité adresse à l'intéressé le montant provisoire de la confiscation envisagée et l'invite à faire part de ses observations. Après examen de sa défense, le comité lui notifie une décision désormais définitive. Dès lors, à la confiscation peut s'ajouter l'amende, voire l'affichage de la sanction à la mairie de résidence de l'intéressé. À ce stade, le seul recours possible réside dans le Conseil supérieur des profits illicites siégeant au ministère des Finances. Il réunit un président de section du Conseil d'État, deux conseillers d'État, le directeur général et un administrateur de chacune des administrations suivantes (Contributions directes, Contributions indirectes, Enregistrement, Domaines et Timbres et contrôle des prix), le directeur et un sous-directeur de la Comptabilité générale, deux fonctionnaires de la Coordination des administrations financières et six représentants du CNR. Cf. l'ordonnance du 18 octobre 1944.

sance de l'épuration administrative passe nécessairement par la prise en compte de « ce réseau complexe d'instances[25] » qui applique le principe d'une sanction professionnelle par voie hiérarchique tout en intégrant des acteurs extérieurs à l'administration concernée (CDL notamment).

Tout aussi disparate est l'épuration professionnelle réalisée hors fonction publique. Elle associe fréquemment membres de la profession concernée, délégués syndicaux et représentants des CDL. Il n'est pas rare que ces organismes soient placés sous la présidence d'un magistrat : c'est par exemple le cas des comités régionaux interprofessionnels d'épuration dans les entreprises ou des sections d'épuration constituées au sein des conseils régionaux des médecins. À bien des égards, l'épuration professionnelle réalisée dans les entreprises s'apparente à l'épuration administrative. Les ordonnances les instituant sont d'ailleurs très proches dans l'esprit comme dans la lettre. Dans les deux cas, il s'agit d'éliminer sans délai des individus rendus indésirables par leur attitude ou conduite antinationale. L'organe principal de la répression professionnelle dans les entreprises est le comité régional interprofessionnel. Celui-ci reçoit les dossiers instruits en amont par des sous-commissions professionnelles ou départementales et peut transmettre à une commission nationale (CNIE) les affaires dépassant le cadre régional. Composés selon le principe d'une représentation paritaire (employeurs, techniciens, employés, ouvriers), les comités régionaux intègrent des délégués des CDL sous la présidence d'un magistrat. Appliquant des mesures individuelles de discipline professionnelle, il n'appartenait pas à ces comités d'épurer les entreprises. Source de confusion fréquente hier comme aujourd'hui, cette mission incombait, dans des limites surtout financières il est vrai, essentiellement au Comité de confiscation des profits illicites.

Non cloisonnées, toutes les formes d'épuration légale peuvent se recouper, voire se superposer. Les cas de sanctions multiples sont très fréquents et l'analyse exclusive d'une forme d'épuration est insuffisante pour conclure sur l'impact réel de l'ensemble du système. L'architecture de l'édifice épuration est ainsi à plusieurs étages : la répression peut s'y opérer *a maxima* (sanction à tous les échelons ou à plusieurs) ou *a minima* (sanction à un seul niveau). Cette lecture cumulative de l'épuration est d'ailleurs celle des autorités. Michel Debré, CRR de la région d'Angers, arrête le 20 novembre 1944 le principe suivant :

25. F. Rouquet, *L'Épuration dans l'administration française*, Paris, Éd. du CNRS, 1993, p. 31-33.

Tout individu qui a fait l'objet d'une décision d'internement de la part du CRR ou de poursuites devant la cour de justice ou la chambre civique ne pourra reprendre son activité professionnelle au lieu où il exerçait précédemment qu'après avis du maire et décision du préfet. Aucun individu ayant fait l'objet d'une décision d'internement ou de poursuites comme il est dit ci-dessus ne peut être appelé au service de l'État ou des collectivités publiques sans autorisation du préfet[26].

Centres et périphéries

Élément régulateur direct ou indirect de toute l'épuration légale, l'autorité publique, administrative ou judiciaire, doit cependant composer en permanence avec la pression sociale, portée le plus souvent par les comités de libération, et avec la réaction du corps visé par les mesures d'épuration. Tour à tour partenaire ou concurrent, chacune de ces composantes participe à une épuration de compromis au cœur d'une relation triangulaire. Souvent présentée comme relevant d'une logique verticale, selon le modèle d'une épuration impulsée par le bas et d'une sanction infligée par le haut, la réalité se révèle plus complexe. De fait, le sommet de l'appareil d'État cumule fréquemment les fonctions de sanction ou de recours ultimes des procédures d'épuration. C'est vrai des épurations judiciaire, administrative, économique et dans une moindre mesure de l'épuration professionnelle (entreprises ou médecins), mais on aurait tort de sous-estimer le rôle des avis émis par les échelons intermédiaires dans le processus décisionnel. Dans bien des cas, le suivi des dossiers d'épuration administrative notamment met au jour l'importance du dernier poste occupé et des avis ou soutiens alors obtenus au sein de l'opinion résistante locale.

De la même manière, toute l'épuration ne remonte pas, tant s'en faut, vers le haut. À une époque où les notions de centre et de périphérie sont à géométrie variable (Paris/province, intra et interrégional), l'autorité décisionnelle n'est pas toujours nationale. La politique d'internement, la répression économique (CCPI), l'épuration judiciaire, voire certains secteurs de l'épuration administrative ou professionnelle (CRIE), se jouent à l'échelon régional et/ou départemental. Dans tous les cas, il importe aussi de mesurer la fonction de criblage assurée par les multiples échelons intermédiaires, quelque soit leur légitimité. Y compris dans les processus d'épuration centralisée et hiérarchisée, de nombreux

26. ADML, 20 W 1, *Bulletin officiel du CRR*, n° 14, arrêté CR n° 266.

dossiers sont classés en amont. Dès lors, la perception du phénomène par le haut ne peut offrir qu'une vision tronquée de la portée initiale de l'épuration, sous-estimant grandement l'importance réelle de la population qui fut non seulement soupçonnée mais aussi bien souvent inquiétée (mesures provisoires d'arrestation, d'internement ou de suspension) par des autorités exclusivement locales. De la multiplication des acteurs et des échelles naît de plus la contradiction initiale d'une conception jacobine de l'épuration à la tête de l'État qui doit, au moins dans un premier temps, concéder beaucoup au local. Au début de janvier 1945, un rapport de Claude Bouchinet-Serreulles, de retour de mission dans le Midi, témoigne de cette difficulté :

> Les autorités n'ayant pas à leur disposition des forces régulières propres à imposer le respect sont contraintes à tout instant de devoir composer avec les éléments de désordre (depuis quatre mois une politique de compromis évite les conflits et maintenant profite de la division des résistants). [...]. Elles ne pouvaient tirer un meilleur parti d'une situation qui est non seulement difficile mais souvent humiliante. La tâche des responsables est ingrate, les résultats sont peu apparents, mais ils progressent lentement et grignotent de façon efficace les adversaires de l'ordre[27].

Rédigé plusieurs mois après la Libération, ce rapport démontre l'élasticité du provisoire dans un processus de transition politique. De fait, pour répondre à l'urgence de la situation, une part d'initiative importante est laissée mais aussi parfois prise par les autorités locales. Ainsi, à Marseille, Raymond Aubrac, qui sait que la promptitude à châtier est un enjeu de pouvoir, est le premier commissaire régional à installer une cour de justice, dès le 11 septembre 1944. Mais, au sein d'une région agitée, il décide aussitôt d'en modifier la procédure en supprimant toute possibilité de pourvoi en cassation, pourtant prévue par l'ordonnance du 28 juin 1944. De la même manière, Aubrac et son collègue de Lyon Yves Farge usent de procédés dérogatoires à leurs attributions en terme de confiscation ou de réquisition d'entreprises. À Angers, c'est la pratique de l'internement administratif qui, détournée de sa finalité première, est transformée en mode de sanction spécifique et autonome par Michel Debré[28]. Ces quelques exemples traduisent parfaitement le

27. Extrait du rapport adressé le 5 janvier 1945 à Adrien Tixier, ministre de l'Intérieur. Passage cité dans C.-L. Foulon, *op. cit.*, p. 153. Claude Bouchinet-Serreulles est alors membre du cabinet du ministre de l'Intérieur comme commissaire de la République hors cadre chargé de missions d'inspection.

28. On entre ici dans le domaine de l'infrapénal, de l'infrajudiciaire, voire de l'infracarcéral. Adrien Tixier a dénoncé avec véhémence cette pratique (« Il arrive que l'internement soit prescrit pour une durée limitée proportionnelle à la gravité de la faute comme le serait une peine de prison. C'est la preuve d'une erreur de conception fondamentale à laquelle

décalage existant entre un discours gouvernemental de normalisation rapide et une réalité de terrain beaucoup plus plurielle en raison de stratégies et de contexte politique administratif ou judiciaire différenciés sur le territoire national.

Si, dans bien des cas, la pression conjuguée des événements, de l'opinion et de l'urgence permet de justifier cette plasticité relative des processus d'épuration légale, elle n'explique cependant pas tout. En effet, l'épuration est aussi affaire de compromis et bien souvent de conflit au sein même de l'appareil d'État : enjeux de pouvoir et de compétence sur fond de régionalisation incomplète et finalement avortée vont brouiller son déroulement. Investis de pouvoirs quasi régaliens dans les premières semaines de la Libération, les commissaires régionaux de la République supportent parfois difficilement la perte de leurs prérogatives au profit d'un gouvernement qui entend freiner toutes prétentions ou dérives fédéralistes. Dès janvier 1945, Michel Debré ne peut taire sa déception face à l'agonie des commissariats régionaux. Il s'en explique dans une longue note adressée à Adrien Tixier :

> Aux statuts anciens qui faisaient d'eux les représentants du Gouvernement, avec l'autorité de prendre toutes dispositions pour assurer la vie de la région, n'a pas succédé une nouvelle conception de leur rôle qui aurait pu faire d'eux de grands administrateurs responsables [...]. Ainsi, entre la situation du mois de septembre et celle du mois de janvier, il y a un abîme; au mois de septembre, le bulletin de la région paraissait chaque semaine et comportait des décisions importantes qui s'imposaient aux administrations et que les tribunaux devaient appliquer. Le personnel de l'administration nommé par le commissaire était tout entier tourné vers Angers. Aujourd'hui, le bulletin ne paraît que toutes les trois semaines, les arrêtés régionaux qui paraissent sont rares, les tribunaux font des difficultés pour les appliquer, les fonctionnaires savent que leur sort relève de plus en plus de l'administration centrale[29].

À une époque où la fonction est désormais en grande partie attachée à l'énergie déployée par son détenteur, Michel Debré prône un renforcement de la départementalisation tout en réclamant une déconcentration administrative en faveur d'un représentant régional qui rognerait sur les attributions des ministres. Il propose aussi « une plus grande soumission des différents services techniques extérieurs de l'État à l'autorité admi-

---

il faut immédiatement renoncer »), Michel Debré la maintient jusqu'à son départ de la région en avril 1945.

29. ADML, 19 W 15 : note relative à l'agonie du commissariat régional de la République annexée au rapport du mois de janvier 1945.

nistrative régionale[30] », affirmant par la même occasion la nécessité de simplifier le domaine d'intervention de chacun afin d'éviter les chevauchements complexes et de parvenir à une circonscription régionale unique et utile. Plus profondément, les conflits de compétence et de territorialité sont révélateurs d'un clivage classique entre justice et administration. Ainsi, Angers est siège d'une cour d'appel (Maine-et-Loire, Sarthe, Mayenne), mais le commissaire régional a aussi autorité sur la Loire-Inférieure, qui relève de la cour d'appel de Rennes, et sur l'Indre-et-Loire, qui dépend d'Orléans. À plusieurs reprises, Michel Debré suggère au garde des Sceaux des mesures de nature à remédier à cette situation qui complique sa tâche :

> La première serait que la chambre de mise en accusation près de la cour d'Appel d'Angers soit habilitée pour connaître des pourvois déposés par la cour de justice de Tours et de Nantes qui dépendent à l'heure actuelle d'Orléans et de Rennes. Au surplus, il serait bon que le commissaire de la République d'Angers soit consulté pour les questions du personnel qui intéressent ces deux départements de la Loire-Inférieure et de l'Indre-et-Loire [...]. J'insiste encore une fois pour que la chancellerie mette le commissaire de la République au courant directement des décisions qu'elle prend concernant toutes les affaires relatives aux cours de justice et même d'une manière générale à la magistrature. Il ne s'agit pas d'un empiètement délibéré du pouvoir administratif sur le pouvoir judiciaire, mais il faut bien voir qu'à l'heure actuelle, sans une collaboration étroite entre l'Administration et la Justice, la répression des faits de collaboration ou des faits d'indignité nationale est impossible à mener[31].

On devine sans peine que de telles prétentions ne pouvaient que heurter la volonté d'indépendance technique et politique des autorités judiciaires, soutenues par le ministère de la Justice. Le premier président de la cour d'appel de Rennes estime ainsi, dans une lettre au commissaire régional, que « l'obligation imposée par l'autorité administrative à un président de tribunal de le renseigner de façon régulière sur le fonctionnement des tribunaux constitue une méconnaissance du principe de séparation des pouvoirs[32] ». De toute évidence, le trop grand nombre de services administratifs, policiers ou judiciaires intéressés par l'épuration a suscité un manque de coordination et un ralentissement du travail

---

30. ADML, 19 W 15, rapport de Michel Debré au ministre de l'Intérieur pour le mois de novembre 1944.

31. ADML, 140 W 114 : correspondance personnelle CRR/Garde des Sceaux, 9 décembre 1944.

32. Lettre datée du 21 février 1945. Extrait cité dans C.-L. Foulon, *op. cit.*, p. 155.

maintes fois dénoncés dans tout le pays. L'enchevêtrement des domaines et circonscriptions d'intervention propre aux services de l'État a été un frein indéniable, aux effets parfois tragiques. Dans de nombreuses régions, la confusion qui a régné dans la politique des pourvois et des grâces entre les ministères de la Justice, de l'Intérieur et de la Guerre d'une part, mais aussi dans la transmission des décisions entre Paris et province a été source de graves incidents. Des nouvelles qui filtrent trop tôt, des libérations ou des renvois de procès hâtifs sans que, faute d'informations, les autorités locales puissent garantir la sécurité des intéressés vont être responsables de nombreuses exactions, attaques de prisons et exécutions[33].

Une autorégulation différenciée du processus

Au-delà des problèmes inhérents à la gestion étatique des processus, la résistance inégale des groupes sociaux face à l'épuration engagée a aussi constitué une variable importante de son bilan différencié. Ainsi, l'absence d'organisation socioprofessionnelle, corporatiste ou ordinale d'épuration, faute de volonté épuratrice interne, a pu contribuer à une réelle autoprotection du corps sans pour autant l'exonérer de tout compte à rendre à l'autorité judiciaire ou administrative. Les exemples de l'Église ou du monde agricole, quasi indemnes de toute épuration « professionnelle » sont à cet égard éclairants. *A contrario*, de nombreux corps comprennent, sous la pression endogène et/ou exogène, qu'ils ne peuvent se soustraire à l'exigence d'épuration sans menacer leur légitimité, voire leur pérennité.

Cette ardente obligation est encore plus nette au sein des services en charge de l'épuration (administration préfectorale, police, magistrature...), où il en va de la crédibilité même du processus[34]. Cependant, même lorsque le principe d'épuration est admis et bon gré mal gré reconnu comme nécessaire, nombreux sont les organismes à se doter

---

33. Sur ces dysfonctionnements liés à un manque de coordination entre les administrations centrales et secondairement entre le centre et la périphérie, voir C.-L. Foulon, *op. cit.*, p. 152-156.

34. Dès septembre 1944, le préfet de Maine-et-Loire souligne l'urgence à épurer les épurateurs. « Évoquant les mesures conservatoires et provisoires de suspension prises, il insiste pour faire œuvre efficace [d'épuration], il fallait commencer par nettoyer les services chargés de l'épuration, c'est-à-dire les services de police ainsi que les services qui relevaient de la préfecture. » ADML, 140 W 114, rapport du préfet de Maine-et-Loire, septembre 1944.

d'outils et de moyens d'autorégulation du processus en vue d'assurer la préservation et l'unité du groupe. Plusieurs exemples développés dans l'ouvrage en témoignent (avocats, médecins...) et l'on pourrait y ajouter la gendarmerie ou encore l'épuration syndicale[35].

Un principe de sanction aux contours flous

À bien des égards enfin, il importe de souligner combien le cadre juridique et légal de l'épuration ne constitue qu'un simple garde-fou. Ainsi, la frontière entre épuration légale et épuration extralégale, pour commode qu'elle soit, n'en demeure pas moins poreuse. Non seulement toute épuration « sauvage » ou « spontanée » n'est pas épuration extralégale *stricto sensu*[36], mais aussi faut-il compter sur la capacité de l'épuration légale à naviguer en lisière du semi ou du paralégal. *Quid* des cours martiales plus ou moins improvisées qui, en de nombreuses

---

35. Cf. la démonstration apportée, sur ces sujets, dans notre thèse, *op. cit.*, p. 381-408 (4e légion de gendarmerie d'Angers), et 431-451 (UD-CGT de Maine-et-Loire).

La gendarmerie, très fragilisée à la Libération, choisit par tradition militaire mais aussi dans un réflexe d'autoprotection de régler son épuration en interne. Même si son bilan définitif reste à établir, nous pouvons déjà affirmer que cette discrétion n'est pas significative de non-épuration. Nous poursuivons actuellement, en partenariat avec le SHGN, une recherche relative à « l'impact de la Libération et de l'épuration au sein de la gendarmerie de France métropolitaine (1944-1954) ».

Réglementée par une ordonnance gouvernementale mais d'essence exclusivement syndicale, l'épuration réalisée au sein de la CGT est indissociable des luttes d'influence entre courants qui la traversent. En l'état actuel de la recherche, l'épuration syndicale apparaît limitée; cf. J.-P. Le Crom, *Syndicats, nous voilà! Vichy et le corporatisme*, Paris, Éd. de l'Atelier, 1995, p. 360-376.

36. La stigmatisation et les exécutions de collaborateurs ou présumés tels avant la Libération relèvent autant d'actes de guerre (civile) que d'une forme d'épuration. Pendant les journées libératrices se déroulent des phénomènes d'épuration spontanée (exécutions, tontes, violences matérielles ou sociales...) sous forme de manifestations plus ou moins contrôlées qui profitent de la vacance ou plus souvent de la transition du pouvoir. Force est de constater que les nouvelles autorités jouent dans cette phase un rôle ambigu : insuffisamment installées pour s'imposer, à moins qu'elles ne laissent faire pour canaliser une certaine exaspération populaire et ainsi se ménager un avenir meilleur. En certains lieux, leurs interventions pour canaliser les violences populaires voire pour tenter de les « organiser » (planification des tontes et application du châtiment dans des centres de détention : cours de caserne, gendarmerie, commissariat) achèvent de brouiller les cartes, conférant à cette épuration prélégale un caractère parfois semi-légal ou semi-officiel. Dans les semaines et les mois qui suivent la Libération, les violences se poursuivent ou éclatent de nouveau de manière ponctuelle, ici ou là, pour dénoncer la lenteur ou la clémence de l'épuration légale désormais en place. Seule cette dernière catégorie, concomitante et concurrente de l'épuration légale, est constitutive de l'épuration dite extralégale ou extrajudiciaire *stricto sensu*.

régions de maquis, ont assuré la première épuration judiciaire ? Que dire enfin des entorses apportées aux procédures par un certain nombre d'autorités locales, à commencer par ces commissaires régionaux de la République que Charles-Louis Foulon qualifie d'« activistes[37] » ? *A contrario*, les procédures judiciaires témoignent aussi de la capacité des magistrats à tempérer l'exceptionnalité des juridictions par le recours à la tradition pénale et aux pratiques professionnelles ordinaires. Jouant de l'élasticité des incriminations et de la relative plasticité des textes, les juridictions conservaient une part d'appréciation, dont elles ont usé dans un réel souci de justice et d'équité[38].

De la même manière, les motifs de sanctions ont souvent dû faire l'objet de compromis. Devant l'impossibilité de poursuivre une épuration radicale, la répression, qu'elle soit judiciaire, administrative, économique ou professionnelle, a privilégié les formes de collaboration les plus visibles. C'est ainsi que les relations avec l'occupant, la propagande et le collaborationnisme, plus aisément repérables, ont été davantage sanctionnés que la collaboration économique ou celle « de bureau », souvent moins faciles à établir, au risque parfois d'« une rupture de l'isonomie[39] ». Bien souvent aussi, le principe de sanction se définit à la confluence de critères qui dépassent et de loin les seuls faits avérés ou

37. Entorses aux procédures judiciaires, usage extensif des réquisitions, des confiscations ou de la politique d'internement administratif... ces exemples ont été développés précédemment pour les régions de villes comme Marseille, Lyon ou Angers. Ces comportements indissociables du contexte local qui souvent les justifient n'en démontrent pas moins la perméabilité de l'épuration légale à des pratiques floues, voire arbitraires, et les difficultés rencontrées par un régime démocratique pour gérer les conjonctures d'urgence et d'exception. Parmi les commissaires régionaux de la République qui ont une conception active, voire activiste, de leur mission, Charles-Louis Foulon cite Aubrac (Marseille), Farge (Lyon), Ingrand (Clermont-Ferrand) et Debré (Angers).

38. C'est la démonstration apportée pour la cour de justice d'Angers dans notre thèse, *op. cit.*, p. 190-196. L'objectif est de moduler la sanction afin d'éviter une cascade de sanctions sévères ou au contraire d'acquittements. Dans les deux cas, la disproportion aurait été flagrante et la justice n'y aurait pas gagné. Alors que le distinguo temps de guerre/temps de paix imposait le recours quasi exclusif à des peines criminelles, les magistrats, n'hésitant pas à forcer un peu les textes, ont reproduit en cour de justice une échelle des peines à la fois criminelles et correctionnelles.

39. Par son fonctionnement même, la machine répressive produit de l'injustice, puisqu'en repérant inégalement crimes et délits elle induit des différences de traitement et suscite une rupture de l'isonomie (principe d'égalité des citoyens devant la loi). *Cf.* O. Wieviorka, « L'épuration », *op. cit.*, p. 940-941. Dans le même ordre d'idées, chacun admet, y compris le législateur, que la dégradation nationale est une peine inégale selon les milieux sociaux. Par ses effets (professionnels notamment), elle est beaucoup plus pénalisante pour un fonctionnaire ou un membre de profession libérale que pour un agriculteur. Cf. É. Garçon, *op. cit.*, p. 265, alinéa 160.

non de collaboration : « amalgame de situations objectives et de représentations inextricables » pour François Rouquet, qui souligne avec raison combien « les dossiers d'épuration administrative restituent la dualité d'une définition de la collaboration qui est un mélange complexe de celle proposée par les textes officiels et de celle plus confuse de la collaboration telle qu'elle pouvait être perçue par les Français[40] ». Ainsi l'épuration, notamment administrative ou professionnelle, se joue-t-elle très souvent à l'interface d'un comportement réel ou supposé sous l'Occupation et de paramètres extérieurs tels que la confiance de la population ou la compétence professionnelle.

Enfin, la notion même d'épuration est élastique et, dans bien des cas, les autorités de tutelle ont dû composer sur le mode de sanction infligé. L'Église par exemple, dont l'épuration n'a jamais fait l'objet d'une priorité interne ou externe, contribuant à son bilan homéopathique[41], mais qui a cependant dû discrètement négocier avec les autorités et accepter certains déplacements. De la même manière, dans de nombreuses administrations ou entreprises, on a eu recours, en parallèle de l'épuration officielle, à des formes d'épuration officieuses qui avaient le mérite de la discrétion. Combien de déplacements, mutations, rétrogradations, refus ou retards de titularisation, ou encore ralentissements de carrière ont finalement caché une épuration déguisée ? Difficilement quantifiable à l'échelon national, mais non négligeable à l'aune d'une monographie, cette infra-épuration peu perceptible de l'extérieur fut souvent durement et durablement ressentie de l'intérieur[42].

À l'heure du bilan, l'État et ses représentants locaux, au premier rang desquels il faut signaler le rôle clef des commissaires régionaux, ont été les régulateurs et les gestionnaires d'un processus ambivalent dans ses objectifs, ses moyens et ses résultats. Malgré la diversité des situations locales, la centralité de l'État dans l'organisation de l'épuration (ou plutôt des épurations) est incontestable, même s'il ne l'impulse pas toujours. Si nombre de difficultés imprévues et parfois insoupçonnées sont venues compliquer le fonctionnement de la répression et hypothéquer son bilan, la dimension imposante du système mis en place ne laisse aucun doute sur la détermination des pouvoirs publics à épurer. Mais il faut aussi admettre que, au-delà de cette volonté initiale, ceux-ci ont

40. F. Rouquet, *op. cit.*, p. 12 et 36.

41. Ét. Fouilloux, *Les Chrétiens français entre crise et libération 1937-1947*, Paris, Seuil, 1997, p. 202-207.

42. Le cas de la gendarmerie le démontre parfaitement.

souvent dû composer avec la pluralité des acteurs engagés dans les procédures et se résoudre à une épuration de compromis. Cette quête permanente du point d'équilibre n'en pose qu'avec plus d'acuité l'ambiguïté des rapports entre l'État, la société et la justice dans un processus de restauration démocratique.

II

L’épuration professionnelle

L'épuration du corps préfectoral

par Marc Olivier Baruch

> Parmi les tâches essentielles qui s'imposent au gouvernement provisoire de la République, l'une des plus importantes et des plus urgentes est de doter le pays d'une administration dont tous les éléments seront animés, à quelque échelon de la hiérarchie où ils se trouvent placés, du désir profond d'apporter leur entier concours à l'œuvre de redressement rendue possible par la libération du territoire.
> Ce but ne pourra être atteint qu'à la condition expresse de chasser des services publics, et dans les délais les plus brefs, les fonctionnaires, agents, employés ou ouvriers qui ont collaboré avec l'ennemi ou qui exercent des activités anti-nationales.
> Étant donné l'importance du rôle joué dans la vie de la Nation par les fonctionnaires relevant du ministère de l'Intérieur, il importe au premier chef que cette mesure intervienne, en ce qui les concerne, *dans les moindres délais* et soit menée avec la plus grande énergie.
> Déjà les préfets de Vichy en fonction, ainsi que de nombreux membres du corps préfectoral, ont fait l'objet de mesures de suspension, mais pour prendre toute leur signification ces mesures doivent être complétées par l'épuration de toutes les catégories de personnel appartenant au ministère de l'Intérieur et *s'effectuer dans la légalité républicaine*, c'est-à-dire conformément aux règles posées par l'ordonnance du 27 juin 1944[1].

Porteuse, par sa phraséologie, de quelque ressemblance avec des textes émanant de l'État français, cette circulaire signée le 10 octobre 1944 par Adrien Tixier, devenu un mois plus tôt ministre de l'Intérieur, contient en germe toutes les difficultés de l'épuration administrative, celle que nous étudierons ici[2] dans son application au corps préfectoral.

---

1. Circulaire aux commissaires régionaux de la République, aux préfets de la Seine, de Seine-et-Oise, de Seine-et-Marne, de la Moselle et au préfet de police, 10 octobre 1944, AN F1a 3339. C'est nous qui soulignons.
2. La question de l'épuration judiciaire ne sera évoquée que brièvement, *in fine*.

On le sait, ce corps – tout spécialement dans son plus haut grade, celui de préfet – exerce et symbolise la pleine autorité de l'État : son épuration, à partir de l'automne de 1944, ne pouvait pas, de ce fait, ne pas s'inscrire dans la forme de combat que se menèrent autorités de l'État et forces issues de la Résistance autour de l'enjeu essentiel de la période, la dévolution du pouvoir[3].

Ce combat n'avait pas attendu l'automne de 1944 pour se manifester. Les mouvements de résistance avaient en effet peu apprécié le choix des futurs préfets de la Libération effectué, depuis octobre 1943, par un résistant de l'intérieur, Michel Debré, et par l'ingénieur des mines Émile Laffon, envoyé par Alger. Le premier ne cachait pas, de son côté, son irritation face aux propositions émanant de mouvements qui, confondant services rendus à la Résistance avec véritable engagement résistant, avaient souvent mis en avant les noms de préfets de Vichy encore en fonctions, faisant ainsi « reculer d'effroi » les membres de la commission chargée de préparer ce mouvement préfectoral pas comme les autres[4]. C'était en effet, du côté des hauts fonctionnaires de l'État français et notamment des préfets, particulièrement exposés, la pleine époque des ambivalences et des doubles jeux[5]. L'époque des purges aussi, qu'il s'agisse de la vague de relèvements de fonctions exigée par les occupants au tout début de 1944, ou plus radicalement de l'arrestation massive, en mai 1944, de préfets et de sous-préfets à la suite de la découverte de leurs noms sur des listes de préfets de la Libération tombées entre les mains des Allemands[6].

Symboliquement, il n'était pas question de demander à des préfets de Vichy, si résistants fussent-ils, de participer à la restauration de la légalité républicaine dont ils avaient, en tout état de cause, soutenu

3. Sur les enjeux politiques de la période, on se reportera à : Charles-Louis Foulon, *Le Pouvoir en province à la Libération*, Paris, Presses de la FNSP, 1975; Philippe Buton, *Les Lendemains qui déchantent : le Parti communiste français à la Libération*, Paris, Presses de la FNSP, 1993; Philippe Buton et Robert Frank, *Les Pouvoirs publics à la Libération*, Paris, Belin, 1994, ainsi qu'aux actes du colloque *Le Rétablissement de la légalité républicaine (1944)* organisé par la fondation Charles-de-Gaulle, la Fondation nationale des sciences politiques, l'Association française des constitutionnalistes, Bruxelles, Complexe, 1996.

4. Voir le rapport adressé le 7 octobre 1943 à Alger par la « commission désignée pour préparer la nomination de nouveaux préfets au jour de la libération du territoire », document reproduit par Michel Debré en annexe du premier volume de ses Mémoires, *Trois Républiques pour une France*, Paris, Albin Michel, 1984, p. 427-430. Cette « commission » se limitait en fait à Michel Debré, assisté d'Émile Laffon.

5. Nous nous permettons de renvoyer à notre ouvrage *Servir l'État français. L'administration en France de 1940 à 1944,* Paris, Fayard, 1997, p. 440-462 et 544-548.

6. Tous, selon Michel Debré *(op. cit.,* p. 233), n'étaient d'ailleurs pas résistants.

l'effacement. Même si tous n'étaient pas nécessairement à exclure des rangs de la future administration de la République, tous seraient remplacés; tous furent donc suspendus de leurs fonctions, la mesure étant prononcée soit par les commissaires de la République[7], soit par le ministre de l'Intérieur, habilité à proposer au gouvernement le remplacement de tout préfet, fonctionnaire nommé de manière discrétionnaire. Mais ce même ministre pouvait également faire jouer les dispositions de l'ordonnance du 27 juin 1944 sur l'épuration administrative, dont l'article 3 l'autorisait à prononcer la suspension de tout fonctionnaire ou agent public placé sous sa dépendance. Les représentants du pouvoir vichyssois s'effacèrent ainsi sans résister devant leurs successeurs désignés en bonne et due forme par le GPRF, préfets et commissaires de la République. En vertu de leurs pouvoirs presque sans borne, ces derniers prononcèrent en outre souvent des mesures d'internement administratif de fonctionnaires préfectoraux, saisissant parfois également la justice au titre de la répression pénale de la collaboration. Dans d'autres villes en revanche, d'anciens préfets et sous-préfets restés libres se mirent à l'abri, qui furent ensuite difficiles à retrouver lorsque commissions d'épuration ou magistrats instructeurs s'intéressèrent à leur passé proche.

Dans tous les cas, les personnes suspendues touchaient la moitié de leur traitement jusqu'à ce qu'une mesure administrative vienne statuer définitivement sur leur dossier, mesure qui trouvait ses bases légales dans l'ordonnance prise le 27 juin 1944 par le GPRF. S'agissant de la norme juridique devant s'appliquer en la matière, il est nécessaire d'en rappeler les principaux éléments : on se limitera ici à ses articles 1er, qui définit les quatre catégories d'actes susceptibles de justifier une mesure d'épuration administrative, et 7, qui pose les règles de procédure minimales encadrant le large pouvoir de sanction ainsi confié aux ministres :

> Article 1er. – Seront l'objet de sanctions disciplinaires et éventuellement de mesures de sécurité administrative, les fonctionnaires ou agents publics en activité ou en retraite qui ont par leurs actes, leurs écrits ou leur attitude professionnelle, depuis le 16 juin 1940 :
> 1°) soit favorisé les entreprises de toute nature de l'ennemi,
> 2°) soit contrarié l'effort de guerre de la France et de ses Alliés, notamment par des dénonciations,
> 3°) soit porté atteinte aux institutions constitutionnelles ou aux libertés publiques fondamentales,

7. En vertu de leurs pouvoirs propres ou au titre de loi du 11 août 1941, validée à la Libération, qui avait ouvert aux préfets régionaux de Vichy, dont les commissaires de la République prenaient la succession, la faculté de relever de ses fonctions tout agent public.

> 4°) soit sciemment tiré ou tenté de tirer un bénéfice matériel direct de l'application de règlements de l'autorité de fait contraire aux lois en vigueur le 16 juin 1940.
> Ces sanctions et mesures ne feront pas obstacle à l'exercice de l'action publique. [...]
>
> Article 7. – Sauf en ce qui concerne les fonctionnaires ou agents publics défaillants, toute sanction au titre de la présente ordonnance ne sera prononcée qu'après qu'il aura été donné connaissance à l'intéressé des faits qui lui sont reprochés et que ses explications auront été recueillies soit verbalement, soit par écrit[8].

Il revenait à chaque département ministériel de décider des modalités de mise en œuvre de ce cadre légal, uniforme pour l'ensemble de l'administration française[9]. Au ministère de l'Intérieur, comme il était naturel s'agissant de hautes fonctions d'autorité en une époque où le monopole de la force publique de l'État était gravement mis en péril par des actions violentes émanant de résistants réels ou supposés[10], le ministre se réserva la décision pour tous les membres du corps préfectoral et les plus hauts fonctionnaires de l'administration centrale et de la police[11]. À la fois par tempérament et parce qu'il partageait avec le général de Gaulle le souci de ne rien concéder du pouvoir d'État à quelque organisation que ce soit, fût-ce la plus résistante, Tixier entendait en effet exercer pleinement ses prérogatives. C'est à lui que la loi avait donné pouvoir de décision, et c'est lui qui décida. Lorsque, à l'automne de 1944, le principe d'une déconcentration des processus d'épuration fut envisagé pour accélérer le traitement de la masse de dossiers à examiner, il en exclut explicitement le corps préfectoral, faisant ainsi sienne la position du garde des Sceaux, François de Menthon, qui s'inquiétait de voir la tâche confiée à des autorités qui ne seraient pas « suffisamment

8. *Journal officiel de la République française*, 6 juillet 1944.

9. Il n'existe pas à notre connaissance d'étude de l'épuration administrative qui recouvrirait l'ensemble de l'administration française. Le travail le plus approfondi est celui de François Rouquet, *L'Épuration dans l'administration française. Agents de l'État et collaboration ordinaire*, Paris, CNRS Éditions, 1993, qui analyse l'épuration des administrations de l'Éducation nationale et des PTT dans toutes leurs strates.

10. À plusieurs reprises, à l'automne de 1944 et au début de 1945, des prisons furent prises d'assaut, et exécutées sommairement des personnes qui s'y trouvaient en attente de jugement ou condamnées à des peines jugées insuffisantes. Au 16 janvier 1945, huit établissements pénitentiaires avaient été ainsi forcés, surtout dans la France méridionale, le nombre de victimes de ces actes s'élevant à dix-neuf (note au ministre de l'Intérieur, AN F1a 4713).

11. Circulaire du 10 octobre 1944 déjà citée.

indépendantes des pressions politiques et des coalitions d'intérêt local pour prendre de semblables mesures et les appliquer avec la sérénité et l'impartialité qu'exige une bonne justice [12] ».

La distance nécessaire vis-à-vis de ces « pressions » et « coalitions », au premier rang desquelles il fallait mettre les exigences émanant des comités départementaux de la Libération (CDL), le ministre l'obtint par la mise en place d'un double filtre entre la base résistante, qu'ils représentaient, et le sommet de l'État, que lui-même incarnait. Toute décision, décida-t-il, n'interviendrait que sur proposition du directeur du personnel – en l'occurrence Jean Morin, haut fonctionnaire résistant issu de la Cour des comptes – et au vu de l'avis de la commission d'épuration qu'il avait créée par arrêté du 27 septembre 1944, et qui avait commencé ses travaux le 14 octobre. Elle prenait la suite d'une commission provisoire, instituée peu après la libération de Paris par le secrétaire général provisoire du ministère, Émile Laffon, pour procéder aux premières mesures d'épuration [13]. L'arrêté du 27 septembre, en même temps qu'il fixait la composition de la commission définitive (huit représentants des mouvements, nommés sur proposition du Conseil national de la Résistance, et huit personnes choisies par le ministre « parmi les fonctionnaires ou agents du ministère ayant été effectivement résistants »), organisait ses travaux en la subdivisant en deux sous-commissions, dont le ministre nommait les secrétaires. L'une était chargée d'examiner l'attitude, au regard des critères posés par l'ordonnance du 27 juin 1944, des personnels de police, l'autre celle des membres de l'administration générale, dont faisait partie le corps préfectoral.

Les désignations au titre des organisations résistantes se firent en prenant en compte ces modalités de fonctionnement, les mouvements interrogés [14] se voyant demander de désigner quatre représentants dans chacune des sous-commissions. S'agissant de celle qui nous intéresse ici, furent choisis : pour l'Organisation civile et militaire (OCM), son représentant à la commission de l'Intérieur du CNR, Aimé Jeanjean, administrateur de la Chambre des députés mis à pied par Vichy, et que

12. Note du garde des Sceaux au ministre de l'Intérieur sur le projet d'ordonnance modifiant l'ordonnance du 27 juin 1944, 5 octobre 1944, AN F1a 3339.

13. La liste des membres de cette commission figure dans la note par laquelle Laffon, devenu chef du service des commissaires de la République, rend compte au ministre récemment installé des mesures qu'il a été amené à prendre au titre de la transition vers le rétablissement de la légalité républicaine (22 septembre 1944, AN F1a 3339).

14. Le CNR, chargé par les textes de désigner lui-même ses représentants, avait en effet délégué cette responsabilité à quelques-uns des divers mouvements qu'il fédérait, attitude qui choqua Tixier.

la commission porta à sa tête – soit parce que l'OCM était celui des mouvements qui s'était le plus intéressé à l'évolution de l'appareil d'État, soit que son appartenance, certes éphémère, au cabinet du général de Gaulle, sous-secrétaire d'État à la Guerre en juin 1940, ait favorablement impressionné ses camarades; pour le Front national Lescuyer, pour la CGT Adrien Lavergne, ancien surveillant général de collège devenu secrétaire de la Fédération générale des fonctionnaires, pour le MLN enfin Robert Salmon. Mais ce dernier, occupé par d'autres tâches, essentiellement dans le domaine de la presse [15], ne siégea pas et fut remplacé par Pierre Bonavita, directeur politique de Libération-Nord. Aucun d'entre eux n'avait de raison particulière de connaître le milieu qu'ils allaient avoir à juger.

Ce milieu n'était pas représenté par de hautes figures, puisque le ministre n'avait pu nommer l'ancien préfet de la Seine, Achille Villey-Desmeserets, pourtant associé au choix des préfets de la Libération, faute pour lui d'avoir été inscrit dans un mouvement de résistance. De même Tixier n'avait-il pas pu recourir aux compétences des anciennes éminences connaissant bien le ministère – soit qu'elles aient été disqualifiées par leur adhésion au régime déchu, soit au contraire, si elles se révélaient utilisables en raison de leur attitude sous l'Occupation, qu'elles fussent trop précieuses dans des postes actifs en une période où la pénurie de cadres à la fois compétents et « patriotes » se révélait générale. Ainsi en était-il par exemple de Roger Verlomme, dont Michel Debré avait largement utilisé le savoir d'ancien secrétaire général du ministère de l'Intérieur pour établir ses listes, devenu préfet du Nord. Les quatre fonctionnaires nommés par le ministre, le préfet Maurice Moyon, l'inspecteur général Petit, le sous-préfet Raymond Vivant et le sous-chef de bureau José Cotoni n'étaient pas de hautes figures de l'administration du ministère de l'Intérieur, dotées aux yeux du corps préfectoral de la légitimité qui eût facilité la validation de leurs propositions. Ils disposaient en revanche d'indiscutables états de services résistants, alors confondus avec l'appartenance à un mouvement – même si ce critère se révélait parfois complexe à mettre en œuvre : Cotoni fut choisi lorsque l'on s'aperçut que le fonctionnaire de grade équivalent qui siégeait dans la commission provisoire, bien que membre de l'AS et du BCRA, avait montré, dans les premières années de l'Occupation, un peu trop d'inclination pour les idées de la Révolution nationale [16].

15. Il fut à l'origine de la création de *France-Soir* à partir de la transformation du journal clandestin *« Défense de la France »*; cf. Olivier Wieviorka, *Une certaine idée de la Résistance. « Défense de la France », 1940-1949*, Paris, Seuil, 1995, p. 353-377.

16. Laffon, qui l'avait nommé, s'en excusait en ces termes auprès du ministre : « Il possède d'incontestables qualités d'intelligence. Sa nomination n'avait pas provoqué de

Comme le ministre attendait des résultats rapides et qu'il n'autorisa pas la commission à enquêter par elle-même[17], celle-ci dut se fier aux dossiers et aux souvenirs personnels des quatre fonctionnaires présents. Or ceux-là n'étaient guère fournis et ceux-ci pas nécessairement objectifs, à tel point qu'une semaine seulement après sa prise de fonctions l'un des membres résistants démissionna de la commission, en lançant un véritable cri d'alarme :

> La méthode de travail, le manque total d'informations objectives jointes au dossier des fonctionnaires qui sont soumis à notre appréciation me font un devoir de me refuser à prendre la responsabilité des décisions déjà prises ou à prendre. [...] Les dossiers qui nous ont été communiqués sont, à peu de choses près, vides de renseignements utiles et les informations de bonne foi que peuvent, seuls, nous fournir nos collègues fonctionnaires du ministère de l'Intérieur ne suffisent pas à nous permettre d'éclairer notre religion sur les cas qui nous sont soumis. Toutes les sentences que nous serons appelés à prononcer dans de telles conditions sont, dès l'abord, entachées de nullité, et les droits sacrés de la défense et du ministère public ne peuvent être considérés comme respectés[18].

Droits de la défense, mais aussi droits du ministère public : pour le résistant démissionnaire, le risque était au moins aussi grand de frapper de manière trop sévère des hommes auxquels peu serait finalement à reprocher que de voir de francs serviteurs de Vichy, et partant de la collaboration, échapper aux rigueurs prévues par la loi. C'est qu'en effet, comme l'avait noté la commission dès sa première réunion, les attestations de complaisance étaient nombreuses, dotant préfets et sous-préfets d'états de service résistants pour le moins exagérés[19]. Le dispositif finit toutefois par se roder, la sous-commission d'administration générale tenant, entre le 17 octobre 1944 et le 18 avril 1945, quarante-neuf séances – auxquelles s'ajoutèrent les vingt séances au cours desquelles la commission, réunie en session plénière, examina le cas de fonction-

---

grands remous : dans ce milieu si terne et si peu résistant des fonctionnaires de l'Intérieur, il n'apparaissait pas comme ayant démérité » (6 octobre 1944, AN F1a 3339).

17. Note du président de la commission d'épuration au ministre de l'Intérieur, 16 février 1946, AN F1a 3339.

18. Lettre de Bonavita à son « cher camarade » Tixier, 24 octobre 1944, AN F1a 3339.

19. La commission se déclarait, à cette occasion, soucieuse d'« éviter que certains éléments intrigants ne profitent des circonstances pour surclasser des camarades plus méritants ». Tixier réagit en demandant aux commissaires de la République de faire passer en conseil de discipline les fonctionnaires membres de la Résistance qui auraient procédé de la sorte (vœu du 14 octobre et circulaire du 13 novembre 1944, AN F1a 3339).

naires ayant occupé successivement des postes dans chacune des deux hiérarchies, police et administration générale[20]. Il fallait en effet travailler vite, le gouvernement ayant décidé que les opérations d'épuration administrative devaient avoir pris fin le 15 février 1945 pour les administrations centrales, le 15 mars pour les services extérieurs[21].

Cette rapidité s'imposait aux yeux du gouvernement pour que l'État reconstitué de manière indiscutable pût s'atteler pleinement aux nombreux problèmes de l'heure. Le général de Gaulle avait clairement montré sa volonté de ne pas porter trop loin le fer dans un appareil d'État dont il savait avoir grand besoin, en posant, dès avant la libération de Paris, les limites de l'épuration administrative :

> Si le gouvernement entend procéder dans la Métropole, comme il le fait ailleurs, aux éliminations nécessaires, s'il compte puiser pour pourvoir aux remplacements parmi les éléments idoines des organisations de résistance, si, pour le reste, il veut mettre en œuvre certaines réformes qui s'imposent dans le recrutement et dans l'emploi de plusieurs, sinon de toutes les catégories de fonctionnaires, il n'a aucunement l'intention de faire tout à coup table rase de la grande majorité des serviteurs de l'État, dont la plupart, pendant les années terribles de l'occupation et de l'usurpation, ont avant tout cherché à servir de leur mieux la chose publique. Le dénigrement de tels et tels membres ou de telles ou telles catégories de l'administration française est une chose facile, mais trop souvent injuste ou exagérée. [...] L'établissement de l'autorité publique, du haut au bas de l'État, est d'autant plus urgent et indispensable que nous allons nous trouver soudain devant des problèmes très graves et très compliqués en ce qui concerne la vie même de la nation[22].

Le mythe de la France résistante dans ses profondeurs – profondeurs administratives aussi, ce qui était pousser relativement loin la réécriture de l'histoire aux fins d'unité nationale – n'attendit donc pas le retour du gouvernement à Paris pour commencer à se construire. Pour autant, le général de Gaulle ne pouvait pas se permettre d'ignorer le besoin de justice – que ceux qu'il frappa eurent tôt fait de qualifier de besoin de vengeance[23] – émanant de ceux que la répression de Vichy, notamment

---

20. Note du président de la commission d'épuration au ministre, 16 février 1946, AN F1a 3339.

21. Note de Serreulles, directeur du cabinet de Tixier, au directeur du personnel et au directeur de la Sûreté nationale, 16 janvier 1945, AN F1a 4713.

22. Discours devant l'Assemblée consultative provisoire, 25 juillet 1944.

23. Exemplaires sont à cet égard les pages que l'ancien sous-préfet Pierre-Henry, ancien collaborateur du préfet de la Seine, Bouffet, entre 1942 et 1944 (et futur secrétaire général de l'ADMP, Association pour la défense de la mémoire du maréchal Pétain),

du Vichy milicien des derniers temps, avait frappés. Il était donc nécessaire que fussent menés à vive allure les processus d'épuration : on eût pu craindre, dans le cas contraire, que la demande d'épuration non satisfaite ne maintienne un dangereux climat d'excitation et de dissension de l'opinion publique, aux antipodes de la volonté d'unanimité nationale qu'entendait faire régner le gouvernement. Le commissaire de la République de Bordeaux le soulignait en ces termes à la fin de janvier 1945, alors que le processus était censé approcher de sa conclusion :

> Le problème de l'épuration administrative n'a pas cessé de passionner l'opinion dans les milieux résistants, tout en faisant peser sur l'administration, et dans les couches modérées de l'opinion publique, une lourde hypothèque sur la bonne marche des services et la reprise de l'activité économique. [...] L'action des CDL dans ce domaine n'a pas cessé de retenir l'attention des mouvements de résistance, mais dans la plupart des cas une grande ignorance de l'organisation administrative n'a pas permis à ces organismes d'orienter leur enquête ni de fixer une hiérarchie dans l'examen des dossiers, conformément à l'importance du rôle que jouent, dans l'administration ou l'économie, les personnes jugées indignes[24].

Cette dernière phrase soulignait les risques d'injustice auxquels pouvait conduire une épuration mal régulée. Que « la société [fût] en droit de demander compte à tout agent public de son administration », selon les termes de la Déclaration des droits de l'homme, le ministre n'en doutait pas, rappelant même à ses fonctionnaires, qui avaient mal assimilé l'ordonnance du 27 juin pourtant claire sur ce point, que l'épuration n'épargnerait pas les retraités[25]. De même se scandalisait-il de ce que de hauts dignitaires ayant occupé des fonctions particulièrement visibles – et particulièrement répressives – de Vichy continuent à percevoir le demi-traitement que leur valait leur suspension administrative, en raison de la lenteur mise par la commission d'épuration à se prononcer sur leur cas[26]. Pour autant, la restauration des principes républicains

---

consacre à l'épuration dans son *Histoire des préfets*, Paris, Nouvelles Éditions latines, 1950, p. 343-350.

24. Rapport du 1er février 1945, transmis au ministre le 8 février 1945, AN F1a 3344.

25. Note du ministre au directeur de l'Administration départementale et communale, 19 février 1945, AN F1a 4714.

26. Son attention avait été appelée sur cette question par le représentant du ministre des Finances au ministère de l'Intérieur, le contrôleur des dépenses engagées Paoletti. Parmi les exemples dont ce dernier craignait qu'ils ne choquent l'opinion si elle venait à les connaître, il citait d'anciens hauts fonctionnaires de la police (Parmentier, directeur général de la Police nationale, Cado, délégué de Bousquet en zone Nord, et Toesca, directeur adjoint du cabinet du préfet de police Amédée Bussière jusqu'à la Libération) et des membres des cabinets des plus hautes figures de l'État français (Tracou, directeur du cabinet de Darlan, Darbou, directeur administratif du cabinet de Laval, ou encore Girard,

exigeait que l'opération ne sacrifiât pas la justice sur l'autel de l'efficacité : on ne romprait pas avec Vichy si les méthodes utilisées pour mettre à l'écart le personnel qui l'avait trop bien servi empruntaient au régime autoritaire défunt sa banalisation de l'exceptionnalité. C'est du moins dans cet esprit que le ministre – qui déploya par ailleurs une énergie massive et sans relâche à lutter contre les internements administratifs abusifs[27] – accueillit les propositions émanant de la commission d'épuration.

Celle-ci avait travaillé dans des conditions difficiles : celles, matérielles, que connaissait toute l'Administration au cours d'un hiver de guerre particulièrement rigoureux – Jeanjean mettait sur le compte de l'absence de chauffage des bureaux, dans lesquels la température était tombée les semaines précédentes à deux degrés, le faible rendement du personnel[28] –, mais aussi celles liées à la conjonction du nombre élevé de dossiers à examiner avec le maintien de règles minimales de justice : pour chacun des 1 111 cas traités par la sous-commission de l'Administration générale – ce chiffre ne représentant que 10,4 % des dossiers d'épuration traités au ministère de l'Intérieur, les autres relevant de la sous-commission de la Police –, il fallait en principe entendre, si l'intéressé était en région parisienne et libre de ses mouvements, ou recueillir par écrit dans le cas contraire, les justifications qu'il avait à apporter pour sa défense en réponse aux accusations émanant des comités départementaux de la Libération. Ceux-ci avaient en effet dû fournir un avis sur chacun des membres du corps préfectoral en fonctions sous l'Occupation (non seulement ceux encore en poste, mais aussi tous ceux qui s'étaient succédé depuis le 16 juin 1940) – et ce malgré les doutes de Tixier qui, en marge d'un brouillon de note, estimait « non indispensable » cette consultation systématique, position partagée par son directeur de cabinet, Pierre Tissier, inquiet de voir « livrer aux controverses locales l'épuration des cadres supérieurs de l'administration régionale ou départementale[29] ».

Ces avis, parfois longs à obtenir – ce qui ralentissait le travail de la commission –, constituaient la base des propositions de la sous-commission, souvent réduite à ses seuls membres issus de l'Administration[30], ce

membre du cabinet de Pétain) ; note au ministre, 22 janvier 1945 (faisant référence à un précédent courrier du 24 octobre 1944), AN F1a 3339.

27. Aidé de son cabinet, il n'eut de cesse d'exiger des préfets la constitution de commissions de vérification des internements et la mise en liberté des personnes dont la détention ne s'imposait pas absolument, comme en témoignent les multiples relances contenues dans le courrier du cabinet, par exemple sous les cotes AN F1a 4713 et 4714.

28. Note au ministre, 29 janvier 1945, AN F1a 3339.

29. Note du 4 octobre 1944, AN F1a 3339

30. Une statistique récapitulative soulignait qu'au 1er mai 1945, à l'exception du président Jeanjean et dans une moindre mesure de Lescuyer, les membres résistants de la

qui contribuait à accentuer le caractère endogène du processus. À l'issue d'un subtil balancement entre considérants positifs et négatifs, correspondant à des avis parfois divergents émanant de comités de la libération de départements que le préfet en cause avait successivement administrés, elle choisissait, au sein d'une vaste palette allant de la révocation sans pension au maintien en fonctions, la sanction qui lui semblait la plus juste[31]. Le travail, dans les premiers temps, parut facile : les premiers cas dont se saisit la commission, à partir de la mi-novembre – le mois précédent avait été consacré, à la demande du ministre, à examiner les dossiers les plus sensibles, ceux des directeurs et sous-directeurs de l'administration centrale –, concernaient en effet des préfets dont l'attitude extrême ne laissait guère planer de doute sur le sort qui leur serait réservé[32]. Lorsque furent examinés des cas plus ouverts, il fallut d'autant plus préciser les critères que les attestations de complaisance se multipliaient, justifiant et bien au-delà les craintes émises par la commission dès ses premières réunions[33]. Un document, malheureusement sans date ni origine, retrouvé dans les archives[34] laisse penser qu'une grille fut construite, qui tentait d'envisager toutes les attitudes pouvant avoir été prises par les membres du corps préfectoral entre 1940 et 1944, en affectant chacune d'entre elles d'un nombre, positif ou négatif, de points. À partir de là, une note était calculée, déterminant la sanction proposée.

Qu'il ait été ou non mis en œuvre de manière systématique – resterait d'ailleurs à savoir selon quels critères, et plus précisément quelle sanction découlait de quelle note –, ce barème, reproduit plus loin en annexe I, reste extrêmement instructif quant à l'image que se faisait la commission de l'attitude « convenable » d'un haut fonctionnaire

sous-commission participaient peu aux travaux, attitude opposée à celle des fonctionnaires Cotoni, Vivant et Moyon (note sans date, AN F1bI 932). Sans doute parce qu'il était le plus gradé des fonctionnaires membres de la sous-commission, ce dernier semble y avoir joué le rôle de porte-parole et de relais de l'Administration : c'est ainsi avec lui que correspondait, sur les questions d'organisation des travaux de la sous-commission, le cabinet du ministre (AN F1a 3339).

31. Voir un exemple dans le document publié en annexe II de la présente contribution.

32. Sort administratif s'entend, car certains d'entre eux avaient déjà été passés par les armes : ainsi du milicien Rebouleau, un bref temps préfet délégué à Montpellier, dont la commission, « considérant [...] que l'intéressé a été fusillé », proposait au ministre la révocation sans pension (avis du 22 novembre 1944, AN F1a 3342).

33. Le président de la commission d'épuration indiquait en outre au ministre de l'Intérieur que le BCRA et son successeur institutionnel, la DGER, n'étaient pas les derniers à fournir de tels documents (29 janvier 1945, AN F1a 3339).

34. Centre des archives contemporaines (CAC), 77-346 (001).

préfectoral. Si l'on postule qu'une note nulle constitue la limite basse d'une telle attitude, on voit se dessiner le minimum attendu, *a posteriori*, du préfet idéal typique de Vichy. Celui-ci aurait certes appliqué les lois d'exclusion[35], mais « avec humanité », de même qu'il se serait efforcé de ne mettre en œuvre que de façon très lâche les lois portant atteinte aux institutions républicaines, c'est-à-dire celles écartant les élus de la IIIe République de toute gestion des affaires publiques. De manière réaliste, il ne lui était en rien demandé d'être un héros, ni un rebelle : il aurait glorifié le nouveau régime, son chef et sa Révolution nationale, mais dans la seule limite « imposée par ses fonctions », tandis que ses rapports avec les autorités occupantes auraient été « normaux ». Si ce dernier terme ouvrait la voie à bien des acceptions de la part des CDL, donc à bien des jurisprudences de la part de la commission d'épuration, le reste du barème impliquait au moins que l'intéressé se soit efforcé de « réduire les exigences économiques de l'administration allemande » : la défense de la souveraineté française – base récurrente du système de défense mis en œuvre par les hauts serviteurs de l'État français lorsque des comptes leur furent demandés – se limitait alors au champ économique.

Réalisme de bon aloi : un préfet pouvait accepter comme un fait acquis le régime de Vichy et sa volonté de bâtir une France nouvelle, juger inévitable la présence de l'occupant mais sans que cette acceptation conduise à baisser les bras devant des exigences dépassant les limites posées par la convention d'armistice. Mais il lui fallait aussi reconnaître clairement ses ennemis, qui ne sauraient être ni la Résistance ni le maquis (si le texte ne tenait pas rigueur aux préfets de n'avoir rien fait pour eux, il sanctionnait sévèrement ceux qui auraient « dirigé, organisé ou entrepris des opérations contre le maquis ou fait interner des patriotes ») mais bien les « groupements antinationaux » : partis collaborationnistes, ici métonymiquement représentés par le PPF, la LVF et la Milice ; ainsi que, bien entendu, Sauckel le négrier du STO et ceux qui s'étaient faits ses complices : on attendait des préfets, l'époque le permettant, qu'ils aient fermé les yeux sur les moyens mis en œuvre pour faire échapper des jeunes Français au STO. Il n'est guère étonnant que ces griefs soient précisément ceux dont s'étaient rendus coupables – on risque ici une incursion dans l'épuration judiciaire, ou parajudiciaire – les préfets condamnés à mort qui furent effectivement passés par les armes[36] : Dutruch, préfet de la Lozère, fut condamné à mort le

35. Celles frappant les juifs comme celles frappant les francs-maçons. Rien en revanche n'est dit du fait d'avoir permis la participation de l'administration et de la police françaises aux rafles de juifs de l'été de 1942, et à celles qui suivirent.

36. Il s'agit ici seulement des préfets *stricto sensu*, non des intendants de police, qui avaient rang de préfets. Plusieurs d'entre eux – dont certains, mais pas tous, appartenaient

25 septembre 1944, pour avoir transmis aux Allemands des informations sur un regroupement de maquisards et avoir ainsi été, estima le tribunal militaire de Mende qui le jugea, à l'origine de la mort de soixante et un résistants. Il fut exécuté trois jours plus tard. Le général Marion, préfet de Haute-Savoie au moment des Glières, connut le même sort, mais sans jugement : il fut fusillé le 16 novembre suivant par des résistants qui avaient pris d'assaut la prison où il avait été incarcéré. Reboul-leau, nommé préfet délégué à Montpellier en juillet 1944, était un milicien ancien directeur du cabinet de Fernand de Brinon. Angelo Chiappe, frère de l'ancien préfet de police, fut condamné à mort par la cour de justice de Nîmes le 22 décembre 1944 et exécuté un mois plus tard, à la fois en raison de ses sympathies pour les mouvements collaborationnistes, pour avoir été recommandé par les Allemands qui exigèrent son accession aux fonctions de préfet régional et pour la sévère répression des résistants par laquelle il s'illustra[37].

On notera que la moitié de ces hommes appartenait à la minorité formée par les préfets de Vichy non issus du corps préfectoral d'avant-guerre, comme si la justice, ou ce qui en tint lieu, avait été d'instinct plus sévère pour des hommes s'étant hissés à des fonctions qui ne leur étaient pas naturellement dévolues que pour des administrateurs de métier. Attitude que l'on retrouve, s'agissant de l'épuration administrative, dans le barème évoqué ci-dessus. Lorsqu'il y était traité des conditions de nomination, les agents issus de l'administration préfectorale d'avant-guerre se trouvaient d'emblée privilégiés par le fait qu'une intervention d'un haut dignitaire vichyssois était moins nécessaire à leur accession aux fonctions de préfet qu'elle ne l'était pour des personnes extérieures à la carrière, *a fortiori* pour celles n'appartenant pas à la fonction publique (on retrouvait là le quatrième critère posé par l'ordonnance du 27 juin 1944, frappant ceux susceptibles d'avoir

à la Milice – furent fusillés à la Libération en raison de leur implication directe dans la mise en œuvre de la politique du maintien de l'ordre tel que le concevait Darnand. On y ajoutera également le cas de Frantz, nommé préfet de l'Isère le 1er juillet 1944 et abattu un mois plus tard par des résistants : il avait été chargé du suivi du STO au secrétariat général du chef du gouvernement.

37. Le jugement porté sur son action par la commission d'épuration est particulièrement sévère, qui estime (le 9 janvier 1945, c'est-à-dire entre la condamnation à mort et l'exécution) que « M. Chiappe est un traître, [qui] ne mérite plus de faire partie de la collectivité française – et encore moins d'y exercer des fonctions administratives » (AN F1bI 1055).

« sciemment tiré ou tenté de tirer un bénéfice matériel direct de l'application de règlements de l'autorité de fait contraire aux lois en vigueur le 16 juin 1940 »).

Remarquable enfin, dans ce classement implicite des quelque deux cent quarante préfets de Vichy – du très bon à maintenir en poste au très mauvais à révoquer sans pension, prélude à son châtiment pénal –, était la prise en compte de la chronologie. La commission était en effet consciente de la nécessité de dater les comportements pour les qualifier : novembre 1942, septembre 1943, mars 1944 marquaient ainsi les étapes d'une délégitimation de Vichy culminant après le Débarquement, lorsqu'un pouvoir aux abois en arriva à confier à Joseph Darnand le secrétariat d'État à l'Intérieur et à quelques-uns de ses miliciens la responsabilité de préfectures. Mais étapes aussi du ralliement, progressif et opportun, des préfets à la Résistance, la commission se chargeant en outre de faire clairement le départ entre l'engagement dans un mouvement de résistance et le fait d'avoir rendu des services à la Résistance et même, distinction elle aussi nécessaire, entre les services rendus à *la* Résistance et ceux bénéficiant à *des* résistants.

Dans les mailles d'un tel filet, une affiliation tardive à un réseau pouvait ainsi apparaître comme ce qu'elle fut effectivement plus d'une fois, un alibi [38] – dont profitèrent ceux que le jargon administratif de la Libération désignait comme les « RMS (résistants du mois de septembre) ». Pour autant, l'inévitable effet de contraction du temps, en minimisant l'impact des comportements les plus anciens au bénéfice des plus récents, aboutissait à cette étrange arithmétique qui permettait, par exemple, d'annuler le fait d'avoir « pourchassé israélites et francs-maçons » (−2 points) par le fait d'avoir, entre l'automne de 1943 et mai 1944, « pris des contacts avec les organismes officiels de résistance » (+2 points), et l'on sait que de tels contacts furent quasi généraux. Mais comme en contrepoint, même le fait d'avoir été arrêté par les Allemands (+3 points si l'arrestation était motivée par les « sentiments patriotes » de l'intéressé, mais 1 point seulement s'il avait été arrêté comme otage) n'était pas en soi suffisant pour valoir *de facto* absolution de tous les comportements antérieurs : plus d'un préfet de retour des

38. S'agissant d'un sous-préfet présenté comme « adepte du STO », Tixier aggrava ainsi la sanction proposée par la commission, en notant la date tardive de son rapprochement vers le NAP (noyautage des administrations publiques), 11 avril 1945, AN F1a 4715. Sur la question des alibis, voir le témoignage rapporté par Claude Bourdet, cofondateur du NAP, dans *L'Aventure incertaine*, Paris, Stock, 1975, p. 105.

camps fut placé en disponibilité ou en retraite anticipée. On ne peut, en conclusion de l'analyse de ce document, qu'être frappé par la concordance entre le tableau qu'il dresse et le comportement moyen des préfets de l'Occupation tel qu'une première observation – qui mérite certes d'être affinée au cas par cas – permet de le dessiner. La commission avait ainsi assez bien perçu les ambivalences du métier, et les limites autorisées à une forme de prise de distance avec le régime. Elle en tirait pourtant, comme on l'a vu, des conséquences parfois fluctuantes – au moins pour les préfets originaires de l'administration préfectorale avant la guerre. Pour les autres, elle proposait systématiquement le retour dans l'administration d'origine, en demandant au ministre d'annuler la nomination comme préfet de tel conseiller d'État ou de tel capitaine de vaisseau. Elle suivait en cela les recommandations d'une autre commission : celle qui, sous la présidence du préfet Génébrier, proche collaborateur d'Édouard Daladier avant la guerre, était chargée d'examiner la conformité aux règles en vigueur le 17 juin 1940 des nominations, avancements et cessations de fonctions de tous les membres du corps préfectoral[39]. Travail certes exigé par l'ordonnance, déjà citée, du 3 juin 1944 portant statut provisoire du corps préfectoral[40] mais qui ne pouvait aboutir, dans la majorité des cas, qu'à des propositions mécaniques puisqu'il faisait par définition abstraction des spécificités de la période de guerre et d'occupation. On était loin, ce faisant, de la conception qu'avait Tixier des intérêts supérieurs dont, ministre, il était garant. En tant que chef d'une administration, et d'une administration essentielle, il devait se préoccuper des moyens de la faire fonctionner dans les circonstances difficiles que connaissait le pays : affirmant son accord d'ensemble avec la position adoptée par la commission Génébrier, il le tempérait aussitôt par son refus d'accorder « des reclassements automatiques sur les seuls critères d'ancienneté. On ne peut faire abstraction, ajoutait-il, des qualités individuelles et de la valeur professionnelle[41] ».

Parallèlement, comme membre d'un gouvernement, le ministre de l'Intérieur devait aussi apprécier de manière politique l'évolution de l'appareil d'État. En tout état de cause, comme il l'écrivait à Morin, « les

39. On trouve l'ensemble des procès-verbaux de cette commission dans les papiers de Roger Génébrier, conservés par la Fondation nationale des sciences politiques sous la cote GE 36.

40. La décision de revoir les nominations et avancements intervenus depuis le 16 juin 1940 fut étendue, par une ordonnance du 14 novembre 1944, à l'ensemble des services publics.

41. Note à Morin, 6 janvier 1945, AN F1a 4713.

avis de la commission d'épuration ne sauraient constituer toute la politique du gouvernement[42] ». Étudiant personnellement chaque dossier, il n'hésitait pas à rudoyer à l'occasion sa direction du personnel pour son manque de cohérence – ainsi lorsqu'elle proposait en avril 1945 la réintégration d'un sous-préfet, ancien chef adjoint du cabinet du dernier secrétaire d'État à l'Intérieur de Vichy, Lemoine, alors qu'elle avait exigé en novembre précédent qu'une sanction sévère fût prise à son encontre, ou lorsqu'elle demandait la rétrogradation de classe d'un préfet déjà révoqué sans pension. De même refusait-il ce qui lui apparaissait comme des injustices, renvoyant par exemple à Morin une demande de révocation d'un rédacteur de l'administration centrale faute d'avoir trouvé dans les pièces du dossier (avis de la commission, considérants du projet de décret de révocation, notes établies par la direction du personnel) des faits précis suffisamment graves pour justifier une sanction aussi lourde – et ce d'autant plus que ni lui, Morin, « ni la commission n'avaient été aussi sévères pour d'autres cas[43] ». C'était le rôle de la direction du personnel, martelait-il, de vérifier les faits avant de lui proposer une sanction[44]. Très logiquement, Tixier ne se contenta pas, loin de là, d'avaliser les propositions qui lui étaient faites. Sa religion était en effet bien arrêtée sur les compromis inévitables auxquels avaient dû se plier les hauts serviteurs de l'État français, et corrélativement sur la limite à partir de laquelle ces compromis devenaient compromissions. Il l'exposait clairement, dès novembre 1944, en retournant à Morin, accompagné comme à son habitude de commentaires circonstanciés, un projet de note qu'il jugeait insuffisant :

42. Note au directeur du personnel, 15 mars 1945, AN F1a 4715.

43. 19 février 1945, AN F1a 3343. Lorsque lui furent soumis quelques dossiers d'épuration du personnel des préfectures (dont l'instruction, déconcentrée, suivait une autre procédure qui ne faisait pas intervenir la commission d'épuration présidée par Aimé Jeanjean), Tixier eut de nouveau l'occasion de faire connaître son souci de justice. À son habitude, il le fit sans douceur particulière. Évoquant le « niveau lamentable » des dossiers qui lui étaient soumis, il ajoutait : « J'ai refusé de signer. Impossible d'infliger à un fonctionnaire une sanction parce qu'il a été un "admirateur" du régime de Vichy. Impossible de frapper un fonctionnaire sur la base de racontars. [...] Tout tourne à des clichés uniformes » (note à M. Morin, 18 mars 1945, AN F1a 3339).

44. On citera ici, bien que cela concerne un fonctionnaire de police, la note qu'il adressa au directeur de la Sûreté générale, André Pélabon, pour refuser la révocation sans pension proposée à l'encontre d'un commandant de gardiens de la paix accusé d'avoir procédé, en 1941, à l'arrestation d'un manifestant qui s'était livré sur lui à des voies de fait : « Je tiens à vous rappeler que votre direction du personnel, si elle doit tenir compte des avis émis par la commission d'épuration, n'est pas pour autant dispensée d'examiner si les griefs reprochés à un fonctionnaire de police lui paraissent en l'état du dossier suffisamment établis et s'ils justifient la mesure disciplinaire que l'on me propose » (27 avril 1945, AN F1a 3343).

> Croyez-vous qu'il soit possible d'écarter des administrations publiques tous les fonctionnaires qui ont « collaboré »? Il faut choisir une autre formule. Nous écarterons les fonctionnaires qui ont contribué à la destruction des libertés républicaines, poursuivi avec acharnement les Résistants, favorisé la déportation des Français en Allemagne, etc.[45].

Il convenait pour cela, soulignait le ministre, de prendre en compte deux critères : la marge de manœuvre dont disposait effectivement le fonctionnaire auquel étaient reprochés les faits susceptibles de lui valoir épuration, et la date à laquelle ceux-ci avaient été commis[46]. Il ne s'agissait nullement d'une novation de circonstance : durant l'Occupation, ces critères avaient au contraire été largement diffusés sur la BBC par la France libre, avant de recevoir force légale par une ordonnance du 6 décembre 1943, relative aux modalités de fonctionnement de la commission d'épuration instituée auprès du CFLN[47]. Y était posée en principe la nécessité de « distinguer entre les hommes qui se sont bornés à exécuter des ordres sans avoir l'autorité nécessaire pour les discuter, et ceux qui, allant au-delà de leurs strictes obligations professionnelles, se sont sciemment associés à une politique anti-nationale ou ont manifestement dépassé dans la répression l'exercice normal de leurs fonctions ». Cette distinction essentielle devait conduire le gouvernement de la France libérée à faire usage de toute une gamme de sanctions, administratives et pénales, pour concilier les objectifs de la justice, de l'administration et de la politique – respectivement représentés par les exigences de l'épuration, les nécessités du service et les attentes de l'opinion.

Il arrivait en effet fréquemment que ces éléments s'opposent deux à deux, comme le constata par exemple le ministre en éprouvant les plus grandes difficultés à faire avaliser par le Conseil des ministres la nomination comme préfet de Seine-et-Marne d'un ancien préfet régional de Vichy, pourtant totalement blanchi par la commission d'épuration, Émile Pelletier[48]. Aussi les affectations d'anciens préfets de Vichy qu'il avait été décidé de ne pas éloigner, définitivement (par révocation ou

45. 16 novembre 1944, AN F1a 3339.

46. Il aggrava ainsi la sanction proposé par la commission à l'égard de l'un des préfets nommés en janvier 1944 en estimant qu'il « a[vait] pris le vent en 1944, mais [que] cela ne doit pas faire oublier son action antérieure qui, elle, a duré trois ans » (18 avril 1945, AN F1a 3343).

47. *Journal officiel de la République française*, 9 décembre 1943.

48. Note à Morin, 10 mars 1945, AN F1a 4715. Devenu préfet de la Seine en 1955, et à ce titre plus haut gradé du corps préfectoral, Émile Pelletier fut choisi en juin 1958 par le général de Gaulle comme ministre de l'Intérieur.

mise à la retraite) ou provisoirement (par mise en disponibilité avec ou sans traitement), du service de l'État eurent-elles le plus souvent lieu dans des postes non territoriaux. Mais ceux-ci étaient peu nombreux au ministère de l'Intérieur : quelques postes de gestion à l'administration centrale, d'autant moins abondants que le ministre, constatant, en octobre 1945, le déséquilibre entre la qualité des cadres préfectoraux et ceux en fonctions place Beauvau, donna instruction au directeur du personnel de « ne pas laisser à la Centrale les seuls fonctionnaires épurés pour lesquels un poste territorial n'est pas envisageable[49] ». Il fallut donc recourir aux débouchés traditionnels dépendant de la bienveillance d'autres ministères (trésoreries générales, directions d'hôpitaux et d'asiles) et proposer d'anciens préfets, compétents mais inutilisables à la tête d'un département, aux administrations nouvelles en quête de personnel : ministère des Prisonniers et Déportés, administrations du ravitaillement et surtout services chargés de l'occupation des portions d'Allemagne et d'Autriche sous autorité française – à tel point d'ailleurs que Tixier s'inquiéta de la reconstitution d'une administration préfectorale vichyste outre-Rhin[50]. Ceux que ces débouchés ne pouvaient absorber restaient en expectative, nouvelle position apparue dans le statut provisoire de l'administration préfectorale promulgué à Alger le 3 juin 1944, et qui permettait aux préfets non pourvus d'un poste de continuer à percevoir leur traitement pendant un an[51].

Mais le ministre de l'Intérieur aurait estimé ne pas avoir rempli sa mission s'il s'était contenté de veiller aux seuls intérêts de son département. Ne pas avoir appartenu, avant la guerre, aux sphères politiques ou administratives – il était alors syndicaliste, représentant la France au Bureau international du travail – ne l'empêcha, bien au contraire, de se hisser au niveau d'un véritable homme d'État, supportant mal rigidités bureaucratiques et réactions corporatistes, plus encore lorsque les intérêts supérieurs de l'État étaient en jeu. Or la commission d'épuration du ministère de l'Intérieur avait pris son rôle au pied de la lettre : c'était ce seul ministère qu'elle devait épurer, non l'État. La distinction avait une signification réelle pour les préfets que Vichy était allé chercher hors de

49. 6 octobre 1945, AN F1a 4719.

50. L'ancien préfet régional de Bordeaux Maurice Sabatier fut ainsi placé en juillet 1945 à la disposition du secrétaire général aux Affaires allemandes et autrichiennes et nommé huit mois plus tard directeur général des affaires administratives du gouvernement militaire de la zone française d'occupation.

51. Article 11 de l'ordonnance portant organisation provisoire du statut de l'administration préfectorale, *Journal officiel de la République française*, 15 juin 1944.

la carrière préfectorale, notamment dans les grands corps de l'État, tel le Conseil d'État – et l'on sait que leur nombre ne fut pas négligeable[52]. Tixier ne pouvait ainsi s'empêcher d'être choqué par le fait que Pichat, directeur du personnel en fonction au ministère de l'Intérieur de septembre 1942 à août 1944, fût « très défendu par ses amis du Conseil, même les plus résistants[53] » – au point d'ailleurs que le bruit circula au ministère, quelques mois plus tard, que la Haute Assemblée envisageait d'annuler l'arrêté par lequel l'ancien directeur avait été révoqué sans pension[54].

S'agissant des sanctions dont il avait la maîtrise, le ministre de l'Intérieur entendait que fussent effectivement exclus de la fonction publique les agents qu'il jugeait indignes de continuer à servir l'État. La disponibilité avec ou sans traitement, à laquelle il pourrait être mis fin par un simple arrêté de l'un de ses successeurs, lui semblait une demi-mesure à l'égard de fonctionnaires d'autorité qui avaient failli. De même, envers ces derniers, ordonna-t-il à plusieurs reprises à ses services de saisir la justice : examinant en novembre 1944 les premiers avis émis par la commission d'épuration, il s'étonna de n'avoir encore signé aucune transmission de dossiers au garde des Sceaux aux fins de poursuites pénales[55]. Il s'inquiéta ensuite de ce qu'un homme clef de l'État français, Jean-Pierre Ingrand, délégué du ministre de l'Intérieur dans les territoires occupés, ne fît l'objet d'aucune instruction judiciaire[56]. Il tança aussi, à plusieurs reprises, les préfets de police et de la Seine face à la lenteur que mettaient leurs services à transmettre aux magistrats instructeurs des éléments à charge contre Amédée Bussière, préfet de police jusqu'à la Libération, et contre les anciens préfets de la Seine Charles Magny et René Bouffet[57].

52. *Servir l'État français*, *op. cit.*, p. 226-227.

53. Note de Laffon, 16 septembre 1944, AN F1a 3344. Dans ce document, par lequel le secrétaire général provisoire rendait compte à Tixier des décisions qu'il avait prises au nom du gouvernement provisoire entre la Libération et l'arrivée des ministres à Paris, Laffon indiquait même avoir voulu faire interner Pichat.

54. Note au directeur du personnel, 29 avril 1945, AN F1a 3343. En janvier précédent, Tixier avait transmis l'avis très sévère, en date du 13 novembre 1944, de la commission d'épuration sur Pichat – ainsi que celui concernant Ingrand – à son successeur au ministère du Travail, Alexandre Parodi, en tant que membre du Conseil d'État. Il lui signalait avoir également saisi le garde des Sceaux de ces deux cas, aux fins d'éventuelles poursuites judiciaires.

55. Note à Morin et Pélabon, 30 novembre 1944, AN F1a 3339.

56. Son directeur de cabinet, Serreulles, s'enquit au début de mars 1945 de l'ouverture d'une instruction judiciaire contre Ingrand, et demanda quelques jours plus tard aux services du ministère de fournir des éléments susceptibles de nourrir une telle procédure (notes des 2 et 20 mars 1945, AN F1a 4715). Arrêté le 22 mars 1945, Ingrand fit l'objet de deux instructions, qui n'aboutirent pas.

57. Notes des 19 et 25 janvier 1945, AN F1a 4713.

Si, institutionnellement, épuration administrative et épuration judiciaire suivaient des voies distinctes, ces deux processus se trouvaient liés dans les faits : non seulement parce que l'ordonnance du 27 juin 1944 ouvrait à chaque ministre la faculté de transmettre à la justice, aux fins de poursuites pénales, le dossier de tout fonctionnaire placé sous son autorité, mais aussi en termes de pratique administrative. Désireux, comme on l'a vu, de terminer rapidement l'épuration de la fonction publique, le gouvernement était revenu sur la tradition qui voulait que l'autorité administrative s'abstînt de prendre des sanctions d'ordre disciplinaire lorsqu'une action pénale était engagée pour les mêmes faits[58]. Mais, dans les cas qu'elle jugeait les plus graves, et lorsqu'une instance judiciaire était ouverte, la commission d'épuration était amenée à proposer des sanctions conditionnelles, faisant par exemple dépendre du jugement d'une cour de justice l'attribution ou non d'une pension à un préfet qu'elle proposait de révoquer.

Les années d'après-guerre virent en effet de nombreux préfets passer en jugement. On a déjà évoqué le cas des préfets exécutés après des procès au cours desquels avaient été plus ou moins respectés les droits de la défense – de plus en plus à mesure que le temps passait, et en tout cas sensiblement plus qu'ils ne l'avaient été devant les commissions d'épuration administrative – auxquels il convient d'ajouter le sort, qui passionna l'opinion, de l'ancien préfet régional de Lyon Alexandre Angéli, condamné à mort par la cour de justice de cette ville en décembre 1944, puis, le jugement ayant été cassé, à quatre ans de prison, en mai 1946, par celle de Paris. De nombreuses décisions judiciaires furent plus clémentes, qui virent des dossiers classés à diverses étapes de la chaîne : refus d'ouvrir une instruction de la part du ministère public, non-lieux clôturant l'instruction, acquittements ou – comme dans les cas bien connus de René Bousquet et de son adjoint André Parmentier – mesures de prison ou d'indignité nationale dont le condamné fut relevé pour services rendus à la Résistance. On n'en vit pas moins d'anciens préfets de Vichy passer quelque temps aux travaux forcés : l'un des derniers à être libérés, après six ans passés à Fontevraud, finit sa carrière comme représentant de commerce dans le secteur de l'imprimerie. À la même époque, Bousquet était secrétaire général de la Banque de l'Indochine[59] et plus d'un ancien préfet de Vichy se trouvait reconverti dans les affaires, sans grand espoir de retour dans le service public. Restait,

58. Afin que la décision de justice, rendue au nom du peuple, ne fût pas influencée par les choix antérieurs de l'autorité administrative.

59. Voir Pascale Froment, *René Bousquet*, Paris, Stock, 1994, rééd. Paris, Fayard, 2001.

pour ceux désireux de le réintégrer, fût-ce pour l'honneur, à attendre le résultat des recours pour excès de pouvoir qu'ils avaient introduits devant les juridictions administratives contre les mesures qui les frappaient. Ces recours furent nombreux, car l'épuration administrative avait été massive.

Les premiers résultats en avaient été annoncés à la fin de novembre 1944, pour l'administration centrale, cœur du dispositif. L'examen de la situation des préfets avait suivi de peu : au 17 janvier 1945, la commission avait examiné 83 dossiers sur les 219 ouverts, soit 40 % du total, proportion égale à celle concernant les intendants de police, mais deux fois supérieure à celle relative aux sous-préfets, secrétaires généraux et chefs de cabinet[60]. Une statistique légèrement postérieure, portant sur 427 dossiers (tous grades confondus), indiquait que dans 9,8 % des cas la commission avait dû se prononcer sur les seules pièces du dossier, faute d'avis transmis par les CDL[61]. À ce rythme – pourtant sensiblement plus rapide que celui constaté dans les autres départements ministériels[62] –, les opérations se prolongèrent au-delà de la date du 15 mars 1945 fixée par le gouvernement pour l'épuration des services extérieurs. Mais pour quelques cas seulement : mi-avril 1945, à la différence de ce qui concernait la sous-commission de la Police, écrasée de travail, la sous-commission de l'Administration avait pratiquement cessé de fonctionner. Elle ne reprit du service qu'après la fin du conflit, lorsque le retour des déportés conduisit à rouvrir quelques dossiers ou à mesure qu'instructions puis décisions judiciaires apportaient des faits nouveaux[63].

En tout état de cause, à la fin de 1945, la quasi-totalité des dossiers avait été examinée par le ministre[64]. Mais ce dernier n'excluait pas pour autant la nécessité d'avoir à réviser les décisions prises si de nouveaux éléments d'information déterminants venaient à être portés à la connaissance de l'administration. Il faudrait pour cela, écrivait-il à Morin et Pélabon, prévoir une procédure plus légère, fondée sur une commission

---

60. Note de Tixier au général de Gaulle, 4 février 1945, AN F1a 3339.

61. Note de Jeanjean à Tixier, 29 janvier 1945, AN F1a 3339.

62. « L'épuration sera terminée le 15 mars à l'Intérieur, mais il n'en sera sans doute pas de même dans la plupart des autres ministères », titrait le journal *Résistance* le 4 février 1945.

63. Note de Jeanjean à André Le Troquer, successeur de Tixier au ministère de l'Intérieur, 16 février 1946, AN F1a 3339.

64. Le 8 décembre 1945, Tixier indiquait à Morin qu'il fallait considérer le travail comme achevé (AN F1a 3344).

restreinte – d'autant que la plupart des membres de celle créée à l'automne de 1944 brillaient par leur absentéisme. Au dispositif binaire (résistants, administration) construit à la Libération, Tixier envisageait de substituer un fonctionnement tripartite, associant les organisations syndicales de personnel[65]. Mais il mourut en février 1946, et la commission ne fut pas refondue. À l'été de 1946, il fallait considérer l'épuration administrative du corps préfectoral comme achevée : le ministre socialiste de l'Intérieur Édouard Depreux l'écrivit clairement à l'Association nationale des présidents de conseils généraux qui, lors de son premier congrès, tenu en avril précédent, avait demandé que les « commissions civiques et d'épuration » créées au sein de quelques conseils généraux pussent accéder aux archives constituées par les CDL sur des fonctionnaires préfectoraux qualifiés de « vichyssois » :

> Je comprends parfaitement les sentiments qui animent vos collègues et, comme vous, j'ai le vif désir de ne voir en fonctions que des administrateurs dont les sentiments républicains et l'attitude sous l'occupation ne puissent en rien être contestés. Mais, ainsi que vous le savez, les dossiers de tous les fonctionnaires de l'administration préfectorale qui ont été en poste sous l'occupation ont fait l'objet d'un examen attentif de la part de la Commission d'Épuration qui a siégé au ministère de l'Intérieur. Les propositions établies par cette Commission ont été adoptées par mes prédécesseurs et de très nombreuses sanctions ont été prises à l'égard d'administrateurs qui avaient failli à leurs devoirs. Dans ces conditions, il ne semble pas qu'il y ait lieu d'examiner à nouveau la situation des membres de l'administration préfectorale[66].

C'est que, deux ans à peine après la Libération, le contexte avait changé : le ministre devait composer avec un corps préfectoral ébranlé par une épuration massive et par son corollaire, l'entrée dans les cadres d'éléments extérieurs à la carrière grâce à la procédure de « délégation » permise par le statut provisoire de l'administration préfectorale édicté en juin 1944. Si, contrôlée par deux résistants indiscutables, Émile Bollaert comme président et Roger Génébrier comme secrétaire général, l'association du corps préfectoral se joignait, au moins verbalement[67], à

65. Note de Tixier au directeur du personnel et au directeur de la Sûreté générale, 8 décembre 1945, AN F1a 3339.

66. Réponse de Depreux à la lettre que lui avait adressée, le 23 juillet 1946, Malecot, président de l'Association nationale des présidents de conseils généraux de France, 3 août 1946, AN F1a 3344.

67. Pierre-Henry rappelle, pour les condamner, les efforts de Génébrier visant à exclure de l'association les anciens préfets de Vichy ayant fait l'objet de sanctions administratives (*Histoire des préfets*, *op. cit.*, p. 357-358).

l'œuvre d'épuration, le gouvernement avait à tenir compte des plaies ouvertes dans le corps par l'ampleur et la nature des bouleversements intervenus depuis la Libération. Le bilan n'était en effet pas mince[68]. Que la charge de préfet fût parmi les plus sujettes à épuration se lit dans un seul chiffre : parmi les 99 préfets de Vichy occupant un poste territorial à la Libération, six seulement avaient été maintenus en affectation ou en expectative, soit 6,1 % des effectifs. Ce chiffre est à comparer d'une part à celui relatif aux hauts fonctionnaires de rang équivalent en poste à l'administration centrale (directeurs et directeurs adjoints), qui ne furent frappés qu'à hauteur de 56,5 %[69]. Il peut l'être également avec les sanctions frappant sous-préfets et secrétaires généraux de préfecture, dont 53,2 % ne retrouvèrent pas de poste.

Et si, sur les 275 préfets qui avaient servi entre le 16 juin 1940 et le 25 août 1944, 166 (soit 60,4 %) avaient été éliminés de la carrière, 43 des 109 autres (soit 39,4 %) faisaient l'objet d'une sanction provisoire, qui se répartissait de manière presque égale entre la disponibilité sans traitement, la disponibilité à mi-traitement et la rétrogradation comme sous-préfet, assortie d'une mise en disponibilité. En revanche, s'agissant des préfets déportés ou placés en position de disponibilité exceptionnelle pour échapper aux recherches des autorités d'occupation, on constatait naturellement un fort pourcentage de mise en expectative dans l'attente d'une décision définitive (18 sur 24)[70] – même si, comme on l'a vu plus haut, avoir été déporté ne valait pas d'emblée maintien dans les cadres préfectoraux. Le sort des anciens préfets mis à la retraite ou relevés de leurs fonctions par Vichy fut plus hétérogène : parmi les 100 encore vivants, seuls 23 eurent vocation à être réintégrés tandis que 48, soit près de la moitié, furent maintenus à la retraite, 26 rayés des cadres et 3 révoqués sans pension. Comme il l'avait annoncé[71], le ministre de l'Intérieur avait pris en compte la chronologie : avoir été

68. Tous les chiffres cités dans les paragraphes qui suivent proviennent d'un tableau, sans date ni origine (mais datant vraisemblablement de la fin de 1945, époque où, comme on l'a vu, l'épuration administrative est considérée comme achevée au ministère de l'Intérieur), CAC 78-222 (002).

69. Note au ministre [s.d.], AN F1a 3344.

70. Les décisions concernant les six autres préfets déportés ou en disponibilité exceptionnelle se répartissaient en une révocation sans pension, deux retraites d'office, un maintien à la retraite, deux disponibilités à demi-traitement.

71. « Quand on reproduit l'avis des CDL, il faut indiquer la période sur laquelle porte cet avis, car la question des dates a une importance primordiale » (note à Morin, 12 avril 1945, AN F1a 4715).

relevé de ses fonctions à l'automne de 1940 – comme Jean Moulin – n'avait évidemment pas la même signification que se voir appliquer la même mesure au début de 1944.

Le temps se chargea d'arrondir les arêtes trop vives d'une épuration qu'il avait fallu mener à marches forcées, dans des conditions dont Tixier avait clairement prévu, dès le début des opérations, qu'elles offriraient large prise aux recours contentieux. Pour les prévenir, le cas de chaque agent devait faire l'objet d'une fiche comportant l'avis de la commission d'épuration, « rédigé avec le maximum de précision car c'est une pièce de la procédure qui devra éventuellement être produite devant le Conseil d'État[72] ». Comme cela est exposé plus loin dans le présent ouvrage, tout un ensemble de processus permirent de réexaminer, dans un climat et avec un calendrier plus conformes aux traditions administratives que ceux ayant prévalu à la Libération, les mesures d'épuration ayant frappé les membres du corps préfectoral. Plusieurs hauts fonctionnaires ayant occupé des postes préfectoraux entre 1940 et 1944 furent ainsi réintégrés, au cours des années 1950, dans les cadres de l'administration dont ils avaient été exclus. C'est ainsi à une véritable redéfinition du comportement idéal des préfets de l'État français que se livra le Conseil d'État de la IVe République[73]. À ceux qui, aujourd'hui, seraient tentés de procéder de nouveau à cet exercice, ne faut-il pas rappeler – sans même souligner les difficultés que rencontra, plus d'un demi-siècle après les faits, la justice lorsqu'elle eut à conduire ce travail jusqu'à son terme, pour le seul cas de Maurice Papon – la très grande difficulté à laquelle devaient déjà faire face les acteurs de la période ? « Si les considérants de la commission d'épuration sont exacts, l'intéressé mérite la révocation. Si vos informations sont exactes, l'intéressé doit être réintégré », écrivait en février 1945 – six mois seulement après la Libération – Tixier à propos d'un ancien préfet régional, ajoutant : « La conclusion, c'est qu'un complément d'information s'impose[74]. » Ce

72. Note à Lucien Rachet, membre du cabinet, 21 octobre 1944, AN F1a 3339. Cinq mois plus tard, le ministre exigeait « un effort pour que la substance [des considérants des arrêtés] soit en rapport avec la gravité de la sanction proposée », faute de quoi la juridiction administrative pourrait annuler des décisions pour erreur manifeste d'appréciation (note à Morin, 18 mars 1945, *ibid*).

73. Voir *infra* Alain Bancaud et Marc Olivier Baruch, « Vers la désépuration ? L'épuration devant la juridiction administrative, 1945-1970 ».

74. Note à Morin, 17 février 1945, AN F1a 3343.

complément d'information, l'historien peut tenter de le rechercher aujourd'hui, avec les outils dont il dispose, pour chacun des 275 préfets et des 386 sous-préfets et secrétaires généraux que consomma Vichy. Doit-il le faire ?

Annexe I

Un barème de la commission d'épuration*

1°) Atteintes aux institutions républicaines (municipalités, conseils généraux)	
n'a jamais appliqué les consignes de Vichy	+1
a exécuté les consignes de Vichy, s'est efforcé de ne pas les appliquer	+1/2
a appliqué dans un sens très large les consignes de Vichy	0
a appliqué rigoureusement les consignes de Vichy	−1
a appliqué avec un zèle excessif les consignes de Vichy	−2

2°) Israélites, francs-maçons	
a ouvertement et en toutes circonstances favorisé ou protégé israélites et francs-maçons	+1
a favorisé israélites et francs-maçons	+1/2
a appliqué avec humanité les instructions de Vichy touchant israélites et francs-maçons	0
a appliqué avec zèle les instructions de Vichy touchant israélites et francs-maçons	−1
a pourchassé israélites et francs-maçons	−2

* Source : archives du ministère de l'Intérieur, CAC 77-346 (001). Les notes barrées signalent des modifications portées sur le document original.

3°) Exigences économiques	
a lutté courageusement et avec efficacité contre les exigences de l'administration allemande	+1
a lutté pour réduire les exigences de l'administration allemande	+1/2
s'est efforcé de réduire les exigences de l'administration allemande	0
a donné satisfaction	−1
s'est montré agent d'exécution diligent	−2

4°) STO	
a systématiquement saboté par ses instructions d'ordre général le STO	+1
a saboté le STO	+1/2
n'a pas appliqué à la lettre les ordres de Vichy – a laissé des jeunes gens se soustraire au STO	0
a appliqué strictement les ordres de Vichy	−1
a pourchassé les jeunes gens du STO	−2

5°) Propagande gouvernementale	
n'a fait que la propagande imposée par ses fonctions	0
a été un propagandiste actif avant le 11 novembre 1942	−1
a été un propagandiste actif après le 11 novembre 1942	−2

6°) Maquis, patriotes	
a ouvertement favorisé ou protégé le maquis ou les patriotes	+1
a eu une attitude favorable au maquis ou aux patriotes	+1/2
n'a rien fait pour le maquis	0
a laissé entreprendre les opérations contre le maquis	−1
a dirigé, organisé ou entrepris des opérations contre le maquis ou fait interner des patriotes	−3 ~~−2~~

7°) Groupements antinationaux (PPF, Milice, LVF)	
a été sanctionné à la demande des groupements antinationaux	+ 1/2
	+ 1
en lutte ouverte	+ 1/2
attitude hostile	0
attitude neutre ou passive	− 1
a été recommandé par les groupements antinationaux	− 2
a favorisé les groupements antinationaux	− 3
a adhéré à un groupement antinational	− 5

8°) Rapports avec les Allemands	
arrêté par les Allemands pour ses sentiments patriotes	+ 3
arrêté par les Allemands comme otage	+ 1
sanctionné à la demande des Allemands	+ 1
objet de notes officielles défavorables des Allemands	+ 1
rapports tendus avec les Allemands (reconnus)	+ 1/2
rapports normaux	0
collaborateur avéré de juin 1940 à novembre 1942	− 1
collaborateur avéré postérieurement à novembre 1942	− 3
sentiments proallemands. Recommandations	− 5

Nomination	
antérieure à Vichy	+1
par Vichy	
antérieurement au 11 novembre 1942	0
postérieurement au 11 novembre 1942	−1
depuis septembre 1943	−1 1/2
depuis le Débarquement	−2
dans des conditions	
régulières	+1
normales	0
exceptionnelles	−1
illégales	−2

Avancement	
nul	+1
normal	0
rapide	−1/2
exceptionnel	−1

Postes importants	
intuitu personæ auprès du chef de l'État ou du chef du gouvernement	
avant le 11 novembre 1942	−3
après le 11 novembre 1942	−5
après le Débarquement	−7
fonctions de direction au ministère	
avant le 11 novembre 1942	−1
après le 11 novembre 1942	−2
après le Débarquement	−3
préfet régional	
avant novembre 1942	−1/2
après novembre 1942	−1

Recommandations. Parrainages	
avant novembre 1942	
par membre du gouvernement	−1
par personnalité favorable à Vichy	−1/2
après novembre 1942	
par membre du gouvernement	−2
par personnalité favorable à Vichy	−1

Sanction par Vichy	
révocation	
préfets nommés antérieurement à novembre 1942	+3
préfets nommés postérieurement à novembre 1942	+2
dispositions de la loi du 17 juillet 1940 [relèvement de fonctions]	
préfets nommés antérieurement à novembre 1942	+2
préfets nommés postérieurement à novembre 1942	+1
réintégration	
dans l'administration [préfectorale]	−2
dans une autre administration	−1 1/2
dans poste public ou emploi dans service d'intérêt public	−1

Résistance	
a occupé des fonctions de responsabilité ou des fonctions actives dans un organisme de résistance	
avant novembre 1942	+10
après novembre 1942	+7
depuis septembre 1943	+4
depuis mai 1944	+2
a adhéré à la Résistance	
avant novembre 1942	+7
après novembre 1942	+5
depuis septembre 1943	+3
depuis mai 1944	+1 1/2
a pris des contacts avec les organismes officiels de résistance ou a rendu des services certains à la résistance	
avant novembre 1942	+4
après novembre 1942	+3
depuis septembre 1943	+2
depuis mai 1944	+1
a manifesté sa sympathie bienveillante à la Résistance ou a rendu des services individuels à des résistants	
avant novembre 1942	+2
après novembre 1942	+1 1/2
depuis septembre 1943	+1
depuis mai 1944	+1/2
n'a rien fait pour la Résistance	0
a lutté contre la Résistance (voir « maquis et patriotes »)	

Distinctions honorifiques	
Francisque gallique	−2
autres décorations	−1

Annexe II

L'épuration du préfet Z.

Avis de la commission d'épuration en date du 2 mars 1945

Présents : MM. Jeanjean, Cotoni, Lescuyer, Raspetti, Vivant.

Considérant

Que M. Z., sous-préfet de Bayonne, a été nommé par le gouvernement de fait de Vichy successivement préfet des Landes, préfet de la Mayenne, préfet délégué à Angers, puis préfet de la Charente,

Vu l'avis réservé du CDL [*comité départemental de la Libération*] des Pyrénées-Atlantiques,

Vu l'avis défavorable du CDL des Landes,

Vu l'avis défavorable du CDL de Mayenne,

Vu l'avis favorable du CDL de Maine-et-Loire,

Vu l'avis réservé du CDL de Charente,

Considérant

Que les avis des CDL le concernant sont unanimes pour mettre en relief les relations personnelles qu'il entretenait avec Pétain et l'admiration pour lui dont il ne manquait jamais l'occasion de témoigner publiquement.

Que son changement d'attitude peu après l'armistice surprit désagréablement les Bayonnais, notamment lorsqu'il en vint à désapprouver en public les Français quittant le territoire à destination de l'Angleterre.

Que le même état d'esprit se retrouve dans une circulaire adressée par lui, en juillet 1941, aux maires de la Mayenne, et où il déclare : « Quelle que soit l'orchestration verbale destinée à nous troubler et à nous émouvoir, la Dissidence reste un crime envers la Patrie : elle prétend la servir, et elle ne concourt qu'à la ruiner. »

Que les postes politiques qu'il a occupés sous le gouvernement de fait de Vichy sont une preuve de la confiance que lui accordait ledit Gouvernement.

Considérant néanmoins

Que M. Z. a eu une attitude politique correcte lors de l'exode, alors qu'il était sous-préfet de Bayonne.

Qu'aucun grief de collaboration ne peut lui être reproché quant à son attitude dans le département de Mayenne.

Que dans le Maine-et-Loire, M. Z. a fait preuve d'une attitude réservée dans ses rapports avec l'Occupant; qu'il s'est efforcé dans la mesure de ses moyens d'atténuer la rigueur des ordres de Vichy, notamment dans le domaine du STO.

Qu'ainsi qu'il résulte d'une lettre de M. R., député, M. Z. a eu en Charente une attitude des plus fermes vis-à-vis de l'Occupant, en intervenant à plusieurs reprises auprès de lui pour faire libérer des patriotes.

L'intéressé entendu, la Commission propose à M. le Ministre la mise en disponibilité pendant deux ans de M. Z.

Le ministre prononça, le 28 mai 1945, la mise à la retraite d'office de M. Z.

L'épuration des épurateurs : la magistrature

par Alain Bancaud

Une épuration des épurateurs, telle est la spécificité de l'épuration de la magistrature. Sans doute les juges professionnels n'assument-ils pas seuls la charge des cours de justice et des chambres civiques dominées par les jurys populaires. Mais ils y assurent l'instruction, le ministère public, la présidence et ont pour rôle de faire participer aux processus de la justice d'État des jurés toujours susceptibles de se laisser gagner par leur sens spontané du juste, leurs attaches locales et, surtout, leurs ressentiments de partisan, voire de victime, puisqu'ils sont choisis en raison de leur opposition à Vichy.

Cette épuration constitue donc l'une des conditions de la crédibilité de l'intervention de la magistrature et, au-delà, de l'État et de sa justice. Elle est d'autant plus essentielle que sont apparus, aux premiers jours de la Libération, des tribunaux et des commissions d'épuration locaux, à la fois imprévus et incontrôlés, concurrents et expéditifs. Épurer un corps nécessaire, telle est la contradiction fondamentale devant laquelle le nouveau gouvernement se trouve et que l'on avait pointée dans un travail précédent, réalisé avec Henry Rousso et publié en 1993, portant déjà sur l'épuration de la magistrature[1]. Travail auquel on renvoie pour

1. Alain Bancaud et Henry Rousso, « L'épuration des magistrats à la Libération (1944-1945) », *in* Association française pour l'histoire de la justice (AFHJ), *L'Épuration de la magistrature, de la Révolution à la Libération*, Loysel, 1994, p. 117-144 (article repris dans Henry Rousso, *Vichy. L'événement, la mémoire, l'histoire*, Paris, Gallimard, « Folio », 2001, p. 594-632). Nous nous permettons de renvoyer également à notre ouvrage, *Une exception ordinaire. La magistrature en France, 1930-1950*, Paris, Gallimard, 2002. Ce travail se fonde sur les documents précédemment exploités – archives de la commission centrale d'épuration de la magistrature (AN, BB30), dossiers de personnel des magistrats en poste jusqu'à la fin des années 1950 (Centre des archives contemporaines, Fontainebleau), et témoignage de Me Joë Nordmann, membre de la commission d'épuration – ainsi que sur de

toute une série de développements mais que l'analyse de nouvelles archives permet de prolonger dans deux directions : d'abord celle des enjeux en cause dans un processus complexe mettant en situation de complémentarité et de concurrence une multiplicité d'acteurs, officiels et officieux; ensuite, celle des effets d'un phénomène moins négligeable qu'on ne le croit aujourd'hui, sans pour autant être radical ou avoir inauguré de profonds changements. L'épuration est l'occasion à la fois de réinstaller un mode classique de gestion de la magistrature et de confirmer un habitus professionnel.

Les enjeux d'un processus complexe

Des initiatives locales encadrées

Si cette épuration est sans doute plus centralisée que beaucoup d'autres, elle répond néanmoins à des initiatives prioritairement locales. Cette primauté tient à la manière éclatée dont la Libération s'est déroulée, mais aussi à la philosophie d'une épuration qui vise à relégitimer sans bouleverser. Plus exactement, à écarter les chefs judiciaires, sauf cas exceptionnels où leur confirmation est souhaitée, et à conserver les autres magistrats, sauf cas de scandale public[2]. Les juges sont moins sanctionnés pour ce qu'ils ont fait que pour la manière dont sont perçus leur attitude passée et leur maintien présent. Le ministre de la Justice suspend en effet rarement de sa propre initiative. Quand il le fait, c'est à l'encontre de détenteurs des fonctions qui lui sont proches, tels les directeurs de l'administration centrale, ou, très exceptionnellement, de magistrats qui ne sont pas attaqués localement, mais dont le jugement présente une forte charge symbolique. L'appréciation du caractère irréprochable des uns et scandaleux des autres dépend ainsi largement des nouvelles autorités locales.

En général, le ministre confirme et officialise les suspensions que les commissaires de la République, ces super-préfets créés pour encadrer la

nouvelles sources : archives de l'Inspection des services judiciaires (AN, BB30-1741 à 1753), qui recoupent le fonds privé de l'inspecteur général Maurice Rolland (AN, 490AP), archives (BB18) de la direction des Affaires criminelles du ministère de la Justice, qui permettent d'appréhender l'épuration judiciaire des magistrats, et fonds Latrille (AN, 72AJ 534).

2. François de Menthon, « Note concernant l'impossibilité de faire appel à des non-magistrats pour assurer le fonctionnement des tribunaux », février 1944, AN BB30-1729.

Libération, ont décidées en vertu des pouvoirs temporaires extraordinaires qui leur sont reconnus par les ordonnances du 2 octobre 1943 et du 17 janvier 1944 : pouvoirs exceptionnels de suspension, mais aussi de déplacement, d'assignation à résidence, d'internement administratif, ou encore de nomination et de création de juridictions, qui visent à réaffirmer l'autorité de l'État central et à éviter l'épuration incontrôlée d'un corps judiciaire devant survivre aux événements et rester soumis à une hiérarchie étatique. Ces prérogatives de circonstance, certains commissaires ou préfets les étendent et les pérennisent – parfois jusqu'à la caricature –, ce qui les met en concurrence avec le ministre de la Justice, détenteur traditionnel du pouvoir de contrôle de la magistrature. Le premier commissaire de la République de Bordeaux relève ainsi des magistrats au titre de la loi de Vichy du 17 juillet 1940, invente une nouvelle sanction – la remise à la disposition du garde des Sceaux –, donne un caractère définitif et donc illégal à ses sanctions et à ses nominations, ou encore épure pour des raisons professionnelles qui ne rentrent pas dans le champ de l'ordonnance du 27 juin 1944. Quand l'inspecteur général des services judiciaires lui déclare que toutes ces mesures sont abusives, il se montre surpris, croyant détenir l'ensemble des pouvoirs dévolus au garde des Sceaux[3]. Les autorités préfectorales sont ainsi portées à transformer les magistrats en fonctionnaires ordinaires, placés comme tels sous leur entière autorité – et ce d'autant plus que les fonctions préfectorales sont alors souvent occupées par de nouveaux venus, ne possédant pas les traditions de ménagement manifestées par leurs prédécesseurs de la IIIe République à l'égard d'un corps judiciaire à la structure hiérarchique propre et aux garanties statutaires spécifiques.

Sont également moteurs dans les processus d'épuration ces nouvelles autorités résistantes institutionnalisées que constituent les comités départementaux de la Libération (CDL). La procédure de l'épuration est un moyen à la fois de les légitimer par rapport à tous leurs concurrents officiels et officieux (FFI, municipalités, comités locaux de libération, groupes divers et autonomes de résistants...) en en faisant des canaux efficaces de revendication, et de les intégrer à la stratégie de relégitimation de la justice d'État. Sans doute ne détiennent-ils aucun pouvoir légal en la matière, mais leur rôle est, de fait, essentiel. Les commissaires de la République prennent souvent leurs décisions sous leur pression; le ministre et le président de la commission d'épuration demandent aux chefs de cour de les informer de leurs accusations; les

3. Rapport du 11 novembre 1944, AN BB18-1744.

inspecteurs des services judiciaires, informateurs privilégiés de la chancellerie, rencontrent les commissaires de la République, les préfets comme les comités de libération dont ils répercutent les appréciations, avec lesquels ils négocient le sort des magistrats. Des magistrats sont ainsi déplacés ou mis en non-activité, sans pour autant passer devant la commission d'épuration, parce que les commissaires de la République et les CDL le souhaitent. Ces derniers peuvent aussi intervenir directement auprès du ministre ou des membres de la commission.

Ces comités fondent, mais aussi filtrent les mises en cause des magistrats. Leurs plaintes sont prioritaires et ils contrôlent celles des particuliers. Pour qu'une accusation émanant d'un citoyen ordinaire soit prise en compte, il faut, de fait, qu'ils l'appuient, ce qui évite les vengeances de justiciables mécontents, mais explique, en partie, l'absence de prise en compte des doléances des populations marginales contre lesquelles des magistrats ont pu être très sévères, comme on le voit avec de nombreux condamnés pour offense à Pétain, « souvent peu intelligents et même parfois anormaux » de l'aveu du secrétaire général de la chancellerie sous Vichy[4]. Si l'attitude envers les juifs est rarement retenue comme grief, c'est notamment parce que ces derniers ne sont pas ou sont mal représentés dans les comités de libération et que leurs accusations sont portées par des particuliers ou répercutées par des avocats isolés. Pour qu'un grief soit légitime, il faut qu'il soit légitimé, sous peine de rester la manifestation d'une rancœur, d'une récrimination classique de justiciable condamné.

Création d'une commission consultative mixte

L'épuration reste dans le cadre de l'État centralisé que les textes consacrent et que la chancellerie travaille à restaurer, tout en demeurant marquée par un réaménagement exceptionnel et temporaire de la gestion du corps judiciaire. Réaménagement, précédemment développé, qui se traduit, notamment, par l'alignement, perçu comme une déchéance, du statut de la magistrature sur celui des fonctionnaires et le maintien de la suspension, décrétée par Vichy, des deux garanties protégeant traditionnellement les juges de l'arbitraire politique : l'inamovibilité et le tableau d'avancement qui fixe des conditions aux promotions. Elles ne sont rétablies qu'une fois l'épuration et les principales nominations achevées.

4. AN 2AG-527.

Une commission centrale d'épuration de la magistrature (CCEM) est toutefois créée, sans être obligatoire, très tôt, dès le 7 septembre 1944. Elle est stratégique car elle donne une certaine légitimité juridique : tout en dérogeant au régime disciplinaire ordinaire, elle garantit mieux les droits de la défense que la procédure purement discrétionnaire prévue par l'ordonnance du 27 juin 1944. Surtout, elle associe et intègre officiellement des représentants de la Résistance et, en tout premier lieu, de la résistance judiciaire communiste dont certains membres ont occupé, aux premiers jours de la Libération, le ministère de la Justice et sont les concurrents directs du nouveau garde des Sceaux, François de Menthon. Elle apporte au ministre une crédibilité supplémentaire pour exclure mais aussi pour moduler les sanctions et réintégrer les magistrats blanchis. Elle légitime la stratégie ministérielle d'épuration et de préservation du corps judiciaire.

Afin de faire face à la situation particulière de l'Alsace-Lorraine et d'achever rapidement ses travaux, cette commission accroît ses effectifs au début 1945 et organise son travail en sous-commissions, tout en conservant ses caractéristiques initiales (arrêté du 2 février complété par les arrêtés des 15 février et 25 avril 1945). Elle est en majorité composée de personnes qui, n'appartenant pas à la magistrature, sont choisies parmi les membres des groupements de résistance (6 sur 10 au départ; 12 sur 18, en février 1945; puis 27 sur 42, à partir d'avril 1945, quand les processus d'épuration s'achèvent). Mais, signe de la volonté d'éviter les mises en cause trop radicales, la majorité des membres extérieurs appartient au monde du Palais : la magistrature est, en bonne partie, « jugée » par des résistants – souvent communistes ou proches des communistes – qui sont en même temps leurs frères ennemis de toujours, les avocats. Parmi les membres initiaux, on trouve Mme Parodi, veuve de René Parodi, magistrat résistant mort en prison sous l'Occupation, et trois avocats communistes ou membres du Front national judiciaire, organisation proche du PC : l'un d'eux a démissionné de la magistrature une première fois en 1943 et une seconde fois, après sa réintégration, en raison du refus du garde des Sceaux de confirmer sa réintégration comme procureur général; un autre, Joë Nordmann, est membre fondateur du Front national judiciaire, responsable du journal clandestin *Le Palais libre* et secrétaire de l'avocat communiste Marcel Willard, qu'il a accompagné lors de son passage au secrétariat général du ministère de la Justice, en août 1944. Il intervient de surcroît comme représentant de la commission de justice du Conseil national de la Résistance qui siège au ministère et se pose en concurrent du ministre. À côté des avocats, on trouve des représentants de la Résistance totalement étrangers au monde judiciaire, tel le directeur du journal *Défense de la France*, largement absent des travaux de la commission, il est vrai. L'augmentation du nombre des membres provoque l'arrivée d'un peintre-décorateur, d'un employé, de deux ingénieurs, de deux entrepreneurs, d'un ébéniste, d'un médecin...

Jugée, la magistrature l'est aussi par elle-même. Bien que dérogatoire, la CCEM ne rompt pas totalement avec les règles disciplinaires traditionnelles qui réservent à la Cour de cassation l'exercice du pouvoir disciplinaire : elle conserve un caractère hiérarchique puisque son président et son vice-président sont, de droit, choisis parmi les membres ou anciens membres de la Cour de cassation. Bien que minoritaires, les magistrats y occupent les postes essentiels : la présidence et la vice-présidence, mais aussi le secrétariat de la commission et, souvent, les fonctions, aussi discrètes que déterminantes, de rapporteur. Bref, ils instruisent, dirigent les débats, rédigent les avis et s'occupent de l'intendance. Au départ, ces magistrats, nommés par le ministre, sont, à l'exception du vice-président, honoraires, ce qui leur a évité de prêter le serment de fidélité à Pétain. L'augmentation du nombre de membres de la CCEM y amène, en revanche, plus de magistrats en fonction et donc ayant prêté serment. Ils ont, en outre, un passé « patriotique » en principe inattaquable, sans s'être toutefois distingués par des faits d'éclat contre Vichy. Un seul membre de la commission a démissionné de la magistrature sous Vichy, mais pas pour des raisons politiques ; de surcroît, il est nommé au titre des représentants de la Résistance et quitte rapidement la magistrature, on vient de le voir. Le président, André Mornet, ancien membre de la Cour de cassation et futur procureur général près la Haute Cour, ne peut pas être présenté comme incarnant une opposition irréductible et intransigeante à Vichy, même s'il a participé à la présidence du Comité national judiciaire de la Résistance et à l'élaboration législative de l'épuration au sein du comité des juristes[5]. Il reste représentatif d'un corps qui a pris de plus en plus de distance par rapport à Vichy, tout en ayant servi sa politique de répression et d'exclusion : il a failli être nommé à la cour de Riom qui a jugé plusieurs responsables politiques et militaires de la IIIe République et il a été vice-président de la commission des dénaturalisations, qu'il fut accusé, il est vrai, de saboter[6].

Au sein d'une telle commission mixte, il existe des oppositions, beaucoup moins apparentes cependant que dans d'autres commissions, ce

5. Diane de Bellescize, *Le Comité général d'études de la résistance*, thèse, Paris, 1974.
6. AN BB30-1718.

qui s'explique sans doute par la forte présence d'avocats et la précocité de cette épuration : achevée en mai 1945, elle reste marquée par l'unité des différentes composantes de la Résistance. Les divergences tiennent moins à des opinions ou adhésions partisanes qu'à des différences liées au positionnement professionnel. Elles ne conduisent pas à des blocages, mais à des votes acquis à la majorité plutôt qu'à l'unanimité et à des compromis lisibles dans la rédaction des avis. Elles se développent sur un fond d'accord : il s'agit de juger des individus et non la responsabilité collective d'un corps. Très exceptionnellement, lors d'une affaire, un membre non magistrat peut-il regretter que les juges n'aient pas démissionné des juridictions d'exception, mais il ne s'agit pas d'une position de principe.

Les non-magistrats, qui sont résistants et connaissent mal le corps judiciaire, se révèlent seulement plus sévères, plus sensibles à la portée symbolique et politique des actes et des fonctions que les juges de profession, portés à limiter l'épuration aux cas les plus graves et à glorifier, à transcender les services rendus à des résistants en actes patriotiques de résistance, ou encore plus attentifs aux intentions individuelles, à la compétence professionnelle, au passé militaire, à la situation familiale et financière, qu'ils ne font pas jouer comme des excuses absolutoires mais comme des circonstances atténuantes. Les premiers ont une conception plus volontariste et plus engagée du métier que les seconds, enclins à neutraliser la justice et à déresponsabiliser les juges en leur reconnaissant une certaine impuissance structurelle devant les lois, les circulaires, les instructions ministérielles – sans toutefois aller jusqu'au bout de cette position qui innocenterait tout le monde ou presque. Pour permettre l'épuration des cas les plus graves, le procureur Mornet, président de la commission, va très loin : il lève, partiellement, ce principe séculaire qui protège les juges du siège, le secret des délibérés. De sa propre autorité, il admet qu'une telle garantie s'applique dans « l'exercice normal et régulier » des fonctions judiciaires, mais pas dans le cadre de juridictions d'exception, telles les sections spéciales. Faute de convaincre les magistrats déférés (hormis les membres de la section spéciale de Paris) de la légitimité de cette suspension relative à laquelle le président accorde sa « garantie absolue », la commission soit recourt à l'« opinion du Palais », aux « membres du Barreau les plus qualifiés » pour ne sanctionner que les juges ayant voté la peine de mort, soit, faute de parvenir à discriminer les responsabilités, propose une sanction collective, dérogeant alors à un autre principe séculaire, l'individualisation des peines.

La reconnaissance ou non du caractère « patriotique » des attentats contre les forces de l'ordre françaises, surtout commis par des étrangers, constitue sans doute l'une des oppositions politico-professionnelles majeures divisant la commission. L'affaire des deux condamnations à mort prononcées par la section spéciale de Nîmes peut servir, à titre d'exemple, à distinguer les critères de lecture que donnent d'un même comportement les deux rapporteurs que désigne la commission : d'un côté un magistrat honoraire, disposé à excuser, et de l'autre une veuve et fille de résistants fusillés, portée à l'intransigeance. Le premier, rapportant sur l'avocat général, fait valoir la « droiture et [la] conscience éprouvées », « la valeur professionnelle indiscutable » de ce dernier et décrit les deux exécutés comme « des jeunes gens de moins de vingt-cinq ans appartenant aux FTP qui se glorifiaient » de fomenter des attentats contre les Allemands. Il développe, comme pour mieux les faire comprendre, les arguments du magistrat accusé, qui « a soutenu pour sa défense qu'il avait reçu les instructions de son Procureur Général et que l'attentat commis par X., sujet italien, sur la personne d'un gardien de la paix, qui n'avait échappé que par miracle à la mort, lui était apparu notamment comme exclusif de tout caractère patriotique, et que le ministère public avait l'obligation impérieuse de requérir l'application la plus rigoureuse de la loi pénale ». Il lui faut toutefois conclure que le prononcé des condamnations en cause constitue un fait tombant sous le coup de l'épuration. L'analyse du second rapporteur est radicalement différente : traitant des magistrats du siège, elle souligne le caractère « clair, d'une netteté aveuglante » des actes patriotiques des condamnés, et insiste sur le fait que, les attentats visant les Allemands et étant perpétrés par des communistes agissant en liaison étroite avec les gaullistes, le tribunal se trouvait face à « une organisation de résistance aussi caractérisée que possible, dirigée par des militants d'élite d'une énergie et d'un courage exceptionnels ». Elle renchérit en précisant que les accusés avaient un casier judiciaire « entièrement vierge », que l'inspecteur de police sur lequel un condamné avait tiré pour libérer son camarade « s'en est tiré avec un mois d'incapacité » et que donc l'attentat « se réduit au délit d'intention ». Et, pour être bien clair, elle précise que « d'ailleurs les inculpés ne se sont attaqués à la police française qu'en tant qu'instrument de l'occupant et voulant mettre obstacle à leur besogne patriotique ». Elle conclut en demandant « la sanction la plus sévère », la révocation sans pension[7].

7. AN B3282.

Une telle différence relève moins d'une opposition de principe qu'elle ne met en évidence une ligne de partage : les représentants de la Résistance admettent, comme les magistrats, l'existence de faux résistants, vrais criminels de droit commun. Ils légitiment ainsi, en partie, la répression d'exception des juges, parfois sous sa forme la plus radicale, la peine de mort. Ils cautionnent en même temps la prédisposition des magistrats de la CCEM à excuser et héroïser l'action de leurs pairs. Ils reconnaissent avec eux que la simple participation aux juridictions extraordinaires de Vichy ne suffit pas à justifier une mesure d'épuration; mieux, que les membres de ces tribunaux dérogatoires ont pu rendre des services utiles à la Résistance et même se révéler de vrais patriotes, voire d'authentiques résistants. En témoigne par exemple l'avis de la commission relatif au magistrat responsable du parquet de la section lyonnaise du tribunal d'État et de la section spéciale de Lyon qui a prononcé six peines capitales dont deux furent exécutées; 128 peines de travaux forcés, dont 28 à perpétuité; 426 peines d'emprisonnement. Les deux condamnations à mort effectives qui avaient entraîné l'exécution d'un des juges à titre de représailles, en décembre 1943, sont réputées avoir frappé des « malfaiteurs de droit commun et non des résistants ». Se fondant sur des attestations d'avocats résistants ou proches de la Résistance témoignant d'arrangements avec la défense pour obtenir soit des acquittements soit des condamnations afin d'éviter les Allemands, l'avis s'achève par un vibrant hommage qui ne manque pas de grandiloquence :

> [Il] a montré dans ses délicates fonctions l'âme d'un vrai résistant, associé à la Défense pour faire triompher les solutions les plus indulgentes, dans les affaires où les prévenus avaient été mus par un zèle patriotique. Sa conduite au point de vue national a toujours été irréprochable, son hostilité à la collaboration et à l'Allemagne notoire. [...] C'est un ardent patriote[8].

La réaffirmation négociée du pouvoir du ministre

Dans le dispositif d'épuration, le ministre de la Justice demeure l'élément déterminant. L'ordonnance du 29 septembre 1944 lui restitue ses pouvoirs traditionnels en matière de suspension et de nomination et l'arrêté du 7 septembre 1944 lui accorde le pouvoir de saisir la commission d'épuration, qui siège à la chancellerie, et surtout de décider des

8. Audience de la commission d'épuration du 4 mai 1945, AN BB30-1832.

sanctions : la commission émet des avis, qui n'ont pas force obligatoire. Il a également un pouvoir sur les informations dont dispose cette dernière. Pouvoir de sélection, mais aussi, en creux, d'omission : le ministère verse des archives individualisées et partielles qui interdisent une vue complète de l'attitude de chaque magistrat déféré et une vision d'ensemble sur le corps. Cette attitude, qui se révèle d'autant plus préjudiciable que la commission ne possède pas de moyens d'information autonomes, entraîne des protestations de la part des membres non magistrats de la commission[9] et du Conseil national de la Résistance.

Les renseignements soustraits auraient pu aggraver considérablement l'épuration et menacer gravement la crédibilité des juges. Ainsi la commission ne dispose-t-elle pas toujours des recommandations des dignitaires de Vichy en faveur des magistrats et, surtout, ne prend-elle que tardivement et partiellement connaissance des dossiers sur les juridictions d'exception. Un représentant du Conseil national de la Résistance signale au ministre qu'il a « maintes fois » demandé, lors des séances de la commission auxquelles il assistait et des entrevues qu'il a eues avec lui, communication à la commission des dossiers sur les sections spéciales et le tribunal d'État; or, constate-t-il, les premiers dossiers n'ont été transmis à cette dernière que dans la seconde quinzaine d'avril, « c'est-à-dire pratiquement trop tard pour permettre un examen sérieux et la recherche des renseignements nécessaires », et un rapport sur le tribunal d'État lui a été envoyé le 4 mai 1945 seulement, sans les noms des juges d'instruction de surcroît[10].

La chancellerie est encore moins encline à transmettre les rapports que les chefs de cour et, tout spécialement, les responsables des parquets lui ont systématiquement envoyés, sous Vichy, pour toutes les affaires politiques. Rapports où apparaissent la docilité courtisane et l'empressement déférent envers le régime, le manque de courage et les relations parfois courtoises à l'égard des autorités occupantes, l'incompréhension et la sévérité contre la Résistance et, surtout, ses fractions les plus violentes et les plus « cosmopolites ». Autant de caractéristiques, somme toute classiques, d'une magistrature légaliste et soucieuse d'ordre, issue des milieux de notables et habituée à la dépendance envers le politique et aux relations de bon ton avec les autorités, qui se révèlent de manière extrême, dramatique et sans doute en partie

9. Lettre de Mme Parodi et MM. Coquerel, Nordmann, Saillard et Wooq au garde des Sceaux, 20 janvier 1945 (archives de Me Nordmann), et réponse de F. de Menthon, 10 février 1945, AN BB30-1832.

10. Lettre du 29 mai 1945, AN BB30-1760.

exagérée, dans ce genre d'exercices convenus prédisposant aux manifestations de conformisme et de zèle, aux renchérissements dans la déférence et l'obéissance.

Le ministre en place, François de Menthon, professeur de droit et démocrate-chrétien, cherche à contenir une épuration jugée nécessaire mais lourde de risques. Pour lui, cette dernière ne doit servir ni à révolutionner ou à innover, ni à invalider un corps indispensable au rétablissement de l'ordre d'État, encore moins à justifier l'expérience d'« une magistrature sans magistrat[11] ». Partisan d'un corps professionnalisé, il croit dans un habitus judiciaire spécifique fondé sur « la pondération, la maturité, la réflexion, l'expérience psychologique, l'art d'apprécier les hommes et leur caractère », et distinct du sens commun de la justice, du « bon sens », comme des qualités des résistants, faites de « courage », d'« héroïsme », de « goût du risque », et ne se confondant pas nécessairement avec les vertus morales. La fonction de juge reste, à ses yeux, un métier qui s'apprend. Même s'il admet la nécessité d'une réforme de la justice et d'un renouvellement sociologique du corps judiciaire, il entend les différer et ne pas les confondre avec l'épuration : il estime qu'« on ne doit pas créer en pleine crise une nouvelle source de désordre en bouleversant la magistrature ». Il craint qu'un recrutement local massif de non-professionnels ne favorise l'arrivée de candidats médiocres, partisans, pris dans le jeu du clientélisme politique. Il n'entend pas non plus mélanger épuration et élimination des incompétents, objet d'une législation distincte – posée par l'ordonnance du 7 janvier 1944 – qui échappe à la commission d'épuration dont la compétence est réduite aux « fautes commises par les magistrats au cours de l'Occupation, exception faite des fautes professionnelles » (arrêté du 7 septembre 1944).

La politique du ministre vise à doublement relégitimer le corps judiciaire : d'une part, en le défendant, en faisant valoir solennellement devant l'Assemblée provisoire que, parmi les magistrats, « une grande majorité » est restée attachée à la France et à la République tandis qu'un certain nombre a pris « une part modeste ou glorieuse dans la Résistance »; d'autre part, en cantonnant l'épuration à une opération sélective et hiérarchique, plus symbolique et politique que morale. Il s'agit certes de frapper les cas notoires d'atteinte au capital collectif de crédibilité du corps, mais aussi de favoriser l'installation de magistrats sûrs et inattaquables au plan patriotique dans les fonctions de représentation et

11. « Note concernant l'impossibilité de faire appel à des non-magistrats pour assurer le fonctionnement des tribunaux », février 1944, AN BB30-1729.

de direction de la justice. Tout en défendant la magistrature, Menthon a besoin d'afficher sa volonté purificatrice, condition de sa crédibilité, comme de celle de la justice d'État, en face des fractions les plus radicales de la Résistance qui l'attaquent violemment. De fait, il se révèle plus sévère que la commission, qu'il pousse à l'indulgence en limitant son information et en la composant, pour partie, de magistrats « patriotes » modérés : il aggrave ses propositions dans 103 cas et les adoucit dans 20. Cette rigueur ne répond pas seulement à des considérations politico-symboliques. Elle tient aussi à une différence dans le système d'appréciation des fautes, comme on le voit pour les magistrats rapatriés du Levant à la suite de leur désir de ne pas s'intégrer, à l'issue de la campagne du printemps de 1941, aux forces gaullistes qui y étaient victorieuses : la commission les innocente et le ministre les sanctionne.

Quant au projet de rénovation professionnelle, il interfère avec l'épuration dont il est pourtant officiellement distinct. Le garde des Sceaux sanctionne plus lourdement les magistrats à l'attitude patriotique critiquable et aux compétences professionnelles nulles ; il déplace ou pousse à la retraite plus facilement les chefs de service âgés et discutés, enfermés dans leur routine bureaucratique et leurs solidarités clientélistes et avec d'autres notables, pour laisser la place à des magistrats jeunes, reconnus pour leurs titres patriotiques, coupés des solidarités locales et convaincus des nécessités de l'épuration comme de la modernisation de la justice. Dans ses décisions, le ministre tient également compte des réactions locales et pas seulement de la gravité des fautes ou de ses ambitions réformatrices. Ainsi les commissaires de la République jouent-ils un rôle déterminant dans la réintégration des magistrats suspendus mais innocentés, totalement ou partiellement, par la commission. La chancellerie les interroge sur l'opportunité d'un maintien sur place, leur demande si une réinstallation est « de nature à soulever certaines objections et si notamment l'autorité [du magistrat en cause] ne s'en trouverait pas diminuée », comme elle l'écrit à propos d'un procureur général. Des magistrats et, tout particulièrement, des chefs de cour sont ainsi déplacés ou très incités à solliciter leur mise à la retraite parce qu'un commissaire de la République les juge toujours « indésirables » en raison de leur passé ou ne veut pas remplacer le successeur qu'il leur a choisi. Le ministre décide aussi des « déplacements d'opportunité » en raison de l'opposition d'un parlementaire influent ou d'un CDL. Pour garantir la légitimité de la magistrature dont il a la responsabilité, le ministre suit un principe : quand un magistrat a été et reste discuté, malgré son blanchiment par la commission, il le déplace ou le met temporairement en non-activité. Ainsi, devant les autorités préfectorales et les comités de libération, le garde des Sceaux s'impose moins qu'il ne négocie et, à l'occasion, cède. Parfois, en toute illégalité : sous la pression du PCF, un magistrat est ainsi exclu pour la condamnation d'un médecin communiste en 1939 ; ces faits ne rentrant pas dans le champ d'application de l'ordonnance du 27 juin 1944, le ministre use de l'ordonnance du 7 janvier 1944 visant les cas d'incompétence professionnelle.

Le ministre doit également en rabattre par rapport au principe initial arrêté à Alger de changement quasi automatique de tous les chefs de cour, prélude à l'instauration d'une élite judiciaire rajeunie et coupée des clientèles locales. Il doit le faire parce que l'attitude de la magistrature sous Vichy est plus complexe que prévu, mais aussi parce que les réseaux, les parrains locaux qui s'installent ou se réinstallent à la tête des nouvelles instances officielles ont leurs protégés qu'ils veulent maintenir ou placer. La magistrature demeure ce qu'elle a toujours été, même sous un régime étatiste comme Vichy, un enjeu politico-clientéliste local.

Protection et concurrence hiérarchiques

Le garde des Sceaux fait participer la magistrature à son épuration par l'institutionnalisation d'une CCEM mixte, mais aussi par le recours à la voie hiérarchique. Et ce afin de limiter les effets des dénonciations extérieures ou des règlements de comptes internes au corps, et pour ne pas bouleverser un mode de fonctionnement mis en place par Napoléon Ier et conservé par tous les régimes successifs en raison de son efficacité. Il ne s'appuie pas sur des collectifs de magistrats résistants, au demeurant rares, la résistance judiciaire ayant été réduite et souvent d'ordre individuel[12] ; il se fonde, en revanche, sur les premiers présidents et les procureurs généraux, largement renouvelés, on le verra. Il s'efforce de les convaincre de la nécessité de participer à l'épuration de leurs pairs s'ils ne veulent pas que des acteurs extérieurs le fassent à leur place. Par voie de circulaires, il leur réclame des rapports sur les magistrats à épurer, avec des propositions de sanctions, rapports qui doivent accompagner les lettres de saisie de la commission par la chancellerie. C'est également à eux que le président de la CCEM s'adresse pour obtenir des renseignements sur les magistrats déférés. Ils occupent une place détermi-

12. Liora Israël, « La Résistance dans les milieux judiciaires : action collective et identité professionnelle en temps de guerre », in *Genèses*, décembre 2001, n° 45.

nante dans le passage d'une dénonciation fondée sur une rumeur à une accusation justifiée par des faits précis.

Les écarts dans la rigueur de l'épuration s'expliquent ainsi par les différences de pratiques entre les chefs de cour comme entre les commissaires de la République ou les CDL. Si des chefs de cour, surtout parmi ceux qui sont maintenus, défendent leurs pairs et sont prêts à sacrifier quelques rares collègues ayant largement et publiquement outrepassé les devoirs de leur charge, d'autres adoptent une attitude neutre en reproduisant, sans rajout mais sans véritable distance, les critiques émises par les commissaires de la République et les CDL; d'autres, encore, se font accusateurs, parfois pour mieux écarter le retour de leurs prédécesseurs : ils étayent les dénonciations trop générales des comités de libération, ils accusent de leur propre autorité, sans plainte extérieure. Ils sortent des archives locales des circulaires internes qui démontrent le zèle condamnable, la docilité coupable, attitude parfois tellement outrancière que la commission exprime des doutes sur l'impartialité des rapports. À propos d'un premier président suspendu qu'elle innocente des accusations portées par les nouveaux chefs de cour, la commission note qu' « il est peut-être permis de dire qu'elles [les accusations] paraissent trop intéressées pour être pleinement impartiales ». L'épuration qui associe la magistrature reste ainsi marquée par les effets de la concurrence interne au corps. Une telle opération représente toujours une occasion extraordinaire de promotion et l'existence d'un corps constitué favorise le ravalement des changements de régime politique à des opportunités d'avancement. Les conflits entre magistrats, qui peuvent redoubler des luttes d'influence entre clientèles locales, sont parfois si exacerbés que le ministère déplace d'un même geste dénonciateurs et dénoncés.

Les compétitions internes paraissent toutefois moins exacerbées que dans d'autres administrations qui doivent faire face à l'arrivée massive de nouveaux venus. Les promotions exceptionnelles internes sont rapidement limitées à une progression de deux échelons statutaires et les intégrations de personnes extérieures au corps, déjà soumises à des conditions professionnelles restrictives, restent exceptionnelles, surtout au niveau des fonctions de direction. Les rares chefs de cour non issus des rangs de la magistrature ne sont pas confirmés par la chancellerie, à l'exception notoire du procureur général de Paris, ancien avocat résistant nommé par l'avocat communiste Willard lors de son bref passage à la tête du secrétariat général provisoire à la Justice. Quant aux magistrats promus trop vite à la tête d'une cour d'appel et manifestant un zèle épurateur excessif, ils sont déplacés. Au niveau de l'inspection des services judiciaires, instrument privilégié d'information et de contrôle du ministre, un même mouvement de professionnalisation et de modération se manifeste. Les premiers inspecteurs, souvent des juges militaires, rédigent des rapports très critiques et expéditifs, d'une phraséologie parfois quasi marxiste et souvent exclusivement fondés sur les dénonciations émanant des éléments les plus radicaux des comités de libération. Ils laissent progressivement la place à des magistrats issus de la fraction résistante et moderniste sur laquelle le garde des Sceaux s'appuie en priorité, en nommant aux postes de direction les plus essentiels pour l'épuration (directeur de son cabinet, directeur du personnel, inspecteurs des services judiciaires) des magistrats jeunes, parisiens, dotés d'excellentes notations hiérarchiques, souvent fils de magistrats ou collaborateurs de hauts magistrats. Résistants, ces magistrats n'ont pas pour autant adopté des pratiques de rupture envers Vichy, ils ont même pu servir sa répression politique d'exception : le directeur du cabinet a participé à la section spéciale de Paris durant une période brève et tardive, où les condamnations ont été très légères ; le directeur du personnel a été juge d'instruction dans une importante affaire communiste sanctionnée de plusieurs peines de mort par la section parisienne du tribunal d'État ; l'inspecteur général des services judiciaires, avant de rejoindre Alger, avait requis, devant le tribunal correctionnel de Paris, des peines maximales contre des communistes accusés de propagande. Le seul magistrat ayant refusé de prêter le serment de fidélité à Pétain est nommé, à la Libération, directeur des Affaires civiles, poste qu'il n'occupe toutefois pas.

Ces nouveaux hauts magistrats perçoivent la participation des juges à l'épuration pénale comme l'occasion d'une revalorisation sociale, sont convaincus de la nécessité d'une épuration permettant de rendre sa crédibilité à la magistrature et travaillent à l'avènement d'une élite judiciaire rajeunie et jacobine, coupée des luttes politiques locales et des vieilles habitudes de travail. Ils sont toutefois hostiles à une politique d'ouverture des sommets de la justice à des non-magistrats et à une épuration trop radicale et trop globale qui, selon eux, provoquerait un désordre dangereux et serait injuste : elle reviendrait à reprocher aux magistrats les contraintes structurelles de l'habitus judiciaire (la soumission à la loi, la dépolitisation) et à nier la part de leurs fonctions, peut-être sans gloire mais non sans utilité, qui est de modération, jusqu'au sein des juridictions d'exception. Ils prônent une épuration modeste, compréhensive et individualisée, une épuration n'exigeant pas des magistrats des actes de rébellion incompatibles avec leur culture, mais fondée au contraire sur les seuls cas scandaleux de zèle excessif, et distincte en tout cas d'une rénovation professionnelle nécessaire mais remise à plus tard. C'est ce qu'exprime une circulaire, du début de 1944, rédigée par le groupe des magistrats résistants du tribunal de la Seine, qui mérite d'être longuement citée :

> Il ne s'agit pas de bouleverser immédiatement et profondément le personnel judiciaire, ce serait risquer d'aboutir à un chaos. Il ne s'agit pas de créer le délit d'opinion. Il s'agit uniquement et modestement de mettre à l'écart ceux qui pendant l'occupation se seront rendus indignes de leur fonction, et auront été par leur attitude anti-française une cause de scandale tant vis-à-vis du public que du monde judiciaire. C'est de la besogne immédiate qui devra se faire au départ des Allemands qu'il s'agit. Il n'est donc pas question de mettre en cause les éléments jugés trop mous, trop dociles, trop amorphes, ou peu dignes d'intérêt. C'est la besogne de l'avenir, c'est la refonte du corps judiciaire comme l'épuration des auxiliaires de justice, qui demande du temps et des soins, et qui ne peut être faite dans la situation actuelle. [...] Il ne faut pas oublier pour cela que le personnel judiciaire est par nature placé en dehors de la sphère d'activité politique, qu'il est obligé par définition d'appliquer des lois qui s'imposent à lui du moment qu'elles émanent de l'autorité apparemment légale, qu'il ne peut pas se permettre, toutes les fois qu'il est en désaccord avec la législation, de se refuser à appliquer la loi, qu'il n'est pas dans sa tradition de la violer avec éclat, et que c'est surtout l'état d'esprit dans lequel il a rempli ses fonctions qu'il y a lieu d'envisager.
>
> C'est ainsi par exemple qu'il est courant dans certains milieux de la Résistance de déclarer que tous les magistrats qui ont siégé dans les Cours spéciales et les tribunaux d'État devront être éliminés. Il y a lieu de relever immédiatement l'exagération et l'injustice d'une telle formule. Sans doute il aurait été souhaitable de voir la magistrature refuser avec éclat sa participation à des Cours spéciales. Mais il ne faut pas oublier qu'il y a dans chaque cas des circonstances particulières à examiner, que beaucoup ont cru pouvoir y participer en atténuant le mal qui s'y faisait, qu'on a été fort heureux, en pareil cas, de les trouver, que beaucoup d'entre eux avec dévouement ont rendu les plus signalés services, et que c'est pour chaque cas une situation spéciale à examiner. Si le magistrat a rempli ses fonctions avec un esprit partisan, il a manqué à son devoir, s'il n'a fait que s'incliner sans aucun zèle devant la loi dont il s'est efforcé de tempérer l'injustice, aucune sanction immédiate ne saurait être prise contre lui[13].

Ces jeunes magistrats résistants ont une position proche de celle de leurs collègues de la CCEM. Du fait de leurs caractéristiques sociologiques et fonctionnelles, ils s'en distinguent toutefois par leur projet de création d'une élite judiciaire rajeunie et jacobine, leur prise en compte des besoins humains imposés par l'encadrement de l'épuration judi-

13. Fonds Latrille, AN 72AJ-534.

ciaire et leur attention plus grande à la défense collective du corps, qui exige parfois le déplacement de magistrats innocentés. Les effets de la solidarité corporative jouent davantage en matière d'épuration judiciaire, plus infamante pour l'ensemble du corps. Le ministre et l'inspecteur général des services judiciaires doivent insister, auprès des magistrats des cours de justice et des parquets généraux, sur la nécessité de poursuivre leurs collègues fautifs. Au fil du temps, les magistrats à l'origine des accusations se taisent ou reviennent sur leurs dénonciations, et ceux qui assument la charge d'instruire et de juger rechignent à poursuivre et à condamner. Les nouveaux chefs de cour doivent, quant à eux, se construire une légitimité auprès de leurs pairs, qui passe par la démonstration de leur aptitude à protéger le corps de ses divisions et de ses mises en cause.

Les effets de l'épuration

Un traumatisme au-delà de chiffres improbables

Le bilan chiffré de l'épuration est à la fois essentiel et improbable, du moins au-delà d'un ordre de grandeur. Les chiffres officiels constituent des rationalisations administratives et politiques successives d'un phénomène marqué par le flou des catégories et la contradiction d'un ministère qui a intérêt à gonfler l'importance de l'épuration mais ne peut pas faire valoir des mesures officieuses.

Sans reprendre ici l'ensemble de nos développements précédents, on rappellera que le premier problème réside dans l'estimation du nombre global de magistrats. Le ministre donne le chiffre de 2 200, devant l'Assemblée en août 1945 ; en novembre 1943, le directeur du personnel avançait, pour sa part, le total de 2 300. Par-delà cet écart faible, le problème demeure : d'abord, ce chiffre rend compte des magistrats en fonction. Or, pour rester proche de la réalité, il faudrait en ôter les magistrats prisonniers et, inversement, lui ajouter les magistrats honoraires justiciables de leurs actes sous Vichy : plusieurs sont sanctionnés, parfois lourdement. Il existe aussi des catégories de ce monde judiciaire très complexe qui ne sont pas habituellement comptabilisées parmi les magistrats « statutaires » mais passent devant la CCEM (tels les juges cantonaux d'Alsace-Lorraine). On rencontre même des cas aberrants, certes exceptionnels mais significatifs d'un phénomène dominé par l'urgence et l'imprécision, tel ce juge de paix suppléant, réintégré juge de troisième échelon à la fin de 1944, qui, la même année, est sanctionné par Vichy pour son appartenance au Grand Orient et passe devant la CCEM, qui le met hors de cause, pour son manque de zèle dans l'instruction des affaires de cour de justice. Tout en convenant de la difficulté à produire un chiffre incontestable, il semble que l'on soit proche de 4 000 magistrats (chiffre réévalué par rapport à celui de 3 000 proposé dans nos travaux précédents, en raison de la prise en compte de l'Afrique du Nord et des catégories non comptabilisées jusque-là).

Le nombre de magistrats déférés devant la CCEM pose également problème. Il varie selon les documents officiels : en juin 1945, le directeur du personnel mentionne 455 dossiers examinés et le ministre, un mois et demi plus tard, devant l'Assemblée, parle de 418 magistrats déférés. Après consultation de nouvelles archives, on obtient, pour notre part, un chiffre intermédiaire de 441. Les écarts tiennent, sans doute, à la différence existant entre dossiers ouverts et passages personnels, à l'existence de procès-verbaux qui ne sont que collectifs et à l'imprécision des catégories professionnelles.

Quant au volume des sanctions, il évolue selon les époques. La chancellerie donne, en 1945, 279; en juin 1948, 331[14]. La différence s'explique sans doute par la prise en compte ou non de certaines catégories judiciaires : les juges de paix passent devant une commission d'épuration spécifique et les membres des tribunaux de commerce sont déférés devant une section spéciale de la CCEM. Ce qui souligne la nécessité de toujours se poser la question de la définition de la profession retenue. Pour notre part, nous nous arrêtons au chiffre de 277 sanctions (en comprenant l'Afrique du Nord et la cour de Bastia jusqu'ici non comprises, et, en revanche, sans compter les retraites d'office fondées sur l'ordonnance du 7 janvier 1944 initialement retenues). L'écart avec 1945, retenu comme base de comparaison, s'explique, sans doute, par la difficulté à distinguer entre déplacement d'office et déplacement dit d'opportunité, qui ne constitue pas une sanction officielle. Quoi qu'il en soit, l'ordre de grandeur reste comparable au niveau des sanctions officielles et de leur répartition. On obtient 169 exclusions (révocations avec ou sans pension et retraites d'office), soit, selon le chiffrage global retenu, 7,6 % des effectifs (sur 2 200) ou 4,2 % (sur 4 000); on peut leur ajouter 11 suspensions définitives des droits à la retraite frappant des magistrats honoraires et 6 annulations de

14. Réponse de la chancellerie au secrétaire d'État à la Fonction publique. Sur ce sujet, voir François Rouquet, « L'épuration administrative en France après la Libération », *Vingtième siècle. Revue d'histoire*, n° 33, 1992.

nomination conduisant à une sortie du corps. Toutes sanctions confondues, on obtient dans le premier chiffrage, 12 % ; dans le second, 6,9 %. Par-delà ces chiffres, on constate que la sévérité est spécialement forte en Afrique du Nord et en Alsace-Lorraine : ces deux régions représentent un quart du total des sanctions comme des exclusions.

Une appréhension de l'épuration à partir des seules sanctions officielles ne restitue toutefois pas la réalité de l'ébranlement. Il y a d'abord les magistrats victimes de cette sorte d'épuration de fait que constituent les exécutions par la Résistance : sous Vichy, cinq d'entre eux sont abattus, un sixième reste si gravement blessé qu'il ne fait l'objet d'aucune sanction. Il y a surtout toute une série de mesures ressemblant à des sanctions déguisées que l'on avait perçues précédemment mais dont l'importance paraît devoir être encore réévaluée. Ainsi d'abord de la dizaine d'exclusions liées à l'épuration qui ne passe pas devant la CCEM. S'y ajoutent aussi les suspensions qui, sans toujours donner lieu à une sanction, fonctionnent comme des mesures disciplinaires sans en avoir le caractère juridique : la commission déclare, à un moment, qu'il s'agit d'« une épreuve suffisante » dispensant d'une sanction. Quant aux magistrats, ils les vivent douloureusement, amèrement : elle « entache mon honorabilité et suspecte mon patriotisme », déclare un procureur général pourtant innocenté. Il en est de même pour une cinquantaine, au moins, de déplacements dits d'opportunité et, de fait, imposés ou fortement recommandés : en les refusant, un magistrat risque un passage devant la CCEM ou, s'il est passé devant la commission, une retraite d'office. Face à une telle mutation, un magistrat fait valoir qu'il se trouve en proie à des difficultés de logement, affecté à des fonctions moins prestigieuses et, surtout, menacé dans son honneur : « J'ajoute que le préjudice moral qui m'est ainsi causé est encore plus grave, car aux yeux de la plupart je risque de passer pour un magistrat dont le patriotisme ou la valeur professionnelle peut être discutée. »

On compte encore près d'une trentaine de démissions forcées ou de fausses retraites volontaires dont les effets politiques sur le corps ne sont pas négligeables puisqu'elles concernent plusieurs chefs de cour. S'ajoutent encore 37 retraites d'office prononcées au titre de l'ordonnance du 7 janvier 1944 (dont 34 pour la métropole). Officiellement sans lien avec l'épuration, elles n'en marquent pas moins une interférence certaine entre épuration nationale et rénovation professionnelle : seul un tiers de ces sanctions correspond à une incompétence strictement professionnelle, tandis qu'un autre tiers renvoie à des causes mixtes et que le reste relève bel et bien de l'épuration, comme le Conseil d'État en fera plusieurs fois la constatation. Cette ordonnance permet soit de ménager, en évitant l'infamie d'une mesure officielle d'épuration, soit d'exclure sans faits antinationaux précis, soit de faire pression pour obtenir un déplacement, une demande de retraite, une démission « volontaires ». Afin de libérer des places pour des magistrats jugés plus légitimes et plus sûrs, quatre procureurs généraux et un premier président reçoivent une lettre du garde des Sceaux qui les somme de prendre une retraite présentée comme devant être de leur initiative : « J'ai décidé qu'il y avait lieu de vous inviter à demander votre mise à la retraite. En conséquence, je vous serais obligé de bien vouloir m'adresser une requête afin de m'éviter d'avoir à faire application de l'ordonnance du 7 janvier 1944[15]. »

Tout en sachant qu'on pêche inévitablement par sous-estimation et qu'il existe une part d'arbitraire dans le fait de comptabiliser des mesures officieuses qui ne sont pas toujours ou pas exclusivement liées à l'épuration, le décompte de toutes les formes de sanction accentue très nettement les effets de la Libération sur le corps des magistrats. On obtient de l'ordre de 230 sorties du corps (soit 10,4 % ou 5,7 %, selon que l'on prenne 2 200 ou 4 000 comme chiffre de référence) et 400 sanctions de tous ordres, soit 18,1 % ou 10 %[16]. Pour restituer le traumatisme produit, il faut aller encore au-delà de ces chiffres. Beaucoup de magistrats sont inquiétés, discutés, sans que cela dépasse un début d'enquête officieuse. Il existe aussi ces sanctions inapparentes et insignifiantes, pour l'extérieur, mais si marquantes et douloureuses dans un monde professionnel obsédé par le rang et les promotions : les retards dans l'avancement, les déplacements du parquet, lieu de réalisation des plus brillantes carrières, vers le siège, les mutations d'un poste de direction individuelle vers une fonction collective ou subordonnée. Les magistrats en connaissent le prix : envers un président de chambre jugé « opportuniste » et auteur de « quelques propos » provichyssois, un inspecteur des services judiciaires juge inutile une mesure disciplinaire : « Il suffit qu'il ait vu son collègue [...] pourtant moins ancien dans le grade, choisi plutôt que lui », comme premier président[17].

À cela s'ajoute que, pour la première fois avec une telle ampleur et une telle sévérité, des magistrats sont poursuivis pénalement. Bien qu'il soit impossible de donner un chiffre exact en raison des lois d'amnistie effaçant les traces et d'un nombre élevé d'affaires restées officieuses, il

15. Note du 28 février 1945, AN B3159.

16. Les chiffres donnés ici varient, parfois sensiblement, de ceux de l'article précédent. De tels écarts s'expliquent par les nouvelles archives consultées.

17. AN BB30-1749.

apparaît que plus d'une centaine de magistrats ont fait l'objet d'un début d'enquête. Sur ce nombre, une quarantaine bénéficient d'un classement et, plus rarement, d'un non-lieu; 12 sont acquittés; 33 sont condamnés, dont 5 à la peine de mort (deux sont exécutés; un troisième voit sa peine commuée en travaux forcés à perpétuité; quant aux deux derniers, en fuite, ils sont condamnés par contumace), 4 aux travaux forcés (dont un aux travaux forcés à perpétuité), 13 à une peine d'emprisonnement et 11 à la dégradation nationale. À titre de comparaison, rappelons qu'une dizaine de magistrats républicains avaient été condamnés à des peines de prison lors de l'avènement du Second Empire. Seule la Commune avait, juste avant de disparaître, exécuté un magistrat (faisant fonction de premier président de la Cour de cassation) à titre d'otage et en réponse à des exécutions perpétrées par les versaillais. On touche donc là une des originalités majeures de l'épuration de la Libération par rapport à ses nombreuses devancières du XIXe siècle ou à celle de Vichy, exclusivement disciplinaire. Elle innove, notamment, par rapport à celle du début de la IIIe République qui n'organise aucune poursuite pénale, tout en étant incomparablement plus sévère : accompagnée d'une vague de démissions pour raisons politiques, elle provoque un « séisme », plus de mille magistrats étant exclus ou démissionnant en quelques semaines[18].

Fautes personnelles et confirmation d'un habitus professionnel

L'épuration n'est pas le procès d'un modèle professionnel, d'une œuvre criminelle bureaucratique, d'un « crime de bureau », pour lequel un fonctionnaire n'a pas besoin de commettre des fautes personnelles pour être condamnable. Elle n'innove pas : elle reste dans le cadre juridique classique de la responsabilité individuelle et elle confirme un habitus professionnel. Le principe des sanctions collectives et automatiques ne joue pas, ou seulement à la marge. La simple obéissance aux lois et aux ordres d'un gouvernement dit pourtant « de fait » ne justifie pas une mesure disciplinaire. Il en est de même pour la prestation du serment de fidélité à Pétain, refusée par un seul magistrat, ou encore pour ce que la CCEM appelle des « faits collectifs de soumission », telle la participation

18. Renée Martinage, « Les magistrats jugés par les commissions mixtes en 1852 », *in* AFHJ, *Juger les juges*, Paris, La Documentation française, 2000, p. 159-170. Voir aussi *L'Épuration de la magistrature, de la Révolution à la Libération [...], op. cit.*, et Jean-Pierre Royer, Renée Martinage et Pierre Lecocq, *Juges et Notables au XIXe siècle*, Paris, PUF, 1982, p. 395 *sq.*

à la réunion des procureurs généraux et, surtout, à celle des premiers présidents, officiellement indépendants, organisées à l'automne de 1943 par Laval et Gabolde pour ranimer le zèle répressif du corps judiciaire et légitimer leur propre politique. Réunions auxquelles un seul premier président n'assiste pas, pour des raisons médicales de surcroît.

Seules, parmi les fonctions de direction, celles de directeur du ministère et d'inspecteur des services judiciaires entraînent une exclusion – mais pas de manière systématique : le premier directeur des Affaires civiles de Vichy, remplacé en novembre 1942, n'est frappé que d'une rétrogradation pour avancement exorbitant. Même si le garde des Sceaux défère devant la CCEM tous les magistrats de la cour de Riom ou de la cour martiale de Gannat et la majorité des membres des sections spéciales ou du tribunal d'État, la simple participation à une juridiction d'exception ne suffit pas à constituer ce que l'ordonnance qualifie d'« atteinte aux institutions constitutionnelles et aux libertés fondamentales ». Le principe d'une sanction collective est mis en œuvre dans un seul cas, celui, déjà évoqué, des deux condamnations à mort prononcées par la section spéciale de Nîmes, pour lequel le secret des délibérés n'est pas levé. L'application de tels critères collectifs aurait en effet conduit à invalider quasiment tout le corps et sa hiérarchie. Le ministre et la commission retiennent d'autant moins ce type de griefs systématiques qu'ils correspondent mal à la réalité de l'attitude de la magistrature et de sa hiérarchie, plus complexe que les résistants à Alger, partisans d'une suspension presque générale des chefs de service, ne l'avaient imaginée. Des chefs de cour, des membres de juridictions spéciales font valoir, attestations à l'appui, des titres de résistance ou des services à des résistants, on l'a vu. Beaucoup de magistrats sont, de surcroît, comparable à ce premier président, évoluant vers un retrait prudent et une irresponsabilité organisée, tel que le dépeint un inspecteur des services judiciaires :

> Il semble bien que M. ..., ainsi que beaucoup de chefs de service, pendant l'occupation, a agi au mieux de ses intérêts immédiats, soucieux d'assurer sa tranquillité momentanée, évitant de prendre nettement position, et, de moins en moins, à mesure que la guerre évoluait. Rien ne l'a véritablement compromis, rien non plus ne le recommande à la bienveillance des patriotes[19].

Il est également délicat de reprocher aux magistrats de ne pas avoir mis en pratique des principes d'insubordination qui auraient impliqué

19. Rapport sur la cour d'appel de Douai, AN BB30-1746.

une attitude qu'à l'instar des régimes qui l'ont précédée depuis la Révolution la IIIe République n'a jamais admise, le jugement de la loi par le juge. Ou encore, d'avoir fait ce que la République restaurée leur demande de répéter dans le cadre de l'épuration : la participation à des juridictions d'exception, l'obéissance à une législation spéciale et aux instructions ministérielles.

L'épuration s'inscrit ainsi dans le cadre d'un habitus professionnel qui, classiquement, soumet aux lois, même d'exception, mais reconnaît une marge de jeu et appelle à se tenir à distance des positions extrêmes, à rechercher une sorte de point d'équilibre entre rébellion jurisprudentielle et service zélé ; un habitus légaliste et neutralisé qui cultive les vertus moyennes et sans éclat[20]. Sont ainsi sanctionnés ceux qui ne s'en sont pas tenus à une sorte de minimum légal, qui en ont rajouté dans le service professionnel au politique. Dans ce que la commission et le ministre nomment, d'un côté, le « zèle répressif » et la « sévérité excessive », l'application « trop stricte » et « trop rigoureuse » de la loi, et, de l'autre, la « docilité » et le « défaut de caractère », le « manque d'initiative » et le caractère « trop routinier ».

Les chefs de cour ne sont pas sanctionnés pour l'occupation d'une fonction de direction, mais pour avoir accompagné les circulaires répressives du ministre d'un appel personnel à plus de fermeté ; avoir demandé des instructions à la chancellerie sans y être contraints ; avoir incarné « le type de magistrat incapable d'user d'initiative dans les cas où c'eût été pour lui un devoir de prescrire des mesures ou de recourir à des procédés susceptibles de faire échec aux intrusions des autorités occupantes dans le domaine de la Justice » ; ou encore, avoir laissé leur substitut responsable du parquet des sections spéciales signer en leur nom des circulaires, notes, rapports appelant à la sévérité, organisant la coopération avec les Allemands. De même, les membres des sections spéciales ne sont pas frappés pour leur participation à une juridiction d'exception mais pour avoir manifesté une trop grande sévérité et, plus restrictivement encore, pour avoir prononcé des peines de mort – jugement radical qui, de surcroît, ne justifie pas automatiquement une sanction, on l'a vu. Aux magistrats qui se replient derrière leur impuissance de juristes devant la loi obligatoire et leur devoir de réprimer des attentats contre les forces françaises de l'ordre, la commission reproche d'avoir appliqué la loi pénale, « sans souplesse ni clairvoyance », en prenant de vrais résistants pour d'authentiques criminels de droit commun

20. Alain Bancaud, *La Haute Magistrature judiciaire entre politique et sacerdoce ou le Culte des vertus moyennes*, Paris, LGDJ, 1993.

et en refusant de jouer sur les textes et entre les textes, parfois contradictoires, lacunaires, inégalement répressifs, c'est-à-dire sans user de leur pouvoir d'interprétation et de disqualification juridique qui permet d'atténuer la rigueur des lois, de sous-condamner, sans déroger aux règles du jeu juridique. Dans un de ses avis, la commission démontre ainsi à des juges incrédules ayant condamné à mort un résistant qu'ils avaient une marge de manœuvre effective que leurs collègues avaient su utiliser ailleurs et pour des affaires similaires, qu'il leur appartenait de manifester « une compréhensive indulgence, étant donné les circonstances, soit en disqualifiant le fait et en substituant au texte visé l'article 435 du code pénal dont l'application était faite couramment par la cour d'Agen; soit en ne tenant pas compte de la peine prévue par la loi visée (cour de Pau)[21] ».

Sans doute tous les magistrats de la cour de Riom sont-ils déférés devant la CCEM, mais certains sont mis hors de cause : un avocat général, au « rôle effacé » et à la conduite « magnifique » lors de son activité ultérieure de procureur général à Besançon, et un membre du siège n'ayant ni signé l'arrêt de renvoi ni participé à la cour après les condamnations prononcées par Pétain, c'est-à-dire étranger aux deux faits justifiant une mesure d'épuration aux yeux de la CCEM. Cette dernière propose des sanctions après de longs débats et en estimant, à l'unanimité, qu'« on devait savoir gré » aux magistrats d'avoir refusé de faire le procès attendu par Hitler et une partie de Vichy : celui de la France dans la déclaration de la guerre. Les sanctions sont, en outre, très inégales. Certaines sont bénignes et d'ordre symbolique : une mise en non-activité pour un avocat général et le retrait de l'honorariat pour trois juges. Seuls sont exclus le président et le procureur général pour avoir rempli leurs fonctions de direction et un juge pour avoir accordé une interview à la presse où il critiquait Blum.

Les excès de zèle répressif ne justifient une mesure d'épuration que pour les affaires politiques. Même d'exception et très liée à l'ordre moral de Vichy, la rigueur contre les infractions de droit commun ne rentre pas, ou très marginalement, dans le champ de compétence de l'épuration. Parmi les magistrats du Tribunal d'État, cette juridiction d'exception créée par le ministre de l'Intérieur, Pierre Pucheu, pour pallier les insuffisances répressives et contourner les restrictions de compétence et de procédure des sections spéciales, seuls sont exclus ceux qui ont requis ou voté des peines de mort contre des communistes. Ceux qui

21. Avis de la 2ᵉ commission sur la situation d'un conseiller de Toulouse, 23 avril 1945, AN B3230.

ont jugé, toujours très sévèrement, les affaires ordinaires (avortement, marché noir, vols de colis de prisonniers...) sont frappés d'un simple retrait de l'honorariat ou même mis hors de cause, comme on le voit pour les membres de la section lyonnaise. En dehors de cette juridiction extraordinaire, seul un procureur général est sanctionné, entre autres motifs, pour son « zèle excessif » dans la répression des délits de droit commun, décision annulée par le Conseil d'État : ce grief « n'était pas du nombre de ceux qui peuvent légalement justifier l'application d'une mesure d'épuration[22] ».

À la différence de la répression antimaçonnique, jamais mentionnée, la rigueur contre les juifs que l'ordonnance du 27 juin 1944 et l'arrêté de création de la CCEM ne prévoient pas explicitement constitue un grief parfois évoqué, mais toujours marginalement. Elle ne classe pas nécessairement dans la catégorie des fonctionnaires coupables et demeure susceptible d'être excusée. Elle ne justifie pas à elle seule une sanction, surtout sévère, si elle reste dans le cadre du jeu judiciaire normal et n'est pas aggravée par des faits jugés plus évidemment antinationaux. Un magistrat à la retraite nommé administrateur de biens juifs se voit retirer l'honorariat, pour s'être « associé ainsi à une politique portant atteinte aux institutions constitutionnelles et aux libertés fondamentales », et condamné à cinq ans de dégradation nationale. À propos de l'auteur d'un jugement aggravant les dispositions de la loi du 2 juin 1941, la commission déclare : « Bien que peu édifiée par le manque de franchise que M... apporte à sa défense, [la commission] n'aurait pas réclamé contre ce magistrat de trop sévères sanctions si le jugement était demeuré une manifestation isolée d'un zèle vichyssois aussi brûlant qu'excessif. Mais l'affiliation au groupe Collaboration le classe de manière évidente parmi les mauvais citoyens qui ont favorisé les entreprises ennemies. » C'est d'ailleurs cette dernière attitude qui fonde l'arrêté de révocation sans pension que signe le ministre[23].

Le grief visant le fait d'avoir « sciemment tiré un bénéfice matériel direct de l'application des règlements » de Vichy, comme le dit l'ordonnance, est, lui aussi, d'un usage restreint et relativement marginal. Il sert surtout à exclure les rares magistrats nommés par les voies exceptionnelles ouvertes par Vichy, et n'est par ailleurs utilisé que pour sanctionner, à titre essentiellement complémentaire, des avantages de carrière jugés excessifs chez quelques magistrats sous le coup d'autres griefs. C'est, il est vrai, un grief d'utilisation difficile dans un corps judiciaire aux règles de promotion traditionnellement souples, et que le Conseil d'État invalidera par la suite dans plusieurs instances.

22. AN B3387.
23. AN B3350.

Toujours dans le cadre d'une épuration frappant le zèle, sont sanctionnés les manquements les plus francs et les plus ostensibles au devoir traditionnel de « réserve » publique et de « dignité » civique pesant sur le magistrat. Quelques magistrats, auxquels aucun reproche professionnel n'est adressé, sont déplacés, plus rarement exclus, pour des conversations privées, mais c'est en général parce qu'ils ont exprimé leurs opinions dans des lieux publics, comme les cafés, et avec une ostentation et une surabondance verbale coupables chez un juge tenu à la mesure et à la retenue dans ses convictions politiques et ses manières de les exprimer : pour la CCEM, ils ont fait preuve d'« incontinence verbale », d'« intempérance de langage », se sont « affiché[s] comme un partisan résolu », un « partisan provoquant » qui « ne se cache pas ». Mais ce sont les opinions politiques soutenues dans le cadre professionnel et les adhésions partisanes collaborationnistes qui sont jugées les plus attentatoires à l'idéal professionnel et se trouvent les plus lourdement sanctionnées. Sont ainsi frappés l'éloge du régime et de la collaboration ou la dénonciation de la Résistance, lors d'une audience solennelle ou d'un procès ; l'exercice de fonctions politiques officielles (il est reproché à deux procureurs généraux d'avoir été nommés par Laval à la tête d'un conseil départemental) ; l'assistance à des réunions, conférences, cérémonies organisées par les Allemands ou les éléments radicaux du régime et, surtout, l'appartenance au groupe Collaboration, au Service d'ordre légionnaire, à la Milice, au PPF ou au parti nazi pour les magistrats d'Alsace-Lorraine. L'adhésion à une organisation pétainiste modérée comme la Légion française des combattants n'entraîne pas de sanction, sauf en cas d'exercice d'une responsabilité en matière de propagande.

L'épuration judiciaire est encore plus restrictive et plus restreinte : elle frappe les magistrats les plus politiquement engagés et les plus ouvertement collaborateurs. Les magistrats condamnés sur la seule base de leur activité judiciaire sont rares, alors que les membres des groupes collaborationnistes et du parti nazi sont les plus souvent sanctionnés. Ils représentent en effet 3 des 4 condamnés aux travaux forcés, 8 des 13 condamnés à l'emprisonnement et 9 des 11 magistrats frappés de dégradation nationale. Ce constat est confirmé par les caractéristiques des cinq condamnés à la peine capitale. Parmi les deux exécutés, l'un, sans caution hiérarchique, avait supervisé les cours martiales au sein du cabinet de Darnand, quand ce dernier était devenu secrétaire général au maintien de l'ordre ; l'autre est un procureur qui avait abattu un résistant venu l'exécuter et avait demandé aux Allemands de procéder à des arrestations d'otages pour garantir sa sécurité personnelle. Quant aux trois autres, il s'agit de Maurice Gabolde, ministre de la Justice de mars 1943 à la fin de Vichy; d'un jeune juge d'instruction auquel ses relations avec la Gestapo avaient valu une mesure quasi disciplinaire de la part de Vichy; enfin, d'un avocat général, seul condamné (par contumace) pour l'exercice de ses fonctions judiciaires : responsable du parquet de la section parisienne du Tribunal d'État, il avait requis à plusieurs reprises la peine capitale contre des communistes.

Parmi les membres des sections spéciales et des tribunaux spéciaux, sont uniquement poursuivis des magistrats, au nombre de 21, considérés comme responsables de peines de mort exécutées contre des résistants. Parmi eux, seuls sont condamnés les quatre magistrats les plus impliqués dans l'affaire la plus notoirement scandaleuse, dont le jugement possède la charge d'exemplarité la plus forte et représente le minimum indispensable pour démontrer solennellement la volonté d'épuration : celle des trois condamnations à mort prononcées, sur instructions gouvernementales faisant suite aux exigences allemandes, lors de la première audience de la section spéciale de Paris en août 1941. Elles avaient frappé, comme on le sait, des militants communistes accusés de simples faits de propagande antérieurs à la promulgation de la loi créant les sections spéciales. Le président est condamné aux travaux forcés à perpétuité, le responsable du parquet à dix ans de réclusion, deux juges du siège à quatre et deux ans de prison; un troisième assesseur est acquitté; quant au dernier, qui s'était opposé aux condamnations, il bénéficie d'un classement. Échappent aux poursuites le premier président et le procureur général, dont la responsabilité sera pourtant violemment mise en cause par Me Garçon, avocat d'un accusé :

> Je n'aime pas beaucoup leurs scrupules tardifs et prudents, leurs indignations retardées et leurs larmoiements périmés. Ces Chefs, qui pouvaient soit s'ériger en rebelles, soit, s'ils croyaient devoir obéir, s'offrir eux-mêmes pour exécuter l'ordre, se sont contentés de désigner impérativement des collègues pour accomplir ce qui leur répugnait. [...] S'ils n'ont pas approuvé, du moins ils ont toléré et organisé la juridiction qu'une commune opinion reconnaît pour infâme, puis ils ont paru s'en désintéresser, adoptant la commode mais peu courageuse méthode instaurée par Ponce Pilate[24].

Les magistrats poursuivis pour les peines capitales prononcées par le tribunal spécial de Toulouse et les sections spéciales de Douai et de Nîmes bénéficient de l'indulgence soit d'une cour de justice (trois acquittements), soit, plus fréquemment, de leurs collègues (un non-lieu

---

24. Maurice Garçon, *Procès sombres*, Paris, Fayard, 1949, p. 121-122.

et douze classements). Ce qui témoigne des réticences fortes du corps judiciaire à renvoyer ses membres devant les cours de justice et les chambres civiques. Les commissaires du gouvernement, les juges d'instruction, les procureurs généraux voient dans le secret des délibérés un obstacle quasi insurmontable aux poursuites et admettent mal le caractère patriotique des actes punis par leurs pairs sous Vichy : comme eux, ils les assimilent à des crimes de droit commun. Et, en tout état de cause, il leur paraît « impossible » d'affirmer que leurs collègues ont commis « un crime d'intelligence avec l'ennemi », ont « sciemment » envoyé des patriotes à la mort et servi l'occupant[25].

En matière d'épuration judiciaire et, dans une moindre mesure, d'épuration administrative, les magistrats les plus facilement sanctionnés sont ceux qui sont les moins admis par le corps, qui ne bénéficient pas des différentes formes de reconnaissance interne, qu'il s'agisse de bonnes notes émises par la hiérarchie, chefs de cour et inspecteurs des services judiciaires, ou de recommandations émanant de collègues bien en cour auprès du président de la CCEM et des responsables du ministère. Plusieurs révoqués sont des tard-venus dans la profession, dont la faute n'est pas toujours, ou pas exclusivement, d'avoir gravement dérogé à un habitus qu'ils maîtrisent plus ou moins bien. Le seul magistrat de la section lyonnaise du tribunal d'État sanctionné, et même lourdement sanctionné puisqu'il est révoqué sans pension, se trouve avoir intégré la magistrature trop vite et par une voie trop exceptionnelle ; il apparaît comme un « magistrat compréhensif et humain : considéré dans les milieux militaires lyonnais comme un patriote ardent ayant rendu de multiples services à la résistance », selon la CCEM qui lui fait toutefois grief d'avoir profité de son poste de commissaire adjoint du gouvernement pour se faire promouvoir directement conseiller[26].

Réaménagement et continuité d'une dépendance

Il convient sans doute, pour porter une appréciation sur les effets de l'épuration, de rompre plus radicalement qu'on ne l'a fait jusqu'ici avec une interprétation en terme d'échec. Parler d'échec partiel reste encore

25. À propos de l'affaire de Toulouse, voir le rapport du procureur général de Pau du 16 novembre 1945 et le réquisitoire du commissaire du gouvernement de la cour de justice du 26 janvier 1946, AN BB18-7118. Au sujet du président de la section de Douai, la plus répressive, on se reportera au rapport du commissaire du gouvernement de la Seine du 21 septembre 1945, AN B3114.

26. AN B3413.

un propos trop marqué par la problématique rétrospective et normative d'aujourd'hui. Une épuration est toujours susceptible de décevoir, d'apparaître trop indulgente ou pas assez radicale – surtout quand on lui prête des ambitions qu'elle n'a pas : elle ne vise ni à révolutionner ni à rendre indépendante du politique la magistrature dont on attend qu'elle serve sans état d'âme cette œuvre supérieure d'État que représente l'épuration.

Conformément à la conception hiérarchique de ses initiateurs et contrairement à l'image d'un phénomène qui aurait été sévère pour les petits et indulgent pour les grands, l'épuration entraîne d'abord un profond changement à la tête de la justice : tous les directeurs de la chancellerie en place avant la Libération sont exclus et, si on cumule sanctions officielles et déguisées, la plupart des chefs de cour sont remplacés. Parmi les 50 premiers présidents et procureurs généraux de métropole, 2 sont maintenus mais déplacés et 16 restent en place (10 pour les premiers et 6 pour les seconds), parmi lesquels un responsable du siège et 3 chefs de parquet sont déplacés assez rapidement pour des raisons qui paraissent rattachées à l'activité des cours de justice. Sur l'ensemble, 9 seulement ne sont ni suspendus, ni déférés devant la commission, ni poussés à une fausse retraite volontaire, ni sanctionnés.

L'épuration intervenue à la Libération est, à cet égard, beaucoup plus stratégique que celle réalisée par Vichy, qui n'a touché qu'à la marge la haute hiérarchie. Mais ce séisme tient plutôt du réaménagement interne puisque, comme on l'a vu, un seul non-magistrat est maintenu à la tête d'un parquet général, celui de Paris, poste qu'au demeurant il ne conserve pas longtemps : il est déplacé en 1948 et donne, aussitôt après, sa démission de la magistrature. La multiplicité des déplacements d'office ou d'opportunité provoque également une réelle redistribution géographique et, plus largement, sociale d'une magistrature jusque-là inscrite dans les réseaux de notabilités, dans la « société moyenne » provinciale, supportant la modicité de ses traitements et la dévalorisation de son statut grâce à la proximité de « biens de famille » et à la pérennité des relations sociales aussi honorables que protégées entre les classes populaires et les fractions supérieures de la bourgeoisie. De telles délocalisations, surtout dans certaines régions, interdisent aux magistrats de « tenir leur rang » et de rester dans leur monde.

L'épuration a aussi des conséquences sur la répartition des fonctions. Contrairement à ce qui est affirmé trop souvent, les magistrats mettant en œuvre l'épuration judiciaire ne sont pas ceux qui ont assumé la répression politique d'exception de Vichy et ont dû rendre des comptes à la Libération. Rares sont ceux qui servent les cours de justice de la

République rétablie après avoir siégé dans les sections spéciales de Vichy, et s'ils le font c'est toujours avec la caution des comités de libération et des autorités préfectorales. Par rapport à leurs collègues jouissant d'une légitimité personnelle de résistant, ils sont tenus à une plus grande dépendance et à un plus grand conformisme, voire à une surenchère dans la déférence et le zèle, à l'égard de la chancellerie et des nouvelles autorités locales.

De manière plus générale, l'épuration aggrave la crise d'identité et de légitimité de la magistrature. Elle suscite des tensions, des rancœurs, des jalousies à l'intérieur même du corps. Ceux qui ne profitent pas des promotions exceptionnelles que la Libération autorise sont amers. Les sanctionnés ont souvent le sentiment d'être trahis ou abandonnés par les nouveaux chefs. Surtout, ils ne comprennent pas les mesures qui les frappent. La commission en témoigne : elle ne cesse de relever que tel magistrat révoqué pour avoir voté une peine de mort « fait preuve devant la commission de la même incompréhension et de la même obstination dans l'erreur que ses collègues ». Ils n'admettent pas une épuration menée au nom de la lutte contre la trahison et leur reprochant la condamnation d'auteurs d'attentats contre des Français et surtout contre les forces de l'ordre françaises. Mis à part quelques cas isolés, ils se sentent patriotes et républicains, et sont d'ailleurs souvent reconnus comme tels par la commission ; ils n'ont pas le sentiment d'avoir « favorisé les entreprises de l'ennemi », selon la formule de l'ordonnance. Ce qui leur est reproché, ils l'ont fait par soumission à la loi, par sens de la discipline, par culte de l'ordre public, par opportunisme le cas échéant, mais très rarement par esprit de collaboration. On touche là toute la difficulté d'une épuration qui doit souvent juger moins une trahison que les effets extrêmes, caricaturaux, dramatiques, d'un mode traditionnel d'exercice de la justice qui peut conduire très loin.

Les ressentiments des épurés sont d'autant plus exacerbés qu'il existe des différences profondes dans l'appréciation des fautes, selon les régions ou le type d'épuration. Comme il n'existe aucune automaticité dans la mise en œuvre des griefs, des comportements semblables aboutissent à des traitements opposés. Des accommodements avec le régime de Vichy sont jugés véniels ou, au contraire, condamnables par la CCEM, selon que les magistrats sont soutenus ou non localement par les commissaires de la République, les préfets, les CDL, les nouveaux chefs de cour. Pour des faits identiques, des magistrats peuvent être frappés d'une révocation disciplinaire et parallèlement acquittés par une cour de justice ou une chambre civique.

L'épuration aiguise les ressentiments internes sans pour autant mettre fin aux critiques contre la magistrature. À la fin des années 1940, des magistrats blanchis par la CCEM et maintenus en fonction avec le soutien des commissaires de la République et des CDL sont encore attaqués et doivent parfois demander leur déplacement. Surtout, les magistrats à qui il n'est rien reproché se trouvent porteurs des fautes de leurs collègues et doivent se justifier, comme on le voit lors des procès Pétain, Laval ou Brasillach. La continuité d'hommes qui peuvent être des résistants tout en ayant servi Vichy, comme la pérennité d'institutions soumises à la domination du pouvoir politique, tel le parquet, ne permettent pas à l'épuration de relégitimer le corps. Ces critiques n'invalident toutefois pas la prise en charge de l'épuration par la justice d'État et ne justifient pas un retour à des formes « révolutionnaires » et expéditives d'épuration. Le corps judiciaire survit à un changement radical de régime et parvient à encadrer l'épuration judiciaire et une partie de l'épuration professionnelle. Mieux, les projets d'extension de la justice des jurés populaires échouent, comme on le voit en matière économique, et la réforme de Vichy des cours d'assises qui accroît les pouvoirs des magistrats professionnels perdure, à peine modifiée, sous la nouvelle République. La Libération marque la fin définitive de l'« utopie » d'une justice déprofessionnalisée qui avait agité les milieux républicains au XIXe siècle[27].

La magistrature traverse les événements (non sans dommages si l'on compte les épurations et les réaménagements de Vichy et de la Libération), mais sans pouvoir proposer aux autres et à elle-même une histoire qui à la fois affirme son identité et assure son indépendance. Elle n'a pas de faits collectifs de résistance à faire valoir. Les magistrats résistants sont peu nombreux, ont pu participer à la répression politique de Vichy et ont rendu, le plus souvent, des services utiles mais sans prestige. Un acte qui aurait pu être fondateur d'une histoire autonome envers le politique, le refus de prêter serment, a été assumé par un seul magistrat. La magistrature ne peut offrir que son loyalisme, son sens de l'ordre et du retour à l'ordre, sa discipline et son sens de l'accommodation aux évolutions du champ des autorités politiques et administratives. Elle se révèle incapable, à la Libération comme sous Vichy, de résister aux empiétements des nouvelles autorités politiques et administratives.

Le corps judiciaire ne s'est pas doté et n'a jamais été doté des moyens d'affirmer une véritable indépendance, surtout dans des circonstances

27. Jacques Poumarède, « Les tribulations d'un principe républicain, l'élection des juges », in *Justice et République(s)*, textes réunis par Jacques Lorgnier, Renée Martinage et Jean-Pierre Royer, Lille, Ester Éditions, 1993, p. 91-101.

exceptionnelles où l'intérêt de l'État est directement en jeu, comme c'est le cas avec l'épuration. Les chefs de cour, les membres des cours de justice sont ainsi choisis par le ministre, les commissaires de la République, les CDL, qui peuvent les faire déplacer dès qu'ils déplaisent. Des procureurs généraux, des commissaires du gouvernement, des juges d'instruction, voire des présidents de cours de justice, reçoivent du ministre des consignes relatives à certaines affaires particulières. Convoqués le cas échéant par les autorités locales qui leur demandent des comptes et leur donnent des instructions, ils sont par ailleurs étroitement surveillés par les inspecteurs des services judiciaires qui contrôlent leur productivité, définissent les critères de sélection des affaires, précisent les solutions à apporter, signalent à la chancellerie les affaires à suivre. Loin de favoriser le développement d'une culture d'indépendance, l'épuration encourage le système des recommandations politiques. Pour éviter une sanction, pour obtenir une réintégration, les juges sollicitent, parfois massivement, ce qui les rend dépendants et rabaisse le statut du corps. Faute de capital propre de résistance et d'indépendance, ils sont tributaires des jugements et des cautions extérieurs, venant des politiques, des préfets, ou encore des avocats qu'ils interpellent ou que le ministère interroge pour attester leur respectabilité professionnelle et leur fidélité patriotique. Il ne faut pas prêter à la République un idéal d'indépendance de la justice qu'elle n'a pas. Au moment de l'épuration, la magistrature est au cœur de stratégies d'instrumentalisation, à la fois complémentaires et concurrentes. Mais, même avec l'avènement de la IVe République et de ses nouvelles institutions, les républicains ne cherchent pas à créer un pouvoir judiciaire indépendant : ils se défient du corporatisme des juges et sont convaincus de la suprématie du politique. Le seul débat reste de savoir si c'est le législatif ou l'exécutif qui doit prédominer.

La défense accusée
L'épuration professionnelle des avocats

par Liora Israël

L'épuration professionnelle des avocats est fort mal connue[1] : Herbert Lottman n'y fait pas allusion dans son ouvrage sur l'épuration[2], Jean-Pierre Rioux soulignait en 1985 dans sa préface à *L'Épuration française* de Peter Novick[3] combien étaient rares les informations concernant l'épuration des professions libérales de manière générale, et il n'y a aucune référence sur le sujet dans la bibliographie la plus complète sur la question[4]. Organisée principalement – dès la libération de la métropole – par des conseils de l'ordre, dont les délibérations n'étaient pas publiées, l'épuration des avocats laissa peu de traces dans les archives publiques, alors même que de nombreux indices permettent de penser que les avocats ne furent pas moins touchés que d'autres par l'adhésion au régime vichyssois (il suffit de mentionner les noms de Pierre Laval, Xavier Vallat, Pierre Cathala, tous membres éminents du barreau de Paris). Or, dès février 1945, on s'inquiétait à la chancellerie du faible nombre de poursuites que les barreaux semblaient engager : « L'épuration des avocats n'a pas été faite le plus souvent. Par une sorte de solidarité confraternelle, ils évitent de se dénoncer et se soutiennent, au besoin, les uns les autres[5]. » Critiquée de toute part à l'époque pour sa

1. La présente recherche, en cours, est réalisée avec l'aide du GIP-Mission de recherche Droit et Justice.

2. Herbert Lottman, *L'Épuration, 1943-1953*, Paris, Fayard, 1986.

3. Peter Novick, *L'Épuration française (1944-1949)*, Paris, Balland, 1985; Seuil, 1991.

4. Jean-Claude Farcy et Henry Rousso, *Justice, répression et persécution en France (fin des années 30 – début des années 50), Essai bibliographique, Cahier de l'IHTP*, n° 24, série « Justice », juin 1993.

5. Inspection générale de la magistrature (1944-1947), note du 10 février 1945, papiers Maurice Rolland, Archives nationales, 490 AP 3.

faiblesse, fustigée par des barreaux prompts à dénoncer l'épuration de manière générale et celle qui leur était imposée en particulier, l'épuration professionnelle des avocats eut pourtant lieu, sous des formes qu'il reste à déterminer. L'étude de ce processus qui s'étend de 1943 en Algérie jusqu'au début des années 1950 paraît donc intéressante, non seulement pour éclairer un épisode méconnu, mais aussi pour répondre à des enjeux problématiques plus généraux.

Ainsi, l'épuration professionnelle apparaît comme un phénomène rare permettant de mettre au jour la manière dont la profession se définit elle-même, à la fois en réaction à une contrainte extérieure qui lui assigne une définition du « bon » et du « mauvais » avocat, et par la nécessité de créer ses propres catégories normatives et descriptives de la bonne pratique professionnelle, notamment dans le cas particulier des avocats, où le corps fut chargé de sa propre épuration. Si la période de l'épuration, en particulier professionnelle, apparaît donc comme une relecture *a posteriori* de comportements professionnels qualifiés de légitimes ou au contraire de déviants, cette relecture concerne également plus généralement la période dans son ensemble et l'inscription du corps professionnel dans ce contexte. À travers l'examen de ce processus long, sinueux, imbriqué dans d'autres formes d'épuration (judiciaire, administrative), sous le contrôle variable des procureurs généraux et de la chancellerie, parfois de la presse issue de la Résistance, c'est donc à la fois l'image d'une profession en période de guerre et l'un des modes de sa redéfinition interne et externe que l'on entend présenter ici.

Hésitations et tâtonnements : d'Alger à l'ordonnance du 6 décembre 1944

Dans le cas particulier de l'épuration professionnelle des avocats, il semble bien que l'on puisse reprendre le titre d'un chapitre de Peter Novick : « Répétition générale en Afrique du Nord[6] ». En effet, la période du gouvernement d'Alger peut être considérée comme une expérimentation sur le terrain de l'épuration appliquée aux avocats. Il faut néanmoins immédiatement insister sur le fait que cette épuration algérienne ne fut pas placée sous la direction des barreaux et des cours d'appel comme ce sera le cas en métropole, mais sous le contrôle de la commission d'épuration d'Alger et du commissariat à la justice. D'autre

6. Chapitre III, *L'Épuration française, op. cit.*, p. 85.

part, elle fut mise en œuvre alors même qu'était élaborée la législation qui sera mise en place dans la France libérée, au cours du second semestre de l'année 1943 et au début de 1944[7].

L'épuration des barreaux d'Afrique du Nord ne constitue donc pas une stricte préfiguration de la mise en œuvre de l'épuration des avocats, mais bien un processus d'expérimentation au cours duquel les autorités vont être confrontées aux difficultés de cette entreprise, et sans doute envisager d'autres moyens pour la mener à bien. Les archives que nous avons étudiées[8] contiennent 28 dossiers personnels, relatifs à des avocats algériens ainsi qu'à deux avocats tunisiens et à l'attitude du barreau d'Oujda au Maroc. Sont ainsi disponibles les instructions et les décisions relatives à la mise en œuvre de l'épuration de ces avocats, menée conjointement par la commission d'épuration et par le commissariat à la Justice, responsable en dernier lieu des décisions prises.

L'ordonnance du 18 août 1943 instituant une commission d'épuration fut utilisée dans tous ces dossiers, pour poursuivre des avocats soupçonnés d'avoir collaboré, le plus souvent à la suite d'une dénonciation. Cette ordonnance concernait les « élus, fonctionnaires ou agents publics ». Or les avocats ne relèvent *a priori* d'aucune de ces catégories, sauf s'ils sont membres du conseil de l'Ordre, et donc élus par leurs confrères. Seule une minorité d'avocats, d'autant plus importante relativement que le barreau correspondant était petit, a donc été à ce titre susceptible d'être épurée, alors même que la commission d'épuration ne semblait pas avoir réalisé au départ les conséquences de cette restriction. C'est ce qui apparaît par exemple à la lecture du dossier de Me M., avocat au barreau de Blida, propagandiste de la Légion française des combattants dans la même ville, défenseur de la collaboration, ayant pris les armes au sein du service d'ordre organisé par la Légion lors du débarquement allié du 8 au 9 novembre 1942. La commission d'épuration préconisait dans son cas des sanctions, tout en étant consciente de son incompétence : « La commission d'épuration regrette de ne pouvoir conclure, M. M. n'étant pas membre du conseil de l'Ordre. Elle espère cependant que Monsieur le Commissaire à la Justice voudra bien faire prendre les sanctions suivantes : radiation du barreau de Blida, internement jusqu'à la fin des hostilités (actuellement en cours)[9]. » En

7. Voir H. Lottman, *op. cit*, chapitre « Organiser la Libération », p. 51-53.

8. Épuration du barreau d'Algérie : dossiers personnels 1943-1944, AN BB 30 1738 (contient aussi quelques dossiers relatifs au Maroc ou à la Tunisie).

9. Lettre de la commission d'épuration au commissaire à la Justice, 28 février 1944, AN BB 30 1738.

réponse à ce courrier, le commissaire à la Justice faisait le même constat d'impuissance, cet avocat n'étant pas membre de l'instance ordinale. Il tenta alors de faire prendre des sanctions par le commissaire à la Guerre et à l'Air, en soulignant un épisode quasi anodin : Me M. avait été l'organisateur d'un stand lors d'une kermesse, dans lequel des mannequins représentant « le "traître de Gaulle" (en général français), Churchill, Roosevelt, Staline, étaient exposés comme cibles ». Le commissaire à la Justice demandait donc à son collègue chargé de la Guerre si cet événement pouvait justifier l'ouverture d'une information pour outrage à l'armée. Cet exemple est représentatif de plusieurs de ces dossiers dans lesquels la question de l'appartenance au conseil de l'Ordre fut laissée de côté alors qu'était menée l'instruction, empêchant parfois que celle-ci fût conclue par une sanction pourtant souhaitée par les autorités chargées de l'épuration. L'épuration des avocats fut ainsi conduite par Alger avec un dispositif législatif inadapté, la majorité des avocats ne relevant pas de la compétence définie par l'ordonnance du 18 août 1943.

Que ce soit du fait d'une législation mal conçue ou d'une volonté politique encore hésitante, il est intéressant de constater, d'une part que les pouvoirs publics ne respectèrent pas toujours la loi qu'ils avaient eux-mêmes édictée, et d'autre part qu'ils apparaissaient parfois peu conscients des spécificités professionnelles des avocats. Ainsi, en ce qui concerne le premier de ces points, l'ordonnance déjà citée qui définissait le type de poursuites intentées contre les avocats stipulait que toute dénonciation provoquant l'ouverture d'une information devait être signée. Le classement du dossier de Me K. de Sétif semble être motivé par cette raison alors que celui-ci avait été membre de la Légion. À l'inverse, Me N., du barreau de Mostaganem (il est vrai membre du Service d'ordre légionnaire [SOL] et ayant pris les armes lors du débarquement allié) fut interdit d'exercice pendant six mois par le commissaire à la Justice, alors même que la commission d'épuration lui avait signalé qu'il était impossible de prendre une sanction du fait de cette absence de signature.

Quant aux sanctions prises par les autorités responsables de l'épuration, elles se révélèrent parfois inapplicables, notamment pour des raisons professionnelles. La commission d'épuration proposa ainsi de radier définitivement Me M., avocat à Mostaganem, de son barreau, en lui laissant toutefois la possibilité de se faire inscrire dans une ville de l'intérieur de moindre importance. Or cette solution apparut incompatible avec l'exercice de la profession d'avocat et la discipline du barreau, car « l'avocat radié ne peut se faire inscrire au tableau ni au stage d'aucune autre juridiction », comme le faisait remarquer le bureau des affaires civiles du commissariat à la Justice dans une lettre du 22 février 1944.

Un troisième enseignement, de portée plus générale, que l'on peut tirer de l'examen de ces dossiers concerne les hésitations qui existaient encore en 1943-1944 sur le type de délits à reprocher aux avocats. En effet, tous ces dossiers concernent des accusations portées contre des avocats non au titre de leur profession elle-même, mais du fait d'activités de propagande maréchaliste ou collaborationniste, conduites en marge de leur activité professionnelle proprement dite (participation au SOL, appartenance à la Légion française des combattants ou au PPF, participation à des réunions de propagande, distribution de tracts...). De fait, les seuls avocats contre lesquels furent prises des sanctions (seulement quatre sur les 26 dossiers personnels relatifs à l'Algérie) étaient accusés d'avoir pris les armes lors du débarquement allié des 8-9 novembre 1942. Néanmoins, la dimension professionnelle apparaît parfois dans ces dossiers, notamment lorsqu'un avocat (en l'occurrence Me R., du barreau de Mostaganem) précise pour sa défense avoir défendu un juif en tant qu'avocat, ou avoir plaidé contre le SOL dans une affaire de vol, malgré des pressions exercées contre lui. En revanche, il est frappant de constater dans ces mêmes archives l'absence des instances professionnelles : les bâtonniers ne furent semble-t-il sollicités que lorsqu'il s'agissait de vérifier l'appartenance au conseil de l'ordre des avocats visés par des commissions rogatoires, et dans de très rares cas pour donner leur avis personnel sur la conduite de l'avocat pendant la période. Le seul de ces dossiers qui accorde une grande place à l'instance ordinale n'est pas individuel mais collectif, puisque c'est le conseil de l'Ordre tout entier qui y est visé. Le conseil de l'Ordre du barreau d'Oujda fut en effet accusé par plusieurs de ses anciens membres, exclus en tant que juifs, d'avoir manifesté de l'antisémitisme, en prononçant leur exclusion avant même que la législation relative au statut des juifs soit applicable au territoire marocain (il aurait fallu un décret supplémentaire), et sans respecter le principe du *numerus clausus* qui aurait permis que certains avocats juifs restent inscrits, malgré l'application de cette loi.

La dimension professionnelle, centrale pour la question de l'épuration des avocats, apparaît ainsi peu présente au regard de ces quelques dossiers concernant l'Afrique du Nord. Alors qu'aucune accusation ne concerne l'activité professionnelle des avocats, celle-ci est parfois invoquée dans leur défense ; bien que les accusés le soient en tant qu'avocats, et qui plus est – vu le dispositif réglementaire – en tant que membres du conseil de l'ordre, les instances ordinales sont très peu sollicitées et ne semblent pas demander à l'être ; enfin, dans le seul dossier où apparaît comme acteur un conseil de l'ordre, il l'est en tant qu'accusé et pour des motifs (l'exclusion des avocats juifs) qui n'apparaîtront pas à notre connaissance dans l'épuration professionnelle des avocats en France métropolitaine libérée. L'exemple de l'épuration des barreaux en Afrique du Nord en 1943-1944, malgré son caractère limité, prodigue ainsi quelques enseignements pour envisager la question de l'épuration des barreaux français. D'une part, il permet de souligner la difficulté à accuser de collaboration des avocats pour des raisons tenant à leur profession, sans doute parce que la mission de défense qui les caractérise rend difficile leur discrimination sur cette base ; ainsi, contrairement aux magistrats accusés d'avoir appliqué les lois vichystes, les avocats ne se virent pas reprocher d'avoir assuré leur mission de défense dans ce cadre juridique[10]. D'autre part, certaines limites qui apparaissent rapidement dans l'examen de cette épuration menée au titre de l'ordonnance du 18 août 1943 font apparaître le poids des réglementations professionnelles, et permettent d'expliquer en partie (d'autre facteurs ont sans doute joué, notamment le rôle du bâtonnier de Paris J. Charpentier au sein du Comité général d'études au sein duquel fut pensée une bonne partie de la législation de l'épuration) la dévolution en France métropolitaine de cette mission d'épuration aux instances traditionnellement chargées de la discipline au sein des barreaux, les conseils de l'ordre.

Si, comme le rappelle Peter Novick, « les délits susceptibles d'être punis tels qu'ils [furent] définis dans l'ordonnance du 27 juin 1944 qui instituait l'épuration administrative dans la métropole étaient presque identiques à ceux du mois de septembre précédent[11] » (ceux visés par l'ordonnance de septembre 1943 du Comité d'Alger relatifs à l'épuration de l'administration en Afrique du Nord), l'épuration des avocats fut régie par des textes bien différents en Algérie et en métropole. Après des troubles limités dans lesquels quelques avocats furent mis en cause du fait de leur activité professionnelle (comme André Berthon, arrêté au Palais de justice le 28 août 1944[12] et accusé par les communistes d'avoir cherché à faire abjurer son communisme à Gabriel Péri), le dispositif spécifique régissant le sort des avocats fut mis en place au mois de décembre 1944.

---

10. Comme le rappelle Danièle Lochak dans sa préface au livre de Richard Weisberg, *Vichy, la justice et les Juifs*, Amsterdam, Éditions des Archives contemporaines, 1998.

11. Peter Novick, *op. cit.*, p. 143.

12. Sur la trajectoire d'A. Berthon, voir Sophie Cœuré, « Le Parti communiste n'a pas pris le pouvoir. Sur le désengagement d'André Berthon », in *La Politique et la guerre. Pour comprendre le XXe siècle européen, Hommage à Jean-Jacques Becker*, sous la dir. de S. Audoin-Rouzeau, A. Becker, S. Cœuré, V. Duclert, F. Monier, Paris, Éd. Agnès Viénot-Noesis, 2002.

C'est l'ordonnance du 6 décembre 1944 qui rend applicable au barreau l'ordonnance du 27 juin 1944 relative à l'épuration administrative sur le territoire de la France métropolitaine, même si cette applicabilité avait déjà été mentionnée dans une circulaire de la chancellerie aux procureurs généraux, datée du 20 octobre 1944, concernant les professions judiciaires de manière générale. L'épuration des avocats ne se fit donc plus – comme en Algérie – sur le modèle de celle des élus, mais au regard de ce qui se passait dans l'Administration, comme si les avocats n'étaient pas assimilés à leur situation de praticiens libéraux mais étaient justiciables de leur activité au même titre que les membres du service public. L'exposé des motifs de l'ordonnance du 6 décembre 1944, rédigé par Jules Jeanneney, ministre d'État chargé de la réorganisation des pouvoirs publics, énonce dès la deuxième phrase une justification de cette épuration qui est déjà une interprétation historique : « Si beaucoup d'avocats ont été les meilleurs auxiliaires de la résistance du peuple français à l'ennemi, certains d'entre eux ont, malheureusement, collaboré à la répression des patriotes. » Après ce verdict mitigé est immédiatement affirmé le respect de l'indépendance du barreau : « Pour respecter, conformément à la tradition républicaine, les libertés traditionnelles de l'ordre des avocats, la présente ordonnance prévoit que l'épuration sera réalisée par les conseils de l'ordre. » L'ordonnance mêlait ainsi de manière quelque peu contradictoire une forme d'homologie entre la profession d'avocat et l'exercice d'une fonction administrative, et le respect de l'indépendance des barreaux, qui se voyaient ainsi chargés de leur propre épuration. C'est ce qui apparaît bien dans l'article 2 de cette ordonnance, qui précise que « les pouvoirs attribués au ministre intéressé par l'ordonnance du 27 juin 1944 relatifs à l'épuration administrative sur le territoire de la France métropolitaine sont dévolus aux différents conseils de l'ordre des avocats ou, le cas échéant, au tribunal de première instance qui, en l'absence du conseil de l'Ordre, en remplit les fonctions ». La possibilité d'appel de la décision est elle aussi soumise au mode d'appel classique des décisions disciplinaires du conseil de l'Ordre[13].

La publication de cette ordonnance allait rapidement susciter une note exprimant la forte contrariété de Louis Bodard, directeur des Affaires civiles et du Sceau[14]. Il se plaignait tout d'abord de ne pas avoir

13. « Les décisions rendues en vertu de la présente ordonnance sont soumises aux recours existant contre les décisions des conseils de l'ordre ou, le cas échéant, du tribunal de première instance, en matière disciplinaire ». Art. 3 de l'ordonnance du 6 décembre 1944.

14. Note pour Monsieur le Garde des Sceaux, de la part de la direction des Affaires civiles et du Sceau, 8 décembre 1944, archives du ministère de la Justice, C 6722-25.

été consulté, « ni pour la préparation du texte ni pour sa mise au point définitive après avis du Comité juridique », alors que les questions relatives aux auxiliaires de justice relevaient de sa compétence. Il soumettait ensuite les « observations [qu'il croyait] utiles de présenter au sujet de ce texte et qu'il n'aurait pas manqué de formuler s'il avait été saisi au cours des travaux préparatoires[15] ». Louis Bodard insistait sur différents points, plus ou moins techniques, relatifs notamment aux conditions d'appel des décisions disciplinaires des conseils de l'Ordre, repris de manière erronée dans la circulaire. Cette remarque, qui lui permettait de souligner que, si elle n'avait pas été consultée, sa direction était la plus compétente sur ces questions, visait également à éviter de provoquer une « émotion légitime dans les barreaux de France ». La seconde difficulté pointée par Bodard concernait les mesures d'épuration déjà en cours contre des avocats, au titre de l'ordonnance du 27 juin 1944, faisant suite à sa circulaire du 20 octobre 1944. Il s'inquiétait ainsi de recours possibles interrompant les poursuites déjà engagées du fait de cette première circulaire. Il concluait en réaffirmant la légitimité et la compétence de sa direction, avec un certain succès semble-t-il puisque, le 12 décembre 1944, une nouvelle circulaire était envoyée aux procureurs généraux pour préciser, en reprenant les objections qu'il avait relevées, comment appliquer la circulaire du 6 décembre.

Si le cadre fixant les conditions dans lesquelles l'épuration des barreaux devait se dérouler était donc fixé à la mi-décembre 1944, la mise en œuvre du processus ne semble pourtant pas avoir eu lieu dans les délais attendus par la chancellerie. Ainsi, le 20 janvier 1945, une nouvelle circulaire était adressée aux procureurs généraux, pour leur demander de surveiller la manière dont les autorités ordinales se chargeaient de la tâche qui leur avait été assignée. Après avoir rappelé que ce dispositif permettait de sauvegarder, « conformément à la tradition républicaine, la liberté de l'ordre des avocats en remettant aux conseils de l'ordre les pouvoirs attribués en cette matière, au garde des Sceaux, ministre de la Justice », la chancellerie manifestait déjà une certaine impatience : « La confiance que le Gouvernement provisoire a ainsi placée dans les conseils de l'ordre, gardiens des traditions d'honneur du barreau, ne doit pas être déçue. [...] Or, si [la] Chancellerie est saisie de nombreux rapports relatifs aux officiers ministériels, aux magistrats consulaires, aux membres des conseils de prud'hommes, rares sont ceux qui me rendent compte, en exécution des dispositions de [la] circulaire

15. *Ibid.*

du 12 décembre 1944, de mesures disciplinaires intervenues contre des avocats. » Les procureurs furent invités à demander aux conseils de l'Ordre de leur ressort de faire preuve de davantage de célérité, voire de saisir les « conseils de l'ordre de demandes de poursuites contre les avocats qui vous paraîtront, après enquête, comme tombant sous le coup d'une mesure d'épuration [...]. Vous requerrez qu'il vous soit, dans tous les cas, délivré des décisions rendues une expédition que vous me transmettrez », écrivait le garde des Sceaux[16].

Un mois et demi après la promulgation de l'ordonnance régissant la mise en place de l'épuration professionnelle des avocats, rares étaient donc les instances ordinales qui semblaient avoir pris acte de leur responsabilité en la matière. Pourtant, la profession d'avocat bénéficiait du rare privilège de se voir confier sa propre épuration, avec ceci de particulier que si d'autres professions libérales, comme les médecins, se voyaient également attribués cette tâche, c'était après un remplacement des conseils de l'Ordre, issus de Vichy, par de nouvelles instances et la surveillance des commissions d'épuration qui en étaient issus par des magistrats de l'ordre judiciaire[17]. Comment dès lors expliquer la réticence des avocats? Était-ce là la preuve d'une méconnaissance du dispositif, d'une volonté corporatiste de protéger ses pairs, le symptôme d'une difficulté à définir les comportements professionnels d'avocats relevant de l'épuration? C'est une question à laquelle on ne peut répondre qu'en examinant avec minutie les archives ordinales et les dossiers de l'épuration des avocats.

La mise en œuvre de l'épuration des avocats

Dans la circulaire du 20 octobre 1944 qui évoquait une première fois le rôle que les conseils de l'Ordre auraient à tenir dans l'épuration, un certain nombre de critères déterminant les fautes imputables aux avocats étaient énumérés. En effet, les conseils de l'Ordre étaient invités à prendre des « sanctions disciplinaires à l'égard de ceux des membres du barreau qui n'ont pas hésité à mettre leur activité au service de l'ennemi.

---

16. Circulaire du 20 janvier 1945, archives du ministère de la Justice, C 6722-25.

17. « Le Conseil régional des médecins institué par l'ordonnance du 11 décembre 1944 élit en son sein une section d'épuration composée de 50 p. 100 de ses membres, présidée par un magistrat désigné par le président de la cour d'appel dans le ressort de laquelle se trouve le chef-lieu de la région », ordonnance du 18 janvier 1945 citée par Céline Lesourd dans « L'épuration des médecins à la Libération », *infra*.

Doivent notamment être considérés comme tels ceux qui par leurs conseils ont sciemment facilité aux autorités ou entreprises allemandes la pratique de la législation et de la procédure françaises, ou leur ont suggéré les modifications à y faire apporter, ceux qui ont provoqué l'intrusion des autorités ennemies dans les affaires soumises à l'administration ou aux juridictions françaises, ceux qui ont favorisé le développement de services publics ou de sociétés privées allemandes, ceux qui faisant état de leurs relations avec les autorités occupantes ont perçu des honoraires souvent exorbitants pour des démarches réelles ou supposées ».

Cette énumération est l'un des très rares exemples de description fine des infractions qui pouvaient être reprochées à des avocats au titre de l'épuration professionnelle. Contrairement à ce que nous avions souligné concernant l'épuration des avocats en Algérie, c'est bien une forme d'activité professionnelle qui y est visée, et en particulier la dimension de conseil juridique qu'ont pu assurer des avocats au profit d'intérêts allemands, ainsi que la promesse éventuelle faite à leur clientèle d'utiliser leurs relations avec les autorités d'occupation. Il est à noter que le cœur même de l'activité d'avocat échappait à ces critères : le fait d'avoir défendu dans le prétoire des intérêts ou des prévenus allemands par exemple n'est pas mentionné. À l'inverse, la participation à des organisations politiques soutenant la collaboration – hors du contexte professionnel – n'est pas non plus évoquée, peut-être pour ne pas empiéter sur la compétence d'autres juridictions, en particulier des chambres civiques. Les fautes qui pouvaient être reprochées aux avocats ayant été circonscrites avec une certaine précision, on peut se poser la question de savoir si ce sont bien ces critères qui ont été utilisés dans la mise en œuvre du processus.

De fait, certains barreaux avaient paradoxalement pris les devants concernant la mise en œuvre de leur épuration, puisque dès la libération nombre d'entre eux avaient omis de leur tableau certains des personnages les plus compromis dans la collaboration. Ainsi le barreau de Paris radia-t-il dès le 21 novembre 1944 Me Jean M.-B., dont le dossier disciplinaire indique qu'il était « agréé auprès du Tribunal allemand, agent salarié (10 000 francs par mois) de la Gestapo, pour le compte de laquelle il a fait, avec port et usage d'armes, de fréquentes opérations policières. Avait sous ses ordres des indicateurs et sous-agents (hommes et femmes payés comme lui) [18] ». Pierre Laval fut lui aussi radié du barreau

18. Dossier « Avocats, épuration 1944-1945, archives du ministère de la Justice », C 6722-25.

de Paris dès octobre 1944[19], mais ces quelques radiations précoces signalées à la chancellerie[20] masquaient mal la volonté du conseil de l'Ordre parisien de ne sanctionner que les avocats irrémédiablement compromis, en particulier ceux qui s'étaient trouvés en relation directe avec les occupants.

D'autres conseils de l'Ordre adoptèrent un comportement plus radical encore, en justifiant leur refus plus ou moins complet de conduire l'épuration dans leurs rangs. Un exemple circonstancié nous en est donné par le barreau d'Aix-en-Provence, qui, à la suite de la circulaire du 20 octobre 1944, chargea un de ses membres de répondre aux « préoccupations de l'ordre », à savoir « quel devrait être le rôle exact du conseil de l'ordre [*dans l'épuration*] et quelles déterminations il devait prendre[21] ». Le rapporteur, Me Ferréol, rédigea un exposé long de six pages, dans lequel il présentait la législation en vigueur, avant de passer à l'examen des faits proprement dits. Conscient de la latitude conférée par ces textes, il écrivait notamment : « c'est ainsi qu'en appliquant à la lettre le paragraphe 4 de l'article 1er [de l'ordonnance du 27 juin 1944] on pourrait soutenir que tous les avocats plaidant devant les Tribunaux spéciaux ont retiré un bénéfice matériel direct sous forme d'honoraire en assistant leurs clients devant ces juridictions. » Néanmoins, cette lecture quelque peu alarmiste de la circulaire était rapidement abandonnée au profit de la recherche d'un « critérium précis », à savoir : « Doit être épuré tout Confrère qui depuis le 16 juin 1940 a entaché l'honneur de l'ordre des Avocats. » Et ce « critérium précis » une fois appliqué, le résultat qu'obtenait Me Ferréol était sans nuance : « Le Barreau d'Aix ne comporte qu'une cinquantaine de membres. Nous connaissons la conduite de chacun de nos Confrères et par suite l'appréciation est facile. Je puis affirmer en toute sérénité qu'aucun confrère n'a commis depuis le 16 Juin 1940 un acte de nature à entacher notre honneur professionnel. » Cette conclusion sans ambiguïté n'était pourtant pas sans contredire le fait que des instructions concernant des avocats étaient en cours au même moment devant les cours de justice ou les chambres civiques aixoises. Me Ferréol résolut ce paradoxe en minorant le rôle du barreau à l'encontre de ses propres membres : « On dira que certains Avocats ont fait l'objet soit d'investigations soit même de poursuites

19. Épuration des avocats, dossier Pierre Laval, AVP 1320 W 135.

20. Note de la direction des Affaires civiles au garde des Sceaux, 7 décembre 1944, dossier « Avocats discipline » 1944-1949, archives du ministère de la Justice, C 6722-25.

21. Rapport effectué par Me Ferréol, 10 janvier 1944, Archives du conseil de l'ordre d'Aix-en-Provence.

devant les juridictions d'épuration de droit commun. Je ne l'ignore pas, mais je considère que même dans ces cas devenus publics nous n'avons pas à intervenir. » La conclusion du rapport dénotait enfin une conception originale de l'épuration : « En admettant même que durant la période d'occupation toutes les conversations tenues au Palais n'aient pas été empreintes d'une parfaite orthodoxie, l'exemple donné par plusieurs d'entre nous, au premier rang desquels figure Me Juvénal, artisan de la Libération, suffit à dissiper tous les malentendus. »

Mêlant l'idée d'une compensation entre les erreurs de certains, rattrapées par le courage d'autres, et la certitude d'une bonne conduite de tous connue grâce aux liens forts censés unir les membres de ce barreau d'une cinquantaine de membres, le rapporteur choisi par l'ordre des avocats d'Aix-en-Provence détaillait ainsi avec une certaine franchise les raisons qui vont pousser nombre d'autres barreaux à refuser à se prêter à cet exercice[22].

Un autre mode de gestion de cette contrainte put être pour les barreaux de radier les avocats les plus compromettants, non pas – officiellement – du fait de leur activité politique, mais au nom de raisons plus circonstancielles : à Agen, « dès le 2 octobre 1944, jour de la rentrée judiciaire, le conseil de l'ordre avait décidé d'omettre sur le tableau Me T. et Me D., absents de leur domicile le jour de la Libération, estimant que cette absence [*ils sont en réalité incarcérés*] les empêche d'exercer leur profession ». De manière assez proche, le conseil de l'Ordre de Toulouse, dès la séance du 21 septembre 1944[23], décidait d'exclure de ses rangs Me Collomb, chef milicien réfugié à Sigmaringen[24], pour des raisons tenant au cumul de ses « activités ». En effet, son titre de « Chef des Forces de Police de la Région de Vichy » étant constaté, il en était tiré les conséquences suivantes : « Il est donc certain que les fonctions de Me Collomb, de temporaires, étaient devenues permanentes. Leur caractère et les rétributions qu'elles comportent, sont incompatibles

22. De manière similaire, le conseil de l'ordre des avocats près la cour d'appel de Bordeaux « constate » dans une délibération du 20 novembre 1944 que, « à sa connaissance, aucun avocat du barreau de Bordeaux actuellement en exercice n'a mis son activité au service de l'ennemi sous les formes prévues dans la circulaire de votre chancellerie du 20 octobre 1944 ». Rapport du procureur général près la cour d'appel de Bordeaux, dossier « Épuration », dossiers des ressorts de cour d'appel, 1945, archives du ministère de la Justice, C 6722-25.

23. Toulouse fut libérée le 19 août.

24. Sur cet épisode, voir Henry Rousso, *Pétain et la fin de la collaboration. Sigmaringen, 1944-1945*, Bruxelles, Complexe, 1984.

avec la profession d'avocat. » Le conseil décida donc à l'unanimité d'omettre Me Collomb de son tableau, d'une part parce qu'il avait accepté « des fonctions publiques rétribuées et de caractère permanent », et d'autre part parce qu'il ne résidait plus à Toulouse[25].

Une dernière stratégie adoptée par certains barreaux était de considérer comme hors de leur compétence cette mission d'épuration : le procureur général près la cour d'appel d'Aix[26] rappelait ainsi au sujet des avocats du barreau de Nice la remarque faite par l'inspecteur général de la magistrature dès son rapport du 26 septembre 1944 : « La situation du barreau de Nice est assez difficile. Pour le moment le barreau adopte une attitude des plus neutres et refuse de prendre aucune sanction disciplinaire à l'égard des avocats, prétextant qu'il s'agit de faits politiques et qui ne rentrent pas dans le cadre de sanctions disciplinaires. »

Les stratégies d'évitement des barreaux furent donc nombreuses; elles combinaient souvent brevets d'autosatisfaction et prises de décision mal assumées; elles manifestaient toujours en tout cas la difficulté à gérer l'étrange « privilège » de s'épurer soi-même.

Un autre facteur contribuant à l'extrême lenteur avec laquelle se mit en place l'épuration des avocats français tenait à la disparition partielle des acteurs chargés de la mener à bien. En effet, certains barreaux n'étaient plus en mesure d'accomplir cette tâche. Au début des hostilités, un décret-loi du 13 octobre 1939 avait suspendu la tenue d'élections dans les barreaux. Les conseils de l'ordre de l'hiver de 1944 étaient ainsi les mêmes qu'à la rentrée judiciaire de 1939, moins les pertes parfois importantes, temporaires ou définitives, subies dans leurs rangs. Dans un courrier du 4 décembre 1944, Fernand Payen, président de l'Association nationale des avocats, évoquait la situation du conseil de l'ordre du Havre : « Par suite des événements tragiques de ces dernières années, trois membres du conseil de l'ordre du Barreau du Havre sont morts ou ont quitté la profession. Le Bâtonnier, d'autre part, a dû démissionner pour raisons de santé. C'est dire que le conseil de l'ordre, réduit à deux membres – dont l'un n'habite même pas la ville et n'y vient que rarement –, s'est trouvé dans l'impossibilité de fonctionner[27]. » Fernand Payen avait déjà sensibilisé la chancellerie à ce problème à tra-

25. Compte rendu de la séance du 21 septembre 1944, registre des délibérations du conseil de l'ordre des avocats près la cour d'appel de Toulouse, archives du conseil de l'Ordre, Toulouse.

26. Copie jointe au rapport du procureur général près la cour d'appel d'Aix, 5 décembre 1944, dossier « Épuration », dossiers des ressorts de cour d'appel, 1945, archives du ministère de la Justice, C 6722-25.

27. Courrier de Me Payen au garde des Sceaux, 4 décembre 1944, archives du ministère de la Justice, C 6722-25.

vers l'exemple similaire du conseil de l'Ordre de Montpellier, mais la direction des Affaires civiles ne souhaitait ni désigner de nouveaux membres du conseil de l'Ordre, comme avait tenté de le faire Vichy en juin 1943, s'attirant par là les foudres des avocats[28], ni autoriser de nouvelles élections, sans doute pour éviter que ne pèse l'influence des avocats non encore épurés mais susceptibles de l'être. Dans une note au garde des Sceaux du 1er décembre 1944, la direction des Affaires civiles préconisait donc de s'en tenir à la jurisprudence : « Il est de jurisprudence constante que lorsque le conseil de l'ordre ne peut se constituer par suite, par exemple, de récusation, suspicion légitime, décès, maladie, mobilisation ou de poursuites dirigées contre la majorité du Conseil lui-même, la cour d'appel doit statuer comme premier et unique degré de juridiction. » Par ailleurs, pour remédier aux insuffisances matérielles mais aussi morales qui pouvaient caractériser certains barreaux à la sortie de la guerre, il était suggéré de faire conduire par les procureurs généraux des enquêtes précisant « si pratiquement chaque Conseil pourra se constituer et s'il a l'autorité morale suffisante pour statuer disciplinairement[29] ». Ce dernier problème était ainsi soulevé par le procureur général près la cour d'appel de Caen au sujet d'un avocat du barreau de Coutances : « Le nombre des avocats étant inscrits à Coutances étant insuffisant pour qu'il y ait un Conseil de l'ordre, les fonctions en sont exercées par le Tribunal. Mais les membres de ce Tribunal ne peuvent statuer dans cette affaire parce que l'un des griefs retenus contre Me S. est une déposition faite par lui en 1941, au cours d'une enquête effectuée par le procureur général d'alors sur un magistrat de Coutances, M. L., qui a été par la suite mis en disponibilité et vient d'être réintégré dans la magistrature. Si le Tribunal de Coutances avait été appelé à juger en tant que Conseil de l'ordre, sur le cas de M. S., une sorte de suspicion légitime aurait pu peser sur lui[30]. » Le procureur général préconisait alors que la cour d'appel statuât directement sur le cas de cet avocat. Redoublés par des enjeux locaux tenant à l'interconnaissance des membres du monde judiciaire et aux traces laissées par la guerre dans ces relations, des obstacles pratiques s'opposaient parfois à la mise en place de l'épuration des avocats, du fait de l'inexis-

28. Voir Liora Israël, « La Résistance dans les milieux judiciaires. Action collective et identités professionnelles en temps de guerre », *Genèses*, n° 45, 2001, p. 45-68.

29. Note au garde des Sceaux, 1er décembre 1944, archives du ministère de la Justice, C 6722-25.

30. Rapport 23 mai 1945 du procureur général de Caen au garde des Sceaux, archives du ministère de la Justice, C 6722-25.

tence des instances nécessaires à son bon déroulement, principalement dans des petites localités. Ces problèmes récurrents, auxquels avaient à faire face en premier lieu les procureurs généraux, se traduisaient par des réponses hétérogènes : à Caen le procureur choisissait de « dépayser » une affaire à la cour d'appel, alors qu'au Havre les avocats procédaient à une nouvelle élection du conseil de l'Ordre, rapidement annulée d'ailleurs.

Pour résoudre les problèmes posés par les réticences de la majorité des barreaux, auxquelles s'ajoutait parfois, comme nous venons de le voir, une faiblesse plus ou moins grande des institutions chargées de leur régulation, la chancellerie essaya de préciser par voie de circulaire certains profils d'avocats susceptibles d'être épurés. Ainsi, le 17 février 1945, une circulaire demandait de « faire rechercher les noms des avocats inscrits ou agréés auprès des Tribunaux militaires ou des juridictions instituées par les autorités d'occupation ». Ce critère était censé faciliter l'identification de ceux qui, ainsi que le précisait la circulaire du 20 octobre 1944, avaient choisi de « mettre leur activité au service de l'ennemi »? Contrairement aux vœux de la chancellerie, il ne permit pourtant pas d'avancer de manière déterminante dans le processus d'épuration. Au contraire, dans de nombreux cas il apparut que les avocats ayant dû plaider devant les juridictions allemandes étaient considérés comme s'étant comportés de manière particulièrement courageuse : le bâtonnier d'Amiens faisait savoir par l'intermédiaire du procureur général dans quelles conditions difficiles ses confrères avaient été amenés à travailler ; à Poitiers[31], les deux seuls avocats parlant l'allemand, qui avaient été désignés par le bâtonnier pour assurer cette fonction, étaient décrits comme ayant assuré cette tâche « pour un certain nombre de prévenus, avec dignité, parfois avec [...] courage et souvent sans recevoir le moindre honoraire ; ils n'en ont reçu dans les autres affaires qu'en les fixant avec modération ». En ce qui concerne le tribunal de Saint-Brieuc, là aussi ce critère se révélait peu probant, car « le seul avocat des Côtes-du-Nord agréé auprès des tribunaux militaires ou des juridictions instituées par les autorités d'occupation[,] Me Gamblin, est au-dessus de tout soupçon : membre de la Résistance, il a été nommé, après la Libération, Préfet des Côtes-du-Nord[32] ».

31. Rapport du procureur général au garde des Sceaux, 22 mars 1945, archives du ministère de la Justice, C 6722-25.

32. Rapport du procureur général de Rennes au garde des Sceaux, 16 mars 1945, archives du ministère de la Justice, C 6722-25.

Ce critère de la défense de prévenus devant les tribunaux allemands, préconisé par la chancellerie en février 1945 pour hâter la répression des avocats ayant tiré avantage de la collaboration, révéla donc la difficulté à édicter *a posteriori* de bons critères du comportement professionnel : si, dans les rapports des procureurs généraux, il est mentionné que quelques avocats furent suspectés de s'être enrichis en profitant de cette « spécialisation » permise en général par la connaissance préalable de l'allemand ; la défense de prévenus, souvent résistants, devant les tribunaux allemands, fut à l'inverse parfois assurée prioritairement par des membres de la Résistance judiciaire (par exemple à Saint-Brieuc ou à Charleville). La défense judiciaire de ces accusés français apparaissait ainsi plus ou moins confondue avec une certaine défense politique des résistants, de la part d'avocats qui, s'ils avaient peut-être légitimé l'existence de ces juridictions par leur présence, avaient aussi assuré un contact et l'expression d'une présence, voire d'une solidarité, auprès des hommes détenus par les Allemands.

La mise en place de l'épuration des avocats ne se fit donc pas sans difficultés : elle se heurtait à la fois à la mauvaise volonté des barreaux, à l'absence éventuelle – particulièrement en ce qui concernait les plus petites cours – d'instances adéquates pour assurer la fonction répressive qui avait été dévolue aux instances disciplinaires habituelles de la profession, à la difficulté, enfin, d'édicter des critères univoques qui auraient permis que le processus s'accélère et se routinise, comme le montre l'échec relatif du critère de la défense devant les juridictions allemandes.

Néanmoins, avec le temps, nombre de barreaux se retrouvèrent soumis à une double pression : celle exprimée par l'opinion, notamment par l'intermédiaire de courriers, qui concernait souvent les avocats traduits devant les autres tribunaux de l'épuration ; celle exercée par la chancellerie et les procureurs généraux, qui manifestaient leur impatience et leur déception face à la lenteur ou à la mauvaise volonté des conseils de l'Ordre. Le procureur général de Bordeaux notait ainsi dans son rapport du 26 mars 1945 : « Une remarque préliminaire s'impose : les Barreaux d'ordinaire si sévères à l'égard des magistrats se sont montrés particulièrement bienveillants et indulgents à l'égard de leurs membres. J'ai donc demandé des renseignements sur l'attitude des avocats aux services de la Police des Renseignements généraux[33]. »

---

33. Rapport du procureur général de Bordeaux du garde des Sceaux, 26 mars 1945, archives du ministère de la Justice, C 6722-25.

Sommés de se justifier, les barreaux choisirent donc peu à peu, dans leur grande majorité, de se soumettre au rythme extérieur qui leur était imposé par les cours de justice et les chambres civiques. Néanmoins, la volonté d'user autant que possible de leurs prérogatives et de ne pas apparaître comme contraints dans la mise en œuvre lente et tardive du processus d'épuration fit que celui-ci fut souvent heurté et provoqua de nombreux conflits entre les avocats et la chancellerie.

Un processus long et heurté aux résultats paradoxaux

Nous avons essayé jusqu'ici de brosser à grands traits la manière dont s'est mise en place, avec lenteur et difficulté, l'épuration professionnelle des avocats français. Plutôt que de rester à un trop grand niveau de généralités, et faute d'avoir à notre disposition des archives suffisantes pour dresser un panorama exhaustif de ce phénomène au niveau national, il nous semble pertinent de changer maintenant de niveau d'analyse et de présenter avec précision[34] trois cas individuels d'avocats parisiens, afin de mettre en évidence comment, au cas par cas, se nouaient relecture(s) de la trajectoire d'un professionnel dans la période et inscription de cas individuels dans les rapports complexes liant la profession d'avocat, la chancellerie, la vie politique française.

Une affaire de tapisserie

Il ne s'agit pas ici d'une affaire à laquelle on s'attendrait dans un tel contexte : Me N. fut en effet poursuivi pour avoir acheté 30 000 francs une tapisserie au mari d'une de ses anciennes collaboratrices, obligée de quitter Paris pour échapper aux persécutions raciales. Ce n'est pas tant cet achat qui motiva les poursuites à l'encontre de Me N. que le fait que celui-ci avait promis, contre restitution de la somme payée, de rendre la tapisserie si son propriétaire le lui demandait, en supposant qu'il en aurait un jour l'occasion. Or si N. ne contesta pas, à la Libération, qu'il avait fait cette promesse, il différa de mois en mois la restitution de l'objet. Le conseil de l'Ordre[35] releva les circonstances particulières de la vente « déterminées par les menaces dont M. R. [le propriétaire] et

34. Sauf mention contraire, les documents ci-après sont issus des dossiers d'épuration professionnelle des avocats parisiens disponibles aux Archives de la Ville de Paris, 1320 W 134-135.

35. Résolution du conseil de l'ordre des avocats de la cour d'appel de Paris, 18 juin 1946.

son gendre étaient l'objet de la part des Allemands, le refus d'opérer à une restitution à laquelle Me N. avait donné son accord, étant d'autant plus critiquable que M. T. [*le gendre*] s'était adressé à lui comme à un ami, en même temps qu'à l'ancien patron de sa femme ». Le comportement de Me N. fut dès lors considéré comme ayant « manqué de délicatesse et de dignité dans des conditions inadmissibles de la part d'un avocat », et il fut décidé qu'une sanction s'imposait même si, lors de sa comparution devant le conseil de l'Ordre, l'accusé avait promis de restituer l'objet. Une autre charge pesait contre cet avocat : il était accusé par un certain M. V. d'avoir accepté une provision déposée par l'une de ses amies pour qu'il soit défendu devant les cours de justice à la Libération. Mais l'inculpé ne prit pas N. comme avocat, et ce dernier se fit prier pour restituer la provision : là aussi le conseil lui reprocha son « manque de délicatesse ». Pour ces deux affaires, N. écopa d'une sanction, une interdiction temporaire d'exercer sa profession de six mois.

Les affaires concernant des avocats étaient suivies à la chancellerie par la direction des Affaires civiles, toujours dirigée par Louis Bodard, lui-même ancien avocat au barreau de Metz. Tenu au courant de la sanction prise contre N. par le procureur général Boissarie, et choqué par sa légèreté au vu de la gravité du premier des reproches adressé à N., il demanda au procureur général d'interjeter appel[36]. Presque au même moment, l'intéressé prenait la même décision mais pour des raisons inverses, cette affaire relevant selon lui de relations privées qui n'avaient rien à faire devant le conseil de l'Ordre. La juridiction d'appel, constituée comme prévu par les textes par les trois premières chambres de la cour d'appel réunies en assemblée générale, prononça un nouvel arrêt le 13 novembre 1946, ramenant l'interdiction d'exercer à quatre mois, la seconde plainte n'étant plus prise en compte mais le motif de condamnation étant toujours le fait d'avoir « manqué à la délicatesse qui s'impose à l'avocat ». Insatisfait, Me N. déposa le 2 décembre 1946 un pourvoi en cassation, qui n'eut, semble-t-il, pas de suite.

Dans le même temps, et pour des raisons tout à fait différentes, Me N. était poursuivi devant les chambres civiques pour avoir adhéré au mouvement Collaboration. Il niait et aucune demande d'inscription signée ne fut retrouvée. Par ailleurs, comme le notait un commissaire de police dans un rapport adressé le 25 juin 1946 au procureur général, un rapport de police du 15 décembre 1944 avait signalé que « des soldats et des officiers allemands sont venus plusieurs fois chez lui, et que sa situa-

---

36. Lettre au procureur général, 5 juillet 1946.

tion professionnelle avait connu une embellie remarquable; un autre que sa femme aurait eu des sentiments pro-nazis ou germanophiles; voire même un amant allemand ». À la suite de la transmission de ce rapport, la chancellerie demanda au procureur général d'interroger le ministère des Finances sur l'ouverture d'une enquête par le Comité de confiscation des profits illicites.

Un an et demi plus tard, le 16 avril 1948, N. fut acquitté par la 5e chambre civique, le procureur général ne préconisant pas de faire appel, mais seulement de transmettre le dossier pour information au bâtonnier de l'ordre des avocats. Comme à son habitude, le conseil de l'Ordre nomma alors un rapporteur, en l'occurrence Me Gonin, qui dressa un tableau tout à fait différent des précédents en rappelant les circonstances du procès devant la chambre civique. En effet, la défense de N. avait fait citer plusieurs témoins élogieux quant au comportement de Me N. pendant la guerre : le procureur de la République de Rambouillet, qui l'avait constamment fréquenté pendant la période, attestait ses sentiments patriotiques; M. Lévy-Laurens, maître de requêtes en disponibilité, à la Libération secrétaire général du comité juridique de la présidence du Conseil, témoignait du fait que Me N. avait facilité son départ pour Londres; Mlle M., ancienne secrétaire de Me N., militante dans la Résistance déportée à Ravensbrück, rapportait qu'elle avait vécu dans l'intimité du ménage N., qui lui avait donné asile dans des moments difficiles. Ces témoignages produisirent un tel effet que, selon Me Gonin, « le Commissaire du Gouvernement aurait lui-même abandonné l'accusation à l'audience et, après une brève délibération, la Chambre civique prononçait l'acquittement de N. ».

Le conseil de l'Ordre décida donc de classer ce dossier, et le procureur général écrivit à la direction civile, le 5 avril 1949, pour manifester son accord avec cette décision.

Il n'y a pas de morale à cette histoire : au terme de quatre ans et demi de procédure, N. avait finalement été condamné à quatre mois de suspension pour avoir rechigné à rendre une tapisserie qu'il avait achetée[37]. Par ailleurs, il avait été décrit successivement comme un profiteur de guerre – relevant du Comité de confiscation des profits illicites – dont la femme aurait eu un amant allemand; comme un ancien membre du groupe Collaboration dont l'activité relevait des chambres civiques, avant de se faire finalement blanchir pour son activité patriotique. On peut seulement noter ici l'enchevêtrement des procédures concernant

37. À un prix normal, semble-t-il d'après le dossier.

un même individu, et le caractère séparé, voire contradictoire des informations menées dans chacune d'entre elles, sous l'œil intransigeant de la direction des Affaires civiles.

Un avocat homme politique de Vichy

Si pour avoir refusé de rendre une tapisserie, on pouvait être sanctionné de plusieurs mois d'interdiction d'exercice de la profession, une participation active, reconnue, publique à l'administration même du régime de Vichy ne faisait pas forcément courir de risques de ce type, comme l'illustre le cas de Gaston Bergery[38]. Celui-ci, dont on peut résumer l'activité en notant qu'il avait voté les pleins pouvoirs, reçu la francisque dès novembre 1940, avait été membre du Conseil national de Vichy, proche de von Papen et ardent défenseur de la collaboration auprès du maréchal Pétain, fut également nommé ambassadeur de Vichy à Moscou très brièvement (il prit son poste en avril 1941), puis à Ankara jusqu'à la fin de la guerre. Gaston Bergery étant aussi un avocat membre du barreau de Paris, le procureur général demanda à son bâtonnier le 3 octobre 1945 de bien vouloir exercer à son encontre les dispositions des ordonnances des 27 juin et 6 décembre 1944. Dans le même temps, une information était ouverte contre lui auprès de la cour de justice de la Seine, en raison de son activité d'ambassadeur de France à Ankara, et plus précisément au sujet des demandes de retrait de nationalité française qu'il avait effectuées à l'encontre de gaullistes qui se trouvaient alors en Turquie. Il était également noté qu'il avait refusé la proposition de Darlan de se ranger auprès du gouvernement d'Alger. Renvoyé devant la cour de justice de la Seine le 26 septembre 1948, Bergery fut acquitté au mois de février suivant, malgré la sévérité du réquisitoire définitif rédigé par le commissaire du gouvernement[39].

38. Et de plusieurs autres avocats hommes politiques sous Vichy, comme René de Chambrun ou Jean Montigny, eux aussi blanchis par les conseils de l'Ordre. En revanche de plus hauts hiérarques du régime, tels que Pierre Laval ou Pierre Cathala, furent radiés du barreau. Ces célébrités du prétoire, bien que minoritaires, illustrent le fait que, si l'on a pu qualifier la IIIe République de « République des avocats », un certain nombre d'entre eux continuèrent cette carrière singulière d'avocat homme politique sous Vichy. Sur la IIIe République, voir Y.-H. Gaudemet, *Les Juristes et la Vie politique sous la Troisième République*, Paris, PUF, 1968.

39. Dans un courrier du 18 avril 1946, le commissaire du gouvernement près la cour de justice rappelle d'une part qu'après avoir voté les pleins pouvoirs il signe avec 64 autres parlementaires un manifeste anglophobe et antiparlementaire; et d'autre part qu'il est l'auteur d'une note du 30 mars 1941 au maréchal Pétain dans laquelle « il s'élève contre la politique d'attentisme, estime que le maréchal devrait adresser au pays un message justifiant la politique de collaborateur *[sic]*. Lui en fournit les éléments et déclare qu'il convient

Le conseil de l'Ordre, qui n'avait toujours pas pris position, sauf pour refuser de prononcer une suspension provisoire pendant l'instruction comme le lui demandait la direction des Affaires civiles par l'intermédiaire du procureur général, statua finalement sur ce cas lors de sa séance du 28 février 1950. Gaston Bergery fut acquitté, la décision rendue par la cour de justice étant mentionnée, ainsi que le fait qu'il n'avait été relevé contre lui « aucun agissement de la nature de ceux visés par la loi du 27 juin 1944 sur l'épuration – loi dont l'application a été étendue aux avocats par l'ordonnance du 6 décembre 1944 », aucun grief d'ordre professionnel n'ayant été relevé par ailleurs à sa charge. S'il avait été détenu pour ces faits à la Libération[40], Gaston Bergery, auteur notamment de la motion du même nom en juillet 1940, qui avait acquis nombre de parlementaires à la cause du pacifisme pour finalement se faire le défenseur fervent de la collaboration, fut donc blanchi par ses pairs avocats qui ne trouvèrent rien, dans son comportement, qui pût faire honte à sa profession ou, comme ils l'écrivirent pour d'autres, ne fît pas « honneur à sa robe ».

Un collaborationniste

Le dossier disciplinaire de Louis B. commence par un courrier du procureur général Boissarie au bâtonnier de l'ordre des avocats, le 20 mars 1945 : « M. le Garde des Sceaux me prie de lui faire savoir s'il n'y a pas lieu d'envisager que soit prononcée la suspension des avocats à la Cour qui sont l'objet d'information devant la cour de justice sans être encore frappés de décision disciplinaire. » Cette requête visait à faire appliquer par le barreau une mesure suspensive décidée d'habitude par le ministre compétent pour chaque administration, en vertu de l'ordonnance du 27 juin 1944. À cette interpellation, le bâtonnier Charpentier répondit le 10 avril 1945 par une fin de non-recevoir :

> Il ne me paraît pas possible de prononcer la suspension d'un avocat à la Cour aussi longtemps qu'il n'a été frappé ni par une décision de justice ni par une décision disciplinaire. La suspension est une peine qui ne peut être prononcée par le

---

de s'engager dans cette voie non à regret mais avec enthousiasme ». Sur l'attitude de Bergery pendant la guerre, voir Philippe Burrin, *La Dérive fasciste. Doriot, Déat, Bergery, 1933-1945*, Paris, Seuil, 1986 ; et Olivier Wieviorka, *Les Orphelins de la République. Destinée des députés et sénateurs français (1940-1945)*, Paris, Seuil, 2001.

40. Mise en liberté provisoire confirmée par arrêt de la chambre des mises en accusation du 9 avril 1946.

conseil de l'ordre qu'en présence d'une infraction dûment constatée. Dans certains cas, le conseil de l'ordre, qui a toujours considéré l'action disciplinaire comme indépendante de l'action publique, prononce des sanctions sans attendre la décision de la juridiction répressive. Mais le plus souvent, par déférence devant la juridiction pénale, il attend cette décision.

À l'occasion de l'affaire B., avocat accusé au début de l'instruction d'avoir été secrétaire général du groupement Jeune Europe, d'avoir fait des conférences antisémites et semble-t-il dénoncé deux personnes qui furent toutes deux déportées, s'engagea donc un bras de fer entre le barreau et la chancellerie, qui eut des conséquences sur l'ensemble de l'épuration des avocats[41]. Cette controverse fut longue et mouvementée, elle opposait la chancellerie – et en particulier la direction des Affaires civiles, soucieuse de surveiller comment s'opérait la délégation de pouvoir du ministère aux conseils de l'Ordre opérée par la circulaire du 6 décembre 1944 – à un conseil de l'Ordre parisien qui défendait les prérogatives ainsi obtenues. Le tout dans un contexte où les enjeux étaient plus symboliques que pratiques, car B., autour duquel se cristallisaient ces débats, était alors détenu[42].

Face aux pressions de la direction des Affaires civiles transmises par le procureur général Boissarie, le bâtonnier Charpentier réaffirma sa position, tout en évoquant la possibilité d'en changer si le dossier d'instruction actuellement en cours contre l'avocat visé lui était transmis : « En ce qui concerne M. B., l'enquête à laquelle s'est livré le membre du Conseil chargé de rapporter son cas n'a pas abouti, jusqu'à ce jour, à des résultats appréciables. Je me propose de demander à M. le Juge d'Instruction chargé de l'affaire de mettre son dossier à la disposition de M. le rapporteur afin que je puisse apprécier si je dois saisir le Conseil[43]. » La chancellerie répondit à cette demande en transmettant une note de renseignements sur l'état de l'instruction, tout en soulignant de nouveau que l'épuration professionnelle pouvait s'opérer de façon indépendante. Le 24 octobre 1945, le commissaire du gouvernement écrivit au procureur général près la cour d'appel de Paris pour lui signifier que l'information contre B. s'était conclue par une décision de

41. Cette justification du refus de prendre des mesures suspensives fut utilisée à maintes reprises par le bâtonnier de l'ordre des avocats de Paris, par exemple en ce qui concerne le cas précédemment évoqué de Gaston Bergery. On retrouve copie de ces courriers concernant le dossier B. dans de nombreux dossiers d'avocats épurés.

42. Comme le faisait remarquer le procureur Boissarie au garde des Sceaux dans un courrier du 3 juillet 1945.

43. Courrier du 26 juillet 1945.

classement définitif le 30 août 1945. Mais, le 14 novembre, il fut décidé de le renvoyer devant la chambre civique. Parallèlement, la position de l'Ordre à l'égard des demandes de ce type qui lui étaient transmises ne cessait de se durcir; le secrétariat de l'Ordre refusa ainsi le 10 janvier 1946 de produire des récépissés à l'occasion de la demande de suspension provisoire effectuée par le procureur général à propos de Mes C. et M. Il fut dès lors procédé à l'envoi de plis recommandés, « M. le Garde des Sceaux [ayant] toujours prescrit, en effet, au Parquet général de donner date certaine aux demandes de suspension provisoire, qu'il vous transmet; pour fixer le point de départ du délai de deux mois prévu par l'article 39 de l'acte dit loi du 26 juin 1941 [44] ». L'affaire B. suivait son cours : le 20 mars 1946, il fut frappé de cinq années de dégradation nationale par la cour de justice de la Seine [45]. Le 24 avril 1946, le parquet général indiquait que le conseil de l'ordre des avocats de Paris s'était finalement prononcé après cette dernière décision, soulignant quelques points dans ce délibéré :

> La peine de radiation a été prononcée contre cet avocat à la Cour. Les motifs de cette décision appellent l'observation : Me B. ayant été frappé de 5 années d'indignité nationale par arrêt de la Chambre Civique de la cour de justice de la Seine en date du 20 mars 1946, le Conseil de l'ordre ne pouvait, semble-t-il, que constater la déchéance dont était frappé de ce fait l'avocat condamné. Or, s'il a fait une juste appréciation de la cause en prononçant la radiation de Me B., il semble bien que, en se réservant le droit d'apprécier les faits, le Conseil de l'ordre a admis la possibilité d'une décision qui aurait pu le mettre en contradiction avec celle de la Chambre Civique de la Seine.

Jusque dans son délibéré final, pourtant sévère pour l'avocat, le conseil de l'Ordre réaffirmait ainsi sa souveraineté et son indépendance sur ces questions, « considérant qu'il est de principe qu'une décision pénale rendue à l'égard d'un avocat ne porte pas atteinte au droit du Conseil d'apprécier les mêmes faits du point de vue qui relève de sa juridiction [46] ». Il est d'ailleurs intéressant de noter la manière dont fut justifiée par le conseil de l'Ordre la radiation de B. :

---

44. Délai au terme duquel la juridiction d'appel peut se saisir *omisso medio* des questions disciplinaires si le conseil de l'Ordre, saisi par le procureur général, n'a pas statué dans un délai de deux mois, d'après la loi du 26 juin 1941.

45. Note du cabinet du commissaire du gouvernement près la cour de justice, 23 mai 1946, à l'avocat général Legris (section civile). Le pourvoi formé par Louis B. le 21 mars 1946 contre l'arrêt de la 2e chambre civique qui l'avait condamné à la dégradation nationale pour cinq ans fut ensuite rejeté par la chambre des mises en accusation statuant en application de l'ordonnance du 28 novembre 1944, art. 69.

46. Résolution du conseil de l'Ordre, 2 avril 1946.

– Considérant que M. B. a fait partie, pendant l'occupation allemande, de l'« Institut d'Études des Questions Juives », qui fut créé à la fin de l'année 1940 – que l'activité qui lui est reprochée à cette occasion est d'avoir fait trois conférences relatives aux juifs;

– Considérant que M. B. était déjà antisémite avant guerre, qu'il ne s'en cachait pas, mais qu'à cette époque la liberté d'expression des opinions, maître de ses droits, était entière;

– Considérant qu'il n'en était plus de même quand l'ennemi occupait notre territoire, que la propagande antisémite de Me B. coïncidait à l'époque avec celle poursuivie par les Allemands, qu'en s'y associant ainsi personnellement Me B. a contribué à favoriser les entreprises de l'ennemi;

– Considérant qu'une telle attitude mérite une sanction sévère;

– Par ces motifs, arrête : La peine de radiation est prononcée contre Me Louis B.[47].

Les raisons finalement invoquées par le conseil de l'Ordre pour radier Me B. apparaissent ainsi fort intéressantes : elles s'inscrivent en effet dans une relecture rétrospective de la période de Vichy, impliquant une condamnation d'un comportement antisémite non pas du fait du caractère scandaleux de ce type d'opinion, mais dans un contexte où ce discours se rapprochait de celui tenu par les Allemands. En inscrivant implicitement sa condamnation du comportement d'un avocat dans le cadre de l'ordonnance du 20 octobre qui visait les « membres du barreau qui n'ont pas hésité à mettre leur activité au service de l'ennemi », l'ordre des avocats du barreau de Paris s'insérait – bien que tardivement – dans le cadre législatif qui fixait sa compétence disciplinaire. En même temps, il proposait en creux une relecture de l'antisémitisme des avocats[48], ce dernier apparaissant comme légitime, sauf, *a posteriori*, dans le contexte spécifique de l'occupation allemande; la spécificité de ce contexte semblant justifier de prendre une sanction pour une conduite ne relevant pas directement de la pratique professionnelle.

Dans le cas spécifique de l'épuration des avocats comme dans le processus de l'épuration de manière générale, les sanctions ne furent pas toujours proportionnelles aux actes reprochés à leurs auteurs, ni comparables d'une arène judiciaire à une autre. Ces disparités sont en partie imputables aux caractéristiques propres à chaque affaire, à son inscription dans les temporalités complexes de ce processus, aux effets de lieux

---

47. B. interjeta appel de cette décision disciplinaire, elle fut confirmée en son absence (26 juillet 1946), il fit donc opposition et fut finalement débouté le 18 décembre 1946.

48. Robert Badinter, *Un antisémitisme ordinaire, Vichy et les avocats juifs (1940-1944)*, Paris, Fayard, 1997.

ou de réputation qui l'environnaient. Elles furent particulièrement mises en avant par les contemporains, que ce soit ceux qui condamnèrent des juridictions *ad hoc* et d'imputation rétrospective, ou ceux qui reprochèrent au système de réprimer le lampiste pour protéger les intérêts du « grand capital », de la « cinquième colonne » et les véritables coupables. Un demi-siècle plus tard, si l'on peut toujours constater l'étendue de ces disparités, il est plus intéressant d'essayer de dresser le bilan de cet épisode sur d'autres plans. L'enseignement le plus significatif à tirer de ce processus exceptionnel, en particulier dans le cadre des groupes professionnels qui nous intéressent ici, consiste à étudier ce moment comme l'occasion d'une requalification et d'une redéfinition du groupe, à travers la mise en forme « sous contrainte » d'une définition de la bonne pratique professionnelle en situation de crise. Nous avons ainsi souligné combien il avait été difficile, et même impossible, de trouver des indices univoques d'un comportement professionnel déviant dans ce contexte (comme l'illustre l'exemple des avocats ayant plaidé devant les juridictions allemandes). À l'inverse, ce moment où les barreaux durent mener à bien une auto-épuration qui se révéla un privilège autant qu'une charge fut l'occasion pour la plupart des ordres des avocats de réaffirmer leur indépendance, en particulier à l'égard des parquets et de la chancellerie, et la force des liens entre confrères. L'épuration des avocats peut ainsi être interprétée comme un moment douloureux de réaffirmation de la force des liens régissant les interactions au sein de la profession, ainsi qu'un mode spécifique et paradoxal de retraduction des enjeux d'une période troublée au sein d'un groupe professionnel si fortement lié à l'histoire politique française[49].

49. Voir Lucien Karpik, *Les Avocats. Entre l'État, le public, le marché, XIIIe-XXe siècle*, Paris, Gallimard, 1995.

L'épuration des universitaires : défense et justification

par François Rouquet

L'Université a entretenu avec Vichy des rapports contrastés. Dès son avènement, l'État français se défia de l'institution universitaire, en laquelle il voyait l'une des causes de la défaite : l'intellectualisme et l'esprit critique s'opposaient à l'ordre, au culte du chef et au sens du devoir, valeurs dont l'oubli, selon Vichy, avait mené à l'abîme. L'Université ne concernait cependant qu'une trop infime minorité de Français, formant un monde par ailleurs difficile à contrôler, pour que Vichy en fît grand cas. Et c'est sans doute aussi pour cette raison qu'elle put bénéficier malgré tout d'une relative autonomie. Peut-être aussi parce qu'un certain silence y fut souvent de mise, en dépit des oppositions et de certains épisodes incontestables de résistance[1]. Ajoutons que, en zone occupée, les Allemands pouvaient, comme ce fut le cas à Paris, ménager une large autonomie à l'Université dès lors que l'ordre y prévalait. Quoiqu'elle ne représentât qu'une partie très restreinte du monde de l'enseignement, l'Université française fut soumise au même processus d'épuration que l'ensemble de la fonction publique.

1. On compte, dans la seule faculté des lettres de Paris, 5 enseignants et 14 étudiants morts en déportation ou au cours des combats de la Résistance; 4 professeurs de la rue d'Ulm et 12 normaliens. A. Gueslin (dir.), *Les Facs sous Vichy,* Clermont-Ferrand, Publications de l'Institut d'études du Massif central, université Blaise-Pascal (Clermont-II), 1994; cf. aussi C. Singer, *Vichy, l'Université et les juifs,* Paris, Les Belles Lettres, 1992.

Universitaires épurés

Au plus haut niveau l'épuration touche cinq ministres anciens universitaires dont quatre furent déférés en Haute Cour de justice[2] : Albert Rivaud[3], Georges Ripert[4], Jacques Chevalier[5], Jérôme Carcopino[6]. Trois d'entre eux obtinrent un non-lieu, tandis que Jacques Chevalier fut condamné en mars 1946 à vingt ans de travaux forcés et à la confiscation de la moitié de ses biens. Qualifié de « ligueur fanatique » et grand admirateur du franquisme, qu'il avait soutenu en 1937, il bénéficia un an plus tard d'une mesure de libération conditionnelle. Cent soixante-dix des 1 500 fonctionnaires enseignants du supérieur furent l'objet d'une instruction administrative[7], et eurent donc un dossier d'épuration portant leur nom, qui fut instruit, à Paris, par le Conseil supérieur d'enquête (CSE). On trouve parmi eux des professeurs, des maîtres de conférences, des assistants, quelques chefs de travaux, des agrégés de médecine ou de droit. On compte environ 10 % de professeurs touchés, et 8,5 % des 473 assistants et chefs de travaux. Au total, les universités de province, qui rassemblent 12,5 % de dossiers constitués, paraissent avoir été plus sévères que le rectorat de Paris, où une trentaine de cas furent étudiés sur les 635 enseignants de faculté, soit environ 5 %. Soixante-dix-sept révocations furent prononcées à l'encontre des enseignants du supérieur, dont neuf recteurs, auxquelles s'ajoutent des sanctions de second ordre, blâme, rétrogradation, déplacement d'office[8].

---

2. Joseph Barthélemy, universitaire et ancien ministre de la Justice, mourut la veille de sa comparution en Haute Cour.

3. Professeur de philosophie, ministre de l'Éducation nationale du 16 juin au 12 juillet 1940. Arrêt des poursuites en Haute Cour le 23 janvier 1947.

4. Doyen de la faculté de droit de Paris, secrétaire d'État à l'Instruction publique et à la Jeunesse du 6 septembre 1940 au 13 décembre 1940. Arrêt des poursuite en Haute Cour le 2 mai 1947.

5. Jacques Chevalier, qui fut à la fois un philosophe catholique traditionaliste enseignant à l'université de Grenoble et le filleul de Pétain, marqua son bref passage au ministère de l'Instruction publique (de décembre 1940 à février 1941) par les avantages qu'il accorda à l'enseignement privé et par le rétablissement des « devoirs envers Dieu » qu'il prôna à l'école publique.

6. Professeur d'histoire à la Sorbonne et directeur de l'École normale supérieure. Ministre du 13 février 1941 au 18 avril 1942. Arrêt des poursuites le 11 juillet 1947. Il rétablit la sélection, supprima la gratuité dans l'enseignement secondaire et appliqua les mesures antijuives à l'Université.

7. En incluant les chargés de cours. Le chiffre est de 140 si l'on ne tient compte que des titulaires.

8. Voir Claude Singer, *L'Université libérée, l'Université épurée (1943-1947)*, Paris, Les Belles Lettres, qui dresse un état précis des sanctions.

Ces proportions sont à rapporter à de faibles valeurs absolues mais isolent nettement les universitaires si on les compare à celles calculées pour l'ensemble du personnel de l'Éducation nationale ; 30 % de peines légères (blâme ou censure), 31 % de peines moyennes[9] et 39 % de peines sévères[10] frappent le personnel de l'ensemble de l'enseignement. Ces proportions sont respectivement de 14 % (sanctions légères), 21,5 % (sanctions moyennes) et 64,5 % (sanctions sévères) dans l'enseignement supérieur. Les universitaires sont donc plus frappés par des sanctions lourdes, ce qui les apparente aux secteurs les plus touchés de l'épuration administrative : police, magistrature, anciens combattants. Quelle explication à cela ? Tout d'abord, l'âge des sanctionnés qui les exposa plus que d'autres à la mise à la retraite d'office, considérée ici comme une peine sévère. Cette mesure permit fréquemment de mettre à l'écart, en douceur, les universitaires les plus âgés. Paris fournit naturellement le lot le plus important d'universitaires sanctionnés (21). Viennent ensuite Montpellier (14), Alger (12), Bordeaux (10), Aix-Marseille (8), 6 sanctions pour les universités de Toulouse, Lyon, Besançon, Grenoble, Caen et Rennes, 5 à Dijon, 3 à Clermont-Ferrand. Le chiffre tombe à 2 dans la plupart des autres universités. Ces disparités paraissent plus liées au contexte local qu'à l'emprise de la Résistance. Elles demeurent avant tout significatives de la vigueur des réactions locales et du jugement social en général plutôt que du poids réel de la collaboration.

La répartition par discipline établie précisément par Claude Singer fait apparaître une sur-représentation des facultés de lettres et de médecine (totalisant respectivement 32 % et 30 % des sanctions), devançant celles de sciences (26 %) et de droit (12 %). Encore faut-il garder à l'esprit la faiblesse des effectifs. Au sein même de ces ensembles, on remarque l'omniprésence en lettres des historiens, des professeurs de langues – mais sans que la proportion des germanistes soit supérieure à celle des anglicistes –, des littéraires, de quelques philosophes. En médecine, les chirurgiens sont particulièrement représentés, tandis qu'en sciences les mathématiciens sont les plus nombreux, suivis par quelques physiciens et chimistes. En droit, cinq juristes sont sanctionnés et trois économistes. Parmi ces professeurs de droit certains furent sollicités comme spécialistes, notamment dans le Conseil national créé par

9. Déplacement d'office, rétrogradation, exclusion d'une fonction administrative.

10. Mise en disponibilité ou cessation de fonction, à la retraite d'office, révocation, interdiction d'enseignement ou de concourir à un poste.

Pierre-Étienne Flandin afin d'élaborer des réformes[11] : André Amiand, professeur à Paris ; Georges Ripert, doyen de la faculté de droit de Paris qui fut secrétaire d'État à l'Instruction publique et à la Jeunesse ; Gilbert Gidel, vice-doyen de cette même faculté ; René Brunet, également parlementaire ; Achille Mestre et Julien Laferrière, amis de Joseph Barthélemy, professeur de droit et ministre de la Justice, qui laissa s'instaurer les « sections spéciales » en août 1941, quand se développèrent les attentats contre l'occupant.

L'ambition et l'orgueil seraient déterminants dans le comportement d'un Joseph Barthélemy. Sa collaboration, selon Michèle Cointet, serait liée à « l'éternelle tentation des professeurs de droit d'attacher leur nom à une Constitution. Quel professeur résisterait à la tentation d'être ministre[12] ? » Il s'agirait donc là d'une sorte de « syndrome des Plaideurs » pour constitutionnaliste, l'expression pétainiste du complexe d'Empédocle en quelque sorte. Les juristes auraient voulu laisser leur nom sur la Constitution pour la même raison qui poussa Empédocle à laisser ses sandales au bord du cratère avant de se jeter dans le feu de l'Etna : pour que cela se sache. Il est cependant remarquable que seuls quelques juristes se soient trouvés inquiétés alors que d'autres disciplines, moins sollicitées par le régime, fournissent des effectifs plus importants. À l'évidence, les juristes étaient sans doute les mieux préparés à pressentir le danger que pouvait faire courir à ses serviteurs trop zélés un régime qui appliquait à rebours les principes fondamentaux du droit. « Le Droit ne fait pas seulement régner l'ordre, il commence par faire régner le silence, et chez ceux-là mêmes qui en ont la charge[13] » : cette aspiration au silence décelée par Gérard Miller s'agrémentait d'un opportunisme de bon aloi dans un milieu si respectueux de l'ordre et de la hiérarchie.

Convenons cependant que la généralisation des attitudes au sein d'une discipline serait un exercice vain. Le contenu des dossiers personnels est ici déterminant pour apprécier la diversité des cheminements individuels. Les juristes pas plus que les médecins, pourtant plus nombreux (une trentaine), ne furent déterminés par leur compétence. La constitution de l'ordre des médecins par Vichy permit à certains d'entre

---

11. Michèle Cointet, *Le Conseil national de Vichy 1940-1944*, Aux amateurs de livres, 1989. Sur le rôle des professeurs de droit et des juristes sous Vichy, voir « Les juristes sous l'Occupation : la tentation du pétainisme et le choix de la Résistance », *Les Facs sous Vichy*, *op. cit.*, p. 51-64.

12. M. Cointet, *ibid.*

13. Gérard Miller, « La justice et la sérénité », *Le Genre humain*, n° 30-31, « Le droit antisémite de Vichy », p. 400.

eux de profiter d'une forme d'autonomie qui put renforcer ou légitimer certaines pratiques seigneuriales dans les services des hôpitaux. Mais ces pratiques existaient antérieurement et devaient leur existence, comme c'est encore le cas aujourd'hui, moins à un régime politique qu'à un droit coutumier propre à la profession. Peu de professeurs de médecine ou de chirurgie prolongeaient leur sensibilité politique, plutôt à droite, d'un engagement marqué dans le militantisme. Les contraintes de leur métier ne les prédisposaient généralement pas à de telles activités et les cantonnaient au mieux dans le rôle de sympathisant. C'est donc la singularité qui prédomine à l'Université dans l'appréciation des affaires [14] et qui justement voue à l'échec toute tentative de modélisation. Pour la plupart, les enseignants du supérieur se virent inquiétés pour les mêmes motifs que les fonctionnaires ordinaires, enseignants ou non [15]. En dehors du zèle dans l'application de la politique vichyssoise, qui touchait au premier chef des postes de direction, les motifs d'épuration les concernant furent assez variés : port de la francisque, délits d'opinion et surtout propos jugés antisémites, collaborationnistes, contre la Résistance ou les Alliés, plus rarement dénonciations. On relève bien entendu des délits plus spécifiquement liés à l'enseignement ou à l'activité intellectuelle en général : propagande sous la forme de conférences ou de contributions offertes à des revues allemandes, fréquentation de collaborateurs ou de cercles allemands, quand ce ne fut pas l'opportunisme de promotions rapides liées à de bons « contacts » ministériels, ou encore d'associations vichyssoises, voire, plus rarement, l'adhésion à des partis dont le plus fréquenté par les intellectuels fut le groupe Collaboration. La lecture des mémoires de défense montre la variété des perceptions et des attitudes. On ne s'étonnera pas que la plupart des accusés réfutent la version des faits qui leur sont reprochés. À cette pratique commune du déni et de la duplicité s'ajoute le thème de la défaite associé à la fascination pour le Maréchal ainsi que la capacité des témoins à s'ériger en victime.

Le déni et la duplicité

Ne pas reconnaître les agissements dont on les accusait fut une défense commune à nombre d'inculpés. Cette pratique du déni reve-

14. Claude Singer, *op. cit.*
15. François Rouquet, *L'Épuration dans l'administration française*, Paris, CNRS Éditions, 1993.

nait, en ne reconnaissant pas les faits, à opposer une fin de non-recevoir aux accusations. Le déni put permettre à l'accusé de faire valoir, en s'appuyant sur des témoignages favorables, l'inanité des preuves retenues contre lui :

> Je n'ai eu avec les Allemands et avec les Italiens, écrit un professeur de médecine de Bordeaux, aucune espèce de rapport, je ne leur ai jamais adressé la parole; je mets qui que ce soit au défi de prouver le contraire. Je n'ai appartenu à aucun groupement politique pendant les quatre années d'occupation, pas même « les Amis du Maréchal[16] ».

Si les faits se révèlent inconsistants et, donc, si le déni est fondé, l'affaire se trouve bien vite classée. Pratiqué avec talent, le déni s'accompagne souvent de plaintes : obscur règlement de compte, vengeance personnelle, nuisance plus ou moins délibérée, rumeur infondée, etc. Distincte et plus intéressante encore est cette forme plus subtile de déni où les faits reprochés peuvent être admis mais interprétés de façon radicalement différente. Les faits en matière de procès, on le sait, sont moins importants que la manière dont ils sont présentés et envisagés dans le contexte où ils ont eu lieu. Il en va de même *a fortiori* en matière de patriotisme. Arrêté à la Libération, remis en liberté du fait de ses fonctions puis interné de nouveau pour des raisons de sécurité personnelle, ce chirurgien marseillais enseignant à la faculté de médecine, chef départemental de la Légion et contre lequel d'ailleurs aucune plainte ne fut déposée, justifia ainsi la responsabilité qu'il avait prise :

> J'étais légionnaire et j'ai été chargé directement par le Maréchal de la gestion financière et administrative de la Légion (en janvier 1944) [!]. Pendant les six mois de ma gestion, j'ai surtout eu une activité sociale (mais personne dans mon service n'est légionnaire). Je n'ai jamais soigné un Allemand ni à l'Hôpital ni en clientèle. De propagande pour la Légion, je n'ai pu en faire [qu']autant qu'il s'agissait de faire l'union des Français et le relèvement moral. Pas de propagande politique. Et la preuve c'est que Laval et la Milice ont essayé de nous attirer à eux sans succès [...]. L'idée légionnaire était surtout un état d'âme[17].

C'est la demande « directe » du Maréchal qui est mise en avant. Le déni ici ne s'opère que dans un second temps. La responsabilité prise

16. AN F17 16732, dossier A., professeur de médecine expérimentale à Bordeaux, mémoire de défense, p. 5.
17. Dossier A., chirurgien, chargé de cours à la faculté de Marseille, *ibid.*

dans la Légion peut être difficilement comprise en janvier 1944 comme un acte politique sensé, compte tenu du profil de l'accusé. C'est justement parce que son rôle est décrit comme en dehors de la politique et des Allemands (qu'il n'a jamais soignés) que son engagement légionnaire prend toute sa valeur et que sa date tardive devient la preuve de sa bonne foi. Il ne s'agit pas de collaborer avec l'occupant, encore moins avec les tenants de la collaboration radicale (Laval et la Milice), il ne s'agit pas plus de s'abaisser à de quelconques actions de « propagande politique ». Il s'agit d'aider la France et les Français à réaliser leur relèvement moral, avant tout d'un état d'âme en prise directe avec le chef absolu.

La duplicité fut très souvent invoquée par les accusés. À tort ou à raison. Par tactique mais aussi parce que les circonstances les avaient placés devant un choix difficile : faire face à l'occupant en tâchant de préserver pied à pied ce qui pouvait l'être ou lui laisser l'initiative d'un pouvoir absolu de disposer des hommes et des infrastructures. Et ce quand bien même la dimension symbolique semble l'emporter sur l'efficacité réelle. « J'ai gardé avec les Allemands ma souveraineté », explique ce médecin chargé de cours à la faculté de Marseille, qu'un collègue, vraisemblablement jaloux, accuse d'être un propagandiste et d'être d'une manière générale rallié à la collaboration :

> J'ai refusé de signer un document de la Kommandantur qui risquait d'aliéner notre liberté. [...] Je suis commandant, 6 citations, une blessure, mon fils FFI réparait chez moi les appareils radio parachutés. J'ai caché 19 fusils. Je ne suis jamais allé chez les Allemands. [...] J'ai même refusé [...] de rencontrer un général allemand[18].

De quoi est-il exactement question ici? D'une défense de circonstance reposant sur le passé patriotique de l'intéressé et la caution familiale apportée par l'attitude de son fils? D'un double jeu associant à une collaboration de relations obligées une stratégie de fermeté face à ses prérogatives professionnelle? On conçoit que la recherche d'une « vérité patriotique » n'ait guère été aisée face aux ambivalences des perceptions comme des situations. Du déni subtil à la déloyauté, il n'y a qu'un pas, évidemment peu apprécié des épurateurs, mais il existe entre les deux quelques cas surprenants relevant de ce que l'on pourrait appeler le déni paradoxal. Ainsi, lors de son interrogatoire, une jeune musicologue fait état de relations avec l'occupant, passionnée qu'elle était

18. AN F17 16902, dossier V., audition.

par la culture allemande, mais osant l'ingénuité jusqu'à faire totalement abstraction du contexte dans lequel se déroulaient ses relations. Lors de son interrogatoire, elle justifie son assiduité auprès de l'occupant en invoquant une forme de patriotisme :

> – Je suis patriote à ma manière, dit-elle, en dehors de tout parti et en m'occupant de musique, domaine où la France doit tenir la première place. J'ai eu le tort de n'être pas résistante. [...] Dans mes relations avec les Allemands, il y avait beaucoup de curiosité intellectuelle. J'en ai reçu chez moi jusqu'en 1944. Mon père me désapprouvait et mes parents ne venaient pas dans le salon quand je recevais des soldats. [...]
> – Que pensaient vos camarades?
> – Ils me plaisantaient, disant que j'étais de la Gestapo[19].

Défense sans doute malhabile et mal préparée de cette jeune enseignante (elle est née en 1915) en congé de thèse? Elle ne voit dans l'occupant qu'une source d'intérêt culturel profitable à ses travaux. Mais son aveu est paradoxalement fondé sur le déni de toute volonté de collaboration. Le terrain sur lequel jouent ses relations est clairement revendiqué sur le ton de l'évidence comme en dehors de la politique et frise la provocation. Jeune bourgeoise dont les parents sont visiblement très libéraux (ils ne descendaient pas au salon lorsqu'elle recevait des soldats), Mlle B., par calcul ou non, choisit la posture de l'ingénue. On remarquera que cette irresponsabilité s'accorde à la représentation archétypale de la femme incapable de discernement en matière de politique, de citoyenneté, de jugement, de capacité d'analyse. Même agrégée, donc dotée de capacités intellectuelles reconnues, elle s'égare dans sa passion pour les arts en offrant le profil de l'« esthète sans tête ».

La défaite et la fascination

On sait que la perception de la vraie nature du régime de Vichy fut brouillée par la fascination qu'exerça le Maréchal sur les Français. Le vainqueur de Verdun n'offrait-il pas toutes les garanties d'un patriotisme trempé dans la lutte contre le même ennemi hier vaincu et aujourd'hui vainqueur? Mais l'aura qui entourait le Maréchal, l'aura du soldat vainqueur, n'aurait été que vestige prestigieux de la mémoire nationale si elle ne s'était combinée avec la défaite. La défaite qui, après

19. AN F17 16756, dossier B.

la victoire, avait laminé l'orgueil national et bouleversé les consciences. Cela y compris pour ceux qui paraissaient les plus clairvoyants. L'exemple d'un Emmanuel Mounier, lequel offrait pourtant toutes les garanties d'un tenant de la gauche républicaine face à Vichy, est là pour rappeler les effets de l'ampleur du désastre : antimunichois, antifasciste, antitotalitariste, anti-antisémite, le directeur de la revue *Esprit* n'en vit pas moins sa clairvoyance d'avant 1940 entamée par les séquelles émotionnelles de la débâcle, fondement de la tentative de rénovation vichyssoise. Pour le philosophe aveuglé par la grande secousse de 1940, la défaite devint bien plus qu'un événement traumatisant : le seul événement possible, le jugement définitif de l'Histoire; un donné à partir duquel *tout* devait être repensé[20]. Comme si, au fond, une vraie débâcle obligeait ceux qui la vivent à repenser le monde à partir de ce point zéro de leur orgueil, voire de leur propre existence citoyenne. Face au désarroi de la défaite et au sentiment d'humiliation dont les causes sont à rechercher, comme le proclame à grand renfort de moyens le nouveau gouvernement, dans un passé de jouissance et de désordre, le sens de la discipline et de l'ordre, de la hiérarchie et de l'organisation, la rigueur dont fait preuve l'occupant sont autant de contretypes au laxisme français. Cette fascination s'exerce aussi à l'occasion envers l'occupant et s'exprime parfois dans le monde universitaire par l'admiration pour son organisation et les moyens scientifiques qu'il sait se donner.

Le Maréchal, dans l'atmosphère d'abattement qui suivit la débâcle, focalisa espoir et soulagement. La Révolution nationale martela cette évidence du chef au charisme quasi divin. Relever la France imposait un mea culpa collectif et une rénovation nationale jetant à bas la vieille République qui avait mené à la défaite. Si l'opinion se coupa lentement du régime au cours de l'année 1941, le Maréchal demeura en retrait du mouvement de désapprobation. Dans nombre de mémoires de défense, sa personne magnifiée par la propagande comme son passé glorieux, symbole d'espoir, composèrent un antidote à l'abattement, aux difficultés du quotidien et à la dureté de l'Occupation. Vichy n'était qu'un régime mal né de la défaite, Pétain un vainqueur incontestable auquel la nation défaite pouvait s'identifier. Ses voyages à travers la France le prouvent tant ils suscitèrent un engouement renouvelé dans de nombreuses villes où les foules semblaient trouver dans l'auguste vieillard l'icône indispensable à leur espoir. Homme de droite conquis puis déçu par le Maréchal, un enseignant fournit les explications suivantes :

20. Position évoquée par Pierre Laborie dans « La défaite : usages du sens et masques du déni », *in* Patrick Cabanel et Pierre Laborie (dir.), *Penser la défaite*, Toulouse, Privat, 2002, p. 9-17.

Vis-à-vis du gouvernement de Vichy, j'ai gardé une attitude boudeuse et de mécontentement – car je voyais l'anarchie qui existait – jusqu'en octobre 1941. C'était, je crois, un dimanche, et j'ai vu là, au long d'une journée – je le dis parce que c'est la réalité – une foule de plus de 100 000 personnes acclamer le Maréchal dans un enthousiasme délirant, de pavoisement, de chants, de musique, et cet homme qu'une certaine radio nous présentait comme un vieillard incapable de se tenir debout, est resté toute la journée debout, dans une attitude de dignité remarquable, causant avec la foule dans des réparties qui ne manquaient ni de finesse ni de sagesse, et ce spectacle m'a ému profondément : je le dis parce que c'est la vérité. J'ai été mis à cette occasion en rapport avec les camps de jeunesse et j'ai été à même par la suite de visiter le camp de jeunesse d'Argelès ; j'ai vu là l'œuvre admirable réalisée par le général de La Porte du Theil. J'ai vu de jeunes chefs de chantiers qui essayaient de reprendre ces jeunes gens, d'en faire des jeunes gens dignes de la patrie à laquelle ils appartenaient. J'ai vu une compagnie du 18e régiment d'infanterie défiler un jour dans Cauterets [...] dans un ordre impeccable, dans une tenue absolument remarquable, salut aux couleurs le matin, le soir. Ce n'était pas là une attitude de collaborateurs ! J'étais parti désespéré, je suis revenu plein d'espoir[21].

La victimisation

Actuellement, ma situation est la suivante : le 14 juin 1940, mon fils, le sous-lieutenant Lucien M., a été tué à Verdun. Le 24 juin 1940, mon fils aîné, le lieutenant Jean M., a été fait prisonnier et l'est encore. En juin 1940, les opérations de la bataille de Caen ont réduit à néant tout ce que je possédais au point de vue intellectuel et matériel en détruisant l'université de Caen, mon laboratoire de Luc-sur-Mer et ma maison d'habitation. Je me permets d'espérer que mes compatriotes n'ajouteront rien à ces infortunes, car ils sauront reconnaître le sens français que je donnais au mot « collaboration »[22].

On retrouve dans qu'écrit ce professeur caennais en janvier 1945 l'essentiel des arguments avancés par les épurés pour s'ériger en victimes. La référence aux enfants ou à des membres de la famille offrant des garanties incontestables de patriotisme. Un fils mort au combat impose le respect propre à toute grande douleur. Un autre prisonnier depuis quatre ans, la destruction du foyer familial, des locaux universi-

21. AN F17 16732, dossier A. Cette affaire fut jugée deux fois en chambre civique, où l'intéressé obtint le non-lieu et la mise hors de cause par le CSE.
22. AN F17 16849, dossier M., mémoire de défense.

taires, du laboratoire, tout cela invalide la question même de la faute qu'il a commise et donc le mauvais procès qui lui ait fait. La souffrance de l'homme, prolongement du sacrifice patriotique de ses fils, oblitère la nature de son engagement dans la collaboration.

Si l'épuration fut fréquemment contestée tant par ceux qui la subirent que par la population, c'est bien souvent parce que la libération du pays favorisa la multiplication d'attitudes peu compatibles avec les règles devant gouverner toute entreprise de justice. Les dossiers furent parfois instruits hâtivement par des comités de libération ou d'épuration qui arrêtèrent, interrogèrent, internèrent, voire molestèrent des accusés dont la mise en cause pouvait, renseignements pris, ne reposer que sur de vagues rumeurs ou quelques témoignages imprécis. Cette radicalité dans les formes, ces mises en cause ou arrestations jetant l'opprobre sur celui qui les subissait, la rigueur de certains internements, le trop fréquent manque d'informations délivrées à l'accusé, bref les dysfonctionnements entachant le processus d'inculpation établit un sentiment d'injustice. Ce y compris dans le monde feutré de l'Université. Le Front national universitaire (FNU) fit preuve en certaines occasions d'un manque cruel de discernement. À moins qu'il ne s'agît d'une volonté délibérée de relayer le désir de vengeance d'une population dont le Parti communiste se faisait fort d'être le guide et l'organisateur naturel des aspirations. L'exemple de Marcel Griaule est sur ce point éclairant : professeur d'ethnologie, combattant en 1914-1918 et en 1939-1940, titulaire de la croix de guerre et de la Légion d'honneur, Marcel Griaule avait multiplié les conférences en faveur de l'Éthiopie en 1935-1936. Il fut menacé de mort ainsi que ses trois enfants lors des accords de Munich (il s'était « mis à la disposition » de la République tchécoslovaque pour la défendre), soutint, selon le rapport d'enquête, « moralement et matériellement des Juifs, des réfractaires et des suspects[23] », fit l'objet sous l'Occupation d'un rapport d'enquête de la Milice concluant à sa révocation (pour gaullisme, résistance, enseignement tendancieux, etc.) qui donna lieu à une enquête de police en juin 1944. Afin de barrer la route à Georges Montandon, collaborationniste notoire, il présenta sa candidature à la chaire d'ethnologie en Sorbonne, qu'il obtint sur titres et fut de ce fait la cible de la presse collaborationniste de *Je suis partout* au *Pilori* et à *L'Ethnie française* (dirigée par Georges Montandon). On pouvait lire dans le numéro de janvier 1943 de ce dernier titre, à la rubrique « Échos universitaires » :

23. AN F17 16806, dossier Marcel Griaule n° 60.

> Quant à la chaire d'ethnologie, si elle ne ment pas à son titre, elle a été confiée à Marcel COHEN-MAUSS-RIVET-GRIAULE. Qui est Marcel etc. ? Pendant un quart de siècle Marcel Griaule a suivi à plat ventre, l'enseignement de trois maîtres : le juif Marcel Cohen [...], le juif Marcel Mauss [*l'un des fondateurs de* L'Humanité], qui l'a saoulé de son enseignement en sociologie communisante, et Paul Rivet, un des champions francs-maçons [...] du Front populaire, en fuite à Bogota.

Mais en dépit de son profil patriotique au-dessus de tous soupçons, Griaule se voit suspendu de ses fonctions durant trois mois au motif que le FNU suspectait sa nomination d'être entachée d'irrégularités. La campagne de calomnies dont il est l'objet, précise le rapport d'enquête, « répète curieusement, en les transposant, les arguments de la Milice[24] ». D'autres, plus habilement ou non, se plaignent des conditions dans lesquelles ils ont été arrêtés et interrogés.

> À 12 h 5 j'arrivais en auto avec trois gardiens à St Pierre. Tandis que j'entrais, une foule hurlante qui se pressait aux portes, cria : « À mort ! à mort ! » Après un interrogatoire d'identité au greffe de la prison, une grille se ferma derrière moi, [...] [les] gardiens débraillés [étaient] occupés à boire et à rire [...]. Aussitôt, je fus giflé et « passé à tabac » selon l'expression. On eût dit un règlement de comptes à coups de crosses (dont je porte toujours la trace sur le pied gauche). [...] pendant une heure, quelquefois deux, il fallait se tenir debout sur une jambe, les bras en l'air, face à un mur. Chaque fois que les membres fléchissaient, un coup dans les reins ou sur la tête avec une arme ou une corde venait ranimer le supplicié. D'autres furent couverts de crachats, d'autres encore durent faire sur leurs genoux le tour du chemin de ronde caillouteux de la prison, recevant des gifles, coups de matraque, de poing, de lanières de cuir, pour avancer plus vite. D'autres enfin, furent gravement blessés par coups de marteau et de stylet. Le président du tribunal de commerce subit, lui, un commencement de strangulation avec serviette mouillée[25].

La description des sévices subis comme ici n'est pas rare en cas d'internement. Si elles ne sont pas vécues par l'accusé, les exactions sont connues et véhiculées par la rumeur. Sans même aller jusqu'à de telles extrémités, l'arrestation publique, le processus d'internement, le transfert, les menottes parfois, l'amalgame forcé à d'autres délinquants ou à des collaborateurs plus radicaux, bref la honte de devoir supporter une telle situation poussent les universitaires à s'ériger en victimes :

---

24. *Ibid.*, rapport d'enquête.
25. AN F17 16770, dossier C., doyen de la faculté de sciences de Marseille, arrêté le 1er septembre 1944.

> En septembre 1944, la foudre est tombée sur moi trois fois de suite : j'ai été mis à la porte de l'Institut Pasteur, j'ai été relevé de mes fonctions de professeur à la Faculté, j'ai été incarcéré au Fort du Hâ. J'ai demandé à diverses reprises au cours de ces journées pour quelles raisons j'étais ainsi frappé. On ne m'a donné aucune explication. [...] Comme mon avocat ne pouvait obtenir aucune raison des rigueurs qui m'étaient infligées, je suis allé trouver M. le Maire de Bordeaux et je lui ai dit : « M. le Maire, je voudrais savoir ce que vous avez à me reprocher... » J'ai trouvé un homme fort ennuyé. Il me dit : « [...] vous devez probablement avoir la réputation d'un collaborateur[26] ».

On conçoit qu'ainsi formulée la réponse de l'élu fut insatisfaisante et que nombre de ceux qui furent dans cette situation purent nourrir un profond sentiment d'injustice, qu'ils aient été blanchis ou non par la suite.

Silence et irrationalité

Au total, l'Université peut être considérée comme sévèrement touchée, puisque l'on y constate la même proportion d'épurés que dans la police ou la magistrature, qui furent les corps les plus épurés[27]. Mais en dépit de cela l'épuration demeura malgré tout clémente, puisque, dès avril 1947, les sanctions légères (blâme, avertissement, déplacement d'office) furent effacées, tout comme les rétrogradations, afin de ne pas handicaper les fonctionnaires en fin de carrière. D'autres dispositions furent adoptées les années suivantes : en 1951, les retraites des fonctionnaires qui en avaient été privés furent rétablies, et on amnistia certaines peines judiciaires, en particulier la dégradation nationale, ce qui eut pour effet d'autoriser tous les bénéficiaires de l'amnistie à demander leur réintégration. La loi du 16 avril 1947 induisit une disparité paradoxale : en interdisant la poursuite de procédures d'épuration à l'encontre de fonctionnaires ayant bénéficié d'un non-lieu devant la Haute Cour de justice, elle permettait à des hommes ayant eu de très grosses responsabilités comme Maurice Gaït, un proche d'Abel Bonnard, et notamment deux ministres, Georges Ripert et Jérôme Carcopino, de n'être pas administrativement sanctionnés. D'une manière

26. AN F17 16732, dossier A., professeur de médecine expérimentale à Bordeaux, mémoire de défense.

27. La moyenne des sanctions prises au ministère de l'Éducation nationale s'établit, tous personnels confondus, à 15 pour 1 000. Même si les effectifs ne sont pas comparables, cette proportion est environ six fois supérieure dans l'Université.

générale, la République fut clémente, voire magnanime avec ceux qui l'avaient trahie. Il fallait que se renouent, passé la guerre, les liens intra-communautaires. Certains surent mieux les renouer que d'autres : ainsi l'ancien recteur d'Alger, qui avait été révoqué sans pension, fut-il réintégré en 1950, et entièrement remboursé des six années de traitement qu'il n'avait pas perçues durant sa période d'éviction, soit 3,5 millions de francs.

Face à ce régime que Charles Maurras avait célébré comme une « divine surprise », l'aveuglement n'épargna pas l'Université, et le silence y fut fréquent; sans doute trop fréquent dans un monde où règne la parole, pour que l'on n'y soupçonne pas une pointe de cynisme ou de lâcheté. Et si, d'une manière générale, il est frappant de constater que le monde de la connaissance et de la pensée fut relativement démuni face à ce qui se déroulait sous ses yeux, c'est sans doute, comme l'a écrit Philippe Burrin, que « le nazisme était loin de passer au yeux de tous pour la négation radicale des valeurs de l'esprit[28] ». Dans leurs tentatives de justification les universitaires, ces fonctionnaires de la pensée, ne se révélèrent ni plus habiles ni plus clairvoyants que la moyenne des serviteurs de l'État. Comme Pierre Laborie l'a montré, la perception des événements et des situations, l'entrelacs des tendances lourdes et des conjonctures ou la quête de référents face à une situation inconnue rendent complexe la définition claire et univoque des attitudes ou des comportements. Cette question fut ici encore compliquée à la Libération non seulement par le contexte de « jugement patriotique » dans lequel eurent lieu dépositions, témoignages, enquêtes et enjeux des mémoires de défense, mais aussi par les « fortes poussées d'irrationalité[29] » qui marquèrent les esprits. Qu'il s'agît des témoins, des accusateurs ou des accusés.

28. Philippe Burrin, *La France à l'heure allemande*, Paris, Seuil, 1995, p. 361.
29. Pierre Laborie, *L'Opinion française sous Vichy*, *op. cit.*, p. 334.

L'épuration du monde des lettres

par Gisèle Sapiro

L'épuration des milieux littéraires soulève un problème de catégorisation professionnelle. Comment cerner une profession si faiblement codifiée quant aux conditions d'accès et aux modes d'exercice du métier, bien qu'elle jouisse d'une forte reconnaissance symbolique, en France en particulier? C'est en tant qu'auteurs que les écrivains sont mis en cause, selon les deux fonctions, pénale et commerciale, identifiées par Michel Foucault[1] : face aux tribunaux, l'auteur est défini comme étant responsable des écrits qu'il a signés, l'écrivain ne se différenciant pas ici du journaliste; dans le cadre de l'épuration professionnelle, l'auteur est, en revanche, considéré en tant que propriétaire de son œuvre, relevant de la législation sur le droit d'auteur, ce qui rapproche cette fois les écrivains non plus des journalistes mais des compositeurs de musique, comme on va le voir. Cependant, plusieurs éléments justifient que l'on aborde les écrivains en tant que groupe professionnel confronté à l'épuration d'une manière qui lui est spécifique : l'existence d'organisations corporatives – Société des gens de lettres, Société des auteurs dramatiques, académies – appelées à s'épurer; l'apparition d'une nouvelle instance issue de la Résistance – le Comité national des écrivains (CNE) – qui prétend réglementer la profession du point de vue déontologique; la spécificité des débats soulevés par l'épuration au sein d'une corporation partagée entre revendication d'une déontologie professionnelle et défense corporative autour de thèmes comme la responsabilité de l'écrivain, la liberté d'expression et la liberté de publier.

1. Michel Foucault, « Qu'est-ce qu'un auteur? », *Bulletin de la Société française de philosophie*, t. LXIV, juillet-septembre 1969, repris dans *Dits et Écrits*, t. I, Paris, Gallimard, 1994, p. 799.

De toutes les sanctions prononcées à la Libération, celles prises à l'encontre des écrivains apparaissent à la fois comme les plus sévères et les plus spectaculaires. L'exécution de Robert Brasillach devait avoir un caractère exemplaire. Or c'est l'effet inverse qui s'est produit : elle est devenue, y compris pour nombre d'anciens résistants, le symbole de l'injustice dont les écrivains – et les intellectuels en général – auraient été les victimes. Si les intellectuels ont été les premiers et donc les plus sévèrement sanctionnés par les mesures judiciaires, cela tient à la fois à leur notoriété – leur condamnation devait frapper les esprits – et à la place prépondérante qu'occupe l'écrit dans leur mode d'intervention : à la différence des actions, plus difficiles à reconstituer, et qui peuvent être réinterprétées *a posteriori*, les écrits constituent en effet des pièces à charge sans ambiguïté, faciles à rassembler, accablantes. C'est pourquoi un Jean Paulhan, partisan de l'indulgence, plaidera que les idées sont de moindre conséquence que les actes[2]. Confirmant l'impression d'une sévérité excessive à l'égard des intellectuels, le bilan que nous proposons – à titre indicatif et provisoire dans le cas des mesures judiciaires, mieux fondé dans le cas de l'épuration professionnelle – fait cependant apparaître une réalité plus contrastée, notamment en ce qui concerne les hommes de lettres. Auparavant, on présentera les conditions et les enjeux de la genèse de l'épuration professionnelle dans le monde des lettres, des tentatives de monopolisation du CNE à la mise en place d'une procédure officielle.

La « liste noire » du CNE

Le projet de prendre des sanctions contre les auteurs qui ont manifesté des sentiments collaborationnistes se fait jour dès 1943. Ainsi, en mars 1943, les membres du premier noyau de la Résistance littéraire, Jean Paulhan, Jean Guéhenno, Jean Blanzat, réunis avec Pierre Brisson chez François Mauriac, ont entrepris de dresser des listes de proscription de leurs confrères coupables de « trahison ». À cette époque, le Comité national des écrivains (CNE), né à l'automne de 1941 d'une initiative communiste dans le cadre de l'appel à la formation d'un Front national de lutte pour la liberté et l'indépendance de la France, et dont la première équipe s'était formée autour de Jacques Decour et de Jean Paulhan, vient de se reconstituer – l'arrestation et l'exécution de

2. Jean Paulhan, *De la paille et du grain*, Paris, Gallimard, 1948, p. 98.

Jacques Decour au printemps de 1942 ayant brutalement interrompu ses activités. Le premier projet d'une « liste noire » d'écrivains dont on ait la trace, conçu en marge du CNE qui n'a pas encore achevé de rassembler ses différents surgeons, n'est donc pas l'émanation d'une directive communiste, mais bien d'écrivains indépendants qui, par la suite, critiqueront violemment ce procédé. Ce constat n'a rien pour surprendre si l'on considère que l'excommunication est une pratique courante dans le monde des lettres, plus fréquente, il est vrai, dans les groupements d'avant-garde, tels les surréalistes, dont les « procès » sont restés célèbres. Ce qui diffère ici est le recours à la justice, envisagé tout naturellement. Ainsi, selon Claude Mauriac, lors de cette réunion chez son père, Jean Paulhan « disait (mais avec une certaine ironie), qu'il n'y aurait pas besoin de changer la loi, la référence "flagrant délit de trahison" permettant de juger les prévenus expéditivement et sans enquête ». François Mauriac proposait, quant à lui, la peine de confiscation des biens pour un tel, « car il ne peut rien avoir de pire dans son cas », précisait-il, ou encore, pour un Maurras, une « interdiction définitive de publication[3] ». Or, on va le voir, c'est précisément au sujet du recours à la justice que, au lendemain de la Libération, l'unanimité résistante va commencer à se fissurer au CNE, et ce à l'instigation de Jean Paulhan lui-même.

Une fois le CNE recomposé, les mises en garde et les menaces à l'adresse des individus comme des institutions (l'académie Goncourt, notamment) se multiplient dans les colonnes de son organe, *Les Lettres françaises* clandestines. Parallèlement, le comité recherche une investiture officielle auprès des instances dirigeantes de la Résistance. Il demande ainsi au CFLN d'« être habilité à constituer à l'image du Comité de la presse une commission assistée d'un comité de juristes, qui sera chargée d'examiner du point de vue professionnel et sans préjudice des actions judiciaires qui pourraient d'autre part être engagées contre les personnes, la conduite des écrivains depuis juin 1940 afin d'éclairer l'action de la justice et de préparer les libres conditions de l'exercice de la profession dans l'avenir[4] ».

En fait, ce n'est pas seulement pour asseoir son autorité que le comité tente de s'assurer le monopole de la violence légitime dans la

3. Claude Mauriac, *Le Temps immobile*, t. 4, *La Terrasse de Malagar*, Paris, Grasset, 1978, p. 186-187.

4. « Adresse au Comité Français de Libération nationale », *Les Lettres françaises*, n° 11, novembre 1943.

profession, mais aussi pour garantir son autonomie en imposant une instance propre au monde des lettres, comme l'illustre ce communiqué paru dans *Les Étoiles* clandestines (organe de la Résistance intellectuelle de zone sud) :

> Depuis quelque temps, dans la Presse de la Résistance, se multiplient les listes d'écrivains et de journalistes désignés à la vindicte nationale. Fort malheureusement elles mettent trop souvent sur le même plan des traîtres indiscutables et des hommes qui ne sont guère coupables que d'inconscience. Elles contiennent même des erreurs difficiles à rectifier sans danger pour les personnes nommées. [...] Nous attirons leur attention sur le fait que cette absence de Nuances sert ceux-là mêmes qu'ils attaquent.
>
> Nous sommes ici partisans d'une très sérieuse épuration. Nous craignons que trop de hâte dans la dénonciation enlève précisément du sérieux à cette dénonciation et n'ait pour effet, au jour de l'épuration, que de donner argument à ceux, et on les voit déjà venir, qui se proposent de la saboter. Il existe dans la Résistance un Comité National des Écrivains et un Comité National des Journalistes. Qu'ils aient leur mot à dire, nul ne le contestera. Peut-être vaut-il mieux leur laisser la parole[5].

Malgré le prestige incontestable dont il jouit, le CNE, qui se veut le représentant du CNR dans le monde des lettres, n'obtiendra pas le monopole de l'épuration de la profession, mais il sera représenté dans les instances d'épuration professionnelle, à la Commission d'épuration de l'édition et au Comité d'épuration des gens de lettres. Le CNE entendait également jouer un rôle auprès de la justice. Dès sa première réunion plénière au grand jour, le 4 septembre 1944, il a voté une motion fortement inspirée de l'ordonnance du 26 août 1944 instituant le crime d'indignité nationale : il appelait, en effet, le gouvernement à engager des poursuites contre les écrivains membres du groupe Collaboration, de partis politiques ou de formations paramilitaires d'« inspiration allemande », contre ceux qui s'étaient rendus à des congrès en Allemagne, qui avaient reçu des fonds de l'ennemi, ou aidé par leurs écrits ou leurs actes la propagande hitlérienne, précisant qu'il apporterait son concours pour la mise en œuvre de ces mesures[6]. À cette même réunion, le comité a entrepris de dresser une « liste noire » d'écrivains jugés indésirables du fait de leur conduite sous l'Occupation, et avec lesquels ses membres se sont engagés par une charte à n'avoir plus aucun rapport d'édition. Douze noms ont été prononcés :

5. ***, « La confusion sert les traîtres », *Les Étoiles*, n° 13, novembre 1943 (majuscules dans le texte).
6. « Aux quatre vents », *Le Figaro*, 9 septembre 1944.

ceux de Brasillach, Céline, Alphonse de Chateaubriant, Chardonne, Drieu la Rochelle, Giono, Jouhandeau, Maurras, Montherlant, Morand, Petitjean et Thérive. Une première liste exhaustive, établie par une commission d'épuration nommée à cet effet – elle est composée de Jacques Debû-Bridel, Paul Éluard, Raymond Queneau, Lucien Scheler, Vercors et Charles Vildrac –, paraît le 16 septembre 1944 dans *Les Lettres françaises* : 94 noms y sont recensés, parmi lesquels, outre les précédents, on trouve notamment Ajalbert, Benoit, Béraud, Bonnard, Bordeaux, Benjamin, Combelle, Dyssord, Fabre-Luce, Fort, Fraigneau, Guitry, Hermant, Laubreaux, La Varende, Mauclair, Maxence et Rebatet.

Comme l'a fait remarquer Herbert Lottman[7], les maisons d'édition, qui figuraient initialement dans l'énumération des types de « rapports d'édition » que les membres du CNE se refusaient à entretenir avec les auteurs inscrits sur la « liste noire », ont disparu en tant que telles : il n'est plus question que des collections, anthologies et périodiques, signe des limites structurelles auxquelles se heurte d'emblée le projet d'épuration. Cependant, à l'heure où éditeurs et directeurs de journaux s'appliquent à publier des auteurs résistants pour se dédouaner, ce boycott professionnel n'en constitue pas moins une véritable sanction morale. En témoignent les lettres que les uns et les autres adressent au CNE pour avoir communication de la « liste noire » ou pour savoir si tel ou tel auteur y est recensé[8]. Le CNE ne se contente pourtant pas d'un rôle d'instance de réglementation morale de la profession qu'il exerce de fait à ce moment. Il semble en effet que la « liste noire » n'était pas seulement destinée, à l'origine, à un usage interne, mais devait servir aussi à désigner les coupables à la justice. Lors de la réunion du 30 septembre 1944, à la suite d'un affrontement entre la commission d'épuration et un groupe constitué par les aînés du comité (Duhamel, Mauriac, Schlumberger, les frères Tharaud, Gabriel Marcel et quelques autres), qui réclament la prise en compte des degrés de culpabilité, il est décidé que deux listes seront établies, l'une comprenant les auteurs faisant l'objet d'une sanction morale de la part des membres du comité, l'autre, plus restreinte, recensant les « grands coupables[9] ». Cette seconde liste devait être portée au ministère de la Justice par une délégation composée d'Aragon, Mauriac, Schlumberger et

7. Herbert R. Lottman, *L'Épuration 1943-1953*, Paris, Fayard, 1986, p. 398.
8. Archives du CNE, FETA.
9. Cf. Jean Schlumberger, *Notes sur la vie littéraire*, Paris, Gallimard, 1999, p. 257-258.

Debû-Bridel. Il n'en sera rien. La démarche a été abandonnée à la suite d'une violente protestation de Jean Paulhan, le cofondateur du CNE, qui a menacé de démissionner. Celui qui en 1943 avait été l'un des premiers à dresser des listes de proscription, mais qui dès la première réunion du CNE au grand jour avait réclamé pour ses confrères le « droit à l'erreur », s'insurge désormais contre le procédé de la dénonciation des écrivains par les écrivains, au nom, dit-il, du principe qui avait été adopté par les membres du comité clandestin lors d'une réunion chez Édith Thomas : « Ni juges ni mouchards ». « Sommes-nous vraiment là pour dénoncer ceux de nos confrères qui ne sont pas encore arrêtés? Est-ce qu'il n'existe pas un honneur des écrivains? » écrit-il à ce propos à François Mauriac[10].

Le 21 octobre 1944 paraît, dans *Les Lettres françaises*, une nouvelle version de la « liste noire » révisée, qui compte 158 noms (17 auteurs ont été radiés de la première liste, dont Henry Bordeaux, Paul Fort, La Varende et Paul Morand – ce dernier sera rétabli ultérieurement –, et 81 nouveaux inscrits). Dans le chapeau de présentation, il est expliqué que la liste est destinée au seul usage interne et qu'elle ne désigne en aucun cas les écrivains passibles de la peine de dégradation nationale, signe que les arguments de Paulhan ont porté. En outre, il est spécifié, comme l'avaient demandé les aînés du comité, que les personnes qui y figurent sont inégalement coupables :

> Nous tenons à rappeler que, sur cette liste qui ne tend qu'à préciser l'attitude personnelle des membres du C.N.E., figurent des écrivains très diversement et, par suite, inégalement responsables des malheurs de notre pays. C'est pourquoi le C.N.E. insiste à nouveau pour que toute la lumière possible soit faite sur le degré de culpabilité des « collaborateurs ». Il importe que des écrivains plus ou moins compromis ne soient confondus avec ceux qui tombent sous le coup de la loi instituant le délit d'« indignité nationale ». Seule cette lumière peut clarifier l'atmosphère de confusion et de suspicion qui risque de servir dangereusement les vrais coupables[11].

Désormais, le comité ne cessera de répéter que la liste n'engage que ses membres, et que ses sanctions, purement « morales », sont « absolument indépendantes des décisions juridiques dont les écrivains collabo-

---

10. Lettre de Jean Paulhan à François Mauriac [30 septembre 1944], *in* Jean Paulhan, *Choix de lettres*, t. II, *Traité des jours sombres*, Paris, Gallimard, 1992, n° 327, p. 376; voir aussi sa lettre à Paul Éluard du 1er octobre 1944, *ibid.*, n° 328, p. 376-377.

11. « Le Comité national des écrivains et l'épuration des lettres », *Les Lettres françaises*, 21 octobre 1944.

rateurs peuvent faire l'objet[12] ». Il prend d'autant mieux ses distances avec les mesures judiciaires que le contrôle de l'épuration lui échappe. Or, en raison précisément de leur caractère purement moral, les sanctions peuvent aisément se retourner contre les membres du CNE. C'est ce qui advient après la série de démissions des grands aînés (Schlumberger, Duhamel, les frères Tharaud, etc.), qui suit de près le départ de Jean Paulhan en novembre 1946 : à un moment où, la « liste noire » étant disqualifiée à la fois par la mise en place d'une procédure d'épuration professionnelle officielle et par la perte de légitimité qu'entraînent les démissions du CNE, l'édition entreprend de réhabiliter les proscrits, l'engagement pris par les membres du comité les cantonne eux-mêmes à quelques tribunes réservées comme *Les Lettres françaises* et *Esprit*[13]. Discrédité, de plus en plus identifié au Parti communiste, lui-même dépossédé, au seuil de la guerre froide, de l'aura que lui avait valu son rôle dans la Résistance, le CNE ne peut plus prétendre réglementer la profession, même si, en juin 1946, le congrès des Pen-Clubs à Stockholm a décidé de l'adoption des « listes noires » des différents pays à l'échelle internationale[14], et même si en France, le CNE continue d'être représenté dans les instances d'épuration professionnelle. Car si, d'un côté, la mise en place d'une procédure officielle a contribué, à terme, à la perte de son pouvoir d'excommunication, sa volonté de se démarquer des mesures judiciaires n'a pas suffi, de l'autre, à lever le stigmate de « gendarmes[15] », voire de « délateurs » que les partisans de l'indulgence, Jean Paulhan en tête, accolent désormais à ses membres. La réprobation visant le groupement s'était au contraire trouvée aggravée dès la Libération par le choc qu'ont provoqué les premiers procès dans le monde des lettres.

12. « Pierre Benoit rayé de la liste noire », *Les Lettres françaises*, 22 novembre 1946.

13. C'est ce qu'avait prédit Vercors dans sa « Lettre ouverte » aux démissionnaires, *Les Lettres françaises*, 27 décembre 1946.

14. Henri Membré, « Épuration internationale. On discute des listes noires au Congrès des Pen-Clubs à Stockholm », *Le Littéraire*, 15 juin 1946.

15. Cf. Jean Paulhan, *De la paille et du grain, op. cit.*, p. 52 *sq.* À quoi Vercors a répondu : « Qu'est-ce que j'ai pris dans une certaine presse ! Qu'est-ce qu'on a pris tous ! "Gendarmes", on nous a dit, "Policiers", et "Où est la liberté de pensée que vous prétendiez défendre ?" [...] J'ai eu beau expliquer qu'il ne s'était jamais agi de ça. Jamais d'interdire aux autres d'écrire, mais au contraire de nous empêcher, nous, d'écrire auprès d'eux ; que, par conséquent, les journaux étaient parfaitement libres de publier les écrivains de leur choix, libres de choisir entre eux et nous », Vercors, *Petit pamphlet des dîners chez Gazette*, Paris, Aux dépens de l'Auteur, 1947, p. 3-4 (une première version a paru dans *Les Lettres françaises* du 4 avril 1947).

Les mesures judiciaires et le débat sur la responsabilité de l'écrivain

Dès l'automne de 1944, des poursuites ont été engagées contre les écrivains suspects du crime d'« intelligence avec l'ennemi », selon les articles 75 et suivants du code pénal, ou encore relevant de l'ordonnance du 26 août 1944 instituant le crime d'indignité nationale, qui connaît plusieurs modifications jusqu'en décembre. Alors que nombre de collaborationnistes notoires ont pris la fuite, parmi lesquels Alphonse de Chateaubriant, Abel Bonnard, Alain Laubreaux, Louis-Ferdinand Céline, ou bien se cachent, à l'instar de Pierre Drieu la Rochelle et Robert Brasillach, les FFI ont procédé à une série d'arrestations dès les premières semaines qui suivent la Libération : Henri Béraud, Abel Hermant, Alfred Fabre-Luce, Lucien Combelle, Jean-Pierre Maxence, André Thérive, Sacha Guitry, Jacques Chardonne, René Benjamin et Maurice Bardèche. Robert Brasillach se constitue prisonnier quand il apprend que sa mère a été arrêtée.

Le ministre de la Justice François de Menthon déclare, au début du mois d'octobre, que la peine punissant le crime d'indignité nationale s'applique particulièrement aux intellectuels, reconnaissant ainsi implicitement, selon un commentateur, que l'épuration professionnelle n'est « ni suffisante ni adéquate[16] ». En fait, François de Menthon semble avoir mal estimé la situation. La peine qu'encourent les intellectuels est bien plus grave : plus d'une trentaine d'hommes de lettres, publicistes et journalistes, dont les plus célèbres, sont déférés à la cour de justice de la Seine pour le crime d'« intelligence avec l'ennemi », soit un nombre au moins équivalent à ceux jugés en chambre civique pour le délit d'« indignité nationale[17] ». Or le crime d'« intelligence avec l'ennemi » est puni de la peine de mort en l'absence de circonstances atténuantes.

À Paris, les premiers verdicts tombent l'un après l'autre : d'octobre 1944 à février 1945, Georges Suarez, Armand de Chastenet de Puységur, Paul Chack, Henri Béraud, Robert Brasillach sont succes-

16. André Billy, « L'épuration chez les gens de lettres », *Le Figaro*, 14 octobre 1944.

17. Pour la chambre civique de la cour de justice de Paris, les hommes de lettres, publicistes et journalistes sont au nombre de 34, soit 0,4 % de la population totale, selon les chiffres établis par Anne Simonin. Pour la cour de justice de la Seine, en l'absence d'une étude exhaustive, on doit s'en tenir à des estimations. J'ai recensé au moins 32 cas d'hommes de lettres et de journalistes, pour un total de 8 340 causes entendues (ce dernier chiffre est fourni par Peter Novick, *L'Épuration française, 1944-1949*, trad. fr., Paris, Balland, 1985, p. 330-331).

sivement condamnés à mort pour « intelligence avec l'ennemi ». Parmi eux, seul Béraud, le célèbre polémiste de *Gringoire*, antisémite, anglophobe et antigaulliste, est gracié par de Gaulle, et voit sa peine commuée à vingt ans de travaux forcés. Lucien Combelle (trente et un ans), ancien secrétaire de Gide, collaborateur de *La Gerbe* et de *Je suis partout*, rédacteur en chef puis directeur de *Révolution nationale*, a été condamné, quant à lui, à quinze ans de travaux forcés. À Lyon s'est tenu du 24 au 27 janvier le procès de Charles Maurras. Déclaré coupable du crime d'intelligence avec l'ennemi, mais bénéficiant de circonstances atténuantes, le leader de l'Action française est condamné à la réclusion perpétuelle et à la dégradation nationale, tandis que son collaborateur Maurice Pujo est acquitté du chef d'intelligence avec l'ennemi mais jugé, au nom de l'article 83, coupable d'avoir accompli des actes de nature à nuire à la défense nationale, et donc condamné à cinq ans de prison, à 20 000 francs d'amende et à la dégradation nationale.

La sévérité de la peine à laquelle sont exposés les écrivains, la mort, soulève une vive émotion dans le monde des lettres. Elle détermine largement les représentations ultérieures de l'injustice dont ils auraient été victimes. Depuis l'automne, François Mauriac élève la voix contre le tour que prend l'épuration, engageant avec Albert Camus, son jeune confrère de *Combat*, partisan, quant à lui, d'une épuration sévère, la célèbre polémique que l'on a rétrospectivement (et abusivement) baptisée « Justice ou charité[18] ». L'écrivain catholique va bientôt dénoncer l'« arbitraire » des décisions de justice, dont aucune directive ni principe ne se dégage, une véritable « loterie » qui condamne un vieillard (Paul Chack) à mort tandis qu'est épargnée la vie d'un jeune homme (Lucien Combelle)[19]. À la suite du procès Béraud, Mauriac proteste contre ce qu'il considère comme un jugement « inique », Béraud étant, affirme-t-il, innocent du crime d'intelligence avec l'ennemi. Pour sauver Béraud, il en appelle à la solidarité entre écrivains – « Amis et adversaires, nous appartenons tous aux lettres françaises, nous communions tous dans ce culte, dans cet amour qui crée entre nous une fraternité » –, et invoque le fait qu'un « écrivain français appartient à notre patrimoine. Ce n'est pas à nous d'en faire bon marché ». Il ajoute cependant : « Si Béraud avait commis le crime pour lequel il a été condamné, son talent ne serait pas à mes yeux une excuse[20]. »

18. D'après le dernier article d'Albert Camus, qui clôt la polémique : « Justice et charité », *Combat*, 11 janvier 1945.

19. François Mauriac, « La loterie », *Le Figaro*, 27 décembre 1944, repris in *Le Bâillon dénoué. Après quatre ans de silence*, Paris, Grasset, 1945, p. 205.

20. *Id.*, « Autour d'un verdict », *ibid.*, p. 221.

Cet argumentaire frappe par son ambivalence, et condense à lui seul les termes du débat à venir sur « la responsabilité de l'écrivain ». D'un côté, mettre à mort un écrivain, c'est amputer le patrimoine national, c'est priver la France d'une de ses gloires. Me Isorni recourra très largement à cet argument dans sa plaidoirie pour la défense de Robert Brasillach, en citant le témoignage d'écrivains de renom comme Marcel Aymé, Paul Valéry et François Mauriac lui-même sur le talent de l'inculpé. Mauriac avait cependant éprouvé le besoin de préciser, à propos de Béraud, que s'il était coupable du crime dont on l'accusait, le talent ne serait pas une excuse. En fait, le talent peut même constituer une circonstance aggravante : la responsabilité de l'écrivain n'en est en effet que plus grande. Le réquisitoire du commissaire du gouvernement Marcel Reboul contre Robert Brasillach s'ouvre sur le rappel du « puissant prestige » dont jouit le jeune écrivain, « paré de toutes les séductions de l'éloquence persuasive », dans un pays qui a « toujours placé au premier rang les mérites de la plume ». Et il lui reproche d'avoir « abusé de ses dons, de ses succès, de cette autorité, pour tenter d'entraîner la jeunesse, d'abord vers une politique stérile, ensuite vers l'ennemi[21] ».

À la différence de Béraud, Brasillach, âgé de trente-cinq ans, n'a pas échappé à la mort, malgré la pétition appuyant le recours en grâce, présentée au général de Gaulle par Mauriac[22]. De Gaulle s'en est expliqué dans ses *Mémoires de guerre*, invoquant lui aussi le talent comme circonstance aggravante : « S'ils n'avaient pas servi directement et passionnément l'ennemi, je commuais leur peine par principe. Dans un cas contraire – le seul [*celui de Brasillach*] – je ne me sentis pas le droit de gracier. Car dans les lettres comme en tout, le talent est un titre de responsabilité[23]. » Plus que les précédentes, l'exécution de Brasillach frappe le monde des lettres de stupeur. Signée par une soixantaine de personnalités, dont treize membres de l'Académie française, deux

21. Réquisitoire de Me Reboul, *in* Jacques Isorni, *Le Procès de Robert Brasillach*, Paris, Flammarion, 1946, p. 125-127. Sur les procès des intellectuels, voir Pierre Assouline, *L'Épuration des intellectuels*, Bruxelles, Complexe, 1985 ; Diane Rubinstein, « Publish and perish : the *épuration* of French intellectuals », *Journal of European Studies*, XXIII, 1993, p. 71-99 ; Alice Y. Kaplan, *Intelligence avec l'ennemi. Le Procès Brasillach*, trad. fr., Paris, Gallimard, 2001.

22. « J'ai toujours eu le plus vif sentiment de cette responsabilité du chef, de cette responsabilité de ceux qui ont pu entraîner d'autres hommes et c'est même pour cela [...] que je suis ici et pas ailleurs, dans d'autres pays étrangers : parce que je n'ai pas voulu abandonner les gens qui ont pu croire en moi », Robert Brasillach, « Interrogatoire », *ibid.*, p. 111 ; voir aussi p. 57, 83.

23. Charles de Gaulle, *Mémoires de guerre*, t. III, Paris, Plon, « Presses Pocket », 1959, p. 141.

membres de l'académie Goncourt, des écrivains de renom comme Marcel Aymé, Colette, Cocteau, ainsi que des membres du CNE comme Jean Paulhan, Jean Schlumberger et Gabriel Marcel, cette pétition est représentative du camp des « indulgents », comme les appellent leurs adversaires. À part Camus qui, s'étant rendu aux raisons de Mauriac, et par horreur de la peine de mort, a consenti, après un long dilemme, à apposer son nom, tous appartiennent à la génération des aînés. La moyenne d'âge des signataires s'établit, en effet, autour de soixante ans en 1945[24]. En face d'eux, la génération de la Résistance fait corps, Camus excepté (mais il avait devancé ses congénères lors de son affrontement avec Mauriac, suivi par Claude Roy, Pascal Copeau, et même par un catholique comme Jean Lacroix) : ce sont des écrivains de quarante ans qui vont plaider la responsabilité de l'écrivain dans le débat qui s'engage à la suite de l'exécution de Brasillach. Telle est en effet la réponse de Vercors, Pierre Seghers, Emmanuel Mounier, Claude Aveline et Max-Pol Fouchet à l'enquête que lance l'hebdomadaire *Carrefour* sur ce thème quelques jours plus tard, alors que leurs aînés Gabriel Marcel, Georges Duhamel et Émile Henriot, sans remettre en cause la notion même de responsabilité, tentent de lui imposer des limites, ou de proposer une échelle[25]. Le clivage générationnel semble ainsi primer sur les divergences politiques dans la polémique qui oppose les « indulgents » aux « intransigeants ». Quelques mois plus tard, Sartre, devenu un porte-parole de la nouvelle génération, fondera sa théorie de la « littérature engagée » sur la notion de « responsabilité de l'écrivain »...

À cette date, Vercors et Seghers sont cependant les seuls à considérer la responsabilité de l'écrivain comme supérieure à celle de l'industriel. Si l'on demande la peine de mort contre un poète comme Brasillach, quelle peine réserve-t-on aux marchands de canons, avait lancé Me Isorni lors du procès ? Le bruit se répand alors que l'épuration frapperait plus sévèrement les intellectuels que les industriels. L'argument est repris dans la pétition appuyant le recours en grâce de Lucien Reba-

24. Alice Kaplan, qui a eu accès à différentes versions de la liste des signataires, donne l'âge moyen de soixante-deux ans (*op. cit.*, p. 212). J'avais, pour ma part, calculé une moyenne de cinquante-huit ans (avec un certain nombre de non-réponses) à partir de la liste reproduite dans le livre de Jean-François Sirinelli, *Intellectuels et Passions françaises. Manifestes et pétitions au XXe siècle*, Paris, Fayard, 1990, p. 151 ; voir aussi Gisèle Sapiro, *La Guerre des écrivains (1940-1953)*, Paris, Fayard, 1999, p. 615.

25. Les réponses à l'enquête sur « la responsabilité de l'écrivain » ont paru dans *Carrefour* du 10 février au 17 mars. Sur le débat, voir Pierre Assouline, *L'Épuration des intellectuels*, op. cit. ; Anne Simonin, *Les Éditions de Minuit 1942-1955. Le devoir d'insoumission*, Paris, IMEC, 1994, p. 227 *sq.* ; et Gisèle Sapiro, *La Guerre des écrivains*, *op. cit.*, p. 599 *sq.*

tet à la fin de l'année 1946[26]. Il est sans doute à l'origine de la parabole du mur de l'Atlantique que Paulhan, à la suite de Breffort dans *Le Canard enchaîné*, élabore dès juin 1946, sous le pseudonyme de Maast, dans *Les Temps modernes*, et qu'il reprend en 1948 dans *De la paille et du grain* :

> L'épuration mène la vie dure aux écrivains. Les ingénieurs, entrepreneurs et maçons qui ont bâti le mur de l'Atlantique se promènent parmi nous bien tranquillement. Il s'emploient à bâtir de nouveaux murs. Ils bâtissent les murs des nouvelles prisons, où l'on enferme les journalistes qui ont eu le tort d'écrire que le mur de l'Atlantique était bien bâti[27].

Pour Paulhan, le crime réside dans les actes et non dans la parole, la responsabilité incombe à ceux qui ont réalisé les idées plutôt qu'à ceux qui les ont émises. Sartre lui répondra dans *Qu'est-ce que la littérature ?* : « On dit aujourd'hui qu'il valait mieux construire le mur de l'Atlantique qu'en parler. Je n'en suis pas autrement scandalisé. [...] Et je ne dis pas que cela soit juste [...]. Mais nous devons nous réjouir que notre profession comporte quelques dangers[28]. » Simone de Beauvoir, qui a explicité dans *Les Temps modernes* la position intransigeante de son clan à propos de l'épuration[29], affirme, dans *La Force des choses*, n'avoir jamais regretté son refus de signer la pétition en faveur de Brasillach :

> On a reproché à l'épuration d'avoir plus durement frappé ceux qui parlaient avec approbation du mur de l'Atlantique que ceux qui le construisaient. Je trouve parfaitement injuste qu'on ait excusé la collaboration économique mais non qu'on ait sévi contre les propagandistes d'Hitler. Par métier, par vocation, j'accorde une énorme importance aux paroles. [...] Il y a des mots aussi meurtriers qu'une chambre à gaz[30].

Le débat a connu encore de multiples rebondissements jusqu'en 1953. Mais la chronologie montre bien que les termes en sont fixés dès le début 1945. C'est donc moins le bilan global de l'épuration dans les milieux littéraires – il ne peut encore être dressé à ce moment – que la gravité de la peine à laquelle ont été exposés les écrivains à ses débuts

---

26. Cf. Robert Belot, *Lucien Rebatet. Un itinéraire fasciste*, Paris, Seuil, 1994, p. 357.
27. Jean Paulhan, *De la paille et du grain*, *op. cit.*, p. 98.
28. Jean-Paul Sartre, « Situation de l'écrivain en 1947 », repris in *Qu'est-ce que la littérature ?*, Paris, Gallimard, 1948, rééd. « Folio Essais », 1993, p. 232-233.
29. Simone de Beauvoir, « Œil pour œil », *Les Temps modernes*, n° 5, février 1946, p. 813-830.
30. *Id.*, *La Force des choses*, p. 33.

qui est à l'origine du sentiment d'injustice qui gagne le monde des lettres.

Il est difficile de savoir dans quelle mesure les intellectuels ont constitué des boucs émissaires. Divers facteurs ont cependant été avancés[31]. D'abord, d'une manière générale, les individus ont été plus sévèrement touchés que les institutions (maisons d'édition, académies, sociétés). Deuxièmement, les procès ont été plus sévères à Paris qu'en province : du fait de la centralisation de la vie culturelle dans la capitale, les intellectuels de renom, et en particulier les écrivains, relevaient majoritairement de la cour de justice de la Seine. Troisièmement, la sévérité des sanctions est allée décroissant dans le temps ; or les intellectuels ont été nombreux parmi les premiers jugés – notamment pendant la période qui précède la fin de la guerre – parce que leurs dossiers étaient plus faciles à instruire, les écrits constituant des preuves à charge indubitables. Quatrièmement, la notoriété de ces intellectuels dont les noms s'étaient étalés dans la presse parisienne pendant quatre ans les désignaient pour le châtiment exemplaire à l'issue de ce qui avait été avant tout une guerre idéologique. La responsabilité étant considérée comme plus grande à mesure que l'on s'élève sur l'échelle sociale, la notoriété a pu même, on l'a vu, être considérée comme un facteur aggravant. Et alors que les personnes disposant de ressources économiques et sociales importantes étaient en mesure de mieux se défendre, les intellectuels, qui occupent une position dominée dans le champ du pouvoir par rapport aux détenteurs du capital économique et politique[32], ont été plus touchés.

Sans prétendre proposer un bilan exhaustif pour les mesures judiciaires (nous le ferons pour l'épuration professionnelle), on peut se faire une idée des peines prononcées contre les écrivains à partir de quelques données limitées à la région parisienne où, du fait de la centralisation géographique de la vie culturelle, est concentrée la plus grande partie de l'épuration littéraire. Parce qu'ils ont été pour la plupart condamnés pour leur activité journalistique, il est difficile de dissocier les hommes de lettres des journalistes. Le bilan provisoire qui suit englobe donc de manière indifférenciée « les intellectuels ». Le constat de la sévérité des sentences prononcées contre les intellectuels paraît, dans l'ensemble, largement confirmé.

31. Voir en particulier Peter Novick, *L'Épuration française, 1944-1949, op. cit.* ; Pierre Assouline, *L'Épuration des intellectuels, op. cit.* ; Diane Rubinstein, « Publish and perish : the *épuration* of French intellectuals », art. cité.

32. Cf. Pierre Bourdieu, *La Distinction. Critique sociale du jugement*, Paris, Éd. de Minuit, 1979.

En Cour de justice, où sont appelés à comparaître les personnes contre lesquelles a été retenue l'accusation d'intelligence avec l'ennemi, le bilan paraît assez sévère pour les intellectuels : 12 condamnations à mort sur les 32 cas d'écrivains et journalistes jugés par la cour de justice de la Seine que nous avons pu repérer[33]. Encore faut-il le relativiser en notant qu'un certain nombre des inculpés sont jugés par contumace. Ainsi, sur les 12 condamnations à mort, 3 le sont par contumace (Laubreaux, Chaumet, Chateaubriant). Sept, tous jugés au cours de la première année qui suit la Libération, sont exécutés (Suarez, Chastenet de Puységur, Chack, Brasillach, Ferdonnet, Hérold-Paquis, Luchaire). Robert Brasillach est en fait le seul véritable homme de lettres, reconnu comme tel par ses pairs, à avoir été exécuté, ce qui explique que sa mise à mort ait déclenché le débat sur la responsabilité de l'écrivain et qu'il soit devenu le symbole de l'injustice commise à l'égard des intellectuels. Deux autres journalistes hommes de lettres sont graciés et voient leur peine commuée aux travaux forcés à perpétuité (Henri Béraud par de Gaulle en janvier 1945, Lucien Rebatet par Vincent Auriol en 1947).

Reste que la proportion de 7 applications de la peine de mort sur 12, soit plus de la moitié, est nettement plus élevée qu'au niveau national, où l'on compte, en cour de justice, 11 % d'exécutions (767 sur 6 763)[34]. Cet écart s'explique en partie par le taux relativement faible d'intellectuels condamnés à mort par contumace (un quart contre 58 % au niveau national), mais aussi en raison d'une proportion deux fois moins élevée de grâces par rapport au niveau national, où près d'une personne sur trois a vu sa peine commuée (contre une sur six pour les intellectuels). La chronologie permet cependant de réévaluer l'écart concernant les grâces : 4 des 7 intellectuels exécutés ont été jugés entre octobre et janvier 1945, période pendant laquelle, 12 sur 18 condamnations à mort prononcées ont été appliquées, sur un total de 106 affaires jugées par la cour de justice de la Seine[35]. La sévérité, due à

33. Comme je l'ai déjà dit, ce chiffre n'est pas exhaustif et le bilan qui suit n'a donc qu'un caractère indicatif en l'absence d'une étude de la population jugée devant la cour de justice de la Seine.

34. Même si l'on ajoute les 766 exécutions survenues à la suite de décisions rendues par des cours martiales, la proportion de sentences exécutées dans le cas des intellectuels reste nettement supérieure au bilan national. *Cf.* Henry Rousso, « L'épuration en France. Une histoire inachevée », *Vingtième Siècle. Revue d'histoire*, n° 33, janvier-mars 1992, p. 91 et 94.

35. Les chiffres de la cour de justice de la Seine sont donnés par Alice Y. Kaplan, *op. cit.*, p. 226.

l'état de guerre toujours en vigueur et à la pression de l'opinion (et notamment de la presse de la Résistance), devait, on l'a dit, décroître avec le temps. Force est, néanmoins, de constater que, même à cette époque, la proportion des peines de mort prononcées contre des intellectuels (5 sur 9, soit plus de la moitié) reste trois fois plus élevée que le taux des sentences de mort prononcées à Paris (18 sur 106, soit 17 %).

Treize autres écrivains ou journalistes se sont vu condamner aux travaux forcés, 5 d'entre eux à perpétuité (Claude Maubourguet, Claude Jeantet, Henri Coston, Guy Crouzet et Henri Poulain, ce dernier par contumace), 2, Lucien Felgines et Jean-Pierre Maxence, pour vingt ans (le second par contumace), 2 pour quinze ans (Lucien Combelle et, par contumace, Georges Pelorson), 4 pour cinq ans (Maurice Bardèche, Georges Albertini et deux autres, Marc Fonjallaz et Charles-Albert Simonin, par contumace). Abel Hermant est condamné à la réclusion à perpétuité[36], ainsi que Robert Vallery-Radot, par contumace, tandis que Stéphane Lauzanne écope de vingt ans; les peines contre Noël Bayon, qui signait sous l'Occupation Noël B. de la Mort, et Louis-Ferdinand Destouches, alias Céline, sont prononcées par contumace : cinq ans de prison pour le premier, un an pour le second, qui sera amnistié par un tribunal militaire en 1951 (sous son identité de Dr Destouches). Jean d'Agraives (voir *infra*) a purgé ses huit mois de prison (il a en outre été condamné à cinq ans d'indignité nationale). André Castelot est acquitté.

À la chambre civique de la Seine, où sont renvoyées les personnes ne relevant pas de l'article 75 ou d'un autre article du code pénal, mais tombant sous le coup de l'ordonnance instituant le crime d'indignité nationale, Anne Simonin[37] a répertorié 21 personnes enregistrées comme hommes de lettres, dont 16 sont punies de la peine de dégradation nationale (5 à vie dont 4 par contumace, 2 pour quinze ans, 2 pour dix ans, 3 pour cinq ans, 4 sont relevées), tandis que 4 sont acquittées; l'action publique menée contre Jean Ajalbert a été éteinte à la suite de son décès en 1947. Treize autres personnes sont enregistrées comme publicistes, parmi lesquelles 6 sont déclarées en état d'indignité nationale (3 à vie dont 2 par contumace, une pour vingt ans, une pour dix ans, une est relevée), 5 sont acquittées, une relève de la chose jugée, et une est décédée. Parmi les plus connues, l'écrivain politique Alfred

36. Il sera cependant libéré en raison de son âge et admis à l'hospice de Chantilly, où il restera jusqu'à sa mort en 1950.

37. Qu'Anne Simonin soit ici remerciée de m'avoir communiqué ces données inédites tirées d'une enquête en cours sur l'indignité nationale.

Fabre-Luce fut ainsi condamné à dix ans de dégradation nationale, et le poète André Salmon, jugé comme journaliste, à cinq ans.

Afin de pondérer ces chiffres, notons cependant que, parmi les écrivains d'un certain renom, nous avons aussi recensé au moins quinze cas de poursuites ayant abouti à un non-lieu et/ou ayant été classées ; ce sont celles engagées contre Pierre Benoit, Jacques Chardonne, Jean Cocteau, Claude Farrère, Paul Fort, Jean Giono, Sacha Guitry, Marcel Jouhandeau, Jean de La Varende, Bertrand de Jouvenel, Henri Massis, Henry de Montherlant, Paul Morand, Armand Petitjean, André Thérive. On reviendra plus en détail sur certains cas individuels. Certes, à la différence des journalistes et des polémistes professionnels, ces gens de lettres avaient beaucoup moins compromis leurs plumes, s'en tenant le plus souvent à publier des écrits à caractère littéraire, qui ne relevaient donc pas de la propagande. Mais à comparer cette liste avec celle des écrivains et journalistes condamnés, on peut aussi se demander si, après le procès Brasillach, qui se voulait exemplaire, le talent et la notoriété des accusés n'ont pas, en définitive, joué plutôt en leur faveur, la volonté de sauvegarder le patrimoine littéraire l'emportant sur l'indignation qu'avait causée la vue de nombre de ces signatures dans la presse collaborationniste ou cautionnant des entreprises patronnées par l'occupant. Force est, en tout cas, de constater que si ce bilan provisoire étaye la sévérité de l'épuration judiciaire des intellectuels, il oblige à nuancer cette sévérité selon l'activité professionnelle, les journalistes se trouvant nettement plus exposés que les écrivains.

La mise en place de l'épuration professionnelle

Parallèlement aux mesures judiciaires se met en place une procédure d'épuration professionnelle qui relève du ministère de l'Éducation nationale. Le 30 mai 1945 est promulguée l'ordonnance relative à l'épuration des gens de lettres, auteurs et compositeurs, artistes, peintres, dessinateurs, sculpteurs, graveurs.

Le projet de l'ordonnance est né de la difficulté que rencontraient les sociétés littéraires et artistiques dans la mise en œuvre de leur propre épuration. Nombre de sociétés avaient, en effet, entrepris d'exclure leurs membres compromis, en vertu de l'obligation morale de procéder à l'épuration. Mais certaines d'entre elles furent vite partagées entre l'urgence d'écarter les membres indignes et la volonté de les protéger face à la justice – ainsi que de sauvegarder l'honneur de l'institution quand le nombre de membres inquiétés était trop important. Ainsi, l'Académie française, dès sa séance du 31 août 1944, avait décidé que, en vertu de l'article XIII et de l'article X du règlement de 1635[38], Abel Bonnard et Abel Hermant devaient désormais s'abstenir de participer aux séances. Mauriac ayant dénoncé dans la presse, à propos d'Hermant, le « recours au bouc émissaire » qui permet, en frappant « le plus faible », d'épargner les vrais responsables (il pensait ici à Maurras)[39], l'Académie, tout en confirmant l'exclusive, approuva à la séance suivante la demande faite par son secrétaire perpétuel provisoire, Georges Duhamel, auprès des pouvoirs publics pour qu'Abel Hermant fût remis en liberté[40]. En octobre, le CNE adressa une lettre à l'Académie, la pressant de se prononcer aussi sur le cas du maréchal Pétain ; à la suite de quoi la Compagnie confirma, dans un communiqué de presse, sa décision d'ajourner les débats concernant ceux de ses membres qui faisaient l'objet d'une information judiciaire[41]. Cette décision avait été adoptée dès septembre à propos du cas de Charles Maurras. L'Académie ne souhaitait pas que les sanctions prises à l'égard de ses membres pussent peser sur le verdict rendu par la justice.

La condamnation pour le crime d'indignité nationale entraînait *ipso facto* la radiation de toute distinction et fonction officielle. C'est ainsi que l'Académie française fut contrainte d'enregistrer la radiation de ses quatre membres condamnés (sur sept inquiétés), à savoir Bonnard, Hermant, Maurras et Pétain (elle se refusa cependant à pourvoir les sièges des deux derniers de leur vivant, espérant une amnistie). Mais tant que les tribunaux n'avaient pas rendu leur sentence, les sociétés concernées ne pouvaient s'appuyer sur cette procédure. Or, dans le cas des associations loi 1901, les radiations pouvaient se révéler incompatibles avec les statuts de la société : ainsi, à l'académie Goncourt, il fallait une majorité de huit voix sur dix pour exclure un membre, alors que quatre des neuf jurés en place – Jean Ajalbert, René Benjamin, Sacha Guitry et Jean de La Varende – étaient compromis ; à l'exception du dernier, qui donna sa démission, les jurés indésirables furent donc écartés des séances sans être officiellement radiés (le cas des deux pre-

38. Article XIII : « Si un des académiciens fait quelque action indigne d'un homme d'honneur, il sera interdit ou destitué selon l'importance de sa faute. » L'article X prévoit les modalités d'application de l'article XIII. « Statuts et règlements de l'Académie française », 22 février 1635, reproduits *in* Institut de France, *Annuaire de l'Académie française. Documents et notices sur les membres de l'Académie*, Paris, Firmin-Didot, 1966, p. 25.

39. François Mauriac, « Le sort tomba », *Le Figaro*, 4 septembre 1944.

40. Procès-verbal de la séance du 7 septembre 1944, registre 2 B 20, p. 110, archives de l'Académie française.

41. Procès-verbal de la séance du 19 octobre 1944, *ibid.*, p. 116.

miers fut tranché par leur décès en 1947 et 1948, celui de Guitry par sa démission après la mort de Benjamin). De même, l'article 47 des statuts de la Société des auteurs dramatiques prévoyait que l'exclusion d'un membre ne pourrait être prononcée que par l'assemblée générale, après qu'auraient été entendues les explications en défense du sociétaire mis en cause. Aussi bien les commissions d'épuration de ces sociétés demandaient-elles à l'État de les habiliter pour procéder aux radiations de manière légale.

Un premier projet d'ordonnance fut conçu dans ce sens dès le mois de décembre 1944 et soumis au directeur général des Arts et des Lettres, à la suite des inquiétudes manifestées par le président de la Société des auteurs dramatiques, Marcel Pagnol[42]. Au mois de février, ce dernier présenta au ministre de l'Éducation nationale, René Capitant, une liste de trois « collaborateurs notoires qui [s'étaient] enfuis en Allemagne », et dont la Société avait décidé à l'unanimité de proposer l'exclusion, en attendant l'ordonnance lui donnant le pouvoir de procéder à l'épuration générale : il s'agissait d'Alain Laubreaux, Jacques de Lesdain et Georges Oltramare, dit Charles Dieudonné. La Société des auteurs avait aussi exclu Franz Leher et Henri Clerc, condamnés par les tribunaux. Après entretien avec les délégués des différents ministères au sujet de l'épuration, il avait été convenu que les sociétés pouvaient surseoir à l'établissement des dossiers concernant ceux de leurs membres qui faisaient déjà l'objet de poursuites judiciaires[43].

La Société des gens de lettres se montra plus sévère. Sur proposition de sa commission d'épuration, l'assemblée générale prononça 32 sanctions en mai 1945, et devait en enregistrer 13 autres en 1946, soit, au total, 36 radiations définitives – dont celles d'Abel Bonnard, Jacques

42. Note du 18 décembre pour Jacques Jaujard, directeur général des Arts et des Lettres, lui communiquant une lettre de Marcel Pagnol datée du 15 décembre 1944 au délégué du Spectacle du ministère des Beaux-Arts. Au même moment, les employés de la SACEM syndiqués à la CGT s'étaient plaints auprès des pouvoirs publics : alors que l'épuration du personnel de cette société était bien avancée, disaient-il, celle des auteurs et compositeurs n'était pas commencée, du fait que la commission d'épuration qui avait été constituée attendait d'être habilitée par le gouvernement. Ils demandaient que les mesures nécessaires fussent prises d'urgence, en vue des élections au conseil d'administration qui devaient avoir lieu au mois de février (lettre de R. Fouquet, secrétaire du bureau de la section syndicale des employés des sociétés des droits d'auteurs de la CGT, du 23 décembre 1944, adressée au président du CNR, qui l'a transmise au ministre de l'Éducation nationale). AN F21 8114.

43. Comme le notifiait Marcel Pagnol dans la lettre adressée le 14 février 1945 au ministre de la Justice, dont il adressait une copie, avec la lettre concernant les exclusions, au ministre de l'Éducation nationale.

Boulenger, Jacques Chardonne, Alphonse de Chateaubriant, André Demaison, Pierre Drieu la Rochelle, Alain Laubreaux, Camille Mauclair, Raymond Recouly, André Thérive –, 5 temporaires et 4 blâmes. Quinze autres cas, dont ceux de Jean Ajalbert, de René Benjamin, de José Germain et d'Abel Hermant, étaient en instance à la fin de 1945, dans l'attente du résultat de l'instruction judiciaire pour la plupart. À cette date, l'Association des écrivains combattants avait, elle aussi, exclu 20 membres, dont Pierre Benoit, Jacques Boulenger, Paul Chack, André Demaison, Pierre Drieu la Rochelle (qui s'était suicidé en mars 1945), José Germain, Henri Massis, André Salmon, André Thérive ; 2 membres étaient suspendus et 10 autres étaient en attente.

À la différence de la Commission nationale de la carte d'identité de journaliste, à qui le gouvernement donna, par l'ordonnance du 2 mars 1945, les pouvoirs d'une commission d'épuration[44], les commissions d'épuration des sociétés ne furent jamais dotées officiellement du pouvoir d'exclusion. L'ordonnance du 30 mai 1945 instituait un Comité national d'épuration des gens de lettres, auteurs et compositeurs, et un autre pour les artistes-peintres, dessinateurs, sculpteurs, graveurs, dans lesquels des sociétés mandatées par le ministre seraient représentées, et auprès desquels elles seraient habilitées à porter plainte. Comme le déplorait le comité juridique, auquel il avait été soumis, le projet avait pris « un retard tel qu'il para[issait] impossible d'observer les délais fixés par le Conseil des ministres pour la fin des opérations d'épuration[45] ».

Dans l'exposé des motifs, il était précisé que l'ordonnance, établie « en accord avec les principales sociétés littéraires et artistiques du pays », visait à frapper les écrivains et les artistes qui avaient collaboré avec l'occupant et qui avaient « mis leur activité au service des causes antinationales » d'une « interdiction ou d'une limitation d'activité professionnelle ayant tout ensemble le caractère d'une censure publique et d'une sanction pécuniaire », mais en évitant « tout système de répression portant atteinte au droit de la libre expression de la pensée[46] ». Le Comité national d'épuration des gens de lettres, auteurs et composi-

---

44. Voir Christian Delporte, « L'épuration des journalistes : polémiques, mythes, réalités », *Matériaux pour l'histoire de notre temps*, n° 34/40, juillet-décembre 1995, p. 28-31, et *Les Journalistes en France 1880-1950. Naissance et construction d'une profession*, Paris, Seuil, 1999, p. 384-400.

45. Lettre du président du comité juridique du gouvernement provisoire au secrétaire général du gouvernement, 1er mai 1945, AN F21 8114.

46. Ordonnance n° 45-1089 du 30 mai 1945 relative à l'épuration des gens de lettres et compositeurs, des artistes peintres, dessinateurs, sculpteurs et graveurs, *ibid.*

teurs, auquel nous nous en tiendrons ici, a pourtant qualité pour interdire de façon temporaire la réédition des œuvres qui ont entraîné la sanction ainsi que les œuvres nouvelles, articles, conférences, etc., et la perception des droits d'auteurs ou tout autre bénéfice réalisé sur la production culturelle. Les sanctions sont limitées à deux ans, ou, pour les auteurs condamnés par une cour de justice, à la durée de la peine.

Six sociétés d'auteurs sont désignées par un arrêté du 28 juin 1945 pour y être représentées : le Comité national des écrivains (CNE), la Société des gens de lettres (SGDL), la Société des auteurs et compositeurs dramatiques (SACD), la Société des auteurs, compositeurs et éditeurs de musique (SACEM), la Société des orateurs conférenciers (SOC) et l'Association des écrivains combattants. La direction générale des Arts et des Lettres a demandé à ces six sociétés d'élire 4 représentants, 24 au total, qui à leur tour élisent 12 d'entre eux, 6 sur le plan professionnel, 6 résistants, parmi lesquels le ministère désignera les 6 membres qui composent le comité (3 professionnels et 3 résistants)[47]. La répartition entre « professionnels » et « résistants » sera en fait abandonnée lors de l'élection des douze représentants, parce que non pertinente.

Le CNE a élu Claude Morgan, Jacques Debû-Bridel, Francis Ponge (remplacé par Yvonne Desvignes) et Gabriel Audisio. C'est ce dernier qui siégera au comité d'épuration des gens de lettres, auprès de Simone Saint-Clair et Francis Ambrière pour la SGDL, Charles Vildrac pour la SACD, Joseph Szyfer pour la SACEM, et le général Brémond pour les Écrivains combattants. Notons qu'outre Gabriel Audisio, porte-parole officiel du CNE, celui-ci compte un autre représentant au comité d'épuration en la personne de Charles Vildrac, délégué par la Société des auteurs dramatiques (il est, rappelons-le, membre de la commission du CNE pour l'établissement de la « liste noire »). Le comité est présidé par un magistrat désigné par le garde des Sceaux, Me Gérard Frèche, avocat général près la cour d'appel de Paris.

Installé en octobre 1945 au 3, rue de Valois, le comité d'épuration des gens de lettres demande à être saisi des plaintes contre les écrivains. Le CNE lui soumet la « liste noire », tandis que la SGDL et l'Association des écrivains combattants lui communiquent la liste des auteurs contre lesquels des sanctions ont été prises et ceux pour lesquels on attend une décision de justice. Comme celle de la SGDL, les commissions d'épuration de la SACD et de la SOC avaient adressé à leurs

47. Cf. lettre de Jean Hytier, conseiller pour les lettres auprès de la direction générale des Arts et des Lettres du 19 juillet 1945 adressée au secrétaire général du CNE, Claude Morgan, archives du CNE.

membres un questionnaire sur leur attitude sous l'Occupation (voir annexes). Or, à part les exclusions définitives citées plus haut, auxquelles se sont ajoutées celles d'autres auteurs condamnés ensuite comme Henri Béraud, Robert de Beauplan, Abel Hermant, Paul Demasy, Étienne Rey, la Société des auteurs dramatiques avait renoncé à statuer sur le cas de ses membres. Outre la liste des auteurs inquiétés par la justice, elle adresse donc les 564 questionnaires remplis par ses membres au comité d'épuration, qui entreprend de les examiner dès sa troisième séance, le 17 décembre 1945. À la séance précédente, le 26 novembre, Francis Ambrière avait saisi le comité des cas de Cocteau, Giono, Montherlant et Maurice Rostand.

Selon son règlement intérieur, les dénonciations autres que les plaintes émises par le gouvernement ou par les sociétés habilitées ne doivent être suivies que si ses membres le décident à la majorité. Les personnes inquiétées sont invitées à présenter des explications verbales ou un mémoire en défense, elles peuvent se faire assister d'un avocat. La sous-commission qui les convoque entend aussi les témoins à charge ou à décharge, s'il y a lieu. Il est décidé qu'en cas de partage des voix c'est la sanction la plus douce qui sera prononcée. Les dossiers sont établis à partir des questionnaires soumis par les sociétés littéraires aux intéressés, d'une recherche de presse, et, le cas échéant, par le dossier de police ou le dossier d'instruction judiciaire.

La tâche de la commission se révéla plus lourde et son exécution plus lente que prévu, de l'examen des 564 questionnaires de la SACD aux obstacles que rencontrait l'instruction des dossiers (lenteurs administratives, indisponibilité des dossiers en cours d'instruction judiciaire, etc.). Comme s'en inquiétait Audisio dans une lettre adressée à Me Frèche, la procédure elle-même manquait de transparence quant à la manière dont devait s'exercer la sanction sur les droits d'auteur (qui, selon l'article 13 de l'ordonnance, devaient être redistribués à des œuvres d'intérêt public). Dans la même lettre, Audisio se faisait en outre l'écho des interrogations que soulevait cette procédure dans le monde des lettres : comment informer le public de la nature des sanctions et des décisions prises par le comité ? Comment éviter la création de « situations ambiguës », dans l'attente d'une décision du comité ? À la suite de cette intervention, le comité d'épuration obtint du ministère de l'Éducation nationale que les sanctions prises fussent inscrites au *Journal officiel*[48]. La seconde question, en revanche, ne fut pas résolue :

48. Lettre de Gabriel Audisio à Gérard Frèche, 31 mars 1946, note manuscrite répondant à la lettre d'Audisio et procès-verbal des séances du 1er et du 8 avril 1946, AN F21 8114. On se demanda aussi s'il fallait rendre publics les cas d'acquittement ou de

de fait, les auteurs recensés par le comité ne purent exercer leur activité professionnelle normalement tant qu'une décision n'était pas intervenue à leur sujet.

L'annonce d'une première série de décisions prises par le comité en mars 1946 suscita un certain émoi dans le monde des lettres. *Le Littéraire* enquêta auprès des écrivains pour savoir s'ils approuvaient ou non « cette forme de sanction qu'est l'interdiction de publier des écrits ». Tout en déplorant que la France fît toujours appel à des tribunaux d'exception et que l'on confiât « à des écrivains le soin de punir d'autres écrivains », Jean Paulhan, encore membre du CNE à cette date, se réjouissait, sans pour autant juger les écrivains visés, que « la peine qui les frapp[ait], en marquant la gravité de nos moindres écrits, [fût] propre à rehausser le crédit, et l'éclat de notre corporation[49] ». D'ailleurs, en les soustrayant à l'obligation de publier et aux sollicitations trop nombreuses, on leur rendait plutôt service, expliquait-il. La semaine suivante parut une réaction de Gabriel Audisio, représentant du CNE au comité d'épuration des gens de lettres. Audisio disait ne pas approuver l'interdiction de publier des écrits (en fait, il tentait au même moment de rallier le comité directeur du CNE à son avis, mais en vain). Il était en revanche d'accord pour appliquer les deux autres sanctions dont disposait le comité, à savoir le renvoi devant les tribunaux des cas qui en relevaient et « la saisie des profits matériels pour ceux qui [avaient] tiré un profit "illicite" de leur activité pendant les années noires », et regrettait que la sanction morale, le blâme, n'eût pas été envisagée. Il objectait cependant à Paulhan que, d'une part, un tribunal qualifié n'avait rien à voir avec un tribunal d'exception, et que d'autre part, dans de nombreuses professions, le jugement des pairs était prévu, des tribunaux de commerce aux ordres des médecins et des avocats, chargés d'assurer la discipline intérieure[50].

L'épuration professionnelle devait être rapide et efficace. Elle fut longue et s'enlisa, le nombre de dossiers à examiner et de démarches à faire ayant eu raison de la bonne volonté des membres des comités

non-lieu, les uns alléguant que cela innocenterait les auteurs concernés, les autres que cela leur causerait au contraire du tort, puisque leur mise en cause serait rendue publique. Si au *JO* ne furent publiées que les sanctions, *Le Littéraire* du 13 avril 1946 donna en revanche la première liste complète des décisions du comité, y compris les cas de non-sanction.

49. « L'épuration chez les écrivains. Une lettre de M. Jean Paulhan », *Le Littéraire*, 30 mars 1946.

50. « L'épuration chez les écrivains. Une lettre de M. Gabriel Audisio », *ibid.*, 6 avril 1946.

d'épuration. En octobre 1946, Charles Vildrac fit savoir au comité d'épuration qu'il avait l'intention de résigner ses fonctions en raison de la durée des travaux et de la lourdeur de la tâche. Il convia les autres membres du comité à s'unir à ce geste. Requis par son service à la cour, le président Gérard Frèche annonça de son côté qu'il entendait se faire remplacer par son suppléant. Peu après, Gabriel Audisio envoya, lui aussi, sa démission[51]. Les travaux du comité semblent avoir été interrompus à partir de cette date, et ne seront repris qu'en 1949, sous la présidence de Me Milhac, à la demande du gouvernement qui souhaite clore les procédures. Le ministère de l'Éducation nationale ayant demandé au CNE de désigner un autre membre en remplacement d'Audisio, le comité directeur a chargé Paul Éluard de solliciter Raymond Queneau ou Lucien Scheler. Sur les instances d'Aragon et d'Elsa Triolet, ce dernier a accepté la mission, mais, après avoir participé à une séance en 1949, il donne sa démission, écœuré par la procédure[52]. Le comité a achevé ses travaux en juin 1949.

Une procédure inachevée

Au total, sur les 172 dossiers ouverts, la moitié seulement (environ 90) firent l'objet d'une décision. S'il est difficile d'établir une cohérence d'ensemble dans le traitement des dossiers, qui semble avoir évolué avec le temps et les contraintes, on peut toutefois tenter de dégager certaines des raisons pour lesquelles nombre de dossiers ne furent pas soumis à une décision[53]. En premier lieu, le comité avait décidé de ne pas statuer sur le cas des personnes qui faisaient l'objet d'une information judiciaire tant que la justice ne se serait pas prononcée : Alphonse de Chateaubriant, en fuite, ne fut ainsi sanctionné qu'après la reprise des

51. Procès-verbal de la séance du 14 octobre 1946 du comité d'épuration des gens de lettres (AN F21 8114) et lettre de Gabriel Audisio au président du CNE, 29 novembre 1946, archives du CNE. Aucune pièce ne permet de reconstituer les conditions dans lesquelles les travaux du Comité d'épuration ont été interrompus. Les procès-verbaux s'arrêtent au 29 octobre 1946. Le 20 avril 1948, Jacques Jaujard, directeur général des Arts et des Lettres, adresse une note au directeur de l'Architecture, lui demandant la mise à disposition d'une pièce rue de Valois pour le Comité national d'épuration des gens de lettres, qui souhaite reprendre l'activité interrompue depuis un an. Il l'assure que les travaux du comité s'achèveront dans un délai de deux ou trois mois.

52. Entretien avec Lucien Scheler, 24 juin 1991.

53. Nous avons consulté 30 dossiers individuels d'épuration professionnelle, dans la série AN F21 8122-26.

travaux du comité en 1949, son procès ayant eu lieu quelques mois plus tôt; en revanche, le cas de Raymond Recouly, qui avait été radié de la SGDL, et qui ne fut jugé qu'en mai 1949 et condamné à cinq ans de dégradation nationale, ne fut pas traité par le comité, bien qu'un dossier eût été ouvert à son nom.

Dans d'autres cas, le comité ne parvenait pas à instruire le dossier, comme pour Robert Vallery-Radot, un des théoriciens de l'antimaçonnisme, employé à l'Information sous Vichy, et contre lequel le ministère de l'Éducation avait porté plainte dès la fin 1945 : Me Milhac ayant demandé son dossier au parquet de la cour de justice de la Seine en 1949, il lui fut répondu que Vallery-Radot n'avait pas fait l'objet de poursuites devant cette cour, alors qu'elle l'avait condamné à la réclusion perpétuelle par contumace[54]. Notons qu'un dossier avait également été ouvert au nom d'Alain Laubreaux (alors qu'il n'y en a pas au nom de Lucien Rebatet, par exemple) : Laubreaux, en fuite, avait été radié de la SGDL le 8 novembre 1944 et avait été condamné à mort par contumace par la cour de justice de la Seine le 6 février 1945; certes, la sanction professionnelle n'avait pas lieu d'être appliquée, puisqu'il ne pouvait ni publier ni percevoir des droits en France, mais c'était aussi le cas pour Alphonse de Chateaubriant.

Un autre ensemble de dossiers est resté en suspens : c'est le cas des deux académiciens Henry Bordeaux et Claude Farrère, alors que pour leur confrère Pierre Benoit, par exemple, le comité avait décidé qu'il n'y avait pas matière à sanction. Ces dossiers contiennent pourtant le questionnaire de la SACD rempli par les intéressés, un relevé d'articles (mais, dans le cas de Farrère, le service n'a pas retrouvé son article dans *La Gerbe*, qui pourtant existe bel et bien[55]), et, pour Bordeaux, une enquête de police qui ne trouve pas de véritable raison à des poursuites. Ces dossiers ont-ils été abandonnés par le comité en l'absence de motifs à charge, à savoir une activité ayant favorisé les entreprises de l'ennemi, comme d'ailleurs celui de Paul Claudel, qui figurait là en rai-

54. L'erreur vient du fait que le parquet a recherché son dossier, à la demande de Me Milhac, en tant que rédacteur de *La Gerbe*, et n'a donc pas retrouvé sa trace au procès des rédacteurs du journal dont il ne faisait évidemment pas partie. Sur Robert Vallery-Radot, voir la notice d'Hervé Serry dans l'édition augmentée du *Dictionnaire des intellectuels*, Jacques Julliard et Michel Winock (dir.), Paris, Seuil, 2002, p. 1389-1390.

55. L'erreur vient du fait que l'article a été recherché en 1940, alors qu'il est paru l'année suivante : Claude Farrère, « Face au malheur », *La Gerbe*, 10 avril 1941. Claude Farrère, dans le questionnaire qu'il a rempli pour la SACD, prétend que cet article, écrit par lui, n'était pas destiné à ce journal, auquel il a été transmis par un tiers à son insu.

son de son *Ode au Maréchal*? Pourquoi, dans ce cas, n'ont-ils pas été classés, à l'instar du dossier de Roland Dorgelès, membre de l'académie Goncourt et ancien collaborateur de l'hebdomadaire antisémite et anglophobe *Gringoire*? Le président de la Société des gens de lettres, Georges Lecomte, était intervenu en faveur de ce dernier auprès du comité, qui décida que, en effet, il n'y avait pas lieu, pour lui, de se saisir de cette affaire. Était-ce aussi le cas pour Jean Giono? Nous ne sommes pas en mesure de l'affirmer. L'écrivain de Manosque, qui avait été déjà arrêté en 1939 pour pacifisme, s'était signalé notamment par sa collaboration à *La NRF* de Drieu la Rochelle. Son dossier, resté en suspens, est constitué par le questionnaire de la SACD (qu'il conclut en disant avoir, selon sa conscience, agi comme tout le monde), accompagné d'une lettre où il fait valoir l'aide qu'il a apportée à des réfractaires du STO et à des juifs dans sa propriété de Contadour, et par les pièces du dossier judiciaire. Celui-ci avait été transmis en août 1945 par la cour de justice d'Aix-en-Provence à la cour de justice de la Seine, au motif que l'accusé avait exercé son activité littéraire à Paris, et que celle-ci ne prenait sens que par rapport à un ensemble, qui comprenait les éditeurs et les collaborateurs de *La Nouvelle Revue française*. Les rapports de police ne concluent à aucune activité véritablement compromettante. La procédure avait abouti à un non-lieu. Le comité ne poussa pas l'enquête plus loin.

Enfin, quelques auteurs, comme le critique d'art Camille Mauclair ou René Benjamin, étaient décédés au cours de la procédure. On constate que, pour un échantillon de 30 auteurs parmi ceux inscrits sur la liste du comité pour lesquels nous disposions de la date de naissance, la moyenne d'âge est supérieure à soixante ans (contre une moyenne de quarante-quatre ans pour 27 des 32 intellectuels jugés devant la cour de justice de la Seine). Ce phénomène, que nous pouvons attribuer pour partie à l'âge plus élevé, en moyenne, des écrivains collaborateurs ou vichystes, par comparaison à leurs jeunes confrères résistants, comme nous l'avons établi ailleurs, et pour partie à la procédure elle-même (en s'appuyant sur les instances professionnelles, à savoir les sociétés d'auteurs, l'épuration touchait, par définition, les écrivains établis et avait moins de chance d'atteindre les jeunes prétendants non encore reconnus par ces instances), tendrait à étayer, en tout cas, le constat d'une relève générationnelle à la Libération, que l'épuration semble favoriser[56].

56. Cf. Gisèle Sapiro, *La Guerre des écrivains*, *op. cit.*, p. 82 *sq.*, et chapitre VIII.

Les raisons évoquées – attente d'une décision de justice, difficultés à instruire le dossier – pouvaient se combiner pour faire obstacle aux travaux du comité, comme dans le cas de René Benjamin. Né en 1885, pamphlétaire ultraconservateur de tendance maurrassienne (il n'avait eu de cesse, au long de sa carrière, de pourfendre la République et la démocratie), René Benjamin, membre de l'académie Goncourt, était un proche du maréchal Pétain, qu'il accompagnait dans ses tournées, et dont il aurait rédigé certains discours. Selon les renseignements de police fournis au ministère de l'Information, il passe en tout cas pour avoir été un « conseiller intime » du Maréchal, auquel il consacra trois éloges successifs[57]. On lui reprochait surtout des conférences en Suisse où, selon des témoins, il aurait déclaré : « la défaite a été notre délivrance », et tenu d'autres propos de ce type. On considérait que sa réputation rendait sa culpabilité plus grande. Placé en résidence surveillée dans sa propriété de Savonnières par l'autorité préfectorale, arrêté le 12 novembre 1944 dans l'attente de son procès devant la cour de justice d'Orléans, il est libéré le 21 janvier 1946 et mis de nouveau en résidence surveillée à Paris. En fait, le procureur de la République avait envisagé de renvoyer son dossier devant la chambre civique de la Seine en octobre 1945, mais, en raison d'un contretemps, il dut y renoncer et retourner le dossier à la cour d'Orléans, qui le remit à sa propre chambre civique au début de 1946. Au mois de mai, cependant, la question d'attribution n'était toujours pas réglée : le commissaire du gouvernement à la cour de justice d'Orléans consulta ainsi Me Frèche sur l'opportunité de soumettre cette affaire à la chambre civique à Paris ; celui-ci lui répondit bien sûr qu'il n'était pas qualifié pour intervenir en la matière. Radié de la SGDL, René Benjamin avait par ailleurs refusé de répondre au questionnaire de la SACD, refus dont il s'expliquait dans une longue lettre, dénonçant la faute de goût, de tact et le manque de dignité dont faisait montre une société qui n'avait cessé, pendant quatre ans, d'adresser à ses membres des questionnaires où il leur fallait attester leurs origines « aryennes ». Dans l'attente de la décision de justice et en l'absence des pièces nécessaires, le comité suspendit sa décision. Lorsqu'il reprit ses travaux en 1949, René Benjamin venait de mourir, non sans avoir publié un livre où il réglait ses comptes avec l'académie Goncourt, qui l'avait écarté depuis la Libération[58].

57. René Benjamin, *Le Maréchal et son peuple*, Paris, Plon, 1941 ; *Les Sept Étoiles de France*, Paris, Plon, 1942, tiré à 20 000 exemplaires ; *Le Grand Homme seul*, Paris, Plon, 1943.

58. René Benjamin, *La Galère des Goncourt*, préface de Sacha Guitry, Paris, L'Élan, 1948.

Les sanctions professionnelles

Sur les 172 dossiers d'auteurs ou compositeurs, seuls 56 avaient été examinés à la fin de 1946, lorsque le premier comité interrompit ses travaux. Sur ces 56 personnes, 12 s'étaient vu infliger la peine maximale de deux ans d'interdiction, dont Jean Ajalbert, Jacques Dyssord et André Castelot. Vingt autres eurent droit à une sanction plus légère, allant de trois à dix-huit mois (la suspension se confondant dans plusieurs cas avec la sanction prononcée par d'autres instances professionnelles et s'exerçant parfois rétroactivement), parmi lesquels Henry de Montherlant, Paul Fort, André Thérive, Jean d'Agraives. Enfin, 14 bénéficièrent d'un non-lieu : ce fut notamment le cas de Pierre Benoit, Paul Morand, Bertrand de Jouvenel, Armand Petitjean, Fernand Divoire, Jean Variot. Dix autres dossiers ont été classés, 5 pour cause d'incompétence du comité, 2 pour cause de décès, 3 pour des raisons diverses. D'avril à juin 1949, après la longue interruption des travaux du comité, 34 furent soumis à examen. Dix-neuf nouvelles – et dernières – sanctions furent prononcées, dont 9 infligeant la peine maximale de la totalité des interdictions temporaires pour deux ans (ce fut le cas pour Alphonse de Chateaubriant, André Demaison et Georges Simenon, notamment) et 10 allant de un à douze mois, dont André Salmon (qui fut condamné le 2 juin 1949 à trois mois d'interdictions, peine se confondant avec celle prononcée par le Comité d'épuration des journalistes). Quinze personnes, dont Jean Anouilh et Jean Cocteau, furent mises hors de cause.

Il est difficile, pour les raisons évoquées ci-dessus (affaires différées dans l'attente du jugement, dossiers non traités en l'absence des pièces requises, etc.), d'estimer s'il y a évolution de la sévérité des sanctions administrées par le comité entre la première et la seconde étape de ses travaux. Aux deux sessions, un peu plus de la moitié des cas examinés ont donné lieu à des sanctions. La peine maximale a été proportionnellement plus souvent infligée en 1949 (la moitié des personnes sanctionnées contre un peu plus d'un tiers en 1946), mais cela peut tenir aux dossiers différés dans l'attente d'une décision de justice, les personnes poursuivies en justice faisant, en principe, l'objet d'accusations plus graves.

La comparaison de ce bilan à celui de la collaboration économique – d'après les résultats de la Commission nationale interprofessionnelle d'épuration (CNIE) – semble confirmer le sentiment d'une plus grande sévérité à l'égard de la collaboration intellectuelle : seuls 12 % des personnes dont le cas fut examiné par la CNIE furent sanctionnées[59], contre 57 % au Comité d'épuration des gens de lettres si l'on se rapporte au nombre de dossiers examinés (au total 51 sur 90)[60].

Examinons à présent quelques cas d'écrivains sanctionnés. La peine maximale, à savoir la totalité des interdictions pour une durée de deux ans à dater de la décision, semble avoir été réservée à ceux qui avaient manifesté ouvertement des sentiments proallemands ou favorisé, par leurs écrits (par des attaques contre les puissances alliées, notamment), la propagande allemande, et qui, ne s'étant pas présentés devant le comité, n'avaient pu faire valoir aucune circonstance atténuante. Cette peine toucha aussi bien Jean Ajalbert qu'Alphonse de Chateaubriant et Paul Lombard, qui avaient été tous trois radiés de la SGDL, et qui faisaient parallèlement l'objet de poursuites judiciaires.

Né en 1863, membre de l'académie Goncourt, Jean Ajalbert appartient à la génération des vétérans. Avocat de formation, dreyfusard, titre qu'il fera valoir pour sa défense, cet auteur de romans exotiques et ruralistes avait été conservateur du château de Malmaison, puis de la manufacture de Beauvais. Après la défaite, l'anarchisant de l'autre siècle, replié à Nice, est d'abord acquis au nouvel ordre moral que tente d'imposer le régime de Vichy. Pacifiste, ancien briandiste et vieux partisan de la réconciliation franco-allemande, il va bientôt être gagné à la politique de collaboration. Au début de 1942, il préside une conférence d'Abel Bonnard à Nice. Revenu à Paris à la fin de l'année, il déclare son adhésion au PPF de Jacques Doriot, et annonce qu'il donnera sa voix au virulent pamphlet antisémite et antidémocratique *Les Décombres* de Lucien Rebatet pour le prix Goncourt 1942, ainsi qu'à Céline ou à Alphonse de Châteaubriant, le directeur de *La Gerbe*, pour le siège à pourvoir à l'académie. Il a tenu promesse. L'année suivante, lors du scrutin qui a été remis à mars 1944, il vote pour le recueil de causeries à la radio de Philippe Henriot, nommé en janvier 1944 secrétaire d'État à l'Information et à la Propagande sur l'instance des Allemands. Quand, à la fin du mois de juin, Henriot est abattu par la Résistance, Ajalbert rend un vibrant hommage au « martyr de la Pensée européenne » dans *Aujourd'hui* (29 juillet 1944). Incarcéré à Fresnes, il en sort le 22 mai 1945. Le 25 mai, la SGDL l'avise de sa radiation, prononcée le 21 février 1945, mais cette décision est suspendue dans l'attente du

59. Cf. Henry Rousso, « L'épuration en France. Une histoire inachevée », art. cité, p. 100.

60. Même si l'on rapporte le nombre de sanctions prononcées au nombre de dossiers ouverts, on atteint le taux de 30 %.

verdict de la justice sur son cas, verdict qui n'a toujours pas été rendu quand Ajalbert décède en 1947. Le comité d'épuration des gens de lettres avait, lui, statué sur son cas dès le début de ses travaux : les sentiments collaborationnistes qu'il a affirmés dans des articles et interviews donnés à la presse de zone nord et son soutien à des auteurs comme Chateaubriant, Céline et Rebatet, « dont les sentiments racistes et pro-allemands étaient notoires », constituent en effet les motifs de la peine prononcée contre lui par défaut le 4 mars 1946, Ajalbert ayant allégué de son état de santé pour s'abstenir de comparaître. Ce n'est donc qu'après cette séance que le comité décida de ne pas traiter des affaires des personnes qui faisaient l'objet d'une information judiciaire.

Le comité n'eut pas de mal à statuer sur le cas d'Alphonse de Chateaubriant, lorsque, ayant repris ses travaux en 1949, il apprit que la cour de justice de la Seine l'avait condamné à mort et à la dégradation nationale par contumace le 25 octobre 1948. L'ancien directeur de *La Gerbe* n'avait cessé de clamer sa ferveur pronazie dans le journal qu'il avait fondé avec l'appui et sous le contrôle des autorités d'occupation, et il avait appartenu au groupe Collaboration. Aux yeux de la communauté des écrivains, il passait pour un symbole de la « trahison littéraire », même si certains le considéraient comme un fou.

En mars 1949, le comité d'épuration ne savait toujours pas quelle décision la justice avait prise à l'encontre de Paul Lombard, collaborateur de *Gringoire*, que la SGDL avait radié dès février 1945 au vu de l'extrême violence de ses articles contre les Alliés, par lesquels il avait donc servi les intérêts de l'ennemi. C'est que, depuis 1946, le comité demandait communication du dossier à la cour de justice de Marseille, alors que l'intéressé avait été jugé en octobre 1945 par la chambre civique de Paris et condamné à cinq ans de dégradation nationale (en avril 1949, la cour d'appel d'Aix-en-Provence répondit à Me Milhac qu'il n'y avait aucune trace de poursuites engagées).

Une même sanction professionnelle pouvait donc être infligée à des personnes dont le degré de culpabilité aux yeux de la justice était très variable, comme le montre la comparaison entre Chateaubriant et Paul Lombard. Il faut cependant garder à l'esprit que l'épuration professionnelle visait moins les ultras de la collaboration, comme Chateaubriant, qui avaient été condamnés à mort ou à la réclusion perpétuelle, que les écrivains ayant eu des comportements plus discrets, mais qui engageaient l'activité professionnelle et donc portaient atteinte à l'honneur des instances représentatives auxquels ils appartenaient comme la SGDL ou la SACD, et à celui de la profession dans son ensemble.

C'est pourquoi on considérait ici que le talent et la notoriété de l'accusé, loin de constituer une circonstance atténuante, comme l'invoquaient les partisans de l'indulgence, et comme semblent l'avoir admis en pratique les tribunaux, aggravaient encore sa faute puisqu'ils avaient d'autant mieux servi les desseins de l'ennemi. Cet argument fut mentionné à propos du critique André Thérive qui, sans prendre ouvertement de positions politiques, avait collaboré à nombre de journaux collaborationnistes (*Je suis partout*, *Les Nouveaux Temps*, *Aujourd'hui*, *Pariser-Zeitung*). Devant la cour de justice de la Seine, l'accusé avait allégué de la teneur purement littéraire de ses articles et de ce qu'il eût été rigoureux d'interdire aux critiques professionnels de poursuivre leur activité, alors que les écrivains continuaient de publier des livres. Et, de fait, son dossier avait été classé en décembre 1944, son activité ne pouvant être qualifiée d'intelligence avec l'ennemi ni jugée « pénalement répréhensible ». Il n'en avait pas moins été radié de la Société des gens de lettres en avril 1945, au motif qu'il avait touché des fonds allemands en collaborant au *Pariser-Zeitung*; il lui était également reproché d'avoir participé au IIe Congrès des écrivains à Weimar en 1942[61]. Le Comité d'épuration des gens de lettres considéra, outre le voyage en Allemagne, que, raison de son talent et de son autorité, sa collaboration même à des journaux collaborationnistes favorisait les desseins de la propagande allemande et le condamna à la totalité des interdictions temporaires pour une durée dix-huit mois à dater de la décision.

Henry de Montherlant pouvait, quant à lui, se targuer d'avoir refusé de faire le voyage en Allemagne. Mais, même s'il se démarquait des ultracollaborationnistes notoires qui déversaient leur haine et leur racisme dans les journaux de l'époque, il avait manifesté sa sympathie pour l'occupant dans ses écrits, des articles qu'il avait publiés dans la presse de zone Nord et de zone Sud au *Solstice de juin*. Montherlant avait joint au questionnaire de la SACD un mémoire où il s'expliquait sur son attitude sous l'Occupation, invoquant notamment sa conception « sportive » de la guerre, en particulier la règle du « fair-play » qui oblige à s'incliner devant le vainqueur. Il avait rédigé une première version de ce mémoire dès la Libération, lorsqu'il avait appris qu'il allait figurer sur la « liste noire », et l'avait adressée notamment à Francisque Gay en lui demandant de défendre son image dans *L'Aube*[62]. Monther-

---

61. Thérive avait aussi signé un manifeste paru dans *Le Cri du peuple* au lendemain du bombardement des usines Renault en 1942, mais il dira que cette signature a été apposée à son insu.

62. Montherlant a publié une version revue et corrigée de ce mémoire : Henry de Montherlant, *L'Équinoxe de septembre*, suivi de *Le Solstice de juin* et de *Mémoire*, Paris, Gallimard, 1976. Nous avons comparé ailleurs les différentes versions du mémoire; cf. Gisèle Sapiro, *La Guerre des écrivains*, *op. cit.*, p. 98 *sq.*

lant invoquait aussi à sa décharge le fait que *Le Solstice de juin* avait d'abord été censuré. Or, en réalité, il n'avait pas été interdit par les Allemands, comme il l'affirme, mais par le gouvernement de Vichy, en raison des attaques qui le visaient. Les directeurs de l'Institut allemand Karl Epting et K.H. Bremer, qui étaient ses amis d'avant-guerre – le second était son traducteur en allemand –, étaient au contraire intervenus en sa faveur, et le livre, qui concluait à une acceptation de la défaite et du joug du vainqueur, figurait sur la liste de la « littérature à promouvoir » de la *Propaganda Staffel* et dans le catalogue « Miroir des livres » co-édité par la *Propaganda* et des éditeurs français[63]. Ces inexactitudes ne furent pas relevées par les instances d'épuration professionnelle. Montherlant fut cependant condamné à la totalité des interdictions pour une durée d'un an à dater du 1er octobre 1944, soit pour la période écoulée.

Dans son mémoire, Montherlant se défendait d'avoir une quelconque âpreté au gain. La vénalité constituait en effet une circonstance aggravante quand l'honneur et la déontologie professionnelle étaient en jeu. C'est pourquoi on cherchait à savoir si l'accusé avait tiré des bénéfices financiers de sa participation à des entreprises collaborationnistes, et surtout s'il avait reçu de l'argent de l'ennemi, même s'il n'avait pas pris de position ouvertement collaborationniste. C'est ce soupçon qui, par exemple, valut principalement à Fernand Divoire sa sanction. Ancien rédacteur de *L'Intransigeant*, qui avait été remercié après vingt-cinq ans de service et errait depuis en quête d'un poste stable (il fut entre autres placé par Giraudoux à la radio), Divoire avait accepté l'offre d'Eugène Gerber, directeur de *Paris-Soir* en zone occupée (le titre avait été usurpé à l'instigation de l'occupant), qui lui proposait la rédaction en chef d'un nouveau journal parisien non politique, *Paris-Midi*. Les instances professionnelles, la SGDL en particulier, qui prononce sa radiation temporaire pour cinq ans, lui reprochent le fait d'avoir travaillé pour un journal collaborationniste et d'en avoir retiré des bénéfices importants : son salaire est passé de 10 000 à 18 000 francs par mois au bout de deux ans, et il touchait un supplément de 7 000 francs de frais – fictifs – en récompense, semble-t-il, de sa « grande souplesse » à l'égard des autorités occupantes. Le Comité d'épuration des gens de lettres prononça, quant à lui, la totalité des interdictions temporaires pour une durée de dix-huit mois, à compter du 1er octobre 1944 (donc pour la période écoulée).

63. Voir Gérard Loiseaux, *La Littérature de la défaite et de la collaboration d'après* Phönix oder Asche? (Phénix ou cendres?) *de Bernhard Payr*, Paris, Fayard, 1995, p. 299.

Enfin, les mondanités avec les autorités d'occupation pouvaient constituer en soi un motif de condamnation (ou en être le prétexte) comme l'illustre le cas du vieux poète Paul Fort. Septuagénaire, le « prince des poètes » avait fait montre d'une grande vitalité et avait eu une activité débordante pendant les années noires, publiant dans *Comoedia*, *L'Appel*, *Les Nouveaux Temps*, *Panorama* (au total, vingt-cinq articles), rééditant ses œuvres et publiant trois volumes de ses œuvres complètes, participant à des jurys littéraires (l'académie Mallarmé, et surtout le jury du prix des Nouveaux Temps), réalisant une quinzaine d'émissions littéraires pour Radio-Paris. Cependant, on ne pouvait lui reprocher la teneur de ses écrits ou de ses engagements publics, qui restaient d'ordre littéraire. Du point de vue financier, la totalité des rémunérations qu'il avait perçues en cinq années s'élevait à 72 325 francs, soit dix fois moins que la somme que Montherlant avait reçue de son seul éditeur, Gallimard, pour les années 1943-1944 (celui-ci était également mieux payé pour ses articles de presse, semble-t-il, puisqu'il percevait en moyenne 2 000 francs par article, contre 500 pour Paul Fort). L'enquête ouverte par la police était restée sans suite. Finalement, le comité d'épuration des gens de lettres retint contre lui le fait qu'il avait accepté de prendre part à un déjeuner offert en l'honneur des quatre-vingts ans d'Édouard Dujardin, président de l'académie Mallarmé, sous les auspices des Allemands. Nombre de membres de l'académie ayant refusé de se rendre au déjeuner initialement prévu, auquel Dujardin avait convié un Allemand, il avait été remis *sine die*. Peu après, Paul Fort reçut une invitation, sur une carte de visite au nom allemand, à une fête en l'honneur de Dujardin, invitation qu'il accepta, dit-il, par amitié à l'égard de son vieux confrère. C'est ainsi qu'il se retrouva à cette manifestation à l'Institut allemand, dont il prétendait ignorer jusqu'à l'existence[64]. Le poète n'ayant pu se rendre à la convocation du comité, celui-ci le condamna le 28 janvier 1946 à la totalité des interdictions pour une durée de douze mois à dater du 1er octobre 1944. Paul Fort demanda à présenter ses explications, mais le comité maintint sa décision après l'audition.

Lorsqu'ils pouvaient fournir la preuve d'avoir favorisé des entreprises résistantes, les accusés bénéficiaient, à l'inverse, de circonstances atté-

---

64. Paul Fort s'était expliqué de tout cela dans une lettre qu'il avait adressée à Paul Valéry et à Georges Duhamel le 23 septembre 1944, après avoir vu son nom inscrit sur la « liste noire ». Il en fut effectivement radié à l'occasion de la publication de la seconde version au mois d'octobre suivant. Le poète a joint cette lettre au questionnaire de la SACD qu'il a envoyé au comité d'épuration des gens de lettres en novembre 1945.

nuantes, comme l'illustre le cas de Jean d'Agraives. Frédéric Causse, dit Jean d'Agraives, auteur de romans maritimes, qui écrivait avant la guerre pour le ministère de la Marine, avait, à l'instigation de Darlan (dont il était un proche), proposé au responsable allemand de Radio-Paris, Schlottmann, des émissions radiophoniques antianglaises, qu'il réalisa à raison de trois par semaine pendant deux mois. Il demanda ensuite à être promu conseiller de la propagande parlée, fonction qu'il n'obtint pas, mais il continua à adresser aux responsables allemands de Radio-Paris des « notes d'écoute », formulant remarques et suggestions pour une propagande plus efficace. Incarcéré à Fresnes le 7 octobre 1944, il avait été condamné le 10 juillet 1945 à huit mois de prison (peine qu'il avait déjà en fait effectuée préventivement) et à cinq ans d'indignité nationale pour intelligence avec l'ennemi. Le comité d'épuration des gens de lettres considéra de même que son activité avait favorisé les entreprises de l'ennemi. Cependant, fut invoqué comme circonstance atténuante le fait que les éditions Colbert, fondées par lui en 1941, avaient préparé des publications pour la Résistance. La durée des interdictions professionnelles fut donc réduite, dans son cas, à dix-huit mois.

Son activité résistante et son activité de combattant, ainsi que son repentir, valurent à Armand Petitjean, alors âgé de trente-trois ans, un non-lieu, malgré les trois articles nettement proallemands qu'il avait publiés dans *La NRF*. Mutilé de guerre en 1939, Petitjean, qui appartenait au camp antimunichois, était devenu, après la défaite, un propagandiste du régime de Vichy, au sein duquel il combattait les traditionalistes aux côtés de Paul Marion. Après un passage au secrétariat à la Jeunesse où il avait codirigé le bureau de propagande, il était entré aux Compagnons de France, mais, ayant échoué à en prendre la tête, il tenta, toujours avec l'appui de Marion, de créer les Jeunesses légionnaires. Il collabora à la revue *Idées*, animée par des propagandistes du ministère de l'Information, et qui se voulait un « laboratoire d'idées » de la Révolution nationale. Il évolua ensuite avec la mouvance qui recherchait une troisième voie entre Vichy et la Résistance et obtint, à partir de septembre 1943, l'accord du gouvernement d'Alger pour former des « Équipes nationales ». S'étant porté volontaire, il prit part, à partir de novembre 1944, aux combats de la Libération. Poursuivi par la cour de justice de Moulins avec d'autres propagandistes du régime, il bénéficia d'un non-lieu en avril 1946. Ayant reconnu ses torts et exprimé ses regrets verbalement, puis s'étant expliqué dans une longue lettre où il faisant valoir ses titres patriotiques et son activité résistante, protégé aussi par une des figures de proue de la Résistance intellectuelle,

Jean Paulhan, Armand Petitjean obtint donc son non-lieu, non sans que le comité eût repoussé à plusieurs reprises le moment de la décision, malgré les demandes pressantes et répétées de l'accusé.

Parmi les hommes de lettres ayant été condamnés à une peine légère, on compte le journaliste et poète André Salmon, collaborateur du *Petit Parisien.* La SGDL, qui avait prononcé contre lui une radiation temporaire pour une durée de deux ans et trois assemblées générales, avait retenu à charge ses articles exaltant la Légion des volontaires français contre le bolchevisme en 1943, et un appel à la collaboration industrielle avec l'Allemagne à l'occasion du Salon technique et industriel inauguré au Grand Palais en février 1941. Cela lui avait également valu une condamnation à cinq ans de dégradation nationale par la chambre civique de la Seine le 1er juillet 1946, comme le notifiait le commissaire du gouvernement auprès de la cour de justice de la Seine au président du comité, Me Milhac, en réponse à sa demande. Lors de sa séance du 2 juin 1949, le comité d'épuration des gens de lettres prononça à son tour contre lui la totalité des interdictions pour une durée limitée à trois mois, et se confondant avec la suspension déjà prononcée par la commission d'épuration des journalistes en octobre 1945 (pour une durée de dix-huit mois). En raison du retard pris par le comité et de la nécessité de régulariser la situation des auteurs recensés, il ne s'agissait plus, dans certains cas, comme celui de Salmon, que d'une peine purement symbolique.

Parmi les auteurs mis hors de cause dans la session de 1949 se trouvaient deux écrivains de renom, Paul Morand et Jean Cocteau. On reprochait en particulier au premier ses articles dans *Voix française*, mais, en raison de leur teneur purement littéraire, et bien qu'il considérât leur publication dans ce journal comme regrettable, le comité jugea qu'ils n'étaient pas de nature à entacher son honneur professionnel. La procédure judiciaire engagée contre lui avait été classée. Le comité considéra également qu'aucun fait de collaboration ne pouvait être reproché à Cocteau. On l'avait inscrit parce que l'un des membres se souvenait d'un article de lui sur Arno Breker dans *Comoedia*, article que le service recherche de presse n'avait pas retrouvé (il était pourtant bien paru, à la date du 23 mai 1942).

L'enjeu de la mémoire

On a vu dans quelles conditions est né le sentiment d'une irrémédiable injustice commise à l'encontre des écrivains. Loin de l'atténuer, le retard pris par l'épuration et la stagnation des procédures n'ont fait qu'accroître le trouble et l'indignation. Entre-temps, loin de plaider coupables, les « vaincus », tels qu'ils se désignent, développent leur propre version de l'histoire. Si les résistants se réfèrent à la Révolution pour justifier l'épuration, eux préfèrent, comme l'a montré Anne Simonin, assimiler la Libération à la Restauration, et l'épuration à la Terreur blanche[65]. À Mauriac, qui tout en dénonçant les injustices de l'épuration la regarde néanmoins comme légitime, Maurice Bardèche répond qu'elle est un « crime[66] ». Or l'extrême droite, qui recompose ses forces, d'abord clandestinement, puis au grand jour, autour de tribunes comme *Aspects de la France* et *Rivarol*[67], trouve un renfort inespéré auprès de Jean Paulhan. À la manière de Péguy pourfendant ses anciens frères de combat, l'ancien directeur de *La NRF* s'engage dans une violente lutte contre ses camarades de Résistance, des « lettres aux membres du CNE » recueillies dans *De la paille du grain* (1948), où il assimile les collaborationnistes des années noires aux pacifistes de la Grande Guerre (comparant Alphonse de Chateaubriant à Romain Rolland, Drieu la Rochelle à l'Aragon surréaliste et antipatriote, etc.), jusqu'à la *Lettre aux directeurs de la Résistance*, où il condamne l'épuration en bloc. La *Lettre* paraît en 1952, soit un an après la première loi d'amnistie. Ce texte, qui s'appuie sur des arguments et des chiffres (de l'épuration) empruntés à l'extrême droite[68], est édité par les Éditions de Minuit, la maison d'édition de la Résistance. Scandale dans les milieux littéraires résistants, qui ne tardent pas à riposter : le président du CNE, Louis Martin-Chauffier, publie notamment, dans *Le Figaro littéraire* du 2 février 1952, sa « Lettre à un transfuge de la Résistance »; la réponse de Jean Cassou, *La Mémoire courte*, paraîtra l'année suivante aux Éditions de Minuit[69]. Mais le camp résistant est alors trop déchiré,

65. Cf. Anne Simonin, « 1815 en 1945 : les formes littéraires de la défaite », *Vingtième Siècle. Revue d'histoire*, n° 59, juillet-septembre 1998, p. 48-61.

66. Maurice Bardèche, *Lettre ouverte à François Mauriac*, Paris, La Pensée libre, 1947, p. 58.

67. Sur les tribunes de l'extrême droite, voir Jeannine Verdès-Leroux, *Refus et Violences. Politique et littérature à l'extrême droite des années trente aux retombées de la Libération*, Paris, Gallimard, 1996, p. 420 *sq.*, et Nicholas Hewitt, *Literature and the Right in Postwar France. The Story of the « Hussards »*, Washington/Oxford, Berg, 1996, p. 77 *sq.*

68. Sur la genèse de ce texte et sa réception, voir l'étude d'Anne Simonin, « La *Lettre aux directeurs de la Résistance* de Jean Paulhan : pour une rhétorique de l'engagement », *in* Antoine de Baecque (dir.), *Les Écrivains face à l'histoire*, Actes du colloque organisé à la BPI le 22 mars 1997, Paris, La BPI en actes, 1998, p. 45-69.

69. Jean Cassou, *La Mémoire courte*, Paris, Minuit, 1953, rééd. avec une postface de Marc Olivier Baruch, Paris, Mille et Une Nuits, 2001.

et le CNE trop discrédité, pour faire face. Car la *Lettre* prépare aussi, un an avant la seconde loi d'amnistie, la rentrée littéraire de quelques auteurs qui sont venus s'adjoindre au catalogue Gallimard, à savoir Céline et Rebatet. La même année, à l'Académie française, le duc de Lévis-Mirepoix a fait l'éloge de son prédécesseur, Charles Maurras, en déclarant qu'« il eut à subir comme Socrate la colère de la cité[70] », accréditant ainsi la légende des vaincus qui se sont constitués en martyrs de la pensée.

70. Cité par le duc de Castries, *La Vieille Dame du quai Conti. Une histoire de l'Académie française*, Paris, Perrin, 1978, p. 396.

Annexes

I. Questionnaire de la Société des Gens de Lettres

Monsieur,

Notre Commission d'Épuration vous serait obligée de bien vouloir répondre aux questions ci-après :

1. Avez-vous signé, de 1940 à 1944, articles, livres, brochures, fait des conférences pouvant favoriser l'ennemi ?
2. Avez-vous fait des émissions à Radio-Paris (soit sous votre nom soit sous un pseudonyme) pouvant favoriser l'ennemi ? et en cas d'affirmative, indiquer l'époque de ces émissions.
3. Avez-vous occupé une fonction quelconque dans des services de propagande et notamment dans des services de la radio ? En cas d'affirmative, étiez-vous appointé ?
4. Avez-vous volontairement participé à l'organisation de manifestations artistiques, économiques, politiques ou autres, en faveur de la collaboration avec l'ennemi ?
5. Par votre attitude, par vos propos en public, avez-vous manifesté des sentiments collaborationnistes, anti-alliés et pro-allemands ?

Signature :

II. Questionnaire de la SACD

SOCIÉTÉ DES AUTEURS & COMPOSITEURS DRAMATIQUES
11 *bis*, Rue Ballu, Paris
Je soussigné (nom et adresse).................
affirme sur l'honneur que toutes mes réponses au critère ci-dessous sont l'expression de la vérité.
Paris, le......
Signature :

QUESTIONNAIRE

Prière de répondre expressément à chacune des questions. Ajouter un feuillet au questionnaire chaque fois que cela sera nécessaire.

I

– Avez-vous fait des dénonciations soit par voie directe, soit par voie détournée, visant des personnes, des collectivités, des partis ou des confessions ?
– Avez-vous favorisé la délation sous quelque forme et en quelque façon que ce soit ?
– Avez-vous aidé l'occupant à recruter des travailleurs pour l'Allemagne ?
– Avez-vous participé, directement ou indirectement, à la déportation ?
– Avez-vous eu des relations (personnelles ou par correspondance ou par téléphone, ou par tout autre moyen) avec les occupants ?
– Comment justifiez-vous ces relations ?

II

– Quelles pièces avez-vous fait jouer pendant l'occupation ?
– Sujet (en bref)
Dates :

– Ces pièces avaient-elles un rapport avec l'actualité ou y faisaient-elles allusion ?

– Étaient-elles susceptibles de servir la propagande allemande ?

L'idéologie hitlérienne ou fasciste ?

De desservir la cause des alliés ?

Celle de la Résistance ?

– Avez-vous fait créer des chansons, jouer des revues ou des sketches de music-hall, de cabaret ou de cirque pendant l'occupation ?

Titres :

– Le sujet de certains de ces sketches ou des scènes, ou d'une des scènes de ces revues ou de ces chansons ou d'une de ces chansons, était-il d'un caractère propre à servir la propagande allemande ?

L'idéologie hitlérienne ou fasciste ?

À desservir la cause des alliés ?

Celle de la Résistance ?

– Avez-vous écrit des films, des scénarios ou des dialogues pour des firmes allemandes (Tobis, Ufa, Continental) ou pour des firmes italiennes ?

TITRE FIRME DATE

– Avez-vous collaboré au doublage ou au sous-titrage de films allemands ou italiens ?

TITRE FIRME DATE

– Avez-vous vendu aux firmes allemandes et italiennes des droits d'auteur sur l'une quelconque de vos œuvres ?

– Avez-vous collaboré à des journaux, des revues ou toutes autres publications, en zone libre depuis le 11 novembre 1942 ?

Titre des journaux ?

Nombre d'articles ?

Sous quelles rubriques ?

Sous quels titres ?

Quelle rémunération avez-vous reçue ?

– Avez-vous collaboré à des journaux ou des revues, ou toutes autres publications, en zone occupée ?

A) du 13 décembre 1940 [...] au 11 novembre 1942 ?

B) du 11 novembre 1942 à la Libération ?

Titre des journaux ?

Nombre d'articles ?

Sous quelles rubriques ?

Sous quels titres ?

Quelle rémunération avez-vous reçue ?

– Avez-vous édité pendant ces mêmes périodes?
Par quel éditeur?
À quelle date?
Quelle rémunération avez-vous reçue?
– Avez-vous appartenu au Groupe « Collaboration »?
– Avez-vous appartenu au Cercle Européen?
– Avez-vous eu, pendant l'occupation, le droit de circuler en voiture de tourisme?
Pourquoi?
– Avez-vous été arrêté par les occupants?
Date de l'arrestation?
Durée de l'internement?
Lieu de l'internement?
– Avez-vous fait partie, à quelque titre que ce soit, d'un organisme officiel?
– D'une Commission ou d'un Comité quelconque nommé par le Gouvernement de Vichy?
– Quelle est la date de votre nomination?
– Jusqu'à quelle date avez-vous fait partie de cet organisme?
– Avez-vous reçu, en qualité d'auteur ou de fonctionnaire, des sommes d'argent payées par les firmes allemandes ou italiennes, ou par le Gouvernement de Vichy?
– Avez-vous parlé à la Radio?
– À quel poste?
De quelle nature étaient ces émissions?
Quelles rémunérations avez-vous reçues?
– Avez-vous fait des causeries ou des conférences?
De quelle nature étaient ces conférences ou ces causeries?
Quelles rémunérations avez-vous reçues?
– Avez-vous fait partie d'un jury artistique ou littéraire?
Lequel?
– Avez-vous fait partie d'une mission ou d'un voyage en Allemagne?
– Avez-vous été l'objet d'une sanction de la part d'un autre Comité d'épuration?
Lequel?
– Avez-vous été partisan d'une politique de collaboration avec l'Allemagne?
A) avant 1942 :
B) après 1942 :
– Avez-vous fait publiquement l'éloge du régime et de la politique de l'Allemagne et de l'Italie?

– Avez-vous joué en Allemagne?
Dans quelles conditions?

III

Même si vous n'avez pas effectivement aidé la propagande ennemie et si, par l'écrit, la parole, le fait ou le geste, vous n'avez pas été un collaborateur agissant, jugez-vous, en votre âme et conscience que vous n'avez pas failli à votre devoir d'intellectuel français chargé d'une mission de confiance auprès de la masse, et que votre attitude, votre comportement, dans le privé comme dans le public, a été conforme à la dignité patriotique qu'il convenait de garder, après une défaite humiliante, pendant une occupation matériellement et moralement odieuse, et face à un adversaire qui, désireux d'avilir notre pays en ayant l'air de l'appeler à la collaboration, affamait notre peuple, étouffait notre pensée, notre culture et notre liberté, torturait nos compatriotes, fusillait nos otages et se conduisait en ennemi mortel de notre génie et de notre civilisation?

Je soussigné, certifie sur l'honneur et sous mon entière responsabilité la rigoureuse exactitude de toutes les réponses que j'ai faites à ce questionnaire.

NOM :

ADRESSE :

III. Questionnaire de la SACEM

SOCIÉTÉ DES AUTEURS, COMPOSITEURS
ET ÉDITEURS DE MUSIQUE
10, rue Chaptal, Paris 9e

Je, soussigné (nom, prénoms et adresse)

Certifie sur l'honneur l'affirmation que toutes les réponses au critère ci-dessous sont l'exacte et sincère expression de la vérité.

Paris, le.....

Signature :.......

– Avez-vous appartenu au Groupe « Collaboration », au « Cercle Européen » ou à tout autre Groupement créé avant ou après le 14 juin 1940, dans le but d'aider, de soutenir ou de favoriser la politique hitlérienne ? (PPF, RNP, Francisme, etc.)

– Avez-vous, à quelque titre que ce soit, durant l'occupation, fait partie d'un Organisme Officiel, d'une commission ou d'un Comité nommé, directement ou non, par le Gouvernement de Vichy ? Dans quelles conditions ? Date et durée de votre mandat ?

– Avez-vous, volontairement, entretenu des relations avec les occupants ? Pour quelles raisons et dans quelles conditions ?

– Avez-vous, durant l'occupation, écrit, interprété ou fait interpréter des chansons (anciennes ou nouvelles), des Revues, des Sketches du Music-hall, de Cirque ou de Cabaret, susceptibles de servir la Propagande allemande ou de desservir la cause des Alliés ou celle de la Résistance ? (Titre, dates de création et, si possible, textes).

– Avez-vous, durant l'occupation, écrit des films, scénarii ou dialogues pour des firmes allemandes (UFA, Tobis, Continental ou autres) ou pour des firmes italiennes ? (Titres des films, des firmes et dates de cession ou de réalisation). Avez-vous collaboré à des Films dits « Actualités » (texte ou musique) durant cette même période ? Dans quelles conditions ?

– Avez-vous collaboré au doublage ou au sous-titrage des films allemands ou italiens, ou à l'adaptation française de chansons figurant dans ces films ? (Titres des films et chansons – avec mention de l'Éditeur français – nom des firmes et dates de cession ou de réalisation).

– Avez-vous, durant l'occupation, vendu aux firmes allemandes ou italiennes des Droits d'auteurs sur l'une ou plusieurs de vos œuvres ? (Date, firme et conditions de cession).

– Avez-vous, durant l'occupation, à quelque titre que ce soit, représenté des maisons allemandes de films ou de chansons ? (Nom des firmes, titres des œuvres représentées et conditions de représentation).

– Avez-vous, durant l'occupation, eu le droit de circuler en voiture de tourisme ? Pourquoi et dans quelles conditions ?

– Avez-vous, durant l'occupation, parlé à la Radio ? À quels postes ? et en quelle qualité ? (auteur, speaker, présentateur, commentateur, conférencier). Dans quelles conditions ?

– Avez-vous, durant l'occupation, participé comme auteur, animateur, metteur en ondes ou interprète, à des émissions de propagande allemande (La Rose des Vents, Au Rythme du Temps, Harmonies Européennes, Espoir, etc. ?) Dans quelles conditions ? (Dates, titres et durée des émissions).

– Avez-vous, durant l'occupation, contribué à organiser des manifestations artistiques ou autres encouragées ou subventionnées par la propagande allemande ou tendant à la servir ? Dans quelles conditions ?

– Avez-vous, durant l'occupation, fait partie d'un Jury artistique ou littéraire ? Lequel et dans quelles conditions ?

– Avez-vous, durant l'occupation, participé à une mission ou à un voyage en Allemagne, à titre collectif ou individuel ? Date et conditions du ou des déplacements.

– Avez-vous, depuis la Libération, été l'objet d'une sanction de la part d'un Comité d'Épuration ? (Date, objet et nature de la sanction).

Je, soussigné, renouvelle sur l'honneur l'affirmation que toutes les réponses faites par moi au questionnaire ci-dessus sont rigoureusement exactes.

NOM et PRÉNOMS :
ADRESSE :
Signature :

Le théâtre et l'épuration

par Emmanuelle Loyer

Préfaçant, en 1985, la traduction française – attendue pendant près de vingt ans – de l'ouvrage fondamental de Peter Novick, Jean-Pierre Rioux estimait que « seules les professions de la presse, du spectacle et de la culture, qui ont, il est vrai, alimenté tant de charges et de plaidoyers depuis 1944 mais dont les représentants ont été les plus durement frappés, se dérobent encore trop à l'enquête[1] ». Depuis ce bilan programmatique, des avancées historiographiques[2] comblent petit à petit l'ignorance et les incertitudes que l'on pouvait avoir sur ce sujet douloureux mais, paradoxalement, le théâtre a fait l'objet de bien peu d'études significatives. L'épuration est généralement traitée en fille négligée, à la fin d'ouvrages par ailleurs stimulants sur la période de Vichy[3], ou bien l'on se focalise sur les vedettes inquiétées alors même qu'elles constituent manifestement l'exception et que leur sort n'est nullement représentatif de l'épuration interne au milieu dramatique. Peut-être tient-on là une des raisons de la faible cote d'amour de ce sujet : à part les figures constamment invoquées de Sacha Guitry ou Maurice Chevalier qui relevèrent de l'épuration judiciaire[4], l'épuration professionnelle traite du tout-venant du pétainisme passif à l'irresponsabilité

1. Jean-Pierre Rioux, préface à Peter Novick, *L'Épuration française, 1944-1949*, Paris, Balland, 1985, rééd. « Points Seuil », p. 18.

2. Pierre Assouline, *1944-1945. L'épuration des intellectuels*, Bruxelles, Complexe, 1990.

3. Par exemple, la remarquable étude de Serge Added *Le Théâtre dans les années Vichy*, Paris, Ramsay, 1992, dont un des derniers chapitres, forcément rapide, achève cette histoire complexe. De même, Marie-Agnès Joubert y consacre quelques pages à la fin de sa thèse *La Comédie-Française sous l'Occupation*, Paris, A.-M. Métaillé, 1997.

4. Dont nous ne parlerons donc ici que de façon incidente, nous centrant sur l'épuration professionnelle, conformément à l'objectif du présent ouvrage.

maquillée en ignorance : rien là de très palpitant. Ni traîtres caractérisés à la patrie ni collaborateurs ouverts, ces hommes et femmes ne subiront pas les foudres d'une épuration judiciaire, elle-même parfois transformée en théâtre pour ses hôtes de marque[5], mais seulement les sanctions très modérées d'une épuration professionnelle qui fit pourtant un considérable travail d'investigation. Peut-être, pourtant, peut-on précisément saisir dans cette zone de la médiocrité courante – tel machiniste a tenu des propos antijuifs, telle actrice a fréquenté des officiers allemands... – des enseignements utiles sur l'imaginaire social qui a gouverné une partie de la nation pendant ces années noires et sur les espoirs de ceux qui auront combattu[6]. C'est du moins le pari que l'on est en droit de faire. Si cette étude consacrée essentiellement à l'épuration corporative conclut, comme on le suspectait, à une épuration dramatique relativement bénigne, il reste que le renouvellement du milieu intéressé, objectif national de l'épuration, fut bel et bien assuré, mais sans doute pas du fait de la logique épuratrice. Échec ? Plutôt insatisfaction annoncée à la mesure de l'immense espoir qui émanait des résistants et des jeunes générations selon des logiques pas toujours recoupables. Comprendre qu'au théâtre comme ailleurs, mais peut-être plus qu'ailleurs – tant l'art dramatique était traditionnellement envahi par le politique –, la Libération et ses lendemains ne furent pas le printemps attendu est une des conclusions de cette enquête qui s'imposent.

Mais auparavant, il faut s'appesantir sur la véritable sarabande des comités d'épuration qui, déjà, reflète autant la difficulté à mettre en place une épuration professionnelle efficace que l'hétérogénéité profonde du monde du théâtre comptant en son sein aussi bien les comédiens, les dramaturges, les directeurs de théâtre que le personnel technique et administratif, qui ne sont qu'artificiellement réunis dans la

5. Je pense ici surtout aux procès de la Haute Cour de justice chargée de juger Pétain et les ministres de Vichy.

6. La découverte des archives de l'épuration, cas par cas, histoire par histoire, fait apprécier le travail présenté par Pierre Laborie, *L'Opinion française sous Vichy*, Paris, Seuil, 1990, p. 328, où aucune analyse n'est trop nuancée pour capter la vérité d'une « opinion » fluctuante et plus insaisissable encore en ces temps de tourmente : « On peut être maréchaliste jusqu'en 1942 tout en se sentant très proche de l'idéal de la Résistance, on ne devient pas résistant quand on cesse d'être vichyssois. [...] L'hostilité à l'occupant, même exprimée avec la plus grande détermination, ne signifie pas une adhésion pleine et entière au combat de la Résistance. » On trouvera aussi un exemple intéressant d'analyse de l'imaginaire social (qui se cristallise sur les représentations de la collaboration, ou à l'inverse, de la Libération) qui gouverne bien souvent les enjeux de l'épuration dans François Rouquet, « Une affaire ordinaire d'épuration : le cas A », *Vingtième Siècle. Revue d'histoire*, n° 33, janvier-mars 1992, p. 118-125.

grande « famille » du théâtre – même si l'esprit corporatif existait bel et bien, surtout dans les théâtres publics. La charge d'organiser cette épuration ordonnée dans le monde du spectacle échut à Édouard Bourdet, dramaturge connu de l'entre-deux-guerres et artisan de la rénovation de la Comédie-Française entre 1936 et 1940, dont le fils, Claude Bourdet, s'était illustré dans la Résistance[7]. Il est nommé délégué aux Spectacles au secrétariat des Beaux-Arts (qui dépendait du ministère de l'Éducation nationale) et fait office, jusqu'à sa mort en janvier 1945[8], d'interlocuteur privilégié pour tout ce qui concerne l'épuration. Ainsi c'est lui qui décide l'instauration d'une carte professionnelle provisoire attestant la bonne conduite de l'impétrant en attendant que la justice suive son cours.

La première structure officielle à fonctionner fut la commission gouvernementale d'épuration des spectacles, compétente, d'après l'ordonnance du 13 octobre 1944, pour examiner les dossiers de toute personne ayant participé à une entreprise de spectacle (excepté les théâtres nationaux, qui auront leurs propres comités). Cette commission consultative[9], dont il faut noter la précocité, est composée par un représentant du garde des Sceaux et par seize membres choisis parmi les représentants des catégories concernées : ainsi, Charles Vildrac pour les auteurs dramatiques, Jean de Létraz pour les directeurs de théâtre, André Barsacq pour les metteurs en scène, Jacques Louvigny pour les artistes dramatiques, Doukino pour les décorateurs, Germain pour les machinistes... Mais sont également représentés les chansonniers, les entrepreneurs de tournées, les artistes lyriques, les chefs d'orchestre, choristes, artistes de music-hall, de cirque et de variétés[10]. Cette commission peut être saisie par le ministère de l'Éducation nationale ou par toute plainte signée et motivée ; elle propose au ministre soit un non-lieu, soit une des poursuites possibles dont la plus dure est la suspension d'un an, soit elle transmet le dossier à la justice pour des poursuites pénales.

Le 17 février 1945 fut promulguée une nouvelle ordonnance relative aux « professions d'artiste dramatique ou lyrique et de musicien exé-

7. Claude Bourdet avait été l'un des lieutenants de Henri Frenay, fondateur du mouvement Combat, durant les premières années de la guerre. En mars 1944, pris par la Gestapo, il passe un an dans les camps de concentration, dont il revient en avril 1945.

8. André Obey lui succède.

9. Le principe est valable en général : les commissions ou comités d'épuration proposeront et le ministre en poste disposera en approuvant la sanction proposée par un arrêté individuel de suspension ou au contraire en refusant de suivre l'avis émis.

10. AN F21 8102.

cutant » qui créait un nouveau Comité national d'épuration. Comme le rappelle Herbert Lottman, « dans son exposé des motifs, [l'ordonnance] précisait que l'épuration des artistes du spectacle avait été, en raison du caractère particulier de cette profession, la première mesure de ce genre prise dans le secteur privé[11]. Cependant, à présent que le gouvernement avait établi une procédure d'épuration pour toutes les professions (avec l'ordonnance du 16 octobre 1944 relative à l'épuration dans les entreprises), il semblait indispensable d'harmoniser les deux systèmes[12] ». Le fonctionnement de la commission gouvernementale avait été parfois chaotique et les intérêts corporatifs jouaient leur partie[13], d'où la volonté de comités plus restreints et plus homogènes qui auraient l'avantage de pouvoir agir en collaboration avec les syndicats et associations professionnelles concernés[14]. Le suivi du travail entre les deux commissions était assuré par Jeanne Laurent, chargée de transmettre les dossiers de l'une à l'autre. Les sanctions prises par la commission gouvernementale devaient être soumises à l'approbation du nouveau comité national qui pouvait, toutefois, les réviser. Celui-ci, présidé par l'avocat général Côme, se mit au travail en juillet 1945 et émit l'essentiel de ses avis en 1946[15].

Par ailleurs, l'ordonnance du 30 mai 1945 mettait en place une procédure d'épuration pour les gens de lettres, auteurs et compositeurs, dont relevaient évidemment les dramaturges. Le comité d'épuration *ad hoc* est composé, selon de subtils dosages entre les professionnels et les résistants, de représentants des diverses sociétés d'auteurs (Société des gens de lettres, Comité national des écrivains, Écrivains combattants, Société des auteurs et compositeurs de musique, Société des auteurs et compositeurs dramatiques[16]) et peut, d'après l'article 3, « prononcer

11. Les entrepreneurs de spectacles demandent de lancer l'épuration le plus rapidement possible de façon à pouvoir commencer les répétitions et espérer ouvrir le théâtre. C'est ainsi l'argument de Pierre Dux à la Comédie-Française.

12. Herbert Lottman, « Les Vedettes », *L'Épuration*, Paris, Fayard, 1986, p. 436.

13. Maurice Maréchal, représentant des solistes à la commission gouvernementale d'épuration du spectacle, offre sa démission le 21 février 1945, arguant du fait qu'« il y a beaucoup de sanctions infiniment trop dures dans la catégorie qui [lui] était attribuée », AN F21 8102.

14. Par exemple, le syndicat des artistes dramatiques communique les noms d'artistes susceptibles de comparaître devant le comité. Par une lettre du 21 octobre 1946, il fait savoir que MM. D., R., B. et C. participaient régulièrement à l'émission collaborationniste *La Rose des vents*. Le syndicat enregistre par ailleurs les plaintes et lettres signées et les transmet au comité d'épuration (AN F21 8105).

15. Mais le comité n'est officiellement suspendu qu'en février 1949.

16. Charles Vildrac en est le représentant au comité d'épuration.

l'interdiction d'éditer, de publier ou de faire jouer des œuvres qui ont provoqué la sanction [...] l'interdiction temporaire de collaborer à des journaux, revues ou périodiques [...] l'interdiction partielle ou totale de percevoir les droits d'auteur ou de tirer un bénéfice quelconque d'une activité littéraire, ou l'une de ces sanctions seulement[17] ». Dans ce cas également, les syndicats et associations sont la base du dispositif puisque, en ce qui concerne le théâtre, c'est-à-dire les auteurs dramatiques, le comité va travailler essentiellement à partir des 564 questionnaires envoyés par la SACD à ses membres[18]. Nous reparlerons de ces questionnaires dont la SACD n'a pas l'apanage et qui traduisent bien l'atmosphère de l'époque, faite de patriotisme intransigeant et d'impératif moral de châtiment des traîtres. En attendant, la CGT s'insurge contre le scandale que constitue à ses yeux le fait qu'un « collabo » puisse continuer à percevoir ses droits d'auteur en toute impunité et presse la SACD de relancer ceux qui n'ont pas répondu. Les directeurs de théâtre auront eux aussi leur comité spécifique avec la Commission nationale interprofessionnelle d'épuration[19] et les théâtres nationaux – palais de Chaillot, Odéon et Comédie-Française – constituent chacun une commission d'épuration interne relevant de l'épuration administrative (ordonnance du 27 juin 1944). À la Comédie-Française, la commission est installée officiellement le 23 octobre 1944 : certains comédiens avaient déjà répondu de leurs actes devant la Commission gouvernementale d'épuration ; ces cas seront réexaminés. Si les membres incriminés étaient déjà l'objet de poursuites judiciaires, les comités devaient surseoir à l'examen des dossiers[20].

17. Ainsi, Henry de Montherlant – AN F 21 8125, dossier 3 – fut condamné à l'application de la totalité des interdiction de l'article 3 de l'ordonnance du 30 mai. Toutefois, le jugement rendu le 29 octobre 1946 rendait obsolète la décision puisque celle-ci était prise à compter du 1er octobre 1944.

18. Marcel Pagnol en préside alors les destinées et se charge d'envoyer, de récolter et de transmettre les questionnaires. La SACD a déjà été en partie épurée, car la justice s'est occupée de ses membres les plus compromis comme Henri Clerc ou Henri Béraud – condamnés aux travaux forcés à perpétuité –, Robert de Beauplan, condamné à mort, Abel Hermant, Paul Demasy, Étienne Rey en prison (AN F21 8114).

19. Un des cas les plus délicats traité par ce comité fut celui d'Alice Cocéa, directrice, sous l'Occupation, du théâtre des Ambassadeurs, dont le propriétaire, Henry Bernstein, était juif. On lui reproche d'avoir utilisé des amitiés collaboratrices pour spolier Bernstein et avoir fait des Ambassadeurs l'un des lieux de la collaboration parisienne. Elle fut suspendue de toute responsabilité pour un an par la commission gouvernementale d'épuration, et le comité interprofessionnel jugea, en 1948, lorsque lui parvint son dossier, que cela était suffisant. Du temps avait passé...

20. On note une collaboration naturelle entre épuration judiciaire et épuration professionnelle par la transmission des dossiers personnels. Le 16 novembre 1946, Gérard Frêche, président du comité d'épuration des gens de lettres, demande au parquet de la

Selon quels critères fut-on jugé ? Nous disposons de la totalité des procès-verbaux des séances d'interrogatoires menés par le comité d'épuration de la Comédie-Française, qui fut diligemment créé par un arrêté du 20 octobre 1944. Ainsi, environ tous les dix jours pendant plusieurs mois, passe devant nos yeux tout le personnel du théâtre (et pas seulement les suspects de collaboration[21]). Les accusations lancées, les reproches énoncés, les argumentaires des uns et des autres donnent une assez bonne idée des normes appliquées mais aussi de l'inextricable complexité d'une période riche en ambiguïtés. Voici donc, tels qu'on peut les découvrir, les faits : M. E., sociétaire, est entendu le 23 octobre 1944. On lui reproche son appartenance au groupe Collaboration et l'apparence d'une amitié avec Mme Otto Abetz ; à sa décharge, un dossier fourni d'attestations indiquant qu'il a sauvé, hébergé, assisté différentes personnes en danger. Les sanctions dont dispose cette commission (consultative toujours) vont de l'interdiction provisoire à la révocation sans pension. E. sera suspendu neuf mois à compter du 25 septembre 1944 et rétrogradé à 10/12e de sa part. Il doit cette indulgence relative aux preuves qu'il a réunies d'un comportement exprimant une sorte de double jeu très en faveur à cette époque. En effet, bien souvent, des activités résistantes ou plutôt d'aide aux résistants compenseront les impairs, et les accusés se transformeront en autant de Pénélopes défaisant la nuit ce qu'ils ont tissé le jour[22] ! Mme M. est sous le coup d'une action judiciaire ; il y a donc lieu de surseoir à statuer. Elle sera plus tard mise à la retraite avec pension. Mme B. est accusée d'avoir dîné avec le maréchal Goering, de n'avoir pas signé le manifeste rédigé contre Laubreaux[23] et de s'être élevée au sociétariat sur pression de Vichy. Elle ne subira pas de sanction, jugée simplement coupable

Seine de lui envoyer les dossiers de Jean de La Hire, Max d'Olone, Gaston Sorbet. D'où « parfois » de fâcheux égarements de dossiers perdus dans les nombreux allers-retours. On note également que si la chambre civique ou la Cour de justice conclut à l'acquittement, la décision de type disciplinaire se trouve annulée. Ainsi, Mme G. (dite Morhange) est suspendue six mois à compter du 2 février 1945 par la commission gouvernementale d'épuration au motif qu'elle collabora quotidiennement à Radio-Paris d'avril 1942 à avril 1944 (pour une rétribution totale de 137 000 francs). Le comité national confirma cette sanction, qui fut toutefois annulée par le jugement de la troisième chambre civique le 16 août 1945 (AN F21 8106).

21. Pierre Dux, nouvel administrateur général, en avait décidé ainsi et ajoutait amèrement : « D'ailleurs, le nombre d'artistes pour lesquels aucun dossier n'est constitué est malheureusement réduit », AN F21 8104.

22. Peter Novick, *op. cit.*, p. 152.

23. Critique dramatique de *Je suis partout*, évoqué dans le film de François Truffaut, *Le Dernier Métro*.

d'avoir laissé agir des amitiés trop puissantes. M. B. nie avoir joué un rôle dans le départ de Jacques Copeau en 1940. On lui reproche de coupables fréquentations, l'Institut allemand, Mme Déat... Lui aussi produit des témoignages de résistants qui attestent avoir été cachés dans sa propriété de campagne. Il sera mis à la retraite avec pension. M. S. a lu un fragment du *Procès de Jeanne d'Arc* au cours d'une manifestation organisée par Alphonse de Chateaubriant sous le patronage du journal *La Gerbe*. Il est suspendu trois mois. M. B. a appartenu au groupe Collaboration et a lu des vers de Philippe Henriot lors d'une manifestation à la mémoire de ce dernier en août 1944[24]. Il reconnaît sur le fond « avoir cru, au début de l'Occupation, à une possibilité d'entente franco-allemande, possibilité qui répondait à ses convictions pacifistes. Il assure avoir évolué par la suite[25] ». Ce témoignage, corroboré par d'autres, indique que les jurés prendront en compte le facteur temps et ne jugeront pas identiquement les engagements pris dans les premiers mois d'un régime encore peu lisible et ceux conclus après novembre 1942, lorsque toutes les justifications de Vichy disparurent en même temps. Yves Furet, pensionnaire, membre du groupe Collaboration et speaker pour des émissions de propagande de Radio-Paris en 1941-1942, confirme dans sa déposition ce grand tournant de 1942 : « Des amis appartenant à des groupes de résistance avec lesquels j'échangeais des idées depuis 1942 et qui connaissaient mes erreurs de 1941 me voyant d'accord avec eux, me mirent au courant de leur activité. Ils peuvent témoigner de mes opinions depuis 1942[26]. » Outre cette rupture chronologique qui pèse dans le jugement final, la catégorie « collaborateur » est, semble-t-il, identifiée et dénoncée par rapport au banal maréchaliste, même s'il est vrai que l'essentiel des accusations fait référence aux Allemands (quasi systématiquement nommés « Boches ») et non à Vichy : à propos de M. V., machiniste, des témoins précisent qu'il « n'est pas à leurs yeux, à proprement parler, un "collaborateur", mais un pétainiste convaincu, sincère et désintéressé[27] ». Ces distinctions que l'historiographie des dernières décennies a élaborées et approfondies ne sont donc pas totalement ignorées à l'époque, même si le climat général se prête peu aux nuances de la compréhension historique. Parmi les chefs

24. Philippe Henriot a été tué par des résistants et fait donc partie de ces quelques milliers d'épurés sauvages avant la Libération.
25. AN F 21 8104, dossier B. Seul B. sera révoqué sans pension.
26. *Ibid.*, dossier F.
27. *Ibid.*, procès-verbal du 3 novembre 1944.

d'accusation, on trouve par conséquent l'appartenance à une organisation de collaboration, plus souvent l'aveu de capitulation devant l'ennemi[28], l'action de renseignement sur les opinions antivichyssoises des collègues, la participation à des actions considérées comme « antinationales » – pour les comédiens, par exemple, l'animation d'émissions sur Radio-Paris, mais, là aussi, on différenciera les cas selon que les programmes seront strictement artistiques ou politiques –, les avantages, financiers ou autres, acquis grâce aux maîtres en place, mais aussi plus communément les « délits d'expression » : des propos qui exprimaient une volonté de rapprochement avec les Allemands ou un langage insultant pour les juifs ou les Résistants ou encore des paroles douteuses sur les Alliés au moment des bombardements. Ainsi, à la Comédie-Française mais aussi à Chaillot, un certain nombre d'ouvreuses et de machinistes sont mis à pied ou suspendus (en général trois mois) sur la base d'un tel motif.

En définitive, à la lecture de ces monotones litanies où des comportements peu glorieux se nichent à la croisée d'un supposé double jeu et de la nécessité, humaine, de gagner sa vie, on peut estimer que l'indulgence fut de règle. Comme le dit Édouard Bourdet, les jurés ont traversé les mêmes épreuves que n'importe quel Français, et la relative modération qui émane de leur jugement leur est sans doute inspirée par « le souvenir des difficultés qu'ils ont eux-mêmes rencontrées dans le passé à concilier leur patriotisme avec leurs besoins ou leurs ambitions[29] ». Rien du comportement de grands inquisiteurs chez ces jurés plutôt enclins à écouter les raisons de chacun. Néanmoins, certains furent punis. La statistique est pourtant difficile à interpréter, car la commission gouvernementale puis le comité national traitent de catégories diverses incluant avec le théâtre, la chanson, la musique et le music-hall. La commission gouvernementale du spectacle a émis 160 propositions de sanctions, dont 103 ont été suivies par le ministre – même si, souvent, l'arrêté de

28. AN F21 8125. C'est le cas de Henry de Montherlant, qui avoue, dans son mémorandum « Mon attitude à l'égard de l'Allemagne » : « Je fus, cela est sûr, partisan de l'armistice. Je ne sus pas voir que la bataille de France était perdue, non la guerre. » N'oublions pas que, pour de Gaulle, c'est la demande d'armistice qui fonde l'illégitimité et l'illégalité du gouvernement de Pétain – avant même les actes constitutionnels de juillet 1940.

29. AN F21 8102, note d'Édouard Bourdet datée du 30 septembre 1944. Cette note paraît assez ironique dès lors que l'on sait qu'elle fut écrite pour défendre l'honorabilité de certains membres du jury, parmi lesquels Jean D., accusé d'avoir écrit dans *La Gerbe* et d'avoir doublé *Le Juif Süss*.

suspension était purement symbolique et la suspension caduque au moment où l'arrêté entrait en application. Ne figurent pas dans ce bilan ceux qui sont sous le coup d'une action judiciaire ou/et le personnel des théâtres nationaux[30]. Le Comité national d'épuration des professions d'artistes dramatiques, lyriques et musiciens exécutants, qui, par rapport à la précédente commission, resserre ses activités sur les interprètes, a proposé 149 sanctions le 31 mai 1946, du simple blâme à la suspension d'un an, dont 63 ne seront pas prononcées par le ministre. On peut noter qu'il existe des divergences entre les deux listes – ce que ne manqueront pas non plus de relever les personnes concernées lorsque cela leur est défavorable : logiquement, beaucoup ne figuraient pas sur la première liste et apparaissent sur la seconde – A.-M. J., M. A., Camille B., Godfroy A.... ce qui représente un approfondissement d'une épuration plus spécifique; parmi ceux qui avaient été jugés par la commission gouvernementale et dont le cas est recontrôlé par le comité national, on trouve d'étranges différences qui ne permettent pas de conclure dans un sens ou dans l'autre : tantôt, comme pour Simone Borghese, le premier jugement avait blanchi l'intéressé et le second le sanctionne (d'un mois de suspension, dans son cas); tantôt, c'est l'inverse, comme avec Christian C., qui avait écopé d'un an et dont la sanction est effacée par le comité national. Néanmoins, en général, les sanctions prises par la commission gouvernementale d'épuration du spectacle ont été maintenues par les différents comités nationaux puis diffusées par voie officielle. L'une des tâches importantes de ces comités consiste précisément à distribuer les certificats d'épuration, sorte de certificats de civisme exigés pour travailler au lendemain de la guerre. L'impact social de l'épuration semble fort, car l'administration est inondée de demandes de renseignements de la part de directeurs de troupes ou employeurs potentiels à propos de ceux qu'ils envisagent de programmer[31].

Au total, une épuration qui semble quantitativement modeste et qualitativement fondée sur un comportement social douteux plus que sur une activité professionnelle collaboratrice[32]. Le seul exemple infirmant

30. Pour la Comédie-Française, on compte 19 épurés : sept sociétaires, un pensionnaire, le contrôleur général, dix membres du personnel administratif ou technique, trois personnes sous le coup d'une action judiciaire, trois disculpés. AN F21 8104.

31. Il faut ajouter qu'ils avaient tout intérêt à agir ainsi, faute de quoi ils risquaient une peine d'emprisonnement.

32. L'emblème en est Sacha Guitry, accusé de fréquentations douteuses mais jamais attaqué sur son répertoire. Incarcéré dès la libération de Paris, il obtint finalement un non-lieu.

cette proposition vient d'Alain Laubreaux, critique à *Je suis partout*, dont la pièce antijuive et antirépublicaine, *Les Pirates de Paris*, fonda la culpabilité. On note, du reste, l'absence quasi totale d'analyse des pièces dans les dossiers des inculpés. Pour le reste, la lecture des archives donne le sentiment d'attitudes dictées par la flagornerie ou l'opportunisme plus que par réelle conviction idéologique, et comme le dit Peter Novick, « personne n'a encore conçu de système satisfaisant pour "épurer" ce genre de défauts[33] ». D'un point de vue sociologique, l'épuration du théâtre répondit-elle à l'exigence de punir les plus responsables, de viser haut dans la hiérarchie sociale ? Un des *leitmotive* de l'épuration est en effet le thème du « lampiste » injustement frappé tandis que le « chef » échapperait aux mailles du filet. Le monde du théâtre n'échappe pas à un tel reproche : une lettre de la Fédération des syndicats chrétiens du spectacle et du film dénonce l'injustice dans le traitement de certains comédiens qui ont prêté leurs voix à Radio-Paris, seulement « coupables de gagner leur vie[34] ». Le cabinet du général de Gaulle, en la personne de Gaston Palewski, fait suivre la requête au ministre concerné en précisant : « Il apparaît en effet que le cas des petits artistes qui étaient dans l'obligation de gagner leur vie mérite d'être examiné avec une certaine bienveillance, surtout si l'on tient compte de l'indulgence dont bénéficient pratiquement la plupart des grandes vedettes qui sont pourtant, dans l'ensemble, moins excusables[36]. » Une telle incitation n'a de raison d'être qu'en présence, en effet, de la conscience d'une certaine injustice sociale qu'on peut débusquer au détour d'une coupable clémence ou d'une précoce clôture de dossier, même si la médiocrité des moyens mis en place ne permettait pas, dans le théâtre comme ailleurs, l'application d'une justice exemplaire : celle-ci fut donc parfois inégale, incomplète et surtout longue[37], mais pas plus au théâtre qu'ailleurs. Ajoutons qu'elle

33. Peter Novick, *op. cit.*, p. 157.

34. AN F21 8105, lettre du 11 juin 1945 adressée au général de Gaulle.

35. AN F21 8105. s.d.

36. Certains cas s'étalent sur des années : A.-M. J. est rédacteur en chef du journal *Vedettes*, toléré par les Allemands, et rédacteur aux *Nouveaux Temps* de Jean Luchaire. Il participe à de nombreuses manifestations proallemandes et fréquente des collaborateurs notoires. La commission gouvernementale d'épuration ne le sanctionne pas alors qu'il est, en 1945, directeur adjoint du théâtre Sarah-Bernhardt de Dullin. En février 1946, le Comité national d'épuration des artistes le condamne à six mois de suspension. A.-M. J. en appelle devant le Conseil d'État le 7 mai 1946. Ce n'est que plus de dix ans plus tard, le 24 mai 1957, que le Conseil d'État annule la sanction pour incompétence du comité : en effet, depuis 1937, Julien n'exerçait plus comme comédien mais comme journaliste et directeur de théâtre.

fut également en partie décrédibilisée par l'usage violent et parfois partisan qu'en firent les communistes[37].

Le monde du théâtre fut-il davantage frappé que d'autres secteurs? On peut, à cette interrogation, répondre catégoriquement par la négative. Par rapport aux intellectuels et aux journalistes dont les écrits grossirent les dossiers à charge, les « théâtreux », comme les artistes peintres, ne subirent qu'une épuration très douce. En effet, la création artistique pouvait difficilement être « antinationale[38] » et ne le fut que très rarement. La production théâtrale des années 1940-1944 se caractérise au contraire, comme, du reste, la création cinématographique, par la volonté de s'abstraire du *hic et nunc*, par la capacité de produire de la fantaisie et du rêve et le refus de procéder aux interrogations collectives qui s'imposeront. Manifestement, le sort du théâtre dans l'épuration fut proportionnel à son importance sociale. Bénigne, tant par les chiffres que par son impact à plus long terme, l'épuration théâtrale signifie cruellement combien le théâtre ne fut pas alors considéré comme le lieu d'une parole politisée, comme un lieu social pivot apte à recréer une communauté nationale vivante fondée sur des préceptes humanistes... toutes ces aspirations que nourrirent les hommes de théâtre d'après-guerre par opposition à ce qu'ils considérèrent comme la faillite de leurs aînés. Certains s'en rendent compte et s'en offensent : un mystérieux club Saint-Just apparaît à plusieurs reprises dans les archives pour protester de façon véhémente contre le manque de clarté et surtout le manque de sévérité qui président au jugement des acteurs. Le travail de synchronisation, par exemple, n'est pas retenu comme critère de culpabilité alors même qu'il était décisif pour la propagande allemande : « Car enfin, cette indulgence est si anormale qu'elle en devient blessante. Le comédien est-il un outil verbal, une machine parlante qui émet des mots dont il ignore le sens[39] ? »

Cette épuration laisse donc beaucoup d'insatisfaits : trop dure ou trop clémente, partisane, injuste, tatillonne ou négligente, elle n'était pas armée pour répondre correctement à l'immense demande de renouveau qui, au sortir de la guerre, émane des sphères du théâtre. Pourtant, si celui-ci se renouvelle largement après 1945, l'épuration n'y joue qu'un rôle marginal pour des raisons que l'on peut tenter d'apprécier.

---

37. AN F21 8114, tract de la « Nouvelle résistance », sans date, adressé à Charles Vildrac, représentant de la SACD au comité d'épuration des gens de lettres : « L'épuration des auteurs va-t-elle jouer pour tout le monde ou seulement pour ceux qui ne sont pas d'obédience communiste ? »...

38. Sauf, par exemple, les dessinateurs politiques, qui furent effectivement davantage sanctionnés.

39. AN F21 8102, lettre du Club Saint-Just, 6 janvier 1945.

La nécessité historique de l'épuration s'exprime dans une dialectique de la punition et du renouveau dont l'utopie première est celle de la régénération : il faut se séparer des fruits pourris qui pourraient empoisonner l'organisme national renaissant. Armand Salacrou parle de l'épuration comme « précaution indispensable[40] » et Pierre-Aimé Touchard, dans un style plus lyrique, de « terre brusquement défrichée et aérée où il ne tient [qu'aux épurateurs] de ne laisser subsister que des arbres sains et beaux[41] ». Tel est, dans sa dramatique simplicité, le constat des résistants bientôt suivis par une majorité fluctuante adoptant le ton patriotique et le vocabulaire claironnant des matins qui chantent, dans un contexte où la volonté de rédemption l'emporte difficilement sur la logique de culpabilisation. La réprobation morale se lit dans la demande des listes d'épurés permettant de « signaler les artistes qui, ayant oublié leur devoir, ont, de ce fait, à subir une peine » et « ceux qui auront fait leur devoir et peuvent être considérés, à juste titre, comme de véritables Français[42] ». La note sur A.-M. J. dans son dossier personnel traduit ce que Simone de Beauvoir écrivit ailleurs pour justifier l'épuration : certains ne doivent pas avoir le droit de participer à la construction de la France de demain, une France qu'on imagine alors pure et dure : « J. avait été, avant 1939, avec Gilles, un artiste du "peuple". Sa collaboration à Vichy, dans les journaux collaborateurs, ses fréquentations avec les traîtres et les collaborateurs sont un reniement de ses anciennes opinions démocratiques et, de toute façon, tout cela ne lui donne pas le droit aujourd'hui, d'appartenir à des mouvements "progressistes" de la France libérée[43]. » Autre témoignage d'une volonté épuratrice qui échoue parfois dans une rhétorique de « grande purge »; voici le paragraphe qui clôt les questionnaires distribués par la SACD à ses auteurs – il n'est d'ailleurs pas indifférent que ce soit à des écrivains et des intellectuels que l'on s'adresse ici et non à des comédiens :

> Même si vous n'avez pas effectivement aidé la propagande ennemie et si, par l'écrit, la parole, le fait ou le geste, vous n'avez pas été un collaborateur agissant, jugez-vous en votre âme et conscience, que vous n'avez pas failli à votre devoir d'intellectuel français chargé d'une mission de confiance auprès de la masse, et que votre attitude, votre comportement, dans le privé comme dans le public, a été conforme à la dignité patriotique qu'il convenait de garder, après une défaite

40. *Les Lettres françaises*, 16 septembre 1944.
41. Pierre-Aimé Touchard, « La révolution du théâtre », *L'Aube*, 10 septembre 1944.
42. AN F21 8105, demande de listes d'épurés par le secrétaire général de l'Association de secours mutuel des artistes dramatiques, 24 mai 1946.
43. AN F21 8110, dossier 2, A.-M. J.

humiliante, pendant une occupation matériellement et moralement odieuse, et face à un adversaire qui, désireux d'avilir notre pays en ayant l'air de l'appeler à la collaboration, affamait notre peuple, étouffait notre pensée, notre culture et notre liberté, torturait nos compatriotes, fusillait nos otages et se conduisait en ennemi mortel de notre génie et notre civilisation[44] ?

Certains protestent contre l'outrance de ton de ce questionnaire. Léon Chancerel crayonne rageusement en travers des pages « Non mais quand même » : autant de réactions échaudées face à un interrogatoire mêlant confusément le présupposé moral à la quête de renseignements dans une démarche contraire à ce que tente l'épuration légale : l'établissement de critères objectifs qui permettront l'administration d'une justice dépassionnée.

L'opération était pourtant délicate à réaliser pour le théâtre. En effet, là plus qu'ailleurs, la « culture Maréchal », en dépit de la radicale nouveauté qu'elle affiche, se perçoit bien souvent dans la continuité des programmes rénovateurs de l'avant-guerre, en particulier du Front populaire. D'où une étonnante cohérence de parcours biographiques qui, sans transition, font se succéder à l'engagement Front populaire des activités dans les cadres culturels de Vichy, notamment dans l'association Jeune France et à l'école d'Uriage, avant, bien souvent, d'entrer dans les maquis de la Résistance et d'œuvrer après 1945 dans les courants de la décentralisation et de la démocratisation théâtrale : Jean Vilar, le critique Pierre-Aimé Touchard, André Barsacq, Raymond Rouleau, André Clavé, Jean Dasté, Jean-Marie Serreau, Maurice Jacquemont, tous sont passés par Jeune France, dont les ambitions rénovatrices ont pu, au début, faire illusion auprès de jeunes hommes de théâtre ayant plutôt le cœur à gauche. Ces ambiguïtés qui traduisent la complexité intrinsèque de la Révolution nationale n'arrangeaient évidemment pas les épurateurs qui auraient voulu pouvoir opposer la fierté patriotique et l'audace artistique à la faillite nationale et à la décrépitude esthétique. Pour autant, certains patriotes ont cru à Vichy en 1940, il en est même ainsi parmi d'authentiques novateurs de l'esthétique théâtrale[45]. D'où la confusion des enjeux dont a pu profiter un Christian Casadesus, qui connaît une véritable odyssée juridique. Interné à Drancy après la Libération, il voit son affaire finalement classée par

44. AN F21 8115, questionnaire SACD.

45. Il faudrait étudier en détail le cas de Jacques Copeau qui, en 1941, publie *Théâtre populaire*, un livre plus que favorable au maréchalisme de la Révolution nationale. Il y a fort à parier que, s'il ne fut pas inquiété à la Libération, les hauts faits de résistance de son fils Pascal Copeau n'y furent pas pour rien.

l'épuration judiciaire. La commission gouvernementale d'épuration du spectacle le frappe néanmoins d'une interdiction professionnelle d'un an : en effet la compagnie du Regain, dont Casadesus est le directeur, a fait des tournées dans toute la France entre 1940 et 1944 à grand renfort de publicité, elle bénéficie de sept millions de subventions en deux ans et d'un car à essence, choses rares à l'époque, qui étonneraient « si l'on ne savait pas que Casadesus était recommandé par l'ambassadeur de Brinon[46] ». Par arrêté du 11 janvier 1945, Christian Casadesus est donc suspendu un an. La décision est révisée par le Comité national interprofessionnel, qui estime que Casadesus a profité comme d'autres de subventions de la direction des Beaux-Arts sans qu'il y ait aucune intervention en sa faveur, et le 14 novembre 1945 annule la sanction. Le temps explique cette clémence plus grande – à l'automne de 1945, l'épuration n'est déjà plus cette croisade qu'elle était un an auparavant –, mais surtout s'émousse l'argument antinational. En effet, les pièces représentées par le Regain étaient toutes françaises, classiques pour la plupart : « J'ai simplement voulu défendre la culture française », plaide son directeur. Argument banal, mais qui pour le théâtre résonne de façon ambiguë : comme Jeune France avec qui la compagnie du Regain s'avoue en état de complicité artistique, elle a voulu « donner une impulsion de l'art en province », « lutter contre la facilité et la vulgarité qui ont fait tant de mal au théâtre et au pays[47] ». Un Copeau et un Chancerel ne pensaient pas autrement et leurs disciples, aux commandes après 1945, avaient pu, eux aussi, se laisser séduire par la rhétorique rénovatrice du Maréchal. Il est vrai que cela n'avait duré qu'un temps. Non content de sa liberté retrouvée, Casadesus fait le 29 avril 1946 une requête de réparations de 2,5 millions de francs pour préjudice moral et matériel. En 1950, l'affaire n'est toujours pas classée.

Le théâtre avait été fort goûté pendant l'Occupation, mais il n'y avait pas eu, à l'instar du cinéma, de voyage en Allemagne d'hommes et de femmes de théâtre. Il n'y avait pas eu non plus de listes noires publiées avant l'été de 1944, comme chez les écrivains, même si la presse clandestine demandait des comptes à certaines gloires du métier. Autant dire que l'épuration ne visa pas un art mais des individus considérés

46. AN F21 8106, dossier Casadesus, procès-verbal de la commission gouvernementale du 29 décembre 1944.

47. *Ibid.*, audition de Christian Casadesus, 11 décembre 1944. C'est du reste exactement ce que dit Sacha Guitry : « Dès 1940, il fallait, à mon sens, que les Allemands eussent le spectacle d'une activité française formellement décidée à maintenir le prestige intellectuel de la nation en face de l'adversaire – et de l'adversité », *Paris-Matin*, 17 janvier 1946.

comme ayant eu un comportement indigne pour les plus fautifs, plus banalement accommodant, lâche, intéressé pour les autres. Dans ces conditions, il allait se révéler difficile de « satisfaire à la fois l'Art et la Justice ainsi que la notion saine et réaliste du patriotisme[48] ». Entre l'impératif de reconstruction et de réconciliation du pays prôné par les gaullistes, l'identification véhémente des communistes avec la Résistance et l'épuration dure, les jalousies professionnelles qui, inévitablement, firent grincer la machine, et les ambitions réalistes de ceux qui mesuraient bien le clair-obscur de la période, l'épuration fit donc son travail, avec l'indulgence et la modération que l'on a vues. On peut douter pourtant de sa capacité à avoir transformé un milieu théâtral qui évolua plutôt sous l'effet d'une classique relève générationnelle (Dullin, Jouvet, Copeau meurent entre 1945 et 1951) et d'une nouvelle donne politique et idéologique : l'après-guerre au théâtre se caractérise par une ardeur inédite de l'État, en la personne de hauts fonctionnaires dynamiques, à aider un théâtre exigeant, ainsi que par l'implication de milieux artistiques et plus globalement culturels (Éducation populaire) pour donner naissance à un vrai théâtre public de décentralisation et de démocratisation, selon les principes du Conseil national de la Résistance inscrits dans le préambule de la Constitution de 1946. L'épuration accompagna certes ce mouvement, mais à la marge.

48. *Résistance*, 8 septembre 1944.

L'épuration économique a bien (provisoirement) existé : l'exemple de la région Rhône-Alpes

par Hervé Joly

Les travaux existant sur l'épuration des élites économiques en mesurent l'ampleur à peu près exclusivement à partir de l'activité de la commission nationale spécialisée, la Commission nationale interprofessionnelle d'épuration (CNIE)[1]. Rapporté au nombre de sanctions prises contre des dirigeants de grandes entreprises, le bilan apparaît mince. Mais, outre que l'activité des comités régionaux interprofessionnels d'épuration (CRIE) reste largement ignorée, l'étude ne peut se réduire aux seules procédures mises en place par l'ordonnance du 16 octobre 1944 relative à « l'épuration dans les entreprises », qui n'a eu qu'une fonction subsidiaire par rapport à l'épuration judiciaire générale. La collaboration économique relève également de la compétence des cours de justice et chambres civiques, voire des tribunaux militaires. L'étude de l'épuration des élites économiques doit donc prendre en compte les différentes procédures administratives, judiciaires ou professionnelles susceptibles d'avoir entraîné l'exclusion temporaire ou définitive de responsables patronaux[2]. Il faut par conséquent mobiliser des sources multiples pour une population dont la composition n'est pas, à la dif-

1. Voir les quelques pages que lui consacre Henry Rousso dans un article déjà ancien, qui reste la seule tentative d'inventaire de l'ensemble des dossiers, « Les élites économiques dans les années quarante », *Mélanges de l'École française de Rome*, 1983, tome 95, n° 2, p. 29-49 (repris dans l'ouvrage *Vichy, l'événement, la mémoire, l'histoire*, Paris, Gallimard, « Folio », 2001), spécialement p. 30-37, et celui sans nuance d'Annie Lacroix-Riz sur les banques, qui porte le titre explicite de « Les grandes banques françaises de la collaboration à l'épuration : la non-épuration bancaire, 1944-1950 », *Revue d'histoire de la Seconde Guerre mondiale et des conflits contemporains*, 1986, n° 142, p. 81-101.

2. En conformité avec cette définition, les sanctions pécuniaires prises contre des entreprises par les comités de confiscation illicites ne relèvent pas de l'épuration *stricto sensu* et ne seront donc pas abordées ici ; voir « Épuration économique et propriété privée », *infra*.

férence des préfets ou des magistrats, facilement saisissable. L'appartenance aux élites économiques ne repose pas sur des critères évidents. Quelles sont les entreprises à considérer? Quelles sont les fonctions à prendre en compte en leur sein? Ces difficultés de l'étude correspondent en fait directement aux difficultés de l'épuration économique elle-même. Qu'est-ce qui fait un patron : la position dirigeante ou la propriété du capital? Peut-on retirer la première sans toucher à la seconde? Même s'il existe des grandes entreprises dirigées par des managers salariés, l'économie française des années 1940 reste encore très marquée par un capitalisme familial dans lequel le statut formel est secondaire. L'étude de l'épuration du monde patronal ne peut donc pas se réduire à un simple recensement des changements de titulaires des postes de direction.

Cette contribution vise, essentiellement dans le cadre restreint d'une région, la région Rhône-Alpes[3], à essayer de prendre en compte les différentes composantes de l'épuration économique, pour montrer l'importance quantitative, par le nombre de procédures lancées, d'un processus multiforme dont l'opinion commune tend plutôt à sous-estimer l'ampleur. Ce n'est que dans un second temps que les non-lieux, acquittements, mises hors de cause et autres invalidations prononcés par le Conseil d'État provoquent, avant même que les mesures générales d'amnistie adoptées au début des années 1950 fassent leur effet, une déperdition considérable qui bénéficie particulièrement aux élites économiques. Le contraste entre l'intensité de l'épuration lancée et les résultats effectifs est particulièrement net dans une région où la politique volontariste du commissaire de la République Yves Farge, proche du Parti communiste, avait favorisé des mises en cause nombreuses.

---

3. Le cas de cette région est déjà abordé par Herbert Lottman, dans deux chapitres de son livre, *L'Épuration. 1943-1953*, Paris, Fayard, 1986, p. 199-220, à partir surtout de la presse locale et de quelques archives préfectorales. Notre contribution présente en partie les mêmes limites, dans la mesure où les archives judiciaires n'ont pas été consultées, mais, de manière inédite, l'ensemble des dossiers du CRIE ont en revanche été exploités. Le cadre géographique est celui des huit départements placés, à la Libération, sous l'autorité du commissaire régional de la République qui correspondent à l'actuelle région Rhône-Alpes. Cette région présente l'intérêt d'avoir un tissu industriel développé. Elle ne peut en revanche être considérée comme représentative de l'ensemble des régions françaises : à l'exception de la partie de l'Ain frontalière avec la Suisse et de la partie orientale de la Savoie, de la Haute-Savoie et de l'Isère occupées dès 1940 respectivement par les Allemands et les Italiens, elle se trouvait pour l'essentiel en zone non occupée. Les relations économiques avec l'occupant ont donc fonctionné, jusqu'en novembre 1942, en l'absence de contrainte militaire directe.

L'ÉPURATION ÉCONOMIQUE : UN PROCESSUS MULTIFORME DE GRANDE AMPLEUR

L'ampleur de l'épuration des élites économiques ne peut pas être mesurée à travers la seule activité des comités spécialisés mis en place par l'ordonnance du 16 octobre 1944 sur l'épuration des entreprises. D'une part, l'épuration des entreprises ne concerne pas les seules élites économiques et, d'autre part, cette épuration professionnelle n'a en fait qu'une fonction subsidiaire : elle est censée apporter une réponse légale rapide à l'épuration extralégale qui s'opère dans les entreprises dès la Libération, dans l'attente de l'achèvement de l'épuration judiciaire de droit commun.

L'épuration professionnelle : épuration des entreprises et épuration patronale

Même si leur étude systématique reste à faire, les dossiers de la CNIE sont maintenant une source bien connue de l'historien, la consultation en ayant assez largement été accordée sur dérogation par les Archives nationales depuis une vingtaine d'années[4]. L'activité des CRIE, également mis en place par l'ordonnance sur l'épuration des entreprises, commence juste à être prise en compte[5]. Leurs archives ont parfois été détruites, versées de manière incomplète par les préfectures, ou ne sont pas encore inventoriées précisément[6]. Or l'épuration professionnelle des

4. AN, F12 9549 à 9647. Pour cette contribution, seuls les dossiers des grandes entreprises industrielles et ceux des entreprises ayant un établissement dans la région Rhône-Alpes ont été consultés.

5. Jean-Pierre Bertin-Maghit a fait un bilan statistique général sur le CRIE de la Région parisienne (« Le comité interprofessionnel d'épuration de Paris », *La Gazette des Archives*, 136, 1987, p. 29-40). Deux thèses récentes évoquent, dans le cadre d'études sur l'épuration dans son ensemble, l'activité des CRIE de Montpellier (Patricia Boyer, *Épuration, politique et société en Languedoc et Roussillon, août 1944-août 1953. Réalités et représentations*, thèse de doctorat d'histoire, université de Montpellier-III, 1999, 3 vol.) et surtout d'Angers (Marc Bergère, *Épuration vécue et perçue, à travers le cas du Maine-et-Loire, de la Libération au début des années 50*, thèse de doctorat d'histoire contemporaine, université de Rennes-II-Haute-Bretagne, 2001, 3 vol.)

6. Une enquête postale récente auprès des archives départementales concernées montre qu'il ne se trouve que six CRIE (outre Paris, Lyon, Montpellier, Bordeaux, Lille et Angers) sur un total de dix-neuf en France métropolitaine pour lesquels, d'après les inventaires disponibles, au moins une grande partie des dossiers individuels soumis à examen semblent conservés ; pour une synthèse de ces inventaires, cf. l'annexe II de notre article « Les archives de l'épuration professionnelle dans les entreprises », *in* Hervé Joly (dir.),

élites économiques ne peut pas être réduite à la seule commission nationale. D'une part, les personnes dont le dossier a fait l'objet d'un examen devant la CNIE ne relèvent pas toutes d'une définition, même extensive, des élites économiques. D'autre part, l'exemple de la région Rhône-Alpes montre que l'activité des CRIE concerne aussi des dirigeants d'entreprises importantes.

L'ordonnance sur l'épuration dans les entreprises a une portée très large, elle vise « toutes les personnes participant, à quelque titre que ce soit, à la vie d'une entreprise » (art. 1). La notion d'entreprise a été entendue par les comités dans un sens extensif. Les dossiers examinés par la CNIE concernent des personnes travaillant dans des entreprises industrielles, commerciales ou financières (banques et assurances), mais aussi des restaurateurs, des antiquaires et des marchands de tableaux, des gérants de cinémas, de théâtres et de cirques, des imprésarios et des éditeurs, etc. De même, le CRIE de Rhône-Alpes s'est prononcé sur le cas de nombreuses personnes dont l'activité s'inscrit dans un cadre artisanal et indépendant; 11 % des dossiers inventoriés (61 sur 547) concernent ainsi des chauffeurs de taxi lyonnais travaillant pour la plupart à leur compte. Une partie des 63 affaires relevant du secteur du bâtiment-travaux publics (BTP) implique de simples artisans maçons. On trouve également un garagiste, un hôtelier, un cordonnier, deux agents immobiliers, etc. Les seuls dossiers (12) pour lesquels le CRIE s'est déclaré incompétent concernent des personnes dont il considère que l'activité professionnelle ne relève à l'évidence pas du commerce ou de l'industrie[7].

L'importance de l'entreprise concernée ne permet pas d'établir une frontière très nette entre la compétence de la commission nationale et celle de la commission régionale. L'ordonnance du 16 octobre 1944 prévoit que le CRIE doit « renvoyer à la CNIE les affaires dont l'intérêt dépasse le cadre régional » (art. 8). La CNIE peut par ailleurs être saisie directement par les commissaires de la République, par un membre du gouvernement ou par son commissaire de gouvernement (titre donné au magistrat instructeur, issu de la Cour de cassation). En pratique, la CNIE a effectivement examiné les affaires concernant les grandes entreprises nationales, dont le siège et la direction sont généralement à Paris

---

Faire l'histoire des entreprises sous l'Occupation : les acteurs économiques et leurs archives, actes de la journée d'études du GDR (groupement de recherches) du 12 octobre 2002, Paris, CTHS, à paraître (2003). À Lyon, l'inventaire du fonds 668 W 57 à 66 n'est disponible aux Archives départementales du Rhône (ADR) que depuis 1994.

7. C'est le cas de fonctionnaires, de maires, d'un instituteur exerçant dans un établissement privé ou d'un agriculteur dont les dossiers lui sont parvenus par erreur.

(Rhône-Poulenc, Ugine, Pechiney, etc.). Lorsque le CRIE Rhône-Alpes s'est intéressé à de telles entreprises, ce n'était que pour des personnes travaillant dans leurs usines régionales. Mais la CNIE s'est également prononcée sur des affaires impliquant seulement des établissements particuliers. Elle s'est aussi occupée du cas de simples PME. Parmi les 168 dossiers recensés dans le secteur du BTP, nombreux sont ceux se rapportant à des entreprises simplement moyennes, en raison, semble-t-il, du caractère plurirégional de leur activité[8].

Globalement, le taux d'examen des grandes entreprises par les commissions n'est pas négligeable. Sur le plan national, il existe de fortes différences selon les secteurs. Les entreprises minières et la sidérurgie, qui rassemblent à l'époque une part considérable de la grande industrie, sont totalement absentes des dossiers de la CNIE. Leur implantation dominante dans des régions à statut particulier sous l'Occupation (Lorraine annexée par le Reich et Nord-Pas-de-Calais rattaché au commandement allemand de Bruxelles) semble leur avoir largement épargné l'accusation de collaboration, les dirigeants s'étant, en particulier en Lorraine, trouvés écartés de la direction de leurs entreprises[9]. Mais la sidérurgie des bassins du Creusot ou de la Loire n'a pas non plus été mise en cause. De même, le textile, à l'exception des fibres artificielles, et la confection n'apparaissent guère. En revanche, les constructions mécanique, automobile, aéronautique et surtout électrique sont largement représentées. Il existe un dossier pour toutes les grandes entreprises de chimie et d'électrométallurgie. Toutes les grandes banques de dépôts et d'affaires sont également concernées.

Au plan régional, 61 établissements industriels et commerciaux connus pour avoir employé au moins 50 salariés sous l'Occupation, sur un total d'environ 1 500[10], ont fait l'objet d'un examen devant le CRIE.

---

8. Parmi les quatre affaires que lui renvoie le CRIE de Lyon, une seule concerne une grande entreprise de plusieurs centaines de salariés. La logique géographique semble également avoir joué en faveur de la compétence de la CNIE : lorsqu'elle se saisit du cas d'entreprises moyennes, elles sont souvent implantées à Paris ou plus largement dans le Bassin parisien (Seine et Marne, Eure-et-Loir, Loiret, etc.), et peu dans la région Rhône-Alpes par exemple.

9. Philippe Mioche, *La Sidérurgie et l'État en France des années 1940 aux années 1960*, thèse de doctorat d'État, université Paris-IV-Sorbonne, 1992, p. 555-556.

10. Il est difficile, en raison du caractère lacunaire des sources, de donner un nombre précis d'établissements industriels et commerciaux comptant 50 salariés et plus pour la période du régime de Vichy. Le dépouillement (fonds AN F12 9422 à 9548) du fichier des établissements de l'Office central de répartition des produits industriels (OCRPI) débouche sur un corpus total de 1 145 établissements, mais en ajoutant ceux qui dépassent ce seuil après la Libération pour lesquels il n'existe pas d'information sur l'effectif dans les années précédentes et ceux qui atteignaient, d'après le dernier recensement de

Mais la probabilité augmente fortement avec la taille. Parmi les 104 établissements de plus de 500 salariés recensés en Rhône-Alpes[11], 30, soit plus d'un quart, ont été concernés par l'activité du CRIE[12] (cf. tableau 1), 7 autres appartenant à des entreprises nationales examinées par la CNIE[13].

Cette présence importante des grandes entreprises ne signifie pas pour autant que leurs dirigeants soient forcément mis en cause. L'épuration dans les entreprises n'est pas mise en place pour sanctionner la seule collaboration économique. Les entreprises ne sont d'ailleurs jamais poursuivies en tant que telles, les dossiers sont toujours constitués au nom de personnes physiques définies. L'objectif fixé par l'ordonnance est d'écarter « des éléments malsains et indésirables » susceptibles, par leur présence, d'« entraver la reprise de l'activité économique du pays » (exposé des motifs). Ce sont l'ensemble des comporte-

---

la Statistique générale de la France de 1936, 100 salariés et pour lesquels aucune fiche OCRPI n'a été retrouvée sans qu'ils aient pour autant disparu, on arrive à un total probablement légèrement supérieur à 1 500. Par ailleurs, les effectifs du secteur, très impliqué dans l'épuration, du BTP ont souvent beaucoup fluctué pendant la période de la guerre. Des entreprises ont pu, du fait de chantiers importants réalisés notamment au profit des Allemands, atteindre à un moment donné des effectifs supérieurs à ceux qui figurent dans les sources utilisées.

11. Base de données constituée au Centre Pierre-Léon (avec François Robert) à partir notamment d'un dépouillement du fichier OCRPI. Dans 16 cas, en l'absence d'autres données disponibles, l'effectif considéré correspond aux années d'après-guerre et dans 5 cas au recensement de 1936 de la Statistique générale de la France. Ces 104 établissements relèvent de 92 entreprises différentes.

12. Non compris les 138 dossiers individuels ouverts au nom d'un dirigeant de chaque entreprise figurant sur une liste retrouvée à l'agence lyonnaise de renseignements patronaux Poidebard, mise sous séquestre à la Libération. La plupart des grandes entreprises de la région sont impliquées. Elles sont accusées d'avoir souscrit un abonnement à cette officine, leur permettant d'obtenir des renseignements politiques sur les ouvriers qui auraient été utilisés pour faire un tri en vue des départs en Allemagne. Les dossiers sont composés de manière strictement identique et ont été traités de manière expéditive par le CRIE lors de trois séances finales en avril, mai et juin 1948. De nombreux résultats statistiques sont donc fournis en retranchant ces cas particuliers du corpus pour éviter une surreprésentation artificielle des grandes entreprises.

13. Sur le plan géographique, il existe une forte représentation du Rhône (17 sur 29) parmi les grands établissements concernés, et plus largement des trois principaux départements de la région (26 sur 29 avec l'Isère et la Loire). Mais cette répartition reflète en fait plus ou moins la répartition globale de la grande industrie régionale, avec 92 établissements sur 104 implantés dans ces trois départements, le Rhône restant cependant légèrement surreprésenté avec un total de 41 établissements. Comme pour la région parisienne avec la CNIE, la proximité géographique semble avoir augmenté la probabilité d'une saisine du CRIE.

Tableau 1. Nombre d'établissements évoqués par le CRIE par catégories de personnel

Effectifs	Dirigeants	Cadres-maîtrise	Employés-ouvriers	Ensemble
5000 et +	1	2	1	2
2000-4999	1	3	3	5
1000-1999	5	5	3	9
500-999	9	5	5	14
200-499	8	6	4	14
100-199	8	1	0	9
50-99	8	1	1	8
Total	40	23	17	61

ments ayant « soit favorisé les entreprises de toute nature de l'ennemi, soit contrarié l'effort de guerre de la France et de ses alliés ou entravé la résistance des Français, notamment par des dénonciations » qui sont visés. Les différentes catégories professionnelles d'une entreprise peuvent donc être mises en cause, du P-DG à l'ouvrier en passant par les directeurs et les contremaîtres. Comme l'a précisé par ailleurs la CNIE, dans une délibération du 28 février 1945 transmise aux commissaires régionaux de la République, « il n'y a pas lieu de distinguer, au point de vue de la compétence des comités régionaux, suivant que tels faits, propos ou attitudes se sont produits à l'intérieur ou à l'extérieur des entreprises [14] ». Un engagement dans la Milice d'un employé ou la dénonciation d'un réfractaire au STO, par exemple, n'ont pas besoin de s'être manifestés sur le lieu de travail pour être examinés par les commissions. Le CRIE de Lyon ne s'est jamais ainsi déclaré incompétent en raison de la nature des faits [15].

14. Transmise le 2 mars 1945 par le commissaire du gouvernement de la CNIE à Y. Farge; ADR, 668 W 57.

15. À noter cependant que, dans trois cas, le commissaire de la République a eu une interprétation divergente : en novembre 1945, il n'a pas accepté de prononcer des blâmes proposés par le CRIE dans la mesure où il considère, par exemple pour un industriel qui avait profité du congrès du PPF pour franchir la ligne de démarcation et se rendre à Paris, qu'il s'agit de « faits étrangers à l'activité professionnelle »; dossier n° 371, ADR, 668 W 66.

Parmi les dossiers examinés par ce CRIE, un tiers seulement (138 sur 409) peuvent être associés aux milieux dirigeants au sens large[16], qu'il s'agisse de P-DG ou de gérants d'entreprises grandes ou moyennes[17], de directeurs d'usines appartenant à de grandes entreprises nationales ou de quelques responsables de syndicats professionnels – tandis que 70 cas relèvent de l'encadrement et de la maîtrise (chefs et directeurs de fabrication, de services, d'ateliers, d'équipes, ingénieurs, contremaîtres) et 80 du personnel d'exécution (ouvriers et employés)[18]. Si on se limite aux 104 établissements de plus de 500 salariés, les dirigeants mis en cause ne sont plus que 16 (cf. tableau 1), auxquels s'ajoute un dix-septième, qui passe devant le comité régional spécifique pour la distribution du gaz et de l'électricité[19] et huit autres gérés par trois entreprises différentes dont les dirigeants nationaux relèvent de la CNIE. L'encadrement et le personnel d'exécution représentent la plus grande masse des dossiers individuels dans les grands établissements, avec respectivement 45 et 41 sur 106 dans les établissements de plus de 500 (dont 17 et 24 dans les seules usines Berliet de Vénissieux et Lyon-Montplaisir). Nombreux sont notamment les dossiers d'ouvriers accusés d'être partis travailler volontairement en Allemagne. Même en adoptant une définition large des élites économiques, qui inclut les patrons d'entreprises moyennes (établissements d'au moins 50 salariés) et les directeurs salariés des établissements locaux des grandes entreprises nationales, seule une soixantaine de dossiers examinés par le CRIE peuvent donc être considérés comme relevant de cette catégorie[20]. L'épuration patronale reste cependant, sous ce premier aspect professionnel, quantitativement non négligeable.

---

16. Non compris de nouveau les 138 dossiers Poidebard et les 61 chauffeurs de taxi lyonnais.

17. Les gérants de petites entreprises n'ayant pas ou supposées ne pas avoir plus de 10 salariés sont classés parmi les commerçants et artisans, au nombre de 45 (hors 12 pour l'affaire Poidebard et les 61 chauffeurs de taxi). Dans plusieurs cas, la répartition entre les deux catégories reste incertaine, faute d'informations suffisantes dans le dossier sur la taille de l'activité de l'entreprise.

18. Les distinctions entre ces deux catégories sont parfois incertaines en raison de l'imprécision des indications contenues dans les dossiers.

19. Il existe une commission nationale (décret du 23 octobre 1945) et des comités régionaux (arrêté du ministre de la Production industrielle du 8 novembre 1944) propres aux entreprises concédées de production, de transport et de distribution d'électricité et de gaz. Les archives de la commission Rhône-Alpes, mise en place par un arrêté d'Yves Farge du 15 février 1945, sont conservées sous la cote 669 W 54 aux ADR.

20. Non compris là encore les 138 dossiers ouverts dans l'affaire de l'agence de renseignements patronaux Poidebard qui gonfleraient artificiellement le nombre des dirigeants impliqués (cf. note *supra*).

À la CNIE, la part des dirigeants parmi l'ensemble des dossiers examinés est plus importante : d'après Henry Rousso, sur 1 240 dossiers identifiables, on trouve 71 % de dirigeants (P-DG, administrateurs et directeurs)[21]. Les indépendants et commerçants représentent cependant 12 %, les cadres, ingénieurs et agents de maîtrise 7 % et les ouvriers et employés 10 %. Dans l'affaire SIMCA, ce sont ainsi 30 employés qui sont poursuivis. De plus, ceux classés parmi les dirigeants ne sont pas toujours des P-DG ou des directeurs généraux de grandes entreprises : dans plusieurs cas, ce sont des directeurs d'usines, n'appartenant pas à la direction générale, qui sont mis en cause. Là encore, la séparation entre les compétences de la CNIE et celles des CRIE n'est pas très nette.

Les dirigeants visés par les plaintes pour des dénonciations ou des pressions sur le personnel afin d'augmenter les cadences de production ou de les inciter à partir travailler en Allemagne sont souvent ceux qui sont en contact hiérarchique direct avec les salariés (chefs de service, directeurs du personnel, directeurs d'usines, etc.). Le système français de séparation géographique entre des directions parisiennes et des usines souvent dispersées en province a évité aux grands patrons de se trouver au premier plan. La collaboration économique *stricto sensu*, c'est-à-dire la conclusion d'accords commerciaux ou industriels avec les Allemands et la livraison de produits, constitue une faible part des faits reprochés aux industriels. Ces comportements n'ont pas en tant que tels fait des victimes directes, et il n'y a donc souvent pas eu de plaintes déposées les concernant. Parmi les grandes entreprises industrielles examinées par la CNIE, il n'y a guère que pour Francolor (société commune créée entre Kuhlmann et l'IG Farben pour la production de colorants) et Ugine (ventes de nombreux produits chimiques et métalliques aux Allemands) qu'apparaît une saisine ministérielle à l'encontre des principaux dirigeants. Dans l'affaire Alais, Froges & Camargue/AFC[22] (livraisons d'aluminium aux Allemands), le commissaire du gouvernement constate dans son rapport que « l'examen du dossier ne permet pas de se rendre compte sur le vu de quelle pièce il a été ouvert, car aucune plainte n'y figure[23] »; on ne trouve que des articles du journal *L'Humanité* des 12 et 13 septembre 1944 qui dénoncent « les trusts sans patrie » qui ont « livré à l'ennemi la production française d'aluminium ». Dans l'affaire Théraplix (société commune de vente de produits pharmaceu-

21. *Op. cit.*, 1983, p. 37.
22. Entreprise plus connue sous le nom de Pechiney, qu'elle prend en 1950.
23. Rapport du 5 janvier 1947, AN F12 9579.

tiques créée entre Rhône-Poulenc et l'IG Farben), le commissaire du gouvernement relève qu'il existe seulement dans le dossier une plainte anonyme visant les dirigeants de la filiale, et pas ceux de Rhône-Poulenc qui ont conclu les accords[24].

De même, la moitié seulement, répartie entre cinq entreprises différentes, des 20 dossiers individuels du CRIE classés dans la catégorie dirigeants d'établissements de plus de 500 salariés relève de la collaboration économique, avec, de manière plus ou moins explicite, l'accusation d'avoir travaillé pour les Allemands. Or il n'y a pas, de toute évidence, que cinq entreprises de cette taille dans la région à qui ce reproche pourrait être fait. L'activité des organismes chargés de l'épuration des entreprises ne reflète donc pas l'ampleur de la collaboration économique. Elle ne représente pas non plus l'ensemble des procédures d'épuration affectant les milieux économiques.

La fonction seulement subsidiaire de l'épuration professionnelle

L'épuration dans les entreprises n'a pas commencé avec l'entrée en vigueur de l'ordonnance du 16 octobre 1944. Dans la France entière, des industriels, des hommes d'affaires ont figuré parmi les nombreuses arrestations de la Libération. Les cas de Louis Renault, Marius Berliet ou Marcel Paul (Fonderies de Pont-à-Mousson) sont bien connus. Leurs entreprises sont cependant absentes des dossiers de la CNIE. Comme le montre l'exemple de la région Rhône-Alpes, l'épuration dans les entreprises s'est largement effectuée sous d'autres formes.

Dans de nombreux dossiers examinés par le CRIE, il est fait référence à des sanctions déjà prises par des « comités patriotiques » ou « tribunaux d'honneur » qui se sont mis en place de manière plus ou moins improvisée, dans de nombreuses grandes entreprises, à l'initiative de membres du personnel résistants et syndicalistes[25]. Des licenciements ont été demandés, voire imposés, à des directions d'autant plus affaiblies

---

24. Rapport du 13 mai 1949, AN F12 9576.

25. Yves Farge avait par ailleurs, dès la fin de septembre 1944, installé officiellement vingt-trois « tribunaux d'honneur », chargés d'épurer les diverses professions. Composés d'un président choisi en dehors de la profession et de deux assesseurs au contraire membres de celle-ci, ils ne peuvent que proposer des sanctions au préfet qui décide. Dans la liste fournie par *Le Progrès* (28 septembre 1944), on trouve, dans le domaine économique, les PTT, la SNCF, l'Office de transports lyonnais, la boucherie, l'épicerie et trois tribunaux pour les différentes branches de la métallurgie. Ces tribunaux, devenus sans objet après l'entrée en vigueur des différentes ordonnances nationales ultérieures, en particulier celle du 16 octobre 1944 sur les entreprises, ont été supprimés en février-mars 1945.

qu'elles sont exposées à l'action énergique du commissaire régional de la République Yves Farge. La nomination de cette personnalité proche du Parti communiste a donné une dimension particulièrement importante à l'épuration économique initiale dans la région. Les milieux patronaux ont d'abord été assez massivement touchés par des mesures d'arrestation. S'il n'est pas possible d'en faire un inventaire complet pour l'ensemble de la région, deux sources permettent d'en évaluer l'importance dans l'agglomération lyonnaise, où l'action de Farge s'exerce plus directement : les listes publiées dans la presse locale[26], d'une part, les comptes rendus des commissions dites « de criblage » qui, dans les différentes prisons lyonnaises, décident du sort des personnes arrêtées (maintien en détention avec renvoi devant la justice, mise en liberté provisoire, etc.)[27], d'autre part. Les indications professionnelles fournies permettent de repérer ainsi au moins 113 personnes exerçant des responsabilités entrepreneuriales (industriels, directeurs d'usine, administrateurs de sociétés, négociants, etc.)[28]. Ce recensement incomplet représente déjà une proportion significative, si on la rapporte à la place occupée par ces groupes professionnels dans la population globale, des arrestations lyonnaises, qui s'élèveraient à 2 303 à la fin de l'année 1944, dont 2 000 pour le seul mois de septembre[29]. Parmi ces 113 personnes arrêtées, 27 sont connues pour avoir géré ou administré une entreprise possédant un établissement d'au moins 100 salariés dans la région Rhône-Alpes[30]. Les élites économiques ne sont donc pas épargnées par cette première épuration. L'arrestation la plus spectaculaire est bien sûr, dès le 4 septembre, celle de Marius Berliet, fondateur de l'entreprise de construction automobile qui porte son nom, accusé d'avoir produit massivement pour les Allemands, suivie quelques jours

26. Il s'agit du quotidien lyonnais *Le Progrès*, qui est autorisé à reparaître à la Libération dans la mesure où il s'est sabordé lors de l'occupation de la zone non occupée.

27. Ces comptes rendus se retrouvent de manière presque complète dans le fonds versé par la préfecture : 41 séances sur 50 pour la prison Saint-Paul / Saint-Joseph du 9 octobre au 22 décembre 1944, 38 sur 43 pour celle de Montluc du 20 septembre au 17 novembre 1944 et 5 sur 7 du 3 novembre au 16 décembre 1944 à celle de Vancia (prison de femmes) ; Le nom de la personne est souvent suivi de la mention de la profession et de son adresse ; ADR, 668 W 67.

28. L'importance des affaires gérées n'est pas forcément connue. Certaines personnes arrêtées ou détenues présentées comme « entrepreneurs », « transporteurs » ou « imprimeurs » exercent peut-être des activités de type artisanal. Mais à l'inverse il est possible qu'une partie de ceux indiqués comme « ingénieurs » soient en fait des dirigeants d'entreprise.

29. H. Lottman, *op. cit.*, p. 199.

30. Présents dans la base de données des gérants et administrateurs constituée au Centre Pierre-Léon.

plus tard par celle de ses quatre fils associés à la direction. La plupart des arrestations sont ainsi effectuées dans les premières semaines après la Libération de Lyon, sur la base d'un mandat d'amener établi par le commissaire régional ou le préfet du Rhône.

À partir du mois d'octobre, l'instruction des affaires est confiée à des juges auprès de la cour de justice qui prennent l'initiative des poursuites. Un mandat d'arrêt est ainsi lancé en novembre contre un important fabricant de bonneterie accusé de marché noir et de commerce avec l'ennemi[31]. En décembre, plusieurs industriels de la couverture de Cours (Rhône) sont arrêtés, à la suite d'une enquête des brigades de contrôle économique, dans une autre affaire de marché noir qui avait déjà entraîné des arrestations en septembre[32]. Quatre arrestations sont encore recensées au premier semestre 1945, dont celle du directeur général des Gaz de Lyon, accusé d'avoir incité des soldats à se rendre aux Allemands en juin 1940, et celles du P-DG et d'un directeur de France-Rayonne (entreprise franco-allemande de fabrication de textiles artificiels). En tout, ce sont neuf patrons d'entreprise détenant au moins un établissement de plus de 500 salariés dans la région Rhône-Alpes qui sont concernés. Huit établissements du Rhône sont ainsi affectés par la perte de leur direction[33]. La proportion est non négligeable, sur un total de 41 établissements de cette taille pour ce département. Par ailleurs, les deux populations patronales concernées respectivement par cette première épuration administrativo-judiciaire et par l'épuration professionnelle ne se recoupent pas : parmi les 113 arrestations d'« entrepreneurs » recensées, 10 seulement ont débouché sur un examen par le CRIE. Dans la population plus restreinte des 27 dirigeants de grandes entreprises, ils ne sont que 5 à avoir eu un dossier à leur nom au CRIE[34], alors qu'à l'inverse beaucoup de dirigeants traduits devant le comité n'ont jamais été arrêtés. Ce décalage augmente d'autant la proportion des milieux patronaux impliquée d'une manière ou d'une autre dans l'épuration.

---

31. *Le Progrès*, 17 novembre 1944.

32. *Ibid.*, 22 décembre 1944. Un seul des industriels arrêtés figure, sous réserve de l'absence de mention du prénom, dans la liste des gérants et administrateurs d'entreprises détenant un établissement de plus de 100 salariés.

33. Berliet a deux établissements de plus de 500 salariés dans le Rhône (Vénissieux et Lyon-Montplaisir) ; par ailleurs, deux industriels arrêtés à Lyon dirigent des établissements implantés dans d'autres départements de la région.

34. Dont l'un seulement en tant qu'un des 138 dirigeants d'entreprise en relation avec l'agence Poidebard, ce qui n'était probablement pas la cause de son arrestation. Un sixième est passé devant la commission spécialisée pour le gaz et l'électricité.

Cette première épuration de l'économie a également pris la forme particulière, à l'initiative d'Yves Farge dans la région Rhône-Alpes, de séquestres administratifs d'entreprises accusées de collaboration avec l'ennemi, avec désignation d'un administrateur provisoire[35]. Entre septembre 1944 et janvier 1945, sept entreprises industrielles gérant au moins un établissement de plus de 100 salariés, deux agences commerciales allemandes (dont la succursale lyonnaise du conglomérat chimique IG Farben) et les syndicats patronaux du BTP pour le Rhône et la région sont ainsi mis sous séquestre[36]. S'y ajoutent, dans le secteur de la presse, le dépôt lyonnais d'Hachette, une agence, deux éditeurs, une radio privée et l'ensemble des journaux et périodiques du Rhône autorisés à paraître sous Vichy. Ces décisions d'Yves Farge sont complétées par des mesures prises par les différents préfets départementaux : d'après un recensement incomplet du commissariat régional (il manque l'Isère et la Savoie), 107 particuliers ou entreprises ont été également mis sous séquestre dans ce cadre, dont 55 dans la seule Loire. Le croisement avec une base de données des grands établissements permet d'en repérer 10 de plus de 100 salariés dans les six départements et 21 de plus de 50, dont 16 dans la Loire. Le secteur de la construction mécanique, et du cycle en particulier, dans la région stéphanoise est le plus touché, avec respectivement 12 et 7 établissements. Dans cette dernière branche, près d'un tiers des 23 entreprises de plus de 50 salariés de ce département sont frappées.

La procédure administrative permet de viser des entreprises qui ne répondent pas aux exigences légales des séquestres judiciaires dans la mesure où elles ne sont pas des entreprises personnelles ou familiales déstabilisées par l'arrestation de leur patron, seul maître de l'affaire. Des établissements régionaux de grandes entreprises nationales sont ainsi mis sous administration provisoire sans que leurs directions parisiennes soient affectées : c'est le cas des cimenteries Lafarge en Ardèche[37], des usines Schneider de Saint-Étienne (ex-La Chaléassière) et de la Société d'outillage mécanique et d'usinage d'artillerie (Somua) à Vénissieux. La procédure permet également de choisir librement les administrateurs provisoires, sans faire nécessairement appel à des fonctionnaires de

35. Cf. le chapitre « Épuration et propriété privée ».

36. Dépouillement du *Journal officiel du commissariat régional* et recensement de l'administration du commissariat régional, 2 février 1945, ADR, 668 W 68.

37. Le siège social de la société anonyme est bien resté jusqu'en 1948 à Viviers dans le berceau originel du groupe, mais la direction générale s'est, dans l'entre-deux-guerres, installée à Paris, dans le cadre du développement de l'entreprise en métropole et dans les colonies.

l'administration des Domaines. En l'absence d'informations biographiques précises, il apparaît que les personnalités désignées sont plutôt des ingénieurs issus de l'industrie privée, présentant des affinités politiques avec Yves Farge. Ainsi, l'ingénieur civil des mines Raphaël Évaldre nommé à la tête des cimenteries Lafarge serait un « résistant et communiste sincère[38] ». Marcel Mosnier, ingénieur de l'aéronautique dans une autre entreprise de Vénissieux, nommé chez Berliet, est un « socialiste de gauche » issu de la Résistance (membre du Mouvement de libération nationale et secrétaire du syndicat CGT des techniciens et des employés de la métallurgie)[39]. Administration provisoire ne signifie pas pour autant gestion ouvrière : il n'y a, sous réserve d'une étude plus précise, apparemment que chez Berliet qu'existe une véritable participation des représentants syndicaux à la gestion de l'entreprise.

La légalité de ces séquestres administratifs a rapidement été contestée par les différents ministères de tutelle, mais, même après le départ d'Yves Farge en septembre 1945, les services préfectoraux résistent et certaines mesures sont maintenues plusieurs années, jusqu'à leur annulation prononcée seulement à partir de 1947 par le Conseil d'État. Des administrations provisoires ont même été prolongées par des arrêtés pris en 1946 par le ministre communiste de la Production industrielle, Marcel Paul.

Cette nouvelle forme d'épuration économique ne recoupe pas les deux autres formes étudiées précédemment. D'une part, si, au moins dans le Rhône, les séquestres d'entreprises font suite ou s'accompagnent, sauf apparemment dans un cas[40], d'arrestations des patrons des entreprises ou des directeurs des usines concernées, 13 des 27 arrestations repérées de gérants ou administrateurs de grands établissements industriels ne débouchent pas sur un séquestre. Ces situations semblent correspondre à des détentions de courte durée : dans 7 cas, on trouve, dans les comptes rendus des commissions de criblage des prisons lyonnaises, trace d'une décision de mise en liberté provisoire pour les personnes concernées dès octobre 1944. Dans d'autres cas, la mise en cause personnelle d'un dirigeant, comme celle du directeur général des Gaz de Lyon, n'affecte pas la gestion de l'entreprise dans son ensemble.

38. Léon Dubois, *Lafarge-Coppée, 150 ans d'industrie*, Paris, Belfond, 1988, p. 48.

39. Marcel Peyrenet, *Nous prendrons les usines. Berliet. La gestion ouvrière (1944-1949)*, Genève, Slatkine, 1980, p. 23.

40. Aux Forges et Ateliers de Lyon, le directeur général ne semble pas avoir été arrêté lorsque le séquestre est décidé le 7 octobre 1944, les poursuites judiciaires contre lui, qui se traduisent par un simple passage devant la chambre civique, n'ayant apparemment été lancées qu'en octobre 1945; ADR, 668 W 69.

D'autre part, de nombreux séquestres d'entreprises ne débouchent pas sur l'ouverture d'un dossier au CRIE pour les dirigeants concernés. Parmi les 7 grandes entreprises industrielles mises sous séquestre par Yves Farge, le CRIE n'est saisi d'aucun cas concernant Lafarge, et pour Berliet et Schneider seuls des ouvriers et des cadres sont examinés. Pour les séquestres prononcés par les préfets, le prolongement est encore bien plus faible : seuls les dirigeants des grandes entreprises du Rhône ont été traduits devant le CRIE. Les nombreux séquestres intervenus dans la Loire en particulier n'ont aucun débouché au CRIE, à l'exception du directeur des fabrications d'une usine de roulements. L'épuration professionnelle ne reflète donc pas l'ampleur des mesures administratives prises à la Libération.

L'épuration professionnelle n'exclut pas non plus une épuration judiciaire, qu'annoncent les arrestations et les poursuites lancées contre des industriels. Les patrons n'échappent pas à la répression de droit commun des faits de collaboration. Toute condamnation par une cour de justice sur la base de l'ordonnance du 26 juin 1944 relative à la répression des faits de collaboration met le condamné en état d'indignité nationale, déchéance qui peut être prononcée par ailleurs à titre principal par les chambres civiques. L'un de ses effets est, d'après une autre ordonnance du 26 août 1944, d'interdire d'être administrateur et gérant de sociétés (art. 9). L'engorgement des tribunaux d'épuration risque de retarder le prononcé de ces mesures. Or, selon les termes de l'exposé des motifs de l'ordonnance sur l'épuration des entreprises, « il est indispensable que, sans attendre les sanctions ou déchéances qui seront prises [...], des mesures rapides soient prises dans le cadre de la discipline professionnelle pour assurer l'épuration des entreprises dont la remise en marche ne doit pas être gênée ».

Le maintien de certaines personnes à la direction d'entreprises, alors même qu'elles n'ont pas été arrêtées ou qu'elles ont été remises en liberté provisoire, peut apparaître inacceptable aux pouvoirs publics, aux mouvements issus de la Résistance ou aux syndicats. La CNIE et les CRIE sont donc supposés prendre des décisions qui favorisent un apaisement des tensions dans les entreprises, nécessaire pour assurer la reconstruction du pays. Leur composition qui associe, sous la présidence d'un magistrat de l'ordre judiciaire, les milieux résistants[41] et les intérêts professionnels (avec des représentants syndicaux des ouvriers et

41. Deux représentants des comités départementaux de libération désignés par le commissaire de la République siègent dans les CRIE et deux représentants désignés par le Conseil national de la Résistance à la CNIE.

employés, des techniciens et cadres et des employeurs) doit leur donner la légitimité requise. Mais le grand nombre de dossiers ouverts ne leur permet pas de travailler avec la célérité attendue. La CNIE est installée en décembre 1944. La date limite de saisine est d'abord fixée au 31 décembre 1945, avant d'être repoussée ensuite au 30 juin 1946[42]. La plupart des affaires importantes ne seront examinées qu'en 1947, 1948 ou même 1949. De même, à Lyon, la mise en place s'est effectuée lentement. Le comité prévu par l'ordonnance du 16 octobre 1944 a été institué par un arrêté du commissaire régional en date du 8 janvier 1945. Une réunion d'installation a été organisée le 14 mars, mais la première séance consacrée au traitement des affaires ne s'est tenue que le 14 avril. À cette date, 164 dossiers individuels ont déjà été ouverts, et leur nombre continue de s'accroître ensuite pour atteindre finalement 547[43]. La date limite de saisine est fixée au 31 juillet 1945[44].

À l'exception du président, magistrat, les fonctions de membres du CRIE sont exercées seulement à titre accessoire, une indemnité pour perte de salaire étant cependant prévue pour les non-fonctionnaires. À la différence de la CNIE, on n'y trouve pas de commissaire du gouvernement pour rapporter sur les dossiers. Le CRIE ne peut donc pas siéger à temps plein. En 1945, 135 affaires sont traitées lors de séances réparties sur trente-cinq jours[45]. En 1946, soixante-six jours de session

---

42. Décret du 31 juillet 1945, modifié le 28 décembre 1945. Le décret initial du 16 octobre 1944 avait prévu un délai de trois mois à partir du jour d'ouverture des travaux de la CNIE ou « de la découverte d'une pièce ou d'un fait nouveau ». Cette deuxième clause a été abandonnée probablement dans la mesure où elle risquait d'être sans limite dans le temps.

43. Les ouvertures de dossiers individuels sont enregistrées dans un registre, avec attribution d'un numéro de dossier par ordre d'inscription. Le nombre total de numéros est supérieur à 547 dans la mesure où une demande de révision fait l'objet d'une nouvelle inscription. Dans 69 cas, le dossier a disparu du fonds déposé aux archives du Rhône. C'est le cas logiquement lorsque le CRIE a décidé un renvoi à la CNIE ou à un autre CRIE, mais aussi probablement lorsque le dossier a été transmis à d'autres services, notamment aux préfectures des départements concernés.

44. Cette limite est fixée par un décret de la même date, en modification de la règle initiale prévoyant un délai d'un mois après l'ouverture des travaux ou la découverte d'une pièce ou d'un fait nouveau. 157 dossiers sont encore enregistrés après le 31 juillet (le dernier le 5 avril 1948 !), sans que l'irrecevabilité soit prononcée par la commission, sauf dans le cas de cinq dirigeants et cadres de l'entreprise d'équipement aéronautique Martin & Moulet (enregistrés le 22 novembre 1945), une exception préjudicielle ayant été soulevée par la défense. Soit, dans les autres cas, la défense n'a pas pensé à la soulever, soit, ce qui est le plus probable, la date d'enregistrement est décalée par rapport à la saisine, ce qui montre bien l'engorgement du comité.

45. Le comité ne siège généralement qu'une demi-journée, sauf dans huit cas où il se réunit à la fois le matin et l'après-midi ; procès-verbaux des séances, ADR, 668 W 57.

permettent d'en examiner 192, mais, en 1947, le rythme ralentit : le nombre de jours de session tombe à 27, et 74 affaires seulement sont traitées. Ce n'est donc qu'au premier semestre de 1948 que le reliquat d'affaires est examiné, avec notamment la liquidation rapide des 138 dossiers d'industriels impliqués dans l'affaire de l'agence de renseignements patronaux Poidebard lors de trois séances en avril, mai et juin 1947.

L'objectif initial de prendre une décision rapide dans l'attente d'une éventuelle sanction judiciaire n'est donc pas réalisé. La cour de justice de Lyon avait ainsi déjà traité l'essentiel de ses affaires à la fin de 1946[46], alors que deux cinquièmes de celles ouvertes devant le CRIE restaient encore pendantes. L'ordonnance du 16 octobre 1944, modifiée par celle du 29 mars 1945, envisageait deux hypothèses lorsque des poursuites pénales étaient lancées en parallèle :

– si elles ont abouti à une condamnation à l'indignité nationale, les interdictions professionnelles résultant de cette condamnation se substituent à celles prononcées dans le cadre de l'épuration des entreprises ;

– si les poursuites ont abouti entre-temps à un non-lieu ou à un acquittement, la sanction prononcée dans le cadre de l'épuration des entreprises ne peut être prolongée, après que l'intéressé eut demandé une révision, que d'un maximum de deux ans pour une interdiction de commandement visant un dirigeant (ou de six mois pour une suspension visant un salarié).

L'hypothèse d'une épuration judiciaire plus rapide que l'épuration professionnelle n'avait pas été prévue. En pratique, la seconde s'est retrouvée largement conditionnée par la première. Le nombre d'arrestations effectuées à Lyon dans les milieux patronaux annonçait, il est vrai, une épuration judiciaire sévère.

Des sanctions finalement très peu nombreuses

Les arrestations opérées au sein des élites économiques de la région lyonnaise n'ont pas eu un prolongement pénal important. En l'absence de condamnation, l'épuration professionnelle ne pouvait donc pas, d'après les textes, avoir un effet durable.

---

46. Son ressort initial était le seul département du Rhône, mais, en octobre 1945, il a été étendu aux deux départements voisins de l'Ain et de la Loire, après suppression des cours de justice de Bourg-en-Bresse et de Saint-Étienne. Au début de l'année 1947, il lui reste 145 dossiers encore à l'instruction à liquider, sur un total de plus d'un millier au départ. Seule une section sur trois est maintenue en activité ; *Le Progrès*, 4 janvier 1947.

Une majorité de non-lieux dans les procédures judiciaires

Le nombre de patrons affectés par poursuites pénales se réduit rapidement. Les commissions de criblage des prisons lyonnaises constituent déjà un premier filtre. Parmi les personnes arrêtées à l'automne de 1944, présentées comme responsables d'entreprises, pour lesquels la décision est connue, 40 % (35 sur 88) bénéficient d'une remise en « liberté provisoire[47] », ce qui semble se traduire en pratique par un abandon des poursuites. Parmi les 17 détenus identifiés comme gérants ou administrateurs d'une grande entreprise qui sont passés devant ces commissions, 8 sont remis en liberté provisoire, 1 est placé en internement administratif et 8, dont les 5 membres de la famille Berliet, sont maintenus en détention dans le cadre d'une instruction confiée à la cour de justice. À l'arrivée, le nombre de ceux qui ne bénéficient pas d'un non-lieu et qui sont effectivement traduits devant la cour de justice de Lyon est encore plus faible[48]. Parmi les grands industriels, ils ne sont plus que 4, Marius Berliet, deux de ses fils et l'ancien P-DG de la société éditant et imprimant le quotidien proche de l'Action française, *Le Nouvelliste*[49]. Un croisement entre la population des autres entrepreneurs arrêtés et celle des accusés en cour de justice donne également un résultat très mince. On ne trouve que trois noms supplémentaires : un directeur de journal proallemand, un directeur d'usine milicien et un administrateur d'affaires juives, qui d'ailleurs n'est pas poursuivi en tant que tel, mais comme milicien, dénonciateur et marchand de tapis au noir. Les poursuites ont largement débouché sur des non-lieux dans les milieux patronaux, même dans les affaires qui avaient, dans les premiers mois après la Libération, fait les gros titres de la presse. Ainsi, les industriels du textile sur lesquels pesaient de graves accusations de marché noir et de trafic avec les Allemands, dans le cadre de ce que la presse appelait « le complot économique », n'ont jamais été traduits en cour de justice. À l'exception des directeurs de journaux collaborationnistes et de quelques hauts fonctionnaires, la population qui comparaît devant

47. Ce pourcentage de 39,7 % est légèrement plus élevé que celui (31,7 %) des remises en liberté pour l'ensemble des détenus des deux prisons masculines pour lesquels la décision de la commission de criblage est connue (1462).

48. Les dossiers de la cour de justice de Lyon n'ont pas été consultés pour cette étude. Un recensement des personnes traduites a été effectué à partir d'un dépouillement du quotidien *Le Progrès*, qui semble tenir une chronique à peu près exhaustive des procès. Entre novembre 1944 et février 1947, une base de données d'un peu plus de 1 000 personnes jugées par la cour a été constituée, avec indication du chef d'accusation et de la sanction prononcée.

49. L'entreprise Le Nouvelliste est par ailleurs, avec plus de 600 salariés, la plus importante affaire d'imprimerie de la région.

ces juridictions pénales n'appartient guère aux fractions supérieures de la société. D'après les comptes rendus de la presse, ce sont plutôt des « femmes de mauvaise vie » accusées de dénonciations sur l'oreiller, des « voyous » reconvertis dans la Milice, des « jeunes désœuvrés » attirés par l'uniforme de la Waffen SS, etc. Dans les trois quarts des cas, les articles du *Progrès* ne donnent d'ailleurs pas d'indication sur l'activité professionnelle. En dehors des Berliet, les rares accusés présentés comme « industriels » (3) ou « gérants d'entreprise » (4) n'appartiennent pas à l'élite des affaires[50].

Dans les dossiers du CRIE, une comparution antérieure devant une cour de justice n'apparaît que dans 15 cas, dont 7 seulement pour un dirigeant d'entreprise. Outre le P-DG du *Nouvelliste*, un seul appartient au monde de la grande entreprise : le directeur de l'usine de Chedde (Savoie) d'AFC, accusé d'avoir dénoncé des ouvriers résistants. En fuite, il a été jugé par contumace par la cour de justice de Chambéry en septembre. Les autres cas relevés concernent trois petits entrepreneurs de BTP accusés d'avoir travaillé pour les Allemands et les deux gérants, père et fils, d'une fabrique lyonnaise de produits chimiques pour la chaussure engagés dans la Milice.

Les condamnations définitives recensées sont encore plus rares. Parmi les affaires examinées ensuite par le CRIE, deux entrepreneurs de BTP ont été acquittés ; le directeur de Chedde et les deux chimistes miliciens ont été condamnés seulement par contumace, leur sort ultérieur n'étant pas connu. Il reste un petit entrepreneur condamné à une peine d'amende et à la dégradation nationale à vie par la cour de justice de la Seine[51] et le P-DG du *Nouvelliste*, condamné à dix ans de prison par celle de Lyon, l'ensemble des biens de la société éditrice et imprimante étant par ailleurs confisqués. La condamnation la plus spectaculaire prononcée par cette juridiction est celle des Berliet en juin 1946[52]. L'audience a duré six jours et a fait l'objet d'une couverture

50. Ils n'apparaissent pas dans la base de données des gérants ou administrateurs d'entreprises ayant un établissement de plus de 100 salariés dans la région.

51. Cet ancien employé d'origine alsacienne avait, en travaillant pour les Allemands, monté une affaire de plâtrerie-peinture dans la région parisienne, disposant à partir de 1942 d'une succursale à Lyon.

52. Les quelques autres accusés présentés comme « industriels » ou « gérants d'entreprise » dans les comptes rendus du *Progrès*, dont les entreprises ne sont pas connues pour atteindre 50 salariés, sont condamnés à des peines plutôt légères. Deux responsables de la Milice (« chefs de centaine ») héritent ainsi de quinze et cinq ans de travaux forcés, ce qui, par rapport au traitement habituel de ce type de cas par la cour, apparaît relativement clément. Deux frères industriels à Saint-Étienne, accusés d'avoir livré des tournevis aux Allemands, sont condamnés l'un à dix-huit mois de prison, l'autre à un an avec sursis.

importante dans la presse[53]. Le patron fondateur et ses deux fils directeurs sont déclarés coupables des infractions qui leur sont reprochées, mais la cour constate que leur commerce avec l'ennemi n'aurait « pas constitué un apport significatif » et elle leur accorde les circonstances atténuantes pour leurs « activités antinationales[54] ». Marius, âgé de quatre-vingts ans, est condamné à deux ans de prison et ses fils à cinq ans, et tous à la dégradation nationale à vie. Leurs biens présents et à venir sont confisqués au profit de la nation et ils sont interdits de séjour dans les départements de la Seine, de la Seine-et-Oise et du Rhône, ainsi que dans les départements limitrophes. Même après leur libération de prison qui, au moins pour le père, s'annonce prochaine (la peine étant en grande partie couverte par la détention préalable), ils sont donc exclus à tous les titres de l'entreprise familiale : ils n'en sont plus les actionnaires majoritaires, ils ne peuvent plus y exercer de fonctions dirigeantes, ni même se rendre dans les usines lyonnaises ou parisiennes (Courbevoie).

Ces condamnations pénales restent cependant une exception dans le monde des affaires lyonnais. La même tendance s'observe sur le plan national. Les grandes accusations de collaboration n'ont pas donné lieu à des procès en cour de justice. Louis Renault ou Marcel Paul-Cavallier (Pont-à-Mousson) sont morts avant d'avoir été jugés. Les dirigeants inculpés d'Ugine ou de France-Rayonne ont bénéficié de non-lieux[55]. L'affaire Francolor n'a pas non plus donné lieu à un procès en cour de justice, le dossier ayant finalement été vainement transmis à la justice militaire après la fuite du principal inculpé en Suisse.

À défaut des cours de justice, les hommes d'affaires ont peut-être plus relevé des chambres civiques qui, si elles ne prononcent pas de sanctions pénales, peuvent prononcer la dégradation nationale à vie ou à terme, avec les interdictions professionnelles associées et des confiscations, partielles ou totales, des biens. Faute d'avoir pour l'instant consulté les archives de ces juridictions, il n'est pas possible d'apporter une réponse complète, même dans le seul cadre lyonnais. Les jugements des chambres civiques ne font en effet pas l'objet de comptes rendus systématiques dans la presse locale. Un seul procès impliquant des industriels,

53. Voir les longs articles quotidiens du *Progrès* du 4 au 10 juin 1946.

54. Plus exactement, le père et le fils directeur des services techniques et de la fabrication bénéficient de cette reconnaissance, mais pas pour le second fils, directeur du personnel. Celui-ci n'est en revanche pas poursuivi pour commerce avec l'ennemi.

55. Voir les dossiers de la cour de justice de la Seine aux AN : Z6 NL n° 3453 (Ugine) et n° 31 (France-Rayonne).

celui des dirigeants d'une importante entreprise d'équipement aéronautique d'Oullins mise sous séquestre à la Libération, Martin & Moulet, est ainsi évoqué dans *Le Progrès*. L'examen des dossiers du CRIE révèle un nombre important de comparutions devant les chambres civiques : au moins 37 personnes renvoyées devant le CRIE avaient été auparavant jugées par une chambre civique, dont 16 classées dans la catégorie des dirigeants d'entreprise ou entrepreneurs. Mais seules trois entreprises industrielles connues pour avoir plus de 50 salariés sont impliquées : outre quatre dirigeants de Martin & Moulet (et un cadre), comparaissent le directeur des Forges et Ateliers de Lyon (FAL), société également mise sous séquestre par Yves Farge, et le P-DG d'une scierie de l'Ain. S'y ajoutent un important entrepreneur de BTP et un président d'organisations patronales lyonnaises. Mais, au moins pour ces cas repérés dans la région lyonnaise (il est peu probable que des condamnations de dirigeants d'entreprises importantes soient passées inaperçues), il apparaît que les chambres civiques se sont montrées plutôt indulgentes à l'égard des milieux patronaux. Elles ont en effet acquitté tous les patrons d'entreprises importantes, à l'exception de deux dirigeants de Martin & Moulet (le gérant et le directeur de l'usine d'Oullins) qui, en raison de l'importance des livraisons faites aux Allemands, sont condamnés à la dégradation nationale à vie et à la confiscation de leurs biens (totale pour le premier, à hauteur de 200 000 francs pour le second)[56].

Le bilan de l'épuration judiciaire dans la région lyonnaise semble donc, sous réserve d'un examen des archives des juridictions, plutôt mince en ce qui concerne les élites économiques : trois grandes entreprises seulement, en comptant la société d'édition et d'imprimerie d'un journal de la droite nationaliste suspendu à la Libération, sont affectées par une épuration de leur direction, sous la forme de privations de liberté, ou au moins d'interdictions professionnelles associées à l'indignité nationale et de confiscations de biens. Le bilan n'est pas nul, avec notamment la plus grande entreprise industrielle régionale qui perd ses principaux actionnaires et dirigeants familiaux (Berliet), mais il reste très en retrait par rapport à ce que pouvaient annoncer les nombreux arrestations et séquestres de la Libération.

---

56. Parmi les petits entrepreneurs (affaires non connues pour atteindre 50 salariés), on recense en revanche 6 condamnations à la dégradation nationale à terme (5) ou à vie avec confiscation des biens (1).

Une épuration professionnelle complémentaire de portée nécessairement limitée

L'effet complémentaire de l'épuration professionnelle ne peut juridiquement qu'être restreint. L'ordonnance du 16 septembre 1944 prévoit bien, dans le cas des dirigeants d'entreprises[57], la possibilité pour la CNIE de prononcer, et pour le CRIE de proposer au commissaire de la République, des interdictions de conserver un poste de commandement dans l'entreprise ou la profession considérée. Mais, d'une part, les sanctions prononcées sont peu nombreuses en ce qui concerne les dirigeants importants ; d'autre part, faute de condamnation judiciaire définitive, les intéressés peuvent rapidement en obtenir la levée.

À la CNIE, les dirigeants de grandes entreprises ont généralement bénéficié d'une décision de « mise hors de cause ». C'est le cas par exemple dans les affaires les plus connues, qui impliquent des entreprises ayant des établissements dans la région Rhône-Alpes, comme Ugine, AFC, Rhône-Poulenc ou les Textiles artificiels du Sud-Est (groupe Gillet), malgré l'importance des échanges économiques réalisés avec l'occupant. Dans le cas de Francolor, les trois administrateurs représentant les sociétés françaises fondatrices de cette société, commune avec l'IG Farben, de production de colorants sont également mis hors de cause, seul le PDG réfugié en Suisse se voyant en son absence infliger une interdiction de commandement. Sur 1 342 dossiers, Henry Rousso a bien recensé 191 sanctions (14 %), mais avec de fortes variations selon les secteurs. Le pourcentage est plus élevé dans les branches peu concentrées, comme le BTP (20 %) et les éditeurs-imprimeurs (32 %), que dans celles qui sont constituées de grandes entreprises, comme la chimie-carburants (8 %) ou les banques (2 %)[58].

Le CRIE ne peut que proposer des sanctions, mais il est dans près de 90 % des cas suivi par le commissaire régional. Lorsqu'il y a un décalage, c'est presque autant dans le sens d'une plus grande sévérité (33) que d'une moins grande (37). Le CRIE a proposé des sanctions dans 30 % des affaires (168 sur un total de 547), qui se répartissent entre

57. Pour les ouvriers, employés et cadres, la sanction la plus sévère prévue par l'ordonnance est un licenciement sans indemnité. Il s'agit seulement d'écarter la personne indésirable de l'entreprise qui l'employait sous l'Occupation, quand elle a eu le comportement qui lui est reproché, et pas d'une interdiction professionnelle générale. Elle reste libre de reprendre un autre emploi.

58. H. Rousso, *op. cit.*, p. 37.

40 blâmes, 10 suspensions temporaires, 55 licenciements et 62 interdictions professionnelles. Mais ce pourcentage nettement plus élevé que pour la CNIE correspond en fait à une répartition très inégale selon les catégories (cf. tableau 2). Les catégories non dirigeantes, plus représentées dans les dossiers du CRIE, représentent près de quatre cinquièmes des sanctions proposées, avec logiquement la quasi-totalité des suspensions et des licenciements, mais aussi la plupart des blâmes et plus de la moitié des interdictions professionnelles. Sous réserve d'informations incertaines sur la taille de l'activité, 34 de ces dernières concernent des personnes dont l'activité relève plus de l'artisanat ou du petit commerce que de l'entreprise industrielle, avec notamment 24 chauffeurs de taxi. Parmi les 28 sanctionnés classés comme dirigeants, 7 seulement ont en charge une entreprise ou un établissement connu pour avoir au moins 50 salariés. Les dirigeants ne bénéficient pas seulement de l'absence systématique de sanction dans l'affaire Poidebard (126 cas)[59] : la même décision est prise dans 74 autres affaires, dont 31 concernent des entreprises de plus de 50 salariés.

59. Seul le fondateur de cette officine de renseignements a été condamné, par la chambre civique de Lyon, à dix ans de dégradation nationale. Comme le constate *Le Progrès* (11 février 1947), « la montagne accoucha d'une souris. Une longue et minutieuse instruction avait réduit la retentissante affaire Poidebard à une histoire quelque peu écœurante, mais sans grande envergure. [...] Il avait été formellement établi que Poidebard n'avait pas mis ses fiches à la disposition des Allemands, de la Milice, du PPF ou d'un quelconque organisme de Vichy. L'inculpation de trahison avait donc été abandonnée... Il n'en restait pas moins que Poidebard avait conservé toutes ses fiches pendant l'Occupation, et cela comportait des risques terribles pour les "fichés" politiques. C'est ce fait que l'on peut qualifier de criminel, bien qu'il n'ait eu aucune suite fâcheuse ».

Tableau 2 : Répartition des sanctions proposées par le CRIE selon la catégorie professionnelle

Sanctions	Total	Dirigeants	dont Éts 50 salariés et +	Cadres Maîtrise	Employés Ouvriers	Artisans Commerçants	Inclassables
Blâme	40	6	(2)	6	11	17	0
Suspension	10	1	(0)	5	2	2	0
Licenciement	56	2	(0)	10	42		2
Interdiction de commandement	62	28	(7)	0	0	34	0
Renvoi CNIE	4	4	(2)	0	0	0	0
Pas de sanction	338	210 (dont 126 affaire Poidebard)	(115) (dont 82 affaire Poidebard)	47	22	58 (dont 12 affaire Poidebard)	1
Divers (décédé, incompétent...)	37	13	(7)	2	3	7	12
Total	**547**	**264**	**(133)**	**70**	**80**	**118**	**15**

Cette indulgence particulière pour les « gros » doit cependant être relativisée selon la probabilité qu'un dossier arrive au CRIE. Dans le cas des ouvriers et des employés et, à un degré moindre, des cadres, le fort taux de sanction peut aussi s'expliquer par le fait que le tri s'est déjà largement effectué en amont, dans les comités d'épuration constitués à la Libération dans les entreprises. Ce décalage se traduit déjà par le fait que, parmi les employés et ouvriers poursuivis, plus des trois quarts (62 sur 80) travaillaient sous l'Occupation dans une entreprise du Rhône. Il est peu probable que l'épuration interne à la Libération ait été à ce point moins intense dans les autres départements. Les plaintes ont dû plutôt être moins souvent transmises à un comité plus éloigné, d'autant plus que son recrutement était très peu régional : les représentants des différentes catégories professionnelles qui y siégeaient étaient tous domiciliés dans le Rhône. Les dossiers sont souvent envoyés par des établissements de l'agglomération lyonnaise placés sous séquestre (avec notamment un gros contingent Berliet), ou du moins par des usines importantes, dans lesquelles existent des sections syndicales actives. Les sanctions ont en fait déjà été prises depuis longtemps : les salariés concernés ont été licenciés dès l'automne de 1944. L'objectif recherché par les directions est plutôt d'obtenir une garantie juridique pour ces licenciements qu'elles ont prononcés, pour les nouveaux administrateurs provisoires, ou qui leur ont plus ou moins été imposés par des pressions politiques, pour les anciens gérants restés aux commandes. La confirmation par le CRIE de la légitimité d'un licenciement sans préavis ni indemnité leur permet de se protéger contre un éventuel recours du salarié concerné devant les prud'hommes pour procédure abusive. De plus, dans le cas des employés subalternes, les faits sont souvent simples : appartenance à la milice ou au PPF, départ volontaire en Allemagne, dénonciation d'un collègue, propos favorables aux Allemands. Les accusés ne se défendent guère. Certains, qui ont quitté la région, ne se présentent même pas à l'audience. L'enjeu est assez faible pour eux. Les accusations dont ils sont l'objet rendent leur position dans l'entreprise de toute façon difficilement tenable. Même si le CRIE et le préfet confirment le licenciement, ils peuvent toujours, dans le contexte des besoins de la reconstruction, retrouver du travail ailleurs. Avoir été privé de son emploi par un tribunal d'honneur dominé par la CGT ou par les administrateurs provisoires nommés par Farge ne devait pas, aux yeux du patronat lyonnais traditionnel, constituer la plus mauvaise des références...

Pour les dirigeants accusés, l'enjeu est plus sérieux. La sanction prévue, l'interdiction générale de commandement, les priverait de leur position professionnelle et sociale. Ils mobilisent donc des moyens de défense importants, qui contrastent avec l'imprécision des accusations, réduites parfois à des lettres anonymes ou des rumeurs. Ils ont des facilités pour solliciter des témoignages favorables de leurs pairs ou de leur personnel. Rares sont en effet les salariés qui se risquent à accuser leurs patrons. L'engagement des syndicats ouvriers paraît limité. Un accusateur isolé se retrouve parfois en position d'accusé, soupçonné d'utiliser la situation pour régler des comptes. Les faits reprochés (acceptation volontaire de commandes allemandes, pressions sur les ouvriers les engageant à partir pour l'Allemagne, dénonciation de résistants aux autorités, etc.) sont plus difficiles à établir. Les patrons invoquent les contraintes imposées par l'administration de Vichy ou par les autorités d'occupation; ils justifient la prise de commandes allemandes par le souci d'éviter à leur personnel de devoir partir travailler en Allemagne, à moins que, à l'inverse, ils prétendent que leur refus de travailler pour les Allemands ait rendu les départs inévitables... Pour démontrer leurs sentiments patriotiques, beaucoup d'accusés mettent en avant l'aide qu'ils auraient fournie à la Résistance. Le CRIE n'a guère les moyens de mener sa propre instruction. Il se contente souvent d'une enquête sommaire conduite par la gendarmerie. On ne trouve pas trace, dans les dossiers, de perquisition dans les entreprises ou de vérification dans les archives de l'Administration. Enfin, certaines accusations apparaissent plus inspirées par un comportement antisocial général que par des reproches précis sous l'Occupation. Le souvenir des répressions patronales de la fin des années 1930 reste ainsi très présent. C'est particulièrement évident dans le cas de Berliet, où les nombreux dossiers traduisent l'importance de l'organisation de surveillance du personnel, avec ses « petits chefs », contrôleurs et autres gardiens d'usines. Le contexte de Vichy puis de l'occupation allemande avait simplement renforcé cette tendance, en donnant, par les risques courus, des moyens de pression supplémentaires à la direction.

Si les propositions de licenciement sont généralement suivies par le préfet, quelques décalages intéressants apparaissent pour les interdictions professionnelles. Des interdictions sont prononcées alors que le CRIE n'avait pas proposé de sanction (6 cas) ou s'était contenté d'un blâme (3 cas). Outre 5 chauffeurs de taxi, 3 entrepreneurs de BTP sont sanctionnés par Yves Farge contre l'avis du CRIE. Le P-DG de la plus importante entreprise lyonnaise du BTP et le président du syndicat des entrepreneurs de cette branche dans le Rhône sont ainsi frappés en juillet 1945, en leur seule qualité d'administrateurs des Éts rhodaniens de bitumes et entretiens des routes (Erber), société qui avait beaucoup travaillé pour les Allemands[60], de respectivement vingt ans et cinq ans d'interdiction de commandement et d'administration d'une société du secteur. À propos du gérant d'une importante entreprise de pesage, accusé d'avoir fait pression sur ses ouvriers afin qu'ils partent pour l'Allemagne dans le cadre de « la Relève », le CRIE avait adhéré à sa ligne de défense, appuyée par de nombreux témoignages et attestations d'employés : la liste de départ aurait été dressée selon des règles imposées, et il aurait seulement incité ceux sans charge familiale à partir, pour protéger les autres[61]. L'administration préfectorale n'en avait

60. Un autre dossier avait été ouvert contre le premier pour l'activité de sa propre entreprise, mais, en raison de son importance qui dépasse le cadre national, le CRIE l'a transmis à la CNIE en mars 1947 (cf. *infra*).

61. Dossier n° 165, ADR, 668 W 58.

visiblement pas été convaincue : on trouve trace dans le dossier d'un projet d'arrêté prononçant une interdiction professionnelle illimitée, mais finalement le successeur d'Yves Farge s'était contenté, pour marquer ses doutes, d'une simple suspension de fonctions pendant un mois (arrêté du 29 mars 1946). Dans l'autre sens, il n'existe qu'un cas de proposition d'interdiction non suivie, un entrepreneur de BTP, pour lequel Yves Farge s'est contenté d'un blâme, l'exclusion des marchés publics prononcée par ailleurs lui paraissant suffisante.

L'arrêté préfectoral modifie parfois à la hausse ou à la baisse la durée proposée : l'interdiction d'un autre important entrepreneur de BTP, également administrateur d'Erber, est ainsi portée de deux à vingt ans en juillet 1945[62]. Cette tendance à une plus grande sévérité, en particulier dans le secteur du BTP, s'atténue après la suppression du commissariat régional. Le nouveau préfet du Rhône, Grégoire, nommé en mars 1946, tend plutôt à freiner les sanctions. L'interdiction de commandement à l'encontre de deux dirigeants d'entreprises lyonnaises de construction mécanique mises sous séquestre est ainsi réduite de dix ans à quatre ans et de cinq à deux ans. L'hésitation de la préfecture est marquée par le fait que les arrêtés sont pris en mai 1947, près de six mois après la proposition du CRIE.

Parmi les établissements de plus de 50 salariés, ce sont donc 9 dirigeants qui sont, par arrêté préfectoral, sanctionnés d'une interdiction prolongée de conserver un poste de commandement et d'administrateur de leur entreprise ou d'une entreprise similaire. Pour les 3 directeurs d'usines appartenant à des entreprises nationales, cette décision n'a pas de conséquence effective dans la mesure où ils ont, comme d'autres salariés, été remplacés à la Libération. Le directeur de Gillet-Thaon à Izieux (Loire), âgé de soixante-six ans, accusé d'avoir fait arrêter en 1941 l'un de ses ouvriers pour propagande gaulliste, est ainsi à la retraite et son absence à l'audience est justifiée par un certificat médical le présentant comme atteint « d'hémiplégie et de perte de parole[63] ». Le directeur des aciéries Renault de Saint-Michel-de-Maurienne (Savoie), accusé comme milicien d'avoir fait arrêter deux employés gaullistes, « en fuite » depuis août 1944 et sous la menace d'un mandat d'arrêt non exécuté, travaillerait, sans être inquiété, pour le groupe français du conseil de contrôle allié à Berlin ; l'administration préfectorale se satisfait appa-

62. Dossier n° 14, ADR, 668 W 63.

63. Dossier n° 196, 668 W 60. Le CRIE insistant par l'envoi d'une seconde convocation, le maire de sa commune de résidence près de Lyon proteste vivement en s'offusquant que le comité n'ait rien de mieux à faire que de s'acharner sur un « moribond ».

remment de son simple éloignement de la région[64]. Enfin, le directeur d'AFC à Chedde, déjà condamné aux travaux forcés par contumace par la cour de justice de Chambéry (cf. *supra*), serait également toujours en fuite.

Il reste 6 patrons d'importantes entreprises familiales dont la mise à l'écart durable serait un résultat marquant de l'épuration professionnelle. Mais la pérennité des sanctions se révèle réduite. Dans les quatre entreprises qui ne sont pas sous séquestre (trois dans le secteur du BTP et une de construction mécanique dans la Loire[65]), la portée concrète des interdictions n'est pas évidente. Dans les deux entreprises dirigées par des administrateurs d'Erber, des changements sont opérés : l'une est transformée de SARL en SA, l'autre a son siège transféré à Paris, de nouveaux P-DG sont formellement nommés. Mais on peut douter que les « épurés » se soient désintéressés d'entreprises dont ils restent les actionnaires dominants : le patron de l'entreprise Chemin, remplacé par un ancien général, nouveau venu dans la profession, fait d'ailleurs l'objet d'une enquête pour violation présumée des mesures d'interdiction, mais un simple interrogatoire de police en avril 1947 suffit à le disculper : il prétend n'avoir conservé aucune fonction de commandement et avoir pour seule activité une mission de conseiller technique de sociétés de travaux publics en Afrique[66].

En outre, à l'exception de l'industriel de la Loire, dont la sanction n'est que de deux ans, tous les patrons sanctionnés ont fait un recours auprès du Conseil d'État contre l'arrêté qui les frappe. Trois d'entre eux obtiennent satisfaction, dont, dès 1947, les deux patrons du BTP administrateurs d'Erber condamnés à vingt ans d'interdiction contre l'avis du CRIE : le Conseil d'État considère que les faits invoqués par l'arrêté (la seule appartenance au conseil d'administration) ne sont pas passibles de sanction. Le calendrier de cette annulation permet même au patron des Éts Chemin d'échapper à une condamnation pour sa propre entreprise. Le CRIE, saisi d'une plainte d'un responsable syndical, avait renvoyé l'affaire, en raison de son importance (la plus grosse de sa branche à Lyon avec près d'un millier de salariés), à la CNIE. En mars 1947, celle-ci classe l'affaire sans suite : le plaignant avait accepté de retirer sa plainte dans la mesure où l'accusé avait déjà été sanctionné comme

64. Dossier n° 462, 668 W 63.

65. Curieusement, alors que de nombreuses entreprises ont été mises sous séquestre par le préfet de la Loire (cf. *supra*), la seule entreprise de plus de 50 salariés du département dont le patron soit sanctionné par le CRIE ne l'a pas été.

66. Dossier transmis à la CNIE, AN F12 9598.

administrateur d'Erber. Mais lorsque, après l'arrêt du Conseil d'État, le syndicaliste cherche à relancer la procédure, le commissaire du gouvernement lui répond qu'il n'est pas possible d'y donner suite, « plus rien ne s'opposant à ce que [l'intéressé] continue à exercer la direction de l'entreprise[67] ». La gestion de cette entreprise qui avait réalisé 109 millions de chiffre d'affaires avec les Allemands de 1942 à 1944 (sur un total de 209 millions) n'a donc jamais été examinée de manière approfondie par une commission d'épuration[68].

Dans l'ensemble des dossiers du CRIE, il est ainsi fait mention de 7 annulations d'arrêtés par le Conseil d'État pour 12 requêtes connues. Les requérants obtiennent donc un taux de succès exceptionnellement élevé auprès du juge administratif, qui, outre son indulgence souvent constatée à propos de l'épuration, peut s'expliquer aussi par la maladresse juridique de l'administration préfectorale, dont les arrêtés comportent souvent des motivations très sommaires. Pour le patron des FAL, accusé d'avoir informé les Allemands que quatre ouvriers avaient abandonné leur poste, le Conseil d'État a considéré que la composition irrégulière du CRIE qui avait proposé une interdiction de dix ans suffisait à entacher d'irrégularité l'arrêté préfectoral, qui avait pourtant réduit la sanction à quatre ans. Mais cette annulation tardive (janvier 1950) n'a eu qu'une portée symbolique. L'intéressé avait par ailleurs, en invoquant son acquittement en février 1946 par la chambre civique, obtenu du CRIE qu'il propose en juillet 1948 la levée de sa sanction. Le registre du commerce mentionne effectivement son retour immédiat comme président, l'arrêté de mise sous séquestre étant par ailleurs rétroactivement considéré comme caduc par l'Administration depuis le 1er juin 1946[69]. De même, l'administrateur d'ERBER, resté sanctionné par un second arrêté de vingt ans d'interdiction professionnelle pour la gestion de sa propre entreprise, obtient en mai 1947, grâce aux dispositions de l'ordonnance modificatrice pour absence de poursuites pénales, que son interdiction soit réduite à deux ans à compter de sa demande en révision (en date du 5 février 1947). Enfin, le patron d'une autre entreprise lyonnaise de construction mécanique sous séquestre, bénéficiaire d'un non-lieu de la cour de justice, obtient du CRIE en novembre 1948 une proposition de levée de son interdiction de deux ans[70]. Le comité,

67. Lettre du 26 janvier 1948, *ibid.*

68. Le tribunal d'honneur du BTP aurait, à une date non indiquée dans le dossier, proposé comme sanction une amende de 10 % sur le chiffre d'affaires et une mise sous séquestre qui n'a pas eu lieu ; *ibid.*

69. ADR, registre du commerce (RC) de Lyon, n° B 4942 et 668 W 69.

70. Le préfet ne prend pas d'arrêté de révision, il se borne à constater que l'interdiction de deux ans arrive de toute façon à échéance au 18 décembre 1948 ; dossier n° 388, ADR, 668 W 59.

qui avait pourtant proposé une interdiction de cinq ans en 1946, a entre-temps changé d'avis : il considère que le départ d'un ouvrier en Allemagne pour la relève ne serait pas lié aux incitations émanant de son patron.

Le seul patron d'une entreprise importante qui reste sanctionné sur la base de l'épuration des entreprises après 1949 est l'entrepreneur d'Amplepuis, condamné à cinq ans d'interdiction en mai 1945 : son recours auprès du Conseil d'État est rejeté en février 1950 et aucune demande de révision n'a été faite à la préfecture. Le CRIE avait pourtant proposé qu'il ne soit pas sanctionné, considérant que son travail pour les Allemands avait été effectué sur réquisition. Même si la réalité de la suspension de son activité est douteuse[71], il est remarquable que cette dernière « victime » de l'épuration professionnelle soit un Italien naturalisé français en 1932. De manière générale, les entrepreneurs de maçonnerie d'origine italienne semblent avoir été particulièrement sanctionnés : sur 13 dossiers examinés (dont 6 venant de Haute-Savoie sous occupation italienne), le CRIE a proposé 8 interdictions. Le préfet en a confirmé 7 et a ajouté celle de l'entrepreneur d'Amplepuis, une autre étant à l'inverse réduite à un blâme[72]. Ce secteur mériterait une étude plus approfondie, mais il n'est pas impossible que la volonté d'écarter cette concurrence « étrangère » ait pu inspirer certaines plaintes venant de la profession. Ce soupçon peut d'ailleurs exister également dans le monde ouvrier : outre un chef d'équipe français, les 5 dossiers transmis au CRIE par le comité de Libération de l'usine de Saint-Priest des Éts Maréchal concernent tous des travailleurs immigrés italiens.

Il reste également, comme « victimes » de l'épuration, les condamnés de l'épuration judiciaire, qui ne peuvent pas demander au CRIE ou à la CNIE la levée des interdictions professionnelles liées à la dégradation nationale. Il n'y a pas eu de dossiers ouverts au nom des Berliet. Pour Martin & Moulet, le CRIE a été saisi de l'affaire par l'Union syndicale des ouvriers et ouvrières métallurgistes de Lyon et banlieue en novembre 1947. Dans sa séance du 22 octobre 1947, il s'est borné à constater que :

– le gérant unique, détenteur de 75 % du capital, condamné en mars 1946 à l'indignité nationale à vie et à la confiscation totale de ses biens

71. Inscrit au registre du commerce à titre d'entrepreneur individuel, il n'en est pas radié ; RC Tarare, n° A 7145.

72. Trois sanctions ont été toutefois révisées ensuite : l'une à la suite d'un acquittement par la cour de justice, deux autres visant deux frères gérants d'une même entreprise en raison de l'existence d'éléments nouveaux ; un témoignage sur la contrainte allemande et la dissimulation d'ouvriers pour le STO.

par la chambre civique, était décédé en février 1947 (à l'âge de soixante et un ans) ;

– la condamnation à l'indignité nationale à vie du directeur de l'usine d'Oullins valait interdiction professionnelle ;

– pour les autres accusés (4 dirigeants et un cadre), le caractère trop tardif de la plainte (postérieure au 31 juillet 1945) leur permettait de faire valoir une exception préjudicielle qui les faisait échapper à toute sanction.

Le P-DG du quotidien *Le Nouvelliste*, condamné à dix ans de prison par la cour de justice pour publication collaborationniste, a bien été dispensé à deux reprises de sanction par le CRIE, à la fois dans l'affaire Poidebard et pour l'accusation de travaux d'imprimerie pour les Allemands, dont le comité a estimé qu'elle ne représentait qu'une part très faible du chiffre d'affaires, mais il reste en détention en 1947. À l'âge de soixante-huit ans, la carrière dans le monde de la presse et des affaires de ce professeur de droit est semble-t-il terminée. Le journal est définitivement interdit et le patrimoine de la société confisqué. Pour Berliet et Martin & Moulet, la pérennité des exclusions judiciaires est d'abord liée à l'avenir des séquestres. Le ministre de la Production industrielle a bien confirmé, en avril 1946, un arrêté du préfet du Rhône et, en août, quatre arrêtés du commissaire régional plaçant sous administration provisoire cinq grandes entreprises industrielles lyonnaises[73]. Dans une lettre au préfet du Rhône, il justifiait ainsi sa demande de maintien sous séquestre des FAL : « [Sa] levée ne manquerait pas de provoquer des réactions très importantes dans les milieux ouvriers de la région qui sont très hostiles à la personnalité de l'ancien directeur et principal actionnaire. » Mais, après le départ du communiste Marcel Paul, le ministère de la Production industrielle se désengage. En mai 1947, il donne ainsi, dans l'affaire FAL, son accord lorsque le préfet du Rhône l'informe qu'il considère l'arrêté d'Yves Farge d'octobre 1944 comme caduc, « l'arrêté ministériel du 26 août 1946 ne reposant pas sur des bases légales ou juridiques solides »; le patron contesté vient par ailleurs d'être sanctionné d'une interdiction professionnelle de quatre ans. Et, à partir de 1947, les séquestres administratifs, même revêtus du sceau ministériel, sont annulés par le Conseil d'État (Lafarge en mars, la Somua et les Éts Brondel en juillet...). L'arrêté ministériel qui frappe l'entreprise Visseaux (fabrique de lampes) est rapporté en janvier 1948. Le patron fondateur, arrêté à la Libération mais ni condamné pénalement ni traduit

73. ADR, 668 W 69. Un premier arrêté ministériel avait été pris en mai 1945 pour confirmer la gestion provisoire de la fabrique de lampes électriques Visseaux.

devant le CRIE, est rétabli à soixante-seize ans dans ses fonctions. Après l'annulation en juillet 1949 de l'arrêté ministériel de 1946 confirmant M. Mosnier comme administrateur provisoire de Berliet, le ministre socialiste de la Production industrielle (Robert Lacoste), qui feint un temps de croire que la censure du juge administratif ne vise que la personne de M. Mosnier, renonce finalement dès le mois de novembre, devant la menace d'une nouvelle sanction du Conseil d'État, à nommer un nouvel administrateur provisoire et il rétablit les actionnaires dans leurs droits. Les projets et propositions de loi successifs de nationalisation n'ont jamais été votés par le Parlement. Berliet ne devient donc pas une société nationale sur le modèle de Renault[74]. Après le décès de Marius Berliet en mai 1949, la majorité qu'il détient dans le capital de l'entreprise revient à ses héritiers. La confiscation des biens décidée par la cour de justice n'est pas appliquée. Des quatre fils directeurs jusqu'en 1944, un seul retrouve ensuite la direction. Mais il s'agit d'un choix des actionnaires, conforme au testament de M. Berliet, et non d'une contrainte juridique : c'est d'ailleurs celui qui a été le plus lourdement condamné (cinq ans de prison et confiscation totale des biens), l'ancien directeur des services techniques et de la fabrication, qui revient ensuite à la tête de l'entreprise. Libéré par une mesure de grâce en décembre 1948, il doit cependant attendre 1952 pour reprendre officiellement son poste, tant que l'interdiction de présence dans le département du Rhône n'a pas été levée[75], l'ancien directeur de l'usine de Courbevoie, Émile Parfait, assurant une « régence » comme P-DG. Chez Martin & Moulet, le séquestre est également levé, et la veuve du gérant condamné puis décédé reprend les commandes, la confiscation totale des biens prononcée par la chambre civique n'ayant pas non plus été appliquée. La carrière ultérieure du directeur de l'usine d'Oullins, lui aussi condamné par la chambre civique, n'est pas connue. Âgé de seulement cinquante ans en 1948, il a de toute façon bénéficié des amnisties ultérieures qui ont effacé les déchéances nationales prononcées et leurs conséquences professionnelles.

74. Sur tous ces événements, voir le récit détaillé de M. Peyrenet, *op. cit.*

75. En mars 1951, le préfet du Rhône avait considéré, dans une lettre au procureur général près la cour d'appel de Lyon, qu'il ne lui paraissait « pas opportun, pour le moment du moins, de permettre à Paul Berliet de résider à nouveau dans le Rhône ». Mais, en octobre 1952, il a changé d'avis : après une nouvelle demande de celui-ci, il indique qu'il « ne voit aucun inconvénient à ce que la démarche de l'intéressé reçoive satisfaction. En effet, P. B. est déjà autorisé, par des sursis trimestriels renouvelables, à résider dans le département du Rhône et plus spécialement à Lyon »; ADR, 668 W 50.

En termes comptables, l'impact définitif de l'épuration est donc très faible pour les élites économiques de la région Rhône-Alpes, surtout au regard du nombre de procédures et de dossiers ouverts dans les grandes entreprises. Tous les patrons actionnaires ont pu, au plus tard en 1949 ou 1950, lorsqu'ils sont encore en vie, reprendre la direction de leurs entreprises familiales, dont seule une confiscation de leurs biens aurait pu les éloigner. Dans les établissements appartenant à des entreprises dont le siège est parisien, quelques directeurs chassés à la Libération ne sont pas revenus, qu'ils soient ou non sanctionnés par l'épuration judiciaire ou professionnelle. On peut supposer, en l'absence d'informations suffisantes, que leur carrière s'est poursuivie ailleurs, dans un lieu où leur mauvaise réputation ne les avait pas suivis.

L'importance de l'épuration patronale ne doit cependant pas être sous-estimée. Même si elles n'ont pas eu de concrétisation juridique définitive, les nombreuses procédures lancées à la Libération ont affecté la gestion des entreprises. La mesure de l'épuration ne peut s'arrêter à l'inventaire des sanctions définitives; pour des personnalités en vue, les sanctions « médiatiques » provisoires – sous la forme de gros titres des journaux, pas seulement communistes, même le modéré *Progrès* y participe par exemple à Lyon – ont un impact stigmatisant plus important que des sanctions judiciaires rendues ensuite dans l'indifférence générale; des patrons ou des entreprises ont ainsi, même sans être finalement condamnés, gardé durablement d'encombrantes images de « collabos ». De plus, les séquestres administratifs, pendant plusieurs années, d'entreprises régionales importantes ont nécessairement, avec la désignation d'administrateurs provisoires proches des milieux syndicaux à leur tête, entraîné des changements durables dans les relations sociales. Ainsi, chez Berliet, même si un héritier est revenu aux commandes, les pratiques antérieures de répression patronale n'ont jamais été restaurées. Les patrons rétablis n'ont pas retrouvé leur position toute-puissante. Ils ont dû apprendre à composer avec un comité d'entreprise et des syndicats renforcés. Certaines de ces entreprises semblent d'ailleurs ensuite avoir connu des difficultés probablement pas étrangères à leur image compromise et aux perturbations subies. Martin & Moulet, avec une fabrication d'équipement aéronautique très dépendante des commandes des sociétés nationalisées, a été déclarée en faillite en janvier 1951, avant de poursuivre son activité après un concordat. Les FAL ont connu une cessation d'activité à la suite d'une faillite prononcée en 1957[76].

76. Informations données par le registre de commerce : respectivement RC Seine n° B 243164 et Lyon n° B 10 767.

L'importance de l'épuration de fait ne doit pas non plus être sous-estimée. Sans être formellement sanctionnés, des managers indésirables ont dû renoncer à leur position lorsqu'ils ne pouvaient s'appuyer sur la propriété du capital. Au plan national, des personnages aussi importants que Georges-Jean Painvin, patron d'Ugine et président de l'Union des industries chimiques, qui avait accumulé un grand nombre de fonctions sous Vichy (président du Crédit commercial de France, du comité d'organisation de la chimie, etc.), ou René Duchemin, P-DG de Kuhlmann et ancien président de la Confédération générale du patronat français impliqué dans l'affaire Francolor, doivent renoncer prématurément à la présidence de leur entreprise : devenus pour l'opinion publique en général et le mouvement syndical en particulier l'incarnation du patronat collaborateur, ils doivent se « sacrifier » pour ne pas accentuer les tensions sociales[77]. Dans la région, le P-DG d'une importante entreprise de construction électrique s'est également trouvé piégé par son engagement pris auprès d'Yves Farge de ne pas reprendre son poste sans l'accord du comité d'entreprise, la préfecture répondant en 1949 à sa demande de révision qu'aucun acte administratif ne pouvait annuler l'engagement pris[78]. Chez Berliet, la famille ne revient pas en force aux commandes : le fils aîné, dont la fonction de directeur du personnel en avait fait la bête noire des syndicats, ne réapparaît pas et le dauphin du fondateur, âgé seulement de trente-quatre ans à son retour en 1952, se contente jusqu'en 1962 d'un poste de numéro deux aux côtés du moins controversé Émile Parfait.

Par ailleurs, les nationalisations des banques, des houillères et de l'électricité ont également, même si ce n'était pas, à l'exception de Renault, leur fonction première, contribué à une certaine épuration de fait des élites économiques. La dépossession des anciens actionnaires change nécessairement les règles du jeu. Des personnalités jugées indésirables par les nouvelles administrations ministérielles ont pu, sans être sanctionnées formellement, être écartées en douceur. Le directeur général des Gaz de Lyon, arrêté en 1945 mais pas condamné, prend une retraite anticipée à soixante ans en 1946 et n'est pas intégré à EDF. Le choix des nouveaux responsables, même s'il s'est largement effectué

77. Après l'avoir pourtant largement disculpé des accusations pesant contre lui, l'expert nommé par le ministre de la Production industrielle dans l'affaire Ugine considère ainsi, dans son rapport, remis en mars 1945, que « si, après la fin de l'enquête, M. Painvin continue à être président de société, il y aura des troubles dans les usines. [...] Son maintien paraît être devenu non souhaitable »; AN, F12 9595.

78. Dossier n° 351, ADR, 668 W 66.

dans le vivier traditionnel des grands corps financiers et techniques, a plutôt bénéficié à des hommes ayant des accointances professionnelles ou politiques avec les milieux résistants ou progressistes[79]. Globalement, la période de la Libération se caractérise donc par une perturbation des filières traditionnelles de recrutement des élites économiques françaises qui ne doit pas être minimisée et qui infléchit probablement les pratiques patronales.

79. Cf. H. Joly, « Les dirigeants des entreprises électriques face à la nationalisation : ressources personnelles et trajectoires ultérieures », *in* Laurence Badel (éd.), *La Nationalisation de l'électricité en France : nécessité technique ou logique politique*, Paris, PUF, 1996, p. 243-255, spécialement p. 255.

L'épuration des médecins

par Céline Lesourd

L'épuration des médecins à la Libération n'a encore fait l'objet d'aucune analyse complète [1]. Il est vrai qu'elle constitue un sujet d'étude fort complexe : généralistes ou spécialistes, parfois hospitaliers, médecins parisiens ou provinciaux, médecins de campagne ou médecins urbains, professeurs de faculté, médecins fonctionnaires ou militaires forment un corps hétérogène [2] partagé entre des fonctions multiples et très diversifiées. Toute étude de l'épuration médicale doit donc prendre en compte la diversité de ce groupe professionnel. Toutefois, des points communs les unissent. La place privilégiée des médecins au sein de la société, où ils interviennent en tant qu' « acteurs[s] [...] protéiforme[s] [3] », leur confère un prestige et une autorité spécifiques et explique qu'ils aient été particulièrement affectés par l'avènement du gouvernement de Vichy, qui s'est préoccupé dès 1940 de l'organisation du corps médical [4]. L'étude de l'épuration des médecins se heurte à une

1. Quelques passages y sont toutefois consacrés dans Robert Aron, *Histoire de l'épuration*, tome 3, Paris, Fayard, 1974, p. 258-268, et Bénédicte Vergez, *Internes et Anciens Internes des hôpitaux de Paris de 1918 à 1948*, thèse d'histoire soutenue à l'I.E.P. de Paris, le 29 juin 1995, p. 552-559.

2. Nous avons choisi de ne pas prendre en compte les cas très particuliers de médecins ayant quasi abandonné l'exercice de leur profession, comme celui du Dr Destouches, plus connu sous le nom de Louis-Ferdinand Céline.

3. L'expression est employée par Pierre Guillaume dans *Le Rôle social du médecin depuis deux siècles (1800-1945)*, Paris, Association pour l'étude de l'histoire de la Sécurité sociale, 1996, p. 9.

4. Très rapidement, le nouveau régime s'intéresse au sort des médecins : le 16 août 1940, une loi interdit aux médecins nés de père étranger, même naturalisés, l'exercice de leur profession, répondant ainsi aux inquiétudes des médecins qui, dans les années 1930, dénonçaient la « pléthore médicale ». En outre, dès le 7 octobre 1940, l'ordre des médecins

difficulté supplémentaire : les médecins incriminés n'ont pas toujours été jugés par une mais souvent par plusieurs instances. Trois principaux types d'épuration ont pu ainsi les toucher : l'épuration professionnelle, par l'intermédiaire de l'ordre des médecins, l'épuration judiciaire et l'épuration administrative, auxquelles il faut ajouter, dans des cas beaucoup moins fréquents, l'épuration dans l'armée, au sein d'une académie ou d'un syndicat. La procédure ayant contraint les médecins à justifier leur attitude durant l'Occupation n'a donc pas été identique pour tous et dépendait avant tout de leur fonction et de leurs prérogatives.

Cette épuration du corps médical est souhaitée par les médecins résistants. La première déclaration de principe est due au Comité médical de la Résistance (CMR)[5], créé en octobre 1943, autour de médecins comme Louis Pasteur Vallery-Radot (surnommé P.V.R.), Robert Debré, Paul Milliez ou Robert Merle d'Aubigné[6]. Ce comité décide le 15 décembre 1943 que l'ordre des médecins mais aussi « l'ensemble de la législation de Vichy[7] » doivent être supprimés. Les procédures à suivre sont précisées dans plusieurs rapports, au début de l'année 1944, par le délégué sanitaire du CFLN[8], le Dr José Aboulker[9]. Le 28 mars, il annonce que le service de santé militaire doit être le premier visé. Il

est créé. La profession médicale est la première à bénéficier de cette restructuration d'inspiration corporative. En même temps, les syndicats sont interdits.

5. La formation du CMR est étudiée dans une étude récente d'Anne Simonin, « Le Comité médical de la Résistance : un succès différé », in *La Résistance, une histoire sociale*, sous la direction d'Antoine Prost, Paris, Les Éditions de l'Atelier, 1997, p. 159-178.

6. Pour des détails sur ces médecins, voir Anne Simonin, *ibid.*

7. D'après Bénédicte Vergez, « Le Comité médical de la Résistance au CNR. Décision du 15 décembre 1943 » (document Daniel Cordier), *op. cit.*, n.1, p. 552.

8. Le Comité français de Libération nationale (CFLN) a compté parmi ses membres un médecin peu connu, en charge de la Santé publique, Jean Abadie. Il s'est rallié à la France libre après le débarquement du 8 novembre 1942 et c'est à l'instigation du général Giraud qu'il a été nommé commissaire à la Justice, à l'Éducation nationale et à la Santé, du 7 juin au 9 novembre 1943. Durant cette brève période, il s'est surtout préoccupé des questions judiciaires (notamment de l'épuration) mais aussi des conditions d'exercice de la médecine et de l'organisation des professions médicales. Il est fort probable qu'il ait émis un avis dans la mise en place de l'épuration médicale lors de ses contacts avec les dirigeants de la Résistance médicale en France. Aucun document ne nous permet de l'affirmer dans l'état actuel de nos recherches : Benoît Yvert (dir.), *Dictionnaire des ministres (1789-1989)*, Paris, Perrin, 1990, p. 659.

9. José Aboulker est le fils du Pr Henri Aboulker, médecin algérois, déchu de ses fonctions hospitalières en application de la législation antisémite de Vichy. Lors du débarquement du 8 novembre 1942, sa maison a été le siège du poste de commandement du PC de la rébellion algéroise, déclenchée une heure avant l'arrivée des Alliés. José Aboulker rejoint Londres en mai 1943. Dans la nuit du 20 au 21 octobre 1943 (il est alors âgé de vingt-trois ans), il est parachuté en France, chargé par le BCRA d'une « mission d'organisation sanitaire en France occupée ». Il entre alors en contact avec la Résistance médicale (entretien avec le Dr José Aboulker, Paris, 11 décembre 1997).

ajoute que le personnel du ministère de la Santé, mais aussi le ministre, le Dr Grasset, devront être remplacés[10]. Une de ses circulaires, datée du 4 mai 1944, est plus précise :

> « Épuration.
> – immédiatement nécessaire comme premier temps de votre action
> – impitoyable, et sans aucune considération de personne.
> L'avenir en dépend.
> Portera sur le personnel de :
> – la Santé publique ; directeurs régionaux de la Santé, inspecteurs départementaux d'hygiène
> – l'Assistance publique
> – le service de santé de l'armée
> – le service national et la Croix-Rouge
> – Les services sanitaires de la défense passive [...]
> Corollaire : C'est l'épuration sur le plan professionnel.
> Comporte deux éléments :
> 1. – La suppression du conseil de l'Ordre, création de Vichy, et son remplacement provisoire par une commission de gérance chargée d'expédier les affaires courantes
> 2. – L'interdiction immédiate d'exercer à tous les médecins qui auront failli à leur tâche pendant la période de résistance ou la période insurrectionnelle.
> Toutes les mesures d'exception prises par Vichy, en vertu des lois raciales ou de prétextes politiques, seront immédiatement supprimées. [...]
> D'une façon générale, l'attitude à prendre envers les fonctionnaires peut aboutir à l'une des trois décisions suivantes :
> – maintien en place, s'ils ont fait preuve pendant la Résistance de sentiments patriotiques
> – réquisition à leur poste, si malgré une attitude peu satisfaisante de leur part, leur maintien en fonction est provisoirement nécessaire [...]
> – suspension[11]. »

Les responsables régionaux et départementaux du CMR reçoivent ainsi au début de 1944 des directives claires et sévères, planifiant à la fois l'épuration de l'Administration, des institutions et des médecins. Ces prises de position n'ont pas empêché les exécutions sommaires de plusieurs médecins[12], collaborateurs notoires, commises par des résis-

10. AN F1a 3760, rapport du délégué pour les questions sanitaires, 28 mars 1944.

11. *Ibid.*

12. Il est actuellement impossible de fournir le chiffre exact de ces médecins concernés par ces règlements de comptes, perpétrés pendant la période de l'Occupation. Seuls quelques exemples marquants peuvent être signalés. Ainsi, à Reims, le 29 septembre 1943, le chef régional du PPF, le Dr Jean Jolicœur, est abattu dans son cabinet médical par un résistant de Libération Nord qui lui tire une balle dans la tête. L'auteur de l'exécution est

tants ou sur des initiatives personnelles, mais l'épuration proprement dite a lieu dans un cadre officiel et au moment de la Libération, les instances dirigeantes du CMR en affirment de nouveau la nécessité. D'autres voix expriment cette volonté d'épuration et de renouvellement. Les communistes s'expriment en mars 1941 dans *Le Médecin français*, journal fondé par deux médecins, Maurice Tenine et Jean-Claude Bauer. Quelques articles, peu nombreux il est vrai, y sont consacrés au problème de l'épuration[13], mais aucun grand titre n'aborde le sujet. Certes, dans le numéro du 25 octobre 1944, un article non signé présente ainsi l'unanimisme résistant face à l'épuration :

> Les médecins patriotes, les médecins résistants, ceux des combattants clandestins des années d'oppression, ceux des maquis, ceux de la guérilla, ceux des F.F.I., ceux de l'insurrection nationale, tous ceux-là veulent l'épuration, le châtiment des traîtres, la punition des crimes contre la patrie et contre les patriotes[14].

---

déporté au camp de concentration de Dachau, en Allemagne (Jean-Pierre Husson, *La Marne et les Marnais à l'épreuve de la Seconde Guerre mondiale*, tome I, Presses universitaires de Reims, 1995, p. 318-319).

À Nice, une autre notabilité, le Dr Adolphe Tourtou, adjoint au maire, membre du PPF depuis 1936, secrétaire fédéral de ce parti, est assassiné deux mois plus tard, le 24 novembre 1943. Dans ses discours et ses écrits, il avait affirmé avec force ses convictions anticommunistes et antisémites (AN F1a 3746 et une notice lui est consacrée dans : Henry Coston, *Dictionnaire de la politique française*, La Librairie française, tome 1, 1967, p. 1024).

Les mêmes griefs sont à l'origine des exécutions du Dr Gaston Top (*ibid.*, p. 1022-1023) à La Souterraine (Creuse), le 7 octobre 1943, et du Dr Jean Riberol (*ibid.*, p. 930), chirurgien à Dax, le 18 août 1944. Ces exécutions visent ainsi des notables engagés dans la collaboration politique. Sans aucun doute, elles ne concernent qu'un nombre peu élevé de médecins.

13. Cette discrétion étonne à un moment où le Parti communiste français a pris nettement et vigoureusement position en faveur de l'épuration. Cette absence de virulence s'explique sans doute par la position délicate et minoritaire des médecins communistes au sein de la profession. Toute prise de position en faveur d'une épuration sévère aurait certainement entraîné une levée de boucliers au sein du corps médical, convaincu dans son ensemble du comportement exemplaire de ses membres.

14. *Le Médecin français*, 25 octobre 1944, n° 27. Cet article est intéressant car il dresse une typologie des médecins incriminés. L'auteur distingue ainsi trois catégories de médecins à épurer : les « cas évidents », les « réalistes » et les « coupables de moindre grandeur ». Les premiers sont les « traîtres de *Je suis partout*, ceux de la LVF et de la Cagoule, les gangsters à revolver des PPF, poignée de médecins de sac et de corde ». Les deuxièmes sont « membres du "Comité France-Allemagne", propagandistes ou enfants de chœur du nazisme ». Enfin, « les coupables de moindre grandeur » sont définis comme « des nazillons, des pervers, des veules, des ambitieux, des étourdis, des niais ». Cet article est important pour plusieurs raisons. Tout d'abord, il traduit la volonté de punir avec une sévérité affichée ceux qui ont trahi leur devoir patriotique et médical. Aucun passe-droit ne sera permis. Tout médecin compromis, quelle que soit sa situation, doit rendre des comptes.

La plus grande modération est toutefois recommandée et les proscriptions massives, les représailles disproportionnées refusées. Si l'épuration apparaît au moment de la Libération comme une composante non négligeable de la volonté politique des médecins résistants, il reste à vérifier si, dans les faits, elle a été réalisée comme prévu. Or la disparition de nombreuses archives entrave une telle entreprise. Furent-elles détruites à la Libération? Volontairement? Accidentellement? Furent-elles dissimulées? Par qui? Pourquoi? Les institutions privées (conseils de l'ordre des médecins régionaux ou départementaux, académies de médecine ou de chirurgie) mais aussi le ministère de la Santé, l'Assistance publique n'ont presque rien conservé sur l'épuration médicale. Une épuration a toutefois bien eu lieu, comme le prouvent les listes de médecins condamnés publiées dans le *Journal officiel* des années 1945, 1946 et 1947. En dépit de ces lacunes documentaires et grâce aux archives judiciaires et administratives qui ont été préservées, complétées par des sources émanant d'un conseil régional de l'ordre, il est possible de dresser un bilan, en analysant tout d'abord la réorganisation de la profession, puis les différents processus d'épuration et les différents motifs de sanction, enfin en montrant les limites du phénomène.

Une priorité : la réorganisation de la profession

Chronologiquement, l'épuration se déroule en deux temps : elle touche d'abord les institutions (Croix-Rouge, Assistance publique, conseils de l'ordre des médecins) et les syndicats; puis, avec un décalage de six mois, elle vise les individus, selon leurs fonctions. Le processus affecte les institutions dès septembre 1944. Pasteur Vallery-Radot[15] en est le maître d'œuvre. Dans une interview accordée en août 1944 au

---

En outre, cette épuration est présentée comme un droit et comme un devoir pour les médecins résistants et patriotes. Elle est en quelque sorte une réponse, un exutoire nécessaire en compensation du sang versé par les résistants. Cette idée est réaffirmée un mois plus tard par J.-M. Gaye, membre du CMR, dans le même journal. Après avoir défini l'épuration comme une « tâche urgente et nécessaire », il ajoute : « Il faut nettoyer notre propre maison et en chasser ceux qui se sont montrés indignes. Nous le devons à nos martyrs tombés au poteau d'exécution, nous le devons à nos héros morts dans le combat contre l'envahisseur, nous le devons à la France qui entend bâtir du neuf et du solide avec des éléments propres » (*Le Médecin français*, 25 novembre 1944, n° 29).

15. Sur la carrière de Louis Pasteur Vallery-Radot (1886-1970), voir Françoise Huguet, *Les Professeurs de la faculté de médecine de Paris, Dictionnaire biographique, 1794-1939*, Paris, INRP/Éditions du CNRS, 1991, p. 353-355.

journal *Franc-Tireur* (il est alors secrétaire général à la Santé publique depuis février), il définit ainsi ses projets : « Il faut épurer et donner tout de suite une orientation nouvelle au ministère. [...] D'abord épurer : j'ai déjà commencé dans tous les services. [...] Dans le même esprit, continue-t-il, j'ai l'intention de réorganiser le conseil de l'ordre des médecins [16]. » Il reconnaît le comportement courageux du personnel de la Croix-Rouge pendant la bataille de Paris, mais il ajoute que les « grandes personnalités de l'institution » et le « personnel dirigeant » doivent aussi être épurés. Le ministère n'a d'ailleurs pas tardé à agir : « Les révocations sont dès maintenant prononcées. Le président a été prié de céder son fauteuil [17]. »

Dès le 21 septembre, les principaux dirigeants de la Croix-Rouge française sont révoqués par le ministère [18]. Au même moment, l'épuration se met en place au sein de l'Assistance publique. Le phénomène reste mal connu, mais quelques éléments peuvent toutefois être précisés. Dès les premiers jours de la Libération, des comités de libération ont ainsi été mis en place dans les hôpitaux parisiens. Ils comprennent en moyenne cinq ou six représentants de tous les mouvements de résistance de l'hôpital concerné, des médecins, des membres du personnel soignant et administratif ainsi que des internes. Chaque comité de libération, dirigé par un président élu, est responsable de la direction de l'hôpital et surtout de son épuration « patriotique et sociale ». Dès les premiers jours de septembre 1944, des mesures de sauvegarde ont été prises avec arrestations immédiates des traîtres ou collaborateurs avérés. C'est le cas par exemple du directeur de l'hôpital Tenon (qui, certes, n'est pas médecin). Selon les dires du Dr Veau, une commission d'épuration des chirurgiens des hôpitaux tient en outre sa première séance le 9 septembre 1944. La commission comprend des chirurgiens des hôpitaux, dont beaucoup font partie du Comité médical de la Résistance. Neuf chirurgiens sont convoqués devant leurs confrères, sans que les

---

16. « Un entretien avec M. Vallery-Radot », *Franc-Tireur*, 28 août 1944.

17. *Ibid.*

18. Jusqu'à aujourd'hui, on ne dispose pas d'étude globale substantielle sur l'histoire de la Croix-Rouge française pendant la Seconde Guerre mondiale. Beaucoup d'archives ont disparu, semble-t-il, lors de plusieurs déménagements. Quelques éléments sont toutefois apportés par Gérard Chauvy, dans *La Croix-Rouge dans la guerre, 1935-1947,* Paris, Flammarion, 2000. On connaît ainsi les noms des présidents successifs : Pasteur Vallery-Radot (1940-1941), Pr Bazy (1941-1942), marquis Gabriel de Mun (1942-août 1944), avec pour la même période M.J. de Rohan-Chabot comme directeur général. Ces deux derniers sont priés de quitter leur poste à la fin du mois d'août 1944. Jacques de Bourbon-Busset assure alors la présidence par intérim, avant d'être remplacé par un proche de Pasteur Vallery-Radot, le Pr Justin-Besançon, au début de 1945.

faits leur étant reprochés soient indiqués[19]. Quelle a été l'ampleur de cette épuration entre médecins au sein de l'administration de l'Assistance publique ? Les différences étaient-elles sensibles entre les divers spécialistes ? Il ne nous est pas possible de répondre actuellement à ces questions.

En revanche, pour le cas précis de l'ordre des médecins, institution créée le 7 octobre 1940 par le gouvernement de Vichy, les renseignements sont plus abondants et permettent une analyse détaillée[20]. Les instances dirigeantes de la Résistance médicale se sont tôt accordées pour le supprimer. L'institution, avant les praticiens, est ainsi la première visée. Le 18 octobre 1943, deux textes élaborés par le Comité français de libération nationale installé à Alger abrogent la loi du 10 septembre 1942 instaurant le « deuxième ordre[21] » de Vichy, rétablissent pour les médecins la liberté syndicale et créent un nouvel ordre. L'ordonnance fondant la nouvelle structure ordinale ne fut pas appliquée à la métropole mais en inspira les projets ultérieurs. Le décret rétablissant les syndicats fut cependant rendu effectif sur le territoire algérien, puis en métropole, avec l'ordonnance du 9 août 1944. Il faut attendre la Libération, précisément le 27 août 1944, pour que l'ordre de Vichy soit dissous en application du décret d'Alger du 18 octobre 1943. Ses biens sont mis sous séquestre. Un administrateur provisoire est désigné par Pasteur Vallery-Radot, alors secrétaire général provisoire à la Santé, pour assurer la marche des services. Un résistant, membre du Front national des médecins, assume cette charge en la personne de Hector Descomps. Un autre résistant, le Dr André Plichet, de Libération Nord, lui succède peu de temps après.

---

19. AN 72AJ 62, témoignage du Dr Veau, « Comment les Allemands ont quitté Paris ». Le Dr Veau est un médecin résistant proche du Pr Pasteur Vallery-Radot. Son journal est lacunaire, les allusions sont brèves et parfois erronées. Il est donc à utiliser avec précaution.

20. Le fonctionnement de l'ordre durant les années 1940-1945 est étudié par François Gazier, « L'ordre des médecins, 1940-1945 », in *L'Exercice médical dans la société : hier, aujourd'hui, demain,* ouvrage reproduisant les contributions au colloque organisé par l'ordre national des médecins, les 29 et 30 septembre 1995, à Paris, Masson, p. 285-297. Voir aussi Pierre Guillaume, *op. cit.*, p. 265-304, et Jocelyne Spinner, *Les Débuts de l'ordre des médecins, 1940-1945,* mémoire de maîtrise, F.-G. Dreyfus (dir.), Paris-IV, 1995.

21. La loi du 10 septembre 1942 a instauré un « deuxième ordre » dont les attributions ne sont guère différentes du premier. La principale différence réside dans la définition de trois structures, départementale, régionale et nationale, au lieu de deux seulement. En outre, les conseillers départementaux ne sont plus désignés mais élus.

Malgré la dissolution, le principe de la création d'un nouvel ordre est admis et une future ordonnance est mise en chantier. L'expérience vichyssoise n'a donc pas mis à mal le principe de l'existence d'un ordre. Au contraire, il semble avoir acquis, par certains aspects de son fonctionnement, une certaine légitimité. Par exemple, son refus de dénoncer aux Allemands les blessés du maquis est une action qui rehausse son prestige. Elle est due à l'initiative du président Louis Portes, qui adresse, tardivement, en juillet 1944, à tous les médecins le texte de cette circulaire :

> Le Président du Conseil National de l'Ordre des médecins se permet personnellement de rappeler à ses confrères, qu'appelés auprès d'un malade ou d'un blessé, ils n'ont d'autre devoir à remplir que de leur donner leurs soins. Le respect du secret médical étant la condition nécessaire de la confiance que le malade porte à son médecin, il n'est aucune considération administrative qui puisse les en dégager[22].

En attendant la création d'un nouvel ordre, des organismes transitoires de gestion sont mis en place par les autorités issues de la Résistance. L'ordonnance du 11 décembre 1944 les définit ainsi, à titre provisoire :

> Art. 2. Dans chaque département est institué un Conseil départemental des médecins dont les membres sont nommés par le préfet sur la proposition du comité médical départemental de la libération. Ce conseil est chargé de la défense et de la gestion des intérêts professionnels des médecins du département. Il administre tous organismes ou services d'entraide ou de secours au sein de la profession médicale. [...]
>
> Art. 4. Au chef-lieu de chaque région, il est constitué un conseil régional des médecins. [...]
>
> Art. 6. Il est institué un Conseil supérieur des médecins dont les membres sont nommés par arrêté du ministre de la Santé publique sur la proposition du Comité médical de la résistance. Le Conseil supérieur des médecins veille à l'honneur et à la discipline de la profession. Il assure également la défense et la gestion des intérêts professionnels. [...]
>
> Le Conseil supérieur comprend vingt-cinq membres, dont sept représentant le département de la Seine. Les membres du Conseil désignent en leur sein un président, un vice-président et un secrétaire général[23].

Enfin, le nouvel ordre créé par l'ordonnance du 24 septembre 1945[24] s'inspire des réalisations précédentes et réalise une sorte de synthèse

22. Cité par Louis Portes, *À la recherche d'une éthique médicale*, Paris, 1954, p. 154.
23. Ord. du 11 décembre 1944, *JO* du 12 décembre 1944, p. 1836-1837.
24. Ord. n° 45-2184 du 24 septembre 1945, *JO* du 28 septembre 1945, p. 6083-6088.

entre l'ordre de Vichy de 1942 et l'ordre élaboré à Alger qui n'a jamais vu le jour. Sa mise en place a donc été longue et complexe. Dans une étude récente, François Gazier reconnaît à juste titre qu' « il est aussi vain de le ramener à une application des idées corporatistes de la révolution nationale de Vichy dans un climat de rejet du syndicalisme et d'étouffement des libertés que d'en faire une création gaullienne du lendemain de la Libération, s'inscrivant dans le cadre du rétablissement de la légalité républicaine et de la reconstruction de la nation[25] ». Si les statuts complexes se succèdent, l'ordre de 1945 s'inscrit dans la continuité.

L'analyse de la composition des ordres successifs, en 1945 et en 1946, révèle la présence de médecins déjà membres de l'ordre avant 1944 aux côtés de représentants de la Résistance médicale. Par exemple, les deux administrateurs provisoires déjà cités siègent au sein du premier conseil supérieur, désigné en 1945. Or, sur les vingt-cinq membres[26] choisis par le ministre de la Santé, François Billoux, sur proposition du Comité médical de la Résistance, trois médecins avaient siégé auparavant dans le premier Conseil supérieur, en 1941 : Gernez-Rieux, Roux-Berger et Nédelec. Ce dernier, passé au Front national, avait été l'un des collaborateurs du premier secrétaire d'État à la Santé de Vichy, Serge Huard. Trois autres médecins en étaient membres en 1943 : Coutela, Duvelleroy et Oberlin. Six médecins sur vingt-cinq sont ainsi d'anciens conseillers de l'ordre créé sous Vichy. En 1946, les membres des différents conseils ne sont plus nommés, mais élus par leurs confrères. Or la composition des conseils n'en est pas pour autant bouleversée. Au sein du bureau du Conseil national[27], trois médecins sur huit siégeaient avant 1944 : le président, Louis Portes, Deguignand et Lafay. Louis Portes (1891-1950) a été réélu, en mai 1946, à l'unanimité des suffrages exprimés. Cet obstétricien parisien, réputé pour ses convictions natalistes, déjà élu en 1942, dispose alors d'un grand prestige moral. Il a obtenu l'estime de tous en envoyant aux médecins, en juillet 1944, la circulaire déjà citée. De plus, à la différence de son prédécesseur, René Leriche, il n'a pas eu à mettre en œuvre l'exclusion des médecins juifs[28], achevée en 1942.

---

25. François Gazier, « L'ordre des médecins, 1940-1945 », *op. cit.*, p. 297.

26. *Bulletin de l'ordre des médecins (BOM)*, 1945, p. 8, et 1941, p. 43.

27. Le bureau du conseil national se présente alors ainsi :
Président : Pr L. Portes; vice-présidents : Dr L. Deguignand, Dr E. Duhamel, Dr H. Laffitte, Pr R. Legrand; président de la section disciplinaire : conseiller d'État Blondel; secrétaire général : Dr B. Lafay; secrétaire général adjoint : Dr Jean-Robert Debray; trésorier : Dr M. Larget. *BOM*, 1946, p. 1.

28. Les médecins juifs ont été touchés par plusieurs mesures du gouvernement de Vichy : la loi du 16 août 1940, interdisant l'exercice de la médecine à toute personne

Toujours en 1946, la même ancienneté se retrouve pour la moitié des membres régionaux du Conseil national[29]. Au conseil régional de Paris et au conseil départemental de la Seine[30], ils sont respectivement 5 sur 14 et 8 sur 24 dans la même situation. Pour l'ensemble des conseils départementaux[31] élus en 1946, 359 médecins sur 1 019 siégeaient déjà en 1943, avec, parmi eux, 15 présidents sur 88 non renouvelés. La composition des conseils, à Paris ou en province, ne traduit donc pas une totale rupture avec la période 1940-1944. Certes, des hommes nouveaux apparaissent, mais ils sont épaulés par des médecins dont la présence continue dans les instances de l'ordre s'explique sans aucun doute par la reconnaissance de leur expérience, de leurs qualités professionnelles et par leur autorité, surtout dans les départements.

La réorganisation de l'ordre était une priorité. Elle dure environ un an. Durant cette même période, les syndicats médicaux et paramédicaux sont autorisés à se reconstituer par les ordonnances du 15 décembre 1944 et du 17 décembre 1944[32], suivies des décrets d'application du 31 janvier 1945 et du 1er février 1945. Les syndicats, unions et fédérations de syndicats de médecins existant au 16 juin 1940 retrouvent leurs droits et attributions, à condition d'opérer préalablement l'épuration de leurs membres. Une « commission nationale de reconstitution des organisations syndicales de médecins » et des « commissions de reconstitution pour les organisations syndicales de médecins à caractère départemental ou local[33] » sont chargées de cette tâche. Quiconque a fait l'objet d'une sanction d'épuration, qu'elle soit disciplinaire ou administrative (en application de l'ordonnance du 27 juin 1944 relative à l'épuration administrative), ou judiciaire, devant des cours de justice ou des chambres civiques, se voit interdire la partici-

---

n'étant pas née de père français ; le statut du 3 octobre 1940, aggravé par la loi du 2 juin 1941 ; le décret du 11 août 1941 (*BOM*, p. 203), qui précise que les médecins juifs ne peuvent dépasser « dans la circonscription de chaque conseil de l'ordre des médecins, 2 % de l'effectif total des médecins non juifs inscrits au tableau » ; la loi du 21 juin 1941, qui fixe un numerus clausus de 3 % pour l'admission des étudiants dans l'enseignement supérieur (dans ce cas, ce sont les étudiants en médecine qui sont concernés).

Des dérogations pour les médecins anciens combattants ou pour ceux dont les mérites professionnels étaient reconnus étaient prévues. Or, très souvent, le conseil de l'ordre a dû intervenir dans l'application de ces différents textes répressifs.

Sur les médecins juifs, voir Bruno Halioua, *Blouses blanches, étoiles jaunes*, Paris, Éditions Liana Levi, 2000.

29. *BOM*, 1946, p. 1.
30. *Ibid.*, p. 19-33.
31. *Ibid.*, p. 4 et 31.
32. Ord. du 15 décembre 1944, *JO* du 17 décembre 1944, p. 1932-1933.
33. *Ibid.*

pation à toute activité syndicale. L'exclusion concerne ainsi toute personne :

> 1. Qui aura coopéré à la destruction des libertés républicaines, et notamment de la liberté syndicale ;
> 2. Qui aura coopéré à la déportation des travailleurs français sans chercher à atténuer les ordres reçus ;
> 3. Qui aura refusé de donner des soins aux malades ou blessés des Forces françaises de l'intérieur et des organisations de résistance ou les aura dénoncés aux autorités ennemies ou à celles de l'autorité de fait se disant gouvernement de l'État français[34].

Des médecins pouvaient ainsi se trouver exclus des organisations syndicales sans que l'exercice de leur profession fût compromis. Actuellement, faute d'archives, il est malheureusement impossible de donner des indications chiffrées ou des exemples.

L'ÉPURATION PROFESSIONNELLE

L'épuration des institutions, la refonte des syndicats étaient une priorité. En conséquence, l'épuration professionnelle (des médecins praticiens proprement dits) organisée par les nouvelles instances ordinales est tardive. Elle ne peut pas débuter dès la Libération, en septembre 1944, tant que les institutions n'ont pas été rénovées. Il faut attendre le début de l'année 1945 pour qu'une ordonnance du 18 janvier définisse le rôle des organismes transitoires de gestion créés en décembre 1944 en matière d'épuration. Après l'article premier qui définit le public visé (« les médecins, dentistes ou sages-femmes prévenus d'avoir déployé depuis juin 1940 une activité antinationale sous quelque forme que ce soit »), le texte précise la composition et les pouvoirs de l'instance :

> Art. 2 – Le conseil régional des médecins institué par l'ordonnance du 11 décembre 1944 élit en son sein une section d'épuration composée de 50 p. 100 de ses membres, présidée par un magistrat désigné par le président de la cour d'appel dans le ressort de laquelle se trouve le chef-lieu de la région. [...]
> Art. 3 – La section d'épuration peut infliger une admonestation, un blâme ou prononcer une suspension provisoire du droit d'exercer pour trois mois au maximum. Elle peut proposer au ministre intéressé les sanctions suivantes :

34. *Ibid.*

– Suspension temporaire pour une durée supérieure à trois mois et inférieure à trois ans.

– Exclusion temporaire des fonctions universitaires, hospitalières ou administratives pour une durée inférieure à trois ans.

– L'exclusion temporaire des fonctions universitaires, hospitalières ou administratives pour une durée égale ou supérieure à trois ans, l'exclusion définitive desdites fonctions ainsi que l'interdiction définitive du droit d'exercer ne pourront être proposées par la section d'épuration ni prononcées par le ministre qu'en cas de condamnation définitive pour les faits visés à l'article 1er de la présente ordonnance[35].

La date limite pour le dépôt des dossiers à la section d'épuration est d'abord fixée à quatre mois après l'ordonnance de janvier 1945. L'expérience a ensuite montré qu'il fallait s'adapter aux circonstances. Les conseils régionaux étant institués progressivement et le retour des déportés durant l'été ayant pu quelquefois entraîner l'ouverture de nouveaux dossiers, une ordonnance[36] datée du 23 juillet 1945 reporte cette date limite de dépôt au 19 août et prévoit même un régime spécial pour les départements du Bas-Rhin, du Haut-Rhin et de la Moselle, où la date est déplacée au 1er octobre.

L'exemple de Lyon[37] permet de mieux comprendre cette mécanique épuratoire. Lors d'une première réunion, le 12 avril 1945, les conseillers régionaux désignent les membres de la section d'épuration : 8 médecins et 5 suppléants. Au terme d'une discussion animée, il est décidé d'écrire à la fois aux préfets et aux comités départementaux de libération afin d'obtenir avant le 19 mai 1945 tous les dossiers susceptibles d'être soumis à la section d'épuration et au ministre de la Santé publique pour demander des précisions complémentaires sur la procédure. Un mois plus tard, la section se réunit de nouveau et désigne des rapporteurs, chargés d'une véritable enquête, pour les différentes affaires concernant six départements (Haute-Savoie, Loire, Isère, Rhône, Savoie et Ardèche) et soumises au conseil régional. Des dossiers sont examinés le 17 juin. Les rapporteurs ont eu le temps de mener leur enquête. Selon les cas, des décisions sont prises, un supplément d'information est demandé, une convocation est envoyée au médecin incriminé et à son avocat. Lors des réunions suivantes (à raison d'une par mois), le processus est le même : lecture des rapports, auditions, discussions et décisions.

35. Ord. n° 45-95 du 18 janvier 1945, *JO* du 19 janvier 1945, p. 260.
36. Ord. n° 45-1634 du 23 juillet 1945, *JO* du 24 juillet 1945, p. 4580.
37. Lyon, archives privées.

Mais la section d'épuration du conseil régional concerné peut soit relaxer le médecin mis en cause, soit lui infliger une peine qui reste très légère : une admonestation, un blâme ou une suspension du droit d'exercer pour trois mois au maximum. Dans les cas plus graves, elle fait des propositions au ministère de la Santé publique et le ministre prend alors la décision finale. Les sanctions les plus lourdes ne sont infligées que si les cours de justice ont prononcé une condamnation définitive pour un fait d'activité antinationale. Elles correspondent alors à une peine supplémentaire, prononcée hors de la sphère des tribunaux.

Le *Journal officiel* donne les listes des médecins interdits d'exercer et (ou) exclus des fonctions hospitalières et administratives. Seuls 19 médecins sont cités dès 1945, 12 en 1947. La majorité a été sanctionnée dans le courant de l'année 1946[38]. Pour l'ensemble du territoire, le total des sanctions prononcées est de 125, dont 47 pour la région parisienne et 78 pour la province[39]. Parmi les quinze départements concernés par des sanctions, deux se distinguent par le nombre : le Bas-Rhin et le Haut-Rhin, avec respectivement 41 et 11 sanctionnés, soit un total de 52. Une suspension sur deux est toutefois inférieure à trois mois. Vingt-cinq médecins sont suspendus pour une durée supérieure et représentent près de 18 % du total des sanctionnés. Ces chiffres montrent une plus grande proportion de médecins sanctionnés par rapport à tous les autres départements (Paris excepté). Cette spécificité s'explique sans aucun doute par le contexte particulier des deux départements alsaciens[40] soumis à une germanisation forcée pendant

38. Ar. du 19 octobre 1945, *JO* du 21 octobre 1945, p. 6782; ar. du 28 décembre 1945, *JO* du 1er janvier 1946, p. 89; ar. du 24 janvier 1946, *JO* du 27 janvier 1946, p. 760; ar. du 28 février 1946, *JO* du 3 mars 1946, p. 1850; ar. du 11 avril 1946, *JO* du 14 avril 1946, p. 3149; ar. du 31 juillet 1946, *JO* du 7 août 1946, p. 6990-6991; ar. du 17 septembre 1946, *JO* du 20 septembre 1946, p. 8106; ar. du 21 octobre 1946, *JO* du 28 octobre 1946, p. 9134-9135; ar. du 26 octobre 1946, *JO* du 29 octobre 1946, p. 9210; ar. du 19 novembre 1946, *JO* du 24 novembre 1946, p. 9922; ar. du 27 novembre 1946, *JO* du 4 décembre 1946, p. 10343.; ar. du 7 décembre 1946, *JO* du 11 décembre 1946, p. 10523; ar. du 4 avril 1947, *JO* du 11 avril 1947, p. 3404; ar. du 11 avril 1947, *JO* du 13 avril 1947, p. 3633; ar. du 28 juillet 1947, *JO* du 6 août 1947, p. 7667; ar. du 29 juillet 1947, *JO* du 6 août 1947, p. 7667; ar. du 18 novembre 1947, *JO* du 26 novembre 1947, p. 11716.

39. Dans nos statistiques, seuls les médecins de la métropole sont pris en compte. Il faut mettre à part la sanction infligée par décret du 8 avril 1944 à un médecin d'Algérie, titulaire à l'hôpital civil de Constantine, avant la mise en place des sections d'épuration. Décret du 8 avril 1944, *JO* du 20 avril 1944, p. 313.

40. Sur ce sujet, consulter : Fernand L'Huillier, *Libération de l'Alsace*, Paris, Hachette, 1975; C. Laplatte, « La justice française en Alsace au lendemain de la Libération »,

près de quatre ans. Plusieurs hypothèses peuvent être formulées. Certains ont probablement été des collaborateurs plus ou moins actifs, adhérents du NSDAP comme près de 30 000 Alsaciens, ou membres d'une association germanophile. Il serait toutefois abusif de se cantonner à cette explication politique. C'est en effet probablement pour des raisons essentiellement professionnelles et en dehors de toute considération partisane qu'un grand nombre de médecins a choisi de rester en Alsace en 1940. Conscients du caractère indispensable de leur activité, notamment dans les villages, et du soutien moral qu'ils pouvaient apporter à la population, certains ont refusé de partir malgré le contexte. Dans ce cas, ils ont côtoyé, volontairement ou non, les autorités allemandes autant que le reste des Alsaciens, voire peut-être davantage, en tant que notables et membres d'une profession susceptible d'avoir une influence sur l'esprit de la population. Or, à la Libération, cette influence a pu leur être reprochée. Faute d'archives, il faut se contenter de suppositions.

Pour les treize autres départements, le nombre de médecins sanctionnés est compris entre six pour la Charente-Maritime et un pour des départements comme le Nord, la Vienne ou le Gers. Si l'on observe la durée des exclusions, il est clair qu'une large majorité (74 % des sanctionnés) est frappée par des peines relativement bénignes, inférieures ou égales à trois ans, ce qui ne devait guère compromettre la suite d'une carrière. La même remarque vaut pour l'exclusion des fonctions hospitalières et administratives[41]. Les sanctions les plus lourdes ont été infligées en province. À Paris, aucune ne dépasse les trois ans d'interdiction. La solidarité professionnelle a sans doute été plus grande dans les milieux médicaux parisiens, qui regroupent de surcroît une proportion importante d'anciens internes des hôpitaux de Paris.

En résumé, ces résultats font apparaître des sanctions majoritairement légères, traduisant une extrême mansuétude. Il faut en outre évoquer les deux cas particuliers des médecins sanctionnés par une peine d'une durée égale ou inférieure à trois mois et de ceux qui, mis en cause devant les conseils régionaux de l'ordre, ont été relaxés. Ni les uns ni les autres, exception faite des médecins des départements alsaciens, ne

---

in *L'Alsace contemporaine*, Étude économique et sociale, Strasbourg, 1950; Valérie Loth, *L'Épuration en Alsace (1945-1948)*, maîtrise d'histoire, sous la direction de J.-J. Becker, Paris-X, 1995.

41. Sur 110 médecins concernés (tous les médecins ne sont pas en effet des hospitaliers), 14 sont exclus à vie, 1 pour vingt ans, 2 pour dix ans, 5 pour cinq ans et les autres pourront reprendre leurs activités après trois ans d'exclusion au maximum.

figurent sur les listes établies par le *Journal officiel*, où seuls les cas pour lesquels le ministère de la Santé publique a dû intervenir sont cités. En définitive, il est impossible de déterminer le nombre exact de médecins entendus au sein des différentes sections d'épuration, qu'ils soient sanctionnés ou non. La proportion en est toutefois vraisemblablement infime par rapport aux 29 000 praticiens[42] que comptait alors le pays. Un autre chiffre confirme cette mansuétude : sur environ six cents affaires examinées par la section d'épuration de la région parisienne, concernant à la fois les médecins, les dentistes et les sages-femmes, un peu plus de cinquante sanctions graves seulement furent prononcées[43].

Un médecin mis en cause par l'ordre pouvait cependant être jugé avant, après ou simultanément par une cour de justice et (ou) une chambre civique. Dans ce cas, l'épuration judiciaire et l'épuration professionnelle se superposent. Dans la plupart des cas étudiés, les sanctions se complètent et s'additionnent quoique leur nature soit différente. Par exemple, la privation des droits civiques décrétée par une chambre civique s'ajoute à l'interdiction temporaire d'exercer infligée par l'ordre. Ces entrecroisements témoignent de la complexité des procédures, accentuée parfois par une mise en cause administrative lorsque le médecin est professeur d'une faculté de médecine. Le comportement de certains médecins, professeurs de faculté, a en effet été examiné par un conseil académique d'enquête, un conseil supérieur d'enquête et par le ministère de l'Éducation nationale, au titre de l'épuration administrative. Celle-ci est mise en place par l'ordonnance du 27 juin 1944, complétée pour l'enseignement supérieur par une circulaire et un arrêté, datés respectivement du 6 et du 26 octobre 1944 et signés par le ministre en fonctions, René Capitant. D'après nos sources, sur 41 dossiers ouverts, 20 professeurs sont sanctionnés[44]. Par rapport aux autres facultés, l'épuration a été importante en médecine[45]. Il est probable que la notoriété de ces professeurs mais aussi leur engagement, souvent plus fréquent dans ces facultés, expliquent cette spécificité. De grands noms

42. Le nombre de médecins en exercice est passé de 15 900 en 1900 à 20 360 en 1920, 25 410 en 1931 et 29 000 en 1938. Chiffres cités par Bénédicte Vergez, in *Le Monde des médecins au XXe siècle*, Bruxelles, Complexe, 1996, p. 160-161.

43. Robert Aron, *op. cit.*, p. 267.

44. AN F17 16724, 16725, 16726. Voir aussi notre contribution : Céline Lesourd, « L'épuration dans les facultés et les écoles de médecine françaises à la Libération », *Transmettre les passés, les responsabilités de l'Université, nazisme, Vichy et conflits coloniaux*, Paris, Éditions Syllepse, 2001, pp. 205-218.

45. Claude Singer, *L'Université libérée, l'Université épurée (1943-1947)*, Paris, Les Belles Lettres, 1997, p. 296.

de la médecine de l'époque sont ainsi mis en cause : le Pr Pierre Mauriac, le Dr Aubertin, le Pr Wangermez, tous trois de Bordeaux, le Pr Marquis, directeur de l'École de médecine de Rennes, le Pr Marcel Arnaud de Marseille, le Pr Léon Bazert de Poitiers, le Pr Loeper de Paris. Les sanctions vont du simple blâme à l'interdiction d'enseigner.

D'autre part, il serait inexact de généraliser pour chaque type d'épuration la mansuétude qui a prévalu au sein de l'ordre. Il semble ainsi que les médecins militaires aient fait l'objet d'une sévérité particulière. Les praticiens incriminés ont été épurés par une commission spéciale de l'armée d'active. Selon quelle procédure? Pour quels motifs? Ces questions restent aujourd'hui sans réponse. Un article publié dans les colonnes du *Médecin français*[46] apporte toutefois quelques indications. Un médecin-colonel Z. y dénonce la sévérité des sanctions promulguées par « une commission d'épuration [qui] sévit avec une aveugle rigueur ». Selon ses dires, sur près de 400 médecins mis en cause en avril 1945, 200 environ ont été maintenus. Près d'une centaine ont été mis en disponibilité. Près de 80 seraient envoyés dans les « colonies lointaines ». Cinq seulement seraient congédiés définitivement, par disponibilité ou retraite. Devant un tel résultat, ce médecin-colonel donne un avis plus nuancé :

> En fait, il semble bien qu'une dizaine environ méritaient d'être exclus de l'armée. Pour les autres, il aurait peut-être été plus sage de les réintégrer à pleins droits, quitte à donner à ceux qui avaient suivi trop fidèlement Pétain l'occasion de se racheter dans une formation combattante, et de tenir compte, pour leur avancement ultérieur, de leur attitude avant et après la Libération[47].

Cet article exprime la crainte d'un officier de voir l'armée française désorganisée par une épuration rigoureuse. Il est l'unique source qui permette de donner un ordre de grandeur sur l'épuration de ces médecins militaires. De la même façon, il faut se contenter des listes et articles du *Journal officiel* pour esquisser un tableau de l'épuration des médecins fonctionnaires dépendant du ministère de la Santé. Au moment de la Libération, Pasteur Vallery-Radot a affirmé avec force sa volonté d'épurer et de transformer ce ministère. Pour lui, épuration et renouveau sont intimement liés :

---

46. *Le Médecin français*, 25 mai 1945, p. 13.
47. *Ibid.*

> Épuré de ses éléments compromis avec Vichy ou douteux, le ministère de la Santé doit devenir un grand ministère technique. Nous le débarrasserons de ses méthodes réactionnaires, nous éliminerons le faux paternalisme, nous entreprendrons enfin une œuvre hardie, d'entraide et de justice sociale[48].

Son successeur, nommé le 14 septembre 1944, le communiste François Billoux[49] (qui n'est pas médecin), poursuit cette voie. Il promulgue un arrêté le 30 septembre 1944[50], créant au sein de son ministère une commission chargée d'examiner l'activité, depuis le 16 juin 1940, des fonctionnaires, agents, employés et ouvriers en activité ou en retraite. Cette commission d'épuration, dont la composition est publiée dans le *Journal officiel* le 1er octobre 1944, comprend deux médecins issus du Comité médical de la Résistance, Tinel et Lamaze[51]. Le Dr de Sèze[52], médecin des hôpitaux, est membre suppléant. Dans une récente interview, ce dernier décrit ainsi sa fonction :

> Les médecins que j'ai eu à juger n'étaient pas très nombreux. Il s'agissait de responsables administratifs et de patrons d'hôpitaux de Paris, qui s'étaient livrés à la chasse aux juifs dans leurs services. Souvent par peur, mais aussi par antisémitisme. Ils venaient s'expliquer, en racontant qu'ils avaient fait tout leur possible, sans aller au-delà. Ils s'abritaient derrière les ordres de Vichy, en prétendant même avoir pratiqué un double jeu avec l'occupant. Cela me choquait énormément. Collaborer avec l'ennemi, cela me paraissait monstrueux et d'une lâcheté ignoble. Mais, pour moi, c'était à leur conscience de juger. Je ne me sentais pas du tout à l'aise dans ce tribunal. Pourtant, j'ai accepté de siéger. J'ai essayé d'être juste et objectif, sans esprit de revanche. Parce qu'il fallait juger ces médecins à chaud, sans attendre que les souvenirs s'effacent et se confondent. Même si cette responsabilité était désagréable, pénible et dangereuse[53].

---

48. *Franc-Tireur*, 28 août 1944.

49. Sur François Billoux (1903-1978), voir Benoît Yvert (dir.), *Dictionnaire des ministres (1789-1989)*, Paris, Perrin, 1990, p. 668-669 ; *Dictionnaire des parlementaires français*, tome 2, Paris, La Documentation française, Paris, p. 388-390.

François Billoux a aussi écrit ses Mémoires (*Quand nous étions ministres*, Paris, Éditions sociales, 1972), mais il n'y évoque que très succinctement son passage au ministère de la Santé et ne dit mot sur l'épuration médicale.

50. Ar. du 30 septembre 1944, *JO* du 1er octobre 1944, p. 855-856.

51. Caroline Gutmann, *Le Testament du docteur Lamaze, médecin accoucheur*, Paris, J.-Cl. Lattès, 1999, p. 224.

52. Le Pr Stanislas de Sèze (1903-2000), résistant de la première heure, était alors chef du service de neurologie à l'hôpital de la Cité universitaire. En tant que médecin d'une maison de santé, au château de Grignon, près d'Orly, il a soigné et caché de nombreux juifs et résistants (entretien avec le Pr de Sèze, Paris, 10 décembre 1997).

53. Interview retranscrite dans « Les médecins et Vichy », *Impact Médecin Hebdo*, n° 380, 10 octobre 1997, p. 17.

Des médecins fonctionnaires ont bien fait partie du personnel du ministère, en particulier les directeurs régionaux et les médecins inspecteurs. En février 1945, le *Journal officiel*[54] fait état de sanctions prises à l'encontre de trois directeurs régionaux de la Santé et de l'Assistance et d'un ex-inspecteur départemental de la Santé à Bordeaux. Un directeur régional est mis en disponibilité, les deux autres sont rétrogradés inspecteurs départementaux de la Santé. L'ex-inspecteur départemental de la Santé est mis à la retraite d'office. D'autres inspecteurs de la Santé sont révoqués sans pension ou mis en disponibilité. Faute d'archives, aucune autre information ne peut être donnée sur les médecins fonctionnaires dépendant du ministère de la Santé. De plus, on sait peu de choses sur l'action, notamment en matière d'épuration, des nombreux ministres ou secrétaires d'État à la Santé (neuf au total jusqu'en septembre 1948) qui ont succédé à François Billoux après le 21 novembre 1945.

Le manque d'archives empêche une analyse plus détaillée. Il aurait été intéressant, par exemple, de savoir quelles sont les catégories de médecins les plus touchées : les spécialistes plus que les généralistes ? Quels spécialistes ? L'analyse simultanée des archives du conseil régional de Rhône-Alpes et des dossiers de juridictions différentes (par exemple les dossiers de la cour de justice de la Seine[55] et ceux des professeurs de faculté de médecine) permet toutefois de savoir pour quelles raisons ces médecins sont mis en accusation.

Les motifs de sanction

Six principaux motifs d'épuration, souvent combinés, sont avancés : maréchalisme, vichysme, germanophilie, adhésion à un parti ou à une association extrémiste, antisémitisme, délation[56]. Beaucoup de médecins incriminés ont fait primer les préoccupations politiques sur l'activité professionnelle. Ils sont alors répertoriés par les résistants parmi les collaborateurs actifs. C'est le cas du Dr B.[57] dans le Jura et du Dr R.[58] en Charente-Maritime. Le premier a été membre du PPF et de la

54. Ar. du 15 février 1945, *JO* du 1er mars 1945, p. 1075.

55. AN, séries Z6 et Z5.

56. Volontairement, nous ne donnons pas de pourcentages des principaux motifs d'épuration, car le corpus étudié n'est pas assez large.

57. AN 840078.

58. *Ibid.*

Milice. Le second était membre des Amis de la Légion des environs de Rochefort et Tonnay-Charente.

Prenons le cas plus précis du Dr R.[59], dont le dossier a d'abord été examiné par la section d'épuration du conseil régional des médecins de Rouen. Après proposition d'une sanction au ministre de la Santé publique, François Billoux, la décision est prise, relativement tôt. Rainsart est suspendu définitivement le 19 octobre 1945 du droit d'exercer et exclu de même des fonctions hospitalières et administratives. Or, trois ans plus tard, le 12 juillet 1948, après examen de son cas par la cour de justice de la Seine, il est condamné à mort avec confiscation générale de ses biens présents et à venir. Admirateur du fascisme, ce médecin havrais a créé en 1934 le Parti socialiste national et a adhéré dès sa formation au Parti franciste de Marcel Bucard, dont il devient délégué général pour la Normandie. À partir de 1940, il consacre toute son activité au Parti franciste, dont il est nommé secrétaire général à la fin de 1942. Un an plus tard, il organise la milice du mouvement et la transforme en formation paramilitaire dont il se réserve le rôle de chef d'état-major. En même temps, il dirige le service de renseignements du parti. En mars 1944, il rejoint la Milice de Darnand et devient, en mai, inspecteur général adjoint au maintien de l'ordre. Il fait de ce service une véritable police politique dont la mission consiste à identifier les fonctionnaires hostiles au régime de Vichy. En juillet de la même année, il est promu chef des Francs-Gardes, pour la zone nord. Étant donné l'évolution rapide des événements, son rôle aurait consisté à organiser le repli de la Milice en Allemagne. Au moment où il est jugé, R. est en fuite et les renseignements à son sujet sont lacunaires.

Son cas peut être rapproché de celui du Dr B.[60], lui aussi condamné à mort (par contumace) en octobre 1946. Membre du RNP, ce médecin parisien est condamné en raison de « son admiration pour les Allemands et sa haine à l'égard des israélites ». Il est accusé en effet d'avoir dénoncé plusieurs médecins juifs et communistes. Le 14 août 1944, il est victime d'un attentat. Il en réchappe et prend la fuite. Dans ce cas précis, la comparaison des sanctions infligées par la cour de justice et par la section d'épuration de l'ordre révèle une disproportion étonnante, puisque B. ne peut plus exercer la médecine « seulement » pendant trois ans. Ces quelques exemples permettent d'avoir une idée de certains délits (délits d'opinion essentiellement) punis par les sections d'épuration de l'ordre qui, dans leurs séances, ne restent pas strictement sur le terrain

59. AN Z6 472, dossier du Dr R.
60. AN Z6 808, dossier du Dr B.

professionnel, mais font intervenir les questions politiques. Les accusations d'antisémitisme ne sont pas fréquemment évoquées dans les dossiers, mais renforcent parfois un autre motif de sanction. À Paris, des médecins comme Paul Guérin ou Fernand Querrioux se sont fait connaître par leur virulence antisémite, notamment dans leurs écrits. Querrioux, par exemple, a publié en 1940, un ouvrage intitulé *La Médecine et les Juifs*[61], dans lequel il dresse une véritable diatribe contre les médecins juifs. Lors d'une conférence prononcée en 1941 à l'exposition « Le Juif et la France », il reprend son thème favori, à savoir la nécessité de chasser les juifs de la médecine comme de toutes les professions libérales. Le 19 novembre 1946, il se voit interdire d'exercer et est exclu des fonctions hospitalières et administratives pour une durée de trois ans moins un jour.

Si l'accusation, dans certains cas, ne fait pas de place au doute, il arrive que des actes, des écrits soient difficiles à interpréter. Le dossier du Pr Claoué[62] témoigne de ces ambiguïtés. On lui reproche un article intitulé « Le savant et la société » et ses fréquentations. Dans le numéro de juillet-août 1943 du bulletin *Collaboration* (organe du groupe du même nom), il demande aux scientifiques français de « contribuer au relèvement de leur pays, par l'autorité dans le cadre d'une collaboration européenne et mondiale[63] ». L'accusation voit dans cette étude des « intentions et sous-entendus favorables à la collaboration ». Pour elle, « le fait même d'avoir été insérée dans la revue *Collaboration* est plus qu'une présomption ». En outre, président de la section scientifique du groupe Collaboration, Charles Claoué (1897-1957) était en relation avec l'Institut allemand à Paris et avec les organisations de l'Office universitaire allemand pour les rapports avec les étrangers, dirigé par le Dr Baatz, à Berlin. L'accusation définit en quelque sorte un « délit de fréquentation », que Claoué, lors d'une audition, le 26 janvier 1945, récuse ainsi :

> Longtemps avant la guerre, j'ai eu des relations avec les scientifiques des pays étrangers à cause de mes travaux, en particulier dans le domaine de la chirurgie réparatrice, de l'oto-rhino-laryngologie et du cinéma scientifique. En effet, j'ai fondé les Congrès de chirurgie réparatrice et plastique et, en collaboration avec

61. Fernand Querrioux, *La Médecine et les Juifs*, Paris, Nouvelles Éditions françaises, 1941. Peu d'informations peuvent être données sur la personne de Querrioux. Il est toutefois surprenant de voir son nom inscrit parmi les médecins déportés, sur une stèle érigée dans le hall de la faculté de médecine de Paris, rue de l'École-de-Médecine. Aucun renseignement n'a actuellement été trouvé à ce sujet.

62. AN Z5 86, dossier du Pr Claoué.

63. *Ibid.*

Jean Painlevé, les Congrès du cinéma scientifique. Dans ces conditions, il ne faut pas s'étonner que j'aie été invité avant la guerre par de nombreuses universités et groupements scientifiques tant en Espagne, Hollande, Tchécoslovaquie, Hongrie, pays baltes, etc. qu'en Allemagne. Les médecins allemands m'ont en particulier invité au Congrès de chirurgie de 1937, puis à réaliser des opérations plastiques dans les hôpitaux, pour lesquelles je n'ai jamais reçu d'honoraires. C'est à cette époque que j'ai connu le Dr Baatz, comme président de l'association des professeurs *Dozent* des universités allemandes, car c'était lui qui s'occupait de l'organisation technique.

Bien entendu, j'ai fait partie du Comité France-Allemagne à titre de simple membre, sans activité, car seuls les travaux scientifiques m'intéressent. Avec l'occupation allemande, j'ai dû subir la pression des membres du Comité France-Allemagne, qui s'est transformé en groupe Collaboration. Bien entendu, j'ai subi la pression de nombreux médecins allemands avec lesquels j'ai été en relation avant la guerre. J'étais pressé en particulier de m'occuper de la section scientifique du groupe Collaboration mais je n'en ai rien fait, on ne peut d'ailleurs trouver trace d'aucune activité à ce sujet. D'ailleurs, je me suis refusé d'augmenter mes relations, même médicales, pendant la guerre et je n'ai jamais assisté aux conférences du groupe Collaboration. Devant l'insistance, j'ai fini cependant par donner en 1943 un article, « Le savant et la société » qui, dans mon esprit, ne préconisait nullement la collaboration avec l'Allemagne mais invitait les scientifiques à ne pas s'occuper d'autre chose que de leurs recherches[64].

Finalement, le Pr Claoué est relaxé en 1946; ses juges considèrent qu'il a commis une « erreur », non une « faute légale ». À première vue, les médecins ne présentent aucune originalité par rapport à d'autres professions étudiées dont les membres sont incriminés pour les mêmes motifs. Toutefois, une étude plus précise montre pour certains médecins des griefs spécifiques, liés à leur profession. L'un d'eux est associé à la responsabilité de certains praticiens trop zélés, lors des visites médicales des jeunes Français destinés au STO ou à la relève. Par exemple, le Dr M., médecin parisien ouvertement germanophile, est mis en cause en ces termes :

Il s'est mis au service des Allemands et assurait la visite des travailleurs partant pour l'Allemagne au centre d'embauche de la main-d'œuvre, situé rue de Vaugirard. Il était intraitable et n'avait pas d'égards pour les grands malades, tels que les tuberculeux. De même, il aurait fait partir en Allemagne des pères de famille nombreuse qui étaient venus à son domicile implorer son indulgence[65].

64. *Ibid.*
65. AN Z5 64, dossier du Dr M.

Il arrive aussi que l'on reproche à un médecin d'avoir soigné des collaborateurs. Ce grief, dont la définition est contraire à la déontologie médicale, ne constitue jamais l'unique motif d'accusation. Par exemple, le Dr B. [66] est mis en cause pour ses opinions politiques (il a adhéré successivement au RNP et au MSR) mais aussi parce qu'il se rendait au siège de la milice pour y soigner des miliciens souffrants. De même, il va de soi que le Dr Bernard Ménétrel [67] (1906-1947) n'est pas mis en cause parce qu'il était le médecin personnel de Pétain. L'accusation s'interroge avant tout sur le rôle politique qu'il a pu jouer auprès du Maréchal, dont il devient le secrétaire particulier en juillet 1940. Comme son père, le Dr Louis Ménétrel (décédé en 1936), il est devenu le médecin, l'ami (Pétain est témoin à son mariage et parrain de l'un de ses enfants), le confident, jusqu'à l'exil de Sigmaringen. Lors de son procès devant la Haute Cour de justice, Pétain affirme que, contrairement aux apparences, Ménétrel n'a joué aucun rôle politique. S'il est certain qu'il a voulu propager dans les milieux médicaux les thèmes de la Révolution nationale, il est difficile d'évaluer son influence réelle sur Pétain. Dans une étude récente, Pierre Guillaume le définit à juste titre comme « l'incarnation de cette très large fraction du corps médical qui, dans l'entre-deux-guerres, s'était détachée de la République, sans pour autant adhérer aux idées fascistes [68] ».

Il nous faut enfin mettre à part le jugement d'un ancien ministre, Raymond Grasset, successeur en avril 1942 du premier secrétaire d'État à la Santé nommé par le gouvernement de Vichy, Serge Huard (décédé au printemps de 1944), devenu ministre de la Santé et de la Famille à partir de mars 1944. Grasset est arrêté le 3 mai 1945 et jugé par la Haute Cour de justice [69] instaurée par l'ordonnance du 18 novembre 1944. Lorsqu'il arrive dans le gouvernement Laval en avril 1942, cet omnipraticien du Puy-de-Dôme a déjà un long passé politique. En 1926, à l'âge de trente-quatre ans, il entre sous l'étiquette radicale au conseil

66. AN Z5 69, dossier du Dr B.

67. AN Z6 NL 10605, dossier du Dr Ménétrel.

Sur Ménétrel, voir aussi Henri Noguères, *La Dernière Étape, Sigmaringen*, Paris, Librairie Arthème Fayard, 1956, p. 201-216; Henri Amouroux, *La Grande Histoire des Français sous l'Occupation*, tome 2, *Quarante millions de pétainistes*, Paris, Robert Laffont, 1977, p. 100 *sq.*; Bénédicte Vergez, *Internes et anciens internes [...]*, *op. cit.*, p. 316-322, et surtout la biographie écrite par ce même auteur, *Le Docteur Ménétrel, éminence grise et confident du maréchal Pétain*, Paris, Perrin, 2001.

68. Pierre Guillaume, *op. cit.*, p. 266.

69. AN 3W 183 à 185, procès de Raymond Grasset. Raymond Grasset a voulu justifier son action dans un ouvrage publié en 1956 : *Au service de la médecine, chronique de la Santé publique durant les saisons amères (1942-1944)*, Clermont-Ferrand, imprimerie G. de Bussac.

général de son département, dont il devient vice-président en 1938. Il est très impliqué dans la vie associative. Ancien combattant de 14-18, il est président de la fédération départementale des mutilés et anciens combattants, au sein de laquelle il exerce une influence considérable. En 1940, il est logiquement placé, grâce à Xavier Vallat, à la tête de la Légion française des combattants du Puy-de-Dôme. Il est aussi président du syndicat départemental des médecins de 1928 à 1940. En avril 1942, Laval, dont il est un proche, le nomme secrétaire d'État à la Santé. Arrivé au gouvernement, Grasset se préoccupe beaucoup des questions de médecine sociale, en collaboration avec son chef de cabinet, le Dr Pierre Theil. Il ne prend pas en charge l'application de la législation d'exclusion à l'encontre des médecins juifs, dont l'application a incombé à son prédécesseur, Serge Huard. Lors de sa comparution devant la Haute Cour de justice, il insiste sur le caractère « technique » de son ministère, dans lequel il se serait borné à l'élaboration de textes ne traduisant aucune préoccupation politique. Il pouvait ainsi se prévaloir d'avoir été à l'origine de mesures ponctuelles comme l'affectation d'étudiants en médecine promis au STO à des tâches purement médicales et d'avoir beaucoup hésité à transmettre l'ultimatum allemand sur la déclaration obligatoire, par les médecins, des blessés de la Résistance qu'ils auraient à soigner (l'avis allemand est alors publié dans la presse le 24 mars 1944). Soutenu par de nombreux médecins dont Louis Portes, Raymond Grasset obtient l'arrêt des poursuites à son encontre le 18 décembre 1947.

Nous avons souligné que la majorité des médecins sanctionnés font l'objet de peines relativement bénignes par rapport aux faits reprochés. Les réintégrations sont nombreuses. Plusieurs facteurs expliquent cette double constatation, qu'il nous faut expliciter en analysant maintenant les limites de l'épuration.

Les limites de l'épuration

Tout d'abord, le corps médical a été très sollicité au moment de la Libération. La contribution des médecins est en effet nécessaire au sein du service de santé des armées pour soigner les prisonniers et les déportés et pour secourir les régions sinistrées. Dix classes de médecins et d'étudiants en médecine sont alors appelées sous les drapeaux. Le besoin est urgent :

L'Armée française a de plus en plus besoin de médecins parce qu'elle est en pleine croissance et que c'est elle qui doit fournir au ministère des Prisonniers et Déportés la majorité des médecins nécessaires au fonctionnement des services de rapatriement. Certes, des centaines de confrères patriotes se sont engagés, mais leur nombre est insuffisant, et la mobilisation des médecins est devenue nécessaire. On a appelé successivement les classes 35 à 40; tout dernièrement à Paris, les classes 33 et 34. En outre, des spécialistes ont été individuellement rappelés à l'activité. Si bien que la faculté est vide d'étudiants, les hôpitaux manquent d'externes et d'internes et les praticiens débordés assurent difficilement leurs soins à la population civile[70].

Un décret du 20 avril 1945 impose la réquisition des médecins, hommes non mobilisés et femmes. Les soins à la population civile sont alors une priorité. Ce décret prévoit aussi la réquisition des médecins et étudiants en médecine pour les soins aux rapatriés, y compris hors de leur lieu de résidence. Une répression très sévère n'est pas à l'ordre du jour. Il est en effet difficile d'empêcher l'exercice de la médecine à des hommes et des femmes quasi indispensables.

D'autre part, il est clair qu'une solidarité de corps ou plutôt une confraternité professionnelle se sont nettement manifestées au moment d'infliger les sanctions. Tous les dossiers d'épuration consultés pour cette étude, en particulier les dossiers établis par la défense, comportent des témoignages de soutien rédigés par des confrères de l'accusé. L'exemple le plus frappant apparaît à l'examen du dossier du Dr Paul Guérin[71] (1899-1977), ancien membre de l'Action française devenu PPF mais surtout créateur du Groupement corporatif sanitaire français. Cet organisme s'est fait remarquer durant l'Occupation par ses violentes attaques à l'égard du secrétaire d'État à la Santé, Serge Huard, accusé de mollesse dans sa politique d'exclusion des médecins juifs. En outre, Paul Guérin a écrit dans *Je suis partout* et dans *Le Cri du peuple* des « articles [qui] révèlent une haine profonde des parlementaires, des juifs, des francs-maçons[72] ». Or son dossier d'épuration comprend une lettre du 27 juillet 1948 écrite par Louis Portes, président du Conseil national de l'ordre des médecins. Les termes employés sont à la décharge de Guérin :

Je, soussigné Dr Louis Portes, professeur à la faculté de médecine de Paris, membre de l'Académie de médecine, président du Conseil national de l'ordre des médecins, certifie connaître le Dr Paul Guérin depuis vingt-sept ans. Je ne puis

70. *Le Médecin français*, 25 mai 1945, p. 13.
71. AN Z5 280, dossier du Dr Guérin. Voir aussi Henry Coston, *op. cit.*, p. 335.
72. *Ibid.*

> qu'attester sa parfaite probité ainsi que son patriotisme dont il a donné de multiples preuves. Au cours de sa carrière, le Dr Paul Guérin s'est toujours intéressé aux problèmes professionnels et s'est attaché à défendre les libertés médicales et l'honneur de notre profession. À ma connaissance, au cours de l'Occupation, le Dr Paul Guérin s'est toujours maintenu sur un terrain strictement technique et professionnel et je ne pense pas que rien dans son attitude puisse être considéré comme étant de nature à avoir servi les agissements de l'ennemi[73].

Dans le cadre de l'épuration administrative, un professeur de la faculté de Rennes, Henri M.[74], bénéficie de deux pétitions : l'une de quarante confrères, rendant hommage à sa valeur professionnelle et à ses qualités morales, l'autre, de ses étudiants en médecine, assurant qu'il a manifesté « la neutralité la plus stricte ». Pourtant, il est prouvé de l'aveu même de l'intéressé qu'il a adhéré au PPF en 1941 et aux Amis du Maréchal. Le 19 avril 1942, il accueille Doriot lors d'une conférence donnée au théâtre de Rennes, en tant que secrétaire général du PPF pour l'Ille-et-Vilaine. La chambre civique d'Ille-et-Vilaine le condamne le 18 mai 1945 à la peine de dégradation nationale pour une durée de cinq ans. Il est en outre suspendu de ses fonctions de professeur à la faculté, mais amnistié en 1954. En fait, les grands noms de la Résistance médicale se contentent d'une épuration légère. Le 1er décembre 1944, Paul Milliez, au nom du CMR, se montre très modéré :

> Le rassemblement de tous les médecins français est très souhaitable ; le travail sera ainsi plus fécond, à condition toutefois que soit obtenue l'élimination des traîtres. Ce devrait être chose aisée. Dans chaque région, les traîtres sont connus et se comptent sur les doigts de la main : ils ont travaillé pour l'Allemagne ; ils ont dénoncé des Français, prêté serment de fidélité à l'ennemi, combattu dans ses rangs ; ils ont contribué à la déportation des travailleurs et des étudiants en acceptant de faire passer les visites médicales du Service du travail obligatoire, et ils n'ont pas mis tout en œuvre, alors, pour provoquer, gratuitement, d'innombrables réformes. [...] Mais parlons franc, dans cette liste noire, il ne faut pas ranger les médecins qui, n'ayant jamais collaboré avec les Allemands, ont eu simplement foi en une mystique qu'ils croyaient purement française. Ils sont prêts actuellement à rejoindre les résistants ; ceux-ci doivent être prêts à les accueillir[75].

Étudiant le cas de Paris, Bénédicte Vergez montre qu'il existe une solidarité de corps entre les anciens internes que l'on retrouve au sein

---

73. *Ibid.*

74. AN F17 16846, dossier Henri M.

75. Paul Milliez, « La Résistance médicale et les médecins », *La Gazette médicale de France*, numéro spécial *Libération 1944* (1er trimestre 1945).

des instances dirigeantes de la Résistance médicale et au sein des comités d'épuration[76]. En province, si les sanctions apparaissent plus sévères dans certains départements, la solidarité joue également. On reste entre soi et on s'épure entre soi au sein des conseils de l'ordre régionaux. Par exemple, dans le département de la Marne, un rapport des Renseignements généraux fait le bilan de l'épuration professionnelle : six demandes de justification et une sanction consistant en la suspension pour trois mois du Dr C., désigné par les Allemands comme médecin expert pour contrôler les visites médicales du STO et conseiller médical du Comité ouvrier de secours immédiat. Les RG concluent alors que, « pour le Comité d'épuration de l'ordre des médecins, on a l'impression très nette d'une assemblée dont les membres défendent plutôt leurs collègues qu'ils ne les sanctionnent[77] ».

Les résistants échouent d'ailleurs, dans ce même département, à obtenir des sanctions contre deux médecins : le Dr Priollet de Châlons-sur-Marne et le Dr Bouvier. Le premier est président de l'ordre des médecins. Conseiller municipal et conseiller départemental nommé par Vichy, c'est un intime de Bousquet, mais il conserve son honorariat et sa promotion dans l'ordre de la Légion d'honneur. Le Dr Bouvier[78], quant à lui, a été le successeur de Paul Marchandeau à la mairie de Reims et vice-président du conseil départemental des médecins, en 1942; il ne fait l'objet d'aucune sanction. Outre la solidarité professionnelle, plusieurs circonstances ont permis à des médecins, pourtant collaborateurs reconnus, d'échapper à la sévérité de leurs accusateurs : la participation à la guerre de 1914-1918 ou à la campagne de 1940, l'invalidité, une famille nombreuse, le sauvetage d'un médecin juif ou d'un résistant, l'attribution de certificats médicaux permettant à des jeunes gens d'échapper au STO, enfin la participation tardive à la Résistance, notamment au moment des combats de la Libération[79].

76. Bénédicte Vergez, *Les Internes et anciens internes, op. cit.*, p. 555.

77. Jean-Pierre Husson, *op. cit.*, p. 351-352.

78. *Ibid.* p. 352.

79. Il faut ajouter à ces circonstances particulières les cas de décès, qui annulent ou mettent fin à la procédure engagée. Citons pour exemple un médecin plus particulièrement visé par PVR et le CMR : Alexis Carrel, « régent » de la « Fondation pour l'étude des problèmes humains », suspendu le 21 août 1944 mais décédé le 5 novembre suivant. Sa disparition met un terme à toute procédure de jugement. Malgré la disparition de son créateur, la fondation fonctionne jusqu'à la création, à la fin de 1945, de l'Institut national d'études démographiques (INED) et de l'Institut français d'opinion publique (IFOP). Sur Carrel, voir : Jean-Jacques Antier, *Alexis Carrel, la tentation de l'absolu*, Monaco, Éditions du Rocher, 1994, p. 262-273; Alain Drouard, *Alexis Carrel (1873-1944), de la mémoire à l'histoire*, Paris, L'Harmattan, 1996, et du même auteur, *Une inconnue des sciences sociales,*

Quel que soit le mode d'épuration envisagé, ces circonstances atténuantes sont invoquées. Les exemples de reconversion tardive dans la Résistance sont fréquents au moment de la Libération, quand les médecins sont très sollicités pour soigner les blessés, notamment à Paris. Par exemple, Marcel B.[80] devient médecin chef de la défense passive du VIIe arrondissement. À ce titre, durant la période du 18 au 26 août 1944, il ramasse et soigne les blessés de la Résistance et s'occupe des blessés de l'armée Leclerc. Les résistants communistes ne sont pas dupes de cette reconversion. Un bref article du *Médecin français* le décrit en ces termes :

> Lors de la cérémonie de la place de l'Étoile, comme le général de Gaulle s'éloignait de l'Arc de triomphe, on vit, paraît-il, dans les rangs des formations patriotes qui descendaient les Champs-Élysées, le docteur B., portant un énorme drapeau tricolore et clamant à tue-tête : « Vive de Gaulle ! » Dès avant la guerre, ce chirurgien a toujours été un hitlérien. Il fut emprisonné parmi les cagoulards à qui les nazis avaient fourni des centaines de mitraillettes pour faire un coup d'État. Au retour de sa captivité en Allemagne, il afficha partout des sentiments pro-nazis. On peut se demander de quand date cette bruyante conversion et si cette feinte réussira à lui éviter le châtiment des traîtres qu'il mérite depuis si longtemps[81] ?

Or la sanction de B. est légère : un an d'interdiction d'exercer et l'exclusion pour un an des fonctions hospitalières. Le 30 juillet 1945, il est aussi relevé de la dégradation nationale. Le cas extrême de reconversion est donné par le Dr Marcel Petiot[82]. À la Libération, il réussit à se faire passer pour un résistant et s'engage même sous une fausse identité au 1er régiment de marche de Paris. Il conduit des interrogatoires et se plaint de la lenteur de l'épuration[83]. Démasqué le 31 octobre 1944, Petiot est jugé en assises pour ses multiples assassinats et exécuté le 25 mai 1946.

Les soupçons de pétainisme ou de collaborationnisme mais aussi les sanctions n'empêchent pas la poursuite de la carrière, la réhabilitation, voire l'obtention d'honneurs insignes. À Reims, le Dr Bouvier reçoit des

---

la fondation Alexis-Carrel (1941-1945), Paris, INED/Éditions de la Maison des sciences de l'homme, 1992.

80. AN Z5 34, dossier du Dr B.

81. *Le Médecin français*, 25 octobre 1944, n° 27, p. 2.

82. Marcel Petiot (1897-1946) s'est rendu célèbre par les sordides assassinats qu'il a commis durant l'Occupation dans son hôtel particulier de la rue Lesueur, à Paris. Ses victimes étaient des juifs à qui il promettait son aide, contre de l'argent, pour partir à l'étranger.

83. Jean-François Dominique, *L'Affaire Petiot*, Paris, Ramsay, 1980, p. 160.

mains du général de Gaulle la cravate de commandeur de la Légion d'honneur en 1964, à l'occasion du cinquantième anniversaire de la bataille de la Marne[84]. Même épuré, un médecin peut faire une brillante carrière hospitalo-universitaire. Par exemple, Henri B. (1910-1994), nommé en 1943 à la tête du camp d'internement de Drancy et condamné à trois ans d'interdiction d'exercer, devient ensuite chef du service de pneumo-phtisiologie à l'hôpital Tenon, à Paris. De même, Robert S. (1892-1975), condamné à trois ans d'interdiction d'exercer avec exclusion des fonctions universitaires, hospitalières et administratives pour la même durée, passe ces années à l'étranger, en Amérique latine. On lui reprochait d'avoir été un membre actif du groupe Collaboration. À son retour, il retrouve un poste (il est spécialiste des affections du tube digestif) et devient chef de service à l'hôpital Saint-Antoine. Il est aussi professeur au collège de médecine des hôpitaux de Paris de 1954 à 1960 et membre de l'Académie de chirurgie. Le Pr L. (1875-1961)[85], condamné à la peine de la censure par l'Éducation nationale, en novembre 1944, mène par la suite une brillante carrière. Il entre à l'Académie de médecine en 1948 et devient son président en 1953. Autre cas plus flagrant : la révélation au grand public du passé du doyen de l'hôpital Cochin, ancien Waffen SS ayant bénéficié d'un non-lieu à la Libération, fait scandale à la fin des années 1970. Un dernier exemple révélateur est fourni par l'itinéraire de Marcel A. (1896-1977)[86], chargé de cours à la faculté de médecine de Marseille, arrêté le 26 août 1944 après la plainte portée contre lui par le comité de libération des Bouches-du-Rhône, et dont le cas a été soumis à trois instances différentes. La première à prendre une décision est la commission d'épuration de l'Assistance publique de Marseille. Le 12 décembre 1944, elle envoie au président et aux membres de la commission centrale d'épuration, à l'hôtel de la préfecture de Marseille, la lettre suivante, qui estime que l'intéressé « a toujours eu une attitude anti-républicaine » :

> Collaborateur d'idées et de fait, ce monsieur qui était chef départemental de la Légion des Bouches-du-Rhône a eu à maintes reprises des rapports directs avec les autorités allemandes, dont il était l'ami. Dans son service, il faisait une pression en faveur de la Légion et de la collaboration; il défendait les actes commis

84. Jean-Pierre Husson, *op. cit.*, p. 352.
85. AN F17 16840, dossier de Maurice L. Voir aussi F. Huguet, *op. cit.*, p. 304-306.
86. AN F17 16732, dossier de Marcel A.

> par les Allemands [...], il était très heureux de soigner des Allemands dans son service et menaçait du camp de concentration tous ceux qui ne pensaient pas comme lui. Il est resté d'ailleurs chef de la Légion jusqu'à la période de la Libération, ce qui explique vraiment l'esprit qui animait ce monsieur pronazi. Après avis unanime, la commission de l'Assistance publique demande sa révocation et sa comparution en cours de justice. Il ne faut plus à l'avenir que de tels hommes administrent des services dépendant de la République[87].

Le dossier de Marcel A. est aussi étudié par le Conseil académique d'enquête (CAE) au titre de l'épuration administrative du corps enseignant. Le 31 janvier 1945, trois membres du CAE l'interrogent à la prison Saint-Pierre. Lors de la séance plénière du 9 février, le conseil décide de proposer son exclusion de la faculté de médecine de Marseille. Le 25 mai, c'est au tour du Conseil supérieur d'enquête de statuer sur son cas. Six mois plus tard, le 19 novembre 1945, l'arrêté portant révocation sans pension et interdiction d'enseigner est signé par le ministre de l'Éducation nationale, René Capitant. Au même moment, le 25 novembre, la section d'épuration du conseil régional de l'ordre des médecins a pris elle aussi une décision :

> Considérant que le docteur A., par suite de son activité de propagande en faveur du gouvernement de Vichy et par suite de la collaboration, par son action personnelle et par les articles de journaux qu'il a rédigés, a exercé une influence incontestable qui constitue en fait une activité anti-nationale, encore accrue par sa situation hospitalière et universitaire ; décide à la majorité des voix qu'il y a lieu de prononcer contre lui la suspension du droit d'exercer pour trois mois et de demander à Monsieur le Ministre de l'Éducation nationale son exclusion temporaire des fonctions universitaires pour une période de trois ans moins un jour[88].

Or, malgré cette triple mise en cause, A. a pu poursuivre brillamment sa carrière de neurochirurgien. Il est devenu un spécialiste reconnu de la traumatologie routière, accueilli dans de nombreux congrès. Par ailleurs, de grands patrons parisiens ou provinciaux n'ont été victimes d'aucun préjudice, en dépit des relations que leurs hautes fonctions les avaient conduits à entretenir avec les Allemands, notamment dans un contexte mondain. Jacques Le Mée, reçu par Luchaire ou Abetz, n'est pas inquiété[89]. Pour justifier leurs relations avec l'occupant, les

87. *Ibid.*
88. *Ibid.*
89. Yves Cachin, *Un itinéraire*, Fenêtre sur cour, 1999, p. 55, et entretien avec le Dr Cachin, Paris, 2 juillet 1999.

médecins incriminés se retranchent derrière les nécessités de leur profession. Par exemple, Émile P., chef de service à l'hôpital Saint-Lazare, est inculpé par la cour de justice de la Seine pour intelligence avec l'ennemi. Il lui est reproché d'« avoir entretenu des relations fréquentes et cordiales avec des officiers allemands allant jusqu'à les tenir familièrement par le bras, en se promenant avec eux en public[90] ». Or le Dr P. récuse ces accusations en alléguant que ces relations avec les officiers du service de santé allemand étaient « techniques et administratives ». Son dossier est classé le 28 octobre 1949.

Pour finir, il faut souligner que certains médecins ont bénéficié d'une révision de leur sanction ou d'une amnistie. Ainsi, parmi les 125 praticiens sanctionnés par l'intermédiaire des conseils régionaux de médecins, 12 voient leur sanction réduite ou rapportée dès 1946 ou 1947, soit peu de temps après leur épuration[91]. Des renseignements nouveaux justifient ces décisions et, pour trois d'entre eux, elle est motivée par « les services rendus par l'intéressé à la Résistance ». Ainsi, rapidement, les révisions et amnisties sont effectives et permettent à des médecins sanctionnés de reprendre leurs activités. Parmi les professeurs de faculté de médecine incriminés, certains ont eux-mêmes fait les démarches nécessaires en déposant un recours auprès du Conseil d'État, qui peut prononcer une annulation de sanction. Un médecin algérois, Henri C.[92], obtient ainsi l'annulation de sa révocation sans pension par un arrêt du Conseil d'État daté du 26 février 1947. Par la suite, les amnisties qui se succèdent d'août 1947 à août 1953 permettent à des professeurs comme Henri M. à Rennes, ou Pierre L. à Alger, de reprendre l'enseignement s'ils le désirent.

En définitive, peu de médecins ont dû effectuer des démarches visant à annuler leur sanction, étant donné que la majorité a été frappée par des exclusions de courte durée. Il apparaît logique qu'un praticien exclu pour quelques mois par le conseil régional des médecins n'aille pas, sauf exception, entreprendre de lourdes démarches administratives pour reprendre au plus tôt son travail.

---

90. AN Z6 NL 3550, dossier du Dr P.

91. Arrêté (Ar.) du 26 février 1946, *JO* du 28 février 1946, p. 1757 ; ar. du 31 juillet 1946, *JO* du 7 août 1946, p. 6992 ; ar. du 4 novembre 1946, *JO* du 9 novembre 1946, p. 9507 ; ar. du 19 novembre 1946, *JO* du 24 novembre 1946, p. 9922 ; ar. du 3 janvier 1947, *JO* du 9 janvier 1947, p. 943 ; ar. du 16 janvier 1947, *JO* du 17 janvier 1947, p. 690 ; ar. du 25 septembre 1947, *JO* du 2 octobre 1947, p. 9889 ; ar. du 16 décembre 1947, *JO* du 20 décembre 1947, p. 12294.

92. AN F 17 16912, dossier C.

Pour la grande majorité des médecins, la Libération n'a donc pas constitué une rupture. C'est la continuité qui l'emporte, continuité des hommes et continuité des institutions. En réalité, le corps médical de la Libération souhaite masquer les divergences qui ont pu exister en son sein pendant la période de Vichy : la volonté réconciliatrice prime. La médecine française a ses héros, ses martyrs, ses déportés et l'heure est à l'autocongratulation et au pardon. Dans un discours prononcé le 1er octobre 1944 dans le grand amphithéâtre de la Sorbonne, devant une assemblée de médecins résistants, Paul Milliez exprime ainsi cette volonté de réconciliation :

> Il n'y a pas deux sortes de médecins, pas plus qu'il n'y a deux France. Tous, nous avons vibré à l'unisson. Et même si, parmi nous, il y a des hommes qui n'avaient pas compris ce que nous avions cru comprendre, nous leur ouvrons les bras, car nous ne voulons pas former deux camps, d'un côté les médecins résistants et de l'autre les médecins non résistants. Nous ne chassons que les traîtres, ceux qui ont nettement collaboré avec l'Allemand[93].

La mansuétude observée s'explique avant tout par l'existence d'une grande solidarité de corps. Souvent, le suspect a été sauvé par sa fonction, ses qualités professionnelles et les témoignages de confrères qui faisaient autorité. Ce phénomène est dû aussi à l'ambiguïté des relations entre les médecins et le gouvernement de Vichy. Ce dernier ne leur a pas ménagé ses faveurs, persuadé du soutien, du moins au début, d'une très large partie d'entre eux. Certains ont cru le moment venu d'accéder à de hautes responsabilités. Comme dans d'autres professions, tous n'ont pas été dupes. Le corps médical compte dans ses rangs de nombreux résistants et maintes victimes, fusillées ou déportées. Robert Debré, Robert Merle d'Aubigné, Paul Milliez, Raymond Leibovici, Louis Pasteur Vallery-Radot, Charles Richet en sont quelques exemples parmi beaucoup d'autres. À la Libération, ils souhaitent avant tout oublier les divergences passées et réorganiser la médecine française. Malgré cette épuration légère, des hommes nouveaux, avides de changements, arrivent au premier plan. Les forces dynamisantes de la médecine française sont renouvelées et elles contribueront à l'élaboration de réformes importantes, notamment en 1958, et aux progrès rapides de la médecine dans le cadre métropolitain.

En outre, depuis quelques années, suivant l'exemple d'autres catégories professionnelles, le corps médical commence à se pencher sur son

93. Discours cité dans Louis Pasteur Vallery-Radot, *Mémoires d'un non-conformiste*, Paris, Grasset, 1966, p. 293 (extrait).

histoire. Lors d'un colloque organisé par l'ordre national des médecins les 29 et 30 septembre 1995 à Paris, l'histoire de l'ordre pendant les années 1940-1945 a été évoquée. Certes, les conclusions exposées sont restées floues et lacunaires. Mais, deux ans plus tard, en octobre 1997, le président du Conseil national de l'ordre des médecins, le Pr Glorion, a fait une déclaration dans laquelle il a exprimé un sentiment de regret pour l'attitude de certains médecins durant l'Occupation. L'institution reconnaissait ainsi, pour la première fois, le comportement répréhensible de certains de ses membres.

III

Vers une France nouvelle?

L'épuration au village

par Marc Bergère

Dans une France encore très rurale, une majorité de la population a vécu et perçu l'Occupation et la Libération à l'échelle de son village, c'est-à-dire à la confluence de l'Histoire exogène et des histoires endogènes. Dans tout le pays, les scènes de libération s'apparentent à une forme de révolution villageoise de quelques heures, parfois de quelques jours. On y retrouve souvent les mêmes rites et actes fondateurs (ou plutôt refondateurs). Par une présence massive dans les rues, les manifestations qui accompagnent la Libération visent d'abord à une réappropriation de l'espace villageois. Participant d'une fonction de reconstruction identitaire, la Libération s'inscrit dans le territoire de chaque commune, à commencer par les lieux les plus emblématiques de sa mémoire : la mairie, le monument aux morts, voire, dans les régions de plus forte pratique religieuse, l'église paroissiale. Avec le retrait et souvent la destruction des signes de l'ordre ancien (affiches, portraits, kiosques, enseignes...), la symbolique républicaine est à l'honneur : déferlement tricolore, *Marseillaise*... À l'échelle de chaque village, la Libération est un moment d'exceptionnelle unité, célébré dans la liesse unanime ou vindicative. L'unité du plus grand nombre se scelle parfois autour de l'exclusion de celles et ceux qui ont failli, sali et trahi. Durant les journées libératrices, il arrive que la mise au ban de la communauté se traduise par le marquage des maisons : inscriptions et interdiction de pavoiser accompagnent alors l'exclusion des festivités[1]. Dans le même

1. Le message est parfois très explicite. À Doué-la-Fontaine (Maine-et-Loire), le capitaine FFI, après avoir ordonné de peindre un H sur une vingtaine de maisons, fait placarder l'avis suivant : « Il est formellement interdit aux habitants dont les maisons ont été marquées d'un H, première lettre d'un nom qu'ils admirent, de mettre chez eux la moindre décoration. Ils n'ont pas le droit de participer à nos réjouissances », Archives

esprit, les tontes et autres violences populaires souvent théâtralisées dans des lieux publics[2] (rue, place, hôtel de ville...) participent de cette dynamique de nettoyage de l'espace social.

Processus social d'ampleur, l'épuration légale pénètre profondément les moindres cellules du territoire national. En Maine-et-Loire, 41 % des communes (156 sur 381) et 97 % des cantons (33 sur 34) vont présenter au moins un justiciable devant la cour de justice ou la chambre civique. À titre de comparaison et confirmant le caractère massif des processus en cours, sur l'ensemble de la Bretagne, seuls huit cantons sur 161 (5 %) n'ont envoyé personne devant un tribunal civil d'épuration[3]. Observant l'épuration administrative, François Rouquet a aussi souligné combien, derrière certains dossiers, « il y a en toile de fond la vie du village », ajoutant « c'est une dimension essentielle du phénomène qui se dérobe face à toute tentative typologique[4] ». De fait, l'épuration sous toutes ses formes raconte souvent des relations ou tensions sociales : dès lors, il semble intéressant de réfléchir aux dynamiques à travers lesquelles le village, communauté à part entière, s'épure. S'appuyant sur le cas du Maine-et-Loire, développé dans notre thèse, cette réflexion s'inscrit dans le sillage de nombreux travaux tels que ceux de Maurice Agulhon, Alain Corbin ou encore de Jean-Marie Guillon[5], qui chacun à leur façon considèrent le village comme une unité socio-géographique spécifique.

---

départementales de Maine-et-Loire (ADML), 417 W 25. Dans la commune voisine de Soulanger, le garde-champêtre proclame le communiqué : « Toutes les habitations ayant été marquées d'une croix gammée sont prévenues qu'elles ne doivent pas prendre part au défilé, ni pavoiser », ADML, 417 W 38. D'une manière plus générale, la répression populaire de la collaboration impulsée par les communautés nourrit de puissantes manifestations d'ostracisme social. Sur ce point, voir notre thèse *Épuration vécue et perçue à travers le cas du Maine-et-Loire. De la Libération au début des années 50*, Rennes-II, 2001, p. 576-590.

2. Au niveau national, Fabrice Virgili indique que les tontes publiques se déroulent à 41,9 % dans la rue, 20,8 % sur une place, 18,3 % sur les perrons ou balcons des mairies ou préfectures, 18,9 % dans des cours de centres de détention (caserne, gendarmerie, commissariat...) ; F. Virgili, *La France « virile ». Des femmes tondues à la Libération*, Paris, Payot, 2000, p. 292.

3. L. Capdevila, *Les Bretons au lendemain de l'Occupation. Imaginaire et comportement d'une sortie de guerre 1944-1945*, Rennes, PUR, 1999, p. 199.

4. F. Rouquet, *L'Épuration dans l'administration française*, Paris, Éd. du CNRS, 1993, p. 89.

5. M. Agulhon, *La République au village*, Paris, Seuil, 1979; A. Corbin, *Le Village des cannibales*, Paris, Aubier, 1990, Flammarion, coll. « Champs », 1995; J.-M. Guillon, « La Résistance au village », dans J. Sainclivier et C. Bougeard, *La Résistance et les Français : enjeux stratégiques et environnement social*, Rennes, PUR, 1995, p. 233-243.

Un cadre spécifique

La réalité de chaque village, milieu fermé géographiquement et culturellement, se dérobe souvent au regard extérieur et donc à l'historien. Dans son étude *Chanzeaux, village d'Anjou*, le sociologue Laurence Wylie raconte cette difficulté : « Tous les ans, des familles entières venant notamment de hameaux et de villages quittent Chanzeaux à cause de querelles entre voisins, sous la forme fréquente d'émigration au sein des familles [...]. Quand nous avons entrepris d'interroger les Chanzéens sur ce problème, on nous a avertis que nous aurions du mal à obtenir des renseignements parce que les gens quittaient le pays pour des raisons personnelles[6]. » Jean-Marie Guillon signale qu'on ne dit rien d'emblée au même Laurence Wylie enquêtant à Roussillon (Vaucluse), « d'autant qu'il est américain et que l'on est au début des années 1950[7] ». Creusant ce premier réflexe de mutisme et le peu de monographies locales qui abordent la période des années noires de front, Jean-Marie Guillon explique : « La communauté ne craint rien tant que la division. La mémoire intime est réservée à ceux que l'on connaît suffisamment pour leur révéler drames et haines, trahisons et dangers encourus, réels ou exagérés (souvent). Le village se présente toujours comme une grande famille qui entend faire bonne figure devant "les autres" qui forcément le jugent comme chacun le fait au sein du groupe[8]. »

Aidé par la richesse des archives locales consultées[9], nous avons pu nous imprégner de certaines atmosphères villageoises. Le résultat obtenu est nécessairement à la fois singulier et pluriel : il s'agit de villages sans doute comparables à beaucoup d'autres mais qui en même temps ne ressemblent parfaitement à aucun autre. Cet effet kaléidoscopique pourrait être gênant si nous avions une prétention à la généralisation des cas étudiés. Mais notre ambition est ailleurs : sans prétendre ériger les exemples pris en modèle ni même en grille d'analyse apte à

---

6. Laurence Wylie a séjourné et observé le village de Chanzeaux de 1957 à 1965 ; professeur à Harvard il a été attaché culturel des États-Unis en France de 1965 à 1967 ; il a également publié *Un village du Vaucluse* (1968). L. Wylie, *Chanzeaux, un village d'Anjou*, Paris, Gallimard, coll. « Témoins », 1970, p. 243.

7. J.-M. Guillon, « La Résistance au village », *op. cit.*, p. 234.

8. *Ibid.*, p. 234-235.

9. Notamment dans les archives du cabinet du préfet, le fonds 417W18-40 : affaires municipales classées par commune (composition des conseils municipaux, affaires mineures relatives à la commune ou aux habitants, 1940-1977).

dégager des mécanismes réapplicables à l'identique ailleurs, nous entendons montrer que chacune des situations décrites nous dit quelque chose sur l'épuration. Modestement, ces villages unanimes ou divisés renseignent sur l'appréhension du phénomène « épuration » par des Français ordinaires, participant en cela à la restitution d'une part de l'épaisseur et de la complexité du social.

L'ÉPURATION À L'OMBRE DES CLOCHERS

Les conflits observés dans bon nombre de communes autour de la Libération ne sont bien souvent que la poursuite de luttes d'influence engagées avant guerre et exacerbées par l'épisode de Vichy. Ils représentent alors un filtre à travers lequel les acteurs locaux perçoivent la répression d'une collaboration réelle ou supposée.

À Brain-sur-Allonnes, aux confins orientaux du Maine-et-Loire, en terre radicale, l'épuration cristallise une querelle catholique-laïque largement préexistante et d'autant plus vive que la faction cléricale n'est pas ici dominante comme dans l'ouest du département. Avec un faible niveau de pratique et peu d'écoles chrétiennes, le Saumurois et le Baugeois constituent à l'échelle du département un « front » où les forces cléricales se heurtent à une sociabilité laïque et républicaine installée. On est ici très loin de la réalité occidentale (Segréen/Mauges) et de ses zones de pratique quasi unanime à forte implantation d'écoles chrétiennes. Jusqu'à la Seconde Guerre mondiale, la plupart des prêtres craignent d'ailleurs d'être nommés dans la partie orientale du diocèse, qualifiée de « Chine » dans le jargon clérical[10]. Ainsi, en 1907, le prêtre de La Breille, paroisse voisine de Brain-sur-Allonnes, écrit à son supérieur : « Votre Grandeur ne peut comprendre combien ce pays sauvage fait souffrir mon cœur et mon caractère vendéens[11] ». Jusqu'aux années 1930, la nomination dans ce secteur est vécue comme un purgatoire, voire une punition[12]. Dans un tel climat, les relations sont souvent difficiles et même conflictuelles entre le desservant de la paroisse et la municipalité en place, comme à Brain-sur-Allonnes. Dans ce bourg de

10. F. Lebrun, *Histoire du diocèse d'Angers*, Beauchesne, 1981, p. 239.

11. *Ibid.*

12. Selon François Lebrun, jusqu'aux années 1930, ne restent en Baugeois et Saumurois que les prêtres mal notés, ou résignés ou sanctionnés (républicains, sillonnistes...), *op. cit.*, p. 239. Pour beaucoup d'autres, cette nomination est acceptée provisoirement comme une mission et un sacrifice avant de retrouver « une bonne paroisse ».

mille habitants[13], l'avant-guerre est marqué par une « guerre froide » quasi permanente entre le maire (en place depuis 1927) et le curé. Ce dernier, considéré par le sous-préfet comme doté d'« une certaine personnalité et assez combatif », vit en mésintelligence avec le maire radical et ex-conseiller d'arrondissement : « À chaque instant, de légers conflits les mettent aux prises[14]. » Latente, la crise éclate en 1939 au sujet du renouvellement du bail du presbytère et des frais d'entretien de l'église. Le curé, soutenu par son évêque, refuse le triplement du loyer du presbytère du moins sans un minimum de travaux et de réparations que la municipalité se refuse à engager. Les interventions du sous-préfet et de l'évêque n'y changent rien, chacun campant sur ses positions[15]. Surprise par les événements de la guerre, la situation en reste là mais rebondit sous Vichy. Profitant d'un climat politique plus favorable à sa cause, le « camp » catholique se réveille sur un air de revanche. En février 1941, le conseil paroissial saisit le préfet dans des termes non équivoques sur sa volonté d'instrumentaliser le nouveau régime contre les tenants de l'ancien :

> Nous nous permettons d'attirer votre attention sur l'état lamentable de l'église et du presbytère [...]. Ici, où l'anticléricalisme, la franc-maçonnerie et les doctrines du Front populaire règnent encore en maître, malgré les conseils de tolérance et de justice donnés par le vénéré chef de l'État, le maréchal Pétain, et ses représentants officiels placés par lui à la tête des départements, la municipalité de 36 s'entête à laisser l'église et le presbytère sans réparations sérieuses et dans un état d'abandon qui fait mal[16].

Ces propos et les espoirs qu'ils véhiculent témoignent parfaitement de la réaction cléricale et antilaïque que Vichy suscite et même encourage, au moins dans un premier temps en 1940-1941[17]. D'ailleurs, comme les

13. 1 146 habitants au recensement de 1946.

14. ADML, 417 W 20, rapport du sous-préfet de Saumur au préfet le 6 février 1939.

15. *Ibid.*, l'évêque menace de supprimer le desservant de cette commune, ce que veulent éviter le sous-préfet et le préfet, qui ne souhaitent pas en faire un « martyr » de la cause catholique : « Dans ce pays d'Anjou éminemment catholique, il serait très regrettable qu'un pareil conflit ne s'envenime et que l'autorité ecclésiastique ne vienne à retirer le desservant », courrier du sous-préfet de Saumur au préfet, le 6 février 1939.

16. *Ibid.*, courrier du conseil paroissial au préfet, le 2 février 1941.

17. Après une violente offensive initiale (liberté de l'enseignement congréganiste, suppression des écoles normales, subvention des écoles privées, enseignement religieux en option dans les écoles publiques) qui réjouit les milieux conservateurs, Carcopino opère un repli stratégique ; cf. H. Rousso, « Vichy, le grand fossé », *Vingtième Siècle. Revue d'histoire,* 1985, n° 5, p. 60-61.

autorités préfectorales tardent à réagir, le conseil paroissial récidive, demandant de nouveau l'arbitrage du préfet, tout en se disant disposé « à faire suivre notre réclamation au maréchal Pétain[18] ». L'heure « des vaincus » de 1936 a sonné :

> Nous ne demandons pas de faveur, bien que nous ayons trop souffert depuis 1936 du fait de la carence de l'autorité préfectorale [...]. La politique de l'irresponsabilité est terminée. Nous sommes des hommes d'âge, de bons Français, un certain nombre parmi nous sont d'anciens combattants de 1914-1918[19].

Leurs pressions répétées permettent à la faction catholique de l'emporter, le sous-préfet de Saumur obtenant non sans mal « une délibération du conseil municipal chiffrant les travaux nécessaires à l'église et au presbytère[20] ». Dans cette affaire, il est intéressant de noter que les représentants locaux de « l'État français » ne cherchent pas à heurter de front l'opinion laïque dominante de la commune. Au contraire, dans la tradition du corps préfectoral, il préfère la pacification et l'apaisement face à deux camps qu'il renvoie dos à dos[21]. En cela, sa proposition médiane[22] illustre parfaitement les ambiguïtés d'un régime de Vichy « pris en tenailles entre son obsession de passé qui l'incline à ranimer un vieux clivage (catholique/laïque) et sa volonté inscrite dans les nécessités du temps, d'affermir et consolider la puissance de l'État[23] ». Dans un climat déjà lourd et exacerbé par l'Occupation, la Libération et l'épuration ravivent les braises d'un feu mal éteint. Au début du mois de septembre 1944, le curé de la commune porte plainte à la gendarmerie pour dégradation du presbytère (maculé de croix gammées) et vol de drapeau tricolore (remplacé par un drapeau hitlérien)[24]. L'enquête, dépêchée sur place, évoque la mauvaise réputation du curé, à qui cer-

---

18. ADML, 417 W 20, courrier du conseil paroissial au préfet, le 13 avril 1941.

19. *Ibid., loc. cit.*

20. *Ibid.*, courrier du sous-préfet de Saumur au préfet, le 7 août 1941. « Ce maire qui est un homme entêté a mis longtemps à me donner satisfaction. »

21. Face à une situation où, depuis 1939, « des incidents assez vifs opposent la municipalité au desservant et à la population catholique de cette paroisse », le sous-préfet , s'il note « la mauvaise volonté de la municipalité » devant l'urgence des travaux, fait aussi ressortir « une certaine mauvaise foi tant de la part de monsieur le curé que de son conseil paroissial »; ADML, 417 W 20, lettre du sous-préfet au préfet, le 23 avril 1941.

22. Les autorités n'entendent pas réveiller une guerre religieuse dans le département. Si elles donnent finalement satisfaction au conseil paroissial, c'est par la persuasion et le dialogue avec le conseil municipal, mais elles ne recourent pas à la dissolution.

23. H. Rousso, « Vichy, le grand fossé », *op. cit.*, p. 62.

24. ADML, 417 W 20, procès-verbal de gendarmerie, le 7 septembre 1944, audition du curé de Brain, plaignant.

tains habitants reprochent d'avoir tenu, sous l'Occupation des propos antifrançais et antialliés jusque dans ses sermons. Mais, comme on pouvait s'y attendre, « il n'a cependant pas été possible d'obtenir confirmation de ces faits[25] ». Si le maire, dans une logique d'apaisement et d'union, considère les exactions contre le curé comme « des actes inqualifiables[26] », il est clair qu'une partie de la faction laïque est bien décidée à en découdre en mettant à profit le nouveau contexte politique.

Quelques mois plus tard, des faits similaires se reproduisent. Dans la nuit du 21 au 22 avril 1945, veille de l'inauguration de l'école libre par Mgr Costes, évêque d'Angers, des croix gammées sont tracées sur les murs de l'établissement et les portails de la cure[27]. Dotée en fonction des partis et des périodes de contours et de contenus différents, la définition même du « bon Français » change de camp mais, sur notre scène villageoise, elle participe toujours de la même dynamique qui consiste à percevoir l'autre faction comme l'ennemi intérieur à travers le prisme déformant du contexte politique du moment. L'apparente continuité de la lutte entre ces deux sociétés rurales, par-delà la séquence Occupation-Libération, semble laisser supposer que rien n'a changé dans cette commune. Or, en y regardant de plus près, les choses ont évolué. L'épreuve de la guerre, les difficultés et les priorités du moment mais aussi sans doute les excès d'un curé « de choc » qualifié par les autorités préfectorales de la Libération d'« agité et sectaire[28] » font que la population aspire à l'union. Lassés des frasques[29] de leur curé, nombreux sont ceux, y compris au sein des catholiques pratiquants, à considérer que son départ est le seul moyen de ramener le calme et l'entente dans la commune[30]. Quant à la municipalité maintenue sous Vichy et à la Libération, elle est réélue sans problème aux élections de 1945 : le maire

25. *Ibid.*, rapport de police (inspecteur de la police régionale), le 11 juin 1945.

26. *Ibid.*, procès-verbal de gendarmerie, le 7 septembre 1944.

27. *Ibid.*, rapport de police, le 11 juin 1945.

28. *Ibid.*, courrier du sous-préfet de Saumur au préfet, le 19 mai 1945.

29. Refus de sonner les cloches le 30 août 1944 pour fêter la libération de la région, violentes attaques contre les bals organisés dans la commune le 20 février et 10 mars 1945, scandale contre son éviction et celle des représentants des écoles libres et des patronages de l'office municipal d'éducation physique (février 1945)... ADML, 417 W 20. À bien des égards, il ressemble à l'abbé Varèmes cher à Jean-Louis Bory dans *Mon village à l'heure allemande*, Paris, Flammarion, 1945.

30. ADML, 417 W 20. C'est la conclusion de l'enquête de police réalisée en juin 1945 au sujet de « l'animosité régnant entre le curé et la population de la commune ». Nous ignorons si cette demande a été suivie d'effet et dans quels délais. Le curé apparaît finalement beaucoup plus isolé au printemps de 1945 qu'à la veille ou même au début de la guerre.

gouvernera finalement les destinées de sa commune de 1927 à 1953. Si chacun reste sans aucun doute fidèle à ses convictions, le temps de la Libération (1944-1945), marqué par le choc de la guerre, révèle peut-être dans cette commune le primat des valeurs patriotiques sur toutes autres considérations idéologiques ou doctrinales.

D'autres communes témoignent aussi de la résurgence du clivage catholiques/laïques et, à plusieurs reprises, l'épuration intègre (ou tente de le faire) cette dimension. Ainsi, à Cheviré-le-Rouge, après le traitement sévère réservé à l'institutrice du village[31], des habitants relayés par le CLL de Saumur et le sous-préfet demandent la traduction du curé de la paroisse en chambre civique. La demande est motivée par un souci d'équilibre et d'équité sociopolitique : « La conduite de l'institutrice de Cheviré a été loin d'être exemplaire durant l'Occupation, ce qui lui a valu une sévère condamnation, celle du prêtre n'a guère été plus reluisante[32]. » Il lui est notamment reproché, sur la base d'une lettre envoyée à un requis, d'avoir souhaité la victoire de l'Allemagne. D'une manière générale, la rumeur publique l'accuse d'idées et de propos proallemands. Mais cela n'est pas suffisant aux yeux du parquet qui, faute de preuves formelles, classe le dossier[33]. Originale, la démarche est significative de l'importance des clivages hérités dans la lecture ou relecture de la période. C'est particulièrement net dans le cas de Bourgneuf-en-Mauges, face cette fois à une communauté unanime pour refuser une épuration venue de l'extérieur. Le maire, d'origine noble, révoqué pour avoir refusé d'enlever le portrait du maréchal Pétain, est réélu à une grosse majorité aux municipales de 1945 par 244 voix sur 272. Fort du soutien de 90 % de ses concitoyens, il prononce à l'occasion de la célébration de la victoire un violent discours antilaïque. Imprégné de la pensée des courants catholiques conservateurs et antilibéraux (il se réclame de Louis Veuillot)[34], son texte d'inspiration nettement contre-

31. Internée quatre mois, condamnée à vingt ans de dégradation nationale par la chambre civique d'Angers et révoquée sans pension à trente-deux ans par le CSE du ministère de l'Éducation nationale. Les faits qui lui sont reprochés consistent surtout dans des relations (reconnues) avec des Allemands et des opinions hostiles à la Résistance. AN F17-16 848, dossier de Mlle M.

32. ADML, 30 W 182 à 189, affaires de collaboration relatives à l'arrondissement de Saumur, dossier R., curé de Cheviré-le-Rouge.

33. ADML, 7U4/19, chambre civique de Maine-et-Loire, dossier classé sans suite, n° 1268.

34. La teneur de son discours comme l'exclamation finale « Catholique et français toujours ! » le situe dans la mouvance de la Ligue des catholiques de l'Anjou (adhérente à la FNC) lancée en 1924 sous l'autorité de Mgr Rumeau, dont le programme est marqué par la lutte contre le laïcisme, le communisme, la franc-maçonnerie et l'exaltation d'un ordre corporatif chrétien. F. Lebrun, *Histoire du diocèse d'Angers*, *op. cit.*, p. 256-257 ; P. Gabil-

révolutionnaire en appelle aux vertus d'une société d'ordres[35] et d'une France immémoriale, celle de la foi et des rois.

Considérant la guerre et le nazisme comme le produit du paganisme et du laïcisme, il livre au passage sa propre définition de la collaboration : « Travailler contre Dieu, c'est travailler contre l'intérêt même de la France, c'est travailler pour l'Allemagne. » Informés par l'instituteur du village, l'inspecteur d'académie et le CDL alertent le préfet, qui se garde bien d'intervenir et s'en explique auprès du ministre de l'Intérieur : « En ce qui concerne le discours prononcé par monsieur X., je vous ai adressé un rapport le 26 juillet indiquant qu'étant donné la physionomie très particulière du pays choletais, je n'ai pas cru devoir [lui] infliger de sanction plus grave qu'un blâme officiel[36]. » Si, en effet, dans le département et particulièrement dans sa partie occidentale, les valeurs héritées de l'Ancien Régime restaient encore diffusées dans l'entre-deux-guerres[37], il n'est cependant pas sûr que l'ensemble des habitants et électeurs de Bourgneuf partage les convictions de leur maire. En revanche, il est certain que dans ce village comme en maints endroits on peut se braquer contre toute ingérence « étrangère » dans les affaires locales. Le soutien accordé au maire – s'il reflète sans doute un rapport de dépendance et de domination entre notable et administrés ou encore propriétaire et obligés – témoigne aussi d'un rejet de toute intervention extérieure. Ce sont des FFI de Chalonnes-sur-Loire[38] qui, le 21 octobre 1944, arrivent et repartent en voiture après avoir enlevé le portrait de Pétain à la mairie[39]. La révocation du maire, perçue comme une décision d'autorités extérieures, est délégitimée aux yeux de nombreux habitants. Comme en de nombreux lieux, notamment ici dans le bocage, le village constitue une société à part entière, prête à se défendre contre toute menace externe. On retrouve là une tendance fréquente à considérer toute opinion minoritaire comme déviant de l'ordre établi. Perçue comme une

lard, *L'Extrême-Droite en Maine-et-Loire (1919-1934)*, maîtrise d'histoire, université de Nantes, 1980, p. 132-133.

35. À l'évocation du général Leclerc, il prend le soin de préciser : « comte de Hauteclocque de son vrai nom ».

36. ADML, 417 W 20, courrier du préfet de Maine-et-Loire au ministre de l'Intérieur, le 6 août 1945.

37. Philippe Gabillard voit, dans ce repli d'une partie de l'élite conservatrice sur des valeurs traditionnelles, une manifestation « des difficultés d'adaptation d'une province rurale et catholique à fort encadrement nobiliaire ». P. Gabillard, *op. cit.*, p. 300.

38. Ils ne sont donc pas du « pays » et qui plus est, ils viennent de la vallée, ce qui pour une commune du bocage constitue déjà « un autre monde ».

39. ADML, 417 W 20, lettre du préfet au conseil municipal de Bourgneuf, le 12 janvier 1945.

menace de dissolution de la communauté, elle est à ce titre refoulée avec véhémence. Toujours dans les Mauges, le maire du Longeron, sollicité à la Libération par le préfet sur l'opportunité de rouvrir l'école publique fermée en octobre 1940, apporte une réponse emblématique de cet état d'esprit :

> Le nombre de parents réclamant la réouverture est très minime, il s'agit d'ailleurs, certainement d'éléments qui ne sont pas originaires du Longeron [...]. Il y a certainement dans cette demande une question politique destinée à diviser la commune, très unie jusqu'à ce jour. Je serais d'ailleurs désireux de connaître le nom de ceux désirant la réouverture de cette école et aimerais qu'une enquête au point de vue moral soit faite sur chacun d'eux[40].

Cette réaction témoigne d'une mécanique implacable de la définition du suspect à l'échelle du village : elle consiste à considérer que si la communauté est trahie, cela ne peut être que le fait d'éléments qui ne lui appartiennent pas vraiment. Très souvent, en effet, la demande d'épuration vise prioritairement des individus non ou mal intégrés aux sociabilités locales : dès lors, la marginalité voire la seule originalité, le faible enracinement communal (réfugiés...) et *a fortiori* le statut d'étranger sont de puissants vecteurs de suspicion[41]. Au sujet de la guerre de 1870, Alain Corbin démontrait déjà que bien souvent la rumeur en période de conflit « répand le virus de l'hostilité et de la haine contre des sous-groupes loyaux de la nation », mais que « la tendance dominante est de chercher le traître, le persécuteur à l'extérieur du groupe d'appartenance[42] ». L'Autre, celui qui est différent, est donc facilement assimilé à « un ennemi intérieur », particulièrement dans le contexte de la Libération où le mythe de la « cinquième colonne » reste vivace.

Dans les faits, l'épuration exacerbe un contrôle social jamais démenti, au sein de petites communautés fermées, et ne représente qu'un épisode et/ou une occasion supplémentaire de se débarrasser d'éléments « indésirables[43] » : dès lors, le « collabo » est perçu à la fois comme ce qui est

40. ADML, 417 W 28, enquête administrative réalisée à la demande du préfet, procès-verbal de gendarmerie, déclaration du maire, le 17 novembre 1944.

41. Par extension, toute personne transgressant de manière réelle ou supposée l'ordre moral et/ou social établi peut être suspecte. De fait, on constate souvent que la collaboration est associée à une forme de dégénérescence morale ou sociale.

42. Alain Corbin, *Le Village des cannibales*, *op. cit.*, p. 65-66.

43. En ce sens, l'épuration impulsée par les voisinages tend au même titre que la pression sociale ordinaire à garantir une stabilité et une homogénéité sociales relatives. Laurence Wylie, au seuil des années 1960, démontre qu'à Chanzeaux les personnalités non conformistes, déviantes ou marginales sont portées par la pression sociale à quitter la commune : « Le conservatisme du Maine-et-Loire, sa fidélité à l'Église et sa relative prospérité

exclu du groupe et comme ce qui le menace de dissolution. Dans un tel contexte, il peut être la cible de violences parfois extrêmes (tonte, lynchage...) avec l'assentiment de tout ou large partie du groupe, son exclusion brutale contribuant à cristalliser les bases d'une nouvelle communauté de destin[44]. Ces traits de mentalités pourraient être regardés comme un caractère spécifiquement angevin si Jean-Marie Guillon ne décrivait pas pour le Midi et dans un contexte sociopolitique très différent des dynamiques communautaires analogues :

> Les libérateurs ne sont adoptés que s'ils ne sont pas une minorité marginale. Le rejet du pouvoir communiste instauré par le maquis FTP dans certains villages à la Libération est aussi le rejet d'un pouvoir où les jeunes et les « étrangers » (quelle que soit leur origine) tiennent trop de place pour être légitime [...]. En revanche, à Roussillon, le maire communiste de la Libération est facilement accepté : il est du village [...], résistant notoire et héros reconnu par tous pour avoir refusé d'obéir aux injonctions épuratrices venues de l'extérieur[45].

À travers sa façon de s'épurer, le village révèle donc sa cohésion comme ses fractures. « Politiques » dans les exemples précédents, ces dernières peuvent aussi être relationnelles ou encore spatiales. À La Bohalle, l'épuration du maire et de son entourage se joue contre un clan, accusé de longue date de tenir la commune sous sa coupe, au point que le conseil municipal était fréquemment comparé à un « conseil de famille ». Si les sentiments proallemands du maire et de son entourage ne font guère de doute[46], l'épuration n'en intègre pas moins cette lutte entre deux factions rivales de la population : le maire, les membres des familles M., L., D. et C., tous cousins et alliés, qui gouvernent la commune soutenus par « une clientèle à leur dévotion », et une autre partie

---

agricole sont notoires et on a longtemps supposé tous ces facteurs liés à une certaine stabilité de la population. Mais nous avons vu que, facteur latent d'évolution, les migrations contribuent néanmoins de manière décisive au maintien des traditions : loin d'être un signe d'instabilité, les mouvements migratoires travaillent à assurer à la commune homogénéité et stabilité » (L. Wylie, *op. cit.*, p. 242-246).

44. De nouveau, la similitude entre la scénographie du massacre de Hautefaye et certains déchaînements de la Libération est frappante. Contre « le Prussien » du 18 août 1870 ou contre « le collabo emboché » de l'été de 1944, on peut déceler « le même désir implicite de sceller et de célébrer la cohésion de ce rassemblement momentané par la participation commune à une action d'éclat qui dise l'unanimité des sentiments et la profondeur de l'accord politique » (A. Corbin, *op. cit.*, p. 78-79).

45. J.-M. Guillon, « La Résistance au village », *op. cit.*, p. 242.

46. « Amis de la LVF », ils expriment assez ouvertement des sentiments proallemands. Le maire et son épouse seront condamnés après la guerre par la chambre civique pour propagande soutenue en faveur de l'Allemagne.

des habitants qui a accumulé depuis longtemps des griefs et rancunes contre ce mode de gestion municipale[47]. Le poids de ces rivalités, exacerbées par la peur des semaines qui ont précédé la Libération, explique certainement la violence de l'épuration dans ce village où trois personnes sont tondues, dont le maire et sa femme. Commune des bords de Loire, La Bohalle libérée reste pendant trois semaines exposée aux incursions nocturnes des Allemands encore maîtres de l'autre rive : deux habitants y trouvent la mort et un troisième est porté disparu. Un résident mesure parfaitement le climat qui régnait dans « le pays » : « L'état d'esprit d'alors était que les Allemands avaient des connivences à l'intérieur. Je n'accuse personne et je ne relate ceci que pour montrer combien ce village terrorisé craignait non seulement les Allemands mais aussi ceux qui avaient montré ostensiblement pendant des années leur admiration pour eux[48]. » Dans le contexte différent d'une commune cependant passablement divisée, à La Romagne, les difficultés de la Libération et de l'épuration traduisent un conflit entre le chef-lieu et la campagne[49].

Sans systématiser, ce clivage aggravé par des polémiques liées au ravitaillement apparaît souvent comme déterminant à l'échelle des communautés rurales : ainsi les bourgs et les professions qui s'y rattachent apparaissent-ils surreprésentés dans la composition des CLL ruraux. Nombreuses sont les études qui témoignent d'ailleurs de l'importance de la géographie sociale, le lieu de résidence formant un déterminant important de la trame des rapports sociaux. Laurence Wylie, à Chanzeaux, au seuil des années 1960, a mis en évidence la permanence de cette différenciation entre deux espaces constitutifs de deux mondes distincts[50]. Nettement en amont, Alain Jacobzone, dans son panorama de

47. Tous les renseignements fournis sont issus d'une longue enquête administrative relative aux agissements du maire et de son entourage. L'inspecteur de police judiciaire chargé de ce travail reconnaît « l'enquête difficile du fait de la tension politique dans ce petit pays de six cent et quelques habitants » (ADML, 417 W 20, rapport du 13 décembre 1944).

48. *Ibid.*, rapport de police judiciaire, 13 décembre 1944. Notons au passage que l'idée du complot intérieur était déjà partie intégrante de la « culture villageoise » puisque selon une rumeur préexistant au conflit, le maire et son entourage étaient suspectés d'appartenir à la Cagoule.

49. ADML, 417 W 38, courrier du sous-préfet de Cholet au préfet le 3 octobre 1944 : « Ce différend qui oppose le maire et le secrétaire de mairie me paraît être préélectoral. J'ai pu me rendre compte par une démarche personnelle à La Romagne qu'un conflit sérieux opposait le chef-lieu et la campagne. »

50. Il insiste notamment sur des occupations professionnelles, une mobilité, un accès à la culture, une sociabilité propres à chaque milieu (L. Wylie, *op. cit.*, p. 187-188 et 195).

l'Anjou pendant la Grande Guerre, avait déjà montré combien, au-delà de l'opposition ville/campagne, la guerre exacerbe le conflit bourg/écarts. Au plus fort de la crise de 1917 notamment, un maire note : « De tout temps, dans nos campagnes, une hostilité dont vous ne pouvez vous faire une idée, règne entre les fermiers d'une part, et les ouvriers des bourgs de l'autre[51]. » Dans le même temps, un de ses collègues décrit la rivalité entre les habitants des campagnes et du bourg dans sa commune de la façon suivante : « Ce sont deux catégories de citoyens qui ne se comprennent pas malgré leur origine commune et souvent même leurs liens de parenté. Le prix élevé des denrées a ravivé cette querelle[52]. »

Nul doute que la mécanique des solidarités villageoises est à considérer pour mieux saisir le rapport des communautés à l'épuration. Capable d'autoépuration implacable gérée en interne avec l'acceptation de tout ou large partie de la communauté, le village peut aussi se cabrer et refuser une mesure d'épuration exogène. Paradoxalement, les deux comportements participent d'une même représentation de groupe où « l'unité de la communauté pousse à refuser ce qui tend à la déchirer sur des conflits qui ne sont pas d'abord les siens[53] ». Sans sombrer dans la caricature ou les clichés inhérents à l'image de Clochemerle, il existe une réelle spécificité de l'épuration revue et corrigée au village.

---

51. A. Jacobzone, *En Anjou, loin du front*, Angers, Éd. Davy, 1988, p. 178.
52. *Id., ibid.*, p. 177. Il s'agit du maire et conseiller général de Cheffes-sur-Sarthe.
53. J.-M. Guillon, « La Résistance au village », *op. cit.*, p. 241.

L'épuration des parlementaires

par Olivier Wieviorka

Le hara-kiri du personnel politique, confiant sans barguigner les pleins pouvoirs au maréchal Pétain le 10 juillet 1940 et soutenant, fût-ce pour un temps, le régime vichyste, n'a guère contribué à rehausser le prestige des parlementaires au lendemain de la guerre. L'idée d'éliminer de la scène politique les hommes qui, par peur, par opportunisme ou par conviction, avaient déshonoré leur mandat en portant un État dictatorial et collaborateur sur les fonts baptismaux ne pouvait dès lors n'émouvoir que les âmes sensibles. Se souvenant de l'impuissance du régime républicain – symbolisée par les émeutes du 6 février 1934, attestée par la défaite de 1940 –, les Français ne pouvaient qu'approuver l'exclusion des sépulcres blanchis. Prétendant relever des élites disqualifiées par la débâcle, les mouvements de résistance ne risquaient guère de s'opposer à une mesure qui servait leur conception de la justice tout autant que leurs intérêts bien compris. L'attachement limité que Charles de Gaulle vouait tant aux partis qu'à la classe politique de l'avant-guerre laissait enfin deviner que le chef du gouvernement provisoire de la République française manierait le scalpel sans sentimentalité excessive. De sorte que l'épuration des parlementaires entreprise dès la Libération se fonde sur un consensus somme toute assez large.

Primitivement confiée aux préfets par l'ordonnance du 21 avril 1944, cette mission incombe *in fine* à un jury d'honneur créé par l'ordonnance 45-582 du 6 avril 1945. Le texte énumère la liste des fonctions qui, occupées durant les années sombres, interdisent de siéger dans une assemblée départementale ou municipale provisoires. Les parlementaires relèvent de cette interdiction s'ils ont voté « oui » le 10 juillet 1940 ou s'ils ont conservé, après avril 1942, une fonction – même non rétribuée – conférée par « l'organisme de fait se disant gouvernement de l'État français ». Un jury d'honneur peut cependant, au vu des engagements résistants souscrits, relever de l'inéligibilité conseillers départementaux, conseillers nationaux et parlementaires défaillants. L'ordonnance du 6 avril 1945 crée donc un mécanisme simple : les parlementaires coupables d'avoir installé Philippe Pétain au pouvoir sont *de facto* jugés indignes de briguer à nouveau le suffrage de leurs concitoyens ; l'action menée dans la Résistance peut toutefois les racheter de leur forfait – une forme somme toute laïcisée de la rédemption. Clarté de l'incrimination et simplicité de la procédure ne doivent cependant pas abuser. Le texte, par-delà son apparente limpidité, engage bien une lecture politique des années sombres et dans sa lettre comme dans son application se révèle, au double sens du terme, problématique.

QUESTION DE PRINCIPES

Dans son libellé comme dans son esprit, le texte tranche un débat de politique intérieure. Les parlementaires ne sont accusés ni d'avoir favorisé la conclusion de l'armistice ni d'avoir collaboré avec le Reich. Ils sont incriminés principalement pour le vote des pleins pouvoirs, subsidiairement en raison des fonctions occupées au sein de l'appareil d'État après avril 1942 – une date correspondant au retour de Pierre Laval. Cette approche se révèle à bien des égards fallacieuse. Un parlementaire absent le 10 juillet 1940, mais engagé par la suite dans la collaboration, voire devenu ministre sous le très collaborateur gouvernement Darlan, échappe aux fourches caudines du jury d'honneur. Ces cas limites ne sont pas hypothétiques. Embarqué sur le *Massilia*, Marcel Brout se rallie à l'ordre nouveau à son retour en métropole. Le jury, pourtant, n'examine pas son cas alors que la chambre civique de la Seine le condamne à cinq années de dégradation nationale en 1948. Le crime des parlementaires n'est pas d'avoir servi la puissance occupante, mais se résume plus simplement à la délégation de pouvoirs consentie le 10 juillet 1940.

Une conception implicite du mandat sous-tend dès lors implicitement cette approche. « La figure du représentant [...] se trouve au carrefour de deux principes contradictoires : un principe d'identification et un principe de distinction. L'électeur aspire à se retrouver dans le représentant mais il attend également du vote qu'il désigne une personne qualifiée. La définition du "bon" représentant se trouve ainsi au centre d'une tension complexe qui constitue le fond même de l'expérience démocratique », relève Pierre Rosanvallon[1]. Aux yeux du gouvernement provisoire, le second terme l'emporte sur le premier. Bien qu'ils fussent, comme leurs concitoyens, traumatisés par la défaite, les parlementaires devaient se démarquer de la population et maintenir, contre tous les abandons, l'héritage sacré de la République. La culpabilité présumée repose ainsi sur une conception exigeante du mandat parlementaire qui postule la lucidité, la vigilance et l'indépendance d'esprit de l'élu.

Cette approche exigeante contredit pourtant trois principes républicains. L'inéligibilité des parlementaires se fonde tout d'abord sur un texte rétroactif. Elle dessaisit par ailleurs de son pouvoir le peuple souverain puisqu'elle confie à une juridiction d'exception le soin d'exclure les élus défaillants. Par leur vote, les électeurs auraient pu remplir cette mission qui, en temps normal, incombait aux deux assemblées, chacune des chambres étant « juge de l'éligibilité de ses membres et de la régularité de leur élection[2] ». Le processus s'émancipe enfin d'une règle cardinale de la République, celle qui interdit de poursuivre ou de rechercher un parlementaire « à l'occasion des opinions ou votes émis par lui dans l'exercice de ses fonctions[3] ». La base juridique sur laquelle repose la stigmatisation de la classe politique est donc sinon fragile, du moins contestable. Fondée sur une haute conception des devoirs de l'élu, elle viole sur des points cruciaux et la lettre et la coutume républicaines.

Les parlementaires déférés s'en émeuvent et contestent ce qu'ils assimilent à une violation de la légalité. Dans les mémoires en défense qu'ils soumettent à l'appréciation du jury, les uns récusent sa compétence puisqu'il s'agit d'une « juridiction d'exception instituée par un gouvernement de fait », comme le précise Jean Deschanel, député modéré d'Eure-et-Loir[4]. Les autres invoquent l'article 13 qui, rappelle Georges Boully, sénateur radical-socialiste de l'Yonne, avait été adopté « pour garantir la pleine liberté de vote, pour protéger le parlementaire luimême, en particulier dans les circonstances exceptionnelles, contre la crainte ou la menace du pouvoir exécutif, pour le placer exclusivement sous la seule dépendance de sa conscience ou le seul contrôle de sa responsabilité et, en définitive, sous le seul et dernier jugement de ses élec-

1. Pierre Rosanvallon, *Le Peuple introuvable. Histoire de la représentation démocratique en France*, Paris, Gallimard, 1998, p. 43.

2. Article 10 de la Loi constitutionnelle du 16 juillet 1875, cité *in* Jacques Godechot, *Les Constitutions de la France*, Paris, Garnier-Flammarion, 1970, p. 336

3. Article 13 de la Loi constitutionnelle du 16 juillet 1875, cité *ibid., loc. cit.*

4. Jean Deschanel, mémoire en défense, 6 novembre 1945, archives du jury d'honneur (désormais AJH), carton Deloraine.

teurs[5] ». Certains, enfin, invoquent les mânes de la souveraineté populaire. « Je ne reconnais qu'un juge en la matière : le suffrage universel dont je tenais le mandat en vertu duquel j'ai voté le 10 juillet. C'est à lui, et à lui seul, que j'estime devoir des comptes et que je me réserve de les rendre le moment venu », affirme ainsi Lucien Lamoureux, député radical de l'Allier[6].

Le pouvoir ignore pourtant ces arguments – qui témoignent, à tout le moins, des capacités rhétoriques du personnel parlementaire. La position juridique du gouvernement, au vrai, n'est pas sans fondement. « La forme républicaine du gouvernement ne peut faire l'objet d'une proposition de révision », stipulait la Loi constitutionnelle du 14 août 1884[7]. En prenant le risque de confier à Philippe Pétain le soin d'élaborer une Constitution garantissant « les droits du Travail, de la Famille et de la Patrie » sans que la forme républicaine du régime ne fût sauvegardée, les parlementaires se plaçaient par leur inconscience hors de la légalité républicaine, dont ils pouvaient désormais difficilement invoquer la protection. Le jury juge d'ailleurs « réjouissant » ce type d'argumentation[8]. De fait, la légèreté du blanc-seing si libéralement accordé engage la responsabilité des élus de l'avant-guerre. En bradant sans garantie réelle la République et en légitimant par leur vote un pouvoir illégitime, les parlementaires ont failli. Au pouvoir de sévir sans se préoccuper du verdict que prononcerait le suffrage.

Ce choix confirme que l'épuration des parlementaires répond à une pluralité d'objectifs. Le pouvoir entend bien sûr châtier les élus qui, par leur vote ou leur attitude, ont commis pis qu'un crime, une faute. En séparant le bon grain de l'ivraie, il entend consolider la démocratie que doit désormais servir un personnel sinon infaillible, du moins fidèle aux valeurs républicaines. En assimilant Vichy à un régime indigne par essence, le GPRF, enfin, se légitime en invalidant non les actes de l'État français mais son principe même – inversion du principe sartrien puisque l'essence précède ici l'existence. Cette position nuance le parti pris qui fonde l'épuration en règle générale. Les ordonnances, on le sait, retenaient pour amorce le 17 juin 1940 – prélude à l'armistice dont, selon Charles de Gaulle, tout découlait. Le processus conduit contre les parlementaires privilégie au contraire le 10 juillet 1940, date politique au premier chef. Cette distinction, pourtant, ne contredit en rien le

5. Georges Boully, *Mémoire à mes juges*, Saint-Valérien, 1946, p. 26.
6. Lucien Lamoureux, lettre au président Cassin, 1er octobre 1945, AJH/Kergariou.
7. Article 2 de la loi du 14 août 1884, cité *in* Jacques Godechot, *op. cit.*, p. 337.
8. Jury d'honneur, note du 5 juin 1945, AJH/généralités.

schéma qu'avance Henry Rousso : le châtiment des élus défaillants, l'épuration de la classe politique et la stigmatisation de l'État français couvrent bien des objectifs pluriels – impératif de justice, fonction sécuritaire et volonté de légitimation[9]. Cette démarche renvoie à un ensemble de valeurs hiérarchisées. En condamnant d'emblée un État autoritaire et liberticide, les autorités réaffirment bien entendu les principes républicains. Mais en s'affranchissant de certaines règles, elles privilégient de toute évidence la responsabilité des élus – sommés de rendre compte de leurs actes – par rapport à la liberté de vote garantie par l'article 13 de la Loi constitutionnelle, le droit de punir que s'arroge le GPRF primant par ailleurs sur la souveraineté populaire.

Ces entorses à la légalité républicaine ne débouchent, il faut le souligner, que sur des conséquences limitées. Le jury d'honneur se borne à prononcer l'inéligibilité des parlementaires à l'exclusion de toute autre peine. Au regard des conséquences dramatiques de leur vote – l'instauration d'un régime dictatorial et à bien des égards criminel –, les élus n'encourent donc qu'une sanction relativement légère dont ils peuvent par surcroît être « relevés » au vu de leur action résistante. Le débat juridique sur les principes, si fondé soit-il, doit donc s'apprécier à l'aune du risque limité qu'encourent les individus. Et dans cette optique, le jury d'honneur ne saurait rivaliser avec le tribunal révolutionnaire de la Terreur – quoi qu'en pensent les parlementaires déchus. La stricte application des textes, en revanche, pose un problème d'une tout autre ampleur. La droite, on le sait, avait à la quasi-unanimité de ses membres voté les pleins pouvoirs au maréchal Pétain. Elle avait parfois soutenu le régime vichyste et n'avait pas toujours compensé ces abandons par une conduite héroïque dans l'armée des ombres. Or une interprétation sévère des ordonnances conduirait à éliminer le parti modéré, privant l'électorat droitier de ses représentants. Option à haut risque. Offrant à la gauche un monopole politique dérogeant et à la morale, et à la réalité des rapports de forces, cette exclusion pourrait ranimer les brandons de la guerre civile, en poussant les conservateurs à la violence faute de pouvoir librement briguer le suffrage. En bannissant un personnel politique expérimenté jouissant souvent de la confiance de ses administrés, cette épuration impitoyable risquerait par surcroît de désorganiser le pays – maximalisme déplacé à l'heure où le GPRF s'emploie à restaurer l'autorité de l'État. Au total, donc, plus que les principes qui les inspirent, c'est bien l'application des textes qui se révèle problématique.

---

9. Henry Rousso, « L'épuration en France. Une histoire inachevée », *Vingtième siècle. Revue d'histoire*, janvier-mars 1992, p. 104-105.

Entre droit et politique

L'élimination des parlementaires défaillants incombe, on l'a dit, à un jury d'honneur créé par l'ordonnance du 6 avril 1945. Le législateur avait initialement songé à confier l'épuration à vingt-cinq délégués de l'Assemblée consultative – démarche qui, fidèle à l'esprit de la IIIe République, revenait à déléguer à l'Assemblée le soin d'apprécier l'éligibilité de ses membres. Les réticences de l'Assemblée consultative, rétive à l'idée de juger d'anciens pairs, conduisent le GPRF à changer son fusil d'épaule. Le pouvoir décide que le jury sera composé de trois membres respectivement nommés par le Conseil d'État, le Conseil national de la Résistance et l'ordre de la Libération. René Cassin, Maxime Blocq-Mascart et André Postel-Vinay siégeront donc au titre de ces trois institutions. Ils incarnent, faut-il le préciser, chacune des grandes forces de la Résistance – gaullisme de guerre pour le juriste de la France libre, mouvement pour l'ancien chef de l'OCM, réseau pour le membre de Pat O'Leary.

La mission confiée à la juridiction se révèle d'emblée délicate. Non que la légitimité de l'épuration fasse débat, puisque les membres du jury s'accordent tous trois sur sa nécessité. En revanche, la définition de l'action résistante provoque un certain émoi. Certes, quelques principes sont posés. « La neutralité bienveillante est insuffisante. Insuffisant le fait de n'avoir pas demandé ou d'avoir refusé les faveurs de Vichy. Insuffisant le fait d'avoir distribué de fausses cartes d'alimentation ou d'avoir protégé quelques israélites. Toutes ces manifestations de solidarité et parfois de simple prévoyance électorale ne peuvent être considérées comme une participation à la lutte contre l'ennemi ou contre l'usurpateur. La participation doit avoir été positive et même antérieure à novembre 1942. Directement ou indirectement, l'intéressé doit avoir risqué sa vie[10]. » Exigeante mais restrictive, cette définition reprend implicitement les critiques traditionnellement adressées aux élus. En insistant sur les risques encourus, les juges entendent rompre avec la veulerie couramment reprochée aux parlementaires ; en exigeant que l'engagement soit souscrit avant novembre 1942, ils s'efforcent de dissiper le soupçon d'opportunisme – reproche non moins traditionnel adressé au personnel politique. De sorte que les critères que pose le triumvirat semblent plus découler des représentations antiparlemen-

10. Jury d'honneur, procès-verbal des séances du 25 et 26 avril 1945, AJH/généralités.

taires de l'avant-guerre que d'une définition méditée de l'engagement résistant.

Ces critères, surtout, se révèlent d'emblée difficilement praticables. Et par-delà la lecture juridique des textes, l'interprétation des normes renvoie à un choix politique. Appliquer strictement les ordonnances de la Libération amène de fait à exclure la quasi-totalité du personnel politique de l'avant-guerre. Par-delà la fidélité proclamée à « l'esprit de la Résistance », cette option revient à satisfaire les revendications des mouvements et les intérêts de la gauche, des communistes avant tout. Maxime Blocq-Mascart se bat sur cette ligne en affirmant « vouloir appliquer le texte, et rien que le texte, de l'ordonnance du 6 avril[11] », et en s'opposant à « toute réhabilitation contraire à l'esprit de la Résistance[12] ». Cette démarche présente cependant deux risques. Elle amène à exclure les représentants du camp conservateur et conduit à jeter l'opprobre sur le personnel politique, y compris quand celui-ci, sans briller par son audace, n'a pas démérité. André Postel-Vinay se fait l'écho de cette thèse. « Qu'on le veuille ou non, le rejet d'une demande de relèvement de l'inéligibilité apparaît comme une sanction dont il est injuste de frapper le Français qui a fait tout simplement son devoir sans avoir été un héros. Au surplus, les décisions de rejet s'émousseront si elles frappent de nombreux Français moyens au lieu de s'attaquer uniquement aux requins que l'on peut espérer ainsi éliminer définitivement de la vie politique[13]. » Les termes mêmes employés par André Postel-Vinay démontrent que les enjeux s'émancipent d'emblée de la sphère juridique pour aborder la rive de la politique.

De fait, l'opposition interne au jury recoupe les appréciations divergentes que fournissent préfets et comités départementaux de libération, invités à éclairer le jury d'honneur de leurs lumières. En règle générale, les CDL, massivement composés de résistants, campent sur la ligne de Blocq-Mascart. Sur 440 avis, ils ne se prononcent que dans 65 cas en faveur du relèvement, s'y opposant en revanche 347 fois. Cette position exprime une pétition de principe que résume le CDL du Nord. Un homme politique ayant accordé les pleins pouvoirs a commis une erreur telle qu'il ne peut, « quoi qu'il ait fait par la suite, [...] prétendre diriger les Français ni leur donner des leçons politiques, civiles ou syndicales[14] ». Cette position morale, faut-il le souligner, a pour conséquence,

11. *Id.*, procès-verbal de la séance du 6 juin 1945, AJH/généralités.

12. *Id.*, procès-verbal de la séance du 5 mai 1945, AJH/généralités. Maxime Blocq-Mascart reprend ici les termes d'une motion votée par le CNR le 4 mai.

13. *Id.*, procès-verbal de la séance du 27 avril 1945, AJH/généralités.

14. CDL du Nord, motion du 15 mai 1945, dossier Becquart, AJH/Basquin.

sinon pour objet, de ménager l'avenir politique de la Résistance, que les CDL prétendent représenter. Les préfets se montrent en revanche plus circonspects. Loin de se cantonner à l'examen de l'activité résistante, ils saisissent les itinéraires dans leur globalité, en rappelant, par exemple, l'attitude des élus en 1940, voire leur passé de combattant durant la Grande Guerre. Ils redoutent, surtout, les conséquences politiques que l'intransigeance du jury risque de déclencher. Bon républicain, Émile Cassez, sénateur radical-socialiste de la Haute-Marne, ne présente que des titres « des plus minces et pour qu'ils soient pris en considération, il faudrait que des raisons ressortissant à l'opportunité politique ou au souci de donner satisfaction à une partie de l'opinion publique justifient une mesure de levée de l'interdiction. Si cette mesure est de nature à provoquer de vives réactions dans certains milieux de la Résistance, et en partie du CDL, elle serait certainement accueillie très favorablement dans certains milieux ruraux. [Compte tenu du malaise paysan], M. Cassez est, je le pense, actuellement le seul dans le département à pouvoir entreprendre avec chance de succès cette besogne de redressement de l'opinion publique. Sans doute pour prononcer la levée de l'interdiction [...] faudrait-il solliciter avec quelque complaisance les textes et les faits. J'estime qu'il serait politiquement sage de le faire », conseille le préfet de la Haute-Marne[15]. De fait, les préfets émettent 128 avis positifs contre 219 oppositions. Ils proposent au total de n'éliminer qu'un parlementaire sur deux, alors que les CDL envisagent une épuration plus sévère – quatre sur cinq. Le clivage qui marque le jury d'honneur recoupe donc les divergences opposant CDL et autorités préfectorales, résistance et pouvoir central – forme renouvelée du vieux débat distinguant éthique de responsabilité et éthique de conviction. Les décisions du jury portent la marque de ce dilemme qui, soulignons-le, se focalise non sur l'attitude adoptée le 10 juillet 1940 – qui ne souffre guère de contestation – mais sur la façon de définir l'acte de résistance. Étrange glissement puisqu'il conduit, par la force des choses, à polariser l'attention sur les circonstances atténuantes plus que sur le corps du délit.

Une épuration en trompe l'œil ?

L'épuration des parlementaires, au vrai, suit un cheminement complexe. Aux termes de l'ordonnance du 21 avril 1944, elle incombe

15. Préfet de la Haute-Marne, lettre au jury d'honneur, s.d. (1945), AJH/Cadic.

aux préfets mais relève à partir d'avril 1945 du jury d'honneur. Ce dernier n'intervient au départ que dans le cadre du contentieux électoral. Un parlementaire décidant de ne pas se présenter aux élections – municipales en l'espèce – échappe donc à ses foudres. L'ordonnance du 13 septembre 1945 comble cependant cette lacune en autorisant le jury à se saisir « d'office du cas des intéressés ». En pratique, le triumvirat s'appuie, pour prendre sa décision, sur les avis qu'expriment le préfet et le CDL ainsi que sur des rapports de police ou de gendarmerie. Il dispose également, le plus souvent, d'un « mémoire en défense » rédigé par l'élu, parfois aidé d'un avocat. Des rapporteurs, majoritairement détachés du ministère de l'Intérieur, préparent les dossiers qu'apprécient *in fine* les trois juges. Le parlementaire, en revanche, n'est jamais auditionné, même si les juges ou les rapporteurs acceptent parfois – mais toujours en solitaires – d'entendre tel ou tel. Publiée au *Journal officiel*, la décision est susceptible de recours, le jury demeurant cependant juge en appel. Signalons, pour être exhaustif, que comparaître devant le jury n'exclut pas d'être jugé par d'autres instances – cour de justice, Haute Cour, chambre civique... Encore convient-il d'éclairer les logiques qui fondent la décision des juges.

Le jury écarte d'emblée les arguments juridiques qu'avancent les élus. Les parlementaires déférés, on l'a dit, ont parfois contesté la légalité de l'action qui les visait, voire dénié toute compétence à la juridiction qui prétendait les exclure. Le triumvirat reste cependant sourd à ces objurgations, ce qui apparaît cohérent. Contester la base juridique de l'épuration revenait en effet à contester les ordonnances de la Libération – ou, si l'on préfère, la loi. Quels que fussent leur sentiment, les juges n'avaient en aucun cas le droit de contester la légalité, voire la constitutionnalité des textes de la Libération pour forger leur arrêt. Se battre sur ce thème – et sur ce seul thème – revenait donc d'emblée à perdre une bataille engagée sur un bien mauvais terrain. Ajoutons qu'en se drapant dans les plis du drapeau républicain les parlementaires éludaient le fond de la question – la responsabilité prise dans l'abdication de la République, leur comportement durant les années sombres, la réalité de leur engagement résistant. On comprend, dès lors, la surdité du jury. Ce dernier, en revanche, n'a pas pénalisé les hommes qui récusaient, en termes parfois véhéments, sa compétence. L'abbé Desgranges préférait « subir les effets de l'injustice plutôt que de se soumettre à des procédures de réhabilitation qui portent atteinte à sa conscience et aux prérogatives de la souveraineté nationale[16] ». Il est, malgré tout, relevé de son inéligibi-

16. Entretien de l'abbé Desgranges et de son rapporteur, AJH/Deloraine.

lité. De même, le jury accepte de se déjuger. Sur 103 recours présentés, il revient 35 fois sur sa décision alors que ces revirements peuvent se lire comme des reniements – les mêmes juges formulant des arrêts radicalement contraires. C'est dire que les hommes du Palais-Royal ont su faire taire leur amour-propre malgré les critiques souvent violentes portées à leur encontre.

Excluant les arguties juridiques, les décisions se fondent donc sur les actes commis durant les années sombres. Aucune action, pourtant, ne vaut en soi absolution ou condamnation. Le fait d'avoir par exemple été déporté pour fait de résistance ne suffit pas pour être relevé – le rejet de la demande présentée par Sulpice Dewez le démontre. De même, le ralliement au général de Gaulle suivi d'un enrôlement dans les armées françaises se révèle insuffisant pour racheter le soutien apporté à l'État français, fût-il renié par la suite. Charles Vallin en fera l'amère expérience. Pour prendre sa décision, le jury examine donc l'ensemble en rapportant le passif (vote des pleins pouvoirs, soutien au régime vichyste...) à l'ensemble de l'actif. Il apprécie un ensemble et non des pièces singulières, si remarquables soient-elles. Ce qui ne l'empêche pas de montrer une sensibilité inégale aux pièces des dossiers présentés.

Si le jury considère que le vote des pleins pouvoirs représente une faute difficilement excusable, d'autres actions sont à ses yeux tout aussi condamnables. La collaboration avec l'ennemi constitue bien sûr un crime impardonnable encore que les faits visibles – l'adhésion politique à l'ordre nouveau – l'emportent apparemment sur les formes plus discrètes de collaboration – dans le domaine économique par exemple. Firmin Tristan, député modéré du Morbihan, mène, après le Débarquement il est vrai, une courageuse action de résistance, recevant le parachutage destiné au lieutenant-colonel Bourgoin (21 juillet 1944), guidant les patrouilles alliées et avançant des fonds aux FFI[17]. Dès 1941, il se montre peu « partisan de la politique extérieure du gouvernement[18] » et le préfet refuse de nommer à la commission administrative un homme « dont les tendances anglophiles sont pour le moment accusées[19] ». Bien que le jury salue sa « participation brillante aux combats de la Libération » et précise que l'intéressé a « manifesté son courage et risqué sa vie à diverses reprises », le maire de Groix n'est pas relevé. Les Allemands lui ont en effet demandé de visiter son île, ce qu'il

17. Attestation du lieutenant-colonel Bourgoin, s.d. [1945], AJH/Tranchant.
18. Préfet du Morbihan, rapport de septembre 1941, *ibid.*
19. *Id.*, lettre du 27 septembre 1941, *ibid.*

a accepté. Ils l'ont également sommé de recenser les requis du STO, exigence qu'il tourne en proposant d'astreindre les assujettis à des travaux non militaires. Aux yeux de la population, la fréquentation ostensible de l'occupant – nécessaire pour protéger la population contre les rigueurs du STO – l'assimile à un collaborateur, ce qui scelle sa perte. Circonstance aggravante : un premier rapport des renseignements généraux l'accuse d'avoir accumulé une énorme fortune pendant la guerre, l'armateur étant le seul à avoir le droit d'armer des bateaux de pêche et d'assurer la traversée Groix-Lorient[20]. Un second rapport précise pourtant que ce privilège résulte du fait qu'il est le seul à posséder des embarcations disponibles, rappelant par ailleurs que sur neuf bateaux réquisitionnés, six ont sombré[21]. Au vu de ces pièces, le cas apparaît difficile à trancher. Soulignons cependant que les rapports de police n'avancent aucune estimation chiffrée de l'enrichissement reproché à Firmin Tristan. Le fait de s'être affiché avec l'occupant pèse en revanche très lourd, ce qui confirme l'importance et des apparences et des symboles.

Si la collaboration représente une faute capitale, le soutien apporté au régime vichyste ne constitue pas pour autant un péché véniel. Trois actes apparaissent, de ce point de vue, particulièrement répréhensibles. Le jury sanctionne fortement les hommes qui, à l'été de 1940, ont enclenché le processus menant à l'armistice ou au vote des pleins pouvoirs. Dans cette optique, l'appartenance aux gouvernements de 1940 est généralement sanctionnée – alors que les ordonnances de la Libération distinguent l'avant-avril 1942 de l'après. C'est parce qu'il « a été en juin 1940, dans le cabinet de Paul Reynaud, [...] un des plus ardents partisans de l'armistice, qu'il est devenu ainsi un ministre du pseudo-gouvernement de Vichy, qu'il a ainsi assumé de lourdes responsabilités que ne compense point l'hostilité dont il a pu témoigner plus tard à l'égard de l'ennemi[22] » que Jean Ybarnegaray n'est pas relevé. De même, les triumvirs distinguent le menu fretin des chefs. Rester en sa mairie ou accepter des fonctions dans une commission administrative, un conseil départemental, voire au Conseil national représente à leurs yeux une faute moins lourde que d'avoir servi l'État français au plus haut niveau. Quinze conseillers départementaux et six conseillers nationaux, au vu d'un soutien jugé modeste, recouvrent ainsi leur éligibilité. La juridiction, enfin, punit les actes gratuits. Si elle admet les contraintes qui ont

20. R.G., rapport du 15 octobre 1945, AJH/Tranchant.
21. *Id.*, rapport du 2 juillet 1946, *ibid.*
22. Considérants de la décision du 31 décembre 1945.

pu peser sur les notables locaux, elle ne tolère pas les prises de position volontaires dont les parlementaires auraient pu à bon compte se dispenser. Fernand Robbe avait sabordé son journal départemental, refusé publiquement d'appartenir au conseil départemental, aidé au noyautage des administrations publiques. Ce palmarès, pourtant, ne compense pas « le fait d'avoir, ayant été invité à se rendre à Riom, apporté des documents dans un procès organisé par l'usurpateur à la demande de l'ennemi et sous ses yeux[23] ». Trois paramètres informent ainsi l'appréciation des juges : les actes, le niveau de responsabilité, la nature – contrainte ou volontaire – de l'action. Faute, également, d'une documentation suffisante, le jury a semble-t-il plus facilement sanctionné les phénomènes visibles que des comportements qui, pour être moins ostensibles, n'en étaient pas moins graves.

Le passif, cela posé, s'estime à l'aune de l'actif. Dans son appréciation, le jury a de toute évidence privilégié une conception militaire de l'engagement aux dépens d'une conception civile du combat. La diffusion de tracts et de journaux, la distribution de faux papiers sont ainsi rarement valorisées, les juges estimant dans le cas de Sulpice Dewez que ces « faits ne constituent pas [...] une participation suffisante à la lutte[24] ». De même, l'opposition politique, même publique, motive rarement le relèvement. Bien que Jean Niel se soit « parfois livré à des critiques à l'égard du pseudo-gouvernement de Vichy, il n'en reste pas moins qu'il n'a pris aucune part vraiment effective à la Résistance[25] ». En revanche, la dissimulation d'armes ou de postes émetteurs, la transmission de renseignements militaires, la lutte dans un maquis sont valorisées. Marcel Régis se voit ainsi restauré dans ses droits parce qu'il « a notamment remis à un agent de renseignements des informations militaires telles que plans de bases d'aviation et emplacements de batteries de DCA, et que d'autre part, à l'occasion de ses fonctions de directeur du contrôle économique du département du Gard, il a d'une manière continue favorisé le ravitaillement des groupes de la Résistance[26] ». L'action – entendue ici dans son acception militaire – représente donc un critère essentiel. Cette vision, faut-il le souligner, correspond à la sensibilité de l'époque. Les textes régissant le statut de résistant comme le discours gaullien tendent en effet à considérer le résistant comme un soldat par défaut, forme imparfaite du combattant régulier. Cette

23. Considérants de la décision du 27 septembre 1945.
24. Considérants de la décision du 5 décembre 1945.
25. Considérants de la décision du 4 octobre 1945.
26. Considérants de la décision du 9 décembre 1945.

conception semble aujourd'hui périmée. Nos contemporains valorisant l'action civile, le résistant est devenu, par le travail du temps et de la mémoire, un héraut de l'antitotalitarisme, courageux précurseur du dissident soviétique, de l'opposant aux dictatures, voire du militant des ONG. À l'époque, pourtant, la dévalorisation de l'action civile, loin de choquer, s'inscrit dans un consensus somme toute assez large.

Le primat accordé à l'action militaire se révèle essentiel, certes, mais non déterminant, puisque deux paramètres complémentaires le tempèrent. Les juges se montrent en effet sensibles aux risques courus. Lorsque l'acte – quelle que soit sa nature – met en péril son auteur ou *a fortiori* débouche sur des conséquences tragiques (internement, déportation...), ils sont enclins à l'indulgence. Ce critère joue bien sûr pour l'action militaire. Charles Saint-Venant, député SFIO du Nord, est ainsi réhabilité parce que ses actions guerrières ont « valu à son auteur persécutions, arrestations et tortures[27] ». Mais le péril transfigure également l'action civile. Ayant « dès 1940 manifesté d'une manière constante son opposition politique à l'usurpateur en particulier par l'organisation de réunions clandestines, la diffusion de tracts et de journaux clandestins », Louis Sibue, député SFIO de la Savoie, est relevé parce qu'il a pour ce motif « été recherché et arrêté par la Milice[28] ». À l'inverse, le jury disqualifie les actions sans danger. S'il reconnaît la valeur des informations fournies par Eugène Pebellier, député PSF de la Haute-Loire, aux Alliés, il souligne la modestie des risques, qui ne « peuvent contrebalancer l'attitude d'approbation publique qu'il a, avec continuité, observée jusqu'en 1944 vis-à-vis de Pétain et de Laval[29] ». À vaincre sans péril... La date d'entrée dans la Résistance comme la continuité de l'engagement constituent enfin un critère important. Le jury refuse son indulgence à René Cailler parce que son rôle a été « tardif et bref[30] »; même constat pour Raoul Naudin, député radical-socialiste de la Nièvre, les faits invoqués étant « intermittents[31] ».

Les décisions se fondent donc sur une combinatoire qui associe trois données : l'action, la prise de risque et les temporalités de l'engagement résistant. Cette grille est elle-même rapportée aux critères pluriels qui fondent le passif – conspiration contre la République, niveau de responsabilité, ostentation. La multiplicité des paramètres comme leur relati-

27. Considérants de la décision du 27 avril 1945.
28. Considérants de la décision du 15 septembre 1945.
29. Considérants de la décision du 2 octobre 1945
30. Considérants de la décision du 5 septembre 1945.
31. Considérants de la décision du 11 avril 1946.

vité – chaque terme s'appréciant à l'aune de l'autre – se révèlent au total peu contraignantes. C'est dire que le jury dispose d'une marge de manœuvre dont il n'hésite pas à user.

Un bilan

Un examen sommaire suggère que l'épuration des parlementaires a été rondement menée, puisque 321 élus perdent leur éligibilité à la Libération. Un tiers des effectifs siégeant en 1940 et la moitié (56 % pour être exact) des hommes ayant accordé les pleins pouvoirs le 10 juillet 1940 sont donc exclus de la scène politique. Ces chiffres démontrent que le personnel politique n'a pas été épargné à la Libération, acquittant le prix de ses errements. Conséquence logique : il connaît alors un profond renouvellement. À l'épuration conduite par les pouvoirs publics s'ajoutent en effet les exclusions prononcées par les partis politiques – la SFIO et plus modestement le PCF, les radicaux, la Fédération républicaine. Les atteintes du temps accentuent ce processus, 173 parlementaires décédant entre 1940 et 1945. La IVe République qui s'annonce sera donc largement construite par des hommes neufs. Sur 586 élus, l'Assemblée ne compte en octobre 1945 que 121 ci-devant – une proportion évidemment minime.

Que l'épuration de la classe politique ait été massive ne signifie pas pour autant qu'elle ait été juste. De fait, l'examen des décisions rendues à la Libération démontre que des considérations politiques ont parfois influencé la décision des juges. Invités, dans une première phase, à se prononcer sur le destin des parlementaires, les préfets ont, dans l'ensemble, manifesté une grande bienveillance à l'égard des dossiers qui leur étaient soumis. La réhabilitation des déportés politiques ou raciaux comme le relèvement des résistants dont les hauts faits étaient connus (André Maroselli, Joseph Laniel...) ne souffrent guère de contestation – encore que la déportation à titre racial (Pierre Masse) ou comme otage (Albert Sarraut) n'ait pas été appréciée dans les mêmes termes par le jury d'honneur. Ce dernier ne considère pas en effet pas que l'enfer concentrationnaire ouvre automatiquement droit au relèvement. D'autres cas, surtout, paraissent franchement discutables. Révoqué de sa mairie puis du Conseil national, Alphonse Gasnier-Duparc, sénateur radical-socialiste de l'Ille-et-Vilaine, ne s'était guère distingué par ses faits d'armes, même si les menaces de l'occupant l'avaient contraint à plonger dans la clandestinité en mars 1944. De même, Fernand Lavergne, malade et âgé de plus de quatre-vingt-six ans, ne présente pas le profil du résistant accompli. On s'interroge, enfin, sur le cas d'André Magnan, détenu pendant quatre ans comme prisonnier de guerre. Dans la même optique, sept élus alsaciens bénéficient de l'indulgence du pouvoir, les autorités voulant à tout prix conserver des notables respectés à une province traumatisée.

Trois considérations politiques semblent par ailleurs influencer le jury. Il évite ainsi d'accroître le désarroi qui frappe certaines régions, comme on vient de le voir pour l'Alsace – et il en va de même pour les élus lorrains. Quoique sortant du strict cadre de cette étude, le cas des élites musulmanes invitées à siéger au Conseil national confirme cette prudence. « Les circonstances actuelles nous commandent de ne pas inquiéter inutilement les personnalités musulmanes dont l'influence peut nous être précieuse à un moment ou à un autre dans l'intérêt de notre souveraineté et de nous préoccuper avant tout dans un souci d'opportunité politique supérieur des services qu'ils peuvent nous rendre[32]. » La juridiction, par ailleurs, semble se montrer sensible à la pression directe ou indirecte qu'exerce le Parti communiste français. Prompt à dénoncer les renégats qui ont rompu lors du pacte germano-soviétique, le parti de Maurice Thorez entend bien poursuivre de sa vindicte les hommes qui avaient osé contester la ligne. La juridiction ne s'oppose pas toujours à ces règlements de comptes, puisqu'elle refuse de relever Sulpice Dewez, résistant et déporté. Mais elle accepte de réhabiliter son collègue Jules Fourrier. Le triumvirat, enfin, manifeste une grande indulgence à l'égard de la droite. Certes, la gauche apparaît *a priori* favorisée. 35 % des élus de gauche ayant voté « oui » sont en effet relevés par le jury ou les préfets, alors que la proportion, pour la droite dépasse, tout juste le quart (26 %). Cette disproportion, pourtant, ne traduit que l'inégalité des engagements résistants, le jury suivant, pour les parlementaires conservateurs, une conception fort extensive de la lutte clandestine. René Coty, de son propre aveu, n'avait pas résisté – tout en refusant les offres de Vichy, la mairie du Havre notamment. Le jury le blanchit, invoquant « son opposition politique constante[33] ». Nommé préfet de l'État français en Algérie, Emmanuel Temple n'avait nullement résisté avant l'opération Torch mais s'était rallié aussitôt au général de Gaulle avant de s'engager. Considérant que « dès qu'il a pu, il a apporté tout son concours aux Alliés; considérant surtout que l'inté-

32. Gouverneur d'Algérie, lettre au jury d'honneur sur le cas de M. Benchicha, s.d. (1945), AJH/Beauguitte.

33. Considérants de la décision du 29 septembre 1945.

ressé a participé comme volontaire aux campagnes d'Italie, de France, d'Allemagne et d'Autriche, qu'il a été blessé et cité trois fois[34] », il est relevé. Un bémol, cependant, s'impose. Le soutien trop voyant apporté au régime vichyste, même compensé par des regrets publics et un engagement actif, suffit à prévenir la réhabilitation des parlementaires compromis, les exemples de Charles Vallin ou de François Valentin le confirment. En témoignant d'une réelle indulgence à l'égard de la droite, le jury, sensible à l'argument politique, n'a pas voulu la priver de ses cadres. Les dédouanements sont cependant restés limités puisqu'ils ne concernent au total que 73 élus conservateurs – soit un quart des parlementaires droitiers ayant accordé, le 10 juillet 1940, leur suffrage au vainqueur de Verdun.

L'épuration politique des parlementaires a donc, dans l'ensemble, été massive, d'autant que les partis ont également exclu leurs brebis galeuses. L'épuration judiciaire, par ailleurs, n'a pas épargné la classe politique, encore que les condamnations à la peine capitale ou à la prison soient restées relativement rares. Trois peines de mort, par exemple, sont prononcées, mais si Pierre Laval et Jean-Pierre Mourer – dont les positions favorables à l'autonomie alsacienne l'avaient conduit à collaborer – sont exécutés, Marcel Déat, en fuite, échappe à la justice. Le caractère massif de l'exclusion suffit à confirmer que l'épuration du monde politique a bien eu lieu, se cantonnant toutefois à une mise à l'écart exclusive de sanctions pénales. Ce bilan en demi-teinte suggère que le personnel parlementaire, hormis le crime du 10 juillet, s'est dans sa masse honnêtement comporté sous l'Occupation, même si les « bons Français » ont sans doute été plus nombreux que les résistants au sens strict. Il montre surtout que le pouvoir ne s'est pas engagé dans une logique de guerre civile, se contentant d'exclure sans punir. C'est dire l'ambivalence du phénomène. L'épuration des parlementaires, certes, ressemble aux autres épurations parce qu'elle mêle une pluralité de fonctions, que ses règles juridiques s'affranchissent du droit commun, parce qu'elle a, enfin, été plus massive que ce que l'on supposait tout en épargnant les forces jugées vitales pour l'intérêt national – ici le sauvetage partiel de la droite, là le maintien du patronat. Mais elle s'en distingue, dans le même temps, dans la mesure où elle s'est au fond bornée à la mort civique des élus fourvoyés sans véritablement recourir à d'autres sanctions. Faut-il s'en étonner ? Le crime commis le 10 juillet

34. Considérants de la décision du 2 octobre 1942.

1940 était politique au premier chef. La sanction devait donc être politique avant tout. En suivant cette ligne, les hommes du jury d'honneur, à défaut d'être toujours justes, ont à tout le moins conservé le mérite de la cohérence.

Épuration et réforme de l'État : regénération ou restauration ?

par Marc Olivier Baruch

« Ah que la République serait belle dans la France libérée », se disaient, au plus noir du combat clandestin, les résistants engagés dans la lutte contre l'occupant. Menée d'abord par réaction patriotique instinctive, cette lutte s'élargit rapidement à un combat plus vaste contre l'ordre d'hier, et pour l'avènement d'un monde meilleur qui ne lui ressemblerait en rien. Dès janvier 1943, la revue clandestine *Libérer et Fédérer*, proche de la mouvance socialiste, n'avait pas de mots assez durs pour fustiger la défunte République, et son système politico-administratif : « Toute fonction avait été réduite à une source de prébendes auxquelles seule avait accès une caste de mandarins dont les titres, une fois pour toutes, étaient mis à l'essai au cours de curées spectaculaires et périodiques[1]. » La République de demain, forte et généreuse, serait une République pure, et une République de purs, ce qui n'irait pas de soi : « le combat pour épurer la vie politique du pays, y lisait-on encore, sera long et pénible »; il ne serait victorieux qu'à la condition que « les hommes vertueux, les purs, les désintéressés quittent leur tour d'ivoire, descendant dans l'arène politique, en chassent les combinards et prennent leur place[2] ». Ce qui était vrai de la chose politique l'était aussi de la chose administrative. Dix-huit mois plus tard, à la date très symbolique du 14 Juillet 1944, le journal résistant *Le Franc-Tireur* proclamait en titre que « c'est la Résistance qui doit fournir ses cadres à la République » :

1. « Des mœurs nouvelles », *Libérer et Fédérer*, n° 5, janvier 1943, cité dans *De la Résistance à la révolution ; anthologie de la presse clandestine française*, Neuchâtel, La Baconnière, coll. « Les cahiers du Rhône », 1945, p. 212.
2. *Ibid.*, p. 213-214.

> La France n'admet pas que le soin de refaire le pays doive être confié aux « gens très bien », c'est-à-dire aux « notables », aux grands bourgeois, aux membres du Conseil d'État, de l'inspection des Finances, de la Cour des comptes, de l'Académie des sciences morales, aux anciens élèves de Sciences-Po. [...] Les gens très bien, ce sont les résistants. Ce sont eux qui, hier, en risquant quotidiennement leur liberté et leur vie, ont sauvé l'honneur de la France ; ce sont eux qui, demain, doivent fournir à la République ses élites dirigeantes ; ce sont eux qui doivent refaire la France[3].

De l'urgence du châtiment des traîtres, et de la nécessité de chasser des postes de commandement les mauvais bergers, nul ne disconvenait dans la France libérée de l'automne de 1944. Exemple parmi d'autres, le manifeste-programme adopté à l'unanimité par le parti socialiste au cours du congrès national qu'il tient à Paris du 9 au 12 novembre 1944. Proposant au pays « une voie droite et lumineuse », qui passe par la socialisation des branches maîtresses de l'économie, il juge inconcevable de « tenter une telle révolution sans avoir au préalable mis hors d'état de nuire ceux qui ont trahi le pays et sans avoir chassé de leurs postes, publics ou privés, ceux qui ont servi l'usurpateur ». Mais, ajoute le manifeste, l'effort d'épuration mené sans faiblesse doit avoir un autre but : « créer un ordre politique assurant l'autorité du gouvernement libéré des puissances d'argent. Cette autorité ne sera pleinement acquise que si le centralisme hérité de Napoléon fait place à des institutions souples, déconcentrées et décentralisées, à une administration moderne de la République, qui ne saurait être dirigée que par des républicains éprouvés, à un gouvernement stable, appuyé sur des partis peu nombreux mais puissants, cohérents et disciplinés[4] ». Insensiblement, l'accent passait des rouages administratifs de l'État à son agencement institutionnel, des modes d'administration aux formes de gouvernement. L'ambiguïté est certes consubstantielle à l'image française de l'État, comme le souligne la polysémie de l'expression « réforme de l'État ». Comme ce fut le cas sous les IIIe et IVe Républiques, et comme ce l'est encore le plus souvent sous la Ve, ceux des partis ou des gouvernants qui affirment s'y atteler sont au moins, sinon plus, préoccupés du jeu des pouvoirs publics constitutionnels que du fonctionnement de la machinerie administrative.

---

3. Cité dans Henri Michel et Boris Mirkine-Guétzevitch, *Les Idées politiques et sociales de la Résistance*, Paris, PUF, coll. « Esprit de la Résistance », 1954, p. 261-262.
4. Jules Moch, *Le Parti socialiste au peuple de France*, Éditions de la Liberté, 1945, p. 12.

L'après-Libération semble pourtant, par certains aspects, faire exception. Les partis et leurs états-majors, d'abord préoccupés de l'organisation constitutionnelle à venir, s'interrogent sur le mono- ou le bicamérisme, sur l'ampleur des pouvoirs à consentir au président de la future République, sur les modalités possibles de la loi électorale. Sans se désintéresser évidemment des questions constitutionnelles, qui s'imposent à tous, les plus hauts représentants de l'État – le général de Gaulle, son autoritaire ministre de l'Intérieur, le socialiste Adrien Tixier et, un peu plus tard un jeune maître des requêtes au Conseil d'État, devenu chef de la mission provisoire de réforme de la fonction publique, Michel Debré –, sont également soucieux du fonctionnement quotidien de l'appareil d'État. Ils ont à cet égard les mains libres. Si quelques-uns des mouvements de Résistance ont, en leur temps, fait des propositions précises de refonte de telle ou telle branche de l'appareil d'État – on pense notamment à l'Organisation civile militaire (OCM)[5] –, le programme du Conseil national de la Résistance, adopté dans la clandestinité le 15 mars 1944, devenu la référence théorique et le socle politique des réformes de structures qu'entend mener le gouvernement, est muet sur les réformes à conduire dans l'État. Le champ est donc libre pour le réformer de fond en comble, d'autant que les élites étatiques traditionnelles sont assez nettement déconsidérées par leur adhésion visible à Vichy. Outre le registre de l'épuration, qui touche les personnes sans remettre en cause la nature des fonctions, l'exécutif peut recourir à toute la panoplie de réformes de l'État, en faisant profondément évoluer les structures administratives. Ainsi est-il en mesure de compléter la modernisation économique – par la nationalisation – et sociale – avec l'avènement d'un dispositif de Sécurité sociale – du pays par sa modernisation institutionnelle.

La chance ne sera pas saisie. Il s'agit moins en effet de réformer l'État que de le restaurer. Dans la conjoncture politiquement incertaine de la Libération, le souci de De Gaulle, comme de son fidèle Tixier, est d'abord pragmatique, même s'il s'appuie sur un principe intangible : l'autorité de l'État ne se divise pas. Restaurer l'État, c'est veiller à ce que « l'autorité parte du sommet de la hiérarchie et s'impose à tous, conformément aux lois de la République[6] ». Principe simple à énoncer, infiniment plus difficile à mettre en œuvre dans la France morcelée et

5. Voir par exemple, dans les *Chroniques de la Résistance* rassemblées par le fondateur du mouvement, Maxime Blocq-Mascart (éditions Corréa, 1945), les pages consacrées à la réforme administrative (p. 109-161).

6. Selon la formule rapportée par Raymond Offroy, à l'époque secrétaire général adjoint du GPRF, *De Gaulle et le service de l'État*, Paris, Plon, coll. « Espoir », 1977, p. 66.

exsangue d'alors : son succès tint à la capacité de De Gaulle et de Tixier à tirer le meilleur parti de l'équation personnelle et du sens du commandement que chacun des commissaires régionaux de la République avait acquis par son implication dans le combat clandestin. La restauration de l'État se paya, on le sait, d'une remise à leur place – place qui ne pouvait être aux yeux du Général que subalterne – des mouvements et des organes issus de la Résistance[7].

Mais de quelle restauration s'agissait-il? Écrivant, au milieu des années 1970, ses souvenirs, le grand résistant que fut Claude Bourdet les sous-titra *De la Résistance à la Restauration* – la majuscule faisant référence au conservatisme et à la réaction qui suivit le retour des Bourbons. Le parallèle, pour polémique qu'il se veuille, n'est pas sans signification, notamment en ce qui concerne l'appareil d'État : arrivant sur le trône en prétendant renouer avec la suite des temps, Louis XVIII n'en choisit pas moins – contre l'aile la plus revendicative de ses troupes, en l'occurrence les ultras, partisans de la décentralisation – de conserver l'appareil d'administration centralisé légué par l'Empire, notamment l'institution préfectorale[8]. C'est précisément le même type de reproches que fit au GPRF et à son président, dès l'été de 1945, Pierre Hervé, résistant proche de la mouvance communiste, dans un livre au titre explicite, *La Libération trahie* :

> Le général de Gaulle et ses bureaux ont toujours représenté la résistance aux aspirations révolutionnaires des patriotes, même si cette inertie voulue se voilait de phrases sur les rénovations nécessaires, la fin de l'exploitation de l'homme par l'homme et les plans d'organisation. Ils ont représenté la sauvegarde des anciennes équipes et des anciens appareils administratifs, le retour à la « normale », c'est-à-dire à cet appareil d'État napoléonien fortement centralisé et garanti contre ce qu'on appelle volontiers les surenchères du suffrage universel. [...] La sagesse ne réclamait-elle pas que l'on arrête l'épuration qui risquait de désorganiser l'État; de surseoir au châtiment des traîtres, qui pouvait enflammer

7. On ne rappellera pas ici les enjeux et les étapes de ce processus. Le travail a été largement déjà fait, avec l'ouvrage pionnier de Charles-Louis Foulon, *Le Pouvoir en province à la Libération*, Paris, Presses de la FNSP, 1975, nourri des souvenirs écrits et des témoignages oraux des commissaires, puis avec les enquêtes de terrain conduites par les correspondants départementaux de l'Institut d'histoire du temps présent sous la direction de Philippe Buton et Jean-Marie Guillon, dans *Les Pouvoirs en France à la Libération*, Paris, Belin, 1994.

8. On se reportera à l'analyse, ancienne mais toujours valable, de Félix Ponteil, *Les Institutions de la France de 1814 à 1870*, Paris, PUF, 1966, p. 30-33 (où l'auteur remarque, à propos du climat de 1815, que « la politique noie la réforme; l'état de fait se perpétue »).

les passions? [...] On en arriva donc à rétablir l'État, l'État sacro-saint, dans toutes ses prérogatives[9].

Était-il possible de refaire l'État, tâche indispensable après l'effondrement de Vichy et face aux velléités de contrôle des Alliés, sans pour autant restaurer cet « appareil d'État napoléonien fortement centralisé », aussi systématiquement vilipendé par les forces politiques d'opposition qu'utilisé par elles lorsqu'elles arrivent au pouvoir? Les proclamations du temps de guerre comme les manifestes des congrès de l'immédiat après-Libération voulaient le croire, qui réclamaient celles-là « une République nationale vraiment démocratique, [par] abolition du centralisme administratif napoléonien, antithèse de toute démocratie, abolition des corps bonapartistes de hauts fonctionnaires [...] et leur remplacement par un système démocratique d'administration[10] », ceux-ci que l'on œuvrât à « rapprocher l'Administration de l'administré par un effort de déconcentration complétant celui de décentralisation[11] ». Les temps ne se prêtaient guère, toutefois, à la mise en œuvre rapide d'aussi indiscutables principes. Les opérations d'épuration elles-mêmes contribuaient à resserrer le centralisme. Après avoir laissé, par la force des choses, dans les semaines qui suivirent la libération du territoire, une grande latitude d'action en la matière aux commissaires de la République, le gouvernement regroupa à son profit des pouvoirs qu'il avait jusque-là délégués[12]. L'automne de 1944 vit ainsi la généralisation des commissions d'épuration dans les divers départements ministériels. Une autre illustration, particulièrement symptomatique, de cette irrépressible tendance à la centralisation peut être trouvée dans la décision prise en novembre 1944 par le général de Gaulle d'être désormais le seul détenteur du droit de grâce.

La Libération ne serait donc pas – occasion manquée qui ne se présenta de nouveau que près de quarante ans plus tard, avec l'arrivée de la gauche aux commandes de la Ve République – le moment d'un partage

9. *La Libération trahie*, Paris, Grasset, 1945, p. 78-79.

10. « Région lyonnaise du Mouvement de Libération nationale, projet de programme », s.d., cité dans *De la Résistance à la révolution*, *op. cit.*, p. 185.

11. Jules Moch, *Le Parti socialiste au peuple de France*, *op. cit.*, p. 73.

12. En notant, avec Marc Bergère (« Les pouvoirs publics et la conduite des processus d'épuration »), *supra*, que les notions de centre et de périphérie se trouvaient être à géométrie, ou plutôt à géographie, variable : le commissaire de la République était une autorité périphérique par rapport au pouvoir d'État installé à Paris, mais un fort lieu de centralisation des tendances centripètes existant au niveau des départements, entre préfets et comités départementaux de la Libération.

du pouvoir entre l'État central et les collectivités locales. Souscrivant à l'analyse faite par le régime du maréchal Pétain d'une dégénérescence continue de l'autorité de l'État tout au long de l'après-Première Guerre mondiale, le nouveau pouvoir chaussa sans difficultés les bottes de l'étatisation qu'avait largement utilisées Vichy. La dénonciation était fréquente, à gauche et à l'extrême gauche, du maintien d'institutions vichyssoises sous une dénomination nouvelle. Le maintien d'une économie de la pénurie continua ainsi à rendre nécessaire la fonction des comités d'organisation, rebaptisés offices de répartition. Si les intendants de police, de sinistre mémoire, disparurent, l'organisation étatisée de la police dont ils étaient les relais était trop nécessaire au pouvoir, quel qu'il fût, pour être remise en cause. Pierre Hervé n'avait donc pas tort lorsqu'il dénonçait le spectre d'une emprise bureaucratique sensiblement plus forte que sous la IIIe République[13]. Rétrospectivement, cette dernière n'allait-elle pas apparaître comme ayant constitué l'âge d'or des libertés locales, d'autant plus fortes dans les faits que nombre de caciques républicains étaient par ailleurs maires de grandes villes, comme Édouard Herriot à Lyon, Camille Chautemps à Tours ou Adrien Marquet à Bordeaux? Par ailleurs, le secrétariat général du gouvernement, héritage de l'immédiat avant-guerre qui avait été recueilli et perfectionné aussi bien par Vichy que par Alger, était devenu un rouage important de la machine gouvernementale, visant à l'efficacité de l'action de l'État.

Ainsi conçue, la réforme de l'État allait faire coexister de très importants changements de personnes avec la consolidation de réformes de structure apparues au cours des années d'occupation. Bien entendu, les détenteurs des postes de haute responsabilité administrative changèrent presque tous. Ce fut, dès leur installation à la tête des ministères, l'une des principales tâches des secrétaires généraux provisoires que de suspendre les directeurs nommés par Vichy pour les remplacer par des hommes ayant la confiance de la Résistance. S'agissant du corps préfectoral, le travail avait été préparé depuis l'automne de 1943 par Michel Debré; travail de longue haleine, compte tenu du fait qu'il ne pouvait être question, pour des raisons politiques, de laisser en poste quelque préfet de Vichy que ce soit, mais qu'on ne pouvait pas non plus, comme l'avait suggéré l'ancien préfet de la Seine, Villey, qu'il avait consulté, faire comme si de rien n'avait été en renommant purement et simplement à leurs anciennes fonctions les préfets du printemps de 1940,

13. *La Libération trahie, op. cit.*, p. 81.

exception faite de ceux ayant disparu dans la tourmente et de ceux atteints par la limite d'âge[14]. Michel Debré avait également dû choisir les futurs commissaires de la République, tâche accomplie en liaison étroite avec un envoyé d'Alger, Émile Laffon, qui serait nommé après la Libération chef du service des commissaires de la République au ministère de l'Intérieur. Le travail ainsi accompli fut à la fois considérable, d'une efficacité immédiate indéniable, et sans postérité : en mars 1946, l'Assemblée – du MRP au Parti communiste – décidait de supprimer l'échelon régional, au motif que « la région c'est Vichy[15] ».

L'osmose ne fut par ailleurs qu'imparfaite, au sein du corps préfectoral, entre fonctionnaires issus de la carrière et hommes nouveaux nommés à la Libération. Au début de 1947, seuls six des préfets en fonction à la tête de départements n'étaient pas issus de la fonction publique[16]. Mais le chiffre était sensiblement plus élevé si l'on s'attachait non à l'appartenance à la fonction publique, critère juridique, mais à la profession exercée. Comme c'était le cas sous Vichy, les fonctions préfectorales étaient de celles dans lesquelles des agents issus d'autres départements ministériels étaient volontiers détachés. En regroupant, dans un inventaire quelque peu à la Prévert, fonctionnaires issus d'autre ministères que l'Intérieur, directeurs de préfecture, ingénieurs et enseignants, ce sont quarante départements, proportion importante, qui étaient administrés par des hommes non issus de la carrière préfectorale[17]. L'analyse devrait être poursuivie en prenant en compte les infléchissements politiques de la IVe République, telle la rupture du tripartisme, immédiatement suivie du limogeage des deux préfets issus du Parti communiste, Chaintron et Monjauvis. Et Luc Rouban, qui a procédé à une très utile sociographie de l'administration préfectorale entre 1870 et la fin du XXe siècle, a constaté que « à mesure qu'augmente la proportion de personnes entrant dans le corps préfectoral à la suite d'un cursus spécifique, les carrières administratives hétéroclites conduisent à des carrières préfectorales courtes[18] ». Tel est notamment le cas, poursuit

14. Michel Debré, « Un grand mouvement de commissaires de la République et de préfets », *Trois Républiques pour une France, Mémoires*, t. I, Paris, Albin Michel, 1984, p. 229-255.

15. *Ibid.*, p. 358-359. Sur les enjeux et les modalités de la disparition des commissaires régionaux de la République, voir Charles-Louis Foulon, *op. cit.*, p. 249-266.

16. « Préfets ne provenant pas du cadre départemental », s.d. (fin 1946 ou début 1947), archives de la FNSP, papiers Roger Genébrier, GE 34.

17. Sans compter un cas particulier, celui d'Edgard Pisani, alors préfet de la Haute-Loire, dont la rubrique profession est complétée par l'indication « gendre de M. Le Troquer » – ce dernier étant alors ministre de l'Intérieur, *ibid.*

18. « Les préfets de la République, 1870-1997 », *Cahiers du CEVIPOF*, n° 26, janvier 2000, p. 60.

l'auteur, des enseignants qui, nombreux à s'engager dans la Résistance, furent nombreux, proportionnellement, à intégrer les rangs de l'administration préfectorale à la Libération.

Pour nombre d'entre eux, cet accès ne fut que transitoire. Les efforts de l'Association nationale des anciens préfets et sous-préfets de la Résistance, qui multiplia entre 1946 et 1955 les démarches visant à défendre l'intégration systématique dans le corps préfectoral de toutes les personnes déléguées dans des fonctions préfectorales à la Libération[19], furent vains. Les ministres de l'Intérieur successifs suivirent toujours leurs services dans leur opposition de principe à une telle mesure. Malgré les interventions de nombreux élus – au premier rang desquels Daniel Mayer, que ce soit au nom du groupe socialiste ou en tant que président de l'amicale des parlementaires résistants –, les ministres de l'Intérieur tinrent bon. En 1949, une brochure de l'association ne pouvait que prendre acte de ce qu'elle percevait comme un déni de justice, d'autant plus révoltant à ses yeux que l'effet des premiers recours jugés par le Conseil d'État aboutissait à réintégrer dans la carrière d'anciens membres de la préfectorale écartés quelques années plus tôt en raison de leur carrière sous Vichy[20].

Quoi qu'il en fût, la rotation avait été réelle et sensible depuis 1944, la quasi-totalité des postes à discrétion du gouvernement ayant changé de titulaire. Certains, parmi les soutiens du régime déchu, quand ils recommencèrent à donner de la voix, n'hésitèrent pas à attaquer des nominations dans lesquelles ils voyaient un système des dépouilles à la française. Dès l'été de 1945, dans la collection « Hier et demain » qu'il animait chez Julliard, François Le Grix, homme de droite qui se présentait « sans fausse honte comme non-résistant[21] », estimait que « la Résis-

19. L'ordonnance du 3 juin 1944 portant organisation provisoire du statut de l'administration préfectorale avait disposé, dans son article 5, que « tout fonctionnaire public, tout citoyen habile à la fonction publique peut être délégué dans les fonctions de préfet, de sous-préfet, de secrétaire général de préfecture ou de directeur de cabinet », *Journal officiel de la République française*, 15 juin 1944.

20. « L'éviction arbitraire des préfets et sous-préfets de la Résistance. Appel au Parlement », 14 janvier 1949, papiers Daniel Mayer, archives de la FNSP, MA 7/1.

21. Animateur avant-guerre de la *Revue hebdomadaire*, il l'avait orientée résolument à droite, après y avoir publié, dès 1933, un récit admiratif, *Vingt jours chez Hitler. Tableaux d'une révolution.* Après la Libération, il participa, si l'on en croit Henry Coston, aux *Écrits de Paris*, revue des nostalgiques de Vichy, et occupa un temps la présidence de l'Union des intellectuels indépendants, qui œuvra notamment à la mise en place d'un « Comité pour la grande amnistie ». Je suis redevable à Hervé Serry de ces informations, issues de sa thèse, *L'Invention de l'écrivain catholique. Le mouvement de « renaissance littéraire catholique » (1880-1933). Contribution à une sociologie du renouveau,* thèse de sociologie, université de Paris-X-Nanterre, 2000.

tance, ayant opéré un miracle, ayant été elle-même un miracle, il serait de son essence de disparaître, comme il est de l'essence du miracle d'être sans lendemain ». La suite était plus dure encore : « En s'obstinant, comme elle le fait assez misérablement, c'est-à-dire en s'adjugeant les places, en multipliant à l'infini les fonctionnaires, les prébendiers du régime [...], ne risque-t-elle pas de diminuer irrémédiablement sa figure dans l'Histoire ? Elle aurait pu y resplendir à jamais[22]. » La position était évidemment opposée à gauche. Préfaçant la très virulente critique de l'appareil d'État, due au résistant André Ferrat, entré en 1937 au parti socialiste après son exclusion du PCF, André Philip, qui deviendrait au début de 1946 ministre de l'Économie nationale, soulignait au contraire combien, loin de traduire un quelconque esprit de vengeance, l'épuration administrative devait être lue comme « une question d'efficacité, une condition indispensable au bon fonctionnement des services publics. C'est seulement, poursuivait-il, dans la mesure où il sera certain de disposer de fonctionnaires bons patriotes et républicains loyaux que l'État pourra procéder à son œuvre d'administration et reconquérir la confiance des citoyens[23] ». À cette fin, le changement des titulaires des postes de haute responsabilité administrative était une condition nécessaire de la transition entre l'État autoritaire qui s'était effondré et l'État républicain. Une condition nécessaire, mais pas une condition suffisante. Comme Marc Bloch avant lui, dans *L'Étrange Défaite*[24], comme Jean Zay, écrivant ses Mémoires dans la prison où l'avait jeté Vichy[25] – mais ni Marc Bloch ni Jean Zay n'étaient plus là pour porter témoignage –, Philip posait la question de la loyauté à la République des élites d'hier :

> Si, dans les hauts cadres de l'Administration, un si grand nombre d'éléments ont accueilli l'envahisseur, se sont pliés à son esprit et à ses méthodes, c'est qu'ils

---

22. « Examen de conscience après dix mois (Réponse à Guillain de Bénouville) », *L'Avenir de la Résistance*, Paris, Julliard, 1945, p. 47-75 (ici, p. 53).

23. A. Philip, préface à André Ferrat, *La République à refaire*, Paris, Gallimard, 1945, p. 8.

24. Évoquant l'Administration d'avant-guerre, il posait le diagnostic selon lequel « une démocratie tombe en faiblesse, pour le grand mal des intérêts communs, si ses hauts fonctionnaires, formés à la mépriser et, par nécessité de fortune, issus des classes mêmes dont on a prétendu abolir l'empire, ne la servent qu'à contrecœur » (*L'Étrange Défaite*, éd. Franc-Tireur, 1946, rééd. Paris, Gallimard, « Folio », 1990, p. 192-193).

25. Il y stigmatisait « le manque de caractère dont ont fait preuve tant de hauts fonctionnaires républicains depuis juin 1940, la facilité avec laquelle ils ont subi les nouveaux maîtres, assumé sans révolte de conscience toutes les besognes qu'on leur imposait », *Souvenirs et Solitude*, Paris, Julliard, 1945, p. 314.

étaient déjà disposés à accepter ses principes. [...] Recrutés le plus souvent dans la grande bourgeoisie, élevés dans des écoles spéciales, loin des masses populaires et même de la majorité des autres étudiants, ils avaient perdu le contact avec le peuple et constituaient une caste étroite, soucieuse de ses privilèges, fière de ses traditions, désireuse souvent de travailler *pour* le peuple, mais *sans* lui[26].

La « relève sociale » que, face à une telle faillite, André Philip appelait de ses vœux impliquait de modifier l'esprit général de l'Administration, à commencer par ses sources de recrutement. Position que partageaient au même moment le général de Gaulle et Michel Debré, à ceci près que Philip établissait explicitement le lien entre épuration et réforme de la fonction publique :

> L'épuration individuelle n'aboutira à rien si les nouveaux fonctionnaires nommés, puisés dans la Résistance, se trouvent plongés dans l'atmosphère générale d'un service et dans des habitudes de travail qui finiront par s'imposer à eux. L'épuration doit donc être accompagnée d'une réforme totale du recrutement; il faut créer une école d'administration donnant accès, par ses diverses branches spécialisées, aux grands corps de l'État, civils et militaires; il faut assurer l'accès à cette école, et par là même aux plus hautes fonctions publiques, aux enfants méritants sortant du peuple, issus en particulier de la classe ouvrière et paysanne[27].

Du côté de Michel Debré, au contraire, tout entier attelé alors à construire la future École nationale d'administration[28], le langage est tout autre. On chercherait en vain, dans les textes créant l'ÉNA, la moindre allusion aux bouleversements que le pays venait de connaître et aux leçons que pourrait en tirer l'appareil d'État. S'il était question des « événements de 1940 », c'était seulement pour indiquer qu'ils avaient eu pour effet de retarder une réforme déjà nécessaire. Loin des proclamations à fortes connotations politiques et sociales qu'étaient, y compris dans l'ordre administratif, nombre de textes de la période, l'exposé des motifs de l'ordonnance du 9 octobre 1945, dont le titre II instituait l'ÉNA, définissait la mission du nouvel établissement en des termes paisibles : « enseigner les techniques administratives et développer le sentiment des hauts devoirs que la fonction publique entraîne ». Le discours du pouvoir vis-à-vis de ses fonctionnaires était en effet aux antipodes de la dénonciation de la trahison des élites, alors lieu commun

---

26. Préface à André Ferrat, *La République à refaire, op. cit.*, p. 9.
27. *Ibid., loc. cit.*
28. Le général de Gaulle rapporte dans ses Mémoires que le projet « sortit tout armé du cerveau et des travaux de [...] Michel Debré » (*Mémoires de guerre*, Paris, Le Livre de poche, t. III, p. 322).

du discours de gauche et dont le livre précité d'André Ferrat fournit un exemple paradigmatique. Dès le 25 juillet 1944 – avant donc que ne commencent véritablement les opérations d'épuration administrative – le général de Gaulle n'avait-il pas indiqué que le gouvernement « n'a[vait] aucunement l'intention de faire tout à coup table rase de la grande majorité des serviteurs de l'État, dont la plupart, pendant les années terribles de l'Occupation et de l'usurpation, ont avant tout cherché à servir de leur mieux la chose publique[29] » ?

On ne saurait pour autant, pris par l'illusion rétrospective, minimiser l'ampleur de la réforme imposée en 1945 aux administrations françaises. Michel Debré dut vaincre plus d'un corporatisme pour obtenir – exemples parmi d'autres des innovations apportées au monde sclérosé de la fonction publique – l'admission des femmes à tous les emplois auxquels ouvrait l'ENA et la suppression des concours particuliers d'accès aux grands corps de l'État, et des « écuries » qui y préparaient. Michel Debré souligna, dans ses Souvenirs publiés quarante ans après les faits, l'appui décisif qu'il reçut de René Cassin, porté par le général de Gaulle à la tête du Conseil d'État, pour faire en sorte que la Haute Assemblée fût partie prenante de l'œuvre de rénovation administrative voulue par le gouvernement[30]. Sans doute Cassin dut-il, à cette fin, vaincre des réticences internes dont on trouve trace par exemple dans la proposition faite – en vain – par un jeune membre du Conseil d'État affecté au cabinet du ministre de l'Intérieur de maintenir l'existence de concours spécifiques d'accès aux grands corps plutôt que de les inclure dans les débouchés de l'ENA[31].

Ce fut certes là une réforme majeure, ce ne fut pas une révolution. Comme l'a montré Christophe Charle, et comme le confirme Philip Nord à propos des négociations conduites par Michel Debré avec Roger Seydoux et André Siegfried, la « nationalisation » de l'École libre des sciences politiques fut en large part une mesure en trompe l'œil[32]. Loin de permettre d'ouvrir les facultés de droit sur les réalités politiques et sociales, elle consolida le monopole d'un établissement, à peine entamé

29. Charles de Gaulle, *Discours et Messages*, t. I, *op. cit.*, p. 432.

30. M. Debré, *Trois Républiques [...]*, *op. cit.*, p. 369.

31. Note du chef du service de la législation à Pierre Tissier, directeur du cabinet du ministre, annotée par ce dernier : « Non ! Mauvais esprit de corps », 3 mai 1945, AN F1a 3246.

32. « Savoir durer : la nationalisation de l'École libre des sciences politiques, 1936-1945 », *Actes de la recherche en sciences sociales*, n° 86-87, mars 1991, p. 99-105. Philip Nord, « Reform, Conservation and Adoption : Sciences-Po, from the Popular Front to the Liberation », *in* Sudir Hazareesingh (ed.), *The Jacobin Legacy in Modern France, Essays in Honour of Vincent Wright*, Oxford, Oxford University Press, 2002, p. 115-164.

par la création d'instituts d'études politiques dans plusieurs villes de France, quant à l'accès à la haute fonction publique. *A fortiori* n'était-il nullement question d'imaginer, comme le proposaient quelques rénovateurs audacieux, l'élection de telle ou telle catégorie de fonctionnaires, les juges notamment[33]. Faute de cette solution hardie, qui avait pour but de briser de manière révolutionnaire le carcan de l'absolue soumission de l'appareil d'État au pouvoir politique, carcan dont l'épisode de Vichy avait une fois de plus souligné la réalité, on recourut à une mesure diamétralement opposée dans sa symbolique comme dans ses effets. Les équipes communistes et syndicalistes réunies à partir de novembre 1945 autour de Maurice Thorez, alors chargé du dossier de la fonction publique, travaillèrent en effet à la confection d'un statut des fonctionnaires[34] destiné à remplacer celui promulgué par Vichy en octobre 1941 sur des bases autoritaires. La dissociation du grade et de l'emploi, sur laquelle le nouveau texte fut bâti, était de ces mesures d'apparence technique qui modifient plus profondément la réalité que bien des proclamations d'ordre politique. Jusque-là, en effet, un fonctionnaire pouvait se trouver exclu de la fonction publique du seul fait que son emploi se trouvait supprimé. La soumission au pouvoir politique était donc de règle pour un haut fonctionnaire qui, s'il n'était pas membre d'un grand corps, pouvait perdre ses ressources en perdant son poste[35].

Aller plus loin dans les réformes de structure aurait nécessité un autre pouvoir. Non que celui qui se trouvait à la tête de la France après la Libération fût timoré : les nationalisations, la création de la Sécurité sociale, la mise en œuvre de la planification sont des exemples nets de sa volonté de réforme, et Michel Debré pouvait évoquer avec nostalgie, dans ses Souvenirs, ces « mois exceptionnels où l'exaltation et l'espérance rendirent possible la naissance de grandes choses », visant à rien de moins que de construire « une France neuve dont un État net et compétent serait une composante nécessaire[36] ». De cette netteté – concept inattendu –, le recours aux structures fortes de l'État centralisé était le garant. On a vu plus haut comment la demande de décentralisation ne pouvait que rester rhétorique; s'agissant des autres maux majeurs dont souffrait l'administration française, le mandarinat et l'esprit de caste, on pensait que l'existence de l'ÉNA – avec la communauté de recrutement et de formation qu'elle impliquait entre membres

33. André Ferrat, *La République à refaire, op. cit.*, p. 236.

34. On se reportera à Jeanne Siwek Pouydesseau, *Le Syndicalisme des fonctionnaires jusqu'à la guerre froide*, Lille, Presses universitaires de Lille, 1989, p. 308-321.

35. Sous l'Occupation, le secrétaire général de la vice-présidence du Conseil, Jean Jardel, indiqua s'être trouvé dans une situation matérielle difficile après avoir été évincé de ce poste au retour de Laval aux affaires (lettre à l'amiral Fenard, 18 juin 1942, AN 2AG 538).

36. *Trois Républiques [...], op. cit.*, p. 378-379.

des grands corps de l'État et les administrateurs civils, nouveau corps regroupant les titulaires des postes d'encadrement supérieur des ministères – suffirait à les faire disparaître. Il semblait donc inutile de se montrer plus ambitieux, en brisant le mal à la racine.

Pourtant, quelques voix s'étaient fait entendre qui proposaient des réformes profondes, voire la suppression, des grands corps de l'État. Si elles ne surprenaient pas forcément de la part de marxistes avérés[37], elles pouvaient sembler mieux renseignées lorsque leurs auteurs étaient eux-mêmes issus des institutions qu'ils critiquaient, par exemple le Conseil d'État. Certains envisageaient surtout des réformes dans la composition et le mode de fonctionnement de l'institution. On trouve ainsi dans les archives de Michel Debré une note de vingt-sept pages, datée de novembre 1944, qui entend offrir « un corps de réformes qui, sans bouleverser les fondements d'une institution qui a fait ses preuves, adapterait son fonctionnement aux exigences de l'heure et lui permettrait de jouer un rôle important dans le relèvement national[38] ».

Les solutions proposées pouvaient être plus radicales. Deux membres éminents du Conseil d'État, Pierre Tissier, maître des requêtes qui avait été chef du cabinet du général de Gaulle à Londres, et son grand aîné Paul Grunebaum-Ballin, maître d'œuvre en 1905 des modalités de séparation des Églises et de l'État, avaient pu envisager sans émoi particulier la disparition de l'assemblée du Palais-Royal. On connaît, grâce à Guy Thuillier, l'ambitieux projet de réforme de Tissier, désireux de ne pas laisser en l'état une institution qui avait à ses yeux fait preuve de « complicité avec l'ennemi[39] ». Pour sa part, amer vis-à-vis d'une institution à laquelle il avait beaucoup donné mais qui ne l'avait pas moins laissé exclure sans protester en 1940, en application des lois xénophobes de Vichy, Paul Grunebaum-Ballin publia en 1945 ses *Vœux pour la Quatrième République*, où il n'était pas tendre pour son corps d'origine. C'étaient moins les fonctions exercées par le Conseil que l'ancien président de section remettait en question que l'existence même d'une « vieille maison », qui avait « omis, tout comme le Sénat et la Chambre, de faire le moindre geste pour la défense des institutions républicaines[40] ». Par-delà l'épuration des personnes, qui fut réelle[41] malgré la

37. Ainsi André Ferrat, *La République à refaire, op. cit., passim.*

38. Archives de la FNSP, papiers Michel Debré, 1DE 14.

39. « Un projet de réorganisation du Conseil d'État de Pierre Tissier en 1944 », *Revue administrative*, 1985, p. 242-248. L'accusation de Tissier figure dans une lettre ultérieure à René Cassin, 10 juin 1946, que cite également G. Thuillier, *ibid.*, p. 243.

40. Paul Grunebaum-Ballin, *Vœux pour la Quatrième République*, Sagittaire, 1945, p. 86 et 81.

41. Voir Jacques Chevallier, « L'épuration au Conseil d'État », fondation Charles-de-

tentative de nombre de conseillers d'État compromis sous Vichy de faire jouer la solidarité de corps[42], c'était bien une mesure sanction – comparable *mutatis mutandis* à la nationalisation des usines Renault – que préconisait Grunebaum-Ballin. Les attributions contentieuses du Conseil d'État seraient confiées à un « Conseil suprême de la justice administrative », tandis que la fonction d'expertise juridique ne serait plus l'apanage d'un « grand corps vivant loin de la bureaucratie ministérielle, hors de l'action quotidienne », mais de « jurisconsultes du gouvernement », rattachés aux différents départements ministériels[43]. Mais même André Ferrat, qui fondait la République démocratique qu'il appelait de ses vœux sur l'élection généralisée des juges, n'allait pas jusqu'à abroger le principe, alors sesquicentenaire, de séparation des juridictions administratives et judiciaires. Une « Cour suprême de justice » devait bien être instaurée, « élue au suffrage universel et responsable devant les électeurs[44] », remplaçant Conseil d'État et Cour de cassation; elle n'en serait pas moins divisée en sections administratives, civiles et criminelles, le droit administratif devant continuer à être régi par des règles spécifiques.

Ces projets restèrent, en tout état de cause, des plans tirés sur la comète. Comme l'avait clairement évoqué le général de Gaulle dans son discours du 25 juillet 1944, la première priorité des pouvoirs publics restait bien de « remettre sur pied [...] l'administration française, sans le labeur et le dévouement de laquelle il ne saurait y avoir que désordre et confusion[45] ». Il n'y eut pas de sanction d'ordre structurel envers les rouages de l'État qui avaient, trop bien, servi l'État français. En acceptant de voir porter à sa tête un juriste qui ne fût pas issu de ses rangs mais de la faculté de droit, René Cassin, le Conseil d'État – dont Michel Debré nous dit que Cassin se « sent[it] tout de suite responsable[46] » –

Gaulle; *Le Rétablissement de la légalité républicaine, 1944*, Bruxelles, Complexe, 1996, p. 447-460.

42. À preuve le nombre impressionnant de mémoires en défense adressés par des membres du Conseil d'État appelés à rendre des comptes à la Libération (Roujou, Roussel, Ingrand, Pichat, Toutée, Chasserat) à Alexandre Parodi, dont les archives ne disent pas qu'il leur aurait apporté une suite quelconque (archives de la FNSP, PA 8).

43. *Vœux [...], op. cit.*, p. 84-85.

44. *La République à refaire, op. cit.*, p. 236.

45. Ch. de Gaulle, *Discours [...], op. cit.*, p. 432.

46. M. Debré, *Trois républiques [...], op. cit.*, p. 369. Selon Jacques Chevallier, la nomination de René Cassin fut « accueillie avec une certaine méfiance par une partie des membres du Conseil » (« Le Conseil d'État et la Libération », *Deuxième centenaire du Conseil d'État, Journées d'études*, La Revue administrative et Presses universitaires de France, 2001, vol. I, p. 118-124 [citation p. 122]).

put ainsi se survivre à lui-même sans heurt, pour fêter peu après son cent cinquantième anniversaire[47].

Parce que le gouvernement ne voulait pas procéder à des réformes massives dans les structures de l'État, il ne profita pas de l'ouverture du jeu permise par les conditions politiques de la Libération pour coupler épuration et réforme de l'État. Les deux processus furent donc distincts dans leur ampleur, leur rythme, leurs modalités. Pour autant, la gravité des difficultés financières que rencontrait un gouvernement contraint à lâcher du lest sur les salaires – à commencer par les traitements des fonctionnaires qui, bloqués depuis juillet 1943, furent multipliés par trois en francs courants le 1er février 1945[48] – allait conduire à rapprocher les deux processus. S'efforçant de compenser l'effet de cette hausse sur la masse salariale publique par la diminution du nombre de fonctionnaires, une ordonnance du 6 janvier 1945 enjoignait à chaque ministère de se doter de deux commissions, l'une chargée de procéder à la révision de tous les emplois publics créés depuis le 16 juin 1940 – la même date-butoir que celle retenue par les textes relatifs à l'épuration administrative –, l'autre destinée à « recherche[r] les méthodes les plus propres à assurer l'accroissement du rendement ». Commentant ce texte, le général de Gaulle insistait auprès de ses ministres non seulement sur l'importance budgétaire de la question, qui allait de soi, mais aussi sur l'impact qui s'attachait d'une part à améliorer le rendement de la machine administrative et d'autre part à ne pas stériliser en des structures publiques redondantes ou inutiles une main-d'œuvre indispensable à la reconstruction du pays[49]. Les résultats, comme souvent en la matière, ne furent pas à la hauteur des ambitions[50], et il fallut procéder de manière plus brutale : au début de 1946, une loi autorisa les ministres à mettre à la retraite d'office les fonctionnaires en surnombre, deux catégories étant spécialement visées : les agents « recrutés depuis le 4 septembre 1939 en vertu de textes d'exception » et ceux « ayant fait l'objet de sanctions au titre de l'épuration pour leur attitude

47. *Le Conseil d'État, livre jubilaire publié pour commémorer son cent cinquantième anniversaire, 4 nivôse an VIII-24 décembre 1949*, Paris, Sirey, 1952.

48. Pierre-Marie Chélini, *Inflation, État et opinion en France de 1944 à 1952*, Paris, Comité d'histoire économique et financière de la France, 1998, p. 314.

49. Lettre au ministre de l'Intérieur, 31 janvier 1945, archives de la FNSP, papiers Roger Genébrier, GE 35.

50. À titre d'exemple, au ministère de l'Intérieur – où le ministre Tixier n'avait créé, première économie, qu'une seule commission pour connaître des deux thèmes posés par l'ordonnance –, les recommandations finales de la commission ne traitaient que de sujets secondaires : nouvelle répartition des locaux, classement des archives, etc. (*ibid.*).

antipatriotique[51] ». Cette loi, relayée par une seconde en date du 3 septembre 1947, fut massivement appliquée, de sorte que l'on peut y effectivement voir cet « appendice de l'épuration, discret mais efficace » qu'évoquait Jean-Marc Berlière à propos de la police, dont il a étudié de très près le processus d'épuration[52].

Mais l'épuration influa aussi, de manière plus fondamentale, sur la relation entre les fonctionnaires et l'État. Restons, avec le même auteur, dans le domaine de la police pour constater qu'elle « bris[ait] un ressort de l'État : le zèle et l'obéissance, qui faisaient jusqu'alors de la police un instrument et un rempart essentiels des régimes successifs, [étaient] devenus des fautes que l'on risqu[ait] d'expier lourdement[53] ». La rupture du tabou de l'obéissance eut pour effet de brouiller les repères, et il n'est pas sans signification que ce fut très peu de temps après la Libération que le Conseil d'État jeta les jalons d'une théorie de la désobéissance à l'ordre illégal[54]. Mais, comme on le lit en filigrane de nombre des pourvois que formèrent devant ce même Conseil d'État des hauts fonctionnaires atteints par des mesures d'épuration, beaucoup d'entre eux n'avaient, de l'épisode de Vichy, rien appris, rien compris, voire pour certains, qui animèrent après les guerres les officines porteuses de la dévotion à la mémoire du maréchal Pétain et celles, plus rares, rassemblant les fidèles de Pierre Laval, rien oublié.

51. Article 9 de la loi du 15 février 1946 relative aux économies budgétaires.

52. Jean-Marc Berlière (avec Laurent Chabrun), *Les Policiers français sous l'Occupation*, Paris, Perrin, 2001, p. 327.

53. Jean-Marc Berlière, *Le Monde des polices en France, XIXe-XXe siècle*, Bruxelles, Complexe, 1996, p. 218.

54. Théorie construite avec beaucoup de prudence : le fonctionnaire n'est habilité à ne pas obéir à l'ordre manifestement illégal que dans le cas où sa réalisation serait susceptible de porter une atteinte grave à un intérêt public. On se reportera, sur le sujet délicat du « devoir de désobéissance » du fonctionnaire, aux analyses approfondies d'Éric Desmons, *Droit et Devoir de résistance en droit interne : contribution à une théorie du droit positif*, Paris, LGDJ, 1999.

Épuration et propriété privée

par Hervé Joly

L'épuration économique implique nécessairement une certaine atteinte à la propriété des entreprises privées. L'exclusion d'un dirigeant prive les actionnaires de la libre disposition de leurs biens, et en particulier de la liberté d'en confier la gestion au mandataire de leur choix. C'est particulièrement net dans les nombreuses entreprises personnelles ou familiales où écarter un gérant revient à l'empêcher de gérer ses propres affaires ou celles de sa famille. Son éventuel suppléant risque de n'avoir qu'un pouvoir formel, si les droits patrimoniaux de la personne sanctionnée ne sont pas remis en cause. C'est la raison pour laquelle les premières mesures prises, dans un cadre légal incertain, par les nouvelles autorités de la Libération ont tendu à suspendre les prérogatives des actionnaires et à placer les entreprises visées sous administration provisoire. Mais, en l'absence de volonté politique affirmée au niveau gouvernemental, la plupart de ces mesures n'ont pas débouché sur des confiscations durables, à l'exception de celles qui s'inscrivaient dans des dispositions législatives particulières. Le principe de respect de la propriété privée défendu par les différentes juridictions, judiciaires comme administratives, n'a pas été écarté. Dans la plupart des cas, les atteintes à la propriété se sont limitées à des restrictions de son usage ou de ses bénéfices, sous la forme de sanctions individuelles ou financières.

La propriété suspendue à la Libération

À la Libération, les nouvelles autorités se trouvent sous une forte pression résistante et ouvrière pour prendre des sanctions contre la collaboration économique : des patrons ou des ingénieurs sont arrêtés ou en fuite, des usines sont occupées, des comités de gestion ouvrière sont créés. Dans l'incertitude des premières semaines, il n'existe pas encore de politique nationale affirmée. Le Conseil français de libération nationale (CFLN) à Alger, puis le gouvernement provisoire de la République française (GPRF) du général de Gaulle, qui s'installe à Paris le 9 septembre 1944, ont pris diverses ordonnances qui laissent, dans les circonstances exceptionnelles de la Libération, une importante marge de manœuvre aux représentants locaux du nouveau régime, les commissaires régionaux de la République et leurs préfets départementaux. À défaut d'un inventaire exhaustif, il semble que seuls les plus hardis d'entre eux, proches du Parti communiste, aient pris des mesures administratives de suspension des droits des propriétaires de certaines entreprises, du moins de manière assez durable pour que leurs décisions soient connues par leur examen au contentieux par le Conseil d'État. Mais leurs initiatives se heurtent à l'hostilité des ministères parisiens qui, à l'exception de la Production industrielle, défendent la propriété privée et les obligent à respecter les contraintes légales des séquestres judiciaires.

La légalité douteuse des suspensions administratives

Trois techniques juridiques sont attachées à trois responsables différents[1]. Dans les Alpes-Maritimes, le préfet utilise le régime de la délégation provisoire prévue par une ordonnance du 14 avril 1943, remplacée ensuite par l'ordonnance du 22 août 1944. Ces dispositions visent « les entreprises dont les dirigeants sont immobilisés hors des territoires relevant du GPRF ou privés, du fait des circonstances de la guerre, de communication avec elles », ou encore les établissements situés sur ces territoires qui sont privés de communications avec les entreprises établies hors de ces territoires dont ils dépendent (art. 1er)[2]. La désignation du délégué provisoire relève en principe d'une ordonnance judiciaire, prise par le président du tribunal civil, mais, de manière dérogatoire, il est prévu que, « pour les territoires libérés de la France métropolitaine, le commissaire de la République exerce les pouvoirs dévolus au président du tribunal civil jusqu'à une date qui sera fixée par arrêté conjoint du

1. Cf. Antoine Prost, « La fin des comités de gestion », *in* Claire Andrieu, Lucette le Van et Antoine Prost (dir.), *Les Nationalisations de la Libération*, Paris, Presses de la Fondation nationale des sciences politiques, 1987, p. 102-105.

2. Ordonnance du 22 août 1944; *Journal officiel de la République française (JORF)*, 24 août 1944, p. 34.

commissaire au Ravitaillement et à la Production et du commissaire intéressé ». Cette référence au commissaire au Ravitaillement et à la Production montre bien les intentions des auteurs de cette ordonnance : il s'agit d'éviter que, faute de liaison avec leurs dirigeants, des entreprises ou des établissements ne fonctionnent pas et aggravent la situation de pénurie. L'usage qu'en fait le préfet des Alpes-Maritimes, Paul Escande, dans un arrêté du 13 octobre 1944, lorsqu'il place l'usine des Aciéries du Nord de Cannes-la-Bocca sous le régime de la délégation provisoire est à l'évidence autre. Même si le siège de l'entreprise est à Paris, les communications avec la direction générale sont alors rétablies et l'arrêté a en fait pour but, comme le constate le Conseil d'État en 1947, « de permettre de réaliser la nationalisation de l'établissement », ce qui le prive de fondement légal[3].

À Marseille, Raymond Aubrac, commissaire régional de la République, utilise, pour écarter les dirigeants et les actionnaires d'une quinzaine d'entreprises mises en cause, la technique de la réquisition[4]. Il s'appuie sur une ordonnance du CFLN du 10 janvier 1944 qui, « jusqu'au rétablissement des communications avec l'autorité supérieure », confère aux commissaires régionaux de la République des « pouvoirs exceptionnels », et notamment la possibilité d'« ordonner toute mesure et prendre toutes décisions pour assurer [...] le fonctionnement [...] des entreprises privées », de « bloquer tous comptes privés » et de « réquisitionner tous biens ou services dans les conditions prévues par la loi du 11 juillet 1938 sur l'organisation générale de la nation pour le temps de guerre[5] ». Là encore, l'objet de ce texte n'est à l'évidence pas répressif; il s'agit, pour faire face aux circonstances de la guerre, d'assurer le meilleur fonctionnement possible de l'économie. L'usage qu'en fait Raymond Aubrac dans des arrêtés pris entre le 10 septembre et le 5 octobre 1944 est également autre : comme le constate le Conseil d'État dans plusieurs arrêts d'annulation prononcés en 1947, le fonctionnement de ces entreprises n'était pas compromis, la décision n'avait pas pour objet de pallier une interruption momentanée de l'activité par des dispositions temporaires, comme le prévoyait l'ordonnance du 10 janvier 1944, mais de permettre la nationalisation de l'établissement en cause[6].

---

3. Arrêt du 25 juillet 1947, Société des aciéries du Nord, *Recueil des décisions du Conseil d'État* (cité maintenant sous la référence abrégée *Recueil*), 1947, p. 342.

4. Cf. Robert Menchérini, *La Libération et les Entreprises sous gestion ouvrière : Marseille, 1944-48*, Paris, L'Harmattan, 1994.

5. Ordonnance du 10 janvier 1944; *JORF*, 6 juillet 1944, p. 533-534.

6. Arrêt du 6 juin 1947, Société provençale de construction navale et autres, qui annule cinq arrêtés des 19 et 20 septembre 1944, *Recueil*, 1947, p. 253-254 pour des entreprises de constructions navales et de transport maritime; cf. également les références

Enfin, dans la région Rhône-Alpes, l'autre commissaire de la République proche du Parti communiste, Yves Farge, octroie à ses préfets départementaux, par un arrêté réglementaire du 3 septembre 1944 qui se réfère, sans autre précision, « aux pouvoirs qui lui sont conférés », la possibilité de « pourvoir d'un administrateur séquestre tout ou partie des biens appartenant ou gérés par un individu suspendu de ses fonctions, arrêté ou sous le coup d'un mandat d'amener, condamné pénal ou interné administrativement » (art. 1er) [7]. Le 16 septembre, un autre arrêté précise que le premier texte est applicable aux personnes morales dont l'un des dirigeants se trouve dans l'une des situations prévues dans l'article 1er. Dans les semaines suivantes, une série d'arrêtés visent ainsi des entreprises dont les dirigeants ont été placés en détention [8]. Les administrateurs séquestres sont choisis librement par les autorités administratives, souvent parmi des ingénieurs bénéficiant de la confiance des ouvriers. Ces diverses initiatives locales suscitent rapidement des réactions gouvernementales. Dès le 10 octobre, Yves Farge informe ses préfets qu'il a reçu le télégramme suivant du ministre de l'Intérieur :

> Il est porté à ma connaissance que certains commissaires régionaux prennent en matière économique des initiatives qui sortent du cadre normal de leurs attributions. Il appartient au gouvernement seul de statuer sur les modifications profondes apportées à la structure des entreprises. Ainsi les mesures tendant à placer de nouveaux dirigeants à la tête d'un établissement ne peuvent être prises sans l'assentiment de mes services centraux ou régionaux. En tout état de cause, la réquisition pure et simple devra être évitée. [...] Il est conseillé d'utiliser principalement [la loi du 10 septembre 1940] [9].

La loi du 10 septembre 1940, utilisée par le régime de Vichy notamment à l'encontre des entreprises juives, qui est toujours en vigueur, prévoit la nomination d'un administrateur provisoire pour « toute entreprise industrielle et commerciale dont les dirigeants qualifiés sont, pour quelque motif que ce soit, placés dans l'impossibilité d'exercer leurs fonctions ». Pour Yves Farge, ce texte est effectivement « d'application la plus commode » et il s'accorde avec la procédure mise en place par ses

---

à d'autres arrêts des 18 juin (Société des chantiers et ateliers de Provence), 27 juin (Société phocéenne d'applications électriques) et 25 juillet 1947 (Société des aciéries du Nord, pour l'usine de Marseille), *ibid.*, p. 541.

7. Arrêté n° 25, *Journal officiel du commissariat de la République de la région Rhône-Alpes*, 4 septembre 1944.

8. Voir, dans le présent ouvrage, notre contribution relative à l'épuration patronale dans la région Rhône-Alpes.

9. Archives départementales du Rhône (ADR), 668 W 68.

propres arrêtés des 3 et 16 septembre. Il passe cependant sous silence le fait que cette loi confie au seul ministre de la Production industrielle (ou des Finances pour les banques et les assurances) le pouvoir de nommer l'administrateur provisoire. Les arrêtés pris à son initiative dans la région Rhône-Alpes se révélent donc d'une légalité également douteuse, même s'ils peuvent aussi s'appuyer, sans que le commissaire de la République y fasse explicitement référence, sur l'ordonnance du 11 avril 1944 relative à la mise sous séquestre des biens des internés de nationalité française [10].

Les réactions ministérielles se multiplient dans les mois suivants. En novembre 1944, le ministre de l'Intérieur rappelle, dans une circulaire adressée à ses commissaires régionaux, que, lorsqu'une mise sous séquestre est décidée par un préfet, seule l'administration des domaines est compétente pour la gestion des biens [11]. En février 1945, le même ministre revient à la charge, dans une nouvelle circulaire, en indiquant qu'il a été saisi par ses collègues de la Justice et des Finances de nombreux cas de séquestres de biens appartenant à des internés administratifs pour lesquels les décisions ont été prises en contradiction avec l'ordonnance du 11 avril 1944 [12]. Il rappelle que ce texte ne peut concerner que des biens appartenant aux individus considérés comme « dangereux pour la défense nationale ou la sécurité publique » et que le séquestre ne peut être prononcé que si, malgré la mesure d'éloignement, d'assignation à résidence ou d'internement prise à leur encontre, ces biens risquent encore d'être employés aux mêmes fins dangereuses, ou si, en raison de cette mesure, leur conservation est mise en péril. Il précise donc qu'il convient de s'assurer au préalable que la famille ou les ayants droit de l'interné ne sont pas en état d'administrer son patrimoine. Seuls les biens en propre de l'interné peuvent également faire l'objet d'une mise sous séquestre. L'internement de l'administrateur ou du directeur d'une société ne doit ainsi pas entraîner *ipso facto* la mise sous séquestre de la société elle-même, à moins que celle-ci n'ait qu'une existence fictive, l'interné possédant la quasi-totalité du capital et ses associés n'étant que des prête-noms. Pour les exploitations industrielles, commerciales ou agricoles, la mise sous séquestre ne doit donc, selon le ministre de l'Intérieur, intervenir que de façon exceptionnelle.

En mars 1945, le ministre de la Justice vise, dans un courrier, directement le commissaire lyonnais, en lui indiquant que ses arrêtés des 3 et

10. *JORF*, 15 avril 1944, p. 305.
11. Circulaire n° 120, 24 novembre 1944, ADR, 668 W 68.
12. Circulaire n° 301, 23 février 1945, *ibid.*

16 septembre sont « en contradiction formelle » avec la loi du 5 octobre 1940, également non abrogée, qui confie à l'administration des Domaines l'administration et la liquidation des biens mis sous séquestre en conséquence d'une mesure de sûreté générale[13]. Cette position est confirmée par une ordonnance du 18 avril 1945 qui rappelle la compétence de l'administration des Domaines. Par ailleurs, ce texte impose, « s'agissant de biens, droits et intérêts privés susceptibles de donner lieu à des litiges de droit commun », l'intervention de l'autorité judiciaire : dans un délai d'un mois, les préfets doivent communiquer au ministère public, pour régularisation par le président du tribunal civil, tous les arrêtés déjà pris[14]. Yves Farge réussit cependant à gagner du temps, en s'appuyant sur les contradictions gouvernementales. Le ministre de l'Intérieur a ainsi pris sa défense face aux critiques du ministre de la Justice en argumentant auprès de son collègue que « sans doute ces arrêtés n'ont pas respecté les termes de la loi du 5 octobre 1940 », mais que, sur la base de l'ordonnance du 11 avril 1944, « le commissaire de la République devait, en septembre dernier, se sentir autorisé par la loi à la liberté la plus grande[15] ». En octobre 1945, c'est une circulaire du ministre des Finances qui rappelle aux commissaires de la République que, depuis l'ordonnance du 18 avril 1945, aucun texte ne les autorise plus à prendre des arrêtés de mise sous séquestre[16].

Mais, même après le départ d'Yves Farge en septembre 1945, les services du commissariat régional de la région Rhône-Alpes continuent de traîner les pieds. En mars 1946, le ministre de l'Intérieur écrit au préfet du Rhône pour lui signaler que son collègue de la Justice « attire son attention sur le fait que certaines mises sous séquestre n'ont pas encore fait l'objet de la régularisation judiciaire prévue [dans un délai d'un mois] par l'ordonnance du 18 avril 1945. [...] Il est donc regrettable, ajoute-t-il, que vos services n'aient pas fait preuve, en cette matière, d'une plus grande diligence[17] ». L'administration préfectorale cherche visiblement à gagner du temps, afin de ne pas remettre en cause les mesures prises, dans des entreprises qui ne répondent pas nécessairement aux exigences légales, pour satisfaire les exigences ouvrières. Au cours de l'été de 1946, le ministre communiste de la Production indus-

---

13. Lettre du 6 mars 1945, *ibid.*
14. *JORF*, 19 avril 1945, p. 2194-2195.
15. Copie d'une lettre du ministre de l'Intérieur au ministre de la Justice, 3 avril 1945, ADR, 668 W 68.
16. Circulaire du 1er octobre 1945, *ibid.*
17. Lettre du 1er avril 1946, *ibid.*

trielle, Marcel Paul, apporte un nouveau sursis en confirmant par arrêtés ministériels, conformément aux termes de la loi du 10 septembre 1940, plusieurs des nominations d'administrateurs séquestres prises par Yves Farge ou ses préfets. Et ce n'est qu'en 1947 que le Conseil d'État examine les recours formés par les anciens dirigeants contre les arrêtés de 1944 et prononce, sans surprise, des annulations. Dans l'affaire des cimenteries de Lafarge, s'il veut bien admettre que, « dans les circonstances », les autorités locales pouvaient se substituer à l'autorité supérieure (le ministre de la Production industrielle) pour prendre le 27 septembre (préfet de l'Ardèche) et le 6 octobre (commissaire régional) un arrêté de mise sous séquestre de l'entreprise, il considère que les dirigeants de la société n'étaient pas, comme le prévoit la loi du 10 septembre 1940, dans l'impossibilité d'exercer leurs fonctions, les membres du conseil d'administration étant simplement suspendus de celles-ci par un arrêté précédemment déclaré illégal du préfet de l'Ardèche[18]. De même, dans l'affaire Somua, la haute juridiction administrative estime que le commissaire régional, par ailleurs incompétent d'après la loi du 10 septembre 1940, ne pouvait considérer, à la suite des seules arrestations du directeur et de l'ingénieur en chef, l'usine de Vénissieux comme privée de direction dans la mesure où la direction générale parisienne venait de désigner un nouveau directeur de l'établissement[19].

Les arrêtés du ministre de la Production industrielle, s'ils sont bien conformes aux exigences de compétence de la loi du 10 septembre 1940, ne résistent souvent guère mieux sur le fond. Ainsi, un arrêté du 12 avril 1946 nommant un administrateur provisoire à la Société française de constructions mécaniques, les anciens Éts Cail (siège à Paris, usine à Denain dans le Nord), est considéré comme un détournement du champ d'application de la loi du 10 septembre 1940, dans la mesure où le premier acte de l'administrateur provisoire a justement été de licencier le directeur général et le directeur des usines en exercice, qui n'étaient donc pas dans l'impossibilité d'exercer leurs fonctions[20]. De même, si Marius Berliet avait bien, avec deux de ses fils, été condamné à une peine de dégradation nationale à vie qui entraînait la vacance de la

18. Arrêt du 28 mars 1947, SA des chaux et ciments de Lafarge, *Recueil*, 1947, p. 139-140.

19. Arrêt du 25 juillet 1947, SOMUA, *Recueil*, 1947, p. 342-343, et les références à des arrêts pris le même jour dans le même sens (Sté des Éts de constructions mécaniques É. Brondel et autres), p. 541.

20. Arrêt du 26 juillet 1946, Société française de constructions mécaniques, *Sirey*, 1947, III, 19.

gérance de la Société des automobiles Berliet, le conseil de surveillance venait justement, au moment où un arrêté du ministre de la Production industrielle confirmait l'administrateur provisoire nommé par Yves Farge en septembre 1944, de convoquer une assemblée générale dans les jours suivants pour désigner un nouveau gérant[21]. La nomination d'un administrateur se révélait donc, au regard de la loi du 10 septembre 1940, inutile pour assurer la continuité du fonctionnement de l'entreprise. Seuls quelques arrêtés ministériels concernant des entreprises personnelles ou familiales sont validés : ainsi, le Conseil d'État considère que le ministre de la Production industrielle n'a pas commis d'erreur dans l'appréciation des faits en nommant le 19 mars 1945 un administrateur provisoire à la tête d'une entreprise parisienne de travaux publics dont le gérant, qui se trouvait dans l'impossibilité d'exercer ses fonctions, était le véritable et seul maître de l'affaire[22].

Les conditions légales strictes du séquestre judiciaire

La voie du séquestre administratif fermée, même si c'est tardivement, par le Conseil d'État, il ne reste donc plus que la voie judiciaire. Outre le cas déjà évoqué de l'ordonnance du 18 avril 1945 pour les internés administratifs, plusieurs textes prévoient effectivement la possibilité pour le président du tribunal civil de prononcer des mesures de séquestre :

– pour toute personne absente ou défaillante, lorsqu'il y a un intérêt économique à ne pas laisser ses biens à l'abandon (loi du 10 septembre 1940, art. 2) ;

– pour des biens considérés comme ennemis, appartenant à des ressortissants d'États considérés comme ennemis (Allemagne, Italie, Japon en particulier), à des personnes physiques résidant sur le territoire de ces États (sauf prisonniers ou déportés) ou à des personnes morales constituées conformément aux lois de ces États (ordonnance du 5 octobre 1944) ;

– pour des biens et éléments d'actifs de tous ordres ayant servi à la publication de journaux suspendus (ordonnance du 30 septembre 1944, art. 4) ;

21. Arrêt du 22 juillet 1949, Société des automobiles Berliet, *Recueil*, 1949, p. 368-370.

22. Arrêt du 25 juin 1948, Société Descombes et Société Contimer, *Recueil*, 1948, p. 291-292; cf. également arrêt du 25 juin 1948, Société européenne de textile et autres, *ibid.*, p. 292.

– pour des biens de personnes prévenues dans des procédures de répression de faits de collaboration (ordonnance du 26 juin 1944 modifiée dans son article 20 par celle du 14 septembre 1944, art. 7);
– pour des biens de personnes citées dans des affaires de confiscation de profits illicites (ordonnance du 18 octobre 1944, art. 15).

En renvoyant aux procédures judiciaires, le pouvoir politique écarte toute politique volontariste de sanction de la propriété privée. D'une part, une interprétation des exigences légales aussi osée que celle de certains commissaires est improbable de la part du juge civil. Lorsque les raisons qui le justifiaient disparaissent, par exemple lorsque les prévenus bénéficient d'un non-lieu, le séquestre est ainsi immédiatement levé[23]. D'autre part, le séquestre judiciaire exclut la gestion ouvrière, ou du moins la désignation d'une personnalité proche du monde ouvrier, dans la mesure où la gestion revient nécessairement à l'administration des Domaines. Par ailleurs, il faut remarquer qu'aucun texte ne prévoit de mesure provisoire à l'encontre des détenteurs de biens acquis par spoliation, même si une ordonnance du 9 août 1944 a en principe affirmé la nullité de tous les actes qui établissent ou appliquent une discrimination quelconque[24]. Cette absence de disposition conservatoire laisse la possibilité au détenteur de dilapider le bien à son profit en attendant que le spolié soit en mesure d'en réclamer la restitution. Ce n'est qu'en avril 1945 qu'une ordonnance prévoit la possibilité de demander l'annulation de la transaction forcée.

La propriété confisquée avec ou sans compensation

La confiscation définitive de la propriété d'un bien est également prévue par différentes dispositions. Le prononcé d'une condamnation dans le cadre de l'épuration judiciaire ou professionnelle n'est pas nécessaire, mais le bénéfice d'une compensation financière pour la personne privée de son bien n'est pas non plus exclu. Une politique ambitieuse de nationalisations d'entreprises est bien menée, mais elle ne s'inscrit pas explicitement dans une logique d'épuration et les actionnaires obtiennent une indemnisation.

---

23. Deux mises sous séquestre prononcées par le préfet contre des entreprises lyonnaises de textile dont les patrons faisaient l'objet de mandats d'arrêt, transformés en séquestre judiciaire au cours du 1er semestre 1946, sont ainsi levées en septembre 1946 et en mai 1947.

24. Antoine Prost, Rémi Skoutelsky et Sonia Étienne, *Aryanisation économique et Restitutions*, Mission d'étude sur la spoliation des Juifs de France, Paris, La Documentation française, 2000.

Si l'épuration professionnelle (ordonnance du 16 octobre 1944 sur l'épuration dans les entreprises, complétée par l'ordonnance du 29 mars 1945) ne prévoit pas, parmi les sanctions possibles, d'atteinte à la propriété, l'ordonnance du 26 juin 1944 relative à la répression des faits de collaboration donne la possibilité à la cour de justice de « prononcer la saisie de tout ou partie des biens du condamné, soit à titre de peine principale, soit à titre de peine complémentaire[25] ». En mai 1946, la cour de justice de Lyon a ainsi prononcé la confiscation de tous les actifs de la société éditrice du quotidien collaborationniste *Le Nouvelliste*, et notamment de son importante imprimerie. Le mois suivant, l'arrêt de condamnation de Marius Berliet et de son fils Paul les prive au profit de la nation de tous leurs biens présents et à venir, les biens d'un autre fils, Jean, n'étant saisis que jusqu'à concurrence de 200 millions. Même les chambres civiques, qui ont à connaître de faits de collaboration en principe moins graves, peuvent, d'après une ordonnance du 30 septembre 1944 modifiant l'ordonnance du 26 août 1944, associer au prononcé de l'indignité nationale « la confiscation de tout ou partie des biens de la personne déclarée coupable[26] ». Le nombre de condamnations patrimoniales effectivement prononcées n'est pas connu, mais il ne semble pas, à la suite des nombreux non-lieux intervenus, être important pour les dirigeants actionnaires d'entreprises moyennes ou grandes (cf. chapitre sur l'épuration économique dans la région Rhône-Alpes, p. 301). De plus, l'exemple de Berliet montre que la mesure n'a pas nécessairement été appliquée, avant même l'adoption des lois d'amnistie successives : après la mort de Marius en mai 1949, la propriété de l'entreprise est restituée à sa famille.

L'ordonnance du 6 janvier 1945 donne la possibilité au comité de confiscation des profits illicites de prononcer, « en raison de la gravité des faits constatés au cours de l'enquête et de l'importance des profits réalisés », la confiscation partielle ou totale des biens des personnes citées (art. 3)[27]. Mais la mesure ne concerne que les personnes physiques. Son application n'a donc pas dû concerner les grandes entreprises.

Les confiscations, prononcées sur la base des articles 29 à 34 de la loi du 21 mars 1947 relative à diverses dispositions d'ordre financier, pour les biens allemands, sont en revanche définitives : par exécution de l'accord du 14 janvier 1946, concernant les réparations à recevoir de

25. *JORF*, 6 juillet 1944, p. 535-537.
26. *Ibid.*, 1er octobre 1944, p. 952.
27. *Ibid.*, 7 janvier 1945, p. 92-96.

l'Allemagne, l'administration des Domaines est chargée de la liquidation des biens, droits et intérêts allemands mis sous séquestre comme biens ennemis[28]. Si indemnisation des propriétaires il y a, il ne peut s'agir que d'une compensation accordée par l'État allemand à ses ressortissants.

En ce qui concerne les biens acquis par spoliation dans le cadre de l'aryanisation, l'ordonnance du 21 avril 1945 donne enfin au spolié, après des mois d'incertitude juridique, la possibilité d'obtenir facilement auprès d'un tribunal civil ou de commerce l'annulation des actes de vente, qu'ils soient intervenus par application de la législation antisémite de Vichy ou qu'ils aient été réalisés auparavant à titre préventif, après la défaite de juin 1940, la violence étant présumée dans ce dernier cas. L'acquéreur, réputé possesseur de mauvaise foi, doit restituer le bien à qui en a été spolié, ainsi que tous les fruits retirés depuis la dépossession, sauf si, dans la seconde hypothèse d'une vente préventive, il prouve avoir acheté le bien au juste prix[29]. L'obligation de restitution ne présuppose pas une condamnation pénale, la simple acquisition de ce type de bien n'entrant pas dans le cadre de l'épuration. Le spoliateur obtient d'ailleurs la restitution du prix de son acquisition, l'argent se trouvant en principe bloqué sur un compte de la Caisse des dépôts, à moins qu'il n'ait été conservé par le notaire. La seule pénalité prévue est un prélèvement de 10 % au profit du Trésor, mais il semble ne jamais avoir été appliqué[30]. La restitution n'intervient toutefois que si quelqu'un, le spolié ou ses ayants droit, est en mesure de la réclamer.

La dernière hypothèse de confiscation définitive est celle de la nationalisation de l'entreprise. C'était en fait l'objectif poursuivi par les commissaires régionaux qui procédaient à des réquisitions ou des mises sous séquestre. Mais ils n'ont jamais réussi à en obtenir la réalisation, malgré une forte mobilisation du Parti communiste et de la CGT dans les affaires Berliet ou Lafarge en particulier[31]. Les nationalisations de la Libération n'ont pas été décidées dans le cadre de la politique d'épuration. Elles ont frappé indistinctement l'ensemble des entreprises d'une branche (houillères, production et distribution de gaz et d'électricité, grandes banques de dépôts, sociétés d'assurances), dans le cadre d'une politique d'intervention directe de l'État dans certains secteurs écono-

28. *Ibid.*, 22 mars 1947, p. 2 770.
29. *Ibid.*, 22 avril 1945, p. 283-2285.
30. A. Prost *et al.*, *op. cit.*
31. Sur Berliet, cf. le récit de Marcel Peyrenet, *Nous prendrons les usines. Berliet. La gestion ouvrière (1944-1949)*, Genève, Slatkine, 1980, et pour Lafarge, la proposition de loi déposée en mai 1947 par le groupe communiste, *JORF*, *documents Assemblée nationale*, session de 1947, n° 1285.

miques essentiels. Des procédures normales d'indemnisation ont été prévues pour les actionnaires. Les seuls cas officiels de « nationalisations sanctions » sont le constructeur automobile Renault et le fabricant de moteurs d'avions Gnôme & Rhône (intégré à la nouvelle SNECMA par une ordonnance du 29 mai 1945). Après l'arrestation du fondateur propriétaire (Louis Renault) et du directeur général (René de Peyrecave), les usines Renault ont ainsi été réquisitionnées par décision du Conseil des ministres dès les 26-27 septembre 1944[32]. Après la nomination quelques jours plus tard d'un administrateur provisoire (Pierre Lefaucheux), le décès de Louis Renault le 24 octobre a permis au gouvernement de décider le 15 novembre la confiscation de ses biens. Une ordonnance du 16 janvier 1945, adoptée en Conseil des ministres du 23 décembre précédent, prononce la dissolution de l'ancienne SA et l'attribution de la totalité de son actif et de son passif à l'État, qui en confie la gestion à une Régie nationale des usines Renault. Seuls les actionnaires minoritaires reçoivent une indemnisation. Les héritiers de Louis Renault doivent mener une longue bataille pour obtenir une indemnisation de l'expropriation du défunt. Ils soulignent que sa culpabilité n'a pas été établie de manière indiscutable, son adjoint René de Peyrecave ayant bénéficié d'un non-lieu de la cour de la justice en 1949. Après qu'une plainte contre X pour homicide volontaire ait été rejetée en 1957, ils obtiennent finalement, par une loi du 29 juillet 1967, votée en toute discrétion, un droit à indemnisation[33]. La seule sanction patrimoniale pour collaboration prise sous la forme d'une nationalisation est ainsi effacée.

La propriété limitée dans ses droits ou ses bénéfices

À défaut de confiscation, les droits de propriété sont encadrés par des sanctions personnelles ou financières. Les actionnaires peuvent, d'une part, être privés de leur droit de confier la gestion de l'entreprise à la personne de leur choix, dans le cadre de l'épuration judiciaire comme de l'épuration professionnelle. Toute condamnation, par une cour de justice ou une chambre civique, à l'indignité nationale implique notamment l'interdiction d'être administrateur ou gérant de sociétés (art. 9 de

32. Patrick Fridenson, « Renault, une régie à la conquête de l'autonomie », *in* C. Andrieu *et al.* (dir.), *Nationalisations à la Libération, op. cit.*, p. 238.
33. Emmanuel Chadeau, *Louis Renault*, Paris, Plon, 1998, p. 432-433.

l'ordonnance du 26 août 1944)[34]. Un patron actionnaire doit donc confier la gestion de son affaire à un mandataire. La commission nationale interprofessionnelle d'épuration, ou le commissaire de la République, sur proposition de la commission régionale interprofessionnelle d'épuration, peut prononcer une interdiction de conserver un poste de commandement dans l'entreprise ou la profession considérée (art. 1er de l'ordonnance du 16 octobre 1944). Cette mesure, qui « n'instituait aucune privation des prérogatives qui découlent juridiquement de droit de propriété[35] », est complétée, dans l'ordonnance du 29 mars 1945, par le prononcé possible d'une « interdiction de faire partie du conseil d'administration ou de surveillance des sociétés commerciales », ou « d'exercer les pouvoirs de gestion ou d'administrateur qu'implique la qualité d'associé » (art. 1er). Ces sanctions n'ont toutefois qu'une durée limitée à deux ans si la personne concernée n'a pas été, dans le cadre de l'épuration judiciaire, condamnée à la dégradation nationale. En l'absence de remise en cause de la propriété du capital, elle peut donc rapidement reprendre elle-même la gestion de son bien.

D'autre part, la propriété peut être affectée financièrement dans le cadre de la législation sur confiscation des profits illicites. Outre la confiscation des profits réalisés entre 1939 et 1944 à partir d'opérations faites avec l'ennemi, directement ou par intermédiaire, ou en violation de diverses réglementations (prix, changes, rationnement, ravitaillement...), le comité peut infliger aux personnes morales ou physiques citées, « dans la mesure où le profit confisqué procédera d'opérations soustraites aux impôts de droit commun ou d'opérations avec l'ennemi recherchées ou réalisées sans aucune excuse de la contrainte », une amende qui peut atteindre le triple de ce profit (art. 3 de l'ordonnance du 18 octobre 1944)[36]. En l'absence à ce jour d'études approfondies des dossiers d'un comité départemental, il n'est pas possible de déterminer

34. L'article 9 comprend d'autres interdictions qui peuvent concerner des dirigeants d'entreprises : « la destitution et exclusion de toutes fonctions d'administrateur, directeur, secrétaire général dans entreprises bénéficiaires de concessions ou de subventions publiques, ou de toutes fonctions à la nomination des autorités publiques dans les entreprises et services d'intérêt général ; la destitution ou exclusion de tous organismes, associations et syndicats en charge de représenter les professions ; la destitution et exclusion des organes directeurs des institutions chargées de l'application des lois et règlements relatifs au travail, à la prévoyance sociale, à la santé et à l'assistance publique ; la privation du droit de diriger une entreprise de presse, de radio ou de cinéma, et d'y collaborer régulièrement ; l'interdiction d'être directeur au siège central ou directeur général ou secrétaire général d'une entreprise de banque ou d'assurances ».

35. Exposé des motifs, ordonnance du 29 mars 1945, *JORF*, 30 mars 1945, p. 1712.

36. *Ibid.*, 19 octobre 1944, p. 988-992.

l'ampleur des sanctions prises. L'exemple de quelques cas connus, comme les amendes prononcées à l'égard de Renault ou de Berliet, suggère que leur portée n'a pas dû être que symbolique pour les actionnaires des entreprises concernées. Par une voie indirecte, cette mesure constitue sûrement l'atteinte la plus tangible portée à la propriété privée dans le cadre d'une politique d'épuration des entreprises par ailleurs très respectueuse de cette propriété.

IV

L'épuration après l'épuration

Épuration et rénovation de l'armée

par Claude d'Abzac-Epezy

Longtemps avant la Libération, alors que se préparait le jugement de ceux qui avaient « contrarié l'effort de guerre de la France et de ses alliés », les armées de Vichy étaient apparues comme l'une des cibles les plus importantes des futurs épurateurs. Le gouvernement du maréchal Pétain comprenait un nombre inhabituel de militaires ou d'anciens militaires et l'armée avait été présentée dans un premier temps comme un pilier de l'ordre nouveau avant d'être placée aux avant-postes de la lutte armée contre les gaullistes. Les militaires, souvent en butte au chœur des clameurs de vengeance des résistants – à cause de leur participation ostensible à un gouvernement honni et de leur action pour le « maintien de l'ordre » –, devaient subir également l'effet d'une rancœur tenace datant de l'humiliation de 1940. Derrière se profilait le désir de faire table rase de l'appareil militaire ancien pour donner naissance à une « armée nouvelle » comme l'avait souhaité Jean Jaurès, une armée renouvelant l'élan révolutionnaire des soldats de l'an II et qui aurait trouvé dans les combattants de la Résistance de nouveaux chefs[1].

Ce désir d'une épuration sévère et d'une armée renouvelée en profondeur se heurte néanmoins à de nombreux obstacles. Le premier d'entre eux est l'ampleur de la tâche à accomplir. À la fin de 1945, les armées françaises rassemblent plus d'un million d'hommes; est-il raisonnablement envisageable d'examiner le cas de chacun? Comment procéder?

1. Jean-Pierre Rioux, « Les forces politiques et l'armée », in *De Gaulle et la nation face aux problèmes de défense*, colloque organisé par l'Institut d'histoire du temps présent et l'Institut Charles-de-Gaulle, les 21 et 22 octobre 1982; Paris, Plon, coll. « Espoir », 1983, p. 59-69.

Quels délais sont acceptables ? Le deuxième obstacle tient aux impératifs de défense. Lorsque l'épuration commence, la guerre n'est pas terminée, or il faut des officiers, des sous-officiers compétents pour servir sur les fronts des Vosges, puis d'Allemagne, ainsi que dans les Alpes et sur les poches de l'Atlantique. Peut-on à la fois épurer et faire la guerre ? Avec la fin de l'année 1945, le problème s'inverse brutalement : il faut réduire les effectifs de moitié dans un délai très bref, ne garder qu'un petit noyau à la mesure des maigres finances de la France d'après-guerre. Mais doit-on accepter de laisser partir les experts, les professionnels qui permettront un jour à la France d'avoir une armée digne de son rang ? En d'autres termes, peut-on à la fois épurer et faire la paix ?

Comme pour les autres catégories professionnelles étudiées dans cet ouvrage, plusieurs formes d'épuration apparaissent et s'enchevêtrent : épuration judiciaire, avec toutes ses composantes, de la Haute Cour aux chambres civiques, épuration administrative officielle ou officieuse, recours divers devant les commissions de réparation, les commissions d'appel et, *in fine*, le Conseil d'État. Tous ces éléments montrent qu'il s'agit d'un phénomène complexe, s'articulant sur une décennie, de 1943 à 1953. L'épuration des armées françaises présente en outre des caractéristiques particulières qui rendent son étude encore plus difficile. La phase judiciaire est marquée par la fréquence des jugements en tribunaux militaires, la phase administrative est étroitement mêlée aux mesures de « dégagement des cadres » qui ne sont pas à proprement parler des lois d'épuration, mais qui aboutissent sensiblement aux mêmes résultats. Surtout, les effectifs concernés sont pléthoriques : ils comprennent les officiers et sous-officiers d'active, mais aussi tous ceux qui, à un moment ou à un autre, ont porté des galons au titre de la réserve et seraient susceptibles un jour de réintégrer l'armée, ainsi que tout le personnel civil. Enfin, les forces armées françaises ont été dispersées sur plusieurs théâtres d'opérations. Il ne suffit pas d'évaluer le comportement des militaires de métropole, il faut aussi examiner les dossiers de ceux d'Afrique et d'Afrique du Nord afin de juger leur attitude entre 1940 et 1943, de ceux d'Indochine qui se sont accommodés de l'occupation japonaise jusqu'en mai 1945, ainsi que des militaires prisonniers qui ont pu avoir en captivité une attitude proallemande. Même les combattants de la Résistance ne sont pas toujours exempts de tout soupçon. Il faut, parmi eux, débusquer les imposteurs, voire les espions.

Dans les ministères militaires, les états-majors des trois armées, les directions d'armes et de la gendarmerie, les commandements territoriaux, des services entiers ont consacré des milliers d'heures de travail pendant près de dix ans à constituer et à classer des dossiers liés, de près ou de loin à l'épuration. Il est donc totalement impossible de cerner le sujet en quelques pages. La recherche sur les épurations militaires est en effet un travail de très longue haleine tant les sources sont dispersées, nombreuses, difficilement comparables, lacunaires, quand elles ne sont pas détruites ou inaccessibles. Même en limitant le sujet au corps des officiers, pour lequel la documentation est plus abondante, on ne peut tenter qu'une esquisse perfectible, fondée, heureusement, sur des données de plus en plus solides grâce à l'ouverture et à l'exploitation progressive de nouvelles sources[2].

L'ÉPURATION DE GUERRE

Une épuration judiciaire qui se veut un modèle

Les textes de base qui fondent l'épuration de l'armée sont les mêmes que pour toute l'Administration[3]. Au printemps de 1943, un comité d'études composé de huit anciens parlementaires réunis à Londres a élaboré les premiers éléments de législation sur l'épuration en décidant d'« écarter des postes gouvernementaux ou administratifs » tous ceux qui n'ont « pris aucun risque dans la Résistance française ». Ces principes sont immédiatement appliqués en Afrique du Nord où la première commission d'épuration est créée par ordonnance du 18 août 1943. Elle a pour mission de « provoquer les sanctions adéquates contre tous les élus, fonctionnaires et agents publics qui, depuis le 16 juin 1940, ont, par leurs actes, leurs écrits ou leur attitude personnelle, soit favorisé les

2. Ont été principalement utilisées les archives personnelles d'Edmond Michelet, conservées à Brive, qui rassemblent une très grande partie des notes de synthèse communiquées par le général Matter, président de la commission d'épuration de l'armée de terre. Elles ont été complétées par les archives du Service historique de l'armée de terre (SHAT) et de celui de l'armée de l'air (SHAA). Les sources du Service historique de la marine (SHM) sur l'épuration ne sont pas actuellement accessibles, mais elles ont été exploitées partiellement dans un mémoire de Laurent Roblin, « La reconstitution organique et technique des forces aéronavales françaises », SHM, 1983, dont les données ont été reprises pour la présente étude.

3. Tous les « textes de base » de l'épuration et du dégagement des cadres sont disponibles au SHAT (19T156).

entreprises de l'ennemi, soit nui à l'action des Nations unies et des Français résistants, soit porté atteinte aux institutions constitutionnelles ou aux libertés publiques fondamentales ». Tout le personnel des services publics ayant travaillé sous les ordres du gouvernement de Vichy est donc concerné par l'ordonnance du 18 août. Celle-ci prévoit néanmoins que des différences seront établies entre ceux qui se sont bornés à exécuter des ordres et les instigateurs de la collaboration. Ces législations de base sont complétées peu à peu : le 3 octobre, une ordonnance crée un tribunal militaire d'armée pour juger toutes les infractions perpétrées dans les camps d'Afrique du Nord où des militaires détenaient des communistes et des gaullistes. Le 21 octobre, ses compétences sont étendues aux crimes et délits contre la Sûreté intérieure ou extérieure de l'État, commis « dans l'exercice de leurs fonctions par les membres ou anciens membres de l'organisme de fait se disant gouvernement de l'État français » ainsi que les officiers généraux et les membres des « groupements antinationaux ». Le tribunal d'armée, extension du conseil de guerre, peut donc juger tous les membres du gouvernement, les responsables et les grands exécutants de la politique de collaboration. La présidence de ce tribunal militaire d'exception d'Alger est confiée à un aviateur, le général Pierre Weiss. Il est assisté dans sa tâche par un autre aviateur, le général Cochet, et par le général Tubert, connu pour ses sympathies à l'égard des communistes.

Très vite, le CFLN montre sa détermination à épurer le personnel politique et militaire de façon inflexible. Le premier prévenu qui comparaît devant le tribunal militaire est Pierre Pucheu, l'ancien ministre de l'Intérieur. Le général Weiss, au terme d'un réquisitoire impitoyable, demande la peine de mort le 11 mars 1944. Le 20 mars, Pucheu est fusillé. Sa mort marque, par une sentence exemplaire, le début de l'épuration judiciaire. Immédiatement après s'ouvrent les procès des volontaires de la Phalange africaine qui ont combattu avec les troupes de l'Axe en Tunisie entre novembre 1942 et mai 1943. Leur chef, le colonel d'aviation Sarton du Jonchay, a rejoint la métropole avec tout son état-major. Il est condamné par contumace par le tribunal militaire permanent de Tunisie à vingt ans de travaux forcés et vingt ans d'interdiction de séjour[4]. Ceux qui restent, les médiocres soutiers de la collaboration armée pris par l'avance des troupes alliées, se voient infliger des sentences sans indulgence. Le lieutenant-colonel Christofini et sept sol-

4. Il est également rayé des cadres et des réserves sans pension (SHAA E 1120).

dats, dont deux musulmans, sont condamnés à la peine capitale, immédiatement appliquée. Les autres subissent des sanctions très lourdes. Ceux qui en réchappent sont les soldats qui peuvent faire valoir leur passivité ou leur lâcheté dans le combat avec les Allemands, alors que les condamnés se voient reprocher leur zèle et leur discipline. Dès 1943, l'épuration se présente donc comme une négation des valeurs militaires les plus partagées : l'honneur et le courage au combat, mais aussi de la plus intangible d'entre elles : l'obéissance aux ordres. Le colonel Loiseau, commissaire du gouvernement, s'interroge pendant le procès Christofini : « Un officier est-il astreint dans tous les cas à obéir? La discipline est-elle toujours la force principale des armées ou n'a-t-elle pas été dans ce rôle supplantée par l'indiscipline et le libre arbitre? » Puis il affirme : « Un officier doit savoir conserver sa personnalité. Il a le droit de juger de l'aspect politique de ce qui l'entoure[5]. »

Les procès des grands chefs militaires, qui commencent à Alger en mai 1944 pour se poursuivre à Paris au printemps de 1945, renouvellent les même questions. L'amiral Derrien, coupable d'avoir obéi aux ordres de Vichy en laissant Bizerte aux Allemands, est jugé à huis clos par le tribunal militaire d'Alger qui le condamne aux travaux forcés à perpétuité. Weygand, en captivité en Allemagne depuis son arrestation, le 12 novembre 1942, est « incarcéré » au Val-de-Grâce dès son retour en France et son cas soumis à la commission d'instruction de la Haute Cour. L'amiral Esteva et le général Dentz se réfugient derrière leur logique d'obéissance au pouvoir de fait, ce qui ne les empêche pas d'être condamnés tous deux pour trahison, Esteva à la détention perpétuelle et à la dégradation militaire, Dentz à mort[6]. Ce général malade et âgé passe six mois dans la cellule des condamnés à mort, avant de voir sa peine commuée en travaux forcés à perpétuité le 24 octobre 1945. Il meurt deux mois plus tard à l'infirmerie de Fresnes. Les mauvais traitements infligés à ce vieux soldat en font vite un martyr auprès des officiers menacés par l'épuration administrative[7]. Les grands procès des militaires, en ouvrant solennellement la période de l'épuration avant même que la France ne soit totalement libérée, créent une sorte de pré-

5. Cité par Robert Aron, *Histoire de l'épuration*, tome 1, Paris, Fayard, 1967, p. 246.

6. Geo London, *L'Amiral Esteva et le Général Dentz devant la Haute Cour de justice*, Lyon, Roger Bonnefon, 1945, 365 p.

7. André Laffargue, *Le Général Dentz, Paris 1940-Syrie 1941*, Paris, Les Îles d'Or, 1954, 215 p.

cédent qui pourra s'appliquer par la suite à tous les militaires coupables d'avoir obéi aux ordres.

Une épuration administrative fondée sur des principes sévères

L'épuration ne se contente pas des têtes, elle veut frapper aussi les exécutants. L'épuration administrative de l'armée recouvre deux mesures juridiquement distinctes mais confondues dans la pratique, qui visent d'une part la mise à l'écart des cadres compromis sous Vichy et, d'autre part, l'intégration de ceux qui ont participé à la Libération. La première série de mesures se situe dans la droite ligne des principes d'épuration mis au point à Alger. L'ordonnance du 27 juin 1944 fixe les bases de l'épuration administrative en métropole selon les mêmes critères qui présidaient aux textes de 1943 promulgués en Afrique du Nord. Le décret du 3 octobre 1944 annule toutes les nominations et promotions prononcées par le gouvernement de Vichy depuis le 8 novembre 1942. La liste des délits susceptibles de sanctions concerne tous les instigateurs de la politique de collaboration ainsi qu'un grand nombre d'exécutants[8]. L'épuration administrative ne se substitue pas à l'épuration judiciaire : ses sanctions sont, au pis, l'exclusion définitive et sans pension de la fonction publique ou de l'armée, assorties de blâmes officiels et de perte des décorations. Mais tout fonctionnaire objet de poursuites judiciaires doit être immédiatement suspendu avec la moitié de son traitement en attendant le résultat de la procédure d'épuration au terme de laquelle des décrets ministériels individuels déterminent les sanctions administratives.

Les règles qui fixent les droits à la réintégration sont différentes. En principe, tous les officiers et sous-officiers qui n'ont pas répondu aux appels du général de Gaulle du 6 juin 1944 sont exclus de l'armée. Effectivement le jour du Débarquement, prenant le contre-pied d'Eisenhower qui demandait aux fonctionnaires français de rester à leur poste, le chef du GPRF s'est adressé solennellement à tous les Français et surtout aux militaires, anciens militaires et agents de la fonction publique et les a sommés « de combattre par tous les moyens dont ils disposent » et « d'obéir aux ordres que je serai amené à promulguer[9] ».

8. Ordonnance du 27 juin 1944 relative à l'épuration administrative sur le territoire de la France métropolitaine, *Journal officiel*, Alger, 6 juillet 1944.

9. Discours du 6 juin 1944, Charles de Gaulle, *Discours et Messages*, Paris, Plon, 1970, tome I, *Pendant la guerre, juin 1940-janvier 1946*, p. 407-408.

Les militaires qui n'ont pas répondu à l'appel direct du Général sont sanctionnés par l'instruction ministérielle n° 10.010 du 27 août 1944. Tous les officiers de carrière qui n'appartiennent pas aux forces armées du GPRF (c'est-à-dire tous les officiers de métropole d'active ou en congé ne servant pas dans les FFI) sont placés d'office en disponibilité. S'ils désirent réintégrer les cadres actifs, ils doivent souscrire une déclaration sur l'honneur détaillant leur attitude depuis le 23 juin 1940. Celle-ci sera examinée par des commissions de réintégration qui pourront mener une enquête avant de déterminer si, oui ou non, le militaire peut être compté parmi les résistants [10]. Concrètement, ces deux mesures distinctes dans les textes, épuration administrative et réintégration, touchent exactement les mêmes individus. Tous ceux qui n'ont pas répondu à l'appel du 6 juin sont *de facto* convaincus d'avoir favorisé la politique de collaboration et nui à l'action des forces alliées. Ils doivent donc subir l'épuration administrative. C'est pourquoi, par ordonnance du 22 septembre 1944, l'épuration et la réintégration sont confiées aux mêmes commissions, chargées de l'examen de tous les rapports individuels des officiers restés en métropole [11]. Dans un premier temps, cet examen minutieux de chaque cas n'est possible que pour les officiers d'active restés en métropole, qu'ils aient été pourvus d'un emploi ou placés en congé d'armistice. Dans un second temps, cette mesure systématique est appliquée aux officiers d'active restés en Indochine ou prisonniers de guerre. L'ensemble des sous-officiers, les officiers de l'armée d'Afrique ainsi que les officiers de réserve ou retraités – y compris ceux qui étaient en captivité – ne font l'objet d'un examen par les commissions que s'il y a eu un rapport à charge émanant d'un commandant de région militaire ou une dénonciation privée les concernant [12]; 1 300 officiers provenant de l'armée d'Afrique font ainsi l'objet d'une demande d'enquête, ainsi que 3 500 sous-officiers de métropole, appartenant principalement à la gendarmerie [13].

10. Instruction n° 10 010/Cab. de M. le commissaire à la Guerre, 27 août 1944, SHAT 13P47 et 9P133.

11. Ministère de la Guerre, décret instituant une commission d'épuration et de réintégration des personnels militaires, le 22 septembre 1944, signé Diethelm, SHAT 19T89.

12. DM n° 10778-CAB/MIL/GUE/SCI, du 20 décembre 1945.

13. Rapport 2.875/CER du 30 avril 1946 du général de division Matter, centre Edmond-Michelet, ministère des Armées, dossier 18 (désormais CEM/MA/18).

Une mise en œuvre minutieuse et pragmatique

En septembre 1944, trois commissions d'épuration et de réintégration ou CER sont créées, une pour l'armée de terre, présidée par le général Matter, une pour la marine, commandée par l'amiral Sablé, et une pour l'armée de l'air, dirigée par le général Cochet[14]. Comme elles dépendent chacune de leur ministère de tutelle, trois décrets différents fixent leur composition et leurs attributions. Celle de l'armée de terre est présidée par un général de division assisté de trois autres généraux chargés des officiers généraux, tandis que cinq autres membres, officiers des armes et des services, examinent les dossiers des autres militaires. La même composition se retrouve, allégée, pour les deux autres armées. Tous les membres des CER sont nommés par les ministres qui semblent avoir eu à cœur de choisir des officiers peu suspects de collusion avec les vichystes. Le général Matter est connu pour son appartenance à la franc-maçonnerie, le général Cochet, résistant de la première heure, a déjà présidé le tribunal militaire d'Alger. Dans l'équipe de l'amiral Sablé, on compte un officier de marine membre du CNR[15].

La tâche est importante : en moins d'un an, la commission Matter doit examiner environ 12 000 dossiers, la commission Sablé, 2 300, et la commission Cochet, 3 200. Leur travail s'effectue essentiellement sur la foi d'un dossier papier, souvent assez volumineux, comprenant des formulaires détaillant l'activité et les contacts des officiers pendant l'Occupation afin d'apprécier s'il y a eu ou non participation à la Résistance. Les intéressés ne comparaissent qu'exceptionnellement devant la commission, ne peuvent pas se faire assister d'un défenseur et n'ont pas droit à la communication de leur dossier[16]. Souvent, ils envoient au président de leur commission des mémoires de défense allant parfois jusqu'à plusieurs dizaines de pages. Certains services de Vichy, comme la direction des services de l'Armistice, la commission française de

14. Commission Matter : CEM/MA/18. Commission Cochet : SHAA Z23530 (fonds Valin). Les archives de la commission Sablé, actuellement en cours d'inventaire au SHM, ont été exploitées dans le mémoire de Laurent Roblin, *op. cit.*

15. Le capitaine de corvette de Vogüé, « Vaillant » dans la Résistance, membre du CNR; Roblin, *op. cit.*, p. 27.

16. Faits signalés dans l'exposé des motifs de la proposition de loi ayant pour objet la révision des sanctions disciplinaires prononcées au titre de l'épuration administrative, n° 8831, session de 1949, première législature, p. 3.

Wiesbaden, les « services spéciaux » militaires, font établir des rapports détaillant l'activité de tout le service pendant cette période et permettant ainsi à leur membres d'avoir un discours commun[17]. Certains officiers compromis ayant appartenu à ces services considérés comme globalement résistants peuvent ainsi, dans un premier temps, échapper à l'épuration[18]. Des témoignages, parfois des auditions et des certificats de résistance complètent le tout, ainsi que des lettres de dénonciation ou des rapports à charge émanant de la gendarmerie ou des commandants de région[19]. Les commissions sont priées de classer tous les dossiers par ordre de mérite. Dans la pratique, elles choisissent entre quatre catégories principales : la première rassemble tous ceux dont l'attitude a été favorable à la Résistance, la deuxième ceux dont « la neutralité bienveillante » a « facilité l'action de la Résistance », la troisième ceux qui ont fait preuve de « docilité aux ordres de Vichy sans zèle ni initiative », la quatrième ceux qui ont été hostiles à la Résistance et qui ont montré « zèle et initiative dans l'application des ordres reçus »; enfin une dernière catégorie intitulée sobrement « divers » réunit tous ceux taxés d'« hostilité systématique à la Résistance, faits particulièrement graves[20] », dont le dossier doit être immédiatement transmis à la justice ou faire l'objet d'un traitement spécial.

On dispose de peu d'informations sur le travail des commissions. Y a-t-il eu cohérence dans leurs critères de jugement ? L'existence à la Libération de ministères séparés pour les trois armées permet d'en douter. Chaque ministre, en effet, imprime sa marque sur cette première épuration. Dans l'armée de l'air, Charles Tillon affirme, dès son entrée en

---

17. Ces rapports constituent les premiers éléments à partir desquels s'est fondée l'histoire de la Résistance au sein de l'armée de l'armistice, certains ont été ultérieurement publiés, d'autres non. Quelques exemples : Paul Paillole (colonel), *Résumé de l'action des services de contre-espionnage militaire français de juillet 1940 à novembre 1944*, Paris, dactyl., octobre 1946, SHAA, 3D6; Marcel Vernoux (général), *Wiesbaden 1940-1944*, Paris, Berger-Levrault, 1954; Maurice Catoire, *La Direction des services de l'Armistice à Vichy*, Paris, Berger-Levrault, 1955.

18. C'est le cas du colonel ayant succédé au colonel Baril à la tête du 2e bureau à Vichy en avril 1942, qui fait l'objet d'une lettre personnelle du général de Lattre à Michelet lui demandant de réparer cette erreur. Lettre du 4 mars 1945, CEM/MA/2.

19. Malgré la circulaire N° 5600 /CAB MIL/GUE/P, du 2 octobre 1946 demandant que tous les dossiers individuels de dégagement soient détruits après exploitation (SHAT 2R92), il subsiste parfois des éléments dans les dossiers administratifs personnels, surtout quand il y a eu recours devant le Conseil d'État.

20. Pour la gendarmerie, les catégories sont désignées par des lettres allant de A (attitude favorable à la Résistance) à E (faits particulièrement graves). Tableau de concordance des avis exprimés par la CER, SHAT 19T156.

fonctions, vouloir procéder à une épuration impitoyable, prélude à une véritable démocratisation de l'armée. Il ne se contente pas des travaux de la commission Cochet et charge un officier victime des mesures d'exclusion de Vichy, le colonel Lévy, d'enquêter minutieusement sur les aviateurs de l'armée de l'armistice. Celui-ci, après des recherches extrêmement poussées dans toutes les archives, rend un rapport sans complaisance où il préconise l'exclusion définitive de plus de 300 officiers de l'armée de l'air, selon lui lourdement compromis, et la comparution en justice de 59 autres [21]. Cependant, dès la fin de 1944, Charles Tillon assouplit son discours et déclare devant la commission de la Défense nationale de l'Assemblée que la commission d'enquête « est guidée par deux principes essentiels : se montrer très ferme et même implacable à l'égard des chefs contre lesquels des griefs peuvent être retenus, parce qu'ils se sont révélés de mauvais chefs en ne donnant pas l'exemple. Par ailleurs, se montrer très coulante [*sic*] à l'égard des hommes qui se sont seulement trompés [22] ». La commission Cochet, suivant les principes édictés par le ministre, décide donc de « frapper ceux qui ont eu des responsabilités par leurs fonctions et par leurs actes [...] d'être impitoyable envers ceux qui par leur grade auraient pu donner l'exemple, mais de réintégrer le maximum de subalternes, même parmi ceux qui, bien que n'ayant pas eu une conduite irréprochable, n'occupaient cependant pas des postes où ils pouvaient prendre ou suggérer des décisions [23] ».

Des considérations analogues président aux travaux de la commission Sablé. Le ministre de la Marine, Louis Jacquinot, lui demande d'effectuer un travail « à la fois conforme aux intérêts de la justice et à la survivance de l'institution maritime ». Il faut donc « être d'autant plus sévère et admettre d'autant moins de circonstances atténuantes que l'officier en cause était titulaire d'un grade ou détenteur d'un poste plus important ». Cette sévérité doit être, à faute égale, plus grande pour le corps combattant – le corps des officiers de marine – que pour les corps auxi-

21. Pierre-Michel Lévy (colonel), *Histoire de l'armée de l'air sous l'Occupation, 1940-1944*, ouvrage présenté aux autorités gouvernementales et judiciaires, Paris, dactyl., 1946, 188 p., SHAA, 6D6 et Z11405.

22. Assemblée consultative provisoire, commission de la Défense nationale, séance du 6 décembre 1944, compte rendu de M. Tillon sur les efforts faits dans le domaine de l'aviation, de la production aéronautique et du commandement, 40 p., *cf.* p. 21.

23. Rapport du général Cochet, président de la commission d'épuration de l'armée de l'air, s.d. [1945], 14 p., SHAA, fonds Valin, Z23330.

liaires et techniques. Plus que l'obéissance proprement dite, la façon d'obéir est prise en compte : « À mesure que l'on descend l'échelle des grades et des fonctions, discerner avec soin les degrés d'obédience et de discipline et frapper ceux qui, dans l'obéissance aux ordres précis, loin de se contenter de la lettre stricte, les ont, au lieu de les freiner, exécutés avec zèle[24]. »

On ne dispose pas des instructions données par le ministre de la Guerre, André Diethelm, à la commission Matter, mais quelques papiers plus tardifs incitent à penser qu'elle était déterminée à effectuer un travail extrêmement minutieux afin d'éviter que certains officiers ne parviennent à échapper aux procédures d'épuration. Alors que la guerre n'est pas finie, le général Matter n'hésite pas à s'opposer aux généraux de Lattre et Leclerc afin de débusquer, au sein de la Ire armée et de la 2e DB, les militaires qui « n'ont pas hésité pour se blanchir à prendre du service dans les armées susvisées[25] ». Tous les officiers désirant faire appel de leur classement ont la possibilité de saisir une commission dite de « réparations », plus tard devenue « commission d'appel » dépendant des CER. Placée, dans l'armée de terre, sous la présidence du général Humbert, elle doit traiter près de 6 500 dossiers dont la plupart sont par la suite réexaminés par la commission Matter. Ses travaux sont préparés par une sous-commission travaillant en permanence et les décisions sont prises en séance plénière, par vote secret, avec un rythme d'environ 120 dossiers traités mensuellement. Dans un rapport daté du 4 juin 1946, le général Humbert livre quelques-uns de ses critères de jugement. Il considère que seul l'examen individuel et attentif des parcours et surtout du contexte précis permet de limiter les injustices : « On ne peut en toute justice réclamer la même activité de résistance à l'officier d'un corps de troupe, licencié en 1942 et qui a de ce fait retrouvé sa liberté de conscience et d'action et à l'officier de gendarmerie chargé d'assurer la protection des personnes et des biens. [...] Les facilités n'étaient pas les mêmes dans la Creuse ou dans le nord de la France. » Par ailleurs, comment tolérer que des subordonnés soient condamnés là où leur chef a été blanchi ? Comment éviter que certains ne s'en sortent avec de pseudo-certificats de résistance là où d'autres, plus honnêtes, risquent d'être exclus ? La solution réside dans un travail extrêmement

24. Instructions de Louis Jacquinot à la commission Sablé, 2 octobre 1944, citées *in* Roblin, *op. cit.*, p. 27.

25. N° 59 CER du 26 octobre 1944, SHAT 6P11.

minutieux sur tous les dossiers : « Dans le fatras des attestations ou des certificats, des cartes FFI ou de membres de réseaux [la commission] s'est efforcée d'y voir clair, de discriminer ce qui était le fait de la complaisance et ce qui correspondait à des titres réels[26]. »

Compte tenu de l'enjeu, et malgré les précautions prises, les décisions des commissions ne peuvent pas faire l'unanimité. La presse de gauche dénonce de façon virulente la politique du gouvernement qui amène à laisser en place « un corps d'officiers affaibli par les séquelles de l'esprit munichois et de la défaite de 1940, par la trahison et les mystifications de Vichy », au détriment de la « grande armée de la Résistance[27] ». La presse de droite, de son côté, considère que l'épuration est un « holocauste qui prive l'armée d'hommes expérimentés pour leur substituer des soldats de fortune[28] ». Au sein de l'armée, les critiques fusent de tous côtés. Dans la marine, les officiers résistants ou FNFL contestent l'impartialité des membres de la commission de reclassement, « dont quelques-uns sont les porte-parole des amiraux qui se tiennent dans la coulisse[29] » et exigent que leur cas soient traités directement par le ministre. Des hommes politiques n'hésitent pas à affirmer que des membres des commissions sont « en concurrence de carrière avec ceux sur le sort de qui ils ont à se prononcer[30] ».

Il y a plus grave encore : dans l'armée de l'air, le général Cochet et le général Lasserre, président de la commission de réparation, découvrent que les officiers restés à leur poste à Vichy en 1943 et 1944 ont agi sur ordre direct ou indirect du général d'armée aérienne Bouscat, alors commandant de l'aviation française combattant aux côtés des Alliés en Afrique du Nord. Bouscat, devenu entre-temps chef d'état-major de l'armée de l'air, nie toute implication, malgré l'évidence et le nombre des témoignages[31]. Cette affaire provoque la démission retentissante du

26. Rapport sur les travaux de la commission d'appel, n° 4396, CAB/MIN/CA du 4 juin 1946, 9 p., signé Humbert. CEM/MA/18.

27. Capitaines T. et A., « Les officiers », *La Nouvelle Critique*, n° 107, juin 1949, p. 60.

28. *** (colonel de Virieu), « L'armée française, passé, présent, conditionnel », *Esprit*, mai 1950, p. 762.

29. Correspondance privée d'Edmond Michelet, CEM/MA/18.

30. Proposition de loi n° 8831, *op.cit.*, p. 4.

31. « L'étude de tous les dossiers met en évidence l'organisation d'un plan dit "plan Carayon" et la plupart des officiers se défendent en s'abritant derrière les ordres de leur chef qui les avait convaincus qu'il œuvrait en accord avec le gouvernement du général de Gaulle. Les rapports parfaitement convergents des officiers de l'ORA, du SR Air et du SGDA amènent la commission d'enquête à accorder foi à ses allégations en mettant en lumière la question des liens entre le SGDA et le général Bouscat », *Rapport du général*

général Lasserre qui n'hésite pas à dévoiler le scandale dans une lettre circulaire envoyée à tous les grands commandants militaires, aux ministres et aux députés, ce qui lui vaut d'être puni d'une lourde peine d'arrêts de rigueur[32]. Elle constitue peut-être l'une des causes cachées de l'éviction bien plus discrète du général Bouscat de son poste de chef d'état-major, le 7 septembre 1946.

L'armée de terre est également le lieu de luttes d'influence qui opposent le plus souvent les instances ministérielles et la CER qui en dépend, avec les grands « barons » que sont les généraux de Lattre, Leclerc, Juin, Revers ou Kœnig. L'état-major général, dirigé par le général Juin, a tendance à couvrir les grands commandants militaires qui refusent d'appliquer les décisions de la commission Matter, arguant du fait qu'ils ont besoin de cadres pour terminer la guerre, puis pour assurer l'occupation de l'Allemagne. Cette attitude entraîne un virulent rappel à l'ordre du ministre :

> Des mesures telles que le dégagement des officiers classés catégories 3 et même 4 par la commission d'épuration ne sont pas encore exécutées. Je n'admets pas que des commodités de service ou des raisons personnelles puissent non seulement faire oublier aux autorités subordonnées le respect dû aux ordres du ministre, mais encore, en des circonstances critiques, compromettre une action dont l'existence de l'armée est l'enjeu[33].

Les résultats : une première épuration relativement clémente

Malgré ces difficultés et ces passions, les commissions poursuivent leur travail. Il est encore difficile d'établir un bilan chiffré de leur action. Les tableaux récapitulatifs ne sont pas compatibles entre eux, soit que les catégories de classement aient été différemment définies, soit que les dates ne concordent pas. En outre, la fréquence des recours, des réintégrations ultérieures ou des exclusions tardives ne permet jamais de considérer que les chiffres sont définitifs. Les archives de la commission Matter regorgent de bilans successifs et divergents, même s'ils ont été établis à peu de temps d'intervalle (tableau 1). En ce qui concerne les

Cochet, président de la commission d'épuration de l'armée de l'air (1945), 14 p. dactyl., SHAA, Z23330.

32. Affaire Lasserre, SHAA, Z23336 (Valin) et Z11622 (Bouscat).

33. Note du ministre des Armées pour M. le général d'armée inspecteur général de l'armée de terre, chef d'état-major général de l'armée (Juin), s.d., CEM/MA/18.

deux autres armées, on ne dispose pour chacune d'elles que d'un seul tableau récapitulatif trop général (tableaux 2 et 3), et rien ne permet de dire que les chiffres qu'ils contiennent sont définitifs. Ils ont parfaitement pu être corrigés, dans un sens ou dans l'autre, les mois suivants. Cela est tout particulièrement vrai pour la marine, car les dossiers de l'épuration n'étant, à l'heure où nous écrivons ces lignes, ni inventoriés, ni même classés, nous n'avons eu accès qu'à la photocopie d'un seul tableau non daté extrait des papiers de la commission Sablé.

Tableau 1 : Bilans successifs d'activité de la commission Matter[34]

	23/11/1945	25/11/45	30/4/46	1/5/46
Nombre de dossiers examinés	**11 528**	**11 216**	**11 863**	**11 846**
Avis n° 1 : à réintégrer immédiatement (résistance)	2 623	2 486	3 954	2 541
Avis n° 2 : à réintégrer si besoin	3 237	2 967	1 571	2 998
Avis n° 3 : aucun titre ni pour ni contre	4 479	3 492	3 516	3 524
Avis n° 4 : à expulser	649	417	512	516
Avis « divers » : à remettre immédiatement à la justice	260			
Renvoyés sans examen (FFI)	280	165	553	512

34. Tableaux de synthèse envoyés régulièrement par le général Matter au cabinet d'Edmond Michelet (les chiffres sont reproduits tels quels avec leurs incohérences; on constatera en particulier que le nombre de dossiers examinés est supérieur au nombre d'avis exprimés. On peut attribuer cette anomalie au réexamen d'un nombre important de dossiers qui sont ainsi successivement classés dans des catégories différentes), CEM/MA/18.

Tableau 2 : L'épuration administrative dans l'armée de l'air (commission Cochet)[35]

	Officiers d'active	Congés et réserve	Total
Nombre de dossiers examinés	**1 603**	**1 597**	**3 200**
Catégorie A : à rappeler	1 281	790	2 071
Cat. A : rappel avec avancement réduit	227	26	253
Total catégorie A (rappel)	**1 508**	**816**	**2 324**
Cat. B : maintien en congé du P.N.		211	211
Cat. B : maintien en réserve		466	466
Cat. B : maintien en retraite		53	53
Cat. B : maintien position actuelle	9	30	39
Cat. B : maintien radié des cadres		6	6
Cat. B : remis à son arme d'origine	21	1	22
Total catégorie B (maintien hors activité)	**30**	**767**	**797**
Cat. C : mis à la retraite	18		18
Cat. C : mis en non-activité	24		24
Cat. C : mis en disponibilité	7		7
Cat. C : radié des cadres	3	4	7
Cat. C : transmis à la justice militaire	12	10	22
Cat. C : arrestations	1		1
Total catégorie C	**65**	**14**	**79**

35. *Rapport du général Cochet*, président de la commission d'épuration de l'armée de l'air (1945), 14 p. dactyl., SHAA, Z23330.

Tableau 3 : l'épuration administrative dans la marine (commission Sablé) [36]

	Ensemble officiers d'active	Officiers de marine	Dont officiers supérieurs et généraux	Officiers des services ou assimilés	Dont officiers supérieurs et généraux
Nombre de dossiers examinés	2 220	591	305	1 687	606
Catégorie A : rappel	2 577	386	154	1 595	537
Cat. A : rappel avec avancement réduit	83	53	32	30	17
Cat. A : rappel avec déplacement d'office	17	5	2	12	8
Total catégorie A	**2 677**	**444**	**188**	**1 637**	**562**
Cat. C : mis en disponibilité	65	50	38	15	15
Cat. C : retraite d'office	49	26	26	23	18
Cat. C : radié des cadres	28	25	23	3	3
Cat. C : transmis à la justice	43	41	25	2	2
Total catégorie C	**185**	**142**	**112**	**43**	**38**

36. Photocopie d'un document non daté, reproduit dans Roblin, *op. cit.*, p. 37. Ces chiffres ne comprennent pas les mises à la retraite d'office et révocations prononcées par décret sans que les cas aient été soumis à la commission d'épuration (ceux des officiers ayant occupé de hautes fonctions à caractère politique : 9 amiraux et 3 officiers supérieurs révoqués, 7 amiraux et 7 officiers supérieurs mis à la retraite d'office), décret du 22 mai 1945.

Les listes de classement établies par les commissions Matter, Cochet et Sablé vont servir pendant plusieurs années de cadre à une épuration flexible et adaptée aux besoins. Le principe a déjà été appliqué lors des précédentes grandes réductions d'effectifs des armées, en 1815, 1920-1923, 1940 et 1942 : en fonction d'une liste de mérite, on fixe un seuil d'exclusion. Or ce seuil varie au cours de la période, faisant des épurations militaires un phénomène extrêmement difficile à saisir. Au début de l'épuration administrative et selon les principes des décrets du 27 juin et du 27 août 1944, le niveau de cette barre n'est pas officiellement déterminé. On doit intégrer tous les officiers pouvant faire valoir des titres de résistance et exclure les autres. Les besoins des armées ne sont pas pris en compte. Si le nombre d'officiers susceptibles d'être réintégrés est inférieur aux besoins, les vides doivent être comblés par l'appel au recrutement extérieur et aux écoles d'officiers. Si au contraire il est supérieur, ils doivent être intégrés, même en surnombre et quelle que soit leur compétence.

Ces principes sont naturellement incompatibles avec la poursuite de la guerre aux côtés d'Alliés qui exigent d'importantes compétences techniques de la part des officiers français. C'est peut-être la raison pour laquelle, pendant l'année 1945, l'épuration administrative semble relativement clémente. En novembre 1945, la commission Matter a presque achevé son travail avec 11 528 dossiers d'officiers examinés[37]. Les officiers de catégorie 1, au nombre de 2 623, sont officiellement réintégrés et 909 officiers des catégories 4 et « divers » officiellement exclus. Les officiers des catégories 2 et 3 savent que leur sort n'est que provisoire, mais ils sont néanmoins maintenus en service[38] (tableau 1).

Dans l'armée de l'air, la volonté de préserver pour un temps les officiers immédiatement opérationnels apparaît également très nettement : sur les 1 603 officiers restés en activité jusqu'en 1944, essentiellement sur les bases aériennes, les dépôts de stockage, les services de guet, 1 508, soit 94 %, sont rappelés, dont 227 avec avancement réduit. En revanche, sur les 1 597 officiers en congé d'armistice, seulement 816 sont réintégrés, soit 51 % du total. En définitive, à part 80 officiers d'active, sanctionnés pour avoir occupé des postes à l'état-major de

37. Commission d'épuration et de réintégration, n° 2 875/CER, 30 avril 1946. Renseignements demandés par le ministre. Signé Matter, CEM/MA/18.

38. Fiche sur l'ordonnance du 2 novembre 1945, datée du 10 décembre 1945, CEM/MA/18.

l'armée de l'air de Vichy ou du secrétariat général à l'aviation de 1940 à 1944, l'épuration touche en priorité ceux qui ont déjà été exclus de l'armée de l'air en 1940 ou en 1942, sur leur demande ou d'office. L'épuration administrative confirme donc, dans une large mesure, les dégagements des cadres déjà opérés par Vichy. Ceux qui ont été placés en congé d'armistice en 1940 ou en 1942 ne sont réintégrés que pour moitié, alors que ceux qui ont été conservés dans les cadres actifs jusqu'en septembre 1944 sont maintenus en activité pour 94 % d'entre eux (tableau 2).

Dans la marine, la même constatation s'impose : les officiers assimilés, c'est-à-dire ceux affectés dans les services et dans les ports, ont, pour beaucoup, dû travailler jusqu'au bout en contact avec les Allemands et parfois sous leurs ordres indirects sur les bases navales utilisées par la Kriegsmarine. Or ces officiers, au nombre de 1 687, sont 1 595 à être réintégrés, soit 94 %, dont 30 avec avancement réduit, pour 43 exclus seulement. Les 591 officiers de marine, ceux qui ont vocation à commander en mer, ne sont que 444 à être réintégrés, soit 75 % environ, dont 53 avec avancement réduit, pour 142 exclus (tableau 3). Le taux d'exclusion est d'autant plus important que le grade est élevé. Aucun amiral n'est réemployé. Certes, les officiers de marine ont été souvent plus présents dans les états-majors de Vichy[39], mais ce choix ne dénote-t-il pas aussi les exigences du temps de guerre ? Dans la marine, les officiers des services, et spécialement les officiers subalternes, sont alors indispensables, eux seuls pouvant assurer le fonctionnement des installations et affirmer la souveraineté française sur son patrimoine

39. Les officiers qui appartiennent au corps des officiers de marine sont tous formés à l'École navale. Les officiers assimilés appartiennent à l'un des corps suivants : corps des ingénieurs mécaniques, corps du contrôle de l'administration de la marine, corps des officiers de la justice maritime, corps des ingénieurs du génie maritime, corps des ingénieurs de l'artillerie navale, corps des ingénieurs hydrographes, corps du commissariat, corps de santé. Les officiers assimilés ne sont pas les seuls à servir à terre, des officiers de marine ont été affectés dans les services et dans les ports lorsque ceux-ci étaient occupés par les Allemands (les capitaines de vaisseaux Négadelle et Le Normand qui dirigent successivement les services de la marine à Brest entre 1941 et 1944 sont issus du corps des officiers de marine). Cf. les travaux en cours de Philippe Strub et son mémoire de maîtrise, « Le préfet maritime et la reconstruction de la Marine du Ponant », Brest, UBO, 2001. Il est à noter que les officiers détachés dans d'autres administrations ou ministères ne passaient pas devant la commission Sablé mais devant les commissions de leur administration d'accueil. C'est le cas en particulier des préfets, cf. Philippe Lasterle, « Les officiers de Marine, préfets par gros temps (1940-1944) », *in* Maurice Vaïsse (dir.), *Les Préfets, leur rôle, leur action dans le domaine de la défense de 1800 à nos jours*, Bruxelles-Paris, Bruylant-LGDJ, 2001, p. 325-352.

maritime libéré. Cet avantage ne mérite-t-il pas de passer sous silence leur rôle dans les ports français occupés par l'Allemagne ?

Dans chaque armée, les officiers jugés les plus compromis ont été classés dans catégorie 4 – « exclus de l'armée ou remis à la justice » – qui rassemble, bien que le mot ne soit pas prononcé, les suspects de collaboration. Bien que les chiffres soient difficilement comparables (tableau 4), on peut constater que cette catégorie représente toujours un pourcentage relativement faible de l'ensemble des dossiers examinés : 7,88 % pour l'armée de terre, 8,33 % pour la marine et 5,92 % pour l'armée de l'air.

Tableau 4 : les épurations administratives dans les trois armées à la fin de l'année 1945

	Terre	Marine	Air
Nombre de dossiers examinés	11 528	2 220	1 603
Avis n° 1 : à réintégrer immédiatement (Résistance) et renvoyés sans examen FFI	2 903 (25 %)	n c	n c
Avis n° 2 : à réintégrer si besoin	3 237(28 %)	n c	n c
Avis n° 3 : aucun titre ni pour ni contre	4 479 (39 %)	n c	n c
Total avis n° 1, 2, 3	**10 619 (92 %)**	**2 081 (92 %)**	**1 500 (94 %)**
Avis n° 4 : à expulser + avis « divers » (remis à la justice)	909 (8 %)	185 (8 %)	95 (6 %)
En instance d'examen	314	58	n c
En demande de révision	3 000	n c	n c

La relative clémence et les incohérences apparentes de cette première épuration administrative ne peuvent se comprendre que dans le contexte politique et militaire de l'époque de la Libération. L'objectif principal de la France est alors de reprendre sa place parmi les vainqueurs. Pour cela, il est indispensable de participer au maximum à la guerre contre l'Allemagne jusqu'à la victoire finale. Grâce à l'aide des Alliés, les armées françaises sont assurées de recevoir du matériel, mais elles doivent fournir du personnel capable de l'utiliser rapidement. Le problème est d'autant plus ardu pour les armes et armées « techniques ». L'armée de l'air, par exemple, est une armée de spécialistes qui ne peut être recréée *ex nihilo*, surtout si l'on désire qu'elle soit apte au combat en quelques mois. Force est donc de faire appel aux anciennes formations de Vichy, quelles qu'aient été leurs compromissions avec l'occupant. Il y a donc une contradiction totale entre la volonté d'épuration sévère et le besoin de recréer rapidement une armée efficace. Le réalisme militaire l'emporte sur le désir de ne réintégrer que des résistants. Même Charles Tillon insiste, dans une lettre de décembre 1944 adressée au général de Gaulle, sur la nécessité de conserver dans l'armée de l'air des spécialistes, même ceux qui sont compromis sous Vichy, car eux seuls sont « capables de s'assimiler presque immédiatement aux divers emplois[40] ».

L'ÉPURATION DU TEMPS DE PAIX

À la fin de l'année 1945, lorsque Edmond Michelet devient ministre des Forces armées, la situation est bien différente. L'aide militaire alliée ayant été interrompue, la France doit dans un délai très court retrouver des effectifs du temps de paix. Alors que Diethelm, Jacquinot et Tillon étaient soumis à l'urgence du temps de guerre, le ministre unique qui les a remplacés est soumis à une autre exigence, peut-être encore plus drastique : réduire rapidement le budget des forces armées pour pouvoir à la fois entamer la reconstruction de la France et l'édification d'une défense adaptée. Cette tâche est d'autant plus difficile qu'il n'existe pas alors de consensus sur la place à faire à l'armée et à la défense dans la France libérée. Les communistes réclament une armée populaire sans encadrement permanent[41]. Les socialistes et certains démocrates-chrétiens considèrent que la France ne peut pas s'offrir une véritable défense nationale et que celle-ci doit rester minimale, la sécurité étant assurée par les Alliés[42]. Le général de Gaulle, malgré ces fortes oppositions, parvient à imposer son idée développée avant guerre dans *Vers l'armée de*

40. Le ministre de l'Air à M. le général de Gaulle, président du gouvernement provisoire de la République française, n° 1279/14-12-1944, SHAA E 2762.

41. Jean-Pierre Rioux, *op. cit.*, p. 62; Jean Planchais, *Une histoire politique de l'armée*, tome 2, *1940-1967, De de Gaulle à de Gaulle*, Paris, Seuil, 1967, p. 130.

42. Léon Blum, *Œuvres, 1945-1947*, Paris, Albin Michel, 1958, p. 170-173.

métier : une armée à deux vitesses avec un noyau moderne et professionnel capable d'intervenir rapidement, appuyé si nécessaire, sur une armée de masse résultant de la mobilisation. L'armée d'active doit donc être réduite de moitié et composée de cadres capables de former la jeunesse, mais aussi de techniciens. Sans renier les principes de l'épuration, Michelet va devoir les adapter à ces impératifs professionnels nouveaux et précis.

Des armées pléthoriques et incontrôlables

La tâche à laquelle le ministre doit s'atteler est extrêmement ardue, car les forces sous l'uniforme ne sont pas unifiées ni même dénombrées. À la fin de l'année 1945 et au début de 1946, l'armée française est une réalité fuyante et multiforme, composée de troupes disparates, non quantifiables et échappant parfois à toute chaîne hiérarchique claire. Le maintien « pour des raisons de service » d'officiers et sous-officiers de l'armée de l'armistice n'a pas empêché l'intégration des officiers FFI, ce qui a entraîné un gonflement incontrôlé des effectifs militaires, car les commissions d'épuration ne sont pas encore, à cette date, en mesure de faire aboutir leurs enquêtes ni d'appliquer leurs décisions. Pour ne prendre qu'un exemple, l'armée de terre rassemble alors, dans un désordre indescriptible, entre 35 000 et 40 000 officiers, dont 12 000 de l'ancienne armée de Vichy restée en métropole, 7 370 « officiers FFI » dont la plupart ont été officiers ou sous-officiers dans l'ancienne armée de 1940, 12 000 officiers de l'armée d'Afrique et 1 000 des Forces françaises libres. À cela viennent s'ajouter les jeunes tout juste formés dans les écoles (1 600 officiers) et, avec la fin de la guerre, les rapatriés de captivité (5 538 officiers d'active, dont 101 généraux) et d'Indochine[43]. Pour compliquer encore les choses, il existe aussi des militaires auto-promus officiers qui échappent à tout contrôle[44].

Ces masses d'hommes en uniforme continuent à vivre sur le pays, comme pendant le temps de la guerre, et procèdent à des réquisitions d'immeubles, d'automobiles, de biens et de vivres[45]. La presse en pro-

43. Note du 6 mai 1946, ministère des Armées/CM/section Guerre/personnel. Situation numérique des différentes catégories d'officiers d'active entrant dans la composition de l'armée en 1946, estimation au 1er mai 1946, CEM/MA/18.

44. Ainsi, plusieurs dizaines d'officiers du cabinet militaire de Charles Tillon sont totalement inconnus des services du personnel de l'armée de l'air.

45. Note manuscrite d'Edmond Michelet pour préparer la réunion des officiers généraux et amiraux le 21-12-1945 à Paris (maison des Alliés), CEM/MA/21.

fite pour critiquer insidieusement l'armée en montrant des photos de soldats et officiers bien nourris, roulant en voiture en compagnie d'auxiliaires féminines, ce qui crée dans l'opinion publique un effet désastreux, guère propre à faire oublier la déplorable image laissée par la débandade de 1940[46]. Passé l'euphorie de la victoire, les habitudes de facilité des armées françaises contrastent trop avec la pénurie générale et la misère ambiante pour ne pas susciter un rejet très fort. Celui-ci est d'autant plus intense que certains reconnaissent, parmi ces militaires satisfaits, ceux qui naguère ont servi Vichy, les officiers qui n'ont eu qu'à sortir, au jour de la Libération, un uniforme conservé dans la naphtaline pendant deux ou quatre ans, ceux-là mêmes que Jean Planchais affuble, pour longtemps, du surnom désobligeant de « naphtalinés[47] ». Très vite, Edmond Michelet est mis au courant d'abus en tous genres. L'intégration des résistants dans l'armée semble avoir été faite de manière parfois un peu hâtive, en obéissant à des considérations politiques. Un rapport de son cabinet, daté du 11 juin 1946, souligne :

> Il faut avantager coûte que coûte tout ce qui est non communiste, pour réparer les injustices, étant donné que jusqu'à présent ce sont les communistes qui ont été avantagés; nos adversaires vont, en application de leurs procédés habituels de mauvaise foi, mettre tout en œuvre pour que le chiffre des combattants FFCI inscrits au Parti communiste soit supérieur aux autres. Les attestations de résistance se donnent facilement, en échange de l'adhésion au Parti, et répétons-le, l'emprise communiste sur le Conseil national de la Résistance leur facilitera les choses[48].

Mais les abus ne vont pas dans un seul sens. Ainsi, dans l'armée de l'air, plusieurs centaines d'officiers ont obtenu d'être intégrés au titre des FFI, alors qu'ils sont restés jusqu'à la fin sous les ordres de Vichy. Lorsqu'ils demandent, par la suite, l'attribution de la médaille de la Résistance, la commission chargée de statuer ne peut que dénoncer le scandale, car une trentaine seulement de ces officiers peuvent se prévaloir de réelles actions hostiles à l'occupant[49] ! D'autres rapports parlent d'un immense « scandale de la France combattante ». Un grand nombre

46. Fait rapporté par Jean Planchais, *op. cit.*, p. 87.
47. *Ibid.*, p. 88.
48. Note pour le ministre, historique des forces françaises combattantes de l'intérieur (FFCI), 11 juin 1946, CEM/MA/23.
49. Note du lieutenant-colonel Binoche sur les intégrations abusives dans les FFI, 14 mai 1946, CEM/MA/9.

d'officiers, certains occupant des postes élevés, se réclament abusivement d'une activité résistante. Quelques-uns, en usant de corruption, ont même acheté certificats de combattant et Légion d'honneur, cette dernière pouvant se négocier jusqu'au prix de 1 500 000 francs[50]. Même en faisant la part des choses et en évaluant les exagérations et les passions, il est évident que l'armée française n'est pas réunifiée en novembre 1945. En réalité, même si l'épuration et la réintégration sont théoriquement achevées[51], le travail a été trop rapide et certains abus trop criants pour que l'on puisse considérer que le dossier est clos.

Dès son entrée en fonctions, Edmond Michelet montre fermement et solennellement sa volonté de faire cesser les abus et de restaurer la discipline. Par une directive générale du 4 septembre 1945, destinée à être diffusée à tous les échelons, il décide une réorganisation musclée en confiant à chaque commandant de région la responsabilité personnelle de tous les militaires présents sur son territoire[52] : « Je décide donc que l'autorité des généraux commandant les régions militaires s'étendra désormais sur tous les organes militaires implantés sur leur territoire. Dans leur commandement, ils ont la responsabilité totale et personnelle de la remise en ordre qui doit porter avant tout sur la restauration de la discipline et la répression des abus. » Il est déterminé à traquer les militaires en surnombre et les faux résistants dont la seule présence discrédite toute tentative d'épuration équitable : « Réprimer les abus, c'est faire la chasse aux services qui n'ont plus de raison d'être. [...] C'est aussi, derrière les magnifiques éléments de la Résistance, débusquer les profiteurs et les parasites qui, glissés dans ses rangs, défigurent l'armée et émargent indûment à son budget. » Chaque commandant de région devra effectuer le recensement rigoureux et éliminer impitoyablement tout officier ou sous-officier « irrégulièrement maintenu sous les drapeaux », ainsi que « toute sinécure, tout organisme parasitaire ». Il se portera garant de ses hommes. C'est à lui qu'incombera la tâche de mettre fin aux pratiques déshonorant l'armée, comme les réquisitions abusives. Le chef d'état-major général, le général de Lattre, « convoquera personnellement, à partir du 20 décembre, les généraux commandant les régions. Ces derniers devront être à même de lui fournir pour

50. Suggestions pour une allocution transmises à Edmond Michelet, s.d. (après le 22 janvier 1946), CEM/MA/23.

51. La décision n° 405/G/SL du GRPF fixait le terme de l'épuration au 15 février 1945 pour les administrations locales et au 15 mars pour les administrations centrales.

52. Directive générale n° 1 du 4 septembre 1945, CEM/MA/30.

cette date le contrôle de tous les officiers et sous-officiers en service sur leur territoire ainsi que la situation détaillée de toutes les unités, services, ou établissements militaires implantés dans leur région avec les conditions précises de leur installation (bâtiments militaires ou réquisitionnés) ».

Le dégagement des cadres : une nouvelle épuration

Cette remise en ordre est un préalable à la reprise des opérations d'épuration, cette fois-ci dans un contexte de réduction d'effectifs. En effet, les armées doivent être réduites de moitié[53] (tableau 5).

Tableau 5 : Les réductions d'effectifs nécessaires à la fin de l'année 1945

	Effectifs au 21-11-1945	Effectifs à atteindre à la fin de 1946	Ampleur de la réduction	Ampleur de la réduction (en %)
Officiers terre	46 800	25 000	−21 800	−47 %
Sous-officiers	173 400	105 000	−64 400	−37 %
Hommes	691 000	270 000	−421 000	−61 %
Total terre	**911 200**	**400 000**	**−507 200**	**−56 %**
Officiers marine	5 100	3 800	−1 300	−25 %
Sous-officiers	17 600	11 650	−5 950	−34 %
Hommes	47 200	33 600	−13 600	−29 %
Total marine	**69 900**	**49 050**	**−20 850**	**−30 %**
Officiers air	9 300	4 420	−4 880	−52 %
Sous-officiers	30 200	24 450	−5 750	−19 %
Hommes	84 400	30 260	−54 140	−64 %
Total air	**123 900**	**59 130**	**−64 770**	**−52 %**
Total général	1 105 000	510 126	−592 820	−54 %

53. Chiffres rassemblés dans CEM/MA/18, repris dans *Les Armées de demain, six mois d'efforts au ministère des Armées*, brochure, ministère des Armées, mai 1946.

Comment faire pour passer de 1 105 000 hommes à 510 000? Tout d'abord donner congé à tous les militaires à titre temporaire, appelés, volontaires et réservistes. Mais cela ne suffit pas, il faut toucher à l'armée d'active. Une première ordonnance entame le processus de dégagement des cadres en novembre 1945 [54]. Le texte propose une pension à jouissance immédiate aux cadres de plus de quinze ans de service désireux de quitter l'armée et une retraite calculée sur le grade immédiatement supérieur pour les officiers de plus de vingt-cinq ans de service. Malgré les avantages proposés, très peu d'officiers profitent de cette offre [55]. Le gouvernement met donc au point le 8 mars 1946 un plan de compression des dépenses et de réduction du personnel qui autorise l'exclusion d'office sans motif disciplinaire [56], par dérogation à la loi Soult de 1834 [57]. Il s'ensuit une nouvelle période d'épuration qui commence en mars 1946 pour se terminer au mois de novembre de la même année. Le mot « épuration » n'est plus prononcé, il s'agit officiellement d'un « dégagement des cadres ». En principe, c'est juste une mesure technique qui vise à inciter les volontaires à partir d'eux-mêmes et à exclure les cadres les moins bien classés de leur grade. Pourtant, c'est bien d'une nouvelle épuration qu'il s'agit. Les listes de classement des commissions Matter, Sablé et Cochet sont reprises et leur travail se poursuit. Seul Cochet est remplacé par le général Guillot à la tête de la commission de dégagement. Le seuil d'admission est néanmoins modifié. Alors que, durant la première phase de l'épuration administrative, seuls avaient été exclus les officiers classés en catégorie 4, ceux qui sont classés en catégorie 3, voire 2 sont désormais menacés d'être, eux aussi, exclus d'office. En avril 1946, la commission Matter remet au ministre un « plan de dégagement » qui montre bien qu'il s'agit, en fait, d'une reprise de l'épuration sur des bases plus sévères (tableau 6) [58].

54. Ordonnance n° 45 2606 du 2 novembre, CEM/MA/18 et SHAT 19T156.

55. Pour l'armée de terre, en mars 1946, 101 officiers ont demandé à bénéficier de l'ordonnance du 2 novembre 1945 et 479 autres ont leur dossier en attente. *Cf.* note du 1er mars 1946 sur le plan de dégagement des cadres, CEM/MA/18, et Jacques Vernet, *Le Réarmement et la Réorganisation de l'armée de terre française, 1943-1946,* SHAT, Vincennes, 1980, p. 127.

56. Loi n° 46607 du 5 avril 1946 portant fixation du budget général (dépenses militaires) de l'exercice 1946, *Journal officiel,* lois et décrets, p. 2870-2875, SHAT 19T156.

57. La loi Soult de 1834 définit le statut des militaires et accorde aux officiers la propriété de leur grade. Elle limite strictement les possibilités d'exclusion.

58. Plan de dégagement et d'aménagement des cadres proposé par le général Matter à Edmond Michelet, document sans date, postérieur au 15 avril 1946, 7 p., CEM/MA/18.

Tableau 6 : La reprise des opérations d'épuration
par la commission Matter en 1946

Arrêté publié au *JO* vers le	Catégorie et date de radiation	Nombre théorique[59]	Nombre pratique
15 février	Catégorie 4 : 15 mars 1946	270	220
15 mars	Catégorie 3 indice 3 : 15 avril	450	300
25 mars	Catégorie 3 indice 2 : 5 mai	2 000	1 000
5 avril	Catégorie 3 indice 1 : 25 avril	700	350
15 avril	Catégorie 2 indice 2 : 15 mai	1 500	500
Total des exclusions d'officiers prévues		**4 920**	**2 370**

D'autres mesures doivent compléter ce dégagement d'office : on prévoit ainsi l'exclusion de 500 officiers « médiocres, mal notés, inaptes physiquement ou intellectuellement », de toutes les catégories d'officiers de réserve, même ceux servant en situation d'activité, et de 620 à 2 400 officiers considérés comme trop âgés pour leur grade, spécialement les « vieux » officiers subalternes. Enfin, si toutes ces mesures ne suffisent pas, il est envisagé de licencier les officiers qui ont échappé aux arguments déjà exploités : épuration, médiocrité, âge. « Ces officiers corrects et auxquels on n'a rien à reprocher doivent être désignés en suivant l'ordre d'un classement régressif à établir par les directions[60]. »

En outre, comme il ne sert à rien d'éliminer sans fermer par ailleurs le robinet du recrutement, Edmond Michelet prévoit de bloquer totalement toute nouvelle intégration dans le corps des officiers pendant l'année 1946. Aucun officier des écoles ne doit être nommé sous-

59. Comme on peut le voir, les nombres théoriques et pratiques sont très différents, car on peut supposer que certains officiers qui se sentent menacés par le dégagement d'office auront, au préalable, demandé le bénéfice du dégagement volontaire ; Matter estime ce nombre à 1 500 environ. À l'inverse, comme il le signale, beaucoup d'officiers seront maintenus en service « à la demande des directions, ou par la suite de décisions de la commission d'appel » (CEM/MA/18).

60. Plan de dégagement et d'aménagement des cadres, arch. cit.

lieutenant, l'avancement est bloqué, et toute intégration d'officier FFI dans les cadres actifs supprimée[61]. Ce travail de réduction des effectifs se poursuit jusqu'à l'automne. Le 30 octobre 1946, le ministre peut déclarer solennellement :

> Maintenant l'épuration des éléments demeurés en France après novembre 1942 est terminée; celle des prisonniers de guerre aussi, celle des personnels restés en Indochine le sera incessamment. [...] La dernière liste de dégagement des cadres d'office, qui vient d'être publiée, marque la fin de ces mesures. [...] Désormais, toute différence fondée sur l'appartenance dans le passé à des catégories différentes doit disparaître. Il ne saurait plus subsister de personnel de seconde zone, non plus que des catégories privilégiées. Seule existe de nouveau l'armée française, une, cohérente, demain homogène et forte, dont tous les membres, égaux en dignité, en droits et en devoirs, et délivrés de l'insécurité, peuvent se donner pleinement à leur tâche[62].

Les promesses n'engagent que ceux qui les croient. Le 16 décembre 1946, le cabinet Bidault est remplacé par le cabinet Blum. Le nouveau ministre de la Défense nationale, André Le Troquer, décide une prorogation des mesures de dégagement des cadres pour l'année 1947, de manière à exclure de l'armée encore 1 000 officiers et 5 000 sous-officiers[63]. En novembre 1947, ces mesures sont reconduites pour six mois[64]. Mais, déjà, un mouvement inverse s'amorce discrètement. Dès le début de l'année 1948, une loi met au point les modalités de rappel à l'activité de militaires volontaires pour servir en Indochine ou à Madagascar[65]. Le retour sous l'uniforme d'officiers et de sous-officiers dégagés après la Libération se poursuit pendant toute la durée de la campagne d'Extrême-Orient. En 1948 et 1949, des demandes de révision et

---

61. Lettre du général Matter au ministre Edmond Michelet, 21 février 1946, CEM/MA/2.

62. « Circulaire de M. Michelet sur la réorganisation de l'armée et la fin du dégagement des cadres le 30 octobre 1946 », *Informations militaires*, n° 80, 15 novembre 1946. Le *JO* du 19 octobre 1946 publie la dernière liste des officiers exclus de l'armée, qui marque théoriquement la fin du dégagement des cadres.

63. Ministère des Forces armées, le sous-secrétaire d'État à l'Armement chargé de la Marine, n° 3632 M. SA/Et du 20 novembre 1947, SHAT 2R92.

64. Loi du 5 avril 1946 et loi du 3 septembre 1947 applicables jusqu'au 31 juillet 1948, SHAT 2R92.

65. Loi 48-39 du 7 janvier 1948 et « Propositions de réintégration dans les cadres actifs des militaires volontaires pour servir en Indochine », BE 17/076/SEG/CAB/EMP/CH du 8 juin 1953, SHAT, 2R92.

des pourvois en Conseil d'État se multiplient, entraînant l'annulation d'un certain nombre de décisions d'épuration. Les jeunes officiers sont réintégrés dans l'armée d'active tandis que les plus âgés se voient rouvrir leurs droits à pension. La loi du 6 août 1953 amnistie toutes les sanctions disciplinaires prises au titre de l'épuration et renforce encore ce mouvement de réintégration sélective. Avec la guerre froide, le pacte atlantique et les conflits coloniaux, l'heure est désormais au réarmement et au gonflement des effectifs militaires. Au total, l'armée française n'aura connu que quatre années d'éclipse, de 1946 à 1949, pendant lesquelles les mesures d'épuration auront été appliquées de façon très sévère.

Un résultat en trompe l'œil

Il est difficile de se faire une idée exacte du résultat final de ces mesures d'épuration et de réintégration successives. Seules les sources parlementaires donnent épisodiquement des chiffres globaux, le plus souvent à l'occasion d'une question écrite. Cependant, ces données servent souvent de plaidoyer *pro domo* pour le ministre sommé de justifier sa politique ou pour les députés chargés de la contester. Il y a mille manières de présenter les chiffres pour leur faire dire ce que l'on souhaite. En 1949, des députés rédigent une proposition de loi ayant pour l'objet la révision de l'épuration administrative. L'exposé des motifs avance le chiffre de 120 000 sanctions disciplinaires prononcées dans les administrations et le secteur public, dont 42 000 pour les seules armées[66]. La même année, un tableau de synthèse présenté par le ministère de la Défense devant l'Assemblée nationale donne quelques précisions sur les officiers exclus de l'armée (tableau 7). Bien que les chiffres ne puissent pas être considérés comme exacts à l'unité près, ils confirment la relative clémence de la première épuration administrative, l'ampleur du dégagement des cadres, la faiblesse des démissions volontaires. Ils peuvent donner à penser que l'épuration au sens large a été sévère, amenant à l'exclusion de près d'un tiers des effectifs des officiers d'active. Ils suggèrent également que les cadres exclus au titre de l'épu-

66. Sur les 120 000 sanctions disciplinaires prononcées dans les administrations et le secteur public, on compte 28 750 fonctionnaires, 42 000 militaires, 7 039 agents de la SNCF, 5 000 des services publics d'eau, de gaz et électricité (proposition de loi n° 8831, *op. cit.* p. 2).

ration et du dégagement des cadres ont été remplacé par le « sang neuf » des officiers provenant des FFI.

Tableau 7 : Éliminations et intégrations d'officiers d'active d'après le *Journal officiel* (débats) du 19 mai 1949 (officiers généraux exclus)[67]

Armée de terre					
Années	Éliminations			Intégrations	
	Épuration	Dégagement des cadres	Démissions volontaires	FFI	Autres positions
1945	302	15	78	2 401	469
1946	351	10 018	284	480	382
1947	5	2 586	168	704	282
1948	–	60	74	–	1
Total	**658**	**12 679**	**604**	**3 585**	**1 134**
Armée de l'air					
1945-1948	28	892	620	225	267
Marine					
1945-1948	50	808	440	34	257

Il convient pourtant de relativiser ces conclusions implicites. L'épuration n'a pas été aussi impitoyable que ces chiffres globaux le suggèrent et le tableau ne rend pas compte des différences à l'intérieur des armées. Pour des armes à relativement faible technicité ou en surnombre, comme l'infanterie et la cavalerie, les critères de dégagement des cadres ont été prioritairement fondés sur les listes d'épuration. Pour les armes à forte technicité, les états-majors ont fait pression pour garder les personnels, « pour les besoins du service », car il était impossible d'en trouver d'autres pouvant assumer immédiatement leur tâche. Par ailleurs, la

67. Chiffres extraits du *Journal officiel*, débats de l'Assemblée nationale du 19 mai 1949, p. 2704-2705, réponse du secrétaire d'État aux Forces armées « Guerre » à une question écrite de M. Serre, député d'Oran. Réponse préparée par la direction du personnel militaire de l'armée de terre. Éléments de réponse, satisfaction au bordereau n° 2189 du 16 avril 1949, SHAT 19T156.

volonté de ne pas se séparer des officiers d'élite, formés dans les écoles, a influencé, au cas par cas, les décisions de dégagement, amenant même parfois à refuser des demandes de départ volontaire[68]. Dans la pratique, l'épuration n'a été mise en œuvre qu'en fonction de quotas de grades et de spécialités préalablement définis par les états-majors et les directions d'armes selon les besoins du service[69]. Ainsi, 20 % des lieutenants de cavalerie ont été exclus systématiquement en 1946, pour seulement 10 % des lieutenants du matériel et un très faible pourcentage pour le génie et la gendarmerie, qui étaient déjà déficitaires. À classement égal, un officier pouvait donc rester en service ou bien être exclu. Cela ne dépendait pas de son mérite ou de son degré d'obéissance à Vichy mais de son âge, de son grade et de son arme d'appartenance.

Dans le détail, l'épuration n'a pas été aussi équitable que ce tableau pourrait le laisser croire. Elle n'a pas non plus été aussi importante. L'examen de ces statistiques donne à penser que l'armée s'est renouvelée, car il y a eu d'une part des exclusions d'officiers d'active et, d'autre part, des intégrations de FFI, les uns remplaçant les autres. En fait, outre les officiers épinglés par les commissions d'épuration, le « dégagement des cadres » amène à exclure tous les officiers âgés pour leur grade, en particulier les officiers subalternes proches de la limite d'âge, ainsi que les officiers d'active issus de la réserve[70]. Or, parmi les officiers FFI intégrés en 1944 et 1945, 2 970 provenaient de la réserve et 5 200 du corps des sous-officiers d'active[71]. Cela revient à dire qu'ils ont été parmi les premiers touchés par les mesures de dégagement. Ce sont donc les mêmes individus qui ont été d'abord intégrés, souvent au titre des FFI, puis exclus en vertu des lois de dégagement des cadres. Ce tableau, dans son apparente clarté, ne permet pas de distinguer, dans la colonne « dégagement des cadres », les épurés qui ont appartenu à l'armée de Vichy des officiers FFI renvoyés pour leur faible technicité

68. Note pour les directions d'arme et de services, n° 004745/CAB MIL/GUE/ du 20 juin 1946, signée Ely, p.o. Michelet, SHAT 2R92.

69. Note pour les directions d'armes ou de service sur les classements, n° 5201/CAB MIL/GUE du 6 juillet 1946, et n° 5 600 /CAB MIL/GUE/P du 22 juillet, SHAT 2 R 92.

70. À ne pas confondre avec les « officiers de réserve » : il s'agit là d'officiers qui ont d'abord été officiers de réserve, puis « activés », c'est à dire intégrés dans l'armée d'active. Un nombre important d'officiers FFI sont dans ce cas. Pour plus d'informations sur les origines de recrutement des officiers, se reporter à Raoul Girardet, *La Crise militaire française, 1945-1962*, Paris, Armand Colin, 1964.

71. Note du 6 mai 1946, ministère des Armées/CM/section Guerre/personnel. Situation numérique des différentes catégories d'officiers d'active entrant dans la composition de l'armée en 1946, estimation au 1er mai 1946, CEM/MA/18.

ou leur âge trop élevé. Pour faire le total des exclus au titre de l'épuration, il faudrait faire abstraction de ces officiers tardivement intégrés et précocement évacués qui n'ont fait qu'un séjour d'un ou deux ans tout au plus dans l'armée d'active. Au total, si ce calcul pouvait être fait, on s'apercevrait sans doute que l'épuration et le dégagement des cadres ont touché en moyenne environ 20 % des officiers, et non 30 %, comme pourrait le laisser croire le tableau de 1949.

Malgré ces réserves, l'épuration de l'armée a été d'une ampleur considérable, et ce d'autant plus qu'elle coïncidait avec la plus importante et la plus rapide des déflations d'effectifs que l'armée française ait jamais connue à la suite d'une guerre. Près de 16 700 officiers ont dû quitter l'armée, dont 15 000 contre leur volonté. Il faut néanmoins distinguer plusieurs périodes successives. Jusqu'à la fin de l'année 1945, le discours d'épuration est violent et impitoyable, l'attention est accaparée par l'instruction des grands procès d'officiers généraux de Vichy, mais l'épuration administrative proprement dite est relativement clémente, car il faut des cadres opérationnels pour terminer la guerre. La deuxième période est marquée par le discours consensuel et « résistantialiste » du ministre Edmond Michelet, qui souhaite avant tout réconcilier les branches dispersées de l'armée. Cependant, même si le discours est moins violent, c'est la réalité de l'épuration qui est alors impitoyable. Le nombre d'exclusions autoritaires est extrêmement important dans la période d'éclipse des armées françaises, entre 1946 et 1949. Les classements effectués par les commissions d'épuration et fondés avant tout sur l'attitude sous l'Occupation servent alors de critère de base pour déterminer qui doit partir, qui doit rester. C'est donc bien l'épuration qui se poursuit à travers les lois successives de dégagement des cadres. Dès 1949 pourtant, le mouvement s'inverse. La montée en puissance des forces d'Extrême-Orient et le réarmement français dans le cadre de l'Alliance atlantique permettent un certain nombre de réintégrations, renforcées encore par les recours en Conseil d'État et les lois d'amnistie. Une troisième période s'ouvre alors, marquée par des retours massifs dans l'armée d'officiers naguère écartés. Ces derniers, bridés dans leur avancement et affectés à des postes éloignés du pouvoir, contribuent à diffuser une sorte de « légende noire » selon laquelle l'épuration, menée en vertu de critères politiques, aurait décapité l'armée et l'aurait dépossédée de ses vraies valeurs. Ce discours aigri et politisé véhiculé par toute une littérature nostalgique[72] devient peu à peu l'un des éléments

72. *** (colonel de Virieu), *op. cit.*, p. 762; Ruby (général), « L'épuration dans

fondateurs de la « crise militaire française » de la fin des années 1950[73]. Il est donc frappant de constater le décalage persistant entre la réalité de l'épuration et le discours qui l'accompagne. La réalité, comme toujours, est plus subtile et difficile à saisir que le discours. Les réductions d'effectifs ont été, certes, drastiques, mais néanmoins réfléchies. Plus qu'un couperet aveugle, les gouvernements en place ont mené une épuration pragmatique et minutieuse, écartant systématiquement les plus compromis – du moins pour un temps – mais préservant soigneusement le potentiel dont l'armée devait avoir besoin pour remonter en puissance à partir de 1950.

l'armée », *Défense de l'Occident*, janvier-février 1957, p. 99 ; ***, « Le vide militaire français », *Les Écrits de Paris*, n° 52, février 1949. Idées reprises dans Georges A. Groussard, *L'Armée et ses drames*, Paris, Éd. de la Table ronde, 1968, p. 84-85, et Jérôme Bodin, *Les Officiers français, grandeur et misères, 1936-1991*, Paris, Perrin, 1992, p. 210-213.

73. Raoul Girardet (dir.), *op. cit.*

L'amnistie de la collaboration

par Stéphane Gacon

L'amnistie de la collaboration a été principalement réalisée par deux lois votées en 1951 et 1953. Le processus peut sembler rapide au regard de l'importance des faits à oublier et l'amnistie est souvent présentée aujourd'hui comme le symbole d'une épuration imparfaite, qui n'aurait pas traité les bonnes questions et qui aurait laissé en liberté des hommes dont la responsabilité était lourde. L'historien, qui écrit dans son temps, n'échappe pas à ces questions, d'autant que l'amnistie se donne pour ambition de faire sombrer dans l'oubli, au moins juridique, tout un pan d'une histoire que lui, au contraire, souhaite retenir sous son regard parce qu'elle est la matrice des temps présents. Il est d'autant plus perplexe que l'amnistie est accordée par une loi qui lui impose le silence sur certains faits, à lui comme à tous, et qui le prive à jamais de pièces retirées des dossiers. Mais il a tendance à décaler son regard et à se demander ce qui explique la décision et ce qu'elle révèle de l'époque à laquelle elle a été prise. Il se demande ce qu'ont voulu faire ceux qui l'ont prise, ses conséquences étant celles que l'on sait sur la mémoire de l'événement.

Mauriac et Camus : un débat précoce sur l'amnistie et l'épuration

L'amnistie est une idée qui chemine lentement avant de devenir la loi qui proclame l'oubli des faits, qui par une sorte de fiction juridique ôte tout caractère délictueux aux faits pris en compte et qui, ainsi, rend des hommes à la liberté – ce que la grâce est déjà en mesure de faire –, mais surtout leur accorde une virginité pénale et leur rend leurs droits civiques. L'idée d'accorder une amnistie est toujours contemporaine des premiers développements de la répression. En 1871, Victor Hugo qui n'était pourtant pas un admirateur de la Commune, cette « bonne chose mal faite », est l'un des premiers à dénoncer, alors que les fusils des exécutions sommaires ne se sont pas encore tus, les excès de la répression, et à réclamer la clémence pour les communards. Il en est de même en 1944. Alors que la libération du territoire est à peine achevée et que le gouvernement provisoire s'efforce d'encadrer juridiquement l'épuration, les premières voix s'élèvent pour réclamer la clémence. Ce qui surprend, c'est que la question n'est pas posée par les proches du maréchal Pétain ou par ce qui reste de la galaxie collaborationniste. Les uns et les autres sont réduits au silence. C'est dans les rangs mêmes de la Résistance qu'elle apparaît, dans le cadre d'une première réflexion sur la nature et l'ampleur de l'épuration à effectuer.

Le face-à-face célèbre entre François Mauriac et Albert Camus, à l'automne de 1944 et au début de l'année 1945, pose les termes d'un débat valable pour la France de l'après-Vichy, mais qui, de façon générale, concerne toute épuration. Lorsqu'ils évoquent l'amnistie, lorsqu'ils s'interrogent sur l'épuration, ils ne le font pas de façon médiocre. Leur débat véhicule toute une conception de l'homme et de la société à construire, car l'un et l'autre ont le sentiment profond de vivre un moment où tout est possible. Mais le nouveau départ qu'ils imaginent implique-t-il de poser rapidement le « voile de l'oubli », ou la « pierre tumulaire de l'oubli sur les crimes et les vestiges » de la collaboration, pour reprendre la formule de Gambetta ? Les deux hommes divergent sur ce point. À l'automne de 1944, Mauriac défend l'idée qu'une amnistie est possible, voire nécessaire. Il est relativement seul sur cette ligne, au moins publiquement. Mais Mauriac le résistant a des arguments qui méritent d'être examinés et qui sont plus nuancés qu'il y paraît. Il pose la question de la difficulté de mener une épuration totale et équilibrée au lendemain d'un cataclysme de l'ampleur de celui qu'a connu la France. C'est dans un éditorial du *Figaro* du 13 octobre 1944 qu'il utilise le terme d'« amnistie » pour la première fois, alors même que la justice de l'épuration n'est pas totalement en place. Il explique que « si le pays veut [...] l'apaisement, s'il l'exige, le gouvernement devra s'arrêter dans la voie de l'épuration, – et s'arrêter non pas faute de citoyens à épurer, car il y en aura encore et toujours. [...] Non, si l'amnistie doit être accordée, elle le sera sans aucune autre raison que l'exigence et que l'intérêt de la nation[1] ». S'il évoque dès cet instant l'amnistie, c'est qu'il

1. François Mauriac, *Le Figaro*, 13 octobre 1944.

lui paraît impossible de mener l'épuration à son terme sans injustices et sans préjudices pour le pays. D'abord, il lui semble que le mal est trop profond, que le nombre des personnes compromises est trop important, que le seuil des responsabilités sera toujours arbitraire. Ensuite, il estime inévitable que l'injustice naisse de l'échelle à laquelle va se dérouler le processus. D'un tribunal à l'autre, d'une région à une autre, d'une catégorie sociale et professionnelle à une autre, d'un moment à l'autre, les décisions vont varier. Il lui semble inadmissible que l'on soit jugé différemment pour des fautes identiques. C'est donc au nom de la justice, et d'une justice humaine qui rompe avec la barbarie totalitaire, que Mauriac plaide pour l'amnistie, pour en finir avec « ces camps de représailles [2] ». Il le fait aussi au nom de la fraternité humaine, une fraternité qui s'impose selon lui au terme d'une des plus dures épreuves qu'ait connues l'humanité.

Hanté par l'idée de justice, d'une justice à rendre dans le respect du droit, première garantie des droits de l'homme, il en appelle au respect du principe sacré, en démocratie, de la présomption d'innocence. Mais son argumentaire n'est pas dénué d'arrière-pensées politiques, ce qui souligne la rapidité avec laquelle la politique, au sens strict, s'est réimposée à la Libération. La justice sommaire de la Libération l'effraie et il souhaite qu'un terme rapide y soit apporté. Il s'oppose à l'épuration « sauvage » qui, selon lui, impose une nouvelle loi des suspects. Dans un parallèle classique avec 1793, il dénonce l'attitude du Parti communiste, nouveau Robespierre qui, sorti de la guerre auréolé par son action dans la Résistance, souhaite une épuration totale, aboutie, achevée. Il n'est pas loin de le juger responsable des excès de la première épuration. Mauriac réagit donc d'abord par anticommunisme.

Les éditoriaux de François Mauriac alimentent tout un débat sur l'épuration, mais il serait caricatural de dire qu'il a pensé que l'épuration ne devait pas avoir lieu. Au début de l'année 1945, il la présente comme un « mal nécessaire [qui] existait en germe dans la collaboration [3] ». Mais, en insistant sur les distinctions entre vengeance et justice, il pose brutalement les questions de la nature et de l'ampleur de l'épuration. Il répond presque tout de suite que l'amnistie, et une amnistie rapide, est la seule solution possible, s'inscrivant ainsi dans la logique du général de Gaulle pour qui il faut savoir concilier la justice et la reprise de l'activité pour restaurer la grandeur de la France.

2. *Id., ibid.,* 11 octobre 1944.
3. *Id., ibid.,* 12 janvier 1945.

Camus s'oppose tout de suite à l'idée d'une clémence nécessaire et engage une joute avec Mauriac dans les éditoriaux de *Combat* publiés à l'automne de 1944. Mais, le temps passant, il est peu à peu gagné par le doute. Son intransigeance initiale, qui n'est pas celle des communistes, témoigne de sa volonté d'une République rénovée. Pour lui, alors que la guerre s'achève, la justice doit passer. Elle doit d'abord passer en mémoire des victimes, de ceux qui ont combattu le nazisme, qui ont lutté contre le régime de Vichy et qui ont souffert sous la torture. Elle doit permettre d'extirper du corps national les bourreaux, les alliés du nazisme et les assassins de la République. La répression est une nécessité pour « purifier » la France et donner à voir aux générations futures les compromissions de cette période. L'épuration doit être l'occasion de constituer un rempart solide pour que de telles catastrophes ne se reproduisent pas. Pour Camus, « une nation qui s'est mise dans le cas de vivre sur des contradictions aussi déchirantes ne peut se sauver qu'en assurant en pleine lumière ces contradictions. [...] Une grande nation est celle qui se met à la hauteur de ses propres tragédies[4] ». Mais sa position est tout aussi éloignée de l'unanimisme résistant que du jusqu'au-boutisme épurateur. Il explique très tôt que l'amnistie sera nécessaire parce que le mal est une réalité terriblement humaine. Si des hommes ont commis des fautes, c'est que tout le monde ne peut pas être « juste », tout le monde ne peut pas être pur : « Nous souhaitons pour cela une justice prompte et limitée dans le temps, la répression immédiate des crimes les plus évidents, et ensuite, puisqu'on ne peut rien faire sans la médiocrité, l'oubli raisonné des erreurs que tant de Français ont tout de même commises[5] ». Il souhaite, au terme de l'épuration, une amnistie « raisonnée », c'est-à-dire une amnistie qui ne soit pas totale et qui tienne compte de la réalité des fautes commises. Cette attitude, beaucoup plus mesurée que ne l'a dit Mauriac, s'explique par le sentiment de vivre l'un de ces rares moments historiques où l'horizon est ouvert. Camus s'inscrit dans une perspective révolutionnaire qui fait de l'épuration l'indispensable lustration morale qui précédera l'avènement de la nouvelle République parce que cette nouvelle République sera juste et morale.

Mais l'enthousiasme initial de Camus cède vite la place à un désenchantement. Dès le début de l'année 1945 il explique qu'un « pays qui manque son épuration se prépare à manquer sa rénovation[6] »; il s'inquiète « des condamnations absurdes et des indulgences saugre-

4. Albert Camus, *Combat*, 21 octobre 1944.
5. *Id., ibid.*
6. *Id., ibid.*, 5 janvier 1945.

nues[7] ». Après avoir longtemps hésité, il signe à la fin du mois de janvier la pétition en faveur de Brasillach parce qu'il a une aversion ancienne pour la peine de mort et parce qu'il ne comprend pas pourquoi les intellectuels payent plus que d'autres, en particulier plus que les milieux économiques. Cette déception le conduit, au terme d'un long cheminement, à se retirer de la vie politique active. À l'automne de 1945 il interrompt sa collaboration régulière avec *Combat*. L'utopie de la Résistance incarnée par Camus s'est brisée sur la réalité d'une France renouant avec ses logiques politiques anciennes. Dans ces circonstances, l'amnistie est un acte de retour au régime antérieur.

Une campagne pour l'amnistie

Ces interrogations légitimes sur l'épuration et la remise en route du pays au lendemain du cataclysme, le souhait de voir se réaliser une amnistie qui mette un terme à la division civique et à la poursuite des représailles ont très rapidement été confisqués par des groupes dont les intentions étaient moins pures. Au débat sur les nobles questions de principe succède, à partir de 1946, un débat où les intérêts partisans, voire les intérêts tout court, sont dominants. Les pétainistes, d'une part, les élus de la IIIe République privés de leur éligibilité d'autre part, nourrissent une campagne de plus en plus sonore en faveur de l'amnistie. C'est pour eux l'occasion de diffuser, sur la base d'une lecture révisionniste du passé vichyssois, une « légende noire » de l'épuration, accusée d'avoir fait des milliers de victimes innocentes. Le thème du bouclier et de l'épée que les défenseurs de Pétain avaient utilisé lors de son procès est sollicité à l'envi. Les petits cercles groupés autour de Jacques Isorni lancent des idées qui leur reviennent en écho. On les lit au début de l'année 1946 dans les colonnes de *L'Époque* de Henri de Kérillis et de Henry Simond, qui s'étaient distingués dans la Résistance. On les entend dans les réunions du jeune Parti républicain de la liberté qui s'était pourtant lui-même défini, au moment de sa fondation, à l'automne de 1945, comme celui d'une droite régénérée, éloignée de la droite modérée d'avant-guerre, non compromise à Vichy. Si ses militants s'opposent sur la question de l'amnistie, elle figure néanmoins en tête de son programme officiel, ce qui ne surprend pas puisqu'il est devenu le lieu d'asile de nombre d'hommes politiques exclus de la vie

7. *Ibid.*

politique à la Libération. La question de l'amnistie se trouve ainsi au cœur de la renaissance de la droite « indépendante », une droite qui se divise très vite en organisations concurrentes qui font de la surenchère sur le sujet. C'est à celui qui défendra le plus haut l'idée d'une union sacrée face au danger communiste.

La campagne pour l'amnistie connaît un sommet en 1948 avec le retour au premier plan des anciens parlementaires de la IIIe République dont Pierre-Étienne Flandin est le plus ardent porte-parole. Dans des discours d'une grande complaisance pour le pétainisme, ils réclament l'annulation des mesures qui les touchent. Ce qui suscite surtout leur colère, c'est l'inéligibilité dont ils se disent les victimes et qu'ils analysent comme un moyen pervers imaginé par les nouveaux dirigeants pour faire table rase et s'emparer du pouvoir. Au cœur de cette agitation, les proches du Maréchal lancent un comité Pétain dont l'ambition est de réviser la condamnation et de montrer « que la politique du Maréchal a été riche de bénéfices pour la France, [...] que les condamnations qui se réclament du principe de sa trahison sont autant de mesures iniques », que l'épuration a été « un fléau dévastateur [8] », et donc que l'amnistie s'impose. Le comité est rapidement interdit, mais les partisans de l'amnistie, à droite et à l'extrême droite, s'expriment avec de moins en moins de retenue jusqu'au vote des lois, en 1951-1953.

UN PROCESSUS LÉGISLATIF PROGRESSIF

Il est vraisemblable que cette campagne, à l'image de toutes celles qui précèdent les lois d'amnistie, n'a pas accéléré la décision. Les ressorts conjoncturels et les explications profondes sont ailleurs. L'échec de la rénovation politique au lendemain de la Libération, le progressif glissement à droite de la vie politique, l'entrée en guerre froide et le premier élan de la reconstruction économique ont précipité les choses. Le processus légal d'amnistie s'achève par les deux lois de 1951 et 1953, mais il a été engagé par différentes dispositions contenues dans des textes adoptés à partir de 1947.

La loi d'amnistie du 16 août 1947 qui accompagne l'élection de Vincent Auriol à la présidence de la République comporte un alinéa affirmant solennellement qu'elle ne s'applique pas aux faits de collabo-

---

8. Jacques Isorni et Jean Lemaire, Préface de *Pour la justice. Après le procès du maréchal Pétain. Documents pour la révision*, André Martel, 1948, p. 15.

ration. Mais en réalité cette clause est introduite comme pour conjurer le sort, car elle constitue une première entorse au principe énoncé. Elle permet en effet, sous conditions, aux jeunes gens mineurs ayant appartenu à des organismes de collaboration ou ayant été condamnés pour faits de collaboration, aux Algériens musulmans ayant agi en Algérie et à certains Alsaciens-Lorrains condamnés à la dégradation nationale de demander à bénéficier de la grâce amnistiante. La loi d'amnistie du 9 février 1949 élargit les dispositions relatives aux mineurs en leur accordant l'amnistie de plein droit s'ils ont été condamnés pour avoir appartenu à la Milice et à d'autres organismes de collaboration.

Ces amnisties rendent la liberté à de nombreux condamnés mais, comme il arrive souvent en matière de répression, la clémence passe surtout par la grâce. Les chiffres officiels publiés en décembre 1949 au moment du dépôt du premier grand projet de loi d'amnistie font apparaître qu'il ne reste plus en prison à cette date que 8 000 personnes sur les 49 000 condamnés par les cours de justice[9]. Un an plus tard, en novembre 1950, le jeu normal des libérations au terme de la peine a réduit ce nombre à 5 000[10]. À cette date s'engage la partie la plus importante du processus d'amnistie. La loi du 5 janvier 1951 accorde une amnistie de plein droit, totale et sans condition, aux 9 000 condamnés des chambres civiques qui avaient été immédiatement relevés de leur condamnation à la dégradation nationale pour services rendus à la Résistance[11]. Pour les autres condamnés à la même peine – au total les chambres civiques avaient prononcé 48 000 condamnations –, la loi prévoit leur amnistie de plein droit à condition que leur peine soit inférieure à quinze années. Dans le cas contraire ils pourront néanmoins demander à bénéficier d'une grâce amnistiante.

La loi prévoit encore l'amnistie de plein droit des jeunes gens mineurs condamnés pour faits de collaboration si leur peine, compte tenu des grâces, est inférieure à cinq ans. Les autres pourront demander à bénéficier d'une grâce amnistiante. Les Alsaciens-Lorrains engagés dans les armées allemandes après le 25 août 1942 pourront formuler la même demande, à condition qu'ils n'aient pas commis de crimes de guerre. La

9. Ces chiffres annoncés par le gouvernement ont été publiés dans la presse du 22 décembre 1949.

10. *Réforme* du 4 novembre 1950.

11. Ces chiffres annoncés par le gouvernement ont été publiés dans la presse du 22 décembre 1949.

loi indique cependant que les condamnés par la Haute Cour ne bénéficient ni de l'amnistie de plein droit ni de la grâce amnistiante et qu'ils ne peuvent bénéficier d'aucune mesure de libération anticipée. Ils restent donc exclus de l'amnistie. Enfin, au-delà des strictes mesures d'amnistie, la loi s'emploie à modérer les effets de la dégradation nationale lorsqu'elle n'a pas été amnistiée. Elle cesse d'être une peine criminelle pour devenir une peine correctionnelle dont la durée ne pourra pas excéder vingt ans. Une partie des incapacités qui y étaient liées disparaissent comme l'impossibilité d'exercer certaines professions, mais la privation du droit de vote, d'élection, d'éligibilité est maintenue ainsi que l'incapacité d'être juré [12]. La loi précise que l'apologie des crimes de guerre et la constitution d'associations d'anciens épurés sont passibles des tribunaux. Elle ne concerne pas l'épuration administrative.

La loi du 6 août 1953 complète les dispositions prises en 1951. En réalité elle libère peu de monde puisqu'il ne reste plus en prison, à la veille des débats, qu'un peu moins de 2 000 personnes. La plus grande partie des dispositions vise à rendre leurs droits à des personnes ayant bénéficié d'une mesure de grâce simple. La loi accorde une amnistie de plein droit aux personnes condamnées pour fait de collaboration si leur peine, compte tenu des remises de peine, est inférieure à cinq ans, aux jeunes gens de moins de vingt et un ans et aux personnes condamnées à la dégradation nationale. Les personnes condamnées pour des faits de collaboration à une peine inférieure à quinze ans, ou à vingt ans s'il s'agit d'invalides ou de mutilés de guerre, peuvent demander à bénéficier d'une grâce amnistiante. Les mesures d'inéligibilité sont supprimées et 400 anciens élus de la IIIe République, anciens ministres, parlementaires, élus locaux, personnalités diverses ayant appartenu aux gouvernements de l'État français ou ayant été nommés au Conseil national de Vichy redeviennent éligibles. Enfin, la loi consacre un volet important à l'épuration administrative. Les fonctionnaires qui ont connu une sanction administrative bénéficient d'une amnistie, mais ils ne sont pas automatiquement réintégrés dans leur corps d'origine. Ils obtiennent cependant le droit à une retraite proportionnelle et voient les délais de recours gracieux et contentieux rouverts [13].

---

12. Loi du 5 janvier 1951 portant amnistie, instituant un régime de libération anticipée, limitant les effets de la dégradation nationale et réprimant les activités antinationales, *Journal officiel*, « Lois et décrets », 6 janvier 1951, p. 260-262.
13. Loi du 6 août 1953 portant amnistie, *ibid.*, 7 août 1953, p. 6942-6946.

En 1953, l'amnistie n'est donc pas totale. La loi exclut les personnes qui « se sont rendues coupables de meurtre, de viol, de dénonciation ou qui, par leurs agissements ou leurs écrits, ont sciemment exposé ou tenté d'exposer des personnes à la torture, à la déportation ou à la mort ou qui ont sciemment concouru à l'action de l'armée ou des services de police ou d'espionnage ennemis[14] ». C'est ainsi qu'est entendue, au début des années 1950, la « poignée de traîtres », à peine un millier de personnes, qui ne peut bénéficier de la clémence républicaine. Les restrictions à l'amnistie s'inscrivent dans la ligne de la philosophie générale de l'épuration. Ce qui n'est pas amnistié, c'est finalement le commerce avec l'ennemi, la trahison. Tout ce qui relève du régime de Vichy, de la Révolution nationale, de la mise à bas de la République, tout ce qui avait été qualifié d'« indignité nationale » a finalement été très tôt pris en compte par la clémence. L'amnistie de Vichy et de la collaboration avait été complétée en février 1953, dans le contexte de grande tension du procès d'Oradour, par la loi sur les Alsaciens-Lorrains incorporés dans l'armée allemande.

Une amnistie atypique dans l'histoire de la République

En elle-même, toute cette procédure d'amnistie, la campagne en sa faveur, les grâces rapides, la prise en compte progressive de la clémence par la loi est assez conforme à l'habitude. L'ampleur du traumatisme et l'ampleur des crimes amène néanmoins à s'interroger sur le rythme. La banalisation du recours à l'amnistie au cours du demi-siècle précédent explique qu'elle ait aussi vite été évoquée au lendemain du second conflit mondial. Ses promoteurs cherchent à démontrer qu'elle s'impose comme à d'autres époques pour mettre un terme à la guerre civile. Il est cependant nécessaire de souligner les « fausses fenêtres[15] », c'est-à-dire le faux parallélisme établi entre les périodes historiques et les groupes concernés. À ce titre, l'amnistie de la Commune a souvent été invoquée, et pas seulement par des pétainistes, pour obtenir l'amnistie de la collaboration. En octobre 1950, lors de la première lecture du projet de loi à l'Assemblée nationale, le député radical Moro-Giafferi, qui réclame l'amnistie, cite Louis Blanc, Victor Hugo et Gambetta, les artisans de

14. Chapitre II de la loi du 6 août 1953, *Journal officiel*, « Lois et décrets », 7 août 1953, p. 6943.

15. L'expression est d'Henri Noguères. Il l'a utilisée dans un article publié dans *Le Monde* le 27 octobre 1982 à propos de la loi sur la révision des carrières des officiers généraux qui complétait l'amnistie de la guerre d'Algérie.

l'amnistie de 1879-1880, ce qui provoque un tollé à gauche[16]. Les circonstances historiques sont radicalement différentes. Au moment de l'amnistie de la Commune, il s'agit de fonder la République en réaffirmant le principe de la nation définie comme la communauté des citoyens faisant le choix de vivre ensemble. La loi est adoptée au moment où les républicains accèdent au pouvoir au terme d'un long combat contre les monarchistes. Ils souhaitent reconstituer cette nation que la guerre civile a brisée par une procédure qu'ils investissent d'un fort pouvoir symbolique.

Au lendemain de la Seconde Guerre mondiale, la question de la refondation de la nation brisée par la guerre civile se pose, mais dans un contexte bien différent. La République n'est pas à installer, comme en 1879, mais à réinstaller. Elle a été un moment abattue par ses adversaires les plus convaincus. La guerre franco-française a atteint un degré sans précédent. La Commune n'avait pas menacé la République au sens où l'assemblée de Versailles n'était pas républicaine et que l'une des motivations des communards était justement la défense de la République face à la menace de restauration monarchiste. Les républicains qui accordent l'amnistie en 1879-1880 l'accordent donc à d'autres républicains, même si leurs conceptions de la République divergent. Ils ont en commun un héritage révolutionnaire qui rend plus facile la mesure, même si elle n'est pas accordée sans débats. Par la suite, toutes les amnisties réalisées le sont par une République installée, qui a été menacée, parfois gravement, mais qui n'a jamais vu ses ennemis triompher d'elle. Ses gouvernements ont réprimé pour protéger le modèle qu'elle représentait à leurs yeux en rappelant le cadre juridique qui la fonde. Puis périodiquement ils ont amnistié, d'abord pour mettre en conformité les principes – la liberté d'expression – et les actes, ensuite pour maintenir ou reconstituer cette unité nationale qui est le cœur même de la doctrine. Adoptées par une République en position de force, les amnisties qui ont précédé celle de la collaboration ne lui ressemblent pas. Au début des années 1950, la République doit prendre en compte le sort de ceux qui l'ont terrassée. L'amnistie se trouve donc investie d'une forte dimension de pardon, sentiment qui ne devrait pas parasiter une mesure de simple oubli juridique. On voit le gouvernement de la nouvelle République faire preuve d'une large clémence envers des hommes et des femmes ayant participé à tous les niveaux à l'entreprise de destruction qui la visait. Cette rapidité est à l'origine de la

16. Première séance du 24 octobre 1950, *Journal officiel, Débats parlementaires (Assemblée nationale)*, 25 octobre 1950, p. 7109-7110.

plupart des critiques qui la visent alors, puisque l'amnistie accorde une relative impunité à l'Administration et aux élites compromises avec le régime de Vichy. La continuité de l'État qu'elle révèle a souvent été soulignée et elle peut paraître choquante, mais elle s'explique par des raisons très concrètes liées à l'efficacité de l'État. En outre, cette rapidité n'est pas propre à la France ; elle est fréquente dans des circonstances qui sont celles d'une sortie de dictature. L'amnistie du fascisme en Italie, ou l'interruption de la dénazification dans la RFA post-hitlérienne s'inscrivent dans la même logique.

Un faisceau d'explications

Certaines explications de l'amnistie sont liées à l'évolution politique intérieure de la France, une évolution assez conforme à celle des pays voisins, l'Italie par exemple. L'adoption des lois témoigne d'un tournant politique, de l'échec successif du grand dessein de la Résistance, dont l'unité ne résiste pas au retour de la paix, et surtout de l'échec du projet politique d'une République régénérée qui serait en rupture avec le passé, c'est-à-dire avec la IIIe République. La Résistance n'a pas pu opposer longtemps un front uni au progrès de l'idée d'amnistie. Ses membres se sont laissés peu à peu convertir et les formules à la gloire du combat de la Résistance présentes dans les lois d'amnistie soulignent le malaise suscité par l'adoption rapide de la mesure. Le préambule placé en tête de la loi de 1953 est révélateur de ces ambiguïtés et de la mauvaise conscience des hommes de la Résistance qui battent en retraite devant de plus triviales considérations politiques. Georges Bidault, personnalité éminente de la Résistance et du MRP, est l'homme qui a le plus contribué à rendre licite, à partir de 1949, l'idée d'une large amnistie. C'est lui qui impose sans difficulté un texte qui « rend hommage à la Résistance, dont le combat au-dedans et au-dehors des frontières a sauvé la nation[17] ».

Par ailleurs, les débats autour de la Constitution, en 1946, ont montré la difficulté d'obtenir un accord sur un projet d'avenir, et si le tripartisme et la troisième force veulent incarner successivement avant, puis après le départ des ministres communistes, un idéal politique nouveau, la pratique politique quotidienne reprend les traits de la défunte IIIe République. Le délitement de la majorité de troisième force et le

17. Préambule voté le 28 octobre 1952 (première séance), *Journal officiel, Débats parlementaires (Assemblée nationale)*, 29 octobre 1952, p. 4503.

progressif glissement à droite de la vie politique facilitent l'adoption de la mesure d'amnistie. En 1949-1950, la perspective des élections législatives explique que l'amnistie soit largement prise en compte par des gouvernements au sein desquels les socialistes jouent un rôle de moins en moins dominant. Le glissement du MRP vers la droite, à la recherche de son électorat, rend la mesure possible. Dès le début de l'année 1949 Georges Bidault explique qu'il est temps d'oublier tout ce qui peut l'être[18]. Sa proposition rencontre un écho chez les radicaux, chez les gaullistes du RPF et chez les indépendants. Ce front commun en faveur de l'amnistie, même si les motivations sont diverses, est durable jusqu'en 1953. L'amnistie de 1951 est réalisée sous le gouvernement Pleven, gouvernement où domine le MRP. En 1953, après les élections, c'est Antoine Pinay qui est président du Conseil au moment de l'ouverture des débats qui entourent la seconde loi et Joseph Laniel remplit la fonction au moment du vote de la loi. Ces gouvernements émanent d'une majorité où la droite modérée est représentée en force. Cette période, qui est donc celle du retour de la droite au pouvoir, c'est-à-dire de la réinscription de la vie politique française dans une logique bipolaire, est un moment de « normalisation » de la vie politique française et l'amnistie souligne cette évolution. La droite, toute la droite, même celle qui s'était compromise à Vichy, est réintégrée dans la vie politique.

Cette réintégration se fait sur fond de guerre froide et l'amnistie est une mesure de circonstance paradoxale puisque, tout en visant à réaliser l'unité nationale, ce qui est l'objectif théorique de toute amnistie, elle consacre presque officiellement l'exclusion d'un groupe de citoyens désignés comme le « parti de l'étranger ». L'amnistie se fait d'abord contre les communistes. Les appels en ce sens sont innombrables et l'ensemble des débats porte la marque de cet enjeu. En 1950, le garde des Sceaux, René Mayer, affronte les attaques communistes et s'efforce de justifier le fait que le texte gouvernemental ne constitue pas le corollaire logique du réarmement allemand, tout juste discuté, et n'entre pas dans le cadre d'une « politique de guerre tournée contre certain pays ». En 1953, le rapporteur à l'Assemblée nationale, Roger Duveau, explique que l'amnistie est nécessaire « lorsque l'intérêt national commande l'apaisement, la réconciliation et l'union des Français[19] ». Le rapporteur au Conseil de la République n'utilise pas les formules diplomatiques de la plupart de ses collègues et explique que « une fois de plus

18. Georges Bidault, *L'Aube*, 6-7 mars 1949.
19. Propos repris dans *Le Monde* du 26 décembre 1951.

la France est aux prises avec les difficultés d'existence qui sont bien souvent le lot quotidien de sa vie difficile ». Elle doit donc faire comme d'autres : « Dans un monde en armes, les pays rassemblent leurs forces, non seulement matérielles, mais morales[20]. » La perspective d'un nouveau conflit mondial et la présence en France d'un puissant Parti communiste inquiètent nombre de responsables politiques. La France vit, comme la plupart des pays du monde occidental, dans un véritable climat de psychose.

Dans ces conditions, il n'est pas surprenant de voir le Parti communiste durablement opposé à une amnistie qui remet en cause la ligne qu'il avait défendue en matière d'épuration, une amnistie qu'il comprend comme une nouvelle étape de la mobilisation générale de l'Occident contre l'URSS. Il se présente comme le seul défenseur de l'héritage en péril de la Résistance. En décembre 1950, Yves Péron résume la position des élus communistes en expliquant que « la politique du gouvernement justifie la politique de collaboration : préparation à la guerre antisoviétique, réarmement de l'Allemagne occidentale. Ceci suppose à la fois l'acquittement des généraux nazis et l'amnistie de leurs complices miliciens et LVF que Jules Moch veut embrigader dans sa nouvelle milice. [...] L'amnistie aux collaborateurs est un acte de préparation à la guerre[21] ». À cette date les socialistes ont encore des ministres au gouvernement, ce qui conduit les communistes, dans une logique classique, à dénoncer la collusion des socialistes et des gouvernements bourgeois et, alors que la guerre froide les place une nouvelle fois en position d'isolement et de repli combatif, à appeler les militants socialistes à les rejoindre sur la ligne du refus. C'est le renouvellement de la ligne du front commun à la base, du front de classe, développée dans les années 1920.

Les socialistes ont pourtant été, à quelques exceptions près, opposés jusqu'au bout à l'amnistie. En 1950, le garde des Sceaux, René Mayer, souligne la contradiction du groupe socialiste, qui « va refuser de voter un texte qui a été adopté par un gouvernement où il est représenté[22] ». Les socialistes ont eu pour souci constant de montrer que le régime de Vichy, traître à sa patrie puisqu'il avait livré les forces vives du pays à

20. M. Bardon-Damarzid, rapporteur de la commission de la Justice et de la Législation civile, criminelle et commerciale, séance du 7 juillet 1953, *Journal officiel*, « Débats parlementaires (Conseil de la République) », 8 juillet 1953, p. 1138.

21. Propos recueillis par *L'Humanité*, 5 décembre 1950.

22. Troisième séance du 4 décembre 1950, *Journal officiel*, « Débats parlementaires (Assemblée nationale) », 5 décembre 1950, p. 8572.

l'occupant nazi, était en outre traître aux valeurs fondamentales de la République. Ils se sont efforcés de lutter contre toute réhabilitation du régime de Vichy, contre tout retour au pouvoir d'hommes qui avaient participé « par libre décision[23] » au gouvernement de Vichy et collaboré avec les autorités d'Occupation. L'amnistie n'était pas possible, selon eux, parce qu'elle reviendrait à « glorifier ceux qui furent serviles devant l'envahisseur et [à] bafouer le dévouement de ceux qui ont résisté. Réhabiliter l'abandon et la trahison, faire un mérite de la lâcheté et par là condamner la révolte contre l'invasion et l'oppression, ce serait dévaluer le courage et affaiblir la conscience française. Ce serait créer les conditions morales d'une "nouvelle collaboration" dans le cas où une autre forme de nazisme tenterait d'asservir la France[24] ». L'allusion est claire. Dans le cadre de la guerre froide la SFIO a choisi son camp, mais elle n'est pas prête à toutes les compromissions. La clémence peut passer par la grâce, mais l'amnistie est une mesure trop générale et trop politique pour être acceptable.

L'amnistie est votée rapidement, à deux reprises, par le Parlement, qui se montre en la matière à l'unisson des Français. Dès le mois de juin 1949, selon un sondage, 60 % des Français « approuvent l'amnistie[25] ». Il est clair que, pour reprendre les propos de Rémy Roure, « le pays, dans sa majorité, souhaite [...] que soit mis fin à d'irritants et inutiles débats à propos d'une triste période désormais révolue. C'est l'avenir qui importe[26] ». L'amnistie marque certainement un tournant psychologique et les Français acceptent aisément de tourner une page de leur passé qui n'est pas profondément glorieuse. La majorité des Français n'a pas été constituée de résistants de la première heure. L'ombre du Maréchal et le souvenir du maréchalisme expliquent une amnistie que l'appel de la croissance économique rend nécessaire. Amnistie et baby-boom ont des liens. Il est question d'optimisme devant l'existence. En effet, l'amnistie de la collaboration marque le basculement de la France dans une autre époque, économique plus que politique cette fois-ci. La période de la Libération et de la reconstruction d'après-guerre s'achève. Les restrictions alimentaires cessent en 1949 avec la disparition de la carte de rationnement, mesure symbolique qui touche

23. Léon Blum, *Le Populaire*, 5 juillet 1949.

24. Jean Meunier, député d'Indre-et-Loire, propos recueillis par *Le Populaire*, 23 octobre 1952.

25. Résultats d'un sondage du Service de sondages et statistiques publié par *Le Figaro*, le 21 juin 1949.

26. *Ibid.*, 18 octobre 1952.

les Français dans leur quotidien et qui marque bien la sortie de la guerre. C'est le début d'une phase d'essor économique et les Français acceptent de jeter le voile sur leur passé ambigu parce que l'avenir est prometteur. La France a entamé sa reconstruction et l'aide Marshall, comme ailleurs en Europe de l'Ouest, est venue stimuler l'économie. Partout on solde les conséquences du conflit. L'entrée dans la guerre froide conduit à établir de nouvelles priorités : la solidarité européenne pour recevoir l'aide américaine et pour se prémunir contre une nouvelle guerre franco-allemande, l'alliance atlantique pour parer au danger soviétique. Tous les antagonismes qui avaient été au cœur de la Seconde Guerre mondiale sont balayés par l'évolution de l'économie et de la politique internationale. De nouveaux équilibres se font jour. L'Europe est affaiblie, la France n'est plus la puissance qu'elle avait encore l'illusion d'être avant la guerre. Mais il y a dans le pays une volonté farouche de reconstruire en faisant abstraction des contradictions internes, de ce qui, dans le passé récent, pourrait gêner la progression dans l'avenir et constituer un handicap dans la marche en avant. Le pays s'inscrit, comme l'a montré Henry Rousso, dans une dynamique qui l'amène ainsi à davantage considérer l'avenir que le passé. Cela relève à la fois de la psychologie collective et de la nécessité politique[27].

27. Henry Rousso, *La Seconde Guerre mondiale dans la mémoire des droites*, *in* Jean-François Sirinelli (dir.), *Histoire des droites en France*, Paris, Gallimard, 1992, tome 2, *Cultures*, p. 549 et suivantes.

Vers la désépuration?
L'épuration devant la juridiction administrative, 1945-1970

par Alain Bancaud et Marc Olivier Baruch

« Le temps, ce grand sculpteur », écrit Marguerite Yourcenar. L'épuration, on l'a vu tout au long de cet ouvrage, fut moins un événement qu'un processus, dont le temps fut l'un des facteurs essentiels. Nombreux furent les épurés qui, s'étant attaché à faire réviser les sanctions les ayant frappés, virent ces sanctions largement atténuées, que ce soit au plan administratif ou au plan pénal. Il est un exemple célèbre dans le monde de la haute administration vichyssoise, celui de l'ancien préfet régional de Lyon Alexandre Angeli. Ce vieux routier des préfectures de la IIIe République – entré dans la carrière préfectorale en 1909, il avait occupé quinze postes avant d'être nommé à Lyon en septembre 1940 – s'était illustré par son zèle dans la lutte contre la Résistance, dans une région où celle-ci comptait tant. L'arrêt de la cour de justice du Rhône qui le condamna à mort en décembre 1944 fut cassé; rejugé à Paris, Angeli bénéficia, en mai 1946, d'un verdict beaucoup plus clément, quatre ans de prison.

Ceux qui avaient ainsi échappé au châtiment suprême pouvaient en effet toujours garder espoir : si, comme le rappellerait avec une imperturbable logique le Conseil d'État, « un fonctionnaire décédé ne peut pas faire l'objet d'une mesure de révocation [1] », en revanche un fonctionnaire toujours vivant ayant fait l'objet d'une mesure d'épuration disposait de moyens nombreux permettant le réexamen de son dossier. Certes, les décisions des tribunaux de l'épuration, chambres civiques et cours de justice, n'étaient pas susceptibles d'appel. Subsistait cependant toujours la grâce; si l'exercice de ce droit, symbolique des pouvoirs régaliens détenus par l'exécutif, avait été pour partie confié aux commis-

1. « Dame veuve Mesmer », 23 mai 1947, Rec. p. 218.

saires régionaux de la République dans le cadre de la très large délégation de pouvoirs qui leur avait été consentie, le général de Gaulle eut à cœur de le reconcentrer à son profit dès l'automne de 1944, tant pour des raisons symboliques – l'affirmation indiscutée de l'autorité de l'État en sa personne – que dans la mesure où ce droit était devenu l'un des outils les plus puissants, et les plus controversés, de contrôle de la justice et du maintien de l'ordre[2]. L'étude de cette question, qui passe par l'examen des milliers de décisions individuelles prises dès la Libération par les autorités compétentes, ne saurait être entamée ici, d'autant qu'elle se situe plutôt dans le domaine de l'épuration judiciaire, moins centrale dans la problématique du présent ouvrage que l'épuration administrative et professionnelle. De même ne rappellerons-nous ici que pour mémoire, en renvoyant à la contribution de Stéphane Gacon *supra*, la question essentielle de l'amnistie, des amnisties plutôt, qui marquèrent le débat juridico-politique des années 1950.

La grâce, trace du pouvoir régalien suprême reconnu au chef de l'État, et l'amnistie, oubli volontaire décidé par le Parlement porteur de la souveraineté nationale, sont des instruments puissants, solennels et pleinement marqués du sceau du politique. Mais il fut deux autres moyens s'offrant à qui refusait d'accepter le caractère définitif d'une sanction l'ayant frappé au titre de l'épuration : d'une part, pour les seuls agents publics, le recours gracieux puis la révision, prérogatives de l'autorité disposant du pouvoir hiérarchique; d'autre part, susceptible de concerner toute mesure d'épuration non judiciaire, et de ce fait d'un usage extrêmement fréquent, le recours pour excès de pouvoir porté devant le Conseil d'État.

Si, en matière disciplinaire, l'autorité administrative est contrainte, à peine d'annulation des sanctions par la juridiction administrative, de suivre scrupuleusement les procédures garantissant les droits des agents, elle dispose en revanche d'un large pouvoir d'opportunité pour faire disparaître, en les adoucissant, les effets d'une sanction disciplinaire – et par analogie d'une sanction d'épuration. Même lorsqu'un agent épuré avait négligé de déposer un recours gracieux contre la mesure le frappant, le ministre pouvait de lui-même effacer la sanction, ou la remplacer par une sanction moins sévère[3]. La jurisprudence reconnaît en effet

2. Voir Charles-Louis Foulon, *Le Pouvoir en province à la Libération*, Paris, Presses de la FNSP, 1975, p. 151.

3. Il ne lui était en revanche pas loisible de la remplacer par une sanction plus sévère, en vertu du principe *non bis in idem*. Voir Alain Plantey, *Traité pratique de la fonction publique*, Paris, LGDJ, 1956, p. 203.

cette faculté aux ministres indépendamment de tout texte, dans le cadre de leur pouvoir hiérarchique sur les agents et de leur mission d'organisation des services placés sous leur autorité. Ce pouvoir s'exerçait de manière discrétionnaire, hors de toute formalité de procédure.

Il en fut fait grand usage, notamment au ministère de l'Intérieur, soit pour rapporter des mesures dont on craignait l'annulation, soit, hors de tout risque contentieux, pour adoucir des sanctions jugées *a posteriori* trop sévères. Dès le début des années 1950, la moitié des révocations sans pension ayant frappé, à la Libération, les préfets en poste avaient été remplacées soit par des révocations avec pension, soit par des mises à la retraite d'office[4]. Certaines concernaient de très hauts dignitaires de l'État français, tel son dernier ministre de l'Intérieur, Antoine Lemoine, révoqué sans pension le 25 mai 1945, mesure qui fut transformée en retraite d'office le 4 novembre 1949 par Jules Moch, qui avait pourtant émis un avis défavorable à cette même mesure six mois plus tôt[5]. En 1956 encore, l'une des dernières mesures d'Edgar Faure en tant que président du Conseil et, par interim, ministre de l'Intérieur fut de rapporter le décret de juillet 1945 révoquant sans pension l'ancien député radical-socialiste de la Nièvre Georges Potut, nommé préfet de la Loire en février 1941 et dont Angeli, son supérieur en tant que préfet régional à Lyon, soulignait en 1942 « l'attitude politique excellente » et le « dévouement à la Révolution nationale[6] ». Ce n'était là que l'achèvement d'un processus entamé de longue date : toujours dans la sphère du ministère de l'Intérieur, le reflux politique avait, à peine le Parti communiste sorti de la majorité gouvernementale, accéléré le souhait de procéder au réexamen à froid des mesures d'épuration. C'est qu'à la préfecture de police le préfet Léonard avait signé, le 23 juillet 1947, un arrêté portant création d'une commission consultative de révision des sanctions relatives à l'épuration. Celle-ci, il est vrai, s'était déroulée dans des conditions particulièrement éloignées des apparences de la justice et de la sérénité. Examinant 616 dossiers de policiers exclus des cadres à la Libération, la commission ne proposa le maintien de cette sanction, la plus rigoureuse parmi celles susceptibles d'être prononcées par l'autorité administrative, que dans un peu moins du quart des cas[7].

4. Liste, sans date [entre le 1er janvier 1952 et le 6 août 1953], archives du ministère de l'Intérieur, CAC, MI 10956.

5. AN, dossier personnel d'Antoine Lemoine.

6. Dossier personnel de Georges Potut.

7. L'avis de la commission n'engageait pas le préfet de police, qui fut loin de faire preuve d'autant d'indulgence. Sur cette question, et plus généralement sur l'épuration de l'appareil policier, on se reportera à Jean-Marc Berlière (avec Laurent Chabrun), *Les Policiers français sous l'Occupation*, Paris, Perrin, 2001.

De manière plus générale, il apparaît bien que la maîtrise par l'appareil administratif des modalités de gestion des carrières permit d'assurer un réglage fin et continu de l'épuration. À l'opposé des prétentions initiales du gouvernement provisoire et du général de Gaulle, qui entendaient trancher à vif de façon à refermer rapidement une parenthèse dont ils prévoyaient le caractère traumatisant, l'épuration fut un processus long et multiforme, susceptible de mettre en œuvre, avec plus ou moins de bonne conscience, bien d'autres outils que ceux initialement imaginés. Il en alla ainsi avec les lois de dégagement des cadres votées en février 1946 et septembre 1947. Les autorisations données par le Parlement de licencier des agents publics servirent ainsi de « session de rattrapage[8] », la mesure venant d'abord frapper des personnels déjà atteints quelques mois plus tôt par une mesure d'épuration. Moins voyante de l'extérieur, mais le plus souvent parfaitement intériorisée par ceux qui eurent à les subir comme par leurs collègues, toute une panoplie de mesures d'épuration indirectes se mit aussi en place : retards de carrière, affectations dans des fonctions ou des postes peu réputés, refus de l'honorariat ou d'une décoration, etc. Entre la mutation d'office, mesure d'ordre disciplinaire et à ce titre soumise à un ensemble précis de formalités et la mutation dans l'intérêt du service, mesure censée être simplement d'organisation, qui n'impliquait donc pas communication du dossier, la frontière pouvait être ténue, et l'épuration ne pas dire son nom.

Lorsqu'elle était saisie de ce type de comportements, la juridiction administrative avait pour principe de les requalifier, et souvent en conséquence de les annuler comme entachés d'excès de pouvoir. Car le Conseil d'État, on l'oublie parfois, fut un acteur majeur du long processus d'épuration de la société française. L'ordonnance du 27 juin 1944, parce qu'elle entendait s'inscrire dans le cadre de la légalité républicaine retrouvée, précisait expressément que toutes les mesures d'épuration qu'elle générerait ne seraient attaquables que par la voie du recours pour excès de pouvoir formé devant le Conseil d'État. En confiant au juge administratif un suprême droit de regard sur l'ensemble du contentieux de l'épuration – donc en contournant les juridictions administratives de premier niveau qu'étaient les conseils de préfecture –, le législateur entendait ne pas ajouter des disparités de jurisprudence aux disparités qui naîtraient inévitablement de la multiplication des organes

8. L'expression est de Marc Bergère, lors d'une présentation de ses travaux en cours sur l'épuration des officiers de gendarmerie, à l'Institut d'histoire du temps présent, le 2 juillet 2002.

et des contextes entourant les opérations d'épuration. Les recours furent, dès l'origine, nombreux, générant un droit contentieux de l'épuration dont la thèse de droit d'André Basdevant, proposa, en 1955, un premier bilan[9], qui soulignait la place primordiale qu'était en train de prendre le Conseil d'État dans les opérations d'épuration.

Une compétence exclusive

Il s'agit là d'une des originalités de l'épuration de la Libération. Alors que la loi du 17 juillet 1940, donnant au gouvernement de Vichy le pouvoir discrétionnaire de relever de ses fonctions tout agent public, ne mentionnait pas la possibilité de recours devant le Conseil d'État, les ordonnances du CFLN organisant l'épuration en Afrique du Nord aussi bien qu'en métropole la prévoyaient explicitement. Et cela non seulement pour une épuration administrative conçue fort largement puisque la définition des agents de l'État était très extensive, mais aussi pour l'épuration dans les entreprises et une bonne partie de l'épuration professionnelle : des arrêts concernent ainsi l'épuration des médecins, des architectes, des artistes dramatiques et lyriques, des gens de lettres, des organisations syndicales, des organisations professionnelles agricoles, des chambres des métiers, des organismes de mutualité et d'assurance sociale, des caisses d'épargne. Ils sont toutefois sensiblement moins nombreux que ceux concernant la fonction publique, domaine traditionnel d'intervention du Conseil d'État.

Cette compétence, en partie extraordinaire puisqu'elle se réalise au détriment des conseils de préfecture et même des tribunaux correctionnels pour les relations avec les employeurs de droit privé, le Conseil d'État la conçoit largement, en acceptant par exemple le recours d'un président de fédération départementale de pêche parce qu'il tire ses ressources de « taxes obligatoirement perçues ». Surtout, il s'en montre très jaloux : selon ses propres mots, « il appartient au Conseil d'État seul de

---

9. *L'Épuration administrative sous le contrôle du Conseil d'État*, thèse, Paris, 1955. Presque un demi-siècle plus tard, un travail analogue a été repris par Olivia Laederich, qui se donne l'ambitieux projet de mettre en évidence les points communs, et les divergences, entre trois épurations intervenues entre 1939 et 1953 : celle ayant frappé sous la IIIe République finissante les communistes, toutes celles menées, sous l'État français, à l'encontre des diverses catégories d'ennemis que se reconnaissait le régime, celles de la Libération enfin (*Étude juridique des épurations françaises de la Seconde Guerre mondiale*, thèse de l'université de Paris-II, 1999, 2 vol.).

connaître d'une sanction prononcée contre un fonctionnaire à raison des faits relevant de l'épuration administrative ». Il va même jusqu'à sortir de sa prudence traditionnelle et se substituer à l'administration en annulant des mises à la retraite d'office, prises par des ministres au titre de l'ordonnance du 7 janvier 1944 destinée à favoriser le renouvellement des cadres, qui lui paraissent de véritables sanctions relevant de l'ordonnance du 27 juin 1944. À l'épuration il applique enfin, avec rigueur et insistance, le principe classique de l'indépendance de l'action disciplinaire administrative par rapport à l'action pénale (30 mars 1903, « Parly »; 21 novembre 1923, « Chapsus ») : aux fonctionnaires qui font valoir contre leurs sanctions administratives la reconnaissance judiciaire de leur innocence, il ne cesse de rappeler l'autonomie de l'épuration administrative par rapport à celle des cours de justice ou des chambres civiques et, par voie de conséquence, de confirmer son pouvoir entier et sans partage.

À l'exception des cas où la justice pénale établit l'inexactitude matérielle des faits, les classements et les acquittements judiciaires ne font pas obstacle, pour les mêmes faits, à des poursuites et à des condamnations au titre de l'épuration administrative. De même, une condamnation à la dégradation nationale, intervenue en raison des faits ayant motivé une sanction administrative, ne constitue pas un fait nouveau de nature à justifier légalement une aggravation de cette dernière. C'est seulement en matière d'indemnisation liée à l'annulation de mesures d'épuration que le Conseil d'État n'impose pas sa compétence exclusive. Sans doute, à partir de la seconde moitié des années 1950, les tribunaux administratifs, nouvellement créés, jugent-ils quelques affaires d'épuration, mais toujours sous le contrôle du Conseil d'État, qui ne se prive pas d'invalider leurs décisions. Le Conseil n'intervient pas seulement en matière d'épuration proprement dite : il connaît aussi des recours relatifs à la révision des nominations exceptionnelles décidées par Vichy (ordonnance du 14 novembre 1944) et à la réintégration des fonctionnaires exclus par Vichy (ordonnances des 4 juillet 1943 et 29 novembre 1944).

Une action décisive et de longue durée mais inégale

Le rôle du Conseil d'État en matière d'épuration est d'autant plus important que les délais d'ouverture des recours sont exceptionnellement allongés. Une première prorogation prend fin le 22 octobre 1947 (loi du 26 octobre 1946); la loi d'amnistie du 6 août 1953 rouvre les délais, prorogée par la loi du 17 décembre 1953. Pour sa part, le Conseil d'État admet, assez libéralement, surtout les premiers temps, qu'un recours gracieux, intervenant même longtemps après la sanction primitive, ouvre un nouveau délai pour un recours contentieux.

Ces prorogations extraordinaires, jointes à la lenteur du Conseil d'État, contribuent à faire de l'épuration un phénomène de longue durée : la rubrique « Épuration » du recueil des arrêts du Conseil d'État ne disparaît qu'en 1970. L'activité du Conseil d'État n'est toutefois pas égale tout au long de la période. Comme le montre le tableau suivant, c'est entre les années 1947 et 1950 qu'elle est la plus soutenue : dans la seconde moitié des années 1950, quelques arrêts concernent des fonctionnaires importants et célèbres[10], mais les affaires se raréfient et portent davantage sur des questions d'indemnisation. L'intervention du Conseil d'État varie également beaucoup selon le type d'épuration : elle est massive en matière d'épuration administrative et nettement plus marginale pour les épurations professionnelles.

	Nombre d'arrêts publiés dans le recueil Lebon
1945	7
1946	49
1947	262
1948	250
1949	148
1950	112
1951	75
1952	38

Comparées aux autres formes de « désépuration », les annulations du Conseil d'État jouent un rôle décisif. Olivia Laederich, qui a procédé dans sa thèse à une analyse quantitative de ces arrêts, conclut que « le pourcentage des annulations est élevé de 1945 à 1950 (en moyenne de 60 %, de 50 % en 1945 jusqu'à 73 % en 1949), en baisse de 1951 à 1953 (en moyenne de 39,6 %), puis remonte progressivement, en 1954

10. De manière symptomatique et symétrique, c'est dans la seconde moitié des années 1950 que les recours déposés par les deux anciens secrétaires généraux du ministère de l'Intérieur sous Laval, Bousquet et Hilaire (secrétaire général pour l'administration) sont jugés par le Conseil d'État, le premier en 1957, le second l'année suivante.

et 1955, pour atteindre des niveaux élevés : 66 % en 1956, 83 % en 1957[11] ». Mais l'influence du Conseil d'État dépasse évidemment cette approche quantitative, aussi instructive soit-elle. Le risque de recours conduit des ministres à corriger ou à régulariser des décisions souvent adoptées dans l'urgence, et sans qu'ait été appréciée l'exacte mesure des contraintes et des risques présentés par un recours devant la juridiction administrative.

BANALISATION JURIDICTIONNELLE

L'épuration, le Conseil d'État la traite comme un contentieux ordinaire, même s'il lui reconnaît un caractère spécial. Cette volonté de banalisation juridictionnelle est explicite dès le départ, comme le révèlent les conclusions du commissaire du gouvernement Raymond Odent qui inaugurent les premières affaires jugées et posent solennellement, en assemblée plénière présidée par le vice-président du Conseil d'État, René Cassin, les principes d'action consacrés dans les arrêts. Appelé à devenir une autorité respectée en matière de contentieux administratif, Odent, maître des requêtes qui avait participé à la Résistance, traça, dans ses conclusions, le cadre dans laquelle la Haute Assemblée allait inscrire sa vision de l'épuration. En octobre 1945, pour quatre espèces concernant l'Afrique du Nord, et en avril 1946 pour l'épuration en France métropolitaine[12], il s'attacha non seulement à bâtir les règles de procédure et de forme en dehors desquelles une mesure d'épuration risquerait l'annulation contentieuse, mais aussi, de manière plus substantielle, à tracer les contours du vaste ensemble de faits susceptibles de motiver une mesure d'épuration. C'est sur la construction de cet ensemble, mouvant et difficile à appréhender, que nous souhaiterions nous arrêter quelque peu.

Ce magistrat répète à ses pairs qu'il leur revient de remplir leur « tâche normale et quotidienne » en interprétant les ordonnances et en contrôlant leur application, et les appelle à inscrire ce phénomène nouveau et hautement conflictuel dans la tradition rassurante du droit de la fonc-

11. Thèse citée, vol. II, p. 666.

12. On trouvera ces conclusions respectivement sous « Aramu, Belloir, Champion, Mattéi, Tabti », Conseil d'État, 26 octobre 1945, *Sirey* 1946, III, p. 1-5 (arrêts commentés par G. Morange, *Dalloz*, 1946, jurisprudence, p. 158-160) et « Daupeyroux, Bianquis, Brunet, Dame Coulon », Conseil d'État, 5 avril 1946, publié avec les conclusions de Raymond Odent par *Études et Documents du Conseil d'État*, 1947, p. 56-67. Pour une analyse doctrinale systématique de ces arrêts fondateurs, outre la thèse citée d'André Basdevant, on se reportera à Georges Lavau, « De quelques principes en matière d'épuration administrative », *JCP*, 1947, doctrine, n° 584.

tion publique qui est massivement le fait du Conseil d'État lui-même. Il leur enjoint de se situer « sur un terrain de droit solide, celui de la fonction publique qu'a construit, depuis plus d'un demi-siècle, votre constant effort jurisprudentiel ». Il n'arrive toutefois à ce dernier argument qu'au bout d'un raisonnement complexe. Car, estime-t-il d'abord, « bien que l'épuration se traduise dans le domaine administratif par des peines disciplinaires, elle ne sanctionne ni des fautes de service, ni une manière de servir, ni un comportement général professionnel ». Sont en revanche visés « une attitude, des actes, des écrits nuisibles aux intérêts du pays et dont les auteurs, coupables d'avoir failli à leur devoir de Français ou à la dignité que leur imposaient les circonstances, doivent être éliminés du service public »; en quelque sorte, ajoute-t-il, on peut considérer l'épuration comme politique, « si on donn[e] à ce terme son sens étymologique le plus élevé et le plus noble; elle se rapprocherait alors de ces peines dont le droit des anciennes cités grecques frappait les mauvais citoyens[13] ». Mais c'est précisément parce qu'elle touche aux valeurs les plus hautes de la cité, et d'une cité qui entend faire triompher les principes républicains rétablis, qu'elle ne doit pas prêter le flanc au soupçon. Il y va certes là de la justice – d'aussi graves sanctions ne pouvant être prononcées sans garanties juridiques sérieuses –, mais aussi d'un positionnement d'ordre politique : son commissaire du gouvernement rappelle ainsi au Conseil d'État « l'intérêt passionné avec lequel [ses] décisions seront suivies, commentées, discutées, peut-être même, l'ignorance ou l'esprit de parti aidant, mal comprises ou déformées ».

Comment, sous un regard aussi lourd, juger sereinement? D'abord en prenant le temps nécessaire pour que les passions retombent, et que les affaires aient le temps d'être instruites au fond. Et d'autre part, mode classique de raisonnement du Conseil d'État, en procédant par analogie, c'est-à-dire en s'efforçant de se ramener à des précédents connus. Dès 1946, les conclusions de Raymond Odent sont, à ce dernier égard, des plus rassurantes :

> Si l'épuration a posé au gouvernement des problèmes politiques nouveaux, elle ne soulève pour le juge de l'excès de pouvoir aucune question juridique vraiment neuve; vous vous trouverez sur un terrain de droit solide, celui du statut de la fonction publique qu'a construit, depuis plus d'un demi-siècle, votre constant effort jurisprudentiel. Les solutions que vous adopterez aujourd'hui sont, en

13. Conclusions sous « Aramu et autres », *op. cit.*, p. 2.

réalité, commandées plus ou moins étroitement par une longue série de précédents[14].

Il n'est pas sans intérêt de noter que, dans « cette longue série », le commissaire du gouvernement faisait figurer la marge de manœuvre que s'était autorisée, en mars 1944, le Conseil d'État de contrôler, au nom des principes généraux du droit – théorie qu'il créait à cette occasion –, le pouvoir discrétionnaire donné depuis juillet 1940 aux ministres de Vichy de relever de ses fonctions tout agent public. Le législateur républicain, poursuivait Raymond Odent, avait, au contraire de son prédécesseur en régime autoritaire, « consciemment, volontairement, multiplié les prescriptions de forme et de fond protectrices des droits individuels ». Exercer un contrôle approfondi des mesures prises en application des textes d'épuration était de ce fait, à n'en pas douter, strictement respecter les intentions du législateur. Le juge administratif pèserait et repèserait les textes, en dosant la lettre et l'esprit à l'aune de chacune des espèces dont il aurait à connaître.

Il disposerait, pour ce faire, de cette « longue série de précédents », qui traversait de fait l'histoire politique du pays, en transcendant les régimes puisqu'elle était composée d'arrêts qui dataient aussi bien de la IIIe République que de Vichy. Ainsi, pour définir la « portée exacte » d'une disposition laconique de l'ordonnance d'Alger du 6 décembre 1943 prescrivant que « la commission [d'épuration] entend les personnes qui lui sont déférées », Odent précise qu'« il faut la rapprocher [d'une] jurisprudence solidement établie » fondée sur huit arrêts dont la moitié datent des années 1930 et l'autre de Vichy. L'appréciation du respect des droits de la défense représente une suite de « questions d'espèce » à trancher « en s'inspirant des solutions [...] adoptées dans les matières comparables des contentieux disciplinaires et quasi disciplinaires ». La détermination de l'obligation de motiver une décision d'épuration est également à rapporter à la matière disciplinaire. Quant à l'absence ou à l'insuffisance de notification après une décision, elle doit être jugée sans influence sur la légalité de cette dernière, « aux termes d'une jurisprudence constante ».

Cette référence imposée aux précédents ne signifie pas nécessairement que le Conseil d'État répète l'histoire, répète son histoire. Il existe un art de sélectionner les arrêts et de les faire parler, de leur faire avouer ce que leurs auteurs n'ont sans doute pas entendu leur faire dire, de faire comme si le présent était déjà inscrit dans le passé, comme si le

14. *Ibid.*

passé était déjà gros du présent. Ce qui est en jeu, ce qui commande aux membres vivants du Conseil d'État, ce n'est pas le confort de la répétition indéfinie des réponses de leurs pairs, de leurs pères, mais la « sérénité » d'un habitus professionnel : « Des multiples solutions que vous adopterez avec la sérénité que vous donne un siècle et demi de tradition ininterrompue, dépendra, en dernière analyse, la valeur morale d'une vaste opération conçue pour punir et assainir. » Cet habitus, fait de répétition et d'innovation, est un art de la pérennité corporative d'une institution soucieuse de survivre aux bouleversements politiques et sociaux en même temps que d'inscrire le présent dans une continuité juridique et étatique sans rupture brutale, de veiller à « la gestion des services publics dont la continuité et la régularité conditionnent, en tout temps et en toutes circonstances, la vie du pays ». Habitus qui explique pourquoi les fractions modérées de la Résistance ont tenu à imposer l'encadrement par le Conseil d'État d'un phénomène aussi lourd d'effets que l'épuration.

Extension prudente d'un pouvoir traditionnel

Toujours selon les vœux du commissaire du gouvernement Odent, le Conseil d'État exerce, en matière d'épuration, les pouvoirs qu'il a l'habitude de pratiquer dans le domaine disciplinaire : « Vous devez vous en tenir aux règles qu'a dégagées votre jurisprudence en matière disciplinaire : les matières sont si voisines que, sauf texte contraire, une simple transposition permet de déterminer les pouvoirs du juge de l'excès de pouvoir. » Conformément à cette tradition qui limite l'implication du juge dans les enjeux les plus politiques et ménage les prérogatives de l'Administration en ne lui disputant pas l'appréciation de l'opportunité des décisions, le Conseil d'État se cantonne ainsi au contrôle classique de l'exactitude matérielle et de la qualification juridique des faits répréhensibles. Il ne considère pas que les ordonnances organisant l'épuration avaient « reculé, exceptionnellement, la limite habituelle des pouvoirs du juge de l'annulation » et « oblig[eaient] à apprécier si une sanction [était] proportionnée à la gravité de la faute ». Il se refuse même de suivre le légalisme rigoureux de son commissaire du gouvernement qui considère que l'ordonnance du 6 décembre 1943 oblige le Conseil à s'engager dans le domaine, tant redouté, de l'opportunité en imposant à l'autorité administrative d'opérer une discrimination entre les simples exécutants et ceux qui sont allés au-delà de leurs devoirs professionnels :

> Il nous paraît bien difficile d'admettre que ce texte, qui a manifestement voulu établir un certain équilibre entre les sanctions infligées, puisse être considéré comme n'ayant que la valeur d'une recommandation, que son respect ne soit pas garanti par l'exercice d'une action contentieuse, bien qu'il s'agisse d'un domaine qui vous est normalement étranger et dans lequel vous ne pénétrerez, si les requérants vous y convient, qu'avec une extrême prudence.

En revanche, le commissaire du gouvernement Odent souligne que l'ordonnance du 27 juin 1944 ne contient « aucune disposition susceptible d'obliger » le Conseil à rechercher si la sanction est proportionnée et propose à l'assemblée prudemment, de s'en tenir « aux règles qu'a dégagées [sa] jurisprudence en matière disciplinaire ».

Le Conseil d'État ne se maintient pas toujours dans cette autolimitation prudente : il lui arrive de s'aventurer sur le terrain de l'opportunité, mais sans le dire et en usant de procédés indirects, quand, par exemple, il requalifie en sanctions d'épuration des mesures présentées comme relevant du droit disciplinaire, ou lorsqu'il admet, avec une plus grande libéralité, des recours légalement discutables contre des condamnations qu'il estime excessives et annule pour vice de forme – dispositif qui permet à l'administration, si elle le souhaite, d'engager de nouvelles poursuites selon des formes régulières.

Toujours conformément à sa tradition, le Conseil reconnaît que le législateur a le droit de déroger au droit commun et donc d'imposer un régime exceptionnel d'épuration qui ne suit pas les règles du droit disciplinaire ordinaire. Il continue à refuser de juger la loi, même s'il déclare, comme pour le regretter, que l'ordonnance du 27 juin 1944 est rétroactive. De même, il ne discute pas le caractère spécial et largement discrétionnaire des procédures organisées par l'ordonnance du 7 janvier 1944, qui n'est pas sans rappeler la loi du 17 juillet 1940, et de l'ordonnance du 14 novembre 1944, relative à la révision des nominations faites par Vichy.

Sans abandonner sa prudence habituelle, le Conseil d'État étend et rationalise son pouvoir d'interprétation et de contrôle. Il se sert tout particulièrement de la concision des ordonnances en matière de procédure et de droits de la défense, domaines où, de tradition, le législateur lui laisse une large marge d'initiative, de création jurisprudentielle. Il joue également de l'attitude des ministères dans chaque affaire. Il est des cas où un ministre renonce à expédier un mémoire en réponse au recours d'un fonctionnaire sanctionné et se borne à « s'en remettre au Conseil, sans commentaire », comme le déclare à un moment le garde des Sceaux. Si l'on ajoute à ces formes de démission de l'exécutif les effets du temps, qui voient la juridiction administrative annuler plus largement, ou dans des cas symboliquement plus lourds, à mesure que, l'atmosphère de l'après-Libération s'éloignant, la volonté de pardonner et d'oublier s'affirme, on ne peut douter de l'ampleur du contrôle exercé par le Conseil d'État en matière d'épuration. Sans conteste, ce dernier pousse son contrôle plus loin qu'il ne l'avait fait sous la IIIe République et durant l'époque de Vichy, où il l'avait pourtant imposé malgré le silence de la loi du 17 juillet 1940[15].

Inauguration d'une politique d'énonciation des « principes généraux du droit »

Le Conseil d'État inscrit l'épuration dans sa nouvelle politique d'énonciation des « principes généraux du droit » qui soulèvera de très vives discussions et critiques relatives à leur place par rapport à la loi et fera déclarer à Jean Rivero que le Conseil d'État est « un juge qui gouverne, [... et] tend à soumettre l'ensemble de la vie publique française à l'éthique dont il définit les éléments en dehors de tout texte écrit[16] ». Cette politique représente, selon un analyste issu du Conseil d'État, une réaction « devant le danger qui menaçait les bases même du régime traditionnel français[17] » : danger représenté par Vichy, mais aussi, et on peut se demander si ce n'est pas surtout, envers certaines tendances radicales apparues à la Libération. Ces dernières, notamment en matière d'épuration, apparaissent en effet beaucoup plus visées. Et cela, même si le Conseil d'État s'efforce de justifier sa nouvelle méthode en faisant valoir qu'elle a des précédents jurisprudentiels sous Vichy; même si le premier membre du Conseil d'État qui synthétise solennellement cette « théorie » dans la propre revue du Conseil d'État présente cette dernière comme une réaction contre le « recul des libertés publiques » uniquement provoqué par Vichy et sa pérennité dans certaines institutions de la République rétablie[18]. En fait, sous Vichy, cette

15. Sur la comparaison de la part prise par le contentieux administratif en matière d'épuration, on se reportera aux développements contenus dans la thèse d'Olivia Laederich sur « La différenciation du droit des épurations accentuée par le légalisme jurisprudentiel », *op. cit.*, p. 598-714.

16. Jean Rivero, « Apologie pour les faiseurs de système », *Dalloz*, 1951, chronique, p. 99-101.

17. Maxime Letourneur, « Les "principes généraux du droit" dans la jurisprudence du Conseil d'État », in *Études et Documents du Conseil d'État*, 1951, p. 22.

18. M. Letourneur parle ainsi de « la Libération, qui s'accompagne, comme il était d'ailleurs normal, de quelques remous, juridiquement assez inquiétants, et qui surtout

politique est à peine esquissée et ne concerne en rien la politique d'exclusion de l'État français : ce n'est que dans un arrêt du 4 février 1944 que l'on trouve l'affirmation explicite d'un tel principe, juridiquement essentiel mais aux effets politiques alors réduits puisqu'il s'agit de l'égalité des citoyens devant l'impôt. À la Libération, c'est dès le départ et très solennellement que le Conseil d'État place l'épuration sous l'autorité des « principes généraux du droit », qu'évoque Raymond Odent dans ses conclusions dont s'inspirent les arrêts fondateurs, déjà évoqués, du 26 octobre 1945.

Cette affirmation répétée prend une forme inédite, d'une portée politico-symbolique considérable par rapport à toute l'histoire des relations du juge et du législateur depuis la Révolution. Jusque-là, le Conseil d'État énonçait très rarement les principes motivant ses jugements, et tout spécialement dans le domaine des droits de la défense très concerné par l'épuration. Il n'y avait, à suivre Raymond Odent, que des « décisions d'espèce où l'on chercherait vainement l'énoncé d'une doctrine ou même l'expression de droits de la défense[19] ». Il faut donc attendre les premiers arrêts relatifs à l'épuration pour trouver officiellement mention des « principes généraux applicables même en l'absence de texte », ou encore l'expression de « droits de la défense » (« Belloir », 26 octobre 1946). Les garanties que le Conseil d'État consacre au titre des « principes généraux » ne sont sans doute pas contraires à la « volonté du législateur », mais il les construit et il les étend, même en l'absence de texte, aux épurations non strictement administratives relevant de son contrôle. Il considère ainsi que la procédure contradictoire, construite à partir de l'ordonnance du 27 juin 1944 modifiée par l'ordonnance du 25 octobre 1944, est applicable à l'épuration des organismes de mutualité et d'assurance sociale, alors que l'ordonnance qui organise cette dernière ne prévoit rien de tel. De même, il annule une sanction relevant de l'épuration dans les entreprises parce que « les principes généraux du droit [faisaient] obstacle » à ce qu'un membre de la commission d'épuration puisse se prononcer sur les faits qu'il avait lui-même dénoncés (« Bourdeaux », 29 avril 1949). Parallèlement, à la commission nationale interprofessionnelle d'épuration dans les entreprises, qui a le caractère d'une juridiction, il impose la motivation des décisions au nom des « règles générales de procédure » qui, tout en étant distinctes des principes généraux, en sont très proches. Le traitement de l'épuration par le Conseil

laisse survivre des organismes nouveaux, tout imbus des idées du régime précédent qui les avait fait naître », *op. cit.*, p. 22.

19. Raymond Odent, « Les droits de la défense », in *Études et Documents du Conseil d'État*, 1953, p. 22.

d'État s'inscrit ainsi dans un mouvement de juridictionalisation, « presque exclusivement prétorien », dira Raymond Odent, qui impose un droit commun de la procédure contentieuse à l'ensemble des juridictions soumises à son contrôle et transpose dans la procédure purement administrative les garanties de la procédure contentieuse. Pour faciliter cette dernière extension, le Conseil d'État tend, en particulier, à ramener le statut de la commission d'épuration à celui d'une juridiction : le commissaire du gouvernement Odent insiste ainsi sur son « caractère presque juridictionnel », en raison de « l'importance effective, presque décisive » de ses avis.

Un art de la compréhension des intérêts de l'administration épuratrice

La pratique traditionnelle du Conseil d'État est un art de la compréhension des intérêts de l'Administration, qui explique son extraordinaire capacité à se voir reconnaître le pouvoir de construire l'essentiel du droit administratif et, au-delà, à survivre aux changements politiques. En matière d'épuration, le Conseil évite de la sorte, toujours suivant le commissaire du gouvernement Odent, le « formalisme excessif », les solutions « trop rigides » qui annuleraient une décision dont il ne remettrait pas en cause le bien-fondé. Il admet ainsi que les ordonnances dispensent l'Administration de l'accomplissement des formalités préalables aux sanctions disciplinaires ordinaires, notamment l'obligation de communiquer au fonctionnaire son dossier professionnel et l'intégralité des rapports, dénonciations, plaintes, documents le concernant. Il laisse aux commissions une très grande latitude pour conduire l'instruction[20]. De même, il fait de la prestation de serment des témoins une formalité *a minima*, et se montre souple sur la motivation des décisions, qu'il a pourtant érigée en formalité substantielle[21].

20. En particulier, il lui reconnaît la faculté de ne pas entendre l'intéressé ni ses témoins; de ne pas procéder à des confrontations avec les témoins à charge; de ne pas inviter l'intéressé à relire et signer sa déclaration; de ne pas lui permettre d'être assisté d'un défenseur; de ne pas tenir de procès-verbaux de ses séances.

21. Il juge ainsi qu'elle ne s'impose pas lorsque la sanction d'épuration prend la forme d'un décret; déclare qu'elle est suffisante quand le ministre se borne à reproduire l'avis motivé de la commission, si la sanction n'est pas plus sévère; considère qu'elle ne s'impose pas aux commissaires de la République dans le cadre de l'ordonnance du 16 octobre 1944 relative à l'épuration dans les entreprises; ou encore n'oblige pas qu'elle soit présentée dans la notification de la décision.

Il donne également à l'Administration les moyens de réparer ses propres vices de forme. Ainsi, tout en estimant, de manière stricte, que l'intervention d'organismes incompétents ou irrégulièrement composés constitue un vice de procédure portant atteinte aux droits de la défense et justifie donc une annulation, il juge que la consultation ultérieure des autorités qualifiées et régulièrement composées légalise la sanction.

L'ART DE LA SOUPLESSE ET DE L'INDIVIDUALISATION

Le Conseil d'État n'aime pas les principes, notions qui obligent trop l'Administration et, plus encore, lui-même. Les garanties qu'il consacre sous l'autorité conjointe de la loi et des « principes généraux » lui laissent une large marge d'appréciation. Les contraintes procédurales que le Conseil d'État pose sont ainsi souples et le laissent maître, pour chaque cas, de juger de leur application : il faut que chaque fonctionnaire ait connaissance, « en temps utile », de « l'essentiel des griefs », de manière à présenter, « utilement », sa défense. De surcroît, il use très largement de son pouvoir d'appréciation circonstancié, d'individualisation des affaires. Sans se borner pour autant à un pur empirisme, il tend ainsi à ramener l'épuration à une somme de cas susceptibles d'être particuliers[22] et donc d'échapper, de déroger aux principes posés par les textes et lui-même. Il multiplie les jugements qui annulent ou valident des décisions au nom de « l'espèce », « dans les circonstances de l'espèce », « eu égard aux circonstances », « dans les circonstances de l'affaire », « à raison de circonstances particulières, à examiner à chaque cas ». S'il est dans la nature professionnelle du juge d'avoir à traiter des cas particuliers, il est aussi dans sa stratégie d'individualiser, de spécifier.

Pour élargir son pouvoir, il joue également sur la distinction entre les griefs déclarés « surabondants » ou non, c'est-à-dire entre les faits justifiant ou non, à eux seuls, une sanction : distinction dont il est maître, et purement prétorienne. Plus encore, pour desserrer les contraintes qui pèsent sur lui, il crée des excuses absolutoires qui exonèrent le fonctionnaire de toute responsabilité et qui font disparaître la notion de culpabilité systématique au profit d'une simple présomption de culpabilité, mise en œuvre ou non en fonction des circonstances particulières de

22. Respectant en cela la recommandation du commissaire du gouvernement à propos de la communication des griefs : « Vous ne sauriez faire preuve d'un formalisme excessif et vous réglerez chaque espèce en tenant compte des circonstances qui lui sont propres. »

chaque affaire. Excuses qui ne sont pas prévues par les textes organisant l'épuration administrative en France, mais que l'on retrouve, sous des formes variables, en matière d'épuration judiciaire et dans l'ordonnance d'Alger de décembre 1943. Excuses enfin qui ont des effets de déresponsabilisation majeurs sur l'ampleur de l'épuration en général et sur le sort des fonctionnaires d'Alsace-Lorraine ou de certains hauts responsables de Vichy, en particulier.

Une telle organisation de la souplesse fait que le Conseil d'État donne des réponses souvent imprévisibles et contrastées, voire contradictoires. Il annule fréquemment pour défaut de communication préalable des griefs, mais il lui arrive de déclarer légale, « en l'espèce », « eu égard à la nature et à la gravité des griefs », des convocations devant une commission adressées quelques jours, voire la veille, de la comparution et sans indication de griefs, « dès lors que l'intéressé a été mis à même, au cours de la séance, de se défendre complètement » (« Fores », 26 juillet 1946; « Brevié », 6 janvier 1950; « Bernier », 13 janvier 1950; « Litaudon », 8 mars 1950; « Contancin », 16 mai 1950). Dans un cas, il estime que la participation aux délibérations d'une commission d'un membre ayant énoncé, contre l'inculpé, un grief concernant l'attitude de ce dernier à son égard ne vicie pas l'avis émis, « dès lors que le grief articulé ne révèle pas l'existence d'une inimitié personnelle » (« Parésy », 29 octobre 1947), alors que, dans plusieurs autres, il pousse loin le droit de récusation et considère que le principe d'exclusion d'un plaignant ou d'un témoin s'applique, même en l'absence de texte (« Bourdeaux », 29 avril 1949). Beaucoup, sinon tout, paraît dépendre de son appréciation circonstanciée des affaires, c'est-à-dire de la nature de chaque cas, mais aussi de la conjoncture dans laquelle il rend son arrêt. Sa pratique, de plus en plus clémente, de plus en plus « désépuratoire », participe ainsi du mouvement de pardon et d'oubli qui se développe.

Les garanties procédurales que le Conseil construit en large part développent les droits de la défense et, plus encore, les moyens de contrôle du juge sur l'Administration. Ainsi de la communication du dossier personnel et de la totalité des documents de l'instruction, que le Conseil d'État n'impose pas à l'Administration au profit du fonctionnaire, qui n'y a pas droit et doit se contenter de connaître « l'essentiel des griefs », mais au contraire en sa propre faveur, afin de lui permettre de former sa conviction dans un domaine où celle-ci est réputée primer la preuve juridique, comme le signale Odent : « Mais nous ne croyons qu'en cette matière on puisse parler de charge de la preuve. Les autorités administratives et le juge sont saisis d'un dossier à l'aide duquel ils se forment une conviction en tenant compte de l'ensemble des éléments qui s'y trouvent[23]. » De surcroît, le Conseil fait de l'absence de motivation une cause d'annulation, mais ne se départ pas de son art régalien, à la fois lapidaire et péremptoire, de dire le droit : il rejette les recours ou annule les sanctions sans expliquer, sans s'expliquer. Il ne dit jamais pourquoi, « en l'espèce », il déroge à un principe. Il impose son appréciation souveraine.

Contre l'attitude antinationale

Par l'exercice de son pouvoir, le Conseil d'État contribue largement à limiter l'ampleur de l'épuration, à déresponsabiliser les fonctionnaires – mouvement de plus en plus marqué avec le temps, mais qui n'est pas linéaire, plutôt tendanciel. On a affaire à une institution qui, on vient de le voir, est attentive aux cas particuliers et à la conjoncture politique et sociale. Une institution qui, en outre, connaît des débats internes : le Conseil d'État ne suit pas toujours les commissaires du gouvernement qui lui proposent d'aller très loin dans le respect des procédures et la reconnaissance de l'irresponsabilité. La tendance qui parcourt le Conseil d'État ne lui est pas propre : les lois d'amnistie de 1947, 1951, 1953 en témoignent, mais aussi l'évolution des recours gracieux et des jugements des cours de justice et de la Haute Cour. Le Conseil d'État fait toutefois plus que suivre un mouvement : dans ses décisions, il met en œuvre une conception, classique, de l'Administration, à la fois loyale, hiérarchisée et neutralisée, qui peut aller loin dans le service du politique sans pour autant déroger à ses critères d'excellence professionnelle et devant bénéficier, en contrepartie, d'une large irresponsabilité, ainsi que d'une marge de liberté en matière de vie privée. Et cela, même si le Conseil admet que les obligations pesant sur les fonctionnaires dépassent leur stricte activité professionnelle ; il reconnaît la validité de sanctions prises au titre de l'épuration, pour des faits extérieurs à la fonction et même antérieurs à la date d'entrée dans l'Administration.

Pour empêcher que l'épuration serve des fins politiques ou professionnelles sans rapport avec l'attitude envers Vichy et la collaboration, le Conseil d'État se révèle un gardien vigilant des bornes temporelles fixées par les ordonnances, le 16 juin 1940 d'un côté, la Libération de l'autre. Il annule des sanctions frappant des propos favorables aux régimes autoritaires, des dénonciations de communistes, des adhésions

---

23. Raymond Odent, *Études et documents du Conseil d'État*, 1947, *op. cit.*, p. 65.

au PPF, à la fin de la IIIe République, aussi bien que des critiques contre les FFI et des propos, « si répréhensibles qu'ils soient », favorables à la Milice, tenus en septembre 1944, ou des attitudes déplaisantes et des refus de se présenter devant une commission d'épuration.

Il exclut également du champ de l'épuration, même s'il les juge regrettables et estime qu'elles peuvent relever d'une mesure disciplinaire classique, les fautes ne relevant pas de l'« attitude antinationale ». Il juge ainsi illégales des sanctions frappant des malversations de droit commun, même quand elles ont été rendues possibles grâce aux Allemands. Même s'il semble prendre en compte, sans l'avouer, la valeur professionnelle, il rejette les griefs relevant de la simple incompétence professionnelle ou de conflits hiérarchiques. Il annule des mesures frappant un fonctionnaire pour « attitude antisociale » et inaptitude à exercer ses fonctions (« Neuville », 15 juin 1951) ; un médecin de la SNCF accusé d'avoir « témoigné d'une mentalité de fonctionnaire et non de praticien » et d'avoir « réussi à faire contre lui l'unanimité des agents dépendants de son cabinet » (« Muffat », 18 mars 1949) ; un chef de service reconnu « maladroit dans ses rapports avec les agents des autres services », qui a « manqu[é] de doigté dans l'exécution de son service », et s'est montré « violent » et sans « aucun contrôle sur lui-même » (15 juillet 1949). Témoignant d'une conception restrictive de ce qui définit une attitude condamnable, il écarte des griefs légaux le « zèle excessif » d'un procureur général dans la répression des délits de droit commun qui touchent pourtant à l'ordre politique et moral de Vichy, comme l'adultère (« Lhuillier », 11 juin 1948).

Maintien de la responsabilité individuelle

Le Conseil d'État maintient fermement le régime de la responsabilité classique où il faut une faute à la fois caractérisée et individualisée. Sans doute accepte-t-il que le comportement général d'un fonctionnaire puisse justifier une sanction, mais c'est dans un seul arrêt (« Sentenac », 20 octobre 1948). Il se défie d'un tel motif. Il le fait d'ailleurs plus facilement jouer pour annuler que pour légaliser une mesure. Il juge ainsi que c'est « en l'espèce » que « l'attitude générale à l'égard du gouvernement de fait » de Vichy est légalement condamnable (« Bardèche », 2 février 1949). S'il considère que « l'attitude politique qu'a eue un fonctionnaire sous le gouvernement de Vichy » est un grief régulier, il n'en juge pas moins que, pour être valable, ce motif doit reposer sur des faits matériellement exacts. Ou, plutôt, sur des faits qu'il estime suffisamment précis et probants au regard de son appréciation du dossier. Il écarte comme grief imprécis : « la conduite imparfaitement nette »,

« la suspicion des collègues et de la population », « l'hostilité de la population »... Que le fait doive être nettement imputable à l'agent exclut que la faute d'un subordonné soit reprochée à un supérieur hiérarchique ou qu'elle émane d'un parent ou ami; avec une exception toutefois : il n'annule pas la révocation du premier président de la cour d'appel d'Alger accusé de ne pas avoir désavoué son fils, chef de groupe universitaire du service d'ordre légionnaire, et d'avoir autorisé la conférence d'un subordonné sur la Syrie.

Défendant la neutralité de l'État et de ses agents, le Conseil juge encore que l'abstention n'est pas coupable. Insuffisant pour fonder une mesure d'épuration est ainsi le fait de ne pas avoir appartenu à la Résistance (« Marceau », 29 juillet 1949), de ne pas avoir rendu de services à la cause de la Libération (« Dupont », 18 février 1949). Ou encore, pour un magistrat, de ne pas avoir protesté, en sa qualité de chef de cour, contre les menaces de sanction disciplinaire proposées par un préfet à l'encontre d'un conseiller accusé d'avoir tenu des propos hostiles au gouvernement de Vichy (« Chaumont », 7 mai, 1947); de ne pas avoir informé ses collègues, désignés pour siéger lors de la première audience de la section spéciale de Paris, des conditions dans lesquelles cette juridiction avait été créée et allait fonctionner (« Werquin », 4 juin, 1947). Le Conseil d'État récuse également comme grief la non-participation à la grève d'août 1944 pour un policier (« Poilblanc », 20 février 1952).

Technicisation de l'État

La neutralité de l'État qui accroît d'autant la responsabilité de ses agents se marque, tout spécialement, par la rareté des fonctions reconnues de caractère politique, pour lesquelles le seul fait de les occuper suffit à créer une présomption de culpabilité, et, inversement, par la multiplicité des fonctions de direction décrétées purement administratives, pour lesquelles seule la manière fautive de les occuper est susceptible de justifier une mesure d'épuration. Faute qu'il appartient au ministre de démontrer à partir de faits précis : une des conséquences juridiques de la distinction entre fonctions politiques et fonctions administratives tient en effet au renversement de la charge de la preuve ainsi qu'au caractère de la motivation. Par cette conception extensive de la technicité, le Conseil d'État neutralise ainsi largement l'État, mais aussi sa position et sa stratégie d'occupation des sommets de ce même État[24].

24. Marie-Christine Kessler, *Le Conseil d'État*, Paris, Presses de la FNSP, 1968; *Les Grands Corps d'État*, Paris, FNSP, 1986.

En jugeant l'épuration, le Conseil se juge lui-même, bien au-delà des seuls recours déposés par ceux de ses anciens membres frappés par une sanction. La définition de la ligne de partage qui marque cette volonté de dépolitisation et de déresponsabilisation paraît largement discrétionnaire, et n'est pas sans contradictions.

Les cabinets ministériels

Entre cabinets ministériels, le Conseil d'État établit une distinction. Sont de nature à justifier une sanction les fonctions politiques auprès du chef de l'État, celles de haute responsabilité en matière de propagande et, surtout, de maintien de l'ordre et de relations avec les Allemands. N'échappent légalement pas à l'épuration, estime le Conseil d'État, les anciens titulaires des fonctions de : chef du cabinet civil du chef de l'État (« Lavagne », 1er mars 1957) ; directeur du cabinet du délégué du ministre de l'Intérieur en zone occupée et délégué à Paris du secrétaire général à la police (« Leguay », 23 décembre 1955) ; représentant du ministre de l'Intérieur en zone nord (« Gondrand », 25 novembre 1955) ; chef adjoint du cabinet du ministre de la Justice en charge des relations avec les Allemands (« Cheron », 25 juin 1948) ; chef du cabinet du ministre de la production industrielle (« Barbeau », 26 juillet 1947) ; ou encore secrétaire de la presse et adjoint au délégué général permanent à Paris du secrétaire d'État à l'Information (« Pietri », 27 février 1950), directeur adjoint du cabinet du préfet de police (« Toesca », 31 octobre 1950). L'occupation d'autres fonctions de cabinet entraîne une sanction non pas en raison de leur nature propre mais à cause de la personnalité et de l'action politique du ministre concerné, comme on le voit pour le chef du secrétariat particulier du délégué pour la zone Nord du ministre du Travail – il s'agit de Marcel Déat (« Cote », 13 mai 1947) –, et le chef du cabinet du délégué général du gouvernement dans les territoires occupés, le très collaborateur Fernand de Brinon (« Roussillon », 4 février 1949). Sont, en revanche, reconnues comme totalement administratives la plupart des autres fonctions de cabinet. C'est même le cas des fonctions de secrétaire particulier de Laval (« Cannac », 4 avril 1951) ou de chargé des liaisons avec le ministère de la Justice au sein du secrétariat général du chef de l'État (« Porre », 4 juin 1948). Avoir été successivement chef du cabinet du ministre d'État Moysset, directeur du cabinet du préfet régional d'Angers, membre du cabinet civil de Pétain est également insuffisant aux yeux du Conseil d'État, qui estime que l'intéressé n'a jamais exercé d'action politique (« Girard », 31 mai 1957).

Les directeurs de ministère

En dehors des cabinets ministériels, les fonctions apparaissent massivement techniques, même lorsqu'elles ont été créées par le régime pour répondre à des priorités qu'il a définies. Avec des nuances toutefois : un ancien secrétaire général peut faire l'objet d'une mesure d'épuration quand il s'est occupé de jeunesse (« Olivier-Martin », 12 juillet 1955), de police (« Bousquet », 8 février 1957), ou de l'administration du ministère de l'Intérieur (« Hilaire », 15 juillet 1958), mais pas de la santé ou des colonies. Sont reconnues totalement administratives les fonctions de commissaire du pouvoir, alors même que ce corps, apparu à l'été de 1941, était chargé de « veiller à l'application des lois dans l'esprit de la Révolution nationale », et la plupart de celles de directeur de ministère. Le Conseil d'État annule toutes les sanctions non justifiées par des griefs portant sur la manière d'occuper ces dernières fonctions, comme on le voit pour le directeur du personnel au secrétariat d'État à la Marine, le directeur du personnel, du budget et de la comptabilité au ministère de la Santé, du directeur de la police économique au ministère de l'Intérieur, de directeur du contentieux, de la justice militaire et de la gendarmerie, le directeur des affaires civiles au ministère de la Justice... Le seul motif général d'« avoir favorisé les entreprises de l'ennemi » ne suffit pas, en l'absence de faits précis, à légaliser la révocation d'un magistrat qui fut directeur du cabinet puis directeur des affaires criminelles du dernier garde des Sceaux de Vichy. Si, pour le ministère de la Justice, l'exclusion du directeur de l'administration pénitentiaire jusqu'en septembre 1943 est la seule légalisée, c'est parce que ce magistrat a exercé son rôle avec « une particulière sévérité », et a aggravé le sort des détenus (« Contancin », 16 mai 1950). En revanche, l'exercice du poste de directeur du personnel au ministère de l'Intérieur est par lui-même de nature à fonder une mesure d'épuration, comme l'est l'occupation du poste d'inspecteur adjoint au maintien de l'ordre, mais pas celui d'inspecteur des services judiciaires, créé par Gabolde en 1943[25].

25. Dans ce dernier cas, le Conseil d'État estima qu'il s'agissait d'une mission dont pouvait être investi un directeur de la chancellerie ou un conseiller de la Cour de cassation en vertu d'un décret de 1910 et qu'il s'agissait d'une fonction maintenue à la Libération. La chancellerie contesta cette analyse, faisant valoir que, sous Vichy, cette nouvelle institution présentait une originalité dérogatoire; elle dépendait du ministre de la Justice mais aussi de Laval.

Les préfets

Le Conseil d'État fait encore échapper à la présomption de culpabilité la fonction ancienne mais très politique, et qui fut au cœur du régime de Vichy, de préfet. En théorie pourtant, les choses semblaient simples : « Le fait d'avoir exécuté avec sévérité les consignes du gouvernement de Vichy est de nature à justifier une sanction[26]. » Qui lirait naïvement une assertion aussi nette s'attendrait à ce que la quasi-totalité du corps préfectoral de l'État français, corps éminemment exposé, vît validées les sanctions l'ayant frappé. Tous ses membres ou presque n'avaient-ils pas eu, au cours des quelque cinquante mois que dura le régime, l'occasion d'exécuter, avec la sévérité que le chef de l'État et les circulaires ministérielles appelaient de leurs vœux, les ordres du pouvoir ? Or ce n'est pas en ce sens que la juridiction administrative jugea, comme on va le voir sur quelques exemples qui soulignent la plasticité des arguments utilisés dans un sens comme dans l'autre, et mettent en évidence la marge de manœuvre dont disposait le juge administratif. Si, comme elle en avait l'obligation légale, l'Administration s'était systématiquement inclinée devant la décision du Conseil d'État, c'est bien ce juge qui aurait eu le dernier mot en matière d'épuration.

En punissant une attitude, et non seulement des actes ou des écrits, l'article 1er de l'ordonnance du 27 juin 1944 offrait à la conviction du juge administratif une vaste latitude. Ainsi, proposait Raymond Odent, « un fonctionnaire politique, tel un préfet, peut être raisonnablement présumé avoir eu, sauf preuve contraire, un comportement conforme à la tendance générale du gouvernement qu'il représente et qu'il sert[27] ». Cette présomption, le Conseil ne la récuse pas radicalement : il met des formes, apporte des distinctions qui évitent ou atténuent une affirmation claire, systématique, et autorisent les arrangements circonstanciés, mais qui, de fait, dépolitisent la fonction et, au-delà, concentrent l'épuration sur les fonctionnaires zélés et, tout spécialement, sur les nouveaux venus, les parvenus dans la fonction. Si les premières décisions relatives aux préfets suivirent d'abord les analyses de Raymond Odent, qui estimait « peu vraisemblable que l'intéressé ait réussi non seulement à se maintenir mais encore à obtenir un avancement très rapide s'il n'avait témoigné d'une attitude générale qui, chez un préfet, était inconciliable avec le respect des institutions constitutionnelles et des libertés

---

26. « Dupont », 18 février 1949.
27. Conclusions Odent sous « Daupeyroux » et autres, 5 avril 1946.

publiques fondamentales », le Conseil d'État ne persista pas dans cette sévérité quasi générique envers la fonction même de préfet de l'État français. En décembre 1947 le commissaire du gouvernement, tout en proposant l'annulation pour des motifs formels de la révocation d'un ancien parlementaire de la IIIe République nommé préfet à l'automne de 1941 (et resté à son poste jusqu'en janvier 1944), souligna que l'intéressé « entendit exercer ses fonctions avec conscience et dans un sens conforme à l'intérêt national[28] ». En mai 1948, la position de 1946, sans doute perçue comme laissant aux autorités ministérielles une marge d'appréciation trop large, connut un infléchissement sensible. Le Conseil d'État jugea alors entachée d'inexactitude matérielle la mesure d'épuration prononcée contre un sous-préfet à qui il était reproché d'avoir été « un serviteur et un propagandiste zélé de la politique du gouvernement de Vichy », alors qu'aucun fait ne venait étayer cette assertion[29]. Adrien Tixier, ministre de l'Intérieur du gouvernement provisoire qui eut à mettre en œuvre, en 1945, l'épuration approfondie du corps préfectoral, avait prévu les risques d'annulation de décisions insuffisamment motivées lorsque, dès mars de cette année, il estimait « impossible de frapper un fonctionnaire sur la base de racontars[30] ».

Sur cette nouvelle base, la juridiction administrative continua à produire, au cas par cas, une jurisprudence pour le moins sinueuse, car sinueuse avait été la situation des hauts serviteurs de l'État français. Ainsi juge-t-il : « L'exercice de fonctions préfectorales ne justifie à lui seul une sanction d'épuration dès lors que l'intéressé était entré dans l'administration préfectorale avant juin 1940, qu'il n'a pas bénéficié d'un avancement exceptionnel pendant l'Occupation et n'a pas fait preuve d'un zèle répréhensible dans l'exercice de ses fonctions » (« Chassaigne », 9 juin 1948). De même, il annule la révocation d'un préfet, membre du Conseil d'État, parce qu'il estime, avec beaucoup de largesse, sa nomination à ce poste, le 24 juin 1940, antérieure à l'armistice (signé le 22 et entré en vigueur le 25 du même mois) et qu'il juge son avancement normal et son comportement général « non répréhensible » (« Chéneaux de Leyritz », 18 novembre 1949). Inversement, il considère que le fait d'avoir été délégué général à la propagande en zone occupée en 1943, puis sous-préfet et préfet en 1944 fonde une révocation contre un fonctionnaire n'appartenant pas à l'administration préfectorale avant l'armistice (« Blanchet », 9 juin 1948). Ou encore que le fait

28. « François-Martin », 23 décembre 1947.
29. « Maymat », 21 mai 1948.
30. Note du 18 mars 1945, AN F1a 3339.

d'avoir « servi avec zèle », comme sous-préfet et préfet de 1940 à 1943, « est du nombre [des motifs] qui peuvent justifier » une mesure d'épuration (« Daugy », 30 mars 1949). De même, en mars 1948, valida-t-il la sanction prise contre André Boutemy, ancien directeur des Renseignements généraux et ancien préfet, au motif que s'il « a[vait] à diverses reprises contrecarré les entreprises de l'ennemi, il ne s'en [était] pas moins associé de manière intime et active, dans l'exercice de ses fonctions, à la politique du gouvernement alors au pouvoir[31] ».

Les juridictions d'exception

Si le Conseil d'État neutralise et déresponsabilise les fonctions traditionnelles de direction, il se montre, en revanche, moins clément à l'égard des juridictions d'exception, tout en laissant une place à l'excuse de contrainte, même si celle-ci est difficile à prouver en la matière. Suffit ainsi à légaliser une mesure d'épuration le fait d'avoir accepté de siéger, sans y être contraint, dans une section spéciale, un tribunal spécial, au Tribunal d'État, ou encore à la cour martiale de Gannat. Envers la cour de Riom, à laquelle un de ses membres a participé, le Conseil adopte une position contradictoire qu'il s'efforce de masquer. En 1947, il juge que ce tribunal n'est pas d'exception et que donc le fait d'y avoir occupé un poste d'avocat général ne peut être regardé comme tombant sous le coup de l'épuration, eu égard aux efforts, bien peu manifestes pourtant, de ce magistrat pour se soustraire à cette désignation, mais aussi à une composition et à des règles de procédure considérées comme normales (« Bruzin », 7 novembre 1947). En 1951, il estime au contraire que, même si la composition et la procédure de la cour présentaient des « apaisements » pour ses membres, il s'agissait d'une « juridiction créée par le gouvernement de fait à l'encontre des institutions républicaines et de l'effort de guerre de la France » et que donc l'exercice de la fonction de procureur général, c'est-à-dire de direction du parquet en charge de l'accusation, est un acte de nature à justifier légalement une sanction au titre de l'ordonnance du 27 juin 1944 (« Cassagnau », 2 février 1951).

Face aux juridictions d'exception, le Conseil d'État adopte une position plus radicale que le ministre de la Justice, qui ne sanctionne pas la simple participation mais le fait d'avoir infligé des peines lourdes, et tout

31. *Tables vincennales [...]*, *op. cit.*, p. 252. André Boutemy, devenu sénateur modéré, fut choisi en janvier 1953 comme ministre de la Santé publique par René Mayer, mais dut démissionner dès le début de février en raison des remous provoqués par son entrée au gouvernement.

spécialement la peine de mort. Mais c'est un terrain sur lequel la Haute Assemblée refuse de s'engager afin de ne pas avoir à se prononcer sur le champ d'application du secret des délibérés. Il s'agit certes là d'un principe traditionnel protégeant les juges, mais auquel la commission d'épuration du ministère de la Justice avait renoncé, de sa propre autorité, pour les juridictions d'exception. Le Conseil d'État le fait jouer de manière absolue pour les tribunaux ordinaires : il annule les quelques décisions frappant des magistrats auxquels sont reprochées des condamnations prononcées par des tribunaux correctionnels, même quand il s'agit d'affaires politiques (« Coulon », 20 juin 1947 ; « Poulhie », 11 juin 1948). Pour autant, le Conseil d'État ne généralise pas, à l'égard des juridictions d'exception, cette solution alors que Raymond Odent l'y incitait. S'il lui arrive de faire des entorses à ce principe, ce n'est que dans quelques affaires politiquement et symboliquement délicates, afin d'éviter le retour de polémiques aussi vives que celles ayant accueilli sa décision d'annuler la sanction ayant frappé l'avocat général de la cour de Riom ; même le ministre de la Justice s'en était scandalisé, demandant, mais en vain, à la commission de discipline de la Cour de cassation l'autorisation d'engager de nouvelles poursuites.

Création et extension d'excuses absolutoires

Non seulement les fonctions considérées comme politiques par la juridiction administrative sont rares, mais la présomption de culpabilité qui pèse sur elles peut tomber et tombe facilement. Le Conseil d'État manifeste en effet une conception extensive, de plus en plus extensive, des excuses absolutoires qu'il ajoute aux textes, sans toutefois les créer *ex nihilo*.

L'« exception de contrainte »

Il s'agit d'abord de l'« exception de contrainte », absente des ordonnances organisant l'épuration administrative en métropole, alors qu'elle figurait dans l'ordonnance prise à Alger le 6 décembre 1943. Celle-ci prescrivait de faire la différence, au moment de prononcer une sanction, entre « les hommes qui se sont bornés à exécuter des ordres sans avoir l'autorité nécessaire pour les discuter, et ceux qui, allant au-delà de leurs strictes obligations professionnelles se sont sciemment associés à une politique antinationale ou ont manifestement dépassé dans la répression l'exercice normal de leurs fonctions ». Une formule du même ordre figurait dans l'ordonnance du 26 juin 1944 relative à l'épuration judiciaire. Le Conseil d'État réintroduit cette excuse, pour la première fois, dans un arrêt « Camuzat » du 1er janvier 1946 – même si, dans le cas d'espèce, c'est pour l'écarter. Cette prudence se retrouvera dans le fait que le Conseil n'élèvera pas cette excuse en principe général du droit, comme le fera plus tard Maxime Letourneur, maître des requêtes, dans son analyse jurisprudentielle de ces principes[32].

Le Conseil d'État fait bénéficier de cette excuse les fonctionnaires d'Alsace-Lorraine, même pour des adhésions au parti national-socialiste qui doivent être accompagnées de manifestations de zèle en faveur du régime nazi pour justifier une sanction. Dans les autres régions, une telle extension compréhensive ne se retrouve pas en faveur des organisations collaborationnistes : seul sera excusé un magistrat ayant adhéré au groupe Collaboration pour faire libérer son fils et son neveu, qui furent malgré cela fusillés par les Allemands. En revanche, le Conseil d'État admet, on vient de le voir, que les membres des juridictions d'exception puissent être relevés de leur sanction, s'ils font la démonstration d'une participation contrainte : reconnaissance plus théorique que réelle puisqu'un seul magistrat en bénéficia, l'avocat général de la cour de Riom.

Si avoir agi sur l'ordre formel de son supérieur hiérarchique n'est pas déclaré de nature à faire disparaître la responsabilité de l'agent (« Margeot », 25 juillet 1947), des fonctionnaires sont néanmoins excusés, à condition de ne pas avoir manifesté de zèle et, mieux, d'attester un élément étayant l'excuse, en terme de date par exemple : l'obéissance est évidemment mieux admise dans les premiers temps du régime qu'à sa fin.

L'« exception de résistance »

Deuxième excuse, là encore non envisagée par l'ordonnance du 27 juin 1944, l'« exception de résistance ». Le Conseil d'État la dégage « nettement », selon le commissaire du gouvernement, dans un arrêt « Barbeau » du 26 juillet 1947. Mais sans le dire explicitement et, une nouvelle fois, sans en faire bénéficier le fonctionnaire en cause, chef du cabinet de plusieurs ministres de la Production industrielle. Moins généreusement admise qu'en matière d'indignité nationale – une personne pouvant être relevée de la dégradation nationale en faisant valoir des faits de résistance, même étrangers à sa vie professionnelle –, elle

32. Maxime Letourneur, art. cité, p. 25.

doit faire l'objet de preuves apportées par l'intéressé, et se rapportant strictement à son activité professionnelle.

Des commissaires du gouvernement sont prêts à faire jouer cette excuse très loin, voire trop loin pour les formations contentieuses, qui ne les suivent pas toujours. Le commissaire concluant lors du recours relatif à la cour martiale de Gannat soutient ainsi que tous les magistrats qui, « soit spontanément soit à la suite d'interventions faites auprès d'eux, ont exercé leurs efforts en vue de sauver la vie de patriotes ou d'atténuer les peines privatives de liberté de ceux-ci méritent que joue en leur faveur l'“exception de résistance” » (« Chazal », 23 janvier 1948). Pour sa part, le commissaire rapportant sur le cas de l'avocat général de la cour de Riom élève les membres de cette juridiction jusqu'à la dignité de résistants, mieux, de « premiers résistants ». Dignité que l'arrêt ne leur attribue pas, se bornant à banaliser et innocenter la cour. Le Conseil d'État ne va pas non plus jusqu'à en faire profiter Bousquet, ce que la Haute Cour n'avait pourtant pas hésité à faire : tout en admettant que, « par ses actes, il a participé à la lutte contre l'ennemi », il juge qu'il a « facilité l'activité d'une mission qui a entravé l'action de la Résistance et entraîné l'arrestation, la déportation et la mort d'un certain nombre de patriotes » et qu'il « n'établ[it] pas, dans ces conditions, avoir contrecarré par tous les moyens en son pouvoir, dans l'exercice de ses fonctions, les entreprises de toute nature de l'ennemi » (« Bousquet », 8 février 1957).

Le Conseil d'État admet encore deux autres excuses : l'une tirée des motifs réels de l'agent en dépit des apparences de l'acte et l'autre fondée sur l'ignorance dans laquelle le fonctionnaire se trouvait du caractère véritable de son acte, comme on le voit pour un officier de paix sanctionné pour avoir participé à une opération de police contre un camp du maquis : le Conseil d'État estima, en s'appuyant sur un classement judiciaire, que l'intéressé avait la conviction de réprimer des exactions de droit commun (« Bretey », 29 novembre 1946). Le Conseil juge également que des fonctionnaires ont adhéré à des organisations collaborationnistes dans « l'ignorance des buts » poursuivis, dans la mesure où ils en ont démissionné très rapidement et n'y ont exercé aucune activité.

Défense du modèle classique du fonctionnaire

Les agents dont les mesures d'épuration sont confirmées sont finalement ceux qui ont manqué aux exigences élémentaires du modèle classique du fonctionnaire, tenu au respect des lois et de la discipline hiérarchique, soumis à des exigences de réserve publique dans sa vie professionnelle et publique, mais bénéficiant d'une certaine autonomie dans sa vie privée. Si leurs recours sont rejetés, ce n'est pas parce qu'ils n'ont pas désobéi, n'ont pas appartenu ou pas rendu des services à la Résistance, ni même parce qu'ils ont cru en Pétain, mais parce qu'ils sont à l'image de ce fonctionnaire « allant au-delà de ses strictes obligations professionnelles et [ayant] manifestement dépassé dans la répression l'exercice normal de ses fonctions », que définissait l'ordonnance de décembre 1943. Plus exactement, dépassant son devoir d'obéissance dans la répression antinationale, car le policier et le magistrat arrêtant et punissant un délinquant de droit commun, fût-il résistant, sont excusés. Le Conseil d'État annule la sanction prise contre un magistrat dont la sévérité dans les affaires ordinaires est mise en cause, aussi bien celle visant un policier à qui est reprochée l'arrestation d'un individu poursuivi pour délits de droit commun, « cet acte ne témoignant d'aucune hostilité de l'intéressé envers la Résistance, nonobstant la circonstance que l'individu arrêté y aurait appartenu » (« Creach », 3 juin 1949). Reste ainsi condamné le policier qui a opéré des arrestations de « sa propre initiative », avec « zèle », « sans ménagement », contre les « patriotes », les réfractaires au travail obligatoire et beaucoup moins souvent les juifs.

Le Conseil d'État rejette d'autre part massivement les recours des fonctionnaires auteurs de cet acte extrême que sont les dénonciations. Dénonciations réalisées en dehors de leur activité professionnelle (par exemple, en écrivant à Pétain, à la Légion, à la police, voire, pour un magistrat, en déposant devant un tribunal) et, moins fréquemment, dans leurs fonctions hiérarchiques, lorsque leurs auteurs n'établissent pas avoir agi sous la contrainte. Il en est de même pour ceux qui ont adhéré, de manière durable, aux organisations ultravichystes ou collaborationnistes dont le Conseil d'État élargit le nombre par rapport à l'ordonnance relative à l'indignité nationale, sans y inclure toutefois les « équipes de propagande du Maréchal » ni la Légion française des combattants à laquelle l'adhésion « peut rendre un fonctionnaire passible d'épuration à raison de circonstances particulières, à examiner dans chaque cas, et relatives au temps pendant lequel l'intéressé est resté affilié au groupement, aux fonctions qu'il y a remplies et à l'attitude prise par ledit groupement dans la localité ou la région envisagée » (« Prost », 22 novembre 1946).

Les fonctionnaires qui restent sanctionnés pour leurs opinions politiques le sont parce qu'ils ont outrepassé l'exigence de mesure et de réserve, classique dans un corps d'État se défiant des engagements extrémistes et tenu à une forme de neutralité publique et de respectabilité civique : ils ont manifesté « une sympathie dénuée de toute mesure envers des puissances en guerre avec la France », proféré des « propos véhéments hostiles aux alliés et favorables à l'ennemi » – et ce « de façon habituelle », à « maintes reprises », à « plusieurs reprises ». Le Conseil d'État est d'autant moins porté à l'indulgence que les propos répréhensibles sont répétés et exprimés pendant l'activité professionnelle publique : par exemple lors d'une audience pour un magistrat ou d'un cours pour un enseignant. De même, il confirme les sanctions fondées sur des écrits politiques, à la fois polémiques et publiés. Ou encore il considère de nature à justifier une mesure d'épuration le fait, pour un fonctionnaire, d'assister à une conférence du collaborationniste Georges Claude en ordonnant à ses subordonnés d'y participer; pour un magistrat, d'afficher sa ferveur légionnaire en participant à des manifestations de rue ou de témoigner de ses « sentiments particulièrement dévoués » à Vichy en faisant enlever le buste de la République de la salle d'audience où il siège; pour un maire, d'avoir hissé lui-même le drapeau allemand sur l'hôtel de ville « sans y avoir été contraint ».

Confirmant que, pour lui, l'épuration relève d'abord de considérations patriotiques, le Conseil d'État se révèle un gardien moins rigoureux de la liberté privée du fonctionnaire dans ses rapports avec les Allemands. Des relations personnelles peuvent justifier, à ses yeux, des sanctions, mais c'est, à chaque fois, en raison de la spécificité de l'espèce : « Bien que se référant à la vie privée de l'intéressée, le grief tiré contre une institutrice de ses relations avec un officier allemand est, dans les circonstances de l'affaire, de nature à justifier légalement une mesure d'épuration » (16 janvier 1948). En revanche, des rapports avec des représentants de la police ou des services de renseignements des troupes d'occupation ne sont pas considérés comme de la vie privée et sont donc de nature à justifier l'application de l'ordonnance du 27 juin 1944.

Les limites de la chose jugée : les réintégrations

Si le Conseil d'État se construit un pouvoir décisif en matière d'épuration administrative, il n'en rencontre pas moins les limites qui contiennent traditionnellement sa puissance en lui interdisant de se substituer à l'Administration : face à un refus d'appliquer ses décisions, il ne peut qu'accorder des indemnités, ne détenant pas le pouvoir d'imposer une réintégration effective des fonctionnaires dont il a annulé l'épuration. Cette annulation a d'ailleurs des conséquences juridiques contrastées selon les motifs qui la fondent : pour vice de forme, elle laisse subsister les faits ayant motivé la sanction et n'interdit donc pas la reprise de la procédure d'épuration par l'autorité compétente ; pour des raisons de fond, la réouverture d'une procédure n'est possible que si elle s'appuie sur de nouveaux griefs.

Une réintégration accorde, en principe, des droits importants au fonctionnaire qui en bénéficie. Il doit jouir d'une reconstitution de carrière et, plus encore, retrouver un poste équivalent, « dans toute la mesure compatible avec les nécessités du service » (avis du Conseil d'État du 23 avril 1947). Seuls les préfets échappent à cette dernière garantie qui est, en revanche, poussée très loin pour les magistrats du siège. Le Conseil d'État considère qu'à défaut de poste vacant il incombe au ministre de la Justice de provoquer cette vacance en rapportant le décret qui avait désigné le successeur du requérant : garantir au seul juge régulièrement investi l'occupation du poste qui lui avait été attribué est, selon le Conseil, une conséquence nécessaire de l'inamovibilité des magistrats du siège, reconnue par la Constitution (« Veron-Reville », 17 mai 1949). La réintégration, le Conseil d'État entend la contrôler. Ainsi annule-t-il, pour méconnaissance de la chose jugée, un nouveau déplacement, effectué dans « l'intérêt du service », qui frappe un fonctionnaire dont le déplacement d'office venait d'être annulé, considérant qu'il s'agissait là d'une nouvelle sanction pour les mêmes faits. Il se reconnaît un large pouvoir d'appréciation afin de déterminer si une demande volontaire de retraite de la part de l'agent réintégré ne répond pas à une contrainte de l'Administration. De surcroît, le Conseil fait une interprétation large du droit du fonctionnaire réintégré à réclamer une indemnisation : il retient le préjudice matériel correspondant à la carrière, ce qui est classique de sa part, mais aussi le préjudice moral, l'atteinte à la réputation, ce qu'il admet en général plus difficilement que le juge judiciaire.

Ces réintégrations, juridiquement imposées par les annulations, donnent lieu à des conflits avec les ministères ou avec la préfecture de police de Paris, comme le montre Jean-Marc Berlière[33]. Elles entraînent des problèmes d'équivalence et de révision de nominations en cascade délicats à gérer et peuvent concerner des cas symboliquement lourds, comme on le voit avec l'annulation de la révocation d'un ancien directeur des Affaires criminelles de la chancellerie (décembre 1940-janvier 1944), auteur de surcroît d'un article, postérieur à sa sanction, où il réhabilitait Vichy et attaquait la Résistance et de Gaulle[34]. La réintégra-

33. Jean-Marc Berlière (avec Laurent Chabrun), *op. cit.*, p. 341.

34. Henry Corvisy, « Justice », *in* fondation Hoover, *La Vie de la France sous l'Occupation*, vol. II, Paris, Plon, 1957, p. 643-647.

tion de ce haut magistrat entraîne deux annulations de promotion, ouvre à la fonction importante de conseiller doyen de la Cour de cassation et suscite des réactions hostiles de la part de certaines organisations de résistants. Pour régler cette question sont pris deux arrêtés ministériels quasi concomitants : l'un du 27 mai 1958 décrète sa réintégration comme conseiller de la Cour de cassation et l'autre du 31 mai 1958 prononce sa retraite « sur sa demande ». Le directeur des Affaires civiles et le directeur des Affaires criminelles, qui fut aussi directeur du cabinet du dernier garde des Sceaux de Vichy, Gabolde, acceptent pour leur part d'être réintégrés dans des fonctions moins visibles, même si elles restent prestigieuses, de conseillers à cette même cour.

Toujours en 1958, l'assemblée du Palais-Royal annula la révocation de l'ancien secrétaire général pour l'administration du ministère de l'Intérieur, Georges Hilaire, révocation qui avait pris effet le 6 décembre 1944. Le Conseil d'État estima en l'espèce que l'intéressé « s'[était] efforcé de protéger les membres du corps préfectoral atteints par les lois d'exception ou menacés par les autorités allemandes, qu'il a[vait] mis fin aux tournées de propagande effectuées en Algérie par des représentants des groupements de collaboration et qu'on ne [pouvait] lui reprocher d'autre part d'avoir été à l'origine du choix de certains préfets, intendants de police ou sous-préfets indésirables[35] ». S'agissant d'un homme qui avait été le véritable bras droit – hors affaires de police – de Laval au ministère de l'Intérieur entre avril 1942 et décembre 1943, une appréciation si louangeuse de son action patriotique pouvait surprendre. Il fallut encore plus de deux ans de négociations avant qu'une transaction aboutisse entre l'ancien secrétaire général pour l'administration et ses successeurs chargés d'administrer ce ministère au temps du pouvoir gaullien qui s'installait. Réintégré le 21 décembre 1960 en qualité de préfet hors classe, avec pour date d'effet le 6 décembre 1944, Hilaire demanda le même jour à faire valoir ses droits à la retraite. Il partit avec une indemnité de 170 000 francs, calculée par différence entre les salaires qu'il avait perçus et le traitement de préfet qui aurait dû lui être versé pendant ces quatorze années où il avait été écarté de l'État sans base légale, comme venait de l'affirmer la juridiction administrative en annulant la sanction qui l'avait frappé[36]. Le temps avait décidément passé depuis la Libération, les affaires d'épuration se faisaient rares devant le Conseil d'État, la Haute Cour clôturerait bientôt ses derniers

35. Note du directeur du contentieux du ministère de l'Intérieur au directeur du personnel, 22 octobre 1958, dossier personnel de Georges Hilaire.

36. 170 000 francs de 1960 correspondent à environ 240 000 € de 2003.

dossiers, le sujet semblait destiné à disparaître complètement de l'agenda gouvernemental.

Il faudra attendre les deux dernières décennies du XXe siècle pour qu'à la désépuration, travail inévitable du temps et de l'oubli, vienne succéder, autour du cas de deux anciens serviteurs de l'État français, René Bousquet et Maurice Papon, un travail renouvelé d'enquête sur le passé de l'État. Ce fut la justice pénale qui eut à mener ce travail : chambre criminelle de la Cour de cassation pour dire et redire ce que fut le crime contre l'humanité, juges d'instruction pour instruire, cours d'assises pour juger le crime. Mais le dernier acte revint au Conseil d'État qui, par un arrêt du 12 avril 2002, passé relativement inaperçu et pourtant essentiel, fit assumer par l'État la moitié des condamnations civiles encourues par Maurice Papon. Suivant les conclusions de la commissaire du gouvernement Sophie Boissard, le Conseil d'État décida en effet de renverser une jurisprudence cinquantenaire, qui avait estimé, en 1952, que « l'État républicain ne pouvait être tenu pour responsable des agissements d'un régime illégitime[37] ». La faute de service reprochée à Maurice Papon – car le crime contre l'humanité est, aussi, une faute de service – engageait la responsabilité de l'État. Avec cette décision le très long processus d'épuration, commencé en décembre 1943 à Alger, trouvait, en quelque sorte, sa conclusion discrète.

37. Conclusions Boissard, sous Conseil d'État, « Papon », 12 avril 2002, *Les Petites Affiches*, n° 106, 28 mai 2002, p. 23.

Épilogue

L'épuration : histoire d'un chiffre, mémoire du nombre

par François Rouquet

« Épuration » est un mot qui résonne étrangement dans la société française. Il concentre le souvenir d'une vaste entreprise nationale de règlements de comptes, des violences de la Libération, des délations, des manifestations populaires, parfois d'actes de barbarie. Cette atmosphère de guerre civile tissée d'anecdotes tragiques, d'exécutions collectives ou de tontes des femmes – autant de mots clés associés au phénomène – a été le lieu de tous les excès dans le souvenir national. Si cette tâche improbable de purification a laissé des traces durables et engendré tant d'exagérations, c'est que les différentes évaluations chiffrées notamment à propos des exécutions sommaires, mais aussi du nombre total des mises en procès devant les diverses instances, ont longtemps laissé des zones d'incertitude. Même si celles-ci ont été en grande partie levées par les travaux des historiens depuis l'ouvrage pionnier de Peter Novick qui proposa, en 1968, la première étude rigoureuse sur le sujet[1], il est resté de cette époque un sentiment de malaise entretenu par la rumeur et les écrits partiaux des nostalgiques de Vichy. La question des chiffres de l'épuration est moins intéressante en elle-même qu'en ce que les déformations dont elle a été l'objet puisent leur origine au sein du phénomène de l'épuration lui-même.

On sait que dès avant la Libération la question se posa à Alger de savoir qui et quels modes de collaboration devaient être punis. Les grandes lignes tracées par les textes ouvraient des champs trop vastes pour

1. Peter Novick, *The Resistance versus Vichy : The Purge of Collaborators in Liberated France,* Londres, Chatto and Windus, 1968, trad. française, *L'Épuration française,* Paris, Balland, 1985.

n'être pas limités par une interprétation mesurée[2]. La période d'occupation avait été trop longue pour ne pas avoir suscité des accommodations avec l'occupant. Le régime de Vichy, placé sous la responsabilité du vainqueur de Verdun et pratiquant une politique de collaboration, avait brouillé la donne politique comme il avait troublé les esprits. La pression de l'occupant et la spirale de la compromission dans laquelle s'était enfermé Vichy compliquaient encore les choses et demandaient que l'évaluation des fautes tînt compte d'une chronologie précise. La nature même des actes répréhensibles n'était pas la même avant et après l'armistice. La singularité du contexte français offrait ainsi à travers la question de l'épuration toute sa complexité.

Outre la mise en place des structures juridiques et administratives nécessaires, les nouvelles autorités eurent à faire face à un phénomène passionnel de désignation collective des responsabilités et au problème de la canalisation des violences populaires plus ou moins contrôlées par la résistance intérieure. Si les effets de l'épuration spontanée ou extrajudiciaire – ce que les nostalgiques de Vichy ont souvent appelé l'« épuration sauvage » – ont marqué la mémoire de la Libération, l'épuration judiciaire a également laissé le souvenir amer d'une justice à l'emporte-pièce. Et ce non seulement chez ceux qui s'en estimèrent les victimes, mais également chez une large partie des Français pour qui le souvenir de l'épuration fut celui d'une justice défaillante, qui laissait en liberté des profiteurs et de « mauvais Français ». Le processus d'épuration (de purification) au sortir de la guerre, avant que d'être œuvre de justice, fut otage des enjeux de l'après-guerre : poursuite de la guerre, retour à la légalité républicaine et légitimation du nouveau pouvoir, contrôle du Parti communiste, remise en route de l'économie, reconstruction, etc. Peut-être est-ce ce hiatus entre espoirs populaires de renouveau et gestion des contingences par le pouvoir qui favorisa dans la mémoire nationale le souvenir en forme de point d'orgue d'une période « héroïco-victimaire » génératrice d'images multiples et contradictoires. Et derrière la simple question du nombre des épurés se profile la réalité de cette contradiction.

2. Pour la fonction publique par exemple, l'ordonnance du 27 juin 1944 qualifiait ainsi les actes relevant de l'épuration : 1. avoir favorisé les entreprises de toute nature de l'ennemi ; 2. avoir contrarié l'effort de guerre de la France et de ses alliés (les dénonciations entrant dans cette catégorie) ; 3. avoir porté atteinte aux institutions ou aux libertés publiques fondamentales ; 4. avoir sciemment tiré ou tenté de tirer un bénéfice matériel direct de l'application des lois de Vichy.

Des chiffres et ce qu'ils veulent dire

Combien? Cette question simple a suscité au cours du demi-siècle diverses spéculations avant que ne s'affinent les estimations. C'est sans doute le cas des exécutions sommaires qui a, plus qu'aucun autre, focalisé l'attention par un amalgame entre processus de jugement dans le cadre légal et épuration dite « sauvage ». Derrière cette question des chiffres se profilent le débat et les enjeux politiques qui renvoient à la définition du processus d'épuration, à son usage et à la nature des violences et des fautes qui en relèvent comme aux enjeux politiques de la mémoire; bref, à tout ce que les contributions réunies dans le présent ouvrage se sont donné pour tâche de mettre en perspective.

L'épuration était avant tout considérée comme une étape indispensable, moins peut-être par les nouvelles autorités que par une large partie de la population, communistes en tête. C'est donc l'urgence qui dicta cette opération préliminaire à toute réelle réunification nationale. En cela les conditions dans lesquelles s'effectua la Libération, entre le 6 juin et la fin de l'été de 1944, lorsque le pays fut presque entièrement libéré, purent changer radicalement la nature de la répression. Ainsi de nombreuses exécutions de collaborateurs avant la Libération sont-elles à considérer comme des actes de guerre où ceux des partisans les plus engagés de Vichy, miliciens notamment, avaient choisi leur camp et savaient que, pris par la Résistance les armes à la main, ils s'exposaient à une mort quasi certaine.

Les premiers chiffres colportés par la rumeur publique associaient l'épuration à une véritable Terreur. Ce fut le cas de différents auteurs ou publications, particulièrement ceux d'extrême droite (*Rivarol, Le Crapouillot, Défense de l'Occident, Le Livre noir de l'épuration,* etc.)[3], revendiquant 100 000 victimes, voire plus. À l'origine de cette « estimation », le texte d'un journaliste, Donald B. Robinson, ancien officier de l'armée américaine en poste à Marseille, intitulé « Bain de sang en France[4] ».

3. Il n'est pas possible ici de recenser toutes les publications résolument partiales, voire outrancières sur le sujet. Citons pour exemple *Le Crapouillot,* « L'épuration nouvelle », n° 81, avril-mai 1945; ou « L'Épuration, arme politique », dans *Les Cahiers de la France libérée,* « Défense des libertés françaises », Éditions de la Nouvelle France, 1947; ou chanoine Desgranges, *Les Crimes masqués du résistantialisme,* Éditions de l'Élan, 1948; ou encore Union pour la restauration et la défense du service public, *Requête aux Nations unies sur les violations des droits de l'homme,* 1951.

4. « Blood Bath in France », *American Mercury,* avril 1946, cité par Peter Novick, *op. cit.,* p. 318-319.

Publié en avril 1946 dans une revue américaine, *The American Mercury*, puis traduit en 1949 dans *Réalisme*, publication anticommuniste et favorable aux épurés, l'article faisait état « de source sûre », en fait à partir de témoignages d'officiers américains de la Sécurité militaire, de 50 000 exécutions dans la zone méditerranéenne. Ce chiffre qui ne reposait sur aucun comptage fut un an plus tard cité par un autre auteur, Franck Mac Millan, dans une revue anglaise, *The Tablet*, et extrapolé en bonne logique au double, voire davantage, soit au moins 100 000 exécutions pour l'ensemble du territoire national. Ce chiffre légendaire fut par ailleurs repris tant par Adrien Tixier que par le colonel Passy (Dewavrin) au cours de l'hiver de 1944-1945, et colporté ensuite dans diverses publications issues peu ou prou de nostalgiques de Vichy cherchant à dénoncer l'épuration et surtout les communistes, qui passaient pour en être les exécuteurs les plus acharnés. La revue *Défense de l'Occident* alla même jusqu'à faire accréditer ce chiffre par la statistique officielle publiée par le ministère des Anciens Combattants sous la mention « victimes pour causes diverses », qui recensait 97 000 individus[5].

La légende des 100 000 morts ou plus dues aux exécutions sommaires fut avant tout l'expression d'une angoisse. Elle fut pour partie légitimée d'autant plus facilement qu'aucune évaluation précise ne put dans un premier temps lui être opposée. La complexité du comptage, la fluidité des effectifs pouvant entrer dans une catégorie (« fusillés », « faits de guerre », « morts pour causes diverses ») ; comme l'approximation de certains chiffres due autant à l'urgence et à l'incertitude qu'aux extrapolations liées à l'inachèvement des premières enquêtes gouvernementales, tous ces facteurs expliquent que la légende des plus de 100 000 victimes de l'épuration ait pu ainsi se développer. Ce outre l'usage que firent de cette « estimation » ceux qui se percevaient, à juste titre ou non, comme les victimes d'un processus de règlements de comptes arbitraires. La première statistique publiée au *Journal officiel* en mai 1948[6], qui faisait suite à une question du député Paul Theeten au gouvernement, le 22 juillet 1947, si elle révisait singulièrement à la baisse le nombre des exécutions, accréditait malgré tout l'idée d'une

5. Plus étonnant encore, le fait que cet ordre de grandeur ait été repris à l'Assemblée nationale à l'automne de 1950, lors des débats sur l'amnistie, en présence de Pierre-Henri Teitgen, ministre de la Justice entre mai 1945 et juin 1946, sans que celui-ci n'émette aucune réserve alors qu'il avait, au cours de la même séance, pris la parole à propos de l'amnistie et bien sûr évoqué l'épuration.

6. *Journal officiel* du 26 mai 1948.

ampleur importante. En effet, regroupant différentes catégories de la population pouvant comprendre ou non des exécutions liées à l'épuration, on y relève 26 294 victimes pour autre cause que les bombardements, 9 806 fusillés, 7 773 dossiers en cours, 10 500 civils fusillés après internement; soit peu ou prou plus d'une cinquantaine de milliers de civils dont la mort *aurait pu* être due à l'épuration[7].

C'est également en 1948 qu'est menée une enquête par les préfets, à partir d'informations collectées par les services de renseignements généraux, la police et la gendarmerie, dont les résultats sont publiés en 1951 par le ministère de l'Intérieur. Cette enquête conclut à 9 673 exécutions sommaires dont 5 234 ayant eu lieu avant la Libération, 3 144 sans jugement avant ou après la Libération et 1 325 après jugement devant un tribunal. Une autre statistique de 1952, émanant également du gouvernement, donne des résultats légèrement supérieurs (10 822 au 1er janvier 1945) qui fut le chiffre, à quelques unités près, repris par le général de Gaulle dans ses Mémoires. Le Comité d'histoire de la deuxième guerre mondiale, avec ses correspondants départementaux, fut à l'initiative d'une enquête lancée dans les années 1950 dont les résultats furent publiés beaucoup plus tard[8] et qui ne concernait dans un premier temps qu'une partie du territoire national, soit 76 départements. Cette étude coordonnée par Marcel Baudot fut complétée plus tard pour la plupart des départements manquants, et situait autour de 8 000 le nombre des exécutions, soit un total extrapolé compris entre 8 000 et 9 000 pour l'ensemble du pays[9].

Parallèlement, Robert Aron, dans son *Histoire de l'épuration*[10] publiée à partir de 1967, faisait état de 30 000 à 40 000 victimes, fourchette ne faisant pas la distinction entre les Français et les victimes des Allemands[11]. Mais si l'auteur surévalua très largement le chiffre des exécutions, du moins eut-il l'intuition que, au-delà de la simple question

7. Il est malgré tout frappant de constater que l'on ne retrouve pas dans cet état les 97 000 victimes pour causes diverses citées dans la statistique du ministère des Anciens Combattants.

8. Entre 1969 et 1980 dans le *Bulletin du Comité d'histoire de la deuxième guerre mondiale*, avant que ne soit créé l'IHTP, qui poursuivit ces travaux.

9. Voir Marcel Baudot, « L'épuration, bilan chiffré », *Bulletin de l'IHTP*, n° 25, septembre 1986. On trouvera le détail sur cette question dans Henry Rousso, « L'épuration, une histoire inachevée », *Vingtième siècle. Revue d'histoire*, n° 33, janvier-mars 1992, repris dans le chapitre XI de *Vichy, Paris, l'événement, la mémoire, l'histoire*, Paris, Gallimard, « Folio-histoire », 2001.

10. Robert Aron, *Histoire de l'épuration*, 3 tomes, Paris, Fayard, 1967-1975.

11. C'est ainsi que se trouvent comptabilisés dans ce calcul les morts d'Oradour-sur-Glane.

des comptages, une partie non négligeable de la population du pays s'était sentie inquiétée directement ou indirectement à un moment ou à un autre par l'épuration. « On peut estimer, écrivait-il en conclusion, que 3 à 5 % de la population française put se considérer, à des moments différents et pour des durées inégales, en rupture avec la communauté nationale[12]. » Henri Amouroux, en 1991[13], proposait une fourchette plus réduite, de 10 000 à 15 000 exécutions, après analyse des différentes sources ; s'appuyant en les comparant sur les différentes enquêtes réalisées, il en pointait les lacunes. Entre-temps, d'autres études furent publiées, dont celle de Herbert Lottman, qui ne faisait que reproduire des chiffres déjà connus[14].

Il ne faut pas sous-estimer la difficulté technique du calcul : d'une enquête à l'autre, les « victimes d'exécutions sommaires » pouvaient aussi bien englober les collaborateurs contre lesquels étaient commis des attentats avant la Libération, les miliciens pris les armes à la mains, parfois les Allemands exécutés, les victimes civiles, les otages, les résistants, les victimes de règlements de comptes ou de crimes crapuleux encouragés par l'impunité que supposaient ces temps de troubles... Le chiffre se trouve d'autant plus difficile à définir précisément qu'au brouillage des catégories de victimes s'ajoute celui des exécuteurs. Ne devrait en effet n'être prises en compte au titre d'exécutions sommaires que les victimes exécutées au titre de l'épuration par la Résistance et non celles issues de groupes, voire d'individus se réclamant de la Résistance, étiquette qui fut facilement utilisée par des criminels de droit commun. La fourchette des comptages est proportionnée aux écarts de nature entre tous les événements tragiques accompagnant, parfois aux marges d'une guerre civile, la fin d'une occupation étrangère.

Si les différentes enquêtes menées, qu'elles émanent de la gendarmerie ou, plus tard, des correspondants du Comité d'histoire de la Seconde Guerre mondiale puis de l'IHTP, comprennent toutes des incertitudes, il n'en demeure pas moins que l'évolution du chiffre des exécutions sur près de cinquante ans, en dépit des incertitudes inhérentes au sujet et aux difficultés de classification, aboutit au même ordre de grandeur : autour de 9 000 individus, peut-être un peu plus. Derrière cette question des chiffres, on aura compris que se profilent des enjeux politiques

---

12. Robert Aron, *Histoire de l'épuration. Le monde de la presse, des arts, des lettres [...], 1944-1953,* tome 3, volume 2, Paris, Fayard, 1974, p. 371.

13. *La Grande Histoire des Français sous l'Occupation,* tome 9, *Les Règlements de comptes,* Paris, Robert Laffont, 1991.

14. Herbert Lottman, *L'Épuration, 1943-1953,* Paris, Fayard, 1986.

où, grossièrement, on assiste à une volonté de surévaluation à droite et sous-évaluation à gauche, et ce notamment du fait de l'intransigeance du Parti communiste dans les commissions d'épuration. On notera également que cette question du nombre des épurés fut le lieu de tous les fantasmes dans une littérature multipliant les effets journalistiques, accumulant, sous couvert d'enquête, les anecdotes et les récits d'exactions épouvantables pour mieux entretenir la légende d'un phénomène d'une ampleur sans précédent ayant généré un bain de sang[15].

Ce fut Henry Rousso qui reprit dans une synthèse critique, en 1992, les résultats des différentes enquêtes et estimations disponibles. Il arrivait à la conclusion qu'entre 8 000 et 9 000 exécutions extrajudiciaires avaient lieu, dont les trois quarts, avant que les structures d'épuration légales eussent été instituées, c'est-à-dire avant la fin de l'été de 1944. Mais, plus intéressant encore, l'auteur montrait qu'en comptant les affaires traitées par les tribunaux militaires, sans doute plus de 300 000 dossiers impliquant un nombre de personnes bien supérieur (peut-être 350 000 individus puisqu'un dossier pouvait être commun à plusieurs personnes) avaient été transmis aux cours de justice. Ce sont aujourd'hui ces chiffres qui demeurent les plus fiables, même si le détail des verdicts des tribunaux militaires est encore mal connu. Au total donc, environ 1 500 peines capitales furent prononcées, comme plus de 50 000 mesures de dégradation nationale. Les cours de justice jugèrent 125 000 personnes, dont plus du tiers furent condamnées à des peines d'emprisonnement, tandis que le quart seulement bénéficiaient d'une relaxe. Encore faut-il préciser que ce bilan ne comprend ni les internés à titre préventif ni, comme cela se pratiqua fréquemment lors des premières semaines après la Libération, les personnes mises ainsi à l'abri de la vindicte populaire[16]. Ajoutons qu'entre 22 000 et 28 000 fonctionnaires (selon que l'on inclut ou non dans le périmètre les agents affectés dans les entreprises liées à l'État) furent par ailleurs sanctionnés[17] – sans

15. Dont l'ouvrage de Philippe Bourdrel, *L'Épuration sauvage,* 2 volumes, Paris, Perrin, 1991, constitue un modèle du genre.

16. Les données concernant les internés administratifs sont parcellaires. On en compte 46 000 en décembre 1944, mais Allemands compris, 39 000 en juillet 1945 dont 21 000 Français (et plus de la moitié d'Alsaciens et de Mosellans parmi ceux-ci). Ces deux seuls chiffres sont évidemment insuffisants pour mesurer le flux exact des internés entre septembre et décembre 1944 ainsi qu'entre cette date et juillet 1945. Certaines estimations n'émanant pas de sources partisanes atteignent parfois 120 000 cas. Cf. dossier épuration in *Vingtième siècle. Revue d'histoire,* articles cités.

17. Toutes sanctions confondues, c'est-à-dire du simple blâme administratif à la révocation sans pension.

compter donc l'ensemble des personnes touchées par les autres épurations professionnelles, qui font la matière du présent ouvrage.

Le phénomène fut par conséquent d'une réelle ampleur, mais ce fut moins par la réalité des mesures prises au final que par l'importance des effectifs concernés. Cependant, la sévérité de l'épuration doit être relativisée notamment par le fait que, pour la plupart, les condamnations furent vite amnistiées (tout d'abord en 1947, puis en 1951 et en 1953), tandis que de nombreux collaborateurs bénéficiaient simultanément d'une remise de peine[18]. Et au final, ce que l'on peut appeler la collaboration idéologique ne concerna que quelques dizaines de milliers d'engagés, ce qui eut pour effet de focaliser les effets de l'épuration sur un certain nombre d'intellectuels. Quant à la collaboration économique, qui regroupe des types fort divers d'individus comme d'activités (des patrons et cadres d'entreprises aux petits et grands trafiquants du marché noir en passant par les artisans ou les commerçants enrichis jusqu'aux volontaires pour travailler en Allemagne), elle touche également une large fraction de la société française. Elle posa un problème de définition aux épurateurs, qui durent distinguer les accusés contraints de maintenir leur activité de ceux animés par le seul goût du lucre. Si l'ampleur de l'épuration est aujourd'hui incontestable, elle fut longtemps minorée et sans doute moins importante que ne le laissait entendre Robert Aron quant au nombre des affaires. Mais il s'agit d'un phénomène suffisamment important pour avoir généré un traumatisme dans la mémoire nationale par le simple fait que nombre de personnes purent être inquiétées même très provisoirement, ne serait-ce que quelques heures, et se sentir en rupture avec la communauté nationale et/ou victimes d'une injustice.

Car le débat des chiffres n'a de sens qu'à condition de bien mesurer ce que ceux-ci recouvrent. C'est la raison pour laquelle il faut souligner l'importance de la nature des délits. Les chiffres des peines dures (peines capitales, emprisonnement, dégradation nationale) ne doivent en effet pas masquer le nombre sensiblement plus élevé de personnes impliquées dans ce phénomène à un niveau d'engagement ou de responsabilité bien inférieur, et qui du reste ne furent frappées d'aucune sanction. À cet égard, les dossiers personnels d'épuration issus des archives de l'Administration ou des commissions professionnelles sont riches d'enseignement tant ils montrent la plasticité du concept de « collaboration », facteur pourtant *a priori* déterminant dans le processus

18. On compte 29 000 détenus en 1946, plus de 18 000 un an plus tard, 1 000 en 1954 et 9 en 1960.

d'épuration. L'analyse des motifs pris en compte par les commissions d'épuration administrative montre combien les causes de sanctions furent multiples, ambivalentes, singulières, souvent inclassables. On est ainsi étonné en découvrant la place relativement secondaire que tint l'occupant parmi les griefs, tout comme les motifs d'ordre politique en général. Le phénomène surprend avant tout par sa dimension sociale et la pluralité des causes de sanction. Rappelons que celles-ci peuvent être sommairement réparties en trois grandes catégories.

Tout d'abord, les plus nombreux, les délits d'opinion (environ un tiers des griefs, mais qui sont presque toujours associés à un ou plusieurs autres pour qu'une sanction soit prononcée) ; et d'une manière générale les attitudes dénoncées comme plus ou moins sympathisantes envers le régime de Vichy, la personne du Maréchal, les occupants, ou, à l'inverse, des propos hostiles aux Alliés ou à la Résistance. Ces petites compromissions, ces « accommodations » pour reprendre la formule de Philippe Burrin[19], sont à la fois secondaires et primordiales. Elles engendrent en effet des accusations, avérées ou non, qui laissent une large place aux interprétations subjectives de voisins, de collègues, de supérieurs, de concurrents, parfois de membres d'une même famille, et révèlent la complexité de ce vaste phénomène social de désignation réciproque. Ces centaines de milliers d'affaires minuscules aux accusations mal étayées, aux témoignages parfois anonymes étaient contestables du strict point de vue judiciaire, parfois franchement injustes; elles n'en révélaient pas moins l'importance des souffrances et des espoirs des Français au sortir de l'Occupation, et l'ampleur du traumatisme subi par la société française dans son ensemble. Cette désignation, déterminante quant à l'impact qu'eut l'épuration sur la société civile, laisse penser que le processus d'épuration fut peut-être moins qu'on le croit d'abord un problème de justice. C'est sans doute le sens qu'il faut donner aux nombreuses accusations de « collaborateur » ou « vichyssois », et plus souvent encore à celle en forme d'anathème de « collabo », formule qui parsème les dossiers, souvent sans autre précision.

Ensuite, plus graves quoique moins nombreux, les passages à l'acte : qu'il s'agisse de la participation active à des meetings ou à des manifestations, des actions de propagande, des adhésions aux groupements de collaboration, des dénonciations, du travail volontaire en Allemagne, ou encore de l'opportunisme qui permit par exemple à certains fonctionnaires d'accélérer leur promotion, à d'autres, de s'enrichir, etc. Ce type

19. *La France à l'heure allemande,* Paris, Seuil, 1995.

de fautes concerne généralement des individus ayant agi en conscience, moins souvent par idéal politique que par faiblesse morale. La collaboration ordinaire dévoilée par les archives occulte souvent cette dimension politique qui nourrit pourtant la polémique franco-française autour de Vichy. Elle met surtout en scène de petites infamies et des personnages médiocres dans des affaires aux marges du droit commun dans lesquelles les Allemands sont relégués au second plan.

Enfin, les délits inclassables, les accusations de cadres par des exécutants qui les accusent d'avoir eu une « attitude antisociale », les petits et grands profits du marché noir, la fréquentation de soldats allemands, les histoires de personnes et de voisinage, l'écheveau inextricable de la collaboration économique, etc. L'inventaire de tout ce qui put être désigné comme relevant de la collaboration, donc de l'épuration, ne laisse pas de rendre perplexe et permet de mieux comprendre cette perméabilité du phénomène politique national jusqu'au niveau local le plus ordinaire.

La mémoire d'un chiffre ou la mémoire de l'épuration

La vaste déclinaison des motifs n'explique pas tout, et il reste à s'interroger sur les raisons qui firent s'enraciner dans la mémoire nationale cette tragédie du souvenir. Plusieurs éléments liés à la perception des événements sont à prendre en compte, qui s'inscrivent dans un ordre chronologique sous Vichy puis à la Libération, et dans la mémoire nationale.

Tout d'abord, la menace : l'épuration fut perçue sous Vichy comme une menace, c'est-à-dire une opération à la fois d'intimidation et d'anticipation politique. Cela eut pour effet de placer en position de victimes potentielles tous ceux qui avaient des raisons d'être inquiets. Qu'elle fût ou non suivie d'effet, la menace de l'épuration brandie par la Résistance intérieure ou la France libre fut souvent utilisée comme un moyen d'intimidation contre les partisans du régime du Maréchal (ou ceux passant pour tels) ; d'où l'envoi de symboles de mort aux collaborateurs trop voyants (cercueils miniatures, faux faire-part, lettres anonymes morbides). C'est dans la peur des lendemains de la Libération que s'est ancrée la légende de la Terreur de l'épuration. Au plus haut niveau, l'arrestation de Pierre Pucheu en août 1943, puis l'exécution en mars 1944 de la condamnation à mort prononcée à son encontre par le tribunal militaire d'Alger eurent bien l'effet d'un coup de semonce vis-à-vis de la classe politique de Vichy, qui se sentit menacée directement, physiquement, et comprit que son salut ne pouvait être que dans la fuite, parfois jusqu'à Sigmaringen. Dans le processus d'inversement du rapport de forces, chacun devenait une victime potentielle du retournement politique en train de se jouer. Y compris au niveau le plus ordinaire.

Le deuxième élément d'explication est lié aux circonstances et aux enjeux : l'épuration fut tout au long de son déroulement guidée par des considérations politiques à court terme où prévalait l'urgence et selon des critères d'évaluation parfois sans rapport avec la réalité du contexte politique.

Il en résulta une disparité du phénomène et donc une iniquité qui fut fortement dénoncée. Cette disparité fut tout d'abord liée à la durée du processus judiciaire, puisque le temps joua toujours en faveur des accusés. Ce fut par exemple le cas des nombreux arrêts des poursuites en Haute Cour qui favorisèrent les derniers accusés[20]. Elle fut également géographique et plaça au premier plan les habitants des départements annexés d'Alsace et de Lorraine[21] ou, à un degré moindre, d'autres départements en fonction de la singularité des contextes locaux[22]. Cette disparité joua également selon les domaines d'activité, d'où l'opposition souvent dénoncée entre l'épuration économique moins efficace et celle, plus sévère, du monde du journalisme et des lettres. Il en alla de même selon la position sociale des accusés, qui permit à de nombreux cadres de l'industrie ou de hauts fonctionnaires d'échapper à la justice, ou aux commissions professionnelles d'épuration, ce généralement au titre d'une aide ultérieure apportée à la Résistance. Cette disparité est perceptible au sein même des structures de l'État, où les écarts entre le nombre et la nature des sanctions demeurent importants, d'un ministère à l'autre[23]; mais aussi par la

20. Sur 38 procès ayant lieu en 1945 et 1946, on compte 11 arrêts des poursuites, soit un peu moins du tiers des accusés; sur 61 procès ayant lieu entre 1947 et 1948, on dénombre 16 arrêts des poursuites et 2 acquittements, proportion équivalente; les 11 procès se déroulant en 1949 se soldèrent par 7 arrêts des poursuites, un acquittement et 2 peines de dégradation nationale de cinq ans avec sursis (dont René Bousquet). Les peines de mort prononcées par la Haute Cour furent mises à exécution par deux fois en 1945 (Joseph Darnand et Pierre Laval), une fois en 1947 (Fernand de Brinon, le 6 mars). Dans les 15 autres cas les peines de mort furent prononcées par contumace ou commuées.

21. Soit les trois départements du Haut-Rhin, du Bas-Rhin et de la Moselle, dont les taux d'épuration sont de plus de dix fois supérieurs à la moyenne nationale.

22. Ce, soit qu'il s'agisse de départements où les groupements de collaboration s'étaient particulièrement développés, soit au contraire des départements où la Résistance avait fait preuve d'une activité supérieure à ce que l'on pouvait constater ailleurs. C'est par exemple le cas du Var pour le premier cas et de la Haute-Vienne pour le second.

23. C'est ainsi que les ministères de l'Intérieur et de la Justice proposent des taux d'épuration près de dix fois supérieurs à la moyenne calculée dans la fonction publique.

déclinaison des instances de jugement : Haute Cour, cours de justice, chambres civiques, tribunaux militaires, commissions professionnelles, commissions locales, départementales issues des comités de libération, des entreprises ou des administrations... La multiplicité des structures de jugement pouvait conduire à des appréciations diverses sur la gravité d'affaires équivalentes[24], mais surtout brouillait la perception des critères et des instances.

Le troisième facteur est la pression populaire. Celle-ci s'exerça en faveur d'une justice considérée comme devant être le contrepoids des préjudices subis, quitte à privilégier dans l'emportement des premiers temps les représentations du « collabo » au détriment d'une définition claire des délits. Réclamée par les Français comme un préalable à la reprise de l'activité économique et à la reconstruction, l'épuration fut avant tout un processus de désignation sociale – et du reste souvent symbolique – du collaborateur. Cette désignation permettait de s'affranchir durant quelques temps de la norme sociale et de sa hiérarchie, de clouer au pilori les hommes ou les femmes qui *représentaient* Vichy plutôt que ceux, actifs mais discrets rouages de l'Administration par exemple, qui *avaient fait* Vichy et facilité d'une manière générale la collaboration. Bref, ceux qui incarnaient symboliquement la honte nationale se trouvaient plus facilement désignés comme « collabos » que ceux qui avaient su demeurer discrets.

C'est cet esprit de vengeance autant que de jouissance qui émerge lorsque le pays connaît la liesse de ses premières semaines de liberté. La vengeance est liée à la myriade des formes de délits et à leurs conséquences parfois tragiques, notamment dans le cas de dénonciations. Mais, plus largement, la vengeance est à comprendre dans une acception plus générale, et peut être lue comme un dédommagement moral du ou des offensés par punition de l'offenseur. Entendons par là une

---

Au sein de l'Éducation nationale, le monde universitaire fut touché dans les mêmes proportions.

24. Et ce même si les transmissions de dossiers (généralement vers les cours de justice) s'opérèrent à peu près normalement. L'évaluation des griefs pouvait en effet varier selon l'instance qui, la première, avait été en possession du dossier d'un accusé ; celui-ci bénéficiant généralement par effet de « chaînage » d'un assouplissement des sanctions proposées. Ce phénomène est particulièrement remarquable dans le secteur économique, où pas moins de trois instances spécifiques furent créées en plus de celles existantes : comités départementaux de confiscation des profits illicites, comités régionaux interprofessionnels d'épuration (CRIE) et commission nationale interprofessionnelle d'épuration (CNIE), lesquelles ne siégèrent qu'à partir de 1946, date tardive qui avantagea ceux des accusés que l'on appelait « les économiques ».

violence sans justice mais une violence susceptible *a priori* d'être justifiée du point de vue d'une certaine forme de morale publique. Cette vengeance légitimée explique sûrement en grande partie les atteintes à la dignité des suspects, les arrestations musclées, les enfermements abusifs comme les écarts de comportement à l'encontre des personnes inquiétées. La jouissance s'exprime par une forme de plaisir, après la souffrance, dans la mise au pilori de certaines catégories d'épurés, dont les femmes font partie. De nombreuses scènes de rue illustrent cette jouissance collective face à une libération qui s'affiche dans la brutalité de manifestations aux relents archaïques, dont les femmes tondues demeurent le symbole le plus marquant. Gravées dans la mémoire, ces images fortes de femmes tondues sont devenues le symbole de l'épuration, que ce soit dans les revues de vulgarisation ou, de manière plus étonnante, parfois également dans celles de l'« histoire savante ». Les femmes tondues ont émergé dans l'historiographie à l'aube des années 1990 et sont devenues le sujet d'une thèse aujourd'hui publiée[25]. Ces traces visuelles, qu'il s'agisse de photos ou de films, montrent l'importance de la foule dans le processus d'épuration. La force de ces images réside en effet dans l'opposition entre le châtiment tragique d'individus ou de groupes d'individus et la masse de « persécuteurs », qu'ils soient actifs ou complices. Cette massification de l'événement, en dehors de toute réalité chiffrée, contribua à la construction de représentations autorisant tous les excès. C'est ainsi que l'épuration est devenue un élément clé dans le système de représentation qui oppose les bons et les mauvais résistants, les héros et les bourreaux, les vrais « collabos » aux victimes de l'« épuration sauvage », etc.

Enfin, la perception de l'ampleur de l'épuration est également tributaire des aléas de la mémoire de Vichy, et notamment de la réactivation par les affaires et les procès. Que ceux-ci aient un lien direct avec le sujet ou non. De la conviction d'une résistance nationale de masse mise à mal avec la sortie du film de Marcel Ophuls *Le Chagrin et la Pitié*, en 1969, jusqu'au très médiatique procès Papon, chaque « affaire » réactivant le souvenir de Vichy, immeubles de la Ville de Paris, jeunesse de François

25. Même si la majeure partie de ces tontes se déroule au cours des premières journées de la Libération, on relève des manifestations de ce type tout au long de l'hiver de 1944, et une nette recrudescence avec le retour, en mai-juin 1945, des prisonniers, déportés, STO, etc. Voir Fabrice Virgili, *La France « virile ». Des femmes tondues à la Libération*, Paris, Payot, 2001. On se reportera également aux analyses régionales de Luc Capdevila, *Les Bretons au lendemain de l'Occupation : imaginaire et comportement d'une sortie de guerre*, Rennes, PUR, 1999, et Marc Bergère, *Une société en épuration. Épuration vécue et perçue en Maine-et-Loire de la Libération au début des années 50*, Rennes, PUR, 2003.

Mitterrand, affaire Bousquet, affaire Jean Moulin, œuvres d'art détenues dans les musées, propriétaires juifs spoliés, rôle de certaines grandes entreprises, des banques suisses, publication d'ouvrages polémiques, etc. Ces événements postérieurs procèdent chacun à leur manière d'une redécouverte cyclique en France de la vraie nature de Vichy, du rôle de l'Administration, de l'antisémitisme d'État, de la spoliation des juifs, du rôle des banques, des musées ou de l'ambivalence des attitudes; et illustre assez le malaise causé en France par ce passé indigeste où la justice dispute la vérité à l'histoire et aux enjeux de mémoire du temps présent[26].

Au final, l'épuration n'apparaît pas, dans sa globalité, même si elle suscita de nombreuses critiques d'ailleurs contradictoires, comme un phénomène purement répressif. Il y eut des exactions, parfois terribles, mais qui furent marginales par rapport au phénomène dans son ensemble et compte tenu de son contexte. Dans l'Administration, passé quelques années, de nombreux exclus furent réintégrés, et de multiples mesures d'assouplissement des sanctions furent prises au cours des années 1950. Paradoxalement, ces mesures purent être interprétées comme une sorte de reconnaissance des excès de l'épuration, tant dans certains milieux les enjeux présents l'emportaient sur ceux du passé[27].

Dans la plupart des cas, les sanctions furent soit atténuées, soit largement amnistiées dans les cinq ou six ans qui suivirent la guerre. Mais cela n'empêcha pas le grossissement des faits repris dans la légende d'une épuration redoutable par ceux qui, directement ou par le biais d'un proche, en avaient subi, si peu que ce fût, la rigueur. Au-delà de la question des chiffres, le phénomène de l'épuration témoigne d'une étonnante capacité à créer une mémoire de la victime, une sorte de souvenir fantasmatique qui laisse en suspens la vérité au profit de l'image incarnée, dans la mémoire commune, par la femme tondue. Réclamée par l'opinion publique et souvent considérée par le monde ouvrier

26. Voir Éric Conan et Henry Rousso, *Vichy, un passé qui ne passe pas*, Paris, Fayard, 1994.

27. Voici par exemple en quels termes le bulletin de l'amicale des anciens fonctionnaires de la police française, Police ancienne – organisation très marquée à droite dont le nom était conçu en réaction à la structure « Police nouvelle », d'obédience communiste, créée à la Libération – évoquait l'amnistie en mai 1951 : « La loi dite "d'amnistie" vient d'être votée au Parlement. Qu'apporte-t-elle aux victimes de la répression arbitraire de 1944-46? Rien! Si ce n'est tout de même, pour quelques uns de nos amis, le rétablissement de leurs droits à la pension [...]. Pour le reste, c'est-à-dire la réconciliation des Français, la réparation des injustices commises, le retour à la légalité républicaine [en 1951, *sic*], il faut se contenter du bon-vouloir de ces messieurs les socialistes et les communistes. C'est dans l'ordre normal des choses. Que peut-on attendre d'émasculés ou de profiteurs du résistencialisme? », *Police ancienne*, n° 7, mai 1951, p. 1, BDIC, 4 P 1023 Rés.

comme un préalable absolument nécessaire à tout effort de reconstruction, l'épuration constitua un lieu de débat social d'autant plus polémique qu'elle prétendait désigner le pur et l'impur en politique. Une désignation inspirée à la fois des souffrances passées et des conceptions (idéalisées ou froides et calculées selon les strates sociales) de ce que devait être l'avenir. C'est sans doute l'impossibilité de cette désignation qui eut pour effet de brouiller la lecture du phénomène.

Car l'épuration a conjugué, dans des processus complexes, différentes fonctions dont Pierre Laborie a établi, il y a quelques années, un premier inventaire[28], qui permet de mieux comprendre en quoi la question des chiffres recouvre différentes réalités. En effet, l'entreprise de justice qui fondait l'épuration se doublait d'une fonction de sécurité, dans les tout premiers temps, afin de mettre à l'abri des personnes exposées à la vindicte populaire, ou, à l'inverse, de protéger la collectivité de forcenés collaborationnistes. Mais cette double action de justice et de sécurité, revendiquée comme telle, se trouvait investie par d'autres enjeux : légitimation de la Résistance et donc des accusateurs et des juges au sens où l'entendait Michel Foucault[29]; reconstruction identitaire et réunification nationale, par la désignation commune de traîtres; enfin, régénération des élites défaillantes (dans un premier temps seulement puisque, très vite, la plupart des cadres inquiétés et suspendus furent réintégrés). La complexité du phénomène eut pour conséquence de brouiller la perception qu'en eurent les protagonistes. Victimes de Vichy et victimes de l'épuration se fondent ainsi plus uniformément dans la mémoire de l'événement et se renvoient au fil des débats d'après-guerre des justifications en forme d'anathèmes[30]. C'est peut-être dans cette forme d'élargissement de la culpabilité des années noires en général que réside la cause du silence qui a longtemps entouré le sujet. Un silence que viennent, parfois bruyamment, troubler la mise en procès des derniers survivants et les questions gênantes des générations d'après-guerre sur l'attitude de leurs aînés. Un silence que, dans un autre style, espèrent avoir contribué à rompre, après les travaux suscités par le sujet depuis une dizaine d'années, les contributions contenues dans le présent ouvrage.

---

28. Pierre Laborie, « Les pouvoirs en France à la Libération », colloque de Sèvres, 13-14 décembre 1989, dont les conclusions sont reprises par Henry Rousso *in* « L'épuration en France, une histoire inachevée », *Vingtième siècle. Revue d'histoire, op. cit.*

29. Voir *Surveiller et Punir,* Paris, Gallimard, 1975.

30. Voir Henry Rousso, *Le Syndrome de Vichy,* Paris, Seuil, 1987.

Conclusion

par Marc Olivier Baruch

C'est peu de temps après la Libération, sans doute vers l'automne de 1944, qu'apparut dans la presse, et singulièrement dans la caricature de presse, une figure appelée à une remarquable longévité, celle du lampiste. Humble membre de la corporation cheminote, qui n'a d'autre mission que d'assurer l'éclairage des voies et des installations, il symbolisait l'injustice d'un processus censé, au mieux, s'être acharné sur les petits pour épargner les gros : l'impunité, absolue ou relative, dont auraient bénéficié instigateurs et profiteurs de la collaboration s'est de fait rapidement cristallisée en mythe, et en matière de mythes le temps ne fait rien à l'affaire. Un demi-siècle après l'épuration, la presse pouvait encore affirmer, à la fin des années 1990, que le procès de Maurice Papon devait permettre de juger, enfin, les agissements des hauts responsables administratifs de l'État français.

Il ne s'agit pas, ici, de s'interroger sur les silences, les rebonds ou les oublis de la mémoire, sinon pour rappeler que coexistent évidemment des mémoires portées par des groupes politiques ou sociaux concurrents. Si c'est usuellement la presse d'extrême droite qui se fait le plus volontiers l'écho des excès dont d'honnêtes patriotes auraient été victimes de la part des communistes et de leurs suiveurs, rappelons que cette manière d'écrire l'histoire de l'épuration, sauvage, a toujours gardé pignon sur rue, y compris chez des éditeurs usuellement de bonne tenue mais qu'un peu de sang à la une ne rebute pas outre mesure. Les chiffres ne suffisent naturellement pas à dissiper les mythes, qui peuvent même au contraire s'en nourrir, comme en témoigne la légende noire – à laquelle croient encore sans doute aujourd'hui quelques vichystes indéracinables – des 100 000 exécutions sommaires qui seraient intervenues à la Libération.

Pour autant, rappeler ces chiffres dans toute leur ampleur – environ 350 000 dossiers instruits en vue d'un passage en cour de justice, dont 125 000 aboutissent, près de 95 000 personnes frappées, à titre principal ou accessoire, d'indignité nationale, près de 30 000 fonctionnaires sanctionnés – est nécessaire pour souligner à quel point l'épuration fut un phénomène social massif. Nécessaire mais difficile, tant ces chiffres furent changeants. Ils le furent certes parce que les comptages officiels étaient incertains – situation trop générale, s'agissant des effectifs publics, pour que l'on puisse y lire une volonté de camouflage politique, l'explication par la médiocrité de la connaissance statistique qu'a l'État de lui-même nous paraissant plus plausible. Mais l'élément conjoncturel joua aussi dans une large mesure, avec cette fluidité intrinsèque aux processus d'épuration intervenus à la fin de la Seconde Guerre mondiale, situation que les contributions réunies ici se sont efforcées de mettre en évidence pour quelques corps de métier.

Elles ont aussi, ce faisant, souligné l'ambition de l'objectif initial de l'épuration : loin de la timidité rétrospectivement prêtée au phénomène, ce sont des cohortes entières qui sont passées au crible, dans l'État bien sûr, du président de cour d'appel au gardien de la paix, mais pas seulement. Si les milieux d'affaires ou les médecins ne se voient pas systématiquement mis en cause, des comptes sont plus largement demandés aux membres de professions structurellement exposées, tels les écrivains ou les hommes de théâtre. En outre, au départ, l'épuration vise large, et elle touche haut. Pas un préfet, pas un directeur du ministère de l'Intérieur ne reste en poste, et peu nombreux sont ceux d'entre eux qui réintégreront, plus tard, la carrière préfectorale. D'où provenait alors l'insatisfaction généralisée de l'opinion publique face à l'épuration, que Raymond Aron, analyste ironiquement lucide de la situation politique de la France de l'été de 1945, décrivait en ces termes :

> Une sorte d'unanimité s'est établie pour proclamer que l'épuration était un échec. On n'oserait donc rompre cette unanimité. Mais l'opposition, presque toujours, s'est bornée à dénoncer des cas scandaleux dans l'un ou l'autre sens. Or, on ne juge pas une politique d'après ses « ratés ». Il aurait fallu articuler les griefs. À quoi en avait-on ? À l'insuffisance des dossiers ? Mais si on voulait poursuivre jusqu'aux lampistes de la collaboration, les dossiers se comptaient par centaines de milliers et exigeaient de l'Administration une compétence et une efficacité improbables. À l'insuffisance des tribunaux ? Mais les cours de justice n'ont pas été discutées dans leur principe. Les jurés étaient recrutés parmi les résistants, ils devaient donc, dans l'ensemble, être plus sévères que la moyenne de l'opinion publique. À l'insuffisance des magistrats ? L'épuration des épurateurs aurait dû, certes, précéder l'épuration du pays, mais si elle avait été poussée jusqu'au bout,

combien aurait-on gardé d'épurateurs ? À l'insuffisance des textes ? Mais la presse politique n'a presque jamais discuté les ordonnances relatives à l'épuration [1].

Scandée par les obstacles effectivement rencontrés par l'épuration de la seconde moitié des années 1940, cette analyse laisse aussi entrevoir des formes plus permanentes d'insatisfaction face aux modalités de transition entre une dictature et un régime démocratique, comme l'aurait montré une comparaison entre les pays sortant de la Seconde Guerre mondiale et comme le confirment aujourd'hui nombre d'exemples récents, du Chili à l'Afrique du Sud, de l'Allemagne de l'Est au Rwanda. Tentant d'expliquer ce bilan annoncé d'une faillite de l'épuration, Raymond Aron, un peu plus loin dans le texte cité, rappelle que « même des résistants qui ont été au pouvoir ont bien vu que le passage au pouvoir invite à des compromis ». Ne s'agit-il pourtant que de cela ? À l'issue des quelques coups de sonde que ce livre a permis, il apparaît qu'en matière d'épuration, et principalement d'épuration professionnelle, les décalages furent profonds entre les attentes des populations et les objectifs des pouvoirs publics, et ce à un double niveau : enjeu politique en même temps qu'enjeu socioprofessionnel, la question de l'épuration ne pouvait pas ne pas générer les désillusions, partant les mythes auxquels nous sommes encore aujourd'hui confrontés.

L'épuration comme enjeu politique

Parce qu'elle touche aux questions de justice et de maintien de l'ordre public, piliers régaliens de l'État, l'épuration constitue d'abord un enjeu proprement politique. Dès le 25 juillet 1944, au cœur donc de cette phase de libération du territoire qui vit se mettre en œuvre l'épuration la moins contrôlée qui fût, le général de Gaulle exposait devant l'Assemblée consultative provisoire d'Alger ce qui serait la première priorité du gouvernement provisoire de la France libérée : « L'établissement de l'autorité publique, du haut au bas de l'État, est d'autant plus urgent et indispensable que nous allons nous trouver soudain devant des problèmes très graves et très compliqués en ce qui concerne la vie même de la nation. » Il s'agissait en effet d'abord, pour des équipes qui s'étaient construites dans l'exil, à la fois de conduire les opérations de guerre visant à l'écrasement de l'ennemi et d'assurer la vie matérielle du pays,

1. « Les désillusions de la liberté », *Les Temps modernes*, 1re année, n° 1, octobre 1945, p. 76-105 (citation, p. 79-80).

par le rétablissement de voies de communication et l'organisation du ravitaillement. Le gouvernement était conscient de la nécessité de ne pas différer pour autant ces réformes de structure indispensables qu'étaient le retour à la légalité républicaine, la mise en œuvre du programme économique et social de la Résistance, et l'épuration. Cette dernière apparaissait comme un point de passage obligé, nécessaire tant pour purger le pays de son besoin de justice, ou de vengeance, que pour s'assurer que les élites, étatiques et économiques, avec lesquelles on allait bâtir la reconstruction seraient indiscutables et indiscutées.

Cette double dimension était perçue dès l'origine, lorsqu'il avait été décidé, au printemps de 1943, à Londres, d'« écarter des postes gouvernementaux ou administratifs [ceux qui] n'ont pris aucun risque dans la Résistance française ». Elle se concrétisa par les processus menés en parallèle d'une épuration pénale inaugurée sans compromis avec le sort réservé en mars 1944 à Pierre Pucheu, et d'une épuration administrative, en Afrique du Nord d'abord, puis dans la Corse libérée, laboratoire *sui generis* des difficultés que rencontrerait une épuration entendant rester dans un cadre légal[2]. Les principes restaient ceux posés à Londres, qu'avait transformés en droit positif l'ordonnance prise le 18 août 1943 à Alger chargeant une commission d'épuration de « provoquer les sanctions adéquates contre tous les élus, fonctionnaires et agents publics qui, depuis le 16 juin 1940, ont, par leurs actes, leurs écrits ou leur attitude personnelle, soit favorisé les entreprises de l'ennemi, soit nui à l'action des Nations unies et des Français résistants, soit porté atteinte aux institutions constitutionnelles ou aux libertés publiques fondamentales ». Tout le personnel des services publics ayant travaillé sous les ordres du gouvernement de Vichy relevait de l'ordonnance du 18 août, mais le texte distinguait entre ceux qui s'étaient bornés à exécuter des ordres et les instigateurs de la collaboration. Il y avait là plus qu'une nuance, que reprendra le texte fondateur de l'épuration administrative dans la métropole libérée, l'ordonnance du 26 juin 1944, en ne faisant de l'obéissance aux ordres de Vichy motif à sanction qu'à l'encontre des seuls agents « détenant des postes de direction ou de commandement [et ayant eu] la faculté de se soustraire à leur exécution par [leur] initiative personnelle ». L'idée était bien d'exclure du champ de l'épuration les

2. Sur les difficultés rencontrées, en matière d'épuration, en Corse, voir Jean-Éric Callon, « La libération de la Corse : André Philip et le rétablissement de la légalité », *in* fondation Charles-de-Gaulle, *Le Rétablissement de la légalité républicaine (1944)*, Bruxelles, Complexe, 1996, p. 55-64.

subalternes qui s'étaient contentés d'exécuter les ordres reçus. L'ampleur de la protection que permettait cette disposition, notamment au profit du personnel des forces de l'ordre, provoqua un tel malaise qu'en deux étapes, les 14 septembre et 28 novembre 1944, la périphrase « détenant des postes de direction ou de commandement » disparut. La nouvelle rédaction élargissait sensiblement le champ de l'épuration administrative, au moment même où celle-ci se mettait en œuvre.

Le Parti communiste n'avait pas été pour rien dans cette réorientation, qui répondait à son souhait de ne pas laisser impunie la très sévère répression dont ses militants avaient fait l'objet de la part des forces de maintien de l'ordre de Vichy. Il se faisait ainsi l'écho des attentes de l'opinion, souvent demandeuse de vengeance autant que de justice. Les tontes de femmes accusées de collaboration[3], mais aussi des actes plus sanglants, tel le lynchage par la foule de prévenus ou de condamnés graciés, témoignaient de la nécessité de canaliser des formes de violence populaire exacerbées par la dureté, en plusieurs points du territoire, des derniers mois d'occupation[4]. La maîtrise par l'État des opérations d'épuration, et leur stricte inscription dans un cadre légalement établi, était donc pour le gouvernement une nécessité politique absolue, d'autant qu'il entendait fermement ne pas laisser les Alliés s'y impliquer, comme ils avaient pu en avoir un moment l'intention.

Ce contrôle des processus d'épuration était donc partie prenante de l'objectif politique plus large consistant à éliminer tout risque de dualisme des pouvoirs, entre un appareil d'État blanchi par son enrôlement au service du nouveau pouvoir et les organismes nés de la Résistance. Le double dispositif transitoire, l'un éphémère, l'autre plus durable, qui se mit en place au fur et à mesure de la libération du territoire, montra son ingéniosité et son efficacité. Confiant à des résistants incontestés les premiers rangs, et les pleins pouvoirs, dans les administrations centrales (avec les secrétaires généraux provisoires) et dans les régions (avec les commissaires régionaux de la République), ce dispositif faisait entrer la Résistance dans l'État, non à côté de lui. Le prix à payer fut certes une fragmentation de l'autorité de l'État – au demeurant inévitable face à l'ampleur des transitions à réaliser, mais que l'énergique ministre de

3. Voir Fabrice Virgili, *La « France virile » : les femmes tondues à la Libération*, Paris, Payot, 2000.

4. Sur un cas particulier d'épuration non maîtrisée par les pouvoirs publics, et les représentations du passé et de l'avenir dont il est porteur, on se reportera à Pierre Laborie, « Entre histoire et mémoire, un épisode de l'épuration en Ariège : le tribunal du peuple de Pamiers, 18-31 août 1944 », *Les Français des années troubles*, Paris, Desclée de Brouwer, 2001, p. 215-235.

l'Intérieur Tixier s'employa avec autorité à résorber – mais non sa dilution. Le général de Gaulle trouva de fait un allié en la personne de Maurice Thorez, qui rappela les comités de libération à leur vocation d'auxiliaires, et en aucun cas de concurrents, des pouvoirs publics étatiques, en soulignant que leur tâche n'était pas « d'administrer, mais d'aider ceux qui administrent[5] ».

Il en allait effectivement ainsi en juillet 1945, lorsque Thorez prononça ces paroles devant le Xe Congrès du PCF. La situation n'avait pourtant pas été toujours aussi simple. Si les représentants de l'État finirent partout par s'imposer, de sorte qu'il n'y eut en conséquence pas de dualité de pouvoirs entre eux et les organismes nés de la Résistance, on ne saurait pour autant minimiser la part prise dans la mise en œuvre de l'épuration, en plusieurs régions, par ces derniers. Mais, comme on l'a vu avec le rôle joué dans le processus d'épuration de la magistrature par la commission « justice » du Conseil national de la Résistance, ces organismes ne parvinrent pas à institutionnaliser le pouvoir qu'ils s'étaient un moment donné en la matière. S'ils purent se croire des acteurs effectifs de l'épuration, ce ne fut que de manière transitoire.

Le rôle moteur, en matière d'épuration, fut dévolu à l'État, dont l'appareil politique, judiciaire et administratif maîtrisa la question non seulement dans ses orientations générales, mais aussi jusqu'à ses modalités les plus ponctuelles. La centralisation, tôt intervenue, au profit du seul chef du gouvernement provisoire de la politique des grâces, le contrôle ensuite par les instances ministérielles de la gestion des carrières des fonctionnaires, la longue procédure enfin de réexamen des sanctions réalisée devant la juridiction administrative permirent aux diverses autorités publiques d'assurer un réglage fin et continu de l'épuration. Il ne s'agissait certes pas d'un plan préétabli, d'autant que les premiers temps se révélèrent plutôt chaotiques : face aux situations d'urgence, les commissaires de la République eurent tendance à répondre parfois de manière inédite à la demande de vengeance émanant de la population, en improvisant s'il le fallait sanctions ou procédures. Mais, dans la moyenne durée, les processus tendirent à se mouler dans la problématique posée dès l'origine par le général de Gaulle, certes soucieux de concilier justice et reprise de l'activité politique et économique, afin que la France retrouve rapidement son rang dans le concert des nations, mais soucieux aussi de la restauration de l'État, objet de tous ses soins.

5. Rapport au Xe Congrès national du PCF, Paris, 26-30 juin 1945, *Une politique de grandeur française*, Paris, Éditions sociales, 1945, p. 342-343.

Or cet État fut bel et bien restauré, il ne fut pas repensé. Des réformes de structure intervinrent certes dans la foulée de la Libération, avec la création de l'ÉNA, la « nationalisation » de l'École libre des sciences politiques, la promulgation en octobre 1946 d'un statut des fonctionnaires remplaçant celui décrété en septembre 1941 par Vichy. Mais, soit qu'elles n'aient pas produit les effets escomptés, soit qu'elles ne se soient en fait pas attaquées à la racine du mal, ces réformes ne conduisirent pas à une rénovation effective de l'État. Celui-ci fut sans conteste épuré, mais sans que les changements d'hommes intervenus à sa tête n'aient abouti à remettre en cause son organisation en castes, ni les principes sur lesquels il était fondé.

Au-delà de la maîtrise par des structures étatiques de la répression de la collaboration, au-delà aussi du mode de fonctionnement de l'État, questions politiques par essence, l'épuration touchait au cœur même de la constitution identitaire de la nation. Exposer pour les juger, au prétoire ou dans le huis clos des commissions d'épuration, les mille et un accrocs aux règles morales et sociales du vivre-ensemble occasionnés par l'Occupation posait, par un effet de miroir grossissant, la question de l'identité nationale. Passant par l'exclusion d'une minorité sur la définition de laquelle une quasi-unanimité pouvait se faire, l'épuration avait aussi pour fonction de resserrer le lien social distendu par les événements des années récentes. Chaque groupe local pouvait ainsi définir sa « poignée de misérables », dont la mise à l'écart contribuerait à ressouder sa propre communauté de destin.

Les grands procès, devant la Haute Cour, auraient pu jouer un rôle cathartique du même ordre au niveau national, mais ils générèrent surtout la désillusion : revenant, quelques années après la fin de l'épuration judiciaire, sur le procès Pétain, Jean Cassou pouvait déplorer que « le pays n'a[it] pas pris conscience ; or c'est de cela qu'il s'agit, non de châtiments ou de vengeances[6] ». Le culte, progressivement construit, des héros de la Résistance eut pour fonction de retisser l'unité nationale, en masquant les tendances dissensuelles qui s'étaient étalées au grand jour à la Libération. Luttant contre la fragmentation des premiers processus d'épuration, le pouvoir d'État s'était d'abord efforcé de réduire la tension entre le niveau central et les niveaux périphériques – régional, départemental et local. Le retour au cadre géographique traditionnel, après les tentatives de régionalisation de Vichy, se caractérisa par l'abandon, au printemps de 1946, de l'institution, qui avait pourtant fait la

6. *La Mémoire courte*, Paris, Éd. de Minuit, 1954, rééd. Mille et Une Nuits, 2001, p. 26.

preuve de son utilité en période exceptionnelle, des commissaires régionaux de la République. Sans doute fallait-il en finir, nominalement au moins, avec l'exceptionnalité des temps.

L'épuration comme enjeu socioprofessionnel

Celle-ci laisserait pourtant des traces, que nous avons retrouvées au fil des archives issues de l'épuration des professions étudiées ici. Si tous les corps de métier ne réagissent pas de manière identique aux enjeux d'ordre socioprofessionnel que leur pose l'épuration, cette dernière met en évidence un certain nombre de questionnements que tous auront à résoudre autour du contrôle des processus d'épuration, et notamment de la place que doit y occuper l'État, de l'impact de l'épuration dans la construction des identités professionnelles, des effets de relève enfin que la période aura favorisés.

On voit ainsi tout d'abord, dans un contexte, rappelons-le une fois de plus, général et massif, se poser la question de la place de l'État. Celui-ci – alors même qu'il ne parle pas ou n'agit pas d'une seule voix – est clairement le chef d'orchestre lorsque sont en cause ses propres cadres (préfets, magistrats, universitaires, officiers) et plus encore lorsqu'il s'agit de savoir qui est digne d'être parlementaire, c'est-à-dire mandataire de la volonté du peuple, redevenue source unique de légitimité. Mais il est aussi celui qui, en posant les textes et en veillant aux conditions de leur mise en œuvre, supervise les épurations professionnelles. S'il ne lui revient pas d'en suivre au jour le jour et partout les modalités, il est dans son rôle régulateur en s'assurant de la généralisation de l'œuvre d'épuration. Il s'agit d'une part de vérifier que pas un corps professionnel – les Églises mises à part peut-être – n'esquive la nécessité d'éliminer les indésirables et d'autre part de canaliser, par le moyen de commissions dont les conditions de constitution et de fonctionnement sont fixées réglementairement, la spontanéité, voire la violence, dont pouvaient être porteuses les initiatives venues de la base, tels ces « comités d'honneur » qui entendirent, un bref temps, procéder eux-mêmes à l'épuration de leur entreprise.

Alors même que les professions étaient divisées sur la nécessité et l'ampleur des épurations qu'elles devaient mettre en œuvre, elles retrouvaient des formes de cohésion face au risque de voir l'État renforcer à l'excès son emprise sur elles par ce biais. La tentation fut en conséquence générale de s'épurer « entre soi », en tentant de limiter les capacités d'intervention extérieures, telles qu'elles se reflétaient notamment dans la composition des commissions chargées de proposer les mesures d'épuration. La réorganisation des professions, qui s'inscrivait à la fois dans la continuité des mesures prises par Vichy en ce sens, telle la constitution de l'ordre des médecins, et contre elles, put à cet égard servir d'outil de protection, en renvoyant aux instances ordinales ou professionnelles du groupe considéré la responsabilité de la discipline interne. Il en allait ainsi non seulement des professions indépendantes, mais aussi de la fonction publique elle-même, soucieuse de ne pas voir le politique interférer trop directement dans son fonctionnement. Il fut à cet égard significatif que, concluant devant le Conseil d'État sur les premiers recours déposés par des fonctionnaires contre les décisions d'épuration les frappant, le commissaire du gouvernement Odent rejeta toute construction *ex nihilo*, raisonnant au contraire par analogie avec le droit disciplinaire de la fonction publique, qu'avait progressivement construit l'assemblée du Palais-Royal.

Pour autant, comme l'a montré la diversité dont le livre s'est fait le reflet, les résultats de l'épuration furent sensiblement différents selon les professions, ne serait-ce que dans la mesure où celles-ci prêtaient de manière inégale le flanc à l'accusation de collaboration. L'exercice des fonctions de souveraineté de l'État menaçait plus ses détenteurs – préfet, magistrat ou simple policier – que la mise en œuvre d'un métier susceptible d'être ramené à des aspects d'ordre purement technique. D'autres variables concoururent à cette hétérogénéité : ainsi du degré d'organisation des professions, des modalités de leur représentation face à l'État, et aussi, et peut-être surtout, de la prégnance des identités professionnelles qui y étaient à l'œuvre. Cette diversité tenait en effet à la multiplicité des réponses susceptibles d'être apportées, métier par métier, à la question que posait le principe même de l'épuration professionnelle : comment définir *a posteriori* les frontières d'une pratique professionnelle tolérable en temps de crise ? Parmi ces réponses, l'une des plus discriminantes était liée à la capacité à s'inscrire dans une attitude constitutive de l'essence même du métier : métier de soigner pour un médecin, de défendre pour un avocat, et à la limite métier de juger pour un magistrat. Comme le montrent, par exemple, les analyses menées pour ces deux dernières professions – professions entre lesquelles, au demeurant, l'épuration donnait l'occasion de rejouer des conflits de frontières anciens, ainsi lorsqu'un magistrat épuré devenait avocat –, il était très difficile de définir des critères permettant de définir clairement ce qu'était un comportement déviant : même plaider devant une juridiction allemande pour les uns ou siéger dans les tribunaux d'exception de Vichy pour les autres n'était pas un élément suffisant à lui seul à provoquer une sanction d'épuration.

C'est bien plutôt le trouble manifestement apporté à une conception classique de l'habitus professionnel – dussent ses limites être sensiblement élargies pour l'occasion – qui valait stigmatisation. Des fonctionnaires furent sanctionnés pour avoir régulièrement assisté aux conférences du groupe Collaboration, et l'on retrouve dans le dossier d'un préfet condamné à mort et exécuté plusieurs références aux déjeuners auxquels il participait en compagnie d'officiers allemands jusqu'au milieu de l'année 1944. En évoquant explicitement la notion d'« élément indésirable », l'épuration pénale comme l'épuration professionnelle ne se privèrent pas de brouiller les frontières entre la sphère publique et la sphère privée, le cas des écrivains comme celui des hommes de théâtre, personnages du Tout-Paris, étant à cet égard caractéristique. On connaît la réponse qu'y apportèrent les intéressés, fondée sur une appréciation « réaliste » de la situation d'occupation et sur la nécessité de présenter aux Allemands, comme l'écrira Sacha Guitry, « le spectacle d'une activité française formellement décidée à maintenir le prestige intellectuel de la nation en face de l'adversaire – et de l'adversité ». Choix de la présence sur lequel le maréchal Pétain et ses équipes avaient bâti leur politique, jusqu'au bout de la collaboration ; choix que ne regrettait pas son ancien ministre des Finances Yves Bouthillier lorsqu'il dédiait le second volume de ses Mémoires aux fonctionnaires français « qui, au temps de l'occupation ennemie, restèrent fidèles au sol de France et, avec un tranquille courage, furent assez généreux pour servir ».

Servir, mais servir qui ? C'était le rôle des commissions ou comités d'épuration, plus tard celui du Conseil d'État saisi de recours, non seulement de tracer les contours sinueux de l'opprobre professionnel, mais aussi de le quantifier, en proposant une sanction adaptée à la faute reconnue. On a vu les efforts faits, dans le cas du corps préfectoral, pour donner aux processus d'épuration une allure rationnelle, même si l'arithmétique que ces efforts reflètent peut aujourd'hui effrayer. Le plus souvent, la marge d'appréciation était large mais elle était strictement datée. Les épurateurs de 1945 avaient leur grille de lecture, sensiblement différente de la nôtre, des étapes par lesquelles était passé le régime, et en conséquence du degré de responsabilité à attacher, selon la date à laquelle il avait été commis, à un acte intervenu sous l'Occupation. Les calendriers pris en compte pouvaient certes être variables selon les professions – la chronologie strictement politique s'appliquant plus au monde des fonctionnaires d'autorité qu'à celui des hommes de culture ou aux responsables des entreprises –, ils se retrouvaient autour de ces grands événements de 1943-1944, dont la mémoire était alors toute récente : instauration du STO, montée en puissance des maquis, guerre civile marquée par l'entrée de la Milice dans quelques secteurs clés de l'État.

Le facteur temps joua aussi en aval, mais de manière non uniforme. Avant même la fin des hostilités avec l'Allemagne, deux groupes furent rapidement frappés, les intellectuels d'une part, les militaires de l'autre. Il y avait à cela des raisons symboliques évidentes, la trahison, base juridique sur laquelle étaient fondées les poursuites, atteignant son paroxysme lorsqu'elle s'appliquait à l'esprit du pays ou à sa capacité de se défendre. En outre, dans l'un comme dans l'autre cas, les dossiers se laissaient facilement instruire, les preuves à charge – écrits dans un cas, ordres dans l'autre – étant par nature publiques. Dans nombre d'autres secteurs en revanche, les affaires les plus graves, donc les plus difficiles à instruire, arrivèrent tardivement devant les cours de justice, sans que celles-ci se montrassent pour autant plus clémentes. Dotées d'une jurisprudence solidement constituée, elles continuèrent au contraire à prononcer, bien des mois après la Libération, des sanctions très lourdes, allant jusqu'à la peine capitale. Remarquons toutefois que la collaboration administrative laissait plus de place aux justifications de nature « patriotique », comme le démontra jusqu'à la caricature la comparution de René Bousquet devant la Haute Cour, en juin 1949. Les accusations frappant les chefs d'entreprise, au demeurant souvent vagues, se heurtèrent, elles aussi, à une ligne de défense solidement étayée : avoir accepté des chantiers allemands pour éviter l'envoi des ouvriers au STO fut très largement admis comme excuse absolutoire.

Outre l'hétérogénéité des faits reprochés, les épurations professionnelles peuvent également être différenciées selon un ensemble de critères, qui concernent aussi bien la nature des pressions, internes ou externes, poussant à l'épuration que les oppositions que ces pressions rencontrèrent. Les professions soudées par l'esprit de corps étaient plus à même de défendre ainsi leur autonomie, comme le montre l'exemple des médecins ou celui des avocats. Chez ces derniers, et il en allait de même pour les magistrats, être en mesure de suivre les arcanes procédurales constituait un atout majeur, de même que la possession de toutes les ressources de la rhétorique. Il en allait de même, mais de manière moins systématique, dans les professions du verbe, écrivains, universitaires, voire fonctionnaires – dont Bousquet serait une fois de plus l'archétype – capables comme personne de manier l'invocation de l'intérêt général.

Plus uniformes furent les effets générationnels, qui virent de nouveaux équilibres s'installer. Il y avait à cela des raisons quasi mécaniques : les plus anciens étant les plus hauts placés, ils furent les premiers touchés par les épurations. Celles-ci conduisirent, comme le montre là encore l'exemple des gens de lettres, à la montée en puissance d'hommes jeunes, voire très jeunes, la génération née au début du siècle s'étant elle aussi ralliée pour partir à Vichy. Ces effets de rajeunissement furent également très sensibles dans le monde politique, pour lequel il n'est pas illégitime d'évoquer une génération de la Résistance, ou dans la fonction publique. L'administration préfectorale offre ainsi l'exemple de carrières extrêmement rapides chez des hommes assez adaptables pour avoir poursuivi leur chemin professionnel sous Vichy, puis après la Libération. Il y eut de très jeunes préfets issus du corps des sous-préfets, ces derniers étant au demeurant peu touchés par les mesures systématiques de réexamen des promotions intervenues sous Vichy, qui eurent pour effet principal de renvoyer dans leur administration d'origine les personnes nommées dans des postes préfectoraux sans appartenir à la carrière.

La mise en œuvre des épurations professionnelles produisit parfois des effets inattendus, tant du point de vue de l'État, confronté à des réappropriations diversifiées de ses objectifs premiers, que des groupes professionnels eux-mêmes, partiellement reconfigurés par la redéfinition de leurs propres normes induites par ce processus. Le retour à un ordre professionnel antérieur ne pouvait pas, de ce fait, être total. Outre les effets de rajeunissement et de diversification déjà évoqués, les processus étudiés ici conduisirent également à remettre en cause des formes d'autorité qui semblaient acquises. Le souvenir du passé récent jouait, notamment dans le monde de l'entreprise où l'épuration avait parfois pour toile de fond le souvenir de conflits sociaux antérieurs à la guerre. L'épuration du monde des affaires ne fut pas pour autant ce matin du grand soir qui, comme put le faire croire un moment l'exemple de Berliet, aurait vu s'installer sur les ruines du droit de propriété des formes de contrôle ouvrier. Il n'en reste pas moins qu'un nombre important d'entreprises furent touchées, comme on l'a vu ici pour ce qui est devenu la région Rhône-Alpes. La panoplie des moyens d'action à la disposition des autorités publiques était vaste, depuis les commissions interprofessionnelles d'épuration jusqu'au comité de confiscation des profits illicites, qui fonctionna pendant un quart de siècle, en passant par les mesures de mises sous séquestre, dont certains commissaires de la République firent un usage massif, mais manquant souvent de base légale, comme le rappela le Conseil d'État un peu plus tard en les annulant quasi systématiquement. De manière moins visible, mais aussi plus durable, que lorsqu'un dirigeant était déféré devant une cour de justice, on assista à des mutations touchant les formes d'autorité dans l'entreprise. Une restauration complète du pouvoir patronal était inconcevable. Les nationalisations firent apparaître de nouvelles élites économiques, mouvement qu'accompagna, même dans des entreprises dont le capital n'avait pas changé de mains, un renouvellement des dirigeants, certains des responsables en poste sous Vichy se retirant d'eux-mêmes, y compris lorsqu'ils n'avaient pas été mis en cause ou qu'ils avaient été blanchis par les tribunaux ou les commissions d'épuration.

La France de l'immédiat après-Libération offre bien l'image d'une société en épuration, avec ses propres jeux d'échelle. Du parlementaire au juge de paix, elle présente les oppositions qui traversent l'appareil d'État ; de l'avocat au machiniste de théâtre, elle offre un panorama des professions confrontées à la nécessité de se redéfinir ; enfin, par les antagonismes qu'elle révèle, elle fait apparaître la force des tensions identitaires qu'exacerbe la période : tension entre centres et périphéries (le pluriel s'imposant en un temps de fragmentation des pouvoirs), tension aussi entre le droit, monde de la règle, et le terrain, monde de la pratique. Et tension, enfin, entre l'épuration effectivement vécue et l'épuration perçue, en un temps où se multiplient jurys d'honneur et listes de proscription. Comme le souligne Marc Bergère[7], de nombreuses personnes étaient susceptibles de se sentir suspectes alors même qu'*in fine* elles ne firent pas l'objet de sanctions. Ce traumatisme peut trouver un aboutissement tragique – par exemple dans le cas du préfet du Nord, Fernand Carles, nommé à son poste par le Front populaire, et qui se suicide en prison en avril 1945 – ou tragi-comique, avec un Sacha Guitry montant en événement parisien ses deux mois de détention à Drancy, de la fin d'août à la fin d'octobre 1944. Il convient également, avec Pieter Lagrou, de tenter de quantifier les déplacements des personnes souhaitant échapper à la suspicion[8].

À cette société en quête d'identité, et dans laquelle l'épuration donne l'occasion – comme le montre l'étude au niveau des villages – de rejouer des conflits anciens, exacerbés par les années d'occupation, des interrogations majeures sont posées, auxquelles il n'est parfois répondu

7. *Une société en épuration. Épuration vécue et perçue en Maine-et-Loire de la Libération au début des années 50*, Rennes, PUR, 2003.

8. *Mémoires patriotiques et Occupation nazie : résistants, requis et déportés en Europe occidentale (1945-1965)*, Bruxelles, Complexe, 2003.

qu'implicitement. Elles se ramènent en large partie à celle dont traiteront deux livraisons ultérieures d'*Esprit*, qui allait jusqu'à poser, en septembre et en novembre 1947, la question de savoir s'il fallait une justice politique. Plutôt que de choisir les jurés sur des listes dressées par les comités départementaux de la Libération, n'aurait-il pas été plus juste, demandait un correspondant de la revue, de « soumettre [le jugement des collaborateurs] à des tribunaux composés de juges et de jurés ordinaires, qui offraient les meilleures garanties de capacité et d'impartialité[9] »?

Dans le même ordre d'idées, comme se débarrasser de l'encombrant héritage répressif de Vichy? Ainsi de l'internement administratif, outil de l'infrajudiciaire, largement mis en œuvre comme substitut d'une mesure d'épuration mais que le ministre de l'Intérieur Adrien Tixier, très sensible au reproche de répéter Vichy, s'efforça systématiquement de réduire, en instaurant des commissions de criblage chargées d'examiner à intervalles réguliers les listes d'internés. Son collègue chargé de la Justice, François de Menthon, fut moins à l'aise dans sa tentative de légitimer la rétroactivité des ordonnances du 26 août et 26 décembre 1944 instaurant l'indignité nationale, nouveau crime sanctionné par une nouvelle peine, la dégradation nationale. Celle-ci était destinée à punir une catégorie de coupables inédite par essence, le vichyste, défini comme celui qui a « servi activement ou spontanément la politique intérieure ou extérieure du gouvernement de Vichy[10] », comportement évidemment non punissable avant la victoire des Alliés. Le ministre tenta de défendre l'idée qu'il n'y avait pas là crime ou délit, mais constatation d'un « état » de sorte que le principe de la non-rétroactivité de la loi pénale n'était pas en cause. Les représentants de la Résistance à l'Assemblée consultative provisoire qui siégeait à Alger furent intraitables : on avait beaucoup trop menti à ce pays durant les quatre années qui venaient de s'écouler, et la Résistance se devait d'assumer et d'expliquer ses choix. L'exposé des motifs qui accompagna la loi fut de ce fait sans ambiguïté aucune : la loi instaurant l'indignité nationale était bien rétroactive, mais sans heurter pour autant les principes fondamentaux du droit républicain, puisque « le système de l'indignité nationale ne trouve pas sa place sur le terrain de l'ordre pénal proprement dit : il s'introduit délibérément sur celui de la justice politique ».

Justice politique donc, revendiquée comme telle par la Résistance, mais dont les corps de magistrats, administratifs et judiciaires, refu-

9. « La Résistance était-elle habilitée à juger? », *Esprit*, novembre 1947, p. 666-672 (citation p. 668).

10. Rapport établi par le CGE, ministère de la Justice, AN BB30 1731.

sèrent d'endosser la paternité. On vit ainsi les premiers, membres du Conseil d'État, suivre le chemin rassurant tracé par le commissaire du gouvernement Odent, qui leur proposait de rejeter l'idée de responsabilité collective que les Alliés étaient en train de mettre en œuvre à Nuremberg, en posant qu'était punissable le seul fait d'avoir appartenu à l'une des organisations nazies, dont la liste était fixée, considérées comme criminelles. Si donc, en France, l'imputation des faits reprochés devait être individuelle, le Conseil d'État reconnut aux ministres la faculté de sanctionner des fonctionnaires – en l'occurrence des hauts fonctionnaires, l'espèce jugée concernant un préfet – au vu d'une attitude générale, en l'absence donc de griefs précis. La justice pénale était plus exigeante, qui entendait écarter le spectre du délit d'opinion, et en était par conséquent réduite à incriminer des faits qui pouvaient paraître mineurs en comparaison de tout un comportement politique : en 1953, Jean Cassou s'élevait contre le fait qu'on avait « condamné Maurras pour avoir, dans un de ses derniers articles, dénoncé un voisin du coin », ajoutant que « les jugements des tribunaux n'ont été, en général, que simagrées, qui obscurcissaient un débat simple et ne l'atteignaient jamais au fond[11] ».

Sans doute. Pourtant, en matière d'épuration pénale comme d'épuration administrative, allaient intervenir des effets de fond, dont les conséquences seraient durables. Le principal réside sans doute dans le fait qu'un tabou fut brisé, celui du devoir d'obéissance à l'ordre donné. On l'a vu dans le monde industriel, et le cas des hauts fonctionnaires d'autorité, militaires et policiers, le montre avec plus de force encore, qui vit des subordonnés condamnés, parfois lourdement, pour avoir suivi les instructions de leurs chefs légitimes. Ce n'est certes pas un effet du hasard si le Conseil d'État fut conduit à poser, en novembre 1944, en pleine épuration donc, les bases d'un devoir de désobéissance du fonctionnaire à l'ordre manifestement illégal, surtout si celui-ci risquait de mettre en cause la continuité du service public. Sans doute avait-il fallu le séisme provoqué par la coexistence de deux légitimités, celle de Vichy et celle de la France libre, pour en arriver là. Dans un domaine tout aussi régalien, celui de la justice, une transgression du même ordre intervint avec la décision prise par la commission centrale d'épuration de la magistrature de lever, dans des cas particulièrement graves, le secret des délibérés, principe essentiel destiné à protéger les juges du siège[12].

11. *La Mémoire courte*, *op. cit.*, p. 26.

12. Voir Georges Lavau, « De quelques principes en matière d'épuration administrative », *JCP*, 1947, p. 584, § 37-39.

À ces ruptures nettes dans le cours ordinaire de la chose administrative et judiciaire allaient s'ajouter des effets de longue durée. On a déjà souligné à quel point, à l'opposé des prétentions initiales du gouvernement provisoire et du général de Gaulle, qui espéraient voir refermée le plus tôt possible une parenthèse dont ils prévoyaient le caractère traumatisant, l'épuration fut un phénomène rampant, lent, à rebondissements. Il ne s'agit pas là d'une ironie de l'histoire, mais des conséquences inévitables de la contradiction initiale des objectifs, qui posaient le principe d'une épuration à la fois rapide et précise. Or, compte tenu des masses de dossiers ouverts, ce que l'on pourrait gagner en précision, on le perdrait en rapidité, et réciproquement. Pour se limiter au seul domaine de la fonction publique, il est clair que des vagues d'épuration qui ne disaient pas leur nom intervinrent dans les années qui suivirent la fin des opérations d'épuration *stricto sensu*. Ainsi de ces mesures répétées de dégagement des cadres qui, jusqu'à la fin de 1947, firent décroître les effectifs militaires de manière beaucoup plus nette que ne l'avait fait l'épuration ou, phénomène moins visible, des ralentissements de carrière qui intervinrent à l'égard d'agents non officiellement sanctionnés au titre de l'épuration mais stigmatisés de fait par leur implication passée dans les arcanes de l'État français. Pour autant, le processus put sembler à double sens, les amnisties de 1951 et 1953 se chargeant au contraire de réintégrer des agents exclus au titre de l'épuration administrative.

Pensée comme un tout, l'épuration apparaît comme un phénomène transitoire, générateur de lourdes ambiguïtés : il s'agissait moins d'exclure durablement que d'apaiser les passions violentes qui auraient risqué de freiner le retour de la France dans le concert des nations victorieuses. Une partie de l'opinion, encline à l'apaisement, partagea cette position implicite des autorités publiques, désireuses de ne pas créer une catégorie de parias destinés à rester de manière perpétuelle à l'écart de la société française. Le jeu, tôt commencé, des grâces, des recours et des amnisties venait consolider ce principe du droit pénal selon lequel le fait même d'avoir purgé sa peine valait au condamné droit à réintégration dans la communauté dont il avait été provisoirement exclu. Mais la fraction de l'opinion la plus proche de la Résistance fut au contraire choquée par la rapidité de certaines réintégrations, et par l'ampleur du pardon qui semblait promis à ceux qu'elle continuait à considérer comme des traîtres à la cause nationale. Le bilan de l'épuration ne pouvait être, aux yeux de cette part du pays, que porteur de frustrations.

Analyste décidément perspicace de l'état politique du pays, Raymond Aron, dans le texte que nous avons cité en ouverture, avait bien noté, dès le début des opérations d'épuration, l'ambiguïté de la situation qu'il résumait en deux formules paradoxales : « L'impatience de la Résistance, écrivait-il, venait se briser vainement sur la prudence résolue du gouvernement » en matière d'épuration, présentée comme « un acte révolutionnaire mis en forme légale, condamné par définition à ne satisfaire ni les révolutionnaires ni les légalistes[13] ». Révolution légale, résolution prudente, telles furent en effet les caractéristiques de cette épuration dont on a vu combien, au moins pour ce qui concerne son volet professionnel, elle fut massive et poussée. Sans doute, comme toutes les formes de justice de transition qui se sont présentées depuis 1945, fut-elle imparfaite, insatisfaisante, voire insuffisante. Au moins présente-t-elle le mérite d'être passée.

13. « Les désillusions de la liberté », art. cité, p. 79 et 81.

Annexes générales

Table des textes officiels relatifs à l'épuration

On trouvera ci-dessous une liste, relativement longue, de textes officiels régissant l'épuration, avec la date de leur publication au Journal officiel. *Pour autant, cette liste n'est sans doute pas exhaustive. Pour partie de manière volontaire : les arrêtés désignant les membres des diverses commissions mises en place pour assurer l'épuration n'ont pas été indiqués ici. Mais aussi parce que les processus d'épuration, comme a tenté de le montrer le présent ouvrage, furent longs en même temps que procéduraux, dans leur tentative de couvrir l'ensemble du corps social. Il serait donc peu étonnant que quelques-uns des textes qui les organisèrent aient échappé à la vigilance de l'auteur de la présente recension. Les textes figurent par ordre chronologique, la présentation typographique retenue permettant de distinguer les textes d'ordre législatif (ordonnances et lois), soulignés, des textes réglementaires (décrets et arrêtés). Enfin, cinq ordonnances essentielles font l'objet d'une publication intégrale à la suite de la présente liste, dans laquelle elles sont signalées par un astérisque.*

- ordonnance du 18 août 1943 (*Journal officiel* du 11 septembre 1943)
  institue une commission d'épuration auprès du CFLN.
- ordonnance du 10 septembre 1943 (*Journal officiel* du 11 septembre 1943)
  pendant toute la durée des hostilités, le CFLN s'attribue le droit de prendre, par décret, des sanctions disciplinaires à l'égard des magistrats.
- ordonnance du 17 septembre 1943 (*Journal officiel* du 23 septembre 1943)
  porte constitution d'une Assemblée consultative provisoire. L'article 8 prévoit des exclusions.
- ordonnance du 2 octobre 1943 (*Journal officiel* du 7 octobre 1943)
  institue un tribunal militaire d'armée pour juger les individus ayant commis des sévices et des brimades contre les détenus dans les centres de détention.
- ordonnance du 2 octobre 1943 (*Journal officiel* du 7 octobre 1943)
  reconnaît aux commissaires le droit de suspendre temporairement certains fonctionnaires, dont les magistrats.
- ordonnance du 2 octobre 1943 (*Journal officiel* du 7 octobre 1943)
  porte statut provisoire des groupements sportifs et de jeunesse : comprend l'exclusion des individus ayant collaboré avec l'ennemi ou participé à des organismes de jeunesse dissous.
- ordonnance du 6 octobre 1943 (*Journal officiel* du 9 octobre 1943)
  relative à la répression des rapports avec l'ennemi et la guerre économique.
- ordonnance du 21 octobre 1943 (*Journal officiel* du 30 octobre 1943)

modifie l'ordonnance du 2 octobre 1943 en étendant la compétence du tribunal militaire d'armée aux responsables politiques et administratifs de Vichy et aux membres d'un certain nombre de partis collaborationnistes.
- ordonnance du 18 novembre 1943 (*Journal officiel* du 20 novembre 1943)
  prévoit l'internement administratif des individus dangereux pour la défense nationale ou la sécurité publique.
- ordonnance du 6 décembre 1943 (*Journal officiel* du 9 décembre 1943)
  porte modification de l'ordonnance du 18 août 1943 instituant une commission d'épuration.
- ordonnance du 7 décembre 1943 (*Journal officiel* du 16 décembre 1943)
  étend la compétence du tribunal militaire d'armée.
- ordonnance du 21 décembre 1943 (*Journal officiel* du 8 janvier 1944)
  prévoit que les membres de groupes collaborationnistes de caractère militaire, paramilitaire et politique sont déclarés « indignes d'occuper des emplois supérieurs dans les services publics » et révoqués, à moins d'avoir servi la Résistance.
- ordonnance du 7 janvier 1944 (*Journal officiel* du 15 janvier 1944)
  organise la mise à la retraite d'office des fonctionnaires selon une procédure discrétionnaire officiellement sans rapport avec l'épuration mais parfois utilisée à cette fin.
- ordonnance du 10 janvier 1944 (*Journal officiel* du 6 juillet 1944)
  autorise les commissaires de la République à organiser, sous des dénominations diverses, des juridictions locales en attendant l'établissement des relations avec le pouvoir central.
- ordonnance du 17 janvier 1944 (*Journal officiel* du 20 janvier 1944)
  relative à la répression des faits de dénonciation.
- ordonnance du 21 janvier 1944 (*Journal officiel* du 27 janvier 1944)
  institue une commission d'épuration en Corse.
- ordonnance interprétative du 31 janvier 1944 (*Journal officiel* du 3 février 1944)
  relative à la répression des faits de dénonciation.
- ordonnance du 5 février 1944 (*Journal officiel* du 10 février 1944)
  modifie l'ordonnance du 6 décembre 1943.
- ordonnance du 14 février 1944 (*Journal officiel* des 19-24 février 1944)
  étend la compétence du tribunal militaire d'armée.
- ordonnance du 29 février 1944 (*Journal officiel* du 23 mars 1944)
  attribue aux commissaires compétents les pouvoirs dévolus à la commission d'épuration par l'ordonnance du 6 décembre 1943.
- ordonnance du 3 mars 1944 (*Journal officiel* du 9 mars 1944)
  applique à la loi du 31 mars 1928 sur le recrutement de l'armée les dispositions de l'ordonnance du 21 décembre 1943.
- ordonnance du 15 mars 1944 (*Journal officiel* du 23 mars 1944)
  frappe d'inéligibilité aux conseils et chambres des médecins et des praticiens de l'art dentaire, les médecins et chirurgiens dentistes ayant appartenu aux groupements antinationaux.
- ordonnance du 11 avril 1944 (*Journal officiel* du 15 avril 1944)
  mise sous séquestre des biens des internés de nationalité française ou neutres et apatrides.
- ordonnance du 21 avril 1944 (*Journal officiel* du 22 avril 1944)
  porte organisation des pouvoirs publics en France après la Libération. Elle prévoit des interdictions et la consultation de l'Assemblée sur l'institution d'une Haute Cour, dès son arrivée en France.

- 4 décrets du 19 mai 1944 (*Journal officiel* du 27 mai 1944)
  fixent la liste des emplois supérieurs visés par l'ordonnance du 21 décembre 1944 relative à l'indignité des membres des groupements antinationaux pour le commissariat à la Justice, le commissariat aux Affaires sociales, les services du Travail et de la Prévoyance, la direction de la Santé publique, la direction des Anciens Combattants et Victimes de guerre.
- ordonnance du 22 juin 1944 (*Journal officiel* du 8 juillet 1944)
  relative à la mise sous séquestre des entreprises de presse sur le territoire métropolitain au cours de sa libération.
- ordonnance du 22 juin 1944 (*Journal officiel* du 8 juillet 1944)
  relative à la mise sous séquestre des films sur le territoire métropolitain au cours de sa libération.
- ordonnance du 22 juin 1944 (*Journal officiel* du 5 juillet 1944)
  relative à l'organisation provisoire de l'artisanat. Elle comporte des dispositions d'épuration.
- * ordonnance du 26 juin 1944 (*Journal officiel* du 6 juillet 1944. Rectificatif *Journal officiel* du 22 juillet 1944)
  relative à la répression des faits de collaboration.
- * ordonnance du 27 juin1944 (*Journal officiel* du 6 juillet 1944)
  relative à l'épuration administrative.
- ordonnance du 27 juillet 1944 (*Journal officiel* du 30 juillet 1944)
  rétablit la liberté syndicale. Modifiée et complétée par l'ordonnance du 26 septembre 1944, elle prévoit que les personnes frappées de sanctions au titre de l'épuration ne peuvent appartenir aux organismes de direction des syndicats.
- ordonnance du 26 août 1944 (*Journal officiel* du 28 août 1944)
  institue l'indignité nationale et crée des « sections spéciales » auprès des cours de justice.
- arrêté du 31 août 1944 (*Journal officiel* du 2-3 octobre 1944) : création d'une commission de reclassement des magistrats qui signale au ministre les nominations et promotions injustifiées, en même temps que les situations des magistrats relevés par Vichy.
- arrêté du 1er septembre 1944 : création d'une commission d'épuration au ministère des Colonies.
- arrêté du 7 septembre 1944 (*Journal officiel* du 19 septembre 1944) : création de la commission d'épuration de la magistrature.
- arrêté du 7 septembre 1944 (*Journal officiel* des 24-26 septembre 1944) : création de la commission d'épuration du ministère des Finances.
- arrêté du 9 septembre 1944 (*Journal officiel* des 24-26 septembre 1944) : création de la commission d'épuration du ministère de l'Économie nationale.
- ordonnance du 14 septembre 1944 (*Journal officiel* du 15 septembre 1944)
  modifie l'ordonnance du 26 juin 1944
  (divise les cours de justice en sections départementales; simplifie la procédure d'établissement des listes des jurés; supprime des contraintes pesant sur le mode de désignation des magistrats appelés à siéger; facilite la mise sous séquestre des biens des inculpés; défère aux cours de justice tous les actes, même antérieurs au 16 juin 1940, qui sont à la charge d'un même prévenu).
- arrêté du 20 septembre 1944 (*Journal officiel* du 21 septembre 1944) : création de la commission d'épuration du ministère de l'Information.
- arrêté du 20 septembre 1944 (*Journal officiel* du 5 octobre 1944) : création de la commission d'épuration de l'administration pénitentiaire.
- arrêté du 20 septembre 1944 (*Journal officiel* du 5 octobre 1944) : institue une commission de reclassement de l'administration pénitentiaire.

– arrêté du 22 septembre 1944 (*Journal officiel* des 24-26 septembre 1944) : création d'une commission d'épuration et de réintégration des personnes militaires.

– décret du 22 septembre 1944 (*Journal officiel* des 28-29 septembre 1944)
annule les nominations et promotions, prononcées depuis le 8 novembre 1942 par les Allemands, au ministère de la Guerre.

– arrêté du 23 septembre 1944 (*Journal officiel* du 8 novembre 1944) : création d'une commission chargée d'examiner les cas du personnel civil de l'administration centrale et des arsenaux.

– arrêté du 23 septembre 1944 (*Journal officiel* des 24-24 septembre 1944) : création de la commission d'épuration du ministère de la Production industrielle.

– arrêté du 26 septembre 1944 (*Journal officiel* du 27 septembre 1944) : création de la commission d'épuration des travaux publics et des transports.

– arrêté du 27 septembre 1944 (*Journal officiel* du 30 septembre 1944) : création de la commission d'épuration du ministère du Travail.

– arrêté du 30 septembre 1944 (*Journal officiel* du 1er octobre 1944) : création d'une commission d'épuration au ministère de la Santé publique.

– ordonnance du 30 septembre 1944 (*Journal officiel* du 1er octobre 1944)
modifie l'ordonnance du 26 août 1944 instituant l'indignité nationale
(applique les modifications apportées à la composition des cours de justice; juge « opportun » de qualifier de chambres civiques les nouvelles juridictions, jusque-là dénommées sections spéciales; autorise la confiscation des biens).

– ordonnance du 30 septembre 1944 (*Journal officiel* du 1er octobre 1944)
porte réglementation provisoire de la presse
(interdit la publication de tous les journaux et périodiques dont la publication a donné lieu, à l'encontre de leurs dirigeants de fait ou de droit, à des poursuites au titre de l'épuration et ce jusqu'au jugement ou à une décision de classement sans suite).

– arrêté du 2 octobre 1944 (*Journal officiel* du 8 novembre 1944) : création d'une commission chargée du personnel à statut militaire de la marine susceptible de tomber sous le coup de l'ordonnance du 27 juin 1944.

– arrêté du 2 octobre 1944 : création de la commission d'épuration du ministère de l'Agriculture.

– arrêté du 3 octobre 1944 (*Journal officiel* du 5 octobre 1944) : création d'une commission d'épuration du ministère de la Guerre pour les personnels civils.

– décret du 3 octobre 1944 (*Journal officiel* du 10 octobre 1944) : annulation, au ministère de la Marine, des nominations et promotions prononcées depuis le 8 novembre 1942 par Vichy.

– ordonnance du 4 octobre 1944 (*Journal officiel* du 5 octobre 1944)
relative aux individus dangereux pour la défense nationale ou la sécurité publique. Elle prévoit des mesures administratives prises par arrêté préfectoral.

– décret du 4 octobre 1944 (*Journal officiel* du 5 octobre 1944) : annulation, au ministère de l'Air, des nominations et promotions prononcées depuis le 8 novembre 1942 par Vichy.

– arrêté du 6 octobre 1944 (*Journal officiel* du 10 octobre 1944) : création de la commission d'épuration du Conseil d'État.

– ordonnance du 11 octobre 1944 (*Journal officiel* du 12 octobre 1944)
porte suspension provisoire des présidents des conseils d'administration, des directeurs généraux et des directeurs des exploitations des houillères du Nord et Pas-de-Calais.

– arrêté du 11 octobre 1944 (*Journal officiel* du 28 octobre 1944) : création de la commission centrale d'épuration du ministère des Postes, Télégraphes et Téléphones.

– ordonnance du 12 octobre 1944 (*Journal officiel* du 13 octobre 1944)
autorise la révision de certaines sanctions économiques ayant donné lieu à une intervention, même non officielle, des Allemands.
– ordonnance du 12 octobre 1944 (*Journal officiel* du 13 octobre 1944)
réorganise la profession agricole et comporte des mesures d'épuration.
– arrêté du 13 octobre 1944 (*Journal officiel* du 26 octobre 1944) : création de la commission d'épuration du ministère du Ravitaillement.
– ordonnance du 13 octobre 1944 (*Journal officiel* du 14 octobre 1944)
institue une interdiction professionnelle dans l'industrie du spectacle.
– ordonnance du 13 octobre 1944 (*Journal officiel* du 14 octobre 1944)
modifie le tirage au sort des jurés et l'indemnité accordée à ces derniers, dans le cadre de l'ordonnance du 26 juin 1944.
– ordonnance 14 octobre 1944 (*Journal officiel* du 15 octobre 1944)
prévoit, jusqu'à l'établissement des cours de justice, la compétence des juridictions de droit commun et, en particulier, des tribunaux militaires.
– arrêté du 14 octobre 1944 (*Journal officiel* du 21 novembre 1944) : institue des commissions consultatives de révision des nominations et de l'avancement du personnel administratif, enseignant et de surveillance des lycées, collèges classiques et collèges modernes de garçons et de jeunes filles.
– arrêtés des 14 octobre et 21 novembre 1944 (*Journal officiel* du 2 décembre 1944) : institue des commissions consultatives de révision des nominations et de l'avancement du personnel administratif, enseignant et de surveillance des établissements d'enseignement technique.
– * ordonnance du 16 octobre 1944 (*Journal officiel* des 16-17 octobre 1944)
organise l'épuration dans les entreprises
(« sans attendre » des sanctions judiciaires aux délais « nécessairement assez longs », prévoit des comités régionaux interprofessionnels d'épuration et des mesures prises « dans le cadre de la discipline professionnelle »).
– décret 16 octobre 1944 (*Journal officiel* des 16-17 octobre 1944)
porte application de l'ordonnance du 16 octobre 1944 sur l'épuration dans les entreprises
(tout en affirmant que le comité national et les comités régionaux interprofessionnels sont maître de leur procédure, définit quelques règles de procédure ([concernant les délais de saisie; les droits de la défense avec un mémoire écrit, et la possibilité d'un conseil; délibérations non publiques...]).
– ordonnance du 17 octobre 1944 (*Journal officiel* du 19 octobre 1944)
modifie l'ordonnance du 26 août 1944 instituant l'indignité nationale.
– arrêté des 17 octobre et 20 novembre 1944 (*Journal officiel* du 9 décembre 1944) : institue une commission consultative de révision des nominations et de l'avancement du personnel administratif, enseignant et de surveillance de l'École centrale des arts et manufactures.
– arrêtés des 17 octobre et 20 novembre 1944 (*Journal officiel* du 9 décembre 1944) : institue une commission consultative de révision des nominations et de l'avancement du personnel administratif et enseignant du Conservatoire national des arts et métiers.
– ordonnance du 17 octobre 1944 (*Journal officiel* du 20 octobre 1944)
relative au crédit agricole mutuel. Elle comporte des mesures d'épuration.
– * ordonnance du 18 octobre 1944 (*Journal officiel* du 19 octobre 1944)
relative à la confiscation des profits illicites.
– arrêtés des 18 octobre et 23 novembre 1944 (*Journal officiel* du 7 novembre 1944) : institue une commission de révision des nominations et de l'avancement du personnel administratif et de l'enseignement relevant de l'ancien secrétariat général à la Jeunesse.

– arrêté du 20 octobre 1944 (*Journal officiel* du 29 octobre 1944) : création d'une commission d'épuration pour le personnel des théâtres lyriques nationaux.
– arrêté du 20 octobre 1944 (*Journal officiel* du 29 octobre 1944) : création d'une commission d'épuration pour le personnel des théâtres nationaux de l'Odéon et du palais de Chaillot.
– arrêté du 20 octobre 1944 (*Journal officiel* du 10 novembre 1944) : création d'une commission d'épuration pour les archives et les bibliothèques.
– arrêté du 24 octobre 1944 (*Journal officiel* du 28 octobre 1944) : création d'une commission d'épuration chargée d'examiner l'activité des fonctionnaires et agents du commissariat général des chantiers de la jeunesse.
– <u>ordonnance du 25 octobre 1944</u> (*Journal officiel* du 26 octobre 1944)
modifie l'ordonnance du 27 juin 1944 en accordant, à chaque ministre, la possibilité d'instituer une commission d'épuration.
– arrêté du 26 octobre 1944 (*Journal officiel* du 28 octobre 1944) : création des conseils académiques d'enquête et d'un conseil supérieur d'enquête au ministère de l'Éducation nationale.
– arrêté du 27 octobre 1944 (*Journal officiel* du 29 octobre 1944) : création d'une commission d'épuration à la radiodiffusion française.
– arrêtés des 27 octobre et 2 décembre 1944 (*Journal officiel* du 6 décembre 1944) : création d'une commission consultative de révision des nominations et de l'avancement du personnel de l'administration centrale du ministère de l'Éducation nationale.
– arrêté du 28 octobre 1944 (*Journal officiel* du 5 novembre 1944) : institue le conseil d'enquête de la direction générale des Beaux-Arts.
– arrêté du 31 octobre 1944 (*Journal officiel* du 23 novembre 1944) : institue une commission consultative de révision des nominations et de l'avancement du personnel administratif et enseignant relevant de l'ex-commissariat général à l'Éducation générale et aux Sports.
– <u>ordonnance du 2 novembre 1944</u> (*Journal officiel* des 2-3 novembre 1944)
modifie l'ordonnance du 26 juin 1944.
– arrêté du 2 novembre 1944 (*Journal officiel* du 7 novembre 1944) : création au CNRS d'une commission d'enquête chargée d'instruire les cas des fonctionnaires, agents titulaires, contractuels et auxiliaires, boursiers, allocataires, collaborateurs scientifiques, aides techniques et auxiliaires de la recherche susceptibles de tomber sous le coup de l'ordonnance du 27 juin 1944.
– arrêté du 3 novembre 1944 (*Journal officiel* du 4 novembre 1944) : donne compétence aux conseils académiques d'enquête en ce qui concerne les fonctionnaires et administrations des sports et porte création d'un conseil supérieur d'enquête.
– arrêté du 7 novembre 1944 (*Journal officiel* du 10 novembre 1944) : institue une commission de révision de la situation des personnels du cadre national des fonctionnaires et agents de préfecture postérieurement au 16 juin 1940.
– arrêté du 8 novembre 1944 (*Journal officiel* du 9 novembre 1944) : création de commissions régionales et d'une commission nationale d'épuration dans les entreprises concédées de production, de transport et de distribution d'électricité et de gaz.
– arrêté du 9 novembre 1944 (*Journal officiel* du 11 novembre 1944) : création d'une commission d'épuration pour le personnel administratif du Sénat et de la Chambre des députés.
– <u>ordonnance du 9 novembre 1944</u> (*Journal officiel* des 12-14 novembre 1944)
porte révision des décorations décernées à titre civil.

– arrêté du 10 novembre 1944 (modifié 3 février 1945. *Journal officiel* du 11 février 1945) : création d'une commission d'épuration pour les employés des organismes relevant des ministères de l'Agriculture et du Ravitaillement.

– ordonnance du 12 novembre 1944 (*Journal officiel* des 12-14 novembre 1944)
relative à l'épuration des organismes d'assurances sociales, de mutualité et de prévoyance.

– arrêté du 13 novembre 1944 (*Journal officiel* du 25 novembre 1944) : création d'une commission d'épuration des services extérieurs du ministère du Ravitaillement.

– ordonnance du 14 novembre 1944 (*Journal officiel* du 15 novembre 1944)
relative à la révision des nominations sur titres ou exceptionnelles et des promotions au choix intervenues entre le 17 juin 1940 et la Libération.

– ordonnance du 18 novembre 1944 (*Journal officiel* du 19 novembre 1944)
institue la Haute Cour de justice.

– arrêté du 20 novembre 1944 modifié par l'arrêté du 2 janvier 1945 (*Journal officiel* du 22 novembre 1944; 5 janvier 1945) : création d'une commission d'épuration de l'office central de répartition des produits industriels, des sections de répartition du centre d'information interprofessionnel et des comités d'organisation relevant du ministère de la Production industrielle.

– arrêté du 23 novembre 1944 (*Journal officiel* du 24 novembre 1944) : création d'une commission d'épuration des conseillers prud'hommes.

– arrêté du 23 novembre 1944 (*Journal officiel* du 25 novembre 1944) : création d'une commission d'enquête au secrétariat général de la Marine marchande pour statuer sur l'application de l'ordonnance du 27 juin 1944.

– arrêtés du 23 novembre 1944 (*Journal officiel* du 25 novembre 1944) : création de deux commissions de reclassement du personnel de l'administration centrale et des personnels des services extérieurs de la marine marchande (examinent les nominations et promotions en signalant notamment celles qui sont injustifiées).

– décret du 24 novembre 1944 (*Journal officiel* du 25 novembre 1944)
détermine, pour le ministère de la Marine, la liste des emplois supérieurs dont les titulaires sont visés par l'ordonnance du 21 décembre 1943 relative à l'indignité des membres des groupements antinationaux.

– arrêté du 27 novembre 1944 (*Journal officiel* du 14 novembre 1944) : création d'une commission de révision des nominations et promotions, depuis le 17 juin 1940, au ministère de l'Agriculture.

– ordonnance du 28 novembre 1944 (*Journal officiel* du 29 novembre 1944)
porte modification et codification des textes relatifs à la répression des faits de collaboration.

– arrêté du 30 novembre 1944 (*Journal officiel* du 16 février 1945) : création, au ministère de l'Intérieur, d'une commission de reclassement chargée d'examiner les nominations ou promotions effectuées depuis le 17 juin 1940 à tous les emplois.

– arrêté du 5 décembre 1944 (*Journal officiel* du 6 décembre 1944) : modifie l'arrêté du 8 novembre 1944 relatif à l'épuration dans les entreprises concédées de production, de transport et de distribution de gaz et d'électricité.

– arrêtés des 4, 5 et 8 décembre 1944 (*Journal officiel* du 22 décembre 1944) : création d'une commission de reclassement et de révision des nominations au ministère de l'Air.

– arrêté du 5 décembre 1944 (*Journal officiel* du 11-12 décembre 1944) : institue d'une commission de révision des nominations et de reclassement au ministère du Travail et de la Sécurité sociale.

– ordonnance du 6 décembre 1944 (*Journal officiel* du 7 décembre 1944)
rend applicable au barreau l'ordonnance sur l'épuration administrative, mais en laissant aux conseils de l'ordre la responsabilité de l'épuration (« Pour respecter, confor-

mément à la tradition républicaine, les libertés traditionnelles de l'ordre des avocats »).

– arrêté du 9 décembre 1944 (*Journal officiel* du 23 décembre 1944) : création d'une commission de révision des nominations sur titres ou exceptionnelles et des promotions au choix à l'office national interprofessionnel des céréales et de la caisse nationale de crédit agricole.

– arrêté du 12 décembre 1944 (*Journal officiel* du 14 décembre 1944) : institue une commission de révision des promotions et nominations dans la Légion d'honneur faites au titre civil depuis le 16 juin 1940.

– ordonnance du 11 décembre 1944 (*Journal officiel* des 11-12 décembre 1944) modifie l'ordonnance du 27 juin 1944 en organisant une déconcentration de l'épuration administrative.

– ordonnance du 11 décembre 1944 (*Journal officiel* des 11-12 décembre 1944) décide que les organisations professionnelles des médecins – dentistes – sages-femmes, existant au 16 juin 1940, sont rétablies dans leurs droits et attributions et qu'elles devront opérer préalablement l'épuration de leurs bureaux.

– arrêté du 12 décembre 1944 (*Journal officiel* des 25-27 décembre 1944) création d'une commission de révision des nominations sur titres et promotions au choix intervenues dans les services extérieures du ministère du Ravitaillement.

– arrêté du 13 décembre 1944 (*Journal officiel* du 28 janvier 1945) : création d'une commission consultative de révision des nominations et de l'avancement du personnel des services extérieurs de la direction des services de l'architecture.

– arrêté du 16 décembre 1944 (*Journal officiel* du 20 décembre 1944) : création d'une commission chargée d'appliquer aux hauts fonctionnaires du ministère du Ravitaillement l'ordonnance du 27 juin 1944.

– arrêté du 19 décembre 1944 (*Journal officiel* du 21 décembre 1944) : création de commissions régionales et d'une commission nationale d'épuration pour les réseaux secondaires d'intérêt général, les chemins de fer d'intérêt local et les tramways ainsi que dans les entreprises concédées dans le domaine public maritime et fluvial.

– arrêté du 26 décembre 1944 (*Journal officiel* du 1er janvier 1945) : création d'une commission de révision des nominations, de réintégration et de reclassement.

– arrêté du 26 décembre 1944 (*Journal officiel* des 2-3 janvier 1945) : création d'une commission d'épuration et d'aménagement des corps et cadres du service des fabrications d'armement.

– * ordonnance du 26 décembre 1944 (*Journal officiel* des 25-27 décembre 1944) porte modification et codification des textes relatifs à l'indignité nationale.

– arrêté du 4 janvier 1945 (*Journal officiel* du 11 janvier 1945) : création d'une commission consultative de révision des nominations et de l'avancement du personnel pour la direction des Arts et des Lettres et la direction de l'Architecture.

– ordonnance du 6 janvier 1945 (*Journal officiel* du 7 janvier 1945) remanie l'ordonnance du 18 octobre 1944 sur la confiscation des profits illicites.

– arrêtés des 10 et 16 janvier 1945 (*Journal officiel* du 25 janvier 1945) : création d'une commission de révision des nominations et de reclassement au secrétariat général des Anciens Combattants et Victimes de guerre.

– ordonnance du 9 janvier 1945 (*Journal officiel* du 11 janvier 1945) complète l'ordonnance du 28 novembre 1944 portant modification et codification des textes relatifs à la répression des faits de collaboration (application des dispositions de l'ordonnance du 18 octobre 1944 sur la confiscation des profits illicites et aménagement de la procédure de cassation).

– arrêté du 12 janvier 1945 (*Journal officiel* du 20 janvier 1945) : création d'une commission consultative de révision des nominations et de l'avancement du personnel administratif et enseignant relevant de l'administration des beaux-arts.

– décret du 13 janvier 1945 (*Journal officiel* du 14 janvier 1945)
décide que les conseils de l'Université auront à connaître de tous les faits prévus par l'ordonnance du 27 juin 1944 imputables à des étudiants relevant de la juridiction de ces conseils.

– arrêtés des 16 et 25 janvier 1945 (*Journal officiel* des 12-13 février 1945) : création d'une commission consultative de révision des nominations et de l'avancement du personnel relevant du bureau de la musique et des spectacles.

– ordonnance du 18 janvier 1945 (*Journal officiel* du 19 janvier 1945)
modifie certaines dispositions de l'ordonnance du 18 novembre 1944 instituant la Haute Cour.

– ordonnance du 18 janvier 1945 (*Journal officiel* du 19 janvier 1945)
relative à l'épuration des médecins, dentistes et sages-femmes.

– ordonnance du 18 janvier 1945 (*Journal officiel* du 19 janvier 1945)
modifie l'ordonnance du 22 juin 1944 sur l'organisation provisoire de l'artisanat en obligeant l'Administration à prendre l'avis des syndicats intéressés et des comités de libération avant de prononcer des sanctions d'épuration contre les membres des chambres des métiers.

– arrêtés du 22 janvier 1945 (*Journal officiel* du 2 février 1945) : création d'une commission de révision des nominations sur titres ou exceptionnelles et des promotions au choix à la radiodiffusion française.

– ordonnance du 25 janvier 1945 (*Journal officiel* du 26 janvier 1945)
organise l'épuration des caisses d'épargne.

– ordonnance du 25 janvier 1945 (*Journal officiel* des 29-30 janvier 1945)
étend à la préfecture de la Seine et à la préfecture de police l'ordonnance du 14 novembre 1944 sur la révision des nominations.

– arrêté du 25 janvier 1945 (*Journal officiel* du 1er février 1945) : création d'une commission de révision des nominations et de l'avancement du personnel du CNRS.

– ordonnance du 31 janvier 1945 (*Journal officiel* des 19-20 février 1945)
proroge le délai des révisions des nominations de fonctionnaires prévu par l'ordonnance du 14 novembre 1944.

– ordonnance du 2 février 1945 (*Journal officiel* du 3 février 1945)
tout en prévoyant que l'épuration des coopératives relève de l'épuration dans les entreprises, prescrit des dispositions particulières.

– arrêté du 3 février 1945 (*Journal officiel* du 11 février 1945) : étend la compétence de la commission d'épuration pour les employés des organismes relevant des ministères de l'Agriculture et du Ravitaillement.

– ordonnance du 9 février 1945 (*Journal officiel* du 10 février 1945)
complète l'ordonnance du 26 décembre 1944 sur l'indignité nationale en prévoyant la suspension provisoire des droits de vote, d'élection et d'éligibilité par les chambres civiques.

– ordonnance du 14 février 1945 (*Journal officiel* du 15 février 1945)
organise l'épuration des caisses de compensation et d'allocations familiales, et caisses de congés payés.

– arrêté du 15 février 1945 (*Journal officiel* du 7 mars 1945) : création d'un comité professionnel d'enquête et d'épuration pour les commerces des fruits, légumes et primeurs.

– ordonnance du 17 février 1945 (*Journal officiel* du 18 février 1945)
organise l'épuration des professions d'artiste dramatique, lyrique et musicien exécutant.

- ordonnance du 17 février 1945 (*Journal officiel* du 18 février 1945)
  proroge de 6 mois le délai des poursuites fixé par l'ordonnance du 30 septembre 1944 relative à la réglementation provisoire de la presse
- décret du 21 février 1945 (*Journal officiel* du 22 février 1945)
  concerne le tirage au sort des jurés de la Haute Cour.
- ordonnance du 2 mars 1945 (*Journal officiel* du 3 mars 1945)
  relative à l'épuration de la presse
  (bien que la présente ordonnance respecte dans « ses grandes lignes » l'ordonnance du 16 octobre 1944 relative à l'épuration dans les entreprises, il est jugé préférable de ne pas créer une section spéciale au sein des comités régionaux interprofessionnels et de laisser la commission de la carte se charger de l'épuration).
- ordonnance du 2 mars 1945 (*Journal officiel* du 4 mars 1945)
  prévoit la confection de nouvelles listes des jurés des cours de justice.
- ordonnance du 3 mars 1945 (*Journal officiel* du 4 mars 1945)
  relative à l'application à l'Algérie des ordonnances des 26 août et 26 décembre 1944 instituant l'indignité nationale.
- arrêté du 5 mars 1945 (*Journal officiel* du 7 mars 1945) : institue une commission chargée de procéder à la révision de toutes les créations d'emploi réalisées depuis le 17 juin 1940.
- ordonnance du 10 mars 1945 (*Journal officiel* du 11 mars 1945)
  organise l'épuration des agréés près les tribunaux de commerce.
- ordonnance du 10 mars 1945 (*Journal officiel* des 12-13 mars 1945)
  rend applicable à la Martinique, la Guadeloupe et la Réunion l'ordonnance du 26 décembre 1944 instituant l'indignité nationale.
- décret du 14 mars 1945 (*Journal officiel* du 23 mars 1945)
  annule les nominations et promotions prononcées dans l'armée de terre par Vichy pour prendre effet d'une date postérieure au 25 août 1944.
- ordonnance du 29 mars 1945 (*Journal officiel* du 31 mars 1945)
  modifie et complète les articles 8 et 15 de l'ordonnance du 30 septembre 1944 sur l'épuration de la presse.
- ordonnance du 29 mars 1945 (*Journal officiel* du 30 mars 1945)
  complète et modifie l'ordonnance du 16 octobre 1944 sur l'épuration dans les entreprises.
- ordonnance du 5 avril 1945 (*Journal officiel* du 6 avril 1945)
  modifie l'article 10 de l'ordonnance du 18 novembre 1944 instituant une Haute Cour de justice.
- ordonnance du 6 avril 1945 (*Journal officiel* du 7 avril 1945)
  modifie l'ordonnance du 21 avril 1944 sur l'organisation des pouvoirs publics en France après la Libération en confiant l'épuration des parlementaires à un jury d'honneur.
- ordonnance du 11 avril 1945 (*Journal officiel* du 12 avril 1945)
  rend applicable aux membres de l'ordre des experts-comptables et des comptables agréés l'ordonnance du 27 juin 1944 sur l'épuration administrative.
- ordonnance du 13 avril 1945 (*Journal officiel* du 14 avril 1945)
  stipule que l'ordonnance du 27 juin 1944 relative à l'épuration administrative cesse de s'appliquer aux magistrats à partir du 15 mai 1945.
- ordonnance du 5 mai 1945 (*Journal officiel* du 6 mai 1945)
  réprime les faits de collaboration imputés à des personnes morales.
- ordonnance du 14 mai 1945 (*Journal officiel* du 16 mai 1945)
  modifie l'ordonnance du 25 janvier 1945 relative à l'épuration des caisses d'épargne.

– arrêté du 26 mai 1945 (*Journal officiel* du 2 juin 1945) : création de la commission d'épuration de l'Agence Havas.
– ordonnance du 30 mai 1945 (*Journal officiel* du 31 mai 1945)
relative à l'épuration des gens de lettres, auteurs et compositeurs, des artistes peintres, dessinateurs, sculpteurs et graveurs
– décret du 13 juin 1945 (*Journal officiel* du 14 juin 1945) : fixe les conditions de fonctionnement du Conseil supérieur de confiscation des profits illicites.
– arrêté du 27 juin 1945 (*Journal officiel* du 3 juillet 1945) : étend la compétence de la commission centrale d'épuration de la magistrature au personnel des greffes d'Alsace-Lorraine.
– ordonnance du 29 juillet 1945 (*Journal officiel* du 31 juillet 1945)
modifie l'ordonnance du 18 novembre 1944 relative à la Haute Cour (introduit, parmi les jurés, des personnes qui, après captivité ou déportation par l'ennemi, s'étaient évadées ou avaient été rapatriées).
– décret du 31 juillet 1945 (*Journal officiel* du 2 août 1945)
prolonge le délai de saisie des instances d'épuration prévu par le décret du 16 octobre 1944 relatif à l'épuration dans les entreprises.
– ordonnance du 18 août 1945 (*Journal officiel* du 21 août 1945)
modifie l'ordonnance du 11 avril 1945 relative à l'épuration dans l'ordre des experts-comptables et comptables agréés.
– décret du 23 août 1945 (*Journal officiel* du 24 août 1945) : fixe la date de libération du territoire pour l'application des ordonnances des 28 novembre et 26 décembre 1944.
– ordonnance du 13 septembre 1945 (*Journal officiel* du 14 septembre 1945)
relative à l'épuration de l'ordre des architectes.
– ordonnance du 13 septembre 1945 (*Journal officiel* du 15 septembre 1945)
modifie l'ordonnance du 6 avril 1945 en autorisant le jury d'honneur à se saisir d'office du cas des parlementaires non candidats à une élection.
– décret du 15 octobre 1945 (*Journal officiel* du 16 octobre 1945) : modifie le décret du 23 août 1945 fixant la date de libération du territoire pour l'application des ordonnances des 28 novembre et 26 décembre 1944.
– ordonnance du 18 octobre 1945 (*Journal officiel* du 19 octobre 1945)
modifie et complète l'article 9 de l'ordonnance du 27 juin 1944 relative à l'épuration administrative (règle, dans le sens de l'indulgence, un problème de cohérence entre l'existence de sanctions provisoires inférieures à cinq ans et l'ordonnance du 27 juin 1944 fixant des interdictions à cinq ans).
– ordonnance du 19 octobre 1945 (*Journal officiel* du 20 août 1945)
rétablit les garanties disciplinaires suspendues, par le décret du 18 novembre 1945, pour la durée des hostilités.
– ordonnance du 26 octobre 1945 (*Journal officiel* du 27 octobre 1945)
modifie et complète l'alinéa 2 de l'article 24 de l'ordonnance du 26 décembre 1944 relative à l'indignité nationale (permet aux chambres civiques de connaître certaines affaires au-delà du délai initialement fixé).
– ordonnance du 2 novembre 1945 (*Journal officiel* du 4 novembre 1945)
complète l'article 3 de l'ordonnance du 5 mai 1945, relative à l'épuration des entreprises de presse, en reconnaissant la « responsabilité morale ».
– ordonnance du 2 novembre 1945 (*Journal officiel* du 4 novembre 1945)
facilite et améliore l'application de l'ordonnance du 6 janvier 1945 relative à la confiscation des profits illicites.
– ordonnance du 2 novembre 1945 (*Journal officiel* du 4 novembre 1945)
étend aux fonctionnaires ayant accompli quinze ans de service et mis à la retraite

d'office au titre de l'épuration le bénéfice des pensions proportionnelles prévues en faveur des fonctionnaires visés par l'ordonnance du 7 janvier 1944.

- loi du 14 décembre 1945 (*Journal officiel* du 15 décembre 1945)
  modifie le mode de désignation des jurés défini par l'ordonnance du 28 novembre 1944 relative à la répression des faits de collaboration.
- loi du 27 décembre 1945 (*Journal officiel* du 28 décembre 1945)
  modifie l'ordonnance du 18 novembre 1944 créant la Haute Cour de justice (écarte les magistrats professionnels du siège et modifie le mode de désignation des magistrats professionnels composant le parquet).
- décret du 28 décembre 1945 (*Journal officiel* du 30 décembre 1945)
  modifie le décret du 16 octobre sur l'épuration dans les entreprises (fixe au 30 juin 1946 le terme du délai où pourrait être saisie la commission interprofessionnelle d'épuration des entreprises).
- décret du 16 janvier 1946 (*Journal officiel* du 18 janvier 1946)
  modifie le décret du 13 juin 1945 fixant les conditions de fonctionnement du Conseil supérieur de confiscation des profits illicites.
- loi du 15 février 1946 (*Journal officiel* du 2 mars 1946)
  relative à la réduction du nombre de fonctionnaires (l'article 9 prévoit la mise à la retraite applicable en priorité aux fonctionnaires ou agents qui « auront fait l'objet d'une sanction quelconque pour leur attitude antipatriotique »).
- loi du 1er mars 1946 (*Journal officiel* du 2 mars 1946)
  complète l'ordonnance du 28 novembre 1944 en prolongeant d'un an le délai des affaires déférées devant la seule cour de justice de la Seine.
- loi du 19 mars 1946 (*Journal officiel* du 20 mars 1946)
  modifie l'ordonnance relative à la Haute Cour (modifie la composition de la commission d'instruction).
- loi du 5 avril 1946 (*Journal officiel* du 6 avril 1946)
  porte fixation du budget général (l'article 4 prévoit que les militaires qui ont fait ou feront l'objet d'une sanction au titre de l'épuration sont ou seront d'office dégagés des cadres, sans pouvoir bénéficier des dispositions de cette loi).
- loi du 5 avril 1946 (*Journal officiel* du 7 avril 1946)
  accélère le recouvrement des confiscations des profits illicites.
- loi du 8 août 1947 (*Journal officiel* du 9 août 1947)
  règle la situation des fonctionnaires frappés d'une sanction nouvelle après qu'une première sanction a été rapportée ou annulée.
- loi du 15 août 1947 (*Journal officiel* du 16 août 1947)
  porte amnistie partielle : aucune sanction disciplinaire ne saurait dorénavant intervenir contre les fonctionnaires qui ont bénéficié de l'article 3, paragraphe 4, de l'ordonnance du 26 décembre 1944, pour services rendus à la Résistance et qui n'ont pas été jusqu'ici frappés d'une mesure définitive d'épuration; des mesures d'amnistie sont prises en faveur des mineurs frappés de dégradation nationale; les déplacements d'office sont amnistiés.
- loi du 3 septembre 1947 (*Journal officiel* du 4 septembre 1947)
  relative aux conditions de dégagement des cadres de magistrats, fonctionnaires et agents civils et militaires (l'article 4 prévoit que les fonctionnaires recrutés ou ayant bénéficié de promotions abusives en vertu de textes d'exception pris par Vichy sont licenciés ou mis à la retraite en priorité).
- loi du 8 juin 1948 (*Journal officiel* du 9 juin 1948)
  concerne l'épuration des officiers de réserve; elle substitue aux sanctions déterminées par l'ordonnance du 27 juin 1944 les sanctions prévues par les textes ordinaires.

- loi du 26 février 1949 (*Journal officiel* du 27 février 1949)
  modifie l'article 6 de l'ordonnance du 27 juin 1944 relative à l'épuration administrative, en réglant les problèmes d'indemnité des fonctionnaires dont le dossier a été classé sans suite pendant la période de suspension.
- loi du 29 juillet 1949 (*Journal officiel* du 30 juillet 1949)
  supprime les cours de justice, sauf pour certaines affaires, commencées ou jugées par contumace si le contumax se présente, qui seront renvoyées devant la cour de justice de la Seine.
- loi du 31 décembre 1950 (*Journal officiel* du 2 janvier 1951)
  abroge les mesures transitoires à partir du 31 janvier 1951.
- loi du 5 janvier 1951 (*Journal officiel* du 6 janvier 1951)
  atténue les effets de la dégradation nationale en décidant qu'elle devient une peine correctionnelle et amnistie certaines condamnations.
- loi du 6 août 1953 (*Journal officiel* du 7 août 1953)
  édicte une amnistie générale.

Ordonnance du 26 juin 1944 relative à la répression des faits de collaboration.

Le Gouvernement provisoire de la République française,

Sur le rapport du commissaire à la justice.

Vu l'ordonnance du 3 juin 1943 portant institution du Comité français de la Libération nationale, ensemble l'ordonnance du 3 juin 1944 ;

Vu le code pénal, le code d'instruction criminelle, le code de justice militaire et maritime ;

Le comité juridique entendu.

Ordonne :

Article 1er. — Il est institué, au fur et à mesure de la libération du territoire métropolitain, au chef-lieu de chaque ressort de cour d'appel, une cour de justice qui aura pour objet de juger les faits commis entre le 16 juin 1940 et la date de la libération qui constituent des infractions aux lois pénales en vigueur le 16 juin 1940 lorsqu'ils révèlent l'intention de leurs auteurs de favoriser les entreprises de toutes natures de l'ennemi, et cela nonobstant toute législation en vigueur.

Art. 2. — Les auteurs des infractions visées à l'article 1er commises au préjudice de l'une quelconque des nations alliées en guerre contre les puissances de l'Axe, sont punis des mêmes peines que si les infractions avaient été commises au préjudice de la France.

Par interprétation des dispositions définissant les infractions, sont assimilés aux troupes françaises tous ceux qui ont continué la lutte notamment les résistants, les prisonniers évadés même isolés et les soldats alliés.

Art. 3. — Il n'y a ni crime, ni délit lorsque les faits n'ont comporté de la part de leurs auteurs que la stricte exécution — exclusive de toute initiative personnelle — d'ordres ou d'instructions reçus sans aucun dépassement de ceux-ci, ou que l'unique accomplissement d'obligations professionnelles sans participation volontaire à un acte anti-national.

Toutefois, les lois, décrets, règlements, ordres ou autorisations de l'autorité de fait dite « Gouvernement de l'Etat français » ne constituent ni le fait justificatif au sens de l'art. 327 du code pénal, ni les autorisations ou approbations prévues dans les définitions de certaines infractions, lorsque le prévenu détenant des postes de direction ou de commandement avait la faculté de se soustraire à leur exécution par son initiative personnelle.

De même la disposition prévue à l'alinéa 1er du présent article n'est pas applicable aux faits de dénonciation ou de livraison de personnes ni aux actes individuels de violence, ni aux livraisons délibérées de matériel, de pièces ou de renseignements à l'ennemi.

Art. 4. — Dès qu'une partie suffisante du territoire métropolitain est libérée, le commissaire délégué peut, s'il le juge opportun, constituer à titre provisoire, une cour de justice au siège de l'un des tribunaux libérés.

Cette cour provisoire de justice fonctionne jusqu'à ce que soit établie la cour de justice du ressort de cour d'appel prévue à l'art. 1er. Les procédures en cours seront immédiatement adressées à celles-ci.

Art. 5. — Jusqu'à l'établissement de la cour de justice, les juridictions militaires ou de droit commun sont normalement compétentes.

Elles se désaisissent d'office au profit de la cour de justice dès son installation.

Art. 6. — Sous réserve des dispositions de la présente ordonnance, les infractions sont constatées, poursuivies, instruites, jugées conformément à la procédure suivie devant la cour d'assises.

Art. 7. — Les cours de justice ne peuvent être saisies valablement que des poursuites intentées avant l'expiration d'un délai de 6 mois après la libération totale du territoire. Le point de départ de ce délai sera fixé par décret.

Art. 8. — Par décret du commissaire à la justice, la cour de justice peut, si cela paraît nécessaire, être divisée en sections.

Art. 9. — Cette juridiction est composée de 5 membres :

— Un magistrat des cours et tribunaux, président ;

— Quatre jurés choisis comme il est dit ci-dessous.

Un commissaire du gouvernement remplit les fonctions de ministère public. Un greffier de la cour d'appel ou du tribunal assure les fonctions de greffier.

Art. 10. — Les listes des jurés sont établies conformément à la loi du 21 novembre 1872 sur le jury, telle qu'elle a été modifiée par les lois des 20 janvier 1910 et 27 septembre 1926, dans des délais qui seront fixés par décret et sous les réserves suivantes :

La liste définitive est dressée dans chaque ressort de cour de justice par une commission composée du premier président près la cour d'appel assisté de deux représentants désignés par l'ensemble des comités départementaux de libération du ressort.

Cette liste comprend 300 jurés pour Paris, 100 pour les autres ressorts de cour de justice.

L'inscription sur la liste peut être opérée, même si, en raison des circonstances, la commission n'a pu se faire remettre l'extrait du casier judiciaire de l'intéressé.

Elle ne peut comprendre que des citoyens qui n'ont cessé de faire preuve de sentiments nationaux.

Chaque mois, le premier président, en présence du procureur général et assisté du greffier, tire en audience publique, sur la liste définitive, les noms des 20 jurés qui forment la liste de la session.

Art. 11. — Au début de chaque audience, le président de la cour de justice, en présence du ministère public et assisté du greffier, tire lui-même au sort 5 noms, 4 jurés titulaires et 1 juge suppléant.

Cette désignation sera valable pour la durée de toute affaire commencée.

Art. 12. — Nul ne peut, à peine de nullité, siéger comme président ou juge ou remplir les fonctions de juge d'instruction dans une affaire soumise à la cour de justice :

1° S'il est parent ou allié de l'inculpé, jusqu'au degré de cousin issu de germain inclusivement ;

2° S'il a porté la plainte ou déposé comme témoin ;

3° Si dans les cinq ans qui ont précédé la mise en jugement, il a été engagé comme plaignant, partie civile ou inculpé dans un procès criminel contre l'inculpé ;

4° S'il a précédemment connu l'affaire comme membre d'une juridiction ou en participant à des tribunaux de la Résistance.

Art. 13. — Les parents et alliés jusqu'au degré d'oncle ou neveu inclusivement, ne peuvent, à peine de nullité, être membres d'une même cour de justice ou remplir auprès d'elle les fonctions de commissaire de gouvernement, de juge d'instruction ou de greffier.

Art. 14. — Le président est désigné par arrêté du commissaire à la justice sur proposition du premier président parmi les magistrats du siège des cours et tribunaux ayant un rang égal ou supérieur à celui de conseiller. Cette désignation vaut pour trois mois et peut être renouvelée.

Ce magistrat est éventuellement assisté de présidents suppléants désignés dans les mêmes conditions.

Art. 15. — Le commissaire du gouvernement est désigné par arrêté, par le commissaire à la justice, sur proposition du procureur général parmi les magistrats du parquet des cours et tribunaux ayant au moins le rang de substitut de première classe.

Ce magistrat est assisté éventuellement de commissaires du gouvernement adjoints. Ceux-ci peuvent être choisis par le commissaire à la justice sur la proposition du procureur général, parmi les magistrats visés à l'alinéa premier, et parmi les avocats ou avoués plaidants ayant au moins dix ans de fonction dans l'exercice de leur profession.

Ces désignations sont valables pour une durée de trois mois qui pourra être renouvelée.

Les commissaires adjoints qui ne sont pas magistrats peuvent être désignés soit pour une durée fixe, soit pour une affaire seulement.

Le commissaire du gouvernement, assisté des commissaires adjoints, exerce l'action publique près des différentes sections de la cour de justice. En cas d'empêchement, il est remplacé par le plus ancien des commissaires adjoints.

Art. 16. — Dans le cas prévu à l'article 4, le président du tribunal et le procureur de la République du lieu où siège la cour de justice, remplissent les fonctions dévolues au premier président et au procureur général.

Art. 17. — Le commissaire du gouvernement a toutes les attributions du procureur de la République.

Les plaintes qui lui sont adressées doivent être signées par leurs auteurs.

Elles engagent la responsabilité de leurs auteurs dans les termes du droit commun.

Elles ne seront plus reçues après l'expiration d'un délai de 6 mois suivant la libération totale du territoire.

Art. 18. — Les fonctions de juge d'instruction près la cour de justice sont exercées par les juges d'instruction des tribunaux civils mis à la disposition du commissaire du gouvernement par ordonnance du premier président après avis du procureur général. Ils sont désignés pour la durée pour laquelle fonctionne la cour de justice.

Art. 19. — L'information est dirigée contre la personne nominativement désignée dans le réquisitoire du commissaire du gouvernement.

S'il apparaît au juge d'instruction qu'il y a lieu, au cours de l'information, d'inculper d'autres personnes, il en donne avis au commissaire du gouvernement qui décide s'il y a lieu ou non de délivrer un autre réquisitoire.

Art. 20. — Le juge d'instruction peut délivrer tout mandat d'arrêt sans en avoir été spécialement requis par le commissaire du gouvernement. D'autre part, il statue en dernier ressort sur les demandes de mises en liberté provisoire présentées par l'inculpé.

Les vices de la procédure sont inopérants s'ils ne lèsent pas les droits essentiels de la défense. Le juge d'instruction peut, soit demander à l'accusé de les couvrir par son acquiescement, soit refaire les actes atteints de nullité.

Il peut procéder à toute saisie utile et se faire communiquer tous documents, même dans les administrations.

Il peut, sans autorisation préalable, engager toute dépense utile à la manifestation de la vérité.

Art. 21. — Le juge d'instruction est tenu de procéder à l'interrogatoire définitif de l'inculpé.

Art. 22. — Aussitôt que l'instruction est terminée, le juge d'instruction la communique au commissaire du gouvernement qui rédige un exposé à la fin duquel il concluera soit au classement de l'affaire, soit au renvoi de l'inculpé devant la cour de justice. Il notifie cette décision au conseil de l'inculpé.

En cas de classement, la poursuite peut être reprise si des faits nouveaux apparaissent.

L'information doit être clôturée dans le délai d'un mois ; à l'expiration de ce délai, si une prolongation est utile, le dossier est transmis au président de la cour de justice qui, sur le vu des rapports du magistrat instructeur et du commissaire du gouvernement, décide s'il y a lieu d'accorder une prolongation. S'il la refuse, le dossier est retourné au juge d'instruction qui, en l'état, procède à l'interrogatoire définitif et transmet le dossier au commissaire du gouvernement.

Art. 23. — En cas de poursuite, le commissaire du gouvernement cite l'accusé devant la cour de justice.

Le délai entre la citation et la comparution devant la cour de justice est de 8 jours francs.

Lorsque l'accusé aura été laissé en liberté provisoire, la citation lui fera commandement de se constituer prisonnier au parquet de la cour de justice, 48 heures avant la date pour laquelle il est assigné. Il sera écroué à la maison de justice sur le vu d'un mandat d'incarcération délivré par le commissaire du gouvernement.

Si l'accusé ne peut être saisi ou ne se présente pas, le commissaire du gouvernement constatera le défaut par un procès-verbal qu'il transmet sans délai, accompagné de l'original de la citation, au président de la cour de justice.

Ce dernier, après s'être assuré de la régularité de la citation, rend une ordonnance fixant la date à laquelle l'affaire sera examinée devant la cour.

Le président détermine, en outre, les journaux et publications périodiques dans lesquels l'ordonnance sera publiée et affichée.

Le délai entre le dernier acte de publicité et les débats sera de 15 jours francs.

Art. 24. — Les jurés prêtent, à la première audience à laquelle ils siègent, le serment prévu à l'article 312 du code d'instruction criminelle.

Les jurés prennent place au siège aux côtés du président.

Ils délibèrent avec lui sur les incidents, sur la culpabilité et sur l'application de la peine.

Art. 25. — Le président avise le condamné qu'il a un délai de 24 heures pour former au greffe son pourvoi en cassation.

Art. 26. — L'arrêt fait mention de l'accomplissement de toutes les formalités prescrites par la présente ordonnance. Il contient les décisions rendues sur les moyens d'incompétence, les exceptions et les incidents.

Il énonce à peine de nullité :

1° les noms du président et des juges ;

2° les nom, prénoms, âge, profession, domicile de l'accusé ;

3° l'infraction pour laquelle il a été traduit devant la cour ;

4° la prestation de serment des témoins ;

5° les réquisitions du commissaire du gouvernement ;

6° les questions posées et la décision rendue ;

7° lorsqu'elles sont accordées, la déclaration qu'il y a, à la majorité, des circonstances atténuantes ;

8° les peines prononcées avec indication qu'elles l'ont été à la majorité ou qu'à défaut de peine ayant réuni cette majorité, l'avis le plus favorable au condamné a été adopté ;

9° les articles de lois appliqués sans qu'il soit nécessaire de reproduire les textes ;

10° en cas de sursis à l'exécution de la peine, la déclaration qu'il a été ordonné à la majorité des voix ;

11° la publicité des séances ou la décision qui a ordonné le huis clos;

12° la publicité de la lecture de l'arrêt faite par le président.

Art. 27. — Les constitutions de partie civile ne sont pas recevables.

Art. 28. — Les dossiers des pourvois sont transmis par le commissaire du gouvernement, jusqu'à une date qui sera fixée par décret, en zone Sud à la chambre provisoire de cassation d'Alger, en zone Nord à la chambre provisoire de cassation qui sera créée par décret, qui auront provisoirement compétence pour statuer sur les pourvois qui leur auront été soumis durant ce délai.

Art. 29. — En cas de cassation, l'arrêt fixe la cour de justice qui devra connaître de l'affaire ; notification en est faite à l'accusé et à son conseil et le dossier est renvoyé au commissaire du gouvernement compétent.

En cas de rejet du pourvoi, il en est donné avis de la même façon à l'accusé et à son conseil et le dossier est également retourné.

Art. 30. — Le condamné a toujours la faculté de former un recours en grâce.

La grâce peut être prononcée d'office.

Art. 31. — Lorsque la peine est devenue définitive, le commissaire du gouvernement fait procéder à son exécution.

Lorsque la peine de mort aura été prononcée, elle sera exécutée dans les conditions prévues par le code de justice militaire.

Art. 32. — Il est attribué aux jurés, les jours où ils siègent, une indemnité correspondant au traitement net des conseillers à la cour.

Pendant la durée de leurs fonctions, les commissaires du gouvernement n'appartenant pas au cadre de la magistrature recevront une indemnité mensuelle égale au traitement des substituts de première classe.

Art. 33. — Nonobstant l'article 6 de la présente ordonnance, les peines applicables sont celles prévues par les lois pénales qui étaient en vigueur le 16 juin 1940, sous réserve des dispositions ci-après.

Art. 34. — En cas de circonstances atténuantes, il sera procédé comme il est dit à l'article 463 du Code penal, sauf les réserves suivantes :

Si la peine prononcée par la loi est la mort, la cour appliquera la peine des travaux forcés à perpétuité, la peine des travaux forcés à temps ou celle de la réclusion.

Art. 35. — La cour peut en toutes circonstances prononcer la saisie de tout ou partie des biens du condamné, soit à titre de peine principale, soit à titre de peine complémentaire.

Dans tous les cas, la peine du bannissement pourra être appliquée à titre de peine principale ou complémentaire.

Toute condamnation mettra le condamné en état d'indignité nationale.

La cour peut multiplier jusqu'à concurrence de 500 le taux principal de l'amende.

Art. 36. — La présente ordonnance sera publiée au Journal officiel de la République française, et exécutée comme loi.

Alger, le 26 juin 1944.

DE GAULLE.

Par le Gouvernement provisoire
de la République française :

Le commissaire à la justice,
François de MENTHON.

Le commissaire aux finances,
Pierre MENDES-FRANCE.

Le commissaire à la guerre,
André DIETHELM.

Le commissaire à la marine,
Louis JACQUINOT.

f) interdiction provisoire ou définitive d'exercer la profession,

g) radiation des cadres de l'armée avec ou sans pension,

h) déchéance provisoire ou définitive du droit de porter des décorations et de recevoir les traitements y afférents,

i) révocations avec ou sans pension.

Les sanctions visées aux paragraphes a, b, c, et d, font l'objet d'arrêtés motivés des commissaires intéressés.

Les sanctions visées aux paragraphes suivants font l'objet d'arrêtés motivés, dans le cas où le fonctionnaire ou agent public est nommé par arrêté, ou, dans tous les autres cas, de décrets rendus sur la proposition des ministres intéressés.

Les décisions prises ne peuvent être attaquées que par la voie de recours pour excès de pouvoir devant le conseil d'état.

Art. 5. — Les commissaires intéressés pourront indépendamment des sanctions prévues à l'article précédent :

1° transmettre aux commissaires militaires intéressés un dossier soit aux fins de radiation des cadres de l'armée, soit aux fins de toute autre sanction disciplinaire des militaires appartenant aux cadres de réserve,

2° transmettre au commissaire à la justice un dossier aux fins de poursuites pénales,

3° transmettre à la grande chancellerie de la légion d'honneur un dossier aux fins de déchéance provisoire ou définitive du droit de porter des décorations et de recevoir les traitements y afférents.

Art. 6. — Lorsque le dossier aura été classé sans suite, le fonctionnaire ou l'agent puplic recevra les complément de traitement, solde, supplément provisoire de traitement, indemnité afférents à son grade dont il aura été privé pendant la période de sa suspension.

Art. 7. — Sauf en ce qui concerne les fonctionnaires ou agents publics défaillants, toute sanction au titre de la présente ordonnance ne sera prononcée qu'après qu'il aura été donné connaissance à l'intéressé des faits qui lui sont reprochés et que ses explications auront été recueillies soit verbalement, soit par écrit.

Art. 8. — Le commissaire intéressé pourra demander au commissaire à la justice de faire requérir toutes mises sous séquestre toutes les fois que cette mesure se révélera indispensable pour faciliter les enquêtes en cours ou garantir les intérêts des personnes publiques ou privées lésées par les agissements des fonctionnaires ou agents incriminés. La mise sous séquestre sera prononcée par le président du tribunal civil du lieu de la situation des biens, statuant en référé à la diligence du ministre public.

Art. 9 — Les personnes frappées en vertu des dispositions des paragraphes d à i de l'article 4 ci-dessus, ne pourront pendant un délai de 5 années être employées à un titre quelconque dans les administrations, services, collectivités et organismes dont il est question dans l'article 2 ci-dessus.

En cas de violation des dispositions du présent article, une amende de 10.000 à 100.000 frs sera prononcée par les tribunaux de droit commun. Lorsqu'il s'agira d'un service public, l'amende sera infligée à celui qui aura signé sciemment l'acte de nomination ou, au cas d'engagement verbal, qui aura signé sciemment la demande d'emploi.

Art. 10. — La présente ordonnance, applicable au territoire continental de la France, y sera exécutoire au fur et à mesure de sa libération.

Art. 11. — La présente ordonnance sera publiée au Journal officiel de la République française et exécutée comme loi.

Alger, le 27 juin 1944.

DE GAULLE.

Par le Gouvernement provisoire de la République française :

Le commissaire à la justice François de MENTHON.

Le commissaire aux affaires étrangères, MASSIGLI.

Le commissaire à l'intérieur, Emmanuel d'ASTIER.

Le commissaire aux finances, Pierre MENDES-FRANCE.

Le commissaire au ravitaillement et à la production, P. GIACOBBI.

Le commissaire à l'éducation nationale et à la jeunesse, René CAPITANT.

Le commissaire aux communications et à la marine marchande, René MAYER.

Le commissaire aux affaires sociales : A. TIXIER.

Le commissaire à la guerre, André DIETHELM.

Le commissaire à l'air, Fernand GRENIER.

Le commissaire à la marine, Louis JACQUINOT.

Le commissaire aux colonies, R. PLEVEN.

Le commissaire à l'information, H. BONNET.

Le commissaire aux prisonniers, déportés et réfugiés, FRENAY.

Le commissaire délégué à l'administration des territoires métropolitains libérés, André LE TROQUER.

Ordonnance du 3 juin 1944 portant organisation provisoire du statut de l'administration préfectorale. (Rectificatif au J.O. n° 49 du 15 juin 1944).

Rétablir le texte de l'intitulé de la façon suivante :

« Le Gouvernement provisoire de la République française,

Sur le rapport du commissaire à l'intérieur ;

Vu l'ordonnance du 3 juin 1943 portant institution du Comité français de la Libération nationale ; ensemble l'ordonnance du 3 juin 1944 ;

Vu la loi du 28 pluviose an VIII concernant la division du territoire français et l'administration ; ensemble les textes subséquents ;

Vu le décret du 3 juin 1944 relatif à l'exercice de la présidence du gouvernement provisoire de la République française pendant l'absence du général de Gaulle ;

Le comité juridique entendu. »

Le reste sans changement.

DECRETS ET ARRETES

COMMISSARIAT A LA JUSTICE

Décret du 22 juin 1944 portant réintégration dans la nationalité française

Le Gouvernement provisoire de la République française,

Sur le rapport du commissaire à la justice ;

Vu l'ordonnance du 3 juin 1943 portant institution du Comité français de la Libération nationale, ensemble l'ordonnance du 3 juin 1944;

Vu la loi du 10 août 1927 sur la nationalité française,

Décrète :

Article 1er. — Sont réintégrées dans la nationalité française, par application de l'article 11 de la loi du 10 août 1927 :

Vallée Thérèse, Eugénie, Berthe, épouse Bornand Gaston, née le 20 août 1893 à Rouen (Seine-Inférieure), demeurant à Alger, rue Darwin, n° 42.

Misermont Odette, Lucienne, é Bosch Gérard, née le 25 avril 1 moges (Haute-Vienne), demeurant Bd Carnot, n° 19.

Lair Marguerite, Anne-Marie, Vv Brook Turner, née le 22 octobre 1 Eugène (Alger), demeurant à A Michelet, n° 107.

Werck Lucie, épouse Rodriguez C le 4 décembre 1890 à Oran, dem Oran, 1, rue du Vieux-Château ;

Art. 2. — Le commissaire à la j chargé de l'exécution du présent d sera publié au Journal officiel de blique française.

Alger, le 22 juin 1944.

DE G

Par le Gouvernement provis de la République française

Le commissaire à la justice, François de MENTHON.

Décret du 22 juin 1944 portant acce citoyenneté française d'un admin mandat français du Togo.

Le Gouvernement provisoire de blique française,

Sur le rapport du commissaire tice, le commissaire aux colonies

Vu le décret du 27 octobre 1939,

Décrète :

Article 1er. — Est admis à la c citoyen français, en application d sitions du décret du 27 octobre 1939.

Ajavon Robert, Messanvi, médeci teur spécial de la trypanosomiase (Togo), né le 10 avril 1910 à Lom territoire sous mandat français.

Art. 2. — Le commissaire à la le commissaire aux colonies sont chacun en ce qui le concerne, de tion du présent décret, qui sera p Journal officiel de la République

Alger, le 22 juin 1944.

DE G

Par le Gouvernement provisc de la République française

Le commissaire à l

François de MENT

Le commissaire aux colonies, R. PLEVEN.

Décret du 22 juin 1944 portant naturalisations

Le Gouvernement provisoire de blique française,

Sur le rapport du commissaire tice;

Vu l'ordonnance du 3 juin 194 institution du Comité français de ration nationale, ensemble l'ordon 3 juin 1944;

Vu la loi du 10 août 1927 sur la lité française,

Décrète :

Article 1er. — Sont naturalisés par application de l'article 6 de la août 1927 :

Contino Charles, légionnaire de ne le 23 janvier 1923 à Léonforte

Bell André, sous-lieutenant, de aux armées, né le 5 février 1915 à (Hongrie).

Rosello Maria, Rosa, née le 14 à Pedriguer (Espagne), veuve So demeurant à Alger, 136 ter, chemin lemly, et son fils Sobrecases Migu 12 octobre 1925 à Val de Laguar employé de bureau, demeurant à 136 ter, chemin du Télemly.

ORDONNANCE DU 27 JUIN 1944
relative à l'épuration administrative sur le territoire de la France métropolitaine

Le gouvernement provisoire de la République française,
Sur le rapport du commissaire à la justice,

Vu l'ordonnance du 3 juin 1943 portant institution du Comité français de la Libération nationale, ensemble l'ordonnance du 5 juin 1944,
Le comité juridique entendu,

ORDONNE

Article 1er. Seront l'objet de sanctions disciplinaires et éventuellement de mesures de sécurité administrative, les fonctionnaires ou agents publics en activité ou en retraite qui ont par leurs actes, leurs écrits ou leur attitude professionnelle, depuis le 16 juin 1940 :

1° soit favorisé les entreprises de toute nature de l'ennemi,

2° soit contrarié l'effort de guerre de la France et de ses Alliés, notamment par des dénonciations,

3° soit porté atteinte aux institutions constitutionnelles ou aux libertés publiques fondamentales,

4° soit sciemment tiré ou tenté de tirer un bénéfice matériel direct de l'application de réglements de l'autorité de faits contraires aux lois en vigueur le 16 juin 1940.

Ces sanctions et mesures ne feront pas obstacle à l'exercice de l'action publique.

Article 2. Sont considérés comme fonctionnaires ou agents publics, au sens de l'article précédent :

1° les fonctionnaires, agents, employés, ouvriers et membres quelle que soit leur dénomination, des administrations de l'Etat et des autres collectivités publiques ;

2° les fonctionnaires, agents, employés, ouvriers et membres quelle que soit leur dénomination, de tous organismes créés en vertu d'un acte des pouvoirs publics de droit ou de fait et qui tirent tout ou partie de leurs ressources soit de taxes obligatoirement perçues soit de subventions ou attributions de fonds sur deniers publics ;

3° les fonctionnaires, agents, employés, ouvriers et membres quelle que soit leur dénomination, de toutes les entreprises bénéficiant d'une concession ou d'un privilège de l'Etat ou d'une collectivité publique ;

4° les officiers ministériels ;

5° les militaires de tous grades, ainsi que les dirigeants des chantiers de jeunesse et organismes analogues.

Article 3. Nonobstant toute disposition législative réglementaire, statutaire ou contractuelle contraire, les commissaires intéressés pourront suspendre de ses fonctions tout fonctionnaire ou agent public pour un des faits visés à l'article 1er de la présente ordonnance.

En outre, si le maintien en liberté constitue un danger pôur la défense nationale ou la sécurité publique, le commissaire compétent saisit le commissaire à l'intérieur pour l'application des mesures de sécurité prévues par le décret du 18 novembre 1939.

Pendant la durée de la suspension, les fonctionnaires ou agents publics suspendus recevront la moitié des traitements, soldes, suppléments provisoires de traitement et indemnités afférents à leurs grades à l'exclusion des indemnités afférentes à la fonction, frais de représentation, frais de direction, primes de rendement, etc., les indemnités pour charges de famille leur seront intégralement maintenues.

Article 4. Indépendamment des sanctions qui ont été ou peuvent être prises en vertu des textes législatifs ou réglementaires antérieurs et nonobstant toutes dispositions législatives, réglementaires ou contractuelles, les sanctions disciplinaires suivantes sont susceptibles d'être prises contre les fonctionnaires ou agents publics visés à l'article 3 :

a) déplacement d'office,
b) rétrogradation de classe ou de grade,
c) mise en disponibilité ou en non-activité,
d) mise à la retraite d'office,
e) suspension à temps ou définitive de la pension de retraite,
f) interdiction provisoire ou définitive d'exercer laprofession,
g) radiation des cadres de l'armée avec ou sans pension,
h) déchéance provisoire ou définitive du droit de porter des décorations ou de recevoir les traitements y afférents,
i) révocations avec ou sans pension.

Les sanctions visées aux paragraphes *a*, *b*, *c*, et *d* font l'objet d'arrêtés motivés des commissaires intéressés.

Les sanctions visées aux paragraphes suivants font l'objet d'arrêtés motivés, dans le cas où le fonctionnaire ou agent public est nommé par arrêté ou, dans tous les autres cas de décrets rendus sur la proposition des ministres intéressés.

Les décisions ne peuvent être attaquées que par la voie de recours pour excès de pouvoir devant le Conseil d'Etat.

Article 5. Les commissaires intéressés pourront indépendamment des sanctions prévues à l'article précédent :

1° transmettre aux commissaires militaires intéressés un dossier soit aux fins de radiation des cadres de l'armée soit aux fins de toute autre sanction disciplinaire des militaires appartenant aux cadres de réserve ;

2° transmettre aux commissaires à la justice un dossier aux fins de poursuites pénales ;

3° transmettre à la grande chancellerie de la Légion d'honneur un dossier aux fins de déchéance provisoire ou définitive du droit de porter des décorations et de recevoir les traitements y afférents.

Article 6. Lorsque le dossier aura été classé sans suite, le fonctionnaire ou l'agent public recevra les compléments de traitement, indemnité afférents à son grade dont il aura été privé pendant la période de sa suspension.

Article 7. Sauf en ce qui concerne les fonctionnaires ou agents publics défaillants, toute sanction au titre de la présente ordonnance ne sera prononcée qu'après qu'il aura été donné connaissance à l'intéressé des faits qui lui sont reprochés et que ses explications auront été recueillies soit verbalement, soit par écrit.

Article 8. Le commissaire intéressé pourra demander au commissaire à la justice de faire requérir toutes mises sous séquestre toutes les fois que cette mesure se révélera indispensable pour faciliter les enquêtes en cours ou garantir les intérêts des personnes publiques ou privées lésées par les agissements des fonctionnaires ou agents incriminés. La mise sous séquestre sera prononcée par le président du tribunal civil du lieu de la situation des biens, statuant en référé à la diligence du ministre public.

Article 9. Les personnes frappées en vertu des dispositions des paragraphes *d* à *i* de l'article 4 ci-dessus, ne pourront pendant un délai de cinq années être employées à un titre quelconque dans les administrations, services, collectivités et organismes dont il est question dans l'article 2 ci-dessus.

En cas de violation des dispositions du présent article une amende de 10 000 à 100 000 francs sera prononcée par les tribunaux de droit commun. Lorsqu'il s'agira d'un service public, l'amende sera infligée à celui qui aura signé sciemment l'acte de nomination ou, au cas d'engagement verbal, qui aura signé sciemment la demande d'emploi.

Article 10. La présente ordonnance applicable au territoire continental de la France y sera exécutoire au fur et à mesure de sa libération.

Article 11. La présente ordonnance sera publiée au *Journal officiel* de la République française et exécutée comme loi.

Alger, le 27 juin 1944
de GAULLE

Par le gouvernement provisoire
de la République française :

Le commissaire de la justice
François de MENTHON

Le Commissaire aux Affaires
étrangères
MASSIGLI

Le commissaire à l'intérieur
Emmanuel d'ASTIER

Le commissaire
aux affaires sociales
A. TIXIER

Le commissaire à l'air
Fernand GRENIER

Le Commissaire aux Colonies
R. PLEVEN

Le commissaire aux prisonniers
déportés et réfugiés
H. FRENAY

Le commissaire aux finances
Pierre MENDES FRANCE

Le commissaire au ravitaillement
et à la Production
Pierre JOCOBBI

Le Commissaire à l'Education
nationale et à la Jeunesse
René CAPITANT

Le commissaire aux communi
cations et à la marine marchande
René MAYER

Le commissaire à la guerre
André DIETHELM

Le commissaire à la marine
Louis JACQUINOT

Le commissaire à l'information
H. MONNET

Le commissaire délégué à
l'administration des
territoires métropolitains libérés
André LE TROCQUER

Ordonnance du 16 octobre 1944 sur l'épuration dans les entreprises.

EXPOSÉ DES MOTIFS

La reprise de l'activité économique du pays risque de se trouver entravée par la présence dans les entreprises d'éléments malsains et indésirables: patrons, directeurs ou administrateurs, personnel de maîtrise, employés et ouvriers qui ont soit favorisé les entreprises de l'ennemi, soit entravé la résistance des Français.

Il s'écoulera nécessairement des délais assez longs avant que puissent aboutir les procédures qui sont ou seront intentées soit par application des dispositions du code pénal pour atteinte à la sûreté de l'Etat, soit par application de l'ordonnance du 26 juin 1944 relative à la répression des faits de collaboration, ou de l'ordonnance du 26 août 1944 sur l'indignité nationale, soit par application de la législation en vigueur sur la répression des rapports avec l'ennemi, etc.

Il est donc indispensable que, sans attendre les sanctions ou les déchéances qui seront prononcées par les tribunaux ou les chambres civiques régulièrement saisis, des mesures rapides soient prises dans le cadre de la discipline professionnelle pour assurer l'épuration des entreprises dont la remise en marche ne doit pas être gênée.

Tel est l'objet de la présente ordonnance qui, sans préjuger des mesures définitives qui interviendront, charge des comités régionaux interprofessionnels d'épuration d'éliminer sans délai des entreprises les individus qui sont présumés avoir eu une attitude ou une conduite antinationale.

Le Gouvernement provisoire de la République française,

Sur le rapport du garde des sceaux, ministre de la justice, du ministre de la production industrielle, du ministre du travail et du ministre de l'économie nationale,

Vu l'ordonnance du 3 juin 1943 portant institution du Comité français de la libération nationale, ensemble les ordonnances du 3 juin et du 4 septembre 1944;

Vu l'ordonnance du 6 octobre 1943 sur la répression des rapports avec les ennemis et la guerre économique;

Vu l'ordonnance du 26 juin 1944 relative à la répression des faits de collaboration, ensemble l'ordonnance du 14 septembre 1944;

Vu l'ordonnance du 26 août 1944 instituant l'indignité nationale, ensemble l'ordonnance du 3 septembre 1944;

Vu les dispositions du code pénal et notamment l'article 378;

Le comité juridique entendu,

Ordonne:

TITRE Ier

De l'épuration dans les entreprises.

Art. 1er. — Toutes personnes participant, à quelque titre que ce soit, à la vie d'une entreprise, qui ont, depuis le 1er septembre 1939:

1° Soit favorisé les entreprises de toute nature de l'ennemi;

2° Soit contrarié l'effort de guerre de la France et de ses alliés ou entravé la résistance des Français, notamment par des dénonciations,

seront l'objet, sans préjudice des poursuites pénales et des mesures administratives prévues par les lois et règlements en vigueur, des mesures restrictives d'activité professionnelles suivantes:

a) Le déplacement d'office;

b) La suspension ou la mise à pied, avec ou sans traitement;

c) Le licenciement, avec ou sans indemnité;

d) L'interdiction de conserver un poste de commandement dans l'entreprise ou la profession considérée, cette mesure pouvant être prononcée seule ou conjointement avec une ou plusieurs autres.

Ces dispositions ne s'appliquent pas aux personnels visés par l'ordonnance du 27 juin 1944.

Art. 2. — Les mesures prévues aux paragraphes *b* et *d* de l'article précédent prendront fin:

1° Soit à l'expiration de la période pour laquelle elles auront été prononcées;

2° Soit au jour où les poursuites pénales qui pourront être engagées par application des dispositions des articles 75 et suivants du code pénal, des ordonnances du 6 octobre 1943 et des 26 juin et 26 août 1944 susvisées auront abouti à une décision définitive.

A défaut de poursuites pénales dans les six mois de la décision intervenue, l'intéressé pourra saisir le comité institué par l'article 3 ou, selon le cas, la commission nationale instituée par l'article 9 ci-après, qui auront connu de l'affaire. Le comité proposera au commissaire de la République ou aux préfets de Seine, de Seine-et-Oise ou de Seine-et-Marne, ou la commission décidera soit de mettre fin aux mesures prononcées, soit de prolonger l'exécution pour une durée égale.

TITRE II

Des comités régionaux interprofessionnels d'épuration et des sections professionnelles.

Art. 3. — Les mesures visées à l'article 1er ci-dessus sont proposées dans les conditions fixées à l'article 8 ci-après par un comité régional interprofessionnel d'épuration établi dans chaque commissariat régional de la République et à Paris pour ce qui concerne les départements de Seine, de Seine-et-Oise et de Seine-et-Marne.

Art. 4. — Ce comité comprend:

1° Un magistrat de l'ordre judiciaire nommé par arrêté du commissaire régional de la République, sur proposition du président de la cour d'appel et, dans la région parisienne, par arrêté du garde des sceaux, ministre de la justice, président;

2° Deux représentants des comités départementaux de libération de la région désignés par le commissaire régional de la République et, à Paris, par le préfet de la Seine;

3° Trois représentants des organisations syndicales d'ouvriers et d'employés — deux représentants des techniciens dont l'un aura la qualité d'agent de maîtrise et l'autre celle d'ingénieur ou de représentant des cadres supérieurs — un représentant des employeurs, nommés par le commissaire régional de la République, et, à Paris, par le préfet de la Seine, sur présentation des groupements syndicaux intéressés;

4° Trois représentants de la catégorie à laquelle appartient l'intéressé, désignés comme prévu au 3° ci-dessus.

Art. 5. — Les comités régionaux peuvent créer des sections professionnelles correspondant aux catégories professionnelles suivantes:

Mines. — Sidérurgie et fonderie. — Industries mécaniques et électriques. — Textiles. — Cuirs. — Bâtiment et travaux publics. — Industries aéronautiques. — Bois et papier. — Industries chimiques. — Carburants. — Industries alimentaires. — Transports. — Commerce. — Banques. — Assurances.

Ils sont autorisés à créer d'autres sections professionnelles sur avis conforme de la commission nationale d'épuration ci-après visée.

Art. 6. — Chaque section professionnelle comprend:

1° Un magistrat de l'ordre judiciaire ou administratif, président;

2° Deux représentants des comités départementaux de la libération de la région;

3° Trois représentants des organisations ouvrières — deux représentants des techniciens, dont l'un aura la qualité d'agent de maîtrise et l'autre celle d'ingénieur ou de représentant des cadres supérieurs — un représentant des employeurs appartenant à la branche professionnelle considérée;

4° Trois représentants de la catégorie à laquelle appartient l'intéressé.

Les membres sont nommés, chacun en ce qui le concerne, dans les conditions prévues à l'article 4.

Art. 7. — Les comités régionaux et les sections professionnelles sont saisis, soit d'office par l'un de leurs membres, soit par requête motivée émanant de toute personne intéressée.

Toute dénonciation reconnue fausse sera punie des peines prévues à l'article 373 du code pénal.

Art. 8. — Le comité régional peut proposer, soit de son propre chef, soit sur le rapport d'une section professionnelle, au commissaire régional de la République, ou aux préfets de la Seine, de Seine-et-Oise ou de Seine-et-Marne, qui statuent, l'une des mesures prévues à l'article 1er.

Le comité régional saisit les juridictions compétentes des affaires paraissant de nature à justifier des poursuites judiciaires. Il saisit éventuellement l'autorité administrative qualifiée des affaires paraissant de nature à justifier des mesures administratives.

Le comité régional renvoie à la commission nationale ci-après visée les affaires dont l'intérêt dépasse le cadre régional.

En tout état de cause, le commissaire régional de la République, ainsi que les préfets de la Seine, de Seine-et-Oise ou de Seine-et-Marne, ont qualité pour prendre les mesures prévues par les alinéas 2 et 3 ci-dessus.

Les décisions des commissaires régionaux de la République ou des préfets susvisés pourront faire l'objet d'un recours pour excès de pouvoir devant le conseil d'Etat.

TITRE III

De la commission nationale interprofessionnelle d'épuration.

Art. 9. — Il est créé une commission nationale interprofessionnelle d'épuration qui comprend :

1° Un magistrat de la cour de cassation, nommé par le garde des sceaux, ministre de la justice, président ;

2° Deux représentants désignés par le comité national de la résistance ;

3° Un représentant de chacun des ministres de la production industrielle, du travail, de l'économie nationale, nommé par arrêté du ministre intéressé ;

4° Trois représentants des organisations syndicales d'ouvriers ou employés — deux représentants des techniciens, dont l'un aura qualité d'agent de maîtrise et l'autre celle d'ingénieur ou de représentant des cadres supérieurs — un représentant des employeurs désignés par arrêté des ministres du travail et de la production industrielle ;

5° Trois représentants de la catégorie à laquelle appartient l'intéressé, désignés comme prévu au 4° ci-dessus.

Art. 10. — Un magistrat de la chambre sociale de la cour de cassation, nommé par arrêté du garde des sceaux, ministre de la justice, remplit les fonctions de commissaire du Gouvernement auprès de la commission nationale interprofessionnelle d'épuration.

Art. 11. — Un représentant de chacun des ministres autres que ceux énumérés à l'article 9 pourra être appelé avec voix délibérative chaque fois que l'enquête concernera une entreprise ressortissant à son département.

Art. 12. — La commission nationale est saisie par son commissaire du Gouvernement agissant :

1° De son propre chef ;

2° Sur renvoi des comités régionaux d'épuration des commissaires régionaux de la République ou des préfets de la Seine, de Seine-et-Oise ou de Seine-et-Marne dans les conditions prévues à l'article 8 ci-dessus ;

3° A la requête d'un membre du Gouvernement.

Art. 13. — La commission nationale peut évoquer, même en cours d'instruction à l'échelon régional, soit une affaire déterminée, soit une catégorie d'affaires.

Art. 14. — La commission nationale peut prononcer les mesures prévues à l'article 1er. Elle saisit les juridictions visées à l'alinéa 2 de l'article 8 ci-dessus dans les conditions prévues à cet article.

Les décisions de la commission nationale peuvent faire l'objet d'un recours en cassation devant le conseil d'Etat.

Art. 15. — La commission nationale adresse aux comités régionaux, par l'organe de son commissaire du Gouvernement, toutes instructions nécessaires à la coordination de leur action.

Art. 16. — Les organismes prévus par la présente ordonnance sont habilités à se faire communiquer par les administrations publiques et les entreprises privées tous documents nécessaires à la manifestation de la vérité. Ils peuvent, en cas de besoin, se faire assister par un officier de police judiciaire.

Art. 17. — Lesdits organismes peuvent appeler à déposer comme témoin toute personne dont l'audition paraîtra utile à la manifestation de la vérité.

Art. 18. — Les membres de la commission nationale, des comités régionaux et des sections professionnelles, ainsi que toutes personnes appelées à participer aux travaux desdits organismes, sont tenus au secret professionnel dans les termes de droit commun.

Art. 19. — Aussi longtemps que les organismes visés ci-dessus resteront saisis, les commissaires régionaux de la République, ainsi que les préfets de la Seine, de Seine-et-Oise ou de Seine-et-Marne peuvent suspendre provisoirement avec traitement les personnes mises en cause.

Art. 20. — Toute violation des mesures et interdiction prévues à l'article 1er ci-dessus seront punies d'un emprisonnement de six mois à cinq ans et d'une amende de 100 à 10.000 fr. ou de l'une de ces deux peines seulement.

Art. 21. — Sont dispensés de tous droits de timbre et d'enregistrement, toutes pièces et documents soumis aux organismes institués par la présente ordonnance ou établis par eux.

Art. 22. — Les dispositions de l'article 2 de la loi du 2 juillet 1931 modifiant l'article 70 du code d'instruction criminelle sont applicables aux opérations des organismes prévus par la présente ordonnance.

Art. 23. — Un décret rendu sur la proposition du ministre de la justice, du ministre de la production industrielle, du ministre du travail et de la sécurité sociale déterminera les règles de fonctionnement et la procédure des comités régionaux interprofessionnels d'épuration, des sections professionnelles et de la commission nationale.

Art. 24. — Les dispositions de la présente ordonnance cesseront d'être appliquées à une date qui sera fixée par décret rendu sur la proposition du ministre de la production industrielle et du ministre du travail et de la sécurité sociale, soit pour une région déterminée, soit par l'ensemble du territoire.

Art. 25. — La présente ordonnance sera publiée au *Journal officiel* de la République française et exécutée comme loi.

Fait à Paris, le 16 octobre 1944.

C. DE GAULLE.

Par le Gouvernement provisoire de la République française :

Le ministre de la production industrielle,
ROBERT LACOSTE.

Le garde des sceaux, ministre de la justice,
FRANÇOIS DE MENTHON.

Le ministre de l'économie nationale,
PIERRE MENDÈS-FRANCE.

Le ministre du travail et de la sécurité sociale,
ALEXANDRE PARODI.

Ordonnance du 18 octobre 1944 tendant à confisquer les profits illicites.

EXPOSE DES MOTIFS

Pendant quatre années, l'ennemi a favorisé les actes de tous ceux qui, ne connaissant pas d'autre loi que celle de leur intérêt personnel, ont accepté de s'associer à son œuvre de pillage et de destruction.

A mesure que s'achève la libération du territoire, la justice reprend ses droits. Il est enfin permis de déférer aux tribunaux ceux qui ont collaboré avec l'Allemagne.

Indépendamment de l'action répressive, qui doit s'exercer contre ces mauvais citoyens, la plus élémentaire justice fiscale exige que soient reversés au Trésor public tous les gains qui ont été rendus possibles par la présence de l'ennemi. Alors que la Nation s'appauvrissait, il est inadmissible que certains se soient enrichis à ses dépens.

Tel est le but de la présente ordonnance.

Elle prescrit la confiscation des profits réalisés du 1er septembre 1939 au 31 décembre 1944, lorsqu'ils proviennent du commerce avec l'ennemi, du marché noir ou de toute autre spéculation illicite.

En outre, lorsque les profits ont été soustraits aux impôts de droit commun ou que ceux qui les ont réalisés n'ont pas l'excuse d'avoir agi sous l'empire de la contrainte, l'ordonnance prévoit une amende qui pourra s'élever au triple de ces profits.

Des comités départementaux sont chargés, sous l'autorité du ministre des finances, de l'application de l'ordonnance. Ils réuniront les chefs de services financiers et trois représentants du Comité de la libération.

Les personnes physiques ou morales que les comités citeront devant eux seront signalées:

En ce qui concerne les profits tirés du commerce avec l'ennemi, par les départements ministériels dont relèvent les activités génératrices de ces profits;

Pour les contrevenants à la réglementation économique, par les services publics intéressés.

Mais, utilisant leurs informations propres, les comités pourront se saisir d'office du cas de toute personne ressortissant de leur compétence, sauf à en aviser le ministre responsable, s'il s'agit d'une personne ayant travaillé avec l'ennemi.

Les personnes citées ne doivent pas être seulement celles qui apparaissent, en nom, dans les opérations incriminées. Afin d'assurer à l'ordonnance sa pleine efficacité, tous pouvoirs nécessaires sont donnés aux comités pour atteindre, à travers les interpositions de personnes, les véritables bénéficiaires de l'activité coupable et leurs complices.

Ces organismes disposent des moyens d'investigation les plus étendus et fondent leur décision sur les renseignements de tous ordres qu'ils sont en mesure de recueillir.

L'ordonnance réserve aux personnes citées la possibilité de présenter leur défense. Les bases de la confiscation leur seront communiquées.

Toutes précautions sont prises pour assurer dans les meilleures conditions possibles le recouvrement des confiscations et amendes prononcées. Les comités ou leur président disposent notamment du pouvoir d'apposer les scellés sur les biens des personnes citées, de placer ces biens sous séquestre ou de les grever au profit du Trésor d'une inscription hypothécaire.

La nécessité d'organiser une procédure rapide, excluant toute manœuvre dilatoire, a fait obligation de réduire au minimum les recours ouverts contre les décisions des comités. Néanmoins, un appel pourra être formé devant un conseil supérieur qui confirmera ou réformera la décision du comité. Les décisions des présidents de comités agissant en vertu de leurs pouvoirs propres et celles du conseil supérieur pourront, en outre, être attaquées par la voie du recours pour excès de pouvoir ou violation de la loi devant le conseil d'Etat.

Tels sont les principes essentiels dont s'inspire l'ordonnance tendant à confisquer les profits illicites. Elle marque une première étape dans l'œuvre d'assainissement que le Gouvernement a résolu d'entreprendre, afin de répartir aussi équitablement que possible entre tous les Français les charges léguées par le passé et de réprimer les abus scandaleux que l'ennemi, pendant quatre années, a provoqués ou favorisés.

Le Gouvernement provisoire de la République française,

Sur le rapport du ministre des finances,

Vu l'ordonnance du 3 juin 1943 portant institution du Comité français de la libération nationale, ensemble les ordonnances des 3 juin et 4 septembre 1944;

Vu l'ordonnance du 8 mai 1944 portant création d'une commission chargée de rechercher et de confisquer les enrichissements illicites réalisés en Corse depuis le 1er janvier 1939;

Vu l'ordonnance du 9 août 1944 relative au rétablissement de la légalité républicaine sur le territoire continental;

Le comité juridique entendu,

Ordonne:

Art. 1er. — Seront confisqués au bénéfice du Trésor public, dans les conditions fixées par la présente ordonnance, les profits réalisés entre le 1er septembre 1939 et le 31 décembre 1944, lorsque ces profits proviennent:

1° Soit d'opérations faites avec l'ennemi, directement ou par intermédiaire;

2° Soit d'opérations réalisées en violation de la réglementation des prix, des changes, du commerce de l'or, du rationnement, du ravitaillement, de la collecte et de la répartition des produits.

Art. 2. — Seront considérés comme profits provenant d'opérations réalisées avec l'ennemi par intermédiaire ceux qui procèdent de prestations de services, fournitures ou travaux dont l'exécutant n'ignorait pas ou ne pouvait ignorer le bénéficiaire indirect.

Les profits, provenant d'opérations visées au 2° de l'article précédent et régulièrement déclarées pour l'assiette des impôts de droit commun, échapperont à la confiscation dans la mesure où le comité prévu à l'article 5 estimera que ces opérations ont eu pour but et pour résultat de contrecarrer l'effort de guerre de l'ennemi.

Art. 3. — Indépendamment de la confiscation, le comité prévu à l'article 5 pourra infliger aux personnes citées devant lui, dans la mesure où le profit confisqué procédera d'opérations soustraites aux impôts de droit commun ou d'opérations avec l'ennemi recherchées ou réalisées sans aucune excuse de la contrainte, une amende qui pourra atteindre le triple de ce profit.

La confiscation et l'amende tiendront lieu des impôts, prélèvement et taxes de toute nature qui eussent été exigibles ou se fussent imputés sur les profits dissimulés et qui n'auraient pas encore été mis en recouvrement à la date de la décision du comité, ainsi que des pénalités afférentes à ces impositions.

Art. 4. — L'application de la présente ordonnance ne préjuge pas la culpabilité, au regard des ordonnances relatives à la répression des faits de collaboration et des rapports avec les ennemis, des personnes qui encourent la confiscation prévue à l'article 1er.

TITRE Ier

Institution de comités départementaux de confiscation des profits illicites.

Art. 5. — Il est institué, sous l'autorité du ministre des finances, au chef-lieu de chaque département, un comité devant lequel sont citées les personnes physiques ou morales ayant réalisé des profits visés à l'article 1er et qui est chargé de déterminer ces profits et d'en prononcer la confiscation.

Ce comité est composé:

Du trésorier-payeur général.

Du directeur des contributions directes et du cadastre.

Du directeur des contributions indirectes.

Du directeur de l'enregistrement, des domaines et du timbre.

Du directeur départemental du contrôle des prix.

Du directeur des douanes ou d'un agent supérieur par lui délégué dans le ressort de chaque direction des douanes.

De trois représentants du comité départemental de libération.

Dans les départements où il existe plusieurs directions de la même administration financière, les chefs de service appelés à faire partie du comité sont désignés par leur directeur général.

Plusieurs comités peuvent, s'il est nécessaire, être institués dans un même département par un arrêté du ministre des finances qui fixe leur siège et la circonscription de chacun d'eux. Leurs membres fonctionnaires sont désignés par les chefs des administrations dont ils dépendent.

Plusieurs départements peuvent être réunis dans le ressort d'un même comité par un arrêté ministériel qui en fixe le siège.

Le président et le vice-président du comité sont désignés par le ministre des finances. En cas d'empêchement du président, le vice-président exerce les fonctions et les pouvoirs de ce dernier.

Les représentants du comité départemental de libération sont nommés sur la proposition de ce comité par le commissaire régional de la République française ou, à défaut, par le préfet.

Le secrétariat du comité est assuré par un agent des contributions directes ayant au moins le grade d'inspecteur.

TITRE II

De la compétence des comités départementaux de confiscation des profits illicites.

Art. 6. — Les personnes physiques ou morales à citer, en ce qui concerne les profits provenant d'opérations faites avec l'ennemi, seront désignées avant le 31 décembre 1945 par les départements ministériels dont relèvent les activités génératrices de ces profits.

Pour ce qui est des profits visés au 2° de l'article 1er, les administrations et les services publics intéressés ont le devoir de porter à la connaissance des comités les personnes ayant contrevenu à la réglementation des prix, des changes, du commerce de l'or, du rationnement, du ravitaillement, de la collecte et de la répartition des produits.

Le comité décide souverainement des motifs à donner à la citation.

Il utilise à cet effet les renseignements que l'administration des finances est en mesure de recueillir par l'exercice de son droit de communication.

Il peut, de sa propre autorité, jusqu'au 31 décembre 1945, se saisir du cas de toute personne ayant notoirement réalisé des profits visés à l'article 1er, sous réserve d'en aviser le ministre responsable s'il s'agit de profits provenant d'opérations faites directement ou par intermédiaire avec l'ennemi.

Art. 7. — Peuvent également être cités devant le comité:

1° Les personnes morales dont une ou plusieurs personnes citées assurent à un titre quelconque, en fait ou en droit, l'administration ou la gestion;

2° Les personnes physiques ou morales concourant à un titre quelconque, en fait ou en droit, à l'administration ou à la gestion d'une personne morale citée;

3° Les personnes physiques ou morales qui ont participé à un titre quelconque aux distributions de bénéfices d'une entreprise industrielle ou commerciale citée, dans une mesure au moins égale à 10 p. 100 de ces bénéfices;

4° Les maîtres, les commettants ou le conjoint non séparé de corps pour le compte desquels toute personne citée déclare ou est reconnue avoir agi en qualité de préposé ou représentant;

5° Les père et mère du mineur cité, même si ce dernier a été émancipé;

6° Les personnes physiques ou morales qui sont aux droits, directement ou par personne interposée, d'autres personnes physiques ou morales disparues et ayant réalisé des profits visés à l'article 1er.

Le comité a le pouvoir de restituer leur véritable caractère aux opérations soumises à son appréciation.

Dans les cas visés aux 1° et 6° ci-dessus, le comité peut déclarer toutes les personnes citées solidaires pour le payement du montant de la confiscation et de l'amende telles qu'elles auront été fixées conformément aux dispositions de l'article 11 ci-après. Il peut procéder de même dans le cas de complicité ainsi que lorsqu'il y a eu profit réalisé en commun ou activité concertée en vue de réaliser en commun un profit.

Art. 8. — Le comité compétent est celui du département dans lequel la personne citée a son domicile, sa résidence ou son siège ou à défaut, dans lequel s'est exercée principalement l'activité génératrice des profits considérés.

Si plusieurs comités sont saisis d'affaires concernant un même redevable, ils se dessaisissent au profit de celui d'entre eux qui est compétent en vertu de l'alinéa précédent. En cas de conflit, le ministre des finances détermine leurs compétences respectives ou charge l'un d'eux d'examiner la situation d'ensemble du redevable.

TITRE III

De la détermination des profits à confisquer.

Art. 9. — Les profits visés à l'article 1er sont déterminés par le comité d'après les éléments dont il dispose. Le calcul est fait comme pour l'établissement de l'impôt cédulaire correspondant, mais avant déduction des revenus fonciers et mobiliers et sans que puissent être opposés au comité les déclarations fiscales souscrites, les forfaits et taxations d'office concernant la personne citée.

Le profit confisqué est constitué par la différence entre:

D'une part, l'évaluation, arrêtée par le comité, des profits visés à l'alinéa précédent et réalisée pendant la période écoulée du 1er septembre 1939 soit à la date de la citation devant le comité, soit au 31 décembre 1944;

Et, d'autre part, le montant des impôts sur le revenu ainsi que du prélèvement temporaire sur les excédents de bénéfices afférents à ces profits et déjà mis en recouvrement.

Le montant de la confiscation est au moins égal à celui des profits qui n'ont pas été déclarés pour l'assiette des impôts sur le revenu.

La confiscation et, s'il y a lieu, l'amende visée à l'article 3 ne sont pas admises en déduction pour la détermination des bases des impôts sur le revenu des années suivantes.

Art. 10. — Les administrations et les juridictions de tous ordres sont dessaisies des réclamations, recours et instances d'ordre fiscal qui pourraient avoir pour résultat de modifier les impositions retenues pour le calcul de la différence visée à l'article 9. Avis leur en est donné par le président du comité compétent.

TITRE IV

De la procédure devant les comités.

Art. 11. — Les citations devant le comité sont faites par le président.

Dans un délai de trente jours à compter de la réception de l'avis de citation, la personne citée est tenue de souscrire:

1° Une déclaration détaillée de ses biens et revenus dans les conditions qui seront déterminées par arrêté ministériel;

2° Une déclaration analogue, d'une part, pour son conjoint non séparé de corps et, d'autre part, pour chacun de ses enfants et autres mineurs dont elle administre les biens;

3° La déclaration des bénéfices ou revenus qu'elle a réalisés depuis la clôture du dernier exercice pour lequel le délai de déclaration prévu en matière d'impôts directs sur les revenus était expiré antérieurement à la date de la citation.

Si des circonstances exceptionnelles le motivent, le comité a la faculté d'accorder une prolongation du délai de trente jours ci-dessus visé, le délai prorogé ne pouvant toutefois excéder trois mois.

La déclaration détaillée des biens et revenus peut également être exigée des descendants majeurs de la personne citée, qu'ils habitent ou non à son foyer, pour eux-mêmes, leur conjoint et leurs enfants mineurs. La demande en est faite par le président du comité et la déclaration doit être souscrite dans le délai de trente jours à compter de la réception de cette demande, à peine d'une amende de 1.000 à 100.000 fr. qui est appliquée par le comité et recouvrée dans les conditions prévues par le titre VII ci-après.

La personne citée doit, en outre, répondre à toutes demandes d'explications que le comité juge convenable de lui adresser oralement ou par écrit. Elle a à justifier notamment de ses moyens d'existence, ainsi que de l'origine de l'accroissement depuis le 1er septembre 1939 de ses biens, des biens de son conjoint et de ceux de ses enfants et autres mineurs dont elle administre le patrimoine.

Art. 12. — Après examen de la situation de la personne citée, le comité lui notifie le montant des profits dont il se propose de prononcer la confiscation, en l'invitant à adresser à ce sujet ses observations écrites dans un délai qui ne peut être inférieur à vingt jours à partir de cette notification ou à les présenter verbalement à l'une de ses séances dont la date est indiquée.

Pour formuler éventuellement lesdites observations, de même que pour répondre aux demandes d'explications dont elle est saisie, la personne citée peut se faire assister par un conseil choisi parmi les avocats régulièrement inscrits à un barreau ou les avoués ou par un expert comptable membre de l'ordre.

Art. 13. — A l'expiration du délai imparti à la personne citée et, s'il y a lieu, lorsqu'il a pris connaissance des observations qu'elle a produites ou lorsqu'il l'a entendue, le comité arrête définitivement le montant de la confiscation. Il fixe également le montant de l'amende visée à l'article 3. Le montant de cette amende peut être porté au quadruple de la somme confisquée lorsque le redevable s'est abstenu, sans excuse valable, de répondre aux convocations du comité ou de fournir, dans les délais impartis, les renseignements demandés par celui-ci ou par ses représentants ou a fourni des renseignements qui ont été reconnus faux.

La décision du comité est motivée; elle est rendue à la majorité; en cas de partage égal des voix, celle du président est prépondérante.

La présence de cinq membres ayant voix délibérative est nécessaire pour que les délibérations du comité soient valables.

TITRE V

Des pouvoirs des comités.

Art. 14. — Le comité a tous pouvoirs pour vérifier les déclarations des personnes citées devant lui et en apprécier la sincérité.

Il peut prescrire toutes enquêtes, recherches ou vérifications jugées utiles soit à des agents des administrations financières ou du contrôle des prix, soit à des experts qui sont désignés par le président et qui sont dispensés de prêter serment.

Les fonctionnaires chargés de procéder aux enquêtes, recherches ou vérifications prescrites par le comité disposent des pouvoirs prévus aux articles 41 et 41 *bis* de l'acte dit « Loi du 21 octobre 1940 modifiée », sous les sanctions édictées par l'article 64 de cet acte. Ceux d'entre eux ayant au moins le grade de contrôleur ou un grade assimilé, qui sont spécialement habilités à cet effet par le président du comité ou qui ont déjà été habilités par le directeur général du contrôle des prix, peuvent seuls faire des visites à l'intérieur des habitations en se faisant autoriser par le juge de paix et en se faisant assister d'un officier municipal du lieu ou d'un officier de police judiciaire. Ces visites ne peuvent être faites pendant la nuit.

Art. 15. — A partir du jour où la citation est envoyée, le comité peut provoquer la mise sous séquestre totale ou partielle des biens des personnes citées. Ces biens sont alors placés sous séquestre, à la requête du ministère public, par ordonnance du président du tribunal civil et confiés à l'administration des domaines dans les formes et conditions prévues par les dispositions législatives et réglementaires applicables en matière de séquestre d'intérêt général.

Dans les trois mois à compter de la publication par extrait au *Journal officiel* de l'ordonnance de mise sous séquestre, tous détenteurs à un titre quelconque, tous gérants, gardiens ou surveillants de biens meubles ou immeubles appartenant directement, indirectement ou par personne interposée, à la personne citée, tous débiteurs de sommes, valeurs ou objets de toute nature envers la même personne, pour quelque cause que ce soit, doivent en faire la déclaration, par lettre recommandée avec avis de réception, au directeur des domaines compétent, sous peine d'une amende de 1.000 à 100.000 fr. qui est recouvrée dans les conditions prévues par le titre VII ci-après.

La déclaration comporte l'indication exacte de la nature et de la consistance des biens qui en sont l'objet.

La mainlevée du séquestre est prononcée à la demande du comité, sur requête du ministère public, par ordonnance du président du tribunal civil.

Art. 16. — A partir du jour où la citation est envoyée, le président du comité peut ordonner, sur les biens dont la personne citée détient la propriété ou la jouissance, l'apposition des scellés à laquelle il est procédé comme en matière administrative. La levée des scellés est prononcée et opérée dans les mêmes conditions.

Le président du comité peut également, à partir de la même date, faire défense à tous détenteurs de meubles, effets mobiliers, créances ou deniers provenant du chef de la personne citée ou de son conjoint non séparé de corps de se dessaisir de ces biens sans son autorisation.

Au cas où il est passé outre à cette défense, le tiers détenteur peut être par décision du comité solidairement tenu au payement des confiscations et amendes prononcées à l'encontre de la personne citée.

La délivrance des autorisations prévues par l'acte dit loi du 16 novembre 1940 sur les opérations immobilières est, à la requête des présidents des comités, suspendue pour tous les immeubles appartenant aux personnes soumises à la procédure organisée par la présente ordonnance ainsi qu'à leurs conjoints non séparés de corps.

Art. 17. — Le président du comité a la faculté de requérir, à l'encontre des personnes citées, inscription sur les registres tenus par les conservateurs des hypothèques, par les greffiers des tribunaux de commerce et par les receveurs principaux des douanes pour sûreté de la créance éventuelle du Trésor. Cette inscription est opérée au vu d'un extrait de la citation. Il en est donné mainlevée par le président du comité.

Art. 18. — Les sûretés et garanties visées aux articles 15, 16 et 17 peuvent être prises à l'égard des biens dans lesquels des profits soumis à confiscation ont été investis pour une part prépondérante, quel qu'en soit le propriétaire.

TITRE VI

Des voies de recours.

Art. 19. — Dans le délai de deux mois à compter du jour où elles ont reçu notification des décisions de confiscation, les personnes physiques ou morales intéressées peuvent former un recours contre ces décisions.

Dans le même délai, le ministre des finances peut exercer un recours contre les décisions des comités qu'il juge contraires aux droits du Trésor.

Les décisions des comités ne peuvent faire l'objet d'aucun autre recours.

Les décisions des présidents des comités, agissant en vertu de leurs pouvoirs propres, ne peuvent faire l'objet d'aucun recours autre que le recours en annulation pour excès de pouvoir ou violation de la loi devant le conseil d'Etat.

Art. 20. — Les recours prévus aux deux premiers alinéas de l'article précédent sont portés devant un conseil supérieur siégeant au ministère des finances et comprenant:

Un président de section du conseil d'Etat, désigné par le ministre de la justice et remplissant les fonctions de président.

Deux conseillers d'Etat en service ordinaire, également désignés par le ministre de la justice

Le directeur général et un administrateur de chacune des administrations suivantes: contributions directes, contributions indirectes, enregistrement, domaines et timbre et contrôle des prix.

Le directeur et un sous-directeur de la comptabilité générale.

Le chef du service de la coordination des administrations financières et un fonctionnaire de ce service.

Six membres désignés par le ministre de l'intérieur sur proposition du conseil national de la résistance.

Le conseil supérieur se divise en deux sections dont chacune comprend, outre le président de section du conseil d'Etat:

Un conseiller d'Etat.

L'un des deux fonctionnaires représentant chacune des administrations des contributions directes, des contributions indirectes, de l'enregistrement, des domaines et du timbre, du contrôle des prix, la direction de la comptabilité générale et le service de la coordination des administrations financières.

Trois représentants du conseil national de la résistance.

Le conseil supérieur statue au vu du mémoire introductif du recours et du mémoire en réponse du comité; ses décisions, qui sont motivées, sont rendues définitivement et en dernier ressort; lesdites décisions ne peuvent être attaquées que pour excès de pouvoir ou violation de la loi devant le conseil d'Etat.

Ces recours, introduits dans les formes prévues à l'article 41 de l'acte dit « loi du 18 décembre 1940 », sont jugés par les sous-sections de la section du contentieux dans les conditions fixées par les articles 30 et 32 dudit acte.

Lorsque l'intéressé, dans sa requête, fait connaître qu'il désire adresser un mémoire complémentaire, ce mémoire doit, à peine de déchéance de la requête, être enregistré au conseil d'Etat dans les deux mois qui suivent l'enregistrement de celle-ci.

Lorsque l'intéressé manifeste le désir de recevoir communication des observations présentées par l'administration, cette communication lui est donnée au secrétariat du contentieux du conseil d'Etat, sans déplacement du dossier. Tout mémoire en réplique doit être enregistré dans un délai d'un mois à partir du jour où l'intéressé est avisé que le dossier est à sa disposition audit secrétariat.

Art. 21. — Un décret déterminera les conditions du fonctionnement du conseil supérieur et l'organisation des sections.

TITRE VII

Du recouvrement.

Art. 22. — Les décisions prises par le comité ou par le conseil supérieur sont immédiatement, et nonobstant tout recours, exécutoires contre le redevable, ses représentants et ses ayants cause, sous réserve de la faculté, pour le comité, d'accorder à titre exceptionnel des délais de payement. Elles constituent le titre de la créance du Trésor.

Le recouvrement des sommes mises à la charge du redevable est assuré dans les conditions et sous les sanctions prévues par les chapitres II à IV du titre IV du livre III du code général des impôts directs.

Toutefois, indépendamment du privilège général institué par l'article 399 de ce code, le Trésor dispose, pour sûreté des confiscations et amendes établies en exécution de la présente ordonnance, d'une hypothèque générale sur tous les immeubles, fonds de commerce, navires de mer, bâtiments de navigation fluviale de plus de vingt tonnes et aéronefs appartenant aux redevables. Cette hypothèque prend rang à la date de son inscription, qui a lieu à la diligence du comptable direct du Trésor, sur la seule production d'une ampliation de la décision du comité ou du conseil supérieur dans les conditions déterminées par les articles 1er, 2, 4, 5, 10 et 20 de la loi du 10 août 1922 et l'article 15 de la loi du 15 mai 1924. Elle se substitue rétroactivement et à due concurrence, le cas échéant, à l'inscription prévue à l'article 17.

Il n'est dû qu'un seul salaire ou émolument pour les deux inscriptions.

Art. 23. — Lorsque la valeur des immeubles du redevable sera notoirement supérieure au montant des sommes mises en recouvrement, ce dernier pourra faire limiter les effets de l'hypothèque générale visée à l'article précédent sur des immeubles qu'il indiquera à cet effet, pourvu que ces immeubles aient une valeur double du montant de ces sommes.

La valeur des immeubles offerts en garantie sera, à défaut d'accord, déterminée par deux experts désignés l'un par le redevable et l'autre par le trésorier-payeur général du département; en cas de désaccord entre les experts, un tiers expert sera désigné par le président du tribunal civil du lieu de la situation des immeubles. Au cas de réduction de l'hypothèque effectuée conformément au présent article, l'inscription mentionnera la limitation dont elle est l'objet et les autres biens du redevable en demeureront dégrevés.

En cas de refus par le trésorier-payeur général d'accepter la valeur indiquée pour le ou les immeubles offerts spécialement en gage par le contribuable, celui-ci ne sera tenu de supporter les frais d'expertise que si l'arbitrage définitif aboutit à faire attribuer à l'immeuble ou aux immeubles offerts une valeur inférieure au double des sommes en recouvrement.

Art. 24. — Les redevables pourront éviter l'inscription de l'hypothèque générale du Trésor en offrant des garanties qui pourront consister notamment soit en valeurs mobilières, soit en créances sur le Trésor, soit en obligations dûment cautionnées, pourvu que ces garanties aient au moins une valeur double des sommes mises en recouvrement.

Art. 25. — Tout retard dans le payement du montant de la confiscation et de l'amende excédant le mois suivant celui de la notification de la décision ou les délais accordés par le comité dans les conditions visées à l'article 22 entraîne l'application d'un intérêt moratoire, liquidé au taux de 1 p. 100 par mois ou fraction de mois, sur les sommes exigibles.

Le défaut de payement peut, en outre, donner lieu à la contrainte par corps. La durée en est fixée conformément au barème en vigueur en matière criminelle, correctionnelle et de simple police, d'après le montant des sommes restant dues en vertu de la présente ordonnance, par le président du tribunal de première instance du lieu du domicile du redevable.

Art. 26. — Lorsque, par application des dispositions des articles 7, 16 et 22, des tiers assument la responsabilité du payement d'une partie des confiscations et amendes, mises à la charge de la personne citée, les versements partiels effectués par cette dernière ne peuvent être imputés sur les sommes dont les tiers sont solidairement redevables avec elle qu'après extinction de la partie des dettes à sa charge exclusive.

Art. 27. — Pourra être annulé, sauf à l'encontre des tiers parties de bonne foi à un acte onéreux, tout acte onéreux ou gratuit entre vifs ou testamentaires, accompli depuis le 1er septembre 1939, soit directement par la personne citée, soit par personne interposée ou par tous autres moyens indirects, qui a eu pour objet de dissimuler l'existence des profits illicites ou de faire échec au recouvrement des confiscations et amendes prévues par la présente ordonnance.

L'annulation est prononcée par le président du tribunal de première instance statuant comme en matière de référé, soit à la demande du président du comité, soit à celle du comptable chargé du recouvrement.

Peuvent être retenues en vue de l'annulation, même en matière d'aliénation à titre onéreux, des présomptions graves, précises et concordantes, ainsi que la preuve testimoniale, quel que soit le prix de vente.

Est présumé avoir été accompli dans le dessein de dissimuler l'existence des profits illicites ou de faire échec au recouvrement des confiscations et amendes tout acte de disposition ou d'administration qui n'a pas acquis date certaine avant le jour où la citation devant le comité a été envoyée au redevable ou publiée dans les conditions indiquées à l'article 32 ci-après.

TITRE VIII

Dispositions diverses.

Art. 28. — Nonobstant toutes dispositions contraires, les redevables ne pourront pas invoquer la suspension ou la prorogation des délais se rapportant à l'application de la présente ordonnance.

Les dispositions de l'acte dit loi du 19 avril 1941 et de l'ordonnance du 22 août 1944, relative à la suspension des délais dans le territoire continental libéré ne sont pas applicables aux recours en annulation pour excès de pouvoir formés contre les décisions du conseil supérieur et des présidents des comités.

Art. 29. — Les règles de procédure et les délais prévus par les lois fiscales ne sont pas opposables à l'Etat pour l'établissement des confiscations et amendes arrêtées par le comité ou par le conseil supérieur.

Art. 30. — Les membres des comités prévus par la présente ordonnance ainsi que toute personne qui, à raison de ses fonctions ou attributions, intervient à un titre quelconque dans la procédure devant le comité, sont tenus au secret professionnel, sous peine des sanctions édictées par l'article 378 du code pénal.

Art. 31. — Les actes et documents établis à l'occasion de la procédure devant le comité ou devant le conseil supérieur sont dispensés de tous droits de timbre, d'enregistrement et d'hypothèque.

Art. 32. — Les citations, les avis et les décisions intervenant à l'occasion de la procédure devant le comité ou devant le conseil supérieur sont notifiés par lettre recommandée avec accusé de réception.

Lorsque la personne citée n'a pas de domicile, de résidence ou de siège connu en France, les citation et décision du comité lui sont notifiées à la mairie de la commune où l'activité qui motive la citation s'est exercée principalement.

Lorsqu'elle ne peut être touchée bien qu'ayant un domicile, une résidence ou un siège connu en France, les citation et décision du comité lui sont notifiées à la mairie de la commune de ce domicile, cette résidence ou ce siège.

Les notifications font l'objet d'une publication par voie d'affiche qui reste apposée à la porte de la mairie pendant dix jours, dans des conditions qui seront fixées par un arrêté pris conjointement par le ministre de l'intérieur et le ministre des finances.

Dans les cas visés aux deuxième et troisième alinéas, les délais impartis par la présente ordonnance prennent cours à compter de l'expiration du délai de publication prévu ci-dessus.

Art. 33. — Les opérations des comités sont soumises au contrôle de l'inspection générale des finances.

Art. 34. — Les directeurs des contributions directes mandateront sur les crédits ouverts à leur propre administration les dépenses résultant de l'application de la présente ordonnance.

TITRE IX

Dispositions transitoires.

Art. 35. — Pour les biens dont la mise sous séquestre a été prononcée antérieurement à l'entrée en vigueur de la présente ordonnance par les présidents des commissions d'enquête et de taxation instituées par l'acte dit loi du 3 juillet 1943, la déclaration prescrite par les alinéas 2 et 3 de l'article 15 doit être souscrite dans les trois mois à compter de la publication au *Journal officiel* des ordonnances de mise sous séquestre.

Art. 36. — Toutes dispositions contraires à la présente ordonnance sont abrogées.

L'acte dit loi du 3 juillet 1943 relatif à la répression de la fraude fiscale cesse d'être appliqué sous les réserves suivantes:

Les arrêtés et autres dispositions pris pour l'exécution dudit acte, restent en vigueur dans la mesure où ils ne sont pas contraires aux dispositions de la présente ordonnance.

Les personnes citées devant les commissions d'enquête et de taxation instituées par l'acte dit loi du 3 juillet 1943 seront déférées de plein droit aux comités prévus par la présente ordonnance, les mesures prises en vertu ou à la suite de citation restant valables en tant qu'elles ne sont pas contraires aux nouvelles dispositions.

En attendant la constitution des comités, les commissions d'enquête et de taxation seront chargées de l'application de cette ordonnance. Trois représentants des comités départementaux de libération désignés sur les propositions de ces comités par le commissaire régional de la République française ou, à défaut, par le préfet, leur seront adjoints.

En ce qui concerne les personnes visées au quatrième alinéa du présent article, les dispositions de l'ordonnance et notamment l'article 7 sont applicables à partir de l'entrée en vigueur de l'acte dit loi du 3 juillet 1943.

Les personnes citées antérieurement à la mise en vigueur de la présente ordonnance devront souscrire, dans un délai de trente jours à partir de cette publication ou dans le délai spécial qui leur sera accordé en vertu des dispositions du troisième alinéa de l'article 11, la déclaration prévue au 3° de cet article.

Art. 37. — 1° L'ordonnance du 8 mai 1944 portant création d'une commission chargée de rechercher et de confisquer les enrichissements illicites réalisés en Corse depuis le 1er janvier 1939 est abrogée.

Les personnes citées devant ladite commission seront déférées de plein droit aux comités prévus par la présente ordonnance. Les mesures prises en vertu ou à la suite de citation restent valables en tant qu'elles ne sont pas contraires aux nouvelles dispositions;

2° Les conditions d'application de la présente ordonnance dans les départements du Haut-Rhin, du Bas-Rhin et de la Moselle seront fixées par décret.

Art. 38. — Les personnes qui, à la date de l'entrée en vigueur de la présente ordonnance, sont susceptibles d'être citées devant un comité départemental de confiscation, peuvent, dans le délai d'un mois à compter de cette date déclarer les profits visés à l'article 1er. Leur déclaration sera adressée ou remise au directeur départemental des contributions directes. Si elle est reconnue sincère, le comité départemental en tiendra compte, comme circonstance atténuante, pour l'application de l'amende prévue à l'article 3. Lorsque, en vertu de la présente ordonnance, il n'y aura pas lieu d'appliquer l'amende, les comités accorderont une remise pouvant atteindre 10 p. 100 du montant du profit confisqué.

Art. 39. — La présente ordonnance sera publiée au *Journal officiel* de la République française et exécutée comme loi.

Fait à Paris, le 18 octobre 1944.

C. DE GAULLE.

Par le Gouvernement provisoire de la République française:

Le garde des sceaux, ministre de la justice,
FRANÇOIS DE MENTHON.

Le ministre des finances,
AIMÉ LEPERCQ.

Le ministre de l'intérieur,
A. TIXIER.

Le ministre de l'économie nationale,
PIERRE MENDÈS-FRANCE.

Le ministre de la production industrielle,
ROBERT LACOSTE.

Le ministre des travaux publics et des transports,
RENÉ MAYER.

Le ministre du ravitaillement,
P. GIACOBBI.

Le ministre de l'agriculture,
TANGUY-PRIGENT.

Le ministre de l'air,
CHARLES TILLON.

JOURNAL OFFICIEL DE LA REPUBLIQUE FRANÇAISE 27 Décembre 1944

Ordonnance du 26 décembre 1944 portant modification et codification des textes relatifs à l'indignité nationale.

Le Gouvernement provisoire de la République française,

Sur le rapport du garde des sceaux, ministre de la justice,

Vu l'ordonnance du 3 juin 1943 instituant le Comité français de la libération nationale, ensemble les ordonnances des 3 juin et 4 septembre 1944;

Vu l'ordonnance du 26 août 1944 relative à l'indignité nationale, ensemble les ordonnances des 30 septembre et 17 octobre 1944;

Vu l'ordonnance du 28 novembre 1944 portant modification et codification des textes relatifs à la répression des faits de collaboration;

Vu l'ordonnance du 9 août 1944 relative au rétablissement de la légalité républicaine;

Le comité juridique entendu,

Ordonne:

Art. 1er. — Est coupable d'indignité nationale et frappé de la peine criminelle prévue à l'article 23 ci-après, sans préjudice des autres peines criminelles ou des peines correctionnelles qu'il pourrait en outre encourir dans le cas où les faits reprochés constitueraient des infractions aux lois pénales en vigueur le 16 juin 1940, tout Français qui aura, postérieurement au 16 juin 1940, soit sciemment apporté en France ou à l'étranger une aide directe ou indirecte à l'Allemagne ou à ses alliés, soit porté atteinte à l'unité de la nation ou à la liberté des Français, ou à l'égalité entre ces derniers.

Art. 2. — Constitue notamment le crime d'indignité nationale le fait:

1° Soit d'avoir fait partie, sous quelque dénomination que ce soit, des gouvernements ou pseudo-gouvernements ayant exercé leur autorité en France entre le 16 juin 1940 et l'installation sur le territoire métropolitain du Gouvernement provisoire de la République française;

2° Soit d'avoir occupé une fonction de direction dans les services centraux, régionaux ou départementaux de la propagande desdits gouvernements;

3° Soit d'avoir occupé une fonction de direction dans les services centraux, régionaux ou départementaux du commissariat aux questions juives;

4° Soit d'être devenu ou demeuré adhérent, postérieurement au 1er janvier 1941, même sans participation active, à un organisme de collaboration quel qu'il soit, et spécialement à l'un des groupements suivants:

Le service d'ordre légionnaire.
La milice.
Le groupe collaboration.
La phalange africaine.
La légion des volontaires français.
La légion tricolore.
Les amis de la légion des volontaires français.
Le parti national collectiviste.
Le parti franciste.
Le parti populaire français.
Le mouvement social révolutionnaire.
Le rassemblement national populaire.
Le comité ouvrier de secours immédiat.
Le service d'ordre prisonnier;

5° Soit d'avoir participé à l'organisation de manifestations artistiques, économiques, politiques ou autres en faveur de la collaboration avec l'ennemi;

6° Soit d'avoir publié des articles, brochures ou livres, ou fait des conférences en faveur de l'ennemi, de la collaboration avec l'ennemi, du racisme ou des doctrines totalitaires.

Art. 3. — L'indignité nationale est constatée par des juridictions instituées auprès de chacune des sections des cours de justice prévues par l'ordonnance du 28 novembre 1944. Ces juridictions reçoivent l'appellation de « chambres civiques ». Il peut être créé auprès de chaque section de cour de justice autant de chambres civiques que les circonstances l'exigeront.

Indépendamment des cas où elles sont la conséquence nécessaire d'une condamnation à une peine criminelle ou correctionnelle, les peines applicables en matière d'indignité nationale peuvent également être prononcées par la haute cour de justice et les cours de justice, dans les conditions prévues par les ordonnances des 18 novembre et 28 novembre 1944.

Pour l'appréciation de la culpabilité, la chambre civique ou, le cas échéant, la cour de justice, peut tenir compte de la pression exercée sur les auteurs ou de l'importance et de la fréquence de leurs agissements.

Ces juridictions peuvent également déclarer excusées et relever de l'indignité nationale, dans tous les cas prévus à l'article 1er, les personnes qui, postérieurement aux agissements retenus contre elles, se sont réhabilitées en se distinguant par des actions de guerre contre l'Allemagne ou ses alliés ou par la participation active, efficace et soutenue à la résistance contre l'occupant ou l'autorité de fait dite gouvernement de l'Etat français.

Art. 4. — La chambre civique est composée de cinq membres, un magistrat des cours et tribunaux désigné par ordonnance du premier président de la cour d'appel, qui la préside, et quatre jurés choisis comme il est dit ci-après.

Le commissaire du Gouvernement près la section de la cour de justice, ou l'un de ses adjoints, remplit les fonctions de ministère public. Un greffier du tribunal civil ou de la cour d'appel assure les fonctions de greffier.

Chaque mois, les noms de vingt jurés sont tirés au sort en audience publique, sur la liste visée aux articles 8 et 9 de l'ordonnance du 28 novembre 1944, et de la manière indiquée à l'alinéa 3 de l'article 9 de ladite ordonnance et après retranchement des vingt jurés désignés à cet alinéa.

Cette opération a lieu le même jour que celle définie audit alinéa 3 de l'article 9 de l'ordonnance du 28 novembre 1944 et immédiatement après.

Art. 5. — Au début de la première audience tenue dans la semaine et avant l'ouverture de tout débat, le président de la chambre civique, en présence du commissaire du Gouvernement et assisté du greffier, tire au sort les noms des quatre jurés titulaires et de un ou plusieurs jurés suppléants. Cette désignation est faite pour toutes les affaires appelées au cours de la semaine et reste valable pour la durée de toute affaire commencée dont l'examen se prolongerait pendant la semaine suivante.

Immédiatement après le tirage au sort, les jurés prêtent le serment prescrit par l'article 312 du code d'instruction criminelle.

Dans le cas où, dans le cours de la semaine, un ou plusieurs des jurés titulaires et suppléants tirés au sort seraient empêchés de suivre les débats, de telle sorte que leur nombre se trouverait inférieur à quatre, le président procédera à un tirage au sort complémentaire.

Le président, sur les réquisitions du commissaire du Gouvernement, statue par ordonnance sur les causes d'incapacité, d'incompatibilité et de dispense prévues par les articles 382, 383 et 384 du code d'instruction criminelle et 11 de l'ordonnance du 28 novembre 1944, et prononce le cas échéant contre les jurés défaillants les peines de l'article 396 du code d'instruction criminelle.

Art. 6. — Les incapacités prévues aux articles 11 et 12 de l'ordonnance du 28 novembre 1944 relative à la répression des faits de collaboration sont applicables aux membres des chambres civiques, commissaires du Gouvernement et greffiers.

Art. 7. — En cas d'empêchement du président de la chambre civique, il est pourvu à son remplacement au siège de la cour d'appel par ordonnance du premier président de ladite cour, et en dehors de ce siège, par ordonnance du président du tribunal civil du lieu. Dans ce dernier cas, la désignation ainsi faite, dont il devra être immédiatement rendu compte au premier président de la cour d'appel, ne vaut que jusqu'à nomination d'un président suppléant.

Art. 8. — En cas d'empêchement du commissaire du Gouvernement près la cour de justice et des commissaires adjoints, les fonctions du ministère public près la chambre civique sont remplies par l'un des magistrats du parquet du tribunal civil du lieu.

Art. 9. — La compétence territoriale de la chambre civique est la même que celle de la section ou sous-section de la cour de justice auprès de laquelle elle est instituée.

Art. 10. — La chambre civique est saisie, soit par citation donnée au prévenu par le commissaire du Gouvernement près la section de la cour de justice, soit par requête motivée, présentée au président de ladite chambre par le comité départemental de la libération. Dans ce second cas, le président de la chambre civique transmet la requête au commissaire du Gouvernement. Ce dernier procède à une enquête sur les faits invoqués et cite le prévenu.

Art. 11. — Il y aura entre la citation et le jugement un délai de quinze jours francs pendant lequel le dossier est tenu à la disposition de la personne mise en cause ou à celle de son conseil au greffe de la section de la cour de justice.

Art. 12. — L'accusé comparaît en personne.

Art. 13. — Les débats ont lieu en audience publique. Après le rapport du président, l'interrogatoire du prévenu et l'audition des témoins appelés de part et d'autre, le commissaire du Gouvernement est entendu dans ses conclusions et la personne citée ou son conseil en leurs explications.

Le président de la chambre civique est investi des pouvoirs attribués au président de la cour de justice par l'article 24 de l'ordonnance du 28 novembre 1944.

Le président et les jurés se retirent pour délibérer. Ils décident si l'accusé est ou non coupable d'indignité nationale ou ordonnent un supplément d'information qui est confié au commissaire du Gouvernement. Dans ce dernier cas, l'arrêt fixe la date à laquelle l'affaire sera appelée à nouveau devant la chambre civique.

Art. 14. — Les témoins, avant de déposer, font le serment à l'audience de parler sans haine et sans crainte, de dire toute la vérité, rien que la vérité.

Art. 15. — Les témoins qui n'auront pas comparu sur la citation du commissaire du Gouvernement ou de l'accusé, et qui n'auront pas justifié qu'ils en étaient légitimement empêchés, ou qui refuseront de faire leur déposition, seront jugés par le président et punis conformément à l'article 80 du code d'instruction criminelle.

Art. 16. — Après avoir prononcé l'arrêt, le président avertira, s'il y a lieu, le condamné qu'il a un délai de vingt-quatre heures pour se pourvoir en cassation.

Le recours en cassation n'est ouvert que contre les arrêts de la chambre civique qui sont devenus définitifs.

Le pourvoi en cassation n'est pas suspensif. Toutefois, lorsque la confiscation des biens prévue par le dernier alinéa de l'article 21 aura été prononcée, l'administration de l'enregistrement, des domaines et du timbre ne pourra prendre, en ce qui concerne les biens confisqués, que des mesures conservatoires jusqu'à ce qu'il soit définitivement statué sur le pourvoi.

La cassation ne sera prononcée qu'au cas où la violation de la loi porte atteinte aux droits essentiels de la défense.

Les dispositions des alinéas 7 et 8 de l'article 416 du code d'instruction criminelle, modifié par le décret-loi du 8 août 1935, ne sont pas applicables.

Le pourvoi ne sera pas reçu pour violation ou omission d'une formalité prescrite à peine de nullité, antérieure ou concomitante au tirage au sort du jury de jugement.

Le pourvoi en cassation formé contre l'arrêt de la chambre civique est jugé par la chambre des mises en accusation de la cour d'appel, qui statue ainsi qu'il est dit au titre V de l'ordonnance du 28 novembre 1944, relative à la répression des faits de collaboration. En cas de cassation, l'affaire est renvoyée devant la chambre civique compétente autrement composée.

Le condamné pourra former un recours en grâce.

Art. 17. — L'arrêt fait mention de l'accomplissement de toutes les formalités prescrites par la présente ordonnance. Il contient les décisions rendues sur les moyens d'incompétence, les exceptions et les incidents.

Il énonce, à peine de nullité:

1° Les noms du président et des jurés;

2° Les nom, prénoms, âge, profession, domicile de l'accusé;

3° La prestation du serment des témoins et interprètes;

4° Les réquisitions du commissaire du Gouvernement;

5° L'indication que la décision a été formée à la majorité;

6° Lorsqu'elles ont été accordées, la déclaration qu'il y a à la majorité des circonstances atténuantes;

7° L'indication, si l'excuse prévue par le quatrième alinéa de l'article 3 a été admise, qu'il a été statué à la majorité;

8° La décision de la chambre civique;

9° La publicité des séances;

10° La publicité de la lecture de l'arrêt faite par le président.

Art. 18. — Si l'accusé ne comparaît pas, la chambre civique statue sur la contumace.

La condamnation par contumace est exécutoire du jour de la signification de l'arrêt à personne ou à domicile, à moins que l'accusé ne se présente pour purger sa contumace.

Dans le cas où le contumax avait été régulièrement cité à personne devant la chambre civique, il n'est admis à purger sa contumace que s'il établit que sa non-comparution était due à un cas de force majeure. Dans le cas contraire, la condamnation prononcée demeure exécutoire à son égard.

La condamnation prononcée contre le condamné admis à purger sa contumace demeure également exécutoire à son égard si celui-ci ne se présente pas devant la chambre civique à l'audience pour laquelle il sera cité à comparaître afin d'être jugé à nouveau.

Art. 19. — La personne reconnue coupable d'indignité nationale est condamnée aux frais. Les dépens seront liquidés par l'arrêt.

Art. 20. — L'arrêt est rendu en audience publique. La minute sera signée par le président et le premier juré, à peine de 100 fr. d'amende contre le greffier et, s'il y a lieu, de prise à partie tant contre le greffier que contre le président.

Art. 21. — L'indignité nationale est punie de la dégradation nationale. La dégradation nationale est une peine infamante qui comporte :

1° La privation des droits de vote, d'élection, d'éligibilité et, en général, de tous les droits civiques et politiques et du droit de porter aucune décoration;

2° La destitution et l'exclusion des condamnés de toutes fonctions, emplois, offices publics et corps constitués;

3° La perte de tous grades dans l'armée de terre, de l'air et de mer;

4° La destitution et l'exclusion des condamnés de toutes fonctions d'administrateur, directeur, secrétaire général, dans les entreprises bénéficiaires de concessions ou de subventions accordées par une collectivité publique, ainsi que de toutes fonctions à nomination du Gouvernement, des départements, des communes et des personnes publiques, dans les entreprises et services d'intérêt général;

5° L'incapacité d'être juré, expert, arbitre, d'être employé comme témoin dans les actes et de déposer en justice autrement que pour donner de simples renseignements;

6° La destitution et l'exclusion des condamnés des professions d'avocat, de défenseur agréé, de notaire, d'avoué, et généralement de tous les offices ministériels;

7° La privation du droit de tenir école ou d'enseigner et d'être employé dans aucun établissement d'instruction à titre de professeur, maître ou surveillant, et également du droit de faire partie de tout groupement ayant pour but d'assurer ou de développer l'enseignement moral, intellectuel ou physique de la jeunesse;

8° La destitution et l'exclusion des condamnés de tous organismes, associations et syndicats chargés de représenter les professions et d'en assurer la discipline;

9° La destitution et l'exclusion des comités exécutifs, conseils d'administration, et autres organes directeurs des institutions chargées de l'application des lois et règlements relatifs au travail, à la prévoyance sociale, à la santé et à l'assistance publique;

10° La privation du droit de diriger une entreprise d'édition, de presse, de radio ou de cinéma ou d'y collaborer régulièrement;

11° L'incapacité de faire partie d'un conseil de famille et d'être tuteur, curateur, subrogé tuteur ou conseil judiciaire si ce n'est de ses propres enfants et sur l'avis conforme de la famille;

12° La privation du droit de détention et de port des armes;

13° L'interdiction d'être administrateur ou gérant de sociétés;

14° L'interdiction d'être directeur du siège central ou directeur général ou secrétaire général d'une entreprise de banque ou d'assurance.

A titre complémentaire, la chambre civique peut prononcer la confiscation soit de la totalité, soit d'une quote-part des biens du condamné, dans les conditions prévues par les articles 37, 38 et 39 du code pénal.

Art. 22. — La dégradation nationale, qu'elle soit prononcée à titre principal, conformément à la présente ordonnance, ou dans les conditions prévues aux articles 51 et 61 de l'ordonnance du 28 novembre 1944, ou à titre complémentaire, par application de l'alinéa 2 de l'article 26 ci-après, ou encore à titre accessoire comme il est prévu à l'alinéa 3 de l'article 79 de l'ordonnance du 28 novembre 1944, ne peut être confondue avec aucune autre peine que celles prévues aux articles 34 et 42 du code pénal.

La condamnation à la dégradation nationale ne fait pas échec à l'application des dispositions de l'alinéa 4 de l'article 83 du code pénal, modifié par le décret du 9 novembre 1939.

Le mineur de dix-huit ans, acquitté comme ayant agi sans discernement, sera remis à sa famille.

Art. 23. — La chambre civique, en déclarant l'indignité nationale, peut décider qu'il sera interdit à la personne reconnue indigne de résider dans un certain nombre de localités de France, d'Algérie, des colonies ou des pays de protectorat qu'elle désignera.

Dans le cas où, par application du troisième alinéa de l'article 2, la chambre civique aurait admis les circonstances atténuantes, la durée des déchéance, exclusions, incapacités et privations de droit énumérées à l'article 21 peut être réduite à une période qui ne sera cependant pas inférieure à cinq ans.

Art. 24. — L'indignité nationale ne peut être constatée par la chambre civique que sur citation délivrée ou requête déposée avant l'expiration d'un délai de six mois après la date de la libération totale du territoire métropolitain telle qu'elle sera fixée par décret.

Toutefois, elle pourra être constatée par cette juridiction à titre complémentaire sur citation délivrée ou requête déposée après l'expiration de ce délai, dans le cas où une condamnation aurait été prononcée par un tribunal militaire ou une juridiction de droit commun pour la répression des faits définis à l'article 1er de l'ordonnance du 28 novembre 1944, mais qui, aux termes de l'article 5 de ladite ordonnance, ne pouvaient plus être déférés à ladite cour de justice.

Art. 25. — La décision constatant l'indignité nationale reçoit la publicité prévue par l'article 36 du code pénal. Elle est inscrite aux bulletins nos 1, 2, et 3 du casier judiciaire. Elle est notifiée sans délai au préfet.

Lorsque les déchéances, exclusions, incapacités et privations de droit attachées à l'indignité nationale ne sont prononcées que pour une durée déterminée, la mention portée au casier judiciaire cessera de figurer au bulletin n° 3, cinq ans après l'expiration de la peine lorsque, dans l'intervalle, ne sera intervenue aucune nouvelle condamnation à un peine afflictive et infamante.

Art. 26. — La violation par une personne condamnée pour crime d'indignité nationale des dispositions de la présente ordonnance est punie d'un emprisonnement de un à cinq ans et d'une amende de 10.000 à 100.000 fr. ou l'une de ces deux peines seulement.

Les dirigeants des administrations, concessions, entreprises ou régies convaincus de complicité sont frappés des mêmes peines.

Art. 27. — Les jurés reçoivent les indemnités prévues par l'article 80 de l'ordonnance du 28 novembre 1944.

Art. 28. — L'ordonnance du 26 août 1944 instituant l'indignité nationale, modifiée par les ordonnances des 29 septembre et 17 octobre 1944, est abrogée.

Toutefois, les chambres civiques constituées en vertu de ladite ordonnance resteront en fonctions, les listes des jurés demeureront valables et les poursuites engagées seront continuées conformément à la présente ordonnance.

Art. 29. — La présente ordonnance sera publiée au *Journal officiel* de la République française et exécutée comme loi.

Fait à Paris, le 26 décembre 1944.

C. DE GAULLE.

Par le Gouvernement provisoire de la République française :

Le garde des sceaux, ministre de la justice,

FRANÇOIS DE MENTHON.

Bibliographie

La présente bibliographie, pour rester d'une taille raisonnable, ne recense que des titres d'ouvrages et de contributions comportant des éléments relatifs à l'épuration. On n'y trouvera donc pas mention d'ouvrages, généraux ou spécialisés, traitant du régime de Vichy, de l'Occupation, de la collaboration, de la Résistance ou du crime contre l'humanité. Pour autant, on ne saurait prétendre ici à quelque exhaustivité que ce soit, notamment en ce qui concerne les études régionales. Le lecteur à la recherche d'un matériau bibliographique plus précis sur tel ou tel aspect de l'épuration se reportera à la contribution correspondante du présent ouvrage.

Sauf mention contraire, le lieu d'édition est Paris.

Instruments de travail : bibliographies, guides et recueil de textes

BAUDOT, Marcel, « État des recherches sur la répression de la collaboration à la Libération », *Bulletin de l'IHTP*, 1981, n° 4, p. 19-23.

BERLIÈRE, Jean-Marc, et VOGEL, Marie, « Police, État et société en France (1930-1960) : essai bibliographique », *Les Cahiers de l'IHTP*, 1997, n° 36.

BLANC, Brigitte, ROUSSO, Henry, et TOURTIER-BONAZZI, Chantal de, *La Seconde Guerre mondiale : guide des sources conservées en France 1939-1945*, Archives nationales, 1994.

CHOMEL, Vital, « Les archives des comités de confiscation des profits illicites », *Bulletin de l'IHTP*, 1985, n° 21, p. 9-15.

DOUBLET, P.-H., *La Collaboration, l'épuration, la confiscation, les réparations aux victimes de l'Occupation. Exposé et commentaires suivis des principales ordonnances*, Librairie générale de droit et de jurisprudence, 1945.

FARCY, Jean-Claude, et ROUSSO, Henry, « Justice, répression et persécution en France (fin des années 30-début des années 50) : essai bibliographique », *Les Cahiers de l'IHTP*, 1993, n° 24.

FLORIOT, René, *La Répression des faits de collaboration*, Gründ, 1945.

GARÇON Émile (dir.), *Code pénal annoté*, Sirey, 1952, tome 1, p. 244-414.

LÉVY, Claude, et VEILLON, Dominique, « L'épuration en France : approche bibliographique », *Bulletin de l'IHTP*, 1981, n° 4.

SIEGFRIED André, *L'Année politique 1944-1945*, Le Grand Siècle, 1946.

Quelques témoignages

BLOCH-LAINÉ, François, et GRUSON, Claude, *Hauts fonctionnaires sous l'Occupation*, Odile Jacob, 1996.

BOURDET, Claude, *L'Aventure incertaine*, Stock, 1975.

BURIN DES ROZIERS, Étienne, « L'administration des Affaires étrangères au lendemain de la libération de Paris », *Le Rétablissement de la légalité républicaine, 1944*, Bruxelles, Complexe, 1996, p. 461-464.

CASSOU, Jean, *La Mémoire courte*, Éditions de Minuit, 1953 (rééd. Mille et Une Nuits, 2001).

DEBRÉ Michel, « Témoignage sur le mouvement préfectoral à la Libération », *Le Rétablissement de la légalité républicaine (1944)*, Bruxelles, Complexe, 1996, p. 165-169.

ID., *Trois Républiques pour une France*, t. 1, Albin Michel, 1984.

GAULLE, Charles de, *Mémoires de guerre*, Plon, 1954-1959 (rééd. « Le livre de poche », 1961-1963).

MENTHON François de, « L'épuration », Comité d'histoire de la Seconde Guerre mondiale, *La Libération de la France*, Éd. du CNRS, 1976, p. 785-792.

NORDMANN, Joë, « Intervention de Maître Nordmann, membre de la commission d'Épuration de la magistrature de 1944 à 1946 », *L'Épuration de la magistrature de la Révolution à la Libération*, Éditions Loysel, 1994, p. 145-146.

PATIN Maurice, « Témoignage », *Cahiers de la fondation Charles-de-Gaulle*, n° 9, 2001.

TEITGEN Pierre-Henri, *Faites entrer le témoin suivant : 1940-1958, de la Résistance à la Ve République*, Rennes, Éditions Ouest-France, 1988.

Études et monographies traitant de l'épuration

ABZAC-EPEZY, Claude d', « Épuration, dégagements, exclusions : la réduction d'effectifs dans l'armée française (1940-1947) », *Vingtième siècle. Revue d'histoire*, 1998, n° 59, p. 62-75.

ARON, Robert, *Histoire de l'épuration*, Fayard, 1967, 4 vol., 1967-1975.

ASSOULINE, Pierre, *L'Épuration des intellectuels*, Bruxelles, Complexe, 1990.

AUBUSSON DE CAVARLAY, Bruno, HURÉ, Marie-Sylvie, et POTTIER, Marie-Lys, « La justice pénale en France : résultats statistiques (1934-1954) », *Les Cahiers de l'IHTP*, 1993, n° 23.

BACHELIER, Christian, « L'épuration au sein de la SNCF », dans BACHELIER, Christian, *La SNCF sous l'occupation allemande, 1940-1944*, IHTP-CNRS, rapport dactylographié, t. 2, p. 811-849.

BANCAUD, Alain, « Le retour de l'État de droit républicain par une justice d'exception : l'épuration judiciaire », *Le Rétablissement de la légalité républicaine, 1944*, Bruxelles, Complexe, 1996, p. 435-446.

BANCAUD, Alain, « L'épuration judiciaire », *Le Rétablissement de la légalité républicaine, 1944*, Bruxelles, Complexe, 1996, p. 435-446.

BANCAUD, Alain, *Une exception ordinaire. La magistrature en France 1930-1950*, Gallimard, 2002.

ID., et ROUSSO, Henry, « L'épuration des magistrats à la Libération (1944-1945) », *L'Épuration de la magistrature de la Révolution à la Libération*, éd. Loysel, 1994, p. 117-144.

BARRIÈRE, Philippe, *Grenoble à la Libération (1944-1945). Opinion publique et imaginaire social*, L'Harmattan, 1995.

BASDEVANT, André, *L'Épuration administrative sous le contrôle du Conseil d'État*, thèse de la faculté de droit de Paris, 1955.

ID., « L'épuration administrative », dans COMITÉ D'HISTOIRE DE LA SECONDE GUERRE MONDIALE, *La Libération de la France*, éd. du CNRS, 1976, p. 793-800.

BAUDOT, Marcel, « La répression de la collaboration et l'épuration politique, administrative et économique », dans COMITÉ D'HISTOIRE DE LA SECONDE GUERRE MONDIALE, *La Libération de la France*, Éditions du CNRS, 1976, p. 759-783.

ID., « La Résistance française face aux problèmes de répression et d'épuration », *Revue d'histoire de la Deuxième Guerre mondiale*, 1971, p. 23-47.

ID.,« L'épuration : bilan chiffré », *Bulletin de l'IHTP*, 1986, n° 25, p. 37-53.

BERGÈRE, Marc, *Une société en épuration. Épuration vécue et perçue en Maine-et-Loire de la Libération au début des années 50*, Rennes, Presses universitaires de Rennes, 2003.

BERLIÈRE, Jean-Marc, *Le Monde des polices en France, XIXe-XXe siècle*, Bruxelles, Complexe, 1996.

ID., « L'épuration de la police parisienne en 1944-1945 », *Vingtième siècle. Revue d'histoire*, 1996, n° 49, p. 63-81.

ID., « L'épuration dans la police », *Le Rétablissement de la légalité républicaine, 1944*, Bruxelles, Complexe, 1996, p. 489-508.

ID., « La cour du 19 août 1944 : essai sur la mémoire policière », *Crime, histoire et sociétés*, Paris-Genève, Droz, 1999, n° 1, vol. 3, p. 105-127.

ID., CHABRUN Laurent, *Les Policiers français sous l'Occupation*, Perrin, 2001.

BERSTEIN, Serge, « L'épuration dans l'administration », *Le Rétablissement de la légalité républicaine, 1944*, Bruxelles, Complexe, 1996, p. 431-433.

BERTIN-MAGHIT, Jean-Pierre, « Le comité interprofessionnel d'épuration de Paris », *La Gazette des Archives*, 1987, n° 136, p. 29-40.

BOUGEARD, Christian, « Résistance et épuration sauvage en Bretagne », dans BOUGEARD, Christian, et SAINCLIVIER, Jacqueline, *La Résistance et les Français : enjeux stratégiques et environnement social*, Rennes, Presses universitaires de Rennes, 1995, p. 273-283.

ID., *Le Choc de la guerre dans un département breton : les Côtes-du-Nord des années vingt aux années cinquante*, Gisserot, 1995.

ID. (dir.), *Bretagne et Identités régionales pendant la Seconde Guerre mondiale*, Brest, CRBC, 2002.

BOURDREL, Philippe, *L'Épuration sauvage, 1944-1945*, Perrin, 2 vol., 1988 et 1991.

BOYER, Patricia, « L'épuration et ses représentations en Languedoc et Roussillon (1944-1945) », *Vingtième siècle. Revue d'histoire*, 2000, n° 68, p. 17-27.

BROSSAT, Alain, *Libération, fête folle : mythes et rites ou le grand théâtre des passions populaires*, Autrement, 1994.

BUTON, Philippe, et GUILLON, Jean-Marie (dir.), *Les Pouvoirs en France à la Libération*, Belin, 1994.

BUTON, Philippe, *Les Lendemains qui déchantent : le PCF à la Libération*, Presses de la Fondation nationale des sciences politiques, 1993.

ID., « L'État restauré », dans AZÉMA, Jean-Pierre et BÉDARIDA, François (dir.), *La France des années noires*, Éditions du Seuil, 1993, t. 2, p. 405-428

CAPDEVILA, Luc, « Épurer : l'exemple breton (été 1944-automne 1945) », dans BERLIÈRE, Jean-Marc, et PESCHANSKI, Denis (dir.), *La Police française (1930-1950). Entre bouleversements et permanences*, La Documentation française, 2000, p. 235-246.

ID., « La construction du mythe résistencialiste : identité nationale et représentations de soi à la Libération », dans BOUGEARD, Christian et SAINCLIVIER, Jacqueline, *La Résistance et les Français : enjeux stratégiques et environnement social*, Rennes, Presses universitaires de Rennes, 1995, p. 347-357.

ID., « Le mouvement breton face à l'épuration », dans BOUGEARD, Christian (dir.), *Bretagne et Identités régionales pendant la Seconde guerre mondiale*, Brest, CRBC, 2002, p. 337-351.

ID., *Les Bretons au lendemain de l'Occupation : imaginaire et comportement d'une sortie de guerre 1944-1945*, Rennes, Presses universitaires de Rennes, 1999.

CHAUVY, Gérard, *Les Acquittés de Vichy : non-lieux et acquittements pour faits de résistance dans les procès de la Libération*, Perrin, 2003.

CHEVALLIER, Jacques, « L'épuration au Conseil d'État », *Le Rétablissement de la légalité républicaine, 1944*, Bruxelles, Complexe, 1996, p. 447-460.

ID., « Le Conseil d'État et la Libération », dans *Revue administrative, Deuxième centenaire du Conseil d'État*, vol. 1, Presses universitaires de France, 2001, p. 118-124.

COMITÉ D'HISTOIRE DE LA SECONDE GUERRE MONDIALE, *La Libération de la France*, Éditions du CNRS, 1976.

DUCERF, Laurent, « Le CGE face à l'épuration », dans BOUGEARD, Christian, et SAINCLIVIER, Jacqueline, *La Résistance et les Français : enjeux stratégiques et environnement social*, Rennes, Presses universitaires de Rennes, 1995, p. 259-272.

FARCY, Jean-Claude, *L'Histoire de la justice française de la Révolution à nos jours : trois décennies de recherches*, PUF, 2001.

FONDATION CHARLES-DE-GAULLE, *Le Rétablissement de la légalité républicaine, 1944*, Bruxelles, Complexe, 1996.

FOULON, Charles-Louis, *Le Pouvoir en province à la Libération*, Presses de la Fondation nationale des sciences politiques, 1975.

GACON, Stéphane, *L'Amnistie : de la Commune à la guerre d'Algérie*, Éditions du Seuil, 2002.

GAILLARD, Lucien, « Les étrangers et l'épuration dans les Bouches-du-Rhône », *Revue d'histoire de la Deuxième Guerre mondiale*, 1979, n° 113, p. 45-62.

GERBOD, Paul, « L'épuration du personnel enseignant des facultés de l'État (1944-1950) », dans GUESLIN, André (dir.), *Les Facs sous Vichy : étudiants, universitaires et universités de France pendant la Deuxième Guerre mondiale*, Clermont-Ferrand, Institut d'études du Massif central, 1994, p. 251-259.

ID., GOYARD, Claude, et GUIRAL, Pierre, *Les Épurations administratives aux XIXe et XXe siècles*, Genève, Droz, 1977.

GOUEFFON, Jean, « La Cour de justice d'Orléans (1944-1945) », *Revue d'histoire de la Deuxième Guerre mondiale*, 1983, n° 130, p. 51-64.

KAPLAN, Alice, *Intelligence avec l'ennemi. Le procès Brasillach*, Gallimard, 2001.

KOREMAN, Megan, *The Expectation of Justice : France 1944-1946*, Dunham, Duke University Press, 1999.

KUPFERMAN, Fred, *Les Procès de Vichy : Pucheu, Pétain, Laval*, Bruxelles, Complexe, 1980.

LABORIE, Pierre, « Entre histoire et mémoire, un épisode de l'épuration en Ariège : le tribunal du peuple de Pamiers, 18-31 août 1944 », *Les Français des années troubles*, Desclée de Brouwer, 2001, p. 215-235.

ID., « Opinion et représentations : la Libération et la construction de l'image de la Résistance », *ibid.*, p. 237-264.

LAEDERICH, Olivia, *Étude juridique des épurations françaises de la Seconde Guerre mondiale*, thèse de l'université Paris-II, 1999, 2 vol.

LAGROU, Pieter, *Mémoires patriotiques et Occupation nazie : résistants, requis et déportés en Europe occidentale*, 1945-1965, Bruxelles, Complexe, 2003.

LATREILLE, André, *De Gaulle, la Libération et l'Église catholique*, Cerf, 1978.

LE BÉGUEC, Gilles, et PESCHANSKI, Denis (dir.), *Les Élites locales dans la tourmente. Du Front populaire aux années 50*, Éditions du CNRS, 2000.

ID., *L'Épuration de la magistrature de la Révolution à la Libération*, Éditions du Loysel, 1994.

LÉVY, René, « Les juristes français et le régime de Vichy », *Crime, histoire et sociétés*, Paris-Genève, Droz, 1998, n° 2, vol. 2, p. 111-119.

LOTTMAN, Herbert, *L'Épuration, 1943-1953*, Fayard, 1986 (rééd. Le Livre de poche, « Références », 1994).

LUIRARD, Monique, *La Région stéphanoise dans la guerre et dans la paix (1936-1951)*, Saint-Étienne, Presses universitaires de Saint-Étienne, 1980.

MADJARIAN, Grégoire, *Conflits, pouvoirs et société à la Libération*, Christian Bourgois, « 10-18 », 1980.

MORIN, Gilles, « Les problèmes de la reconstruction de la police, 1944-1960 », dans BERLIÈRE, Jean-Marc, et PESCHANSKI, Denis (dir.), *La Police française (1930-1950). Entre bouleversements et permanences*, La Documentation française, 2000, p. 219-234.

MOUNIER, Emmanuel, « Y-a-t-il une justice politique? », *Esprit*, août 1947, p. 212-238.

NOVICK, Peter, *L'Épuration française, 1944-1949*, Balland, 1985 (rééd. Éditions du Seuil, « Points », 1991).

PERTHUIS, Marcel, « Les cours de justice sont-elles des cours d'injustice? », *Esprit*, août 1947, p. 212-238.

PINOL, Jean-Luc, « La Libération : vers l'élimination des droites? », dans SIRINELLI, Jean-François (dir.), *Les Droites françaises. De la Révolution à nos jours*, t. 1, Gallimard, 1995, p. 580-597.

RIOUX, Jean-Pierre, « L'épuration en France (1944-1945) », *L'Histoire*, 1978, n° 5, p. 24-38.

ID., *La France de la Quatrième République : l'ardeur et la nécessité, 1944-1952*, Éditions du Seuil, 1980.

ROUQUET, François, « Épuration, Résistance et représentations : quelques éléments pour une analyse sexuée », dans BOUGEARD, Christian, et SAINCLIVIER, Jacqueline, *La Résistance et les Français : enjeux stratégiques et environnement social*, Rennes, Presses universitaires de Rennes, 1995, p. 285-293.

ID., « L'épuration administrative en France après la Libération : une analyse statistique et géographique », *Vingtième siècle. Revue d'histoire*, 1992, n° 33, p. 106-117.

ID., *L'Épuration dans l'administration française : agents de l'État et collaboration ordinaire*, Éd. du CNRS, 1993.

ID., « Une affaire ordinaire d'épuration : le cas A. », *Vingtième siècle. Revue d'histoire*, 1992, n° 33, p. 118-125.

ID., « Une corporation administrative face à la collaboration : sociologie d'une épuration symbolique », *Guerres mondiales et Conflits contemporains*, 1992, n° 165, p. 119-145.

ID., « Libération et épuration au ministère des PTT », *Le Rétablissement de la légalité républicaine, 1944*, Bruxelles, Complexe, 1996, p. 527-542.

ROUSSO, Henry, « Juger le passé? », dans BRAYARD, Florent, *Le Génocide des Juifs entre procès et histoire 1943-2000*, Bruxelles, Complexe, 2000, p. 261-287.

ID., « La Seconde Guerre mondiale dans la mémoire des droites », dans SIRINELLI, Jean-François (dir.), *Histoire des droites en France*, Gallimard, 1992, t. 2, p. 549-620.

ID., « L'épuration en France : une histoire inachevée », ID., *Vichy : l'événement, la mémoire, l'histoire*, Gallimard, « Folio Histoire », 2001, p. 489-552.

ID., *Le Syndrome de Vichy de 1944 à nos jours*, Éditions du Seuil, 1987 (2e éd. Seuil, « Points-Histoire », 1990).

SAPIRO, Gisèle, *La Guerre des écrivains (1940-1953)*, Fayard, 1999.

SINGER, Claude, « Le rétablissement de la légalité républicaine à l'Université d'Alger », *Le Rétablissement de la légalité républicaine, 1944*, Bruxelles, Complexe, 1996, p. 509-526.

ID., *L'Université libérée, l'Université épurée (1943-1947)*, Les Belles Lettres, 1997.

VIRGILI Fabrice, *La France « virile ». Des femmes tondues à la Libération*, Payot, 2000.

WATIN-AUGOUARD, Jacques, « La gendarmerie et le rétablissement de la légalité républicaine », *Le Rétablissement de la légalité républicaine, 1944*, Bruxelles, Complexe, 1996, p. 465-488.

WIEVIORKA, Olivier, « Les mécanismes de l'épuration », *L'Histoire*, 1994, n° 179, p. 44-51.

ID., « La presse », dans BUTON Philippe, et GUILLON Jean-Marie (dir.), *Les Pouvoirs en France à la Libération*, Belin, 1994, p. 140-159.

ID., « Épuration », dans AZÉMA, Jean-Pierre, et BÉDARIDA, François (dir.), *1938-1948. Les Années de tourmente : de Munich à Prague. Dictionnaire critique*, Flammarion, 1995, p. 933-943.

ID., *Les Orphelins de la République. Destinées des députés et sénateurs français (1940-1945)*, Éditions du Seuil, 2001.

Ont participé à cet ouvrage

Claude d'Abzac-Epezy, agrégée de l'Université, docteur en histoire, est l'auteur de nombreux articles et études sur les armées françaises pendant la Seconde guerre mondiale et l'immédiat après-guerre, la société militaire et la stratégie aérienne. Elle a notamment publié *L'Armée de l'air des années noires, Vichy 1940-1944*, Economica, 1998.

Alya Aglan, maître de conférences à l'université de Paris X-Nanterre, a récemment publié, en collaboration avec Jean-Pierre Azéma, *Jean Cavaillès résistant ou la Pensée en actes*, Flammarion, 2002.

Alain Bancaud, chargé de recherches au CNRS (Institut d'histoire du temps présent), travaille sur l'histoire et la sociologie des mondes judiciaire au XXe siècle. Il a récemment publié *Une exception ordinaire, La magistrature en France 1930-1950*, Gallimard, 2002.

Marc Olivier Baruch, docteur en histoire, travaille sur l'histoire de l'État dans la France du XXe siècle. Chercheur au CNRS (Institut d'histoire du temps présent), il a notamment publié *Servir l'État français. L'administration en France de 1940 à 1944*, Fayard, 1997.

Marc Bergère, ATER à l'université de Rennes II, membre du Centre de recherches historiques sur les sociétés et cultures de l'Ouest et chercheur associé à l'Institut d'histoire du temps présent, a soutenu en 2001 une thèse intitulée *L'Épuration vécue et perçue à travers le cas du Maine-et-Loire. De la Libération au début des années 50*, publiée par les Presses universitaires de Rennes en 2003.

Stéphane Gacon, agrégé d'histoire, a soutenu en 2000 une thèse sur l'amnistie et la République en France, publiée sous le titre *L'Amnistie, de la Commune à la guerre d'Algérie*, Le Seuil, 2002.

Hervé Joly, chargé de recherche au CNRS au centre Pierre-Léon d'histoire économique et sociale (université Lumière Lyon 2), est directeur du groupement de recherche du CNRS « Les entreprises françaises sous l'Occupation ». Il travaille sur l'histoire des entreprises et des entrepreneurs français et allemands au XXe siècle, et a notamment publié *Patrons d'Allemagne. Sociologie d'une élite industrielle. 1933-1989*, Presses de Sciences Po, 1996.

Liora Israël, agrégée de sciences économiques et sociales, est attachée temporaire d'enseignement et de recherche à l'ENS Cachan et doctorante associée à l'IHTP. Elle prépare, sous la direction de Jacques Commaille (GAPP-CNRS), une thèse de sociologie consacrée à l'étude de la Résistance dans les milieux judiciaires pendant la Seconde Guerre mondiale.

Céline Lesourd, agrégée d'histoire, poursuit des recherches sur le corps médical sous l'Occupation et au moment de la Libération.

Emmannuelle Loyer, maître de conférences en histoire contemporaine à l'université Charles-de-Gaulle-Lille III, est spécialiste d'histoire culturelle. Elle a travaillé sur le théâtre, le cinéma et les politiques culturelles en France au XXe siècle et s'intéresse désormais aux problématiques d'exil. Elle prépare un ouvrage sur l'exil des intellectuels français aux États-Unis pendant la Seconde Guerre mondiale.

François Rouquet, maître de conférences à l'université de Rennes 1, est chercheur associé à l'Institut d'histoire du temps présent (CNRS) et au Centre de recherche sur l'action politique en Europe (CRAPE-IEP Rennes). Il a publié *L'Épuration dans l'administration française* (Paris, CNRS éditions, 1993) ainsi que différents articles sur l'épuration.

Gisèle Sapiro est chargée de recherche au CNRS (Centre de sociologie européenne, EHESS-Paris). Auteure de *La Guerre des écrivains, 1940-1953* (Fayard, 1999), elle a fait partie de l'équipe des responsables du *Dictionnaire des intellectuels français* (Le Seuil, 1996) et a réalisé, en collaboration avec Claire Paulhan, une édition critique du journal de Jean Grenier, *Sous l'Occupation* (Éditions Claire Paulhan, 1997).

Anne Simonin, chargée de recherche au CNRS (CRHQ-université de Caen), a récemment publié « Pourquoi certains crimes doivent rester impunis. Les travailleurs volontaires en Allemagne devant les Chambres civiques de la Seine », *in* Bernard Garnier et Jean Quellien (dir.) *La Main-d'œuvre française exploitée par le IIIe Reich*, CRHQ, 2003, et « L'indignité nationale : un crime nouveau ? », *in* Alain Larcan (dir.), *De Gaulle et la justice*, Cujas, 2003.

Olivier Wieviorka, professeur d'histoire contemporaine à l'École normale supérieure de Cachan, a notamment publié *Une certaine idée de la Résistance. Défense de la France 1940-1949*, Le Seuil, 1995, et *Les Orphelins de la République. Destinées des sénateurs et députés français. 1940-1945*, Le Seuil, 2001.

Index des noms de personnes

Table des matières

II

L'épuration professionnelle

III

Vers une France nouvelle?

IV

L'épuration après l'épuration

Épilogue

Impression réalisée sur CAMERON par
BRODARD ET TAUPIN
La Flèche

pour le compte des Éditions Fayard
en mai 2003

Imprimé en France
Dépôt légal : mai 2003
N° d'édition : 31037 – N° d'impression : 18978
ISBN : 2-213-61529-2
35-11-1729-9/01